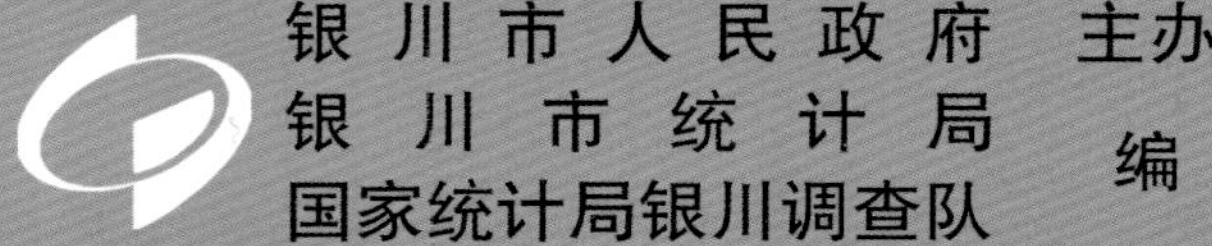

银川统计年鉴

2016

YINCHUAN STATISTICAL YEARBOOK

中国统计出版社
China Statistics Press

图书在版编目(CIP)数据

银川统计年鉴. 2016 / 银川市统计局. 国家统计局银川调查队编.
—北京：中国统计出版社，2016.9
ISBN 978-7-5037-7908-4
Ⅰ.①银… Ⅱ.①银… ②国… Ⅲ.①统计资料－银川－2016－年鉴 Ⅳ.①C832.431-54
中国版本图书馆 CIP 数据核字(2016)第 192353 号

银川统计年鉴-2016

作　　者 / 银川市统计局　国家统计局银川调查队
责任编辑 / 陈越月
装帧设计 / 王　丽
出版发行 / 中国统计出版社
地　　址 / 北京市丰台区西三环南路甲 6 号　邮政编码/100073
电　　话 / 邮购(010)63376909　书店(010)68783171
网　　址 / http://csp.stats.gov.cn
印　　刷 / 宁夏银报印务有限公司
经　　销 / 新华书店
开　　本 / 890mm × 1240mm　1/16
字　　数 / 1368 千字
印　　张 / 45.75
版　　别 / 2016 年 7 月第 1 版
版　　次 / 2016 年 9 月第 1 次印刷
定　　价 / 300.00 元

如有印装差错，由本社发行部调换。

《银川统计年鉴—2016》编辑委员会

《银川统计年鉴—2016》编辑部

编辑说明

一、《银川统计年鉴－2016》是一部全面反映银川市经济和社会发展状况的综合性统计资料年刊。本书收录了银川市2015年经济和社会发展等方面的统计数据以及历史重要年份的全市主要统计数据，它是认识和研究银川市情、交流社会信息、制定政策、指导工作不可缺少的重要工具，也是国内外了解银川的主要窗口。

二、本年鉴内容分特载、统计资料、附记三个部分。统计资料有15个部分组成，即：1.综合；2.人口及劳动力；3.农业；4.工业；5.能源；6.固定资产投资；7.建筑业；8.交通运输与邮电；9.内贸、外贸和旅游；10.财政金融保险；11.人民生活和物价；12.城市公用事业；13.教育、科学、文化；14.卫生、体育、民政、司法及其他；15.全区分市县资料。为便于读者使用，每部分都负有主要统计指标解释。

三、本年鉴的统计范围均为“地区”口径，含三区两县一市，包括行政区划内中央、自治区属在银单位的统计资料内容，为地域统计。

四、《银川统计年鉴－2016》是在市委、市政府和编委会领导以及各供稿单位的关心和大力支持下完成，在此谨致以诚挚的谢意！竭诚欢迎广大读者对年鉴的不足之处给予批评和指正，帮助我们进一步提高编辑水平。

编　者

2016年9月

主要年份银川市地区生产总值(亿元)

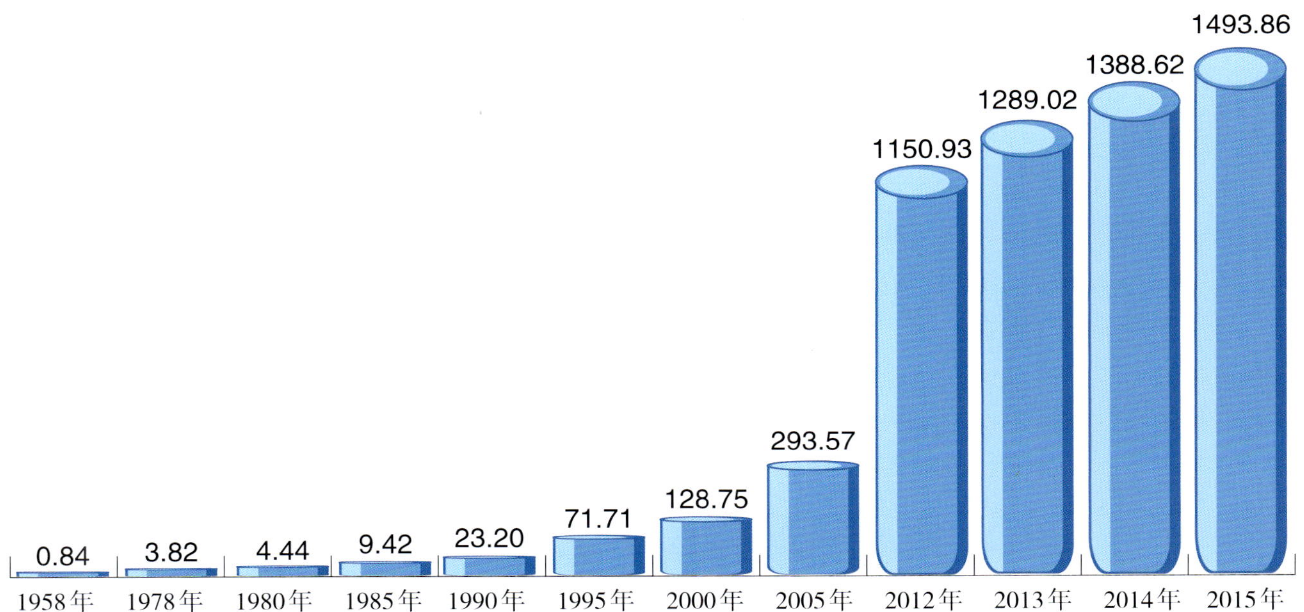

主要年份银川市人均地区生产总值(元)

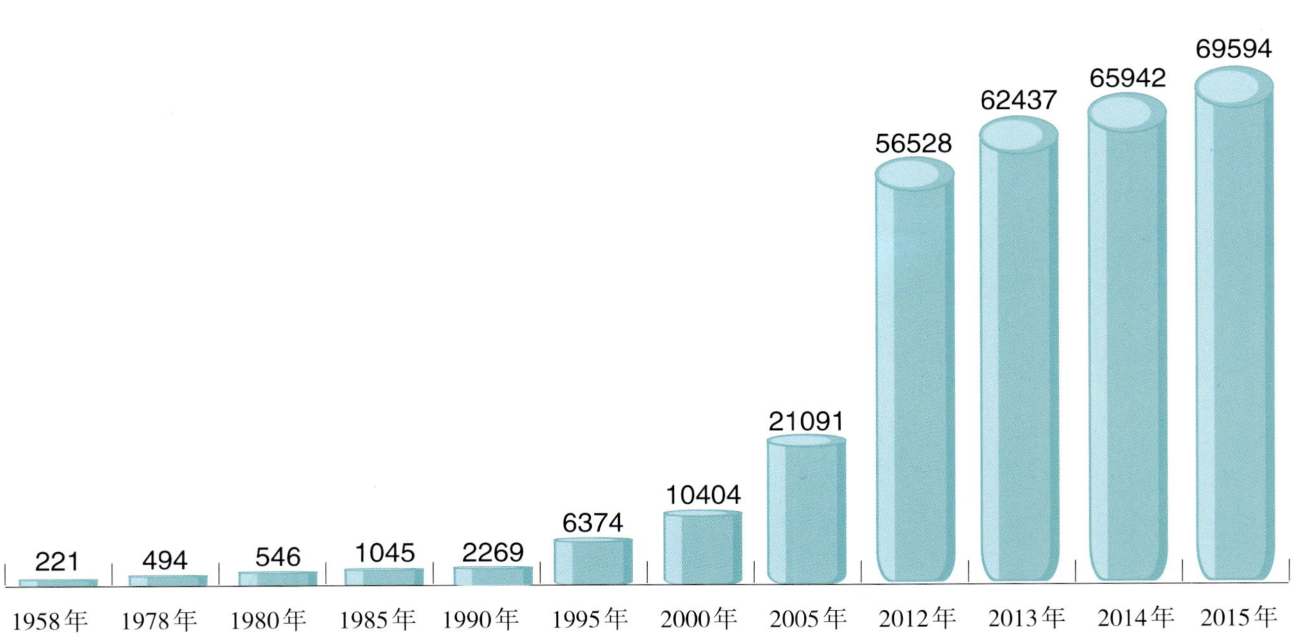

主要年份银川市地区生产总值构成(%)

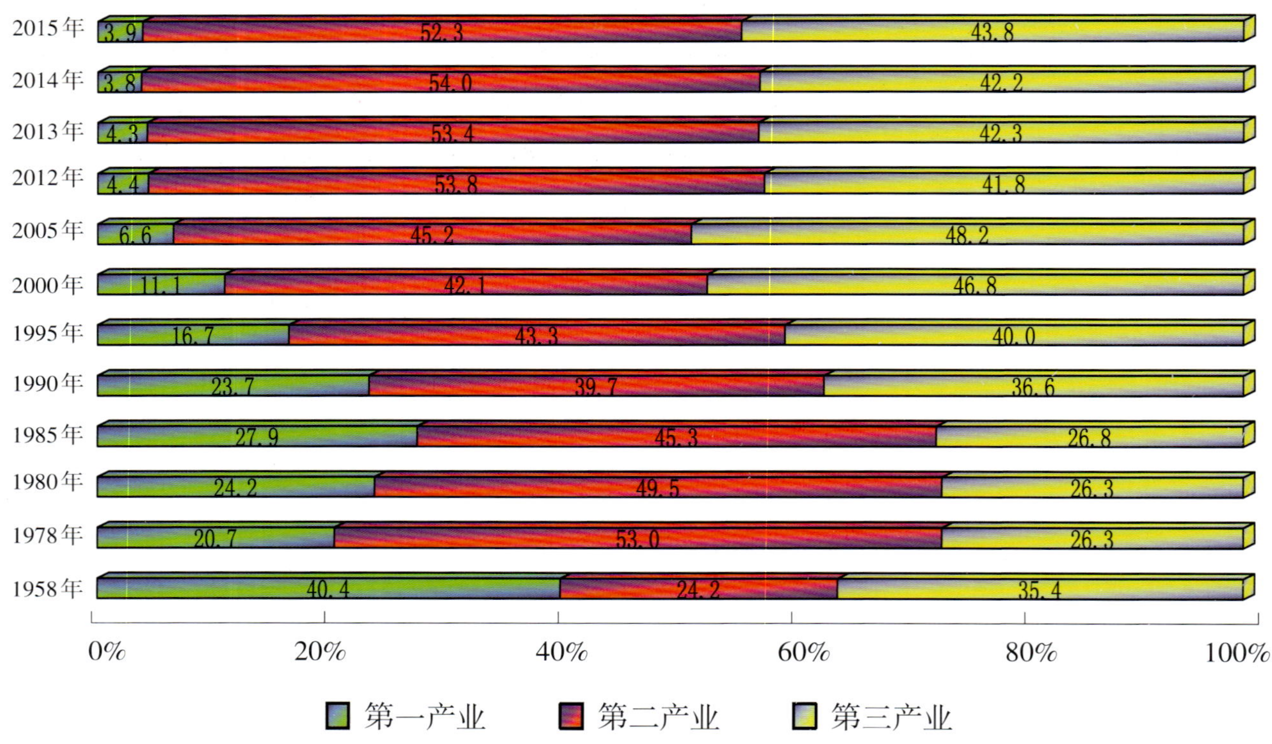

主要年份银川市全社会固定资产投资额(亿元)

主要年份银川市社会消费品零售总额(亿元)

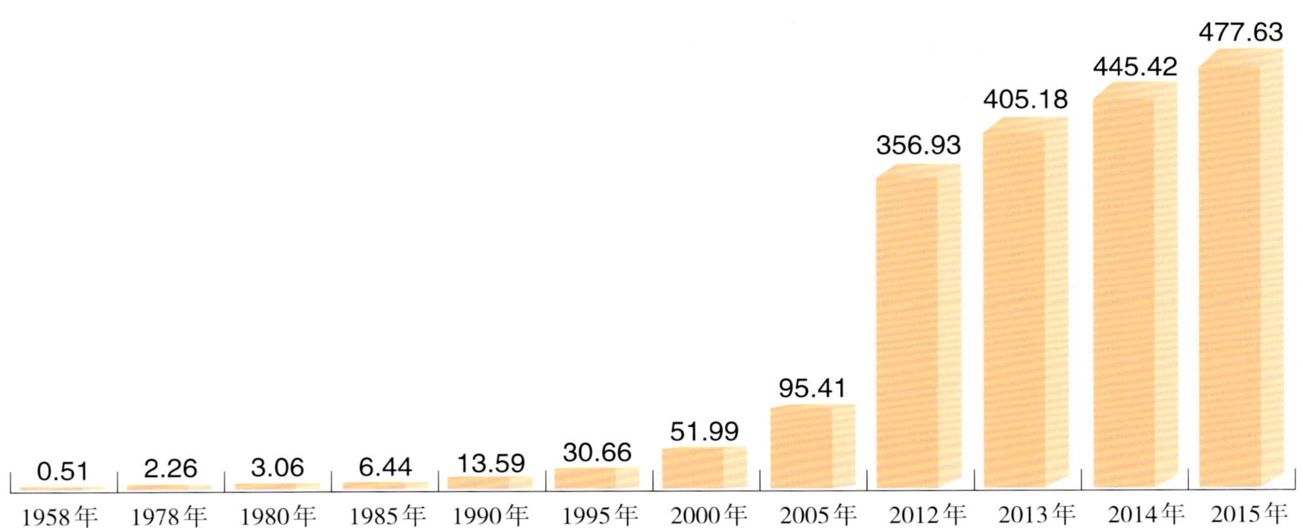

主要年份银川市地方财政收入、支出(亿元)

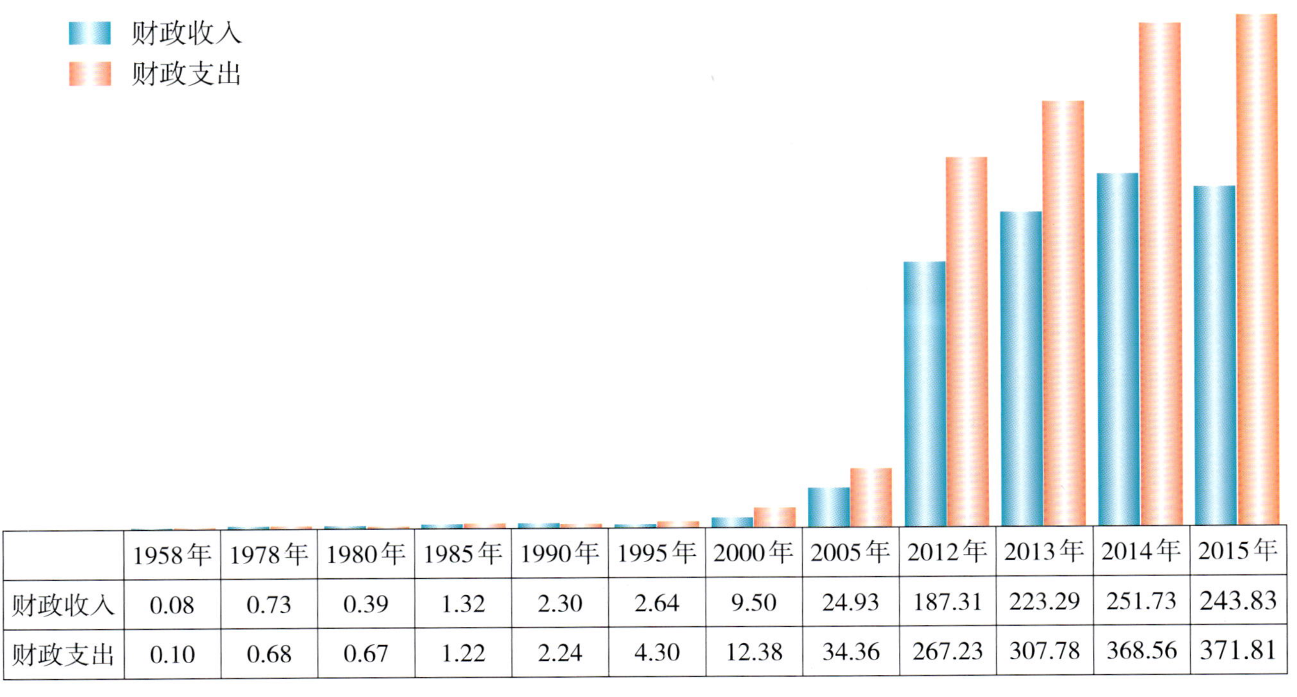

	1958年	1978年	1980年	1985年	1990年	1995年	2000年	2005年	2012年	2013年	2014年	2015年
财政收入	0.08	0.73	0.39	1.32	2.30	2.64	9.50	24.93	187.31	223.29	251.73	243.83
财政支出	0.10	0.68	0.67	1.22	2.24	4.30	12.38	34.36	267.23	307.78	368.56	371.81

主要年份银川市城镇居民人均可支配收入(元)

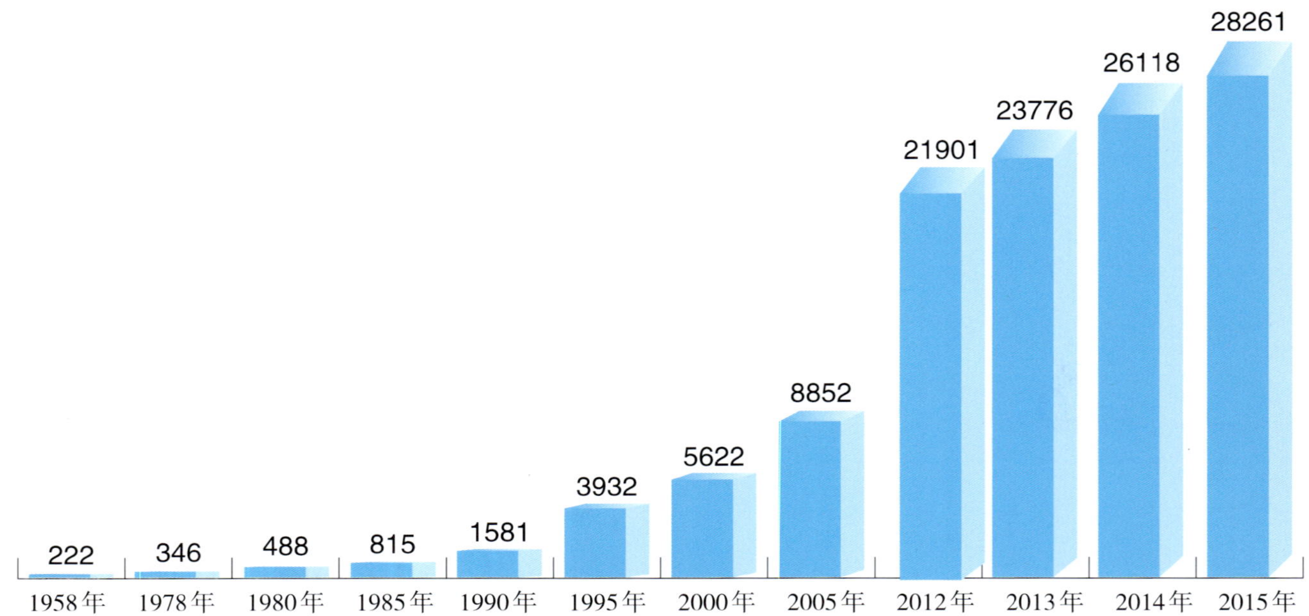

主要年份银川市农村居民人均可支配收入(元)

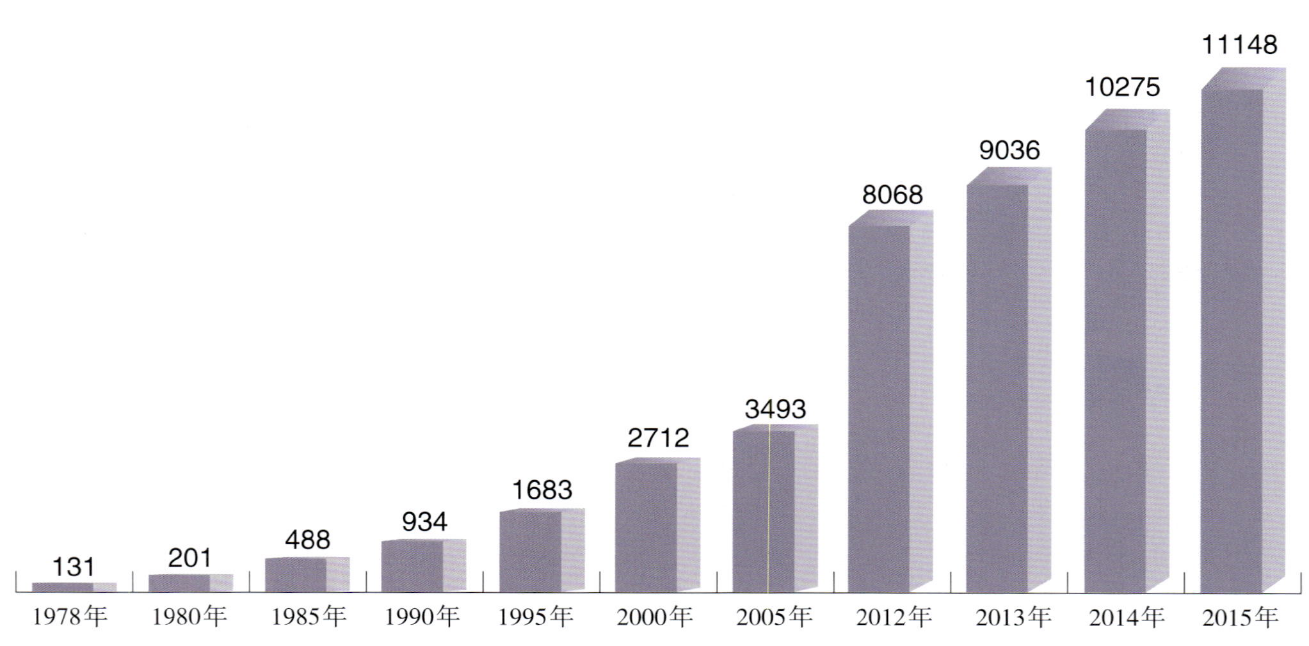

目　录
CONTENTS

特　载
Special Issue

统计资料
Statistial Data

一、综合

General Survey

二、人口及劳动力

Population and Labor Resources

三、农业

Agriculture

四、工业

Industry

五、能源

Energy

六、固定资产投资

Investment in Fixed Assets

七、建筑业

Construction

八、交通运输与邮电

Transport, Postal and Telecommunication Services

九、内贸、外贸和旅游

Domestic Trade, Foreign Trade and Tourism

十、财政金融保险

Governement Finance,Financial Intermediation and Insurance

十一、人民生活和物价

People's Living Conditions and Price Indices

十二、城市公用事业

City Public Utilities

十三、教育、科学、文化

Education, Science and Technology and Culture

十四、卫生、体育、民政、司法及其他

Public Health, Sports, Civil Administration, Justic and Others

十五、全区分市县资料

Statistical Data by City and County

附记

Apprndix

特　载

Special Issue

政府工作报告

——2016年1月19日在银川市第十四届人民代表大会第五次会议上

银川市市长 白尚成

各位代表：

现在，我代表市人民政府向大会作政府工作报告，请各位代表连同《银川市国民经济和社会发展第十三个五年规划纲要(草案)》一并审议，并请市政协委员和其他列席人员提出意见。

一、奋力攻坚，真抓实干，开放内涵式发展迈出新步伐

刚刚过去的一年，面对复杂多变的宏观经济形势和繁重的改革发展任务，在自治区党委、政府和市委的坚强领导下，在市人大、市政协的监督和支持下，全市广大干部群众迎难而上，砥砺前行，坚定不移实施“2258”工作思路，加快开放内涵式发展步伐，全市经济保持平稳较快发展。地区生产总值达到1480.73亿元，增长8.3%；地方公共财政预算收入达到171.28亿元，增长12.11%；固定资产投资1540.88亿元，增长10.6%；社会消费品零售总额达到477.63亿元，增长7.2%；城镇和农民人均可支配收入分别达到28260元和11148元，增长8.2%和8.5%；新增城镇就业6万人，城镇失业登记率控制在3.9%以内。基本完成了“十二五”期间主要目标任务，为“十三五”良好开局奠定了坚实基础。

(一)精准发力，综合施策，经济运行稳中有进、进中向好。针对经济下行压力持续加大的态势，我们在全面落实自治区“工业18条”“财税20条”等政策的基础上，结合市情，坚持需求和问题导向，深入开展“财源建设年”“改革落实年”“项目建设年”等活动，及时出台《银川市工业产业结构调整和转型升级实施方案》《关于推进工业振兴工程扶持政策》及金融“十二条”新规等，综合运用产业基金、担保和债券融资等金融工具，吸引、撬动社会资本200亿元支持优势特色产业发展。培育22家企业在新三板上市。设立先进装备制造、纺织等10支产业基金，规模达到50亿元；放大“西部担保模式”，为企业担保融资86亿元；成功发行20亿元中期票据、3亿美元阿拉伯债券和全国第二单20亿元滨河黄河大桥项目收益债；争取国家专项建设基金29亿元。采用PPP投资模式，建设“智慧城市”和兵沟黄河大桥项目。安排5123万元表彰奖励对银川发展做出突出贡献的企业。采取援企稳岗、降费减税、电气价优惠等“一揽子”降成本措施，取消和免征行政事业收费82项，减免税费32亿元，帮助企业降低用电成本5.3亿元。扎实开展“准备之冬、建设之春、发展之夏、收获之秋”系列活动，全市1075个基本建设项目全部开工，完成投资1410亿元，其中90个重点项目完成投资320亿元。现代纺织产业示范园“一园三区”、隆基硅年产1.2GW单晶棒和滨河、兵沟、永宁三座黄河大桥等项目加快推进，轨道轴承、晶明科技高纯氧化铝和中兴智慧城市大数据一期等项目建成投用。银西高铁获批动工。

(二)调转结合，增强动能，引领经济发展新常态。实施工业振兴工程。宁东基地、经济技术开发区等8大重点产业园区，总产值超过千亿。培育壮大能源化工、装备制造、新材料等百亿、千亿级产业集群，规上工业总产值达到1868.92亿元。建成全国最大的单晶硅棒和蓝宝石生产基地，小巨人数控机床出口欧洲，舍弗勒轴承为宝马和奥迪汽车配套，共享铸钢铸件单体成为世界最大，巨能机器人被工信部誉为“制造智能工厂的工厂”。累计发展

高新技术企业51家，占全区80%以上。科技专利申请量和授权量分别达到3306件和1255件。轻工业产值同比提高2.3个点。完成西轴数字智能化热处理工艺等60个重点技改项目，淘汰水泥等落后产能56万吨。规上工业综合能源消费量同比下降3.5%；万元GDP能耗同比下降3.1%。大力发展新产业、新业态。实施“反梯度”发展战略，建成银川通航产业园暨通用机场一期以及电商谷、电商物流园等一批新产业载体和平台。神马直升机制造首批组装完成14架旋翼机。iBi育成中心跻身中国产业园创新力百强，“iBi模式”在全国推广。中阿卫星数据产业园挂牌成立。成功举办第二届WCA世界电竞大赛，产业规模和品牌影响力持续扩大。城市电商发展迅猛，农村电商覆盖率达60%，全市网络零售交易额达到90亿元，增长45%。“一图一网一云”智慧城市成为全国样板，荣获TMF2015年度世界智慧城市总裁奖，入选“国家信息消费示范城市”。推进服务业提档升级。实施润恒城、新华联广场等商贸流通项目110个，完成投资160亿元。银川国际美容整形中心投入运营，卡瓦心脏中心累计完成心脏疑难手术315例。新引进金融机构7家，金融业增加值占到服务业增加值的25%。文化体育旅游融合发展，军博园二期、三沙源等项目加快建设，银川韩美林艺术馆、当代美术馆开馆，水洞沟、军博园分别跻身国家5A级、4A级旅游景区，获评“中国最具特色旅游城市”。西夏陵列入国家申遗计划。成功举办银川航展等系列活动。组团参加全国首届青年运动会，取得“两金一银一铜”佳绩。加快发展“三精农业”。粮食产量实现“十二连丰”，新增设施园艺5000亩，优质水稻基地2万亩，建成标准化养殖基地30个，“菜篮子工程”基本满足市民需求，葡萄及葡萄酒庄产业发展迅猛。皓月国际清真产业园项目签约。三大主要农作物机械化率达到91%以上，完成“三品一标”认证63个，10家企业荣获第十六届绿博会绿色食品金奖。

（三）统筹推进，夯实基础，城乡面貌深刻变化。增强规划先导作用。完成全域银川战略策划、产城一体、生态规划三大顶层设计，中心城区控规做到全覆盖，实现“三规合一”及“多规融合”，带动城乡一体发展。加快完善基础设施配套。高标准完成110国道综合整治工程，新建改造贺兰山路等21条主干道路、55条小街巷，新增城乡公路231公里，建成覆盖全域、连通周边的“1小时交通圈”。新购置626辆高配置公交车，城市公交分担率达到38.5%。全面建成覆盖市域行政村的客运网络，城乡居民出行条件极大改善。投资4.2亿元完善城乡电网基础设施。改善提升人居环境。实施棚户区改造项目21个，新建安置区150万平方米，近2万人乔迁新居。完成7个美丽城镇、15个美丽村庄建设，惠及10余万群众。持续开展主干道大整治、大绿化，完成人工造林12.4万亩，绿地率达到42%，高于全国平均水平。建成绿博园和10个市民休闲小微公园，成功举办首届中阿绿博会，成功申办第九届花博会。实施“蓝天工程”。整治拆除224台燃煤小锅炉，淘汰黄标车1.7万辆，空气质量四项主要指标实现“一平三降”。改造提升湖泊水系57.2万平方米，治理“龙须沟”30公里，改善沿线12.8万群众居住生活条件。深化完善全域“大城管”格局。城市市容环境卫生管理体制改革试点起步，“以克论净”深度清扫保洁和城市精细化管理水平不断提升。城管巡回法庭模式荣获“全国生态环境法治保障制度”创新事例优秀奖。餐厨垃圾改造提升项目投入运行，建成24个垃圾分类示范点，垃圾焚烧发电等资源化利用产生效益4600余万元，列入全国首批生活垃圾分类示范城市。国家卫生城市复审进入前十。入选“中国最美丽的城市”。

（四）搭建平台，连接通道，对外开放迈出扎实步伐。“三位一体”开放核心区生机勃勃。滨河新区“四城”进入了由点到面、由局部到整体开发新阶段。累计实施大环境绿化、全域5A级旅游景区等项目110个，完成投资170亿元。恒天如意科技产业城、中联重科环卫机械制造等项目加快建设，国际医疗城主体封顶，国际科教城投入运营，黄河外滩公园、薰衣草庄园等景区相继开园。综合保税区成功加入世界自由区组织，成为具有选举权的第二家中国海关特殊监管区域。懿丰葡萄酒产业园、黄金珠宝文化产业园、如意日产800吨气流纺纱等项目建成运营。获批进境肉类（水果、种苗）口岸加快建设。新增注册企业90家。临港经济区基础设施进一步完善，中玺枣业、天籁生物项目建设加快。阅海湾中央商务区30栋总部楼宇主体封顶，宁夏国际会堂、银川国际交流中心两大城市地标建成投用，西北首家国际商品保税展销中心开业。金融中心引入华融西部资产管理等126家金融机构、电子商务企业，独栋楼宇创造产值50亿元。打造“三条丝绸之路”，推进开放合作。新开通国际客运航线5条，首个城市候机楼启用，空港口岸年出入境人数突破10万大关。与郑州等丝绸之路经济带沿线城市9个海关建立区域通关一体化。丝路通中阿B2C电子商务交易平台上线运营。依托中阿博览会开放平台，成功举办TMF全球智慧城市主题峰会、银川开放高峰论坛等系列节会，签订合作项目40个，投资333亿元。全年实现招商引资实际到位资金500亿元；完成外贸进出口总额32.66亿美元。

（五）锐意改革，优化环境，发展活力进一步释放。加大简政放权力度。以打造“两优”环境为目标，政府行政职权由原来的8570项压减掉65%。审批环节再减149个，审批效率提升30%；建成“网上办事大厅”，网上审批占比达到35%。创新“三证合一”“一照一码”和“先照后证”商事管理和服务机制，“智慧政务银川模式”走在全国前列。近两年全市新登记注册企业17941户，是“十二五”前三年的1.5倍。深化国企改革。组建通联资本、新兴产业和金融控股三大国有资本投资运营平台，初步形成“四级国有资本监管模式”，实现管资产向管资本的转变。建立国有资本经营收益上缴预算管理制度。扎实推进农村改革。基本完成农村集体土地确权登记，建成永宁、贺兰农村产权交易中心，金凤区成为“全国集体资产股份权能改革试点县”。全市35个村开展农村社区化试点。建立了蔬菜、奶业风险补偿基金和农机互助保险。开展“双增双减”活动，空壳村脱壳率达到78%。其他重点领域改革稳步推进。组建全国首家人才工作服务局，建成西北人才金港等8个引才育才载体。启动实施机关事业单位公车和养老保险制度改革。稳步推进国家城市公立医院改革试点，药品零差率、先看病后付费和县乡一体化医疗卫生服务取得新进展。

（六）织网兜底，改善民生，社会事业全面发展。推进创业带动就业。健全完善全民创业、大学生就业、职业技能培训等政策体系，高校毕业生当年就业率保持在90%以上，开展技能培训10.17万人，转移农村劳动力就业11.27万人。加快完善社会保障制度，城乡居民基本养老保险、基本医疗保险实现全覆盖，基础养老金标准居西部省会城市首位。率先建立被征地农民养老保险。实行大病医保上不封顶和重特大疾病医疗救助制度。“四位一体”精准扶贫模式成效显著。圆满完成自治区下达“十二五”生态移民搬迁安置任务。打造的“闽宁扶贫”开发样板镇成为全国典型。移民地区农民人均可支配收入达到8700元，增长11.8%。推进优质教育均等化。启动政府购买普惠性学前教育服务，新建19所标准化中小学，率先在全区实现义务教育均衡发展全覆盖，建立教育质量第三方评价机制。加快医疗卫生硬件建设。新建扩建宁医大胸科医院、市口腔医院新院及社区、乡村医疗卫生服务机构17家。着力构建公共文化服务体系。新建投用市文化馆新馆及乡镇街道文化站、农民文化大院等68个，图书馆、文化馆免费向市民开放。群众性文化活动蓬勃开展，中阿文化交流不断深化。推进社会治理创新。健全完善社会风险防控预警机制，多警联勤联动快速高效处置刑事和治安案件，依法打击各类违法犯罪活动，加大和谐社区构建力度，群众安全感指数稳定在95%以上，入选全国最安全城市。被评为全国“六五”普法中期先进市。率先在全区实现信访信息系统三级联网，初信初访办结率持续保持100%。建立“党政同责、一岗双责”安全生产责任体系，整合市场监管职能，特种设备、食品药品等安全生产形势保持稳定。

（七）完善制度，优化服务，政府自身建设不断加强。制定《政府议事规则》及政府规章和规范性文件14部，依法公开8.8万余件政务信息。荣获“中国第八届政府创新优秀实践奖”。自觉接受人大及其常委会法律监督、工作监督和政协民主监督，提请人大常委会审议地方性法规草案2部，办理人大代表建议意见和政协委员提案593件。国家土地、审计和自治区巡视整改率达到100%。严格执行中央八项规定、国务院“约法三章”和区市若干规定，持之以恒纠正“四风”和“不严不实”问题，实施“电视问政、电视施政”9期，严肃查处违反“八项规定”问题18个，问责处理26人。

一年来，我们统筹推进国防动员、双拥优抚等工作，支持工会、共青团、妇联和残联等群团组织开展工作。统计、外事、侨务、仲裁、公积金、地震、气象、人防、档案、文史等工作取得新成绩。民族团结、宗教和顺、军民一家亲的局面更加巩固。

总结2015年的各项工作，困难比预料的多，取得的成效比预期要好。回顾整个“十二五”的发展变化，我们经受住了考验，付出了艰辛，创造了辉煌。这五年，银川的变化最大。我们按照自治区关于银川在“四个宁夏”建设中走在前、做表率的总体要求，建设西北地区最适宜居住、最适宜创业的现代化区域中心城市迈出重大步伐，成功创建“全国文明城市”；建设的阅海湾中央商务区、滨河新区、综合保税区等功能区成为推动开放发展的新载体、新引擎，后发优势明显；中阿博览会、“一带一路”节点城市、内陆开放型经济核心区、“碧水蓝天、明媚银川”等城市新名片成为世界记忆银川的符号。这五年，经济综合实力大幅跃升。我们直面发展困难和挑战，用中央、自治区一系列新思想、新论断指导新的实践，一切从实际出发，倡导“深、实、诚、细、严”的作风，敢于担当、勇挑重担、狠抓落实。经济总量、公共财政预算收入、固定资产投资、社会消费品零售总额分别是2010年的1.9倍、2.7倍、2.4倍和2.1倍。这五年，产业结构调整取得重大突破。我们针对经济发展倚重倚能、结构性矛盾日益突出的现实，坚定不移调结构，创新驱动转方式，聚精会神提质效，新型能源化工、高端装备制造等产业链条延伸、效益提高，现代纺织、大数据、通航产业、电竞产业等新产业、新业态发展势头强劲，旅游、金融、电商、物流等现代服务业快速发展。轻工业占比提高4.5个百分点，三次产业调整为3.9∶53.2∶42.9。这五年，群众得到实惠最多。我们在政策性减税、行政事业性收费大幅压减的情况下，民生投入逐年递增，累计投入达到794.7亿元，年均占公共财政支出的80%以上。城镇和农民人均可支配收入年均分别增长10.8%和11.9%，快于GDP增速。先后3次提高最低工资和城乡居民养老金标准，5次提高城镇职工基本养老金标准。旧城（棚户区）改造共拆迁1661.86万平方米，惠及42658户20余万人。10余万人摘掉“穷帽子”。

各位代表，五年来，勤劳智慧的银川人民，用汗水和力量、激情与拼搏，创造了银川速度和银川效率，书写了银川发展史上的精彩篇章！这是自治区党委、政府和市委坚强领导的结果，是市人大、政协监督支持的结果，是全市人民艰苦奋斗、共同努力的结果。在此，我代表市人民政府，向辛勤奋战在各条战线上的广大干部群众，向给予政府工作大力支持的人大代表、政协委员、各民主党派、工商联、无党派人士和人民团体，向驻银部队和武警官兵、公安民警，向为银川改革发展做出贡献的社会各界朋友，表示衷心的感谢和崇高的敬意!

在肯定成绩的同时，也要清醒的认识到，我市经济社会发展和政府工作还存在一些不足和薄弱环节。一是经济总量不大，在西部省会（首府）城市中排名靠后，产业优化升级、结构调整任重道远。二是“创新型银川”亟待突破，科技研发、科技支撑、人才队伍建设等方面相对滞后，缺乏重大科技项目及平台支撑。三是对外开放水平还不高，开放平台开放通道和辐射源建设还处在培育阶段，与内陆开放型经济试验区核心区不相匹配。四是城乡发展不平衡，万元生产总值能耗等8项全面小康指标实现难度较大。五是政府职能转变还不到位，公务员队伍中不敢担当、不善作为、消极畏难的现象还程度不同地存在。对此，我们一定要高度重视，采取有效措施，切实加以解决。

二、科学谋划，创新理念，率先建成全面小康社会

“十三五”时期，是全面建成小康社会的决胜期，是全面深化改革的攻坚期，更是我市创新发展、转型追赶的关键期。

政府工作总体要求是：高举中国特色社会主义伟大旗帜，全面贯彻党的十八大和十八届三中、四中、五中全会精神，深入贯彻习近平总书记系列重要讲话精神，坚持“四个全面”战略布局，坚持“五大发展理念”，认真贯彻自治区党委十一届六次、七次全会和市委十三届六次全会精神，以融入“一带一路”战略为主线，以提高发展质量和效益为中心，加快形成引领经济发展新常态的体制机制和发展方式，统筹推进经济建设、政治建设、文化建设、社会建设和生态文明建设，加快开放内涵式发展，在全区率先全面建成小康社会，加快现代化、国际化进程，建设丝绸之路经济带重要节点城市、中阿合作核心区，打造最适宜居住、最适宜创业的区域中心城市。

主要目标：在提高发展质量的基础上，经济增速高于全国和全区平均水平，年均增长8%以上，到2020年地区生产总值突破2000亿元；城乡居民人均可支配收入年均分别增长9%和10%；地方公共

财政预算收入年均增长8.5%；全社会固定资产投资年均增长10%以上；社会消费品零售总额年均增长8%以上；主要约束性指标完成自治区下达任务。在综合经济实力增强的同时，转型升级实现新突破、新型城镇化达到新水平、改革开放开创新局面、生态文明建设取得新成效、人民生活得到新改善、社会文明程度得到新提高。

各位代表，我们作为欠发达地区加快发展是第一位的，实现全面小康是人民的期盼和愿景，也是我们每个人应该肩负的光荣责任和庄严使命。从国际国内看，当前，国际金融危机深层影响还将持续，世界经济在深度调整中仍然延续疲软复苏的态势，但新一轮科技革命和产业变革蓄势待发，孕育着新产业、新业态、新模式，将迎来新的发展空间和突破。我国经济发展长期向好的基本面没有变，正在由原来注重发展速度、规模扩张向提高发展质量和效益并重转变。从全区和我市看，随着国家深入实施西部大开发、"一带一路"战略，以及我们多年来的发展基础，"四个宁夏"、"四个银川"加快建设的新动能正在形成，干部群众齐心协力，干事创业氛围更加浓厚。

站在新的历史起点上，放眼未来，落实好"十三五"规划蓝图，率先决胜全面小康，我们必须坚定不移地全面贯彻落实"五大发展理念"，努力做到一体坚持、一体贯彻，以理念领先，带动发展争先，实现有质量，有效益，没水分，可持续的发展。

（一）坚定不移落实创新发展理念，开创转型升级新局面。把创新作为引领发展的第一动力，以创新扩大有效需求、释放消费潜力、带动产业转型升级。加快"创新型银川"建设。设立10亿元科技创新发展基金，力争撬动企业、社会资本投入技术研发经费达到40亿元。围绕我市传统产业改造和新兴产业发展，实施一批重大科技专项，突破一批优势特色产业关键技术，掌握话语权。把大众创业、万众创新融入各领域各环节，借助"互联网+"，搭建众创、众包、众扶、众筹四众平台和协同机制，让四众拾柴火焰更高。大力推进金融创新，全力打造西部地区金融中心。力争到2020年，科技进步贡献率达到55%；轻重工业比达到30∶70；规上战略新兴产业占到工业增加值15%。

（二）坚定不移落实协调发展理念，形成统筹推进新格局。以宁夏空间发展战略规划为抓手，优化生产力布局，加快新型工业化、信息化、城镇化、农业现代化进程。增强区域发展的协调性，加强与周边基础设施互联互通，推动全域发展，支持发展壮大县域经济，到2020年县域比重占全市GDP的50%以上。增强城乡发展的协调性，完善城市治理体系，提高城市治理能力；加快公共资源向农村配置，常住人口城镇化率达到78%以上。增强物质文明和精神文明建设协调性，巩固发展文明城市创建成果，到2020年各县（市）区全部进入全国县级文明城市创建行列。

（三）坚定不移落实绿色发展理念，彰显宜居宜业新优势。坚守土地、资源、环境三条底线，强化生态建设和环境保护，发展低碳循环经济，倡导绿色消费生活方式，推进生态文明建设。完善生态补偿机制，实施大气、水、土壤污染防治行动计划。整治搬迁中心城区内所有重污染企业，力争单位能耗降到同行业最低水平。坚持西防水、中理水、东治水，留住天上水，用好黄河水，保护地下水，多元利用中水。坚持中治黄河、东治沙，灌区林网高标准化，渠系公路百里林荫化，城市湖泊水系园林化。到2020年森林覆盖率达到18%，人均拥有公园绿地面积达到17.5平方米。

（四）坚定不移落实开放发展理念，构筑内陆开放新高地。主动融入国家"一带一路"战略，坚持全面开放与重点突破兼顾，引进来与走出去结合，引资与引技引智并重，对内开放与对外开放协调。积极推动宁东基地、滨河新区、综合保税区、现代纺织产业园、河东机场、临港经济区"六位一体"融合发展，申建国家级新区。依托综合保税区，加快申建"中阿自由贸易园区"。持续放大中阿博览会"金字招牌"辐射效应，完善提升"三条丝绸之路"建设水平，加快推进银川大开发向银川大开放转变。

（五）坚定不移落实共享发展理念，实现人民福祉新提升。坚持把实现好、维护好、发展好最广大人民根本利益作为发展的根本目的，切实保障和改善民生，实现基本公共服务全覆盖。坚决打赢脱贫攻坚战，率先在西北省会城市脱贫摘帽。分配好发展的蛋糕，健全科学的工资正常增长机制，确保2020年城乡居民人均收入较2010年翻一番。不断增强社会保障和兜底能力，改善提升教育卫生、文化体育、养老服务等社会事业发展水平，切实增强人民群众的幸福感和满意度。

三、创新发展，转型追赶，奋力实现“十三五”良好开局

今年是实施“十三五”规划的起始之年，是全面建成小康社会进入决胜阶段的重要一年，也是推进结构性改革的攻坚之年。做好今年的工作至关重要。

今年的主要预期目标是：地区生产总值增长8%；全社会固定资产投资增长10%；公共财政预算收入增长8.5%；社会消费品零售总额增长8%；城乡居民人均可支配收入分别增长9%和10%；居民消费价格指数控制在3%左右；城镇新增就业人数4.5万人，城镇登记失业率控制在4.5%以内；主要约束性指标完成自治区下达任务。

（一）坚持项目带动，量质并举，持续扩大有效投资。既注重投速、投量，更注重投向、投效，以项目保投资、稳增长、促转型、惠民生。

加快重点项目建设。协助抓好自治区河东机场三期扩建、银西高铁、银川至宁东轻轨、京藏高速改扩建、神华煤制油、宁夏美术馆等项目。着力抓好全市100个重点项目，完成投资400亿元。实施180个基础设施项目。规划建设银川旅游环线轻轨、火车东站综合客运枢纽及银川至巴彦浩特、乌海、鄂尔多斯城际铁路。统筹推进滨河新区、综合保税区、阅海湾中央商务区、科技园等重大基础设施建设项目。实施300个产业项目。开工建设共享模具智能工厂、宝丰1GW光伏发电、中阿文化园、中阿雕塑园等项目，加快推进隆基硅3GW切片、西轴高端轴承产业化基地等项目，建成如意高档服装、中联重科环卫机械制造、银峰铝挂车等项目。实施75个民生项目。抓好银川市儿童医院、特殊教育中心迁建等项目。拓宽项目融资渠道。采用PPP模式和政府购买服务等方式，实施市政、交通、生态等领域47个项目，完成投资510亿元。归并财政资金25亿元，做大西部担保、产业基金规模，支持企业对接资本市场，扩大股权、债券和票据等直接融资模式。实行财政性资金存储竞争性管理，引导地方金融机构开展离岸金融、基金配资、资管计划等援企共赢业务，支持实体经济发展。完善项目推进落实机制，健全“督查、考核、服务”体系，继续推行领导包抓重点项目责任制，建立台账，倒排工期，挂图作战。深入研究国家经济政策、产业布局、投资方向，谋划储备一批重大基础设施、产业发展、公共服务、生态环保等项目。坚持招商造商引资引智并举。上争项目资金150亿元，同比增长15%。突出精准招商和定向招商，加快完善企业、项目、技术、人才等落地优惠政策，健全基金引导、高比例配资等造商引资机制，开展招大引强对接服务行动，力促北京四方太阳能电池及光伏电站、丝路国际合作产业园等项目落地。力争引进500强企业5家，完成招商引资项目到位资金550亿元。

（二）坚持创新驱动，增调同步，推进产业转型升级。围绕产业链布局创新链，依托创新链提升价值链，推动产业由中低端向中高端迈进，打造银川经济“升级版”。

实施创新驱动战略。加快推进宁夏沿黄经济带科技创新改革试验区核心区建设。突出政府创新引导。主动承接中阿技术转移中心，推进iBi育成中心与银川科技园融合发展，构建中阿科技园“2+X”发展格局。抓好中科院银川中心、清华大学绿色节能建筑、中阿联合干细胞、宁煤研发中心等11个研发机构和科技成果转移转化中心建设。实施“两个国家级开发区”提档升级工程，支持有条件的县（市）区谋划建设新的科技创新平台。推动金融与科技深入融合，争创国家第二批科技与金融结合试点城市。突出企业创新主体。落实国家研发费用加计扣除等政策，健全完善高新技术企业扶持、科技专利资助、创新后补助等激励机制，实施高新技术企业、科技型中小企业数量倍增行动计划，力争全年新增48家。深入实施中小企业知识产权战略推进工程，专利申请量、授权量分别增长15%和20%，加强知识产权保护，营造良好的“双创”生态。突出人才创新支撑。全面推进人才管理改革试验区建设，建立与贡献相匹配的创新收益和风险补偿机制。实施“三项人才工程”，加快筹建银川人才产业园和欧、美等国际人才联络工作站，启动实施国际人才公寓项目，搭建一批高水平院士工作站、重点实验室、工程技术研究中心和“众创空间、众创工厂”，引进培养阿语、金融等各类急需紧缺人才1000名。

实施优势主导产业带动工程。以“中国制造2025”和“互联网+”行动计划为引领，促进主导产业优化升级。大力发展现代纺织产业。加快实施宝塔石化120万吨/年PTA及配套原料、现代纺织产业

示范园"一园四区"项目，推动煤化工与现代纺织融合发展，打造纺织全产业链和产业集群，力争纺织产业产值增长25%，轻工业比重提高2个百分点。做强装备制造和新材料产业。支持小巨人数控机床、共享铸钢、西北轴承等高端装备制造业，加大科技攻关及核心技术突破，推动向智能化、无人化转型。支持隆基硅、工业蓝宝石、碳化硅等企业，由初级原料加工向光伏材料切片等中高端产业链延伸，从行业"单打冠军"向"集团军"迈进。做大清真食品和穆斯林用品产业。推动皓月国际清真产业园开工建设，支持厚生记、伊百盛等清真龙头企业扩规升级，加快清真认证标准与国际市场接轨，让更多银川清真食品和穆斯林用品走向世界。做优葡萄及葡萄酒庄产业。继续完善贺兰山东麓酿酒葡萄产业基础设施配套，加快推进葡萄标准化种植和列级酒庄建设，打造集葡萄种植、酿造、营销、品牌、文化旅游等全产业链。做活文化旅游产业。攻坚西夏陵申遗，抓好西夏博物馆迁建，推进非遗产业化。完善提升"两带一轴"景区景点服务功能，打造国家十大旅游休闲示范城市。开通丝路旅行网，办好中美旅游年系列活动，加强与美国、韩国等国际旅游合作。放大卡瓦心脏手术、医学整形美容、干细胞临床应用等医疗健康资源，吸引更多的游客来银旅游休闲、健康养生。

实施新产业新业态培育工程。坚持"反梯度"发展，"零度承接"产业高端，一步到位发展数据信息、游戏动漫、通用航空、电子商务等新产业、新业态。加快信息消费和宽带中国示范城市建设。推动大数据在智慧政务、智慧交通、智慧环保等10大领域的研究与应用，率先在全国实行大数据信息开放。举办第二届TMF智慧城市全球峰会，提升iBi育成中心轻资产、新业态集聚研发能力，催生智慧产业链创新与信息产业聚集发展，支持"智慧城市"上市融资。打造世界电竞之都。制定出台电竞产业发展规划和扶持意见，规划建设电竞大厦，继续办好WCA世界电竞大赛，推进全年大中小赛事常态化。支持圣地等国际国内游戏开发、动漫软件、赛事策划、游戏体验等企业和机构，创新游戏商业模式，打造游戏全产业链。抓好银川通航产业园招商运营。深化与北汽通航、斯洛文尼亚蝙蝠飞机制造等企业战略合作，开展飞机组装、拆解、航空器维修等业务，引进培养一批通航飞行、维修、空管等人才，开发通航文化体验、空中揽胜、航空运动竞赛等产品，打造通航全产业链集群。推进电子商务示范城市建设。制定电商产业发展意见和专项规划，支持本地电商企业与国内外知名电商和第三方支付平台战略合作，推动传统企业转型线上、平台企业布局线下融合发展，鼓励社区O2O电商发展新兴配送模式，农村电商开发"私人定制"生产模式，力争全年网络交易额增长45%以上。

实施传统产业改造提升工程。推动工业化和信息化深度融合。支持能源化工、装备制造、生物发酵等传统产业，对标国际国内同行标杆，推进技术革新和改造提升，增强核心竞争力。全年实施技改项目50个，支持宝丰、宝塔石化等骨干企业进行战略合作或兼并重组，打造行业旗舰。支持灵武市建设"城市矿产基地"，大力发展循环经济。力争规上工业增加值增长8.5%。抓好国家服务业综合改革试点城市建设。加快实施108个重点商贸物流项目，抓好大阅城、铂尔曼酒店等"双十工程"建设，举办房车博览会、智能制造设备(技术)等品牌会展活动。加快推动润恒、公铁物流园等项目建设或运营，支持骨干物流企业建设标准化仓储、物流信息化服务平台，探索城市共同配送新模式。积极推动家庭和养老服务业发展。规范社会中介机构运行，完善市场经济体系。力争第三产业增加值增长8%。大力发展都市型现代农业。以"三精农业"为抓手，加快建设国家级现代农业示范区。做精做强设施园艺、草畜等五大优势特色产业，重点培育长枣、有机水稻、"塞上花卉"等叫响全国农字号品牌。推进互联网+农业，支持农字号龙头企业、新型农村经营主体建设综合信息服务平台和精品农业示范基地(园区)，带动农业市场化、倒逼标准化、促进规模化、提升品牌化。探索建立水产品风险补偿基金和保险基金。建立完善农产品质量安全可追溯体系，力争特色农产品加工转化率达到75%以上，农业增加值增长5%以上。

(三)坚持开放带动，先行先试，拓展内陆发展新空间。全面落实"开放宁夏20条"和开放银川建设《意见》，发展更高层次、更高水平的内陆开放型经济。

培植开放载体，打造内陆开放新高地。滨河新区要提升"四城"建设水平。主动承接宁东基地产业链延伸和服务配套功能，推进区域互联互通，抓好宝丰、中铁二十三局200万平方米职工安置住房及景城、横城整体商业开发项目。加快实施恒天如意科技产业城、大数据中心二期和天山海世界等80个项目，完成投资120亿元。依托国际科教城、国际医疗城，重点引进一批国际高端学府、医疗和养老机构。综合保税区要提升外向型经济发展水平。加快二期全面建成封关运行。启动实施宁夏医科大总院生物科技等四大项目，着力提升黄金珠宝、葡萄酒、现代纺织等主导产业运营能力，高标准建成宁夏进境肉类（水果、种苗）指定口岸，争取获批整车、水产品、粮食、药品等指定口岸，全年实现外贸进出口总额30亿美元，增长35%。复制国内自由贸易区创新政策，开展选择性征税和一般纳税人资格试点，增强服务外向经济发展能力。支持有条件的县（市）区设立保税监管场所。临港经济区要主动融入区域一体化发展，加快发展航空配套服务、电商物流等特色产业。阅海湾中央商务区要提升商气、集聚人气。积极争取设立外国领事代办处、官方民间合作交流办事处等机构，规划建设帕西姆免税店，力争在对阿人文交流、人才培养和金融合作等方面取得突破。加快实施金银街“迪拜城”等12个项目，力促工商银行营业大楼等22个总部楼宇竣工或开业，引进新华人寿保险、中国微电影集团等100家企业入驻，做大保税展示交易中心、CBD金融中心等主导产业，力争实现产值200亿元。

加快完善开放大通道、大通关体系。陆上丝绸之路，积极融入“丝绸之路经济带”区域通关一体化，巩固提升与青岛、天津、乌鲁木齐等口岸通关协作，推进与乌力吉等口岸合作，做实“中阿号”国际货运班列，完善银川陆港功能。空中丝绸之路，放大银川国际航空物流区位优势，规划建设国际航空物流园，打通机场物流绿色通道。开辟更多国际国内航线和航班，实现80%省会城市直飞。争取国际中转旅客72小时过境免签、境外旅客购物离银免税等政策落地。网上丝绸之路，对接国家“信息丝路”计划，完善拓展综合保税区跨境电商平台功能，建成宁夏电子口岸平台一期，争取获批跨境电商保税进口资质，鼓励跨境电商企业在迪拜等地建设与综合保税区联动的海外仓，探索B2B业务模式。

推进全方位开放合作。深化与丝路经济带沿线、东北、东南亚国家及港澳台等地区的合作和经贸往来。更加主动承接长三角、珠三角、京津冀等发达地区产业转移和创新成果转化，务实推进陕甘宁蒙毗邻城市合作。实施优进优出计划，引导外资通过股权转让、增资扩股、合资经营与本土企业开展战略合作。经济技术开发区要发挥示范带动作用。加快建设中阿卫星服务产业示范园和“银川卫星数据标校综合试验场”，打造天基丝绸之路。支持有条件的企业走出去，参与国家建设阿曼、沙特等境外合作产业园，并购国外一些知名品牌和先进技术，形成参与国际分工的银川方阵。培养和引进一批熟悉国际通行规则和国际惯例的涉外人才，开展对阿合作研究和应用。

（四）坚持改革引领，重点突破，增强发展内生动力。持续推进制约发展的重要领域和关键环节改革，使改革红利转化为加快发展的强大动力。

推进三大供给侧结构性改革。化解过剩产能。制定出台指导意见和定补政策，对产品有市场、有效益但暂时遇到困难的企业积极帮助脱困发展，对仍具有成长潜力的企业继续给予支持，对停产半停产、连年亏损、严重资不抵债、靠补贴和银行续贷过日子的“僵尸企业”，排队“出清”。化解过剩产能和淘汰落后产能10万吨。支持园区开展“腾笼换鸟”，让优质的土地资源发挥更大效益。加快实施西夏区老工业基地搬迁改造。化解房地产库存。出台促进房地产健康发展的意见。全面取消商品房限购条件，释放改善性住房需求。政府暂停新建保障性住房，通过回购商品房用于安置棚户区改造居民、保障低收入群体住房。探索农民宅基地与农民住房公积金制度和购房补贴挂钩等政策措施，鼓励农民进城购房落户。加快培育住房租赁市场，鼓励发展专业化企业，探索“薄利多租”的住房商业模式。降低企业成本。落实国家税费优惠政策，延长土地使用税优惠时限；提高技能培训补贴标准，减低企业住房公积金缴付比例，精简归并“五险一金”；研究制定物流补贴政策；积极推进纺织、信息产业等大用户电力直接交易；进一步清理规范中介收费，支持各县（市）区向行政“零收费”时代过渡。

推进四项重点领域改革。继续简政放权。建立并公布政府部门“三个清单”，继续推进行政审批标准化、信息化，实施“部分审批改备案”，年内再取消、下放一些审批事项；探索“网上直办、同城通办”

的审批新模式，加强事中事后监管和精细化服务。深化“多证合一、一照一码”商事制度改革。打造全国审批程序最规范、审批时限最短、政务服务最优的省会（首府）城市。深化财税体制改革。推进全口径预算管理制度，严控政府债务规模。大力推进金融商业模式、服务产品创新，着力发展金融租赁、互联网金融和第三方财富管理等新业态，促进P2P、股权众筹等新型金融业态规范发展，组建地方性寿险和金融租赁公司。探索金融主体信用评级体系和“黑名单”制度，严厉打击非法集资、信用违约等违法行为，优化金融环境。力争金融增加值增长15%。深化国企改革。开展政府经营性国有资产集中清理行动，实行国资集中监管，整合资源做实滨投、房投、体投、文投等行业投资公司资产。支持国有资本运营公司与央企、外企、民企开展战略合作或兼并重组。实施中小非公企业成长倍增计划，有针对性地解决好非公企业融资、人才、用工等突出问题，力争非公经济产值占生产总值的比重达到60%以上。推进农村改革。开展“双增双减”活动，壮大村集体经济。加快农村产权制度改革，实行农村住房、宅基地“两证合一”，设立土地流转风险保障基金，推广泰信、锦旺融资模式，探索农村宅基地使用权、房屋等抵押贷款办法，打造全产业链金融服务。推进户籍制度改革。

（五）坚持协调发展，统筹城乡，提升“两宜”城市建设水平。认真落实《宁夏空间发展战略规划》，优化市域空间、基础设施和生产力布局，在加强薄弱领域中增强发展后劲。

推动全域协调发展。立足加快建设银川、吴忠、宁东为主的大银川都市区发展定位，加强总体城市设计，启动《城市近期建设规划（2016—2020）》《海绵城市建设规划》等编制工作，深化“多规融合”。按照产城一体思路，支持各县（市）区、各功能区围绕主业，突出重点，形成功能互补、差异化定位，协调协作发展模式。加快推进贺兰、永宁与银川主城区同城化发展步伐，促进灵武、滨河新区、综合保税区、临港经济区与中心城区深度融合，推动“西夏突破”取得新进展，拓展全域银川发展空间。

着力完善城市功能。加快实施火车站综合交通枢纽和黄河航运二期工程，新建续建宝湖路跨艾依河、沈阳路下穿阅海隧道及上海路等道路桥梁工程，力促滨河、永宁、兵沟3座黄河大桥及连接线工程全面建成通车。加快实施“地下管网一张图”，重点推进大连路、怀远路等8条主干道路地下综合管廊建设，力争进入全国第二批综合管廊试点城市。新扩建第八、第九水厂。改造升级一污、二污等5个污水厂，力促七污、九污建成投用。启动实施解放西街危房（棚户区）改造工程。完成老旧小区既有建筑节能改造300万平方米。

扎实推进“美丽乡村”建设。加快农村“五改”工程，实现水电路气房光纤“六到农家”，加快农村社会事业发展，做到村卫生室、文化活动室、商业网点，农村电商、粮食超市、农机作业公司等十到位。高标准建设镇北堡红酒小镇等3个美丽小城镇和10个美丽村庄。启动城乡环境综合整治“三年行动计划”，扎实做好城乡违法建设管控工作，实现90%以上行政村垃圾有效处理，全面提升农村人居环境。

加强城市精细化、智能化管理。加快实施数字城管二期、垃圾分拣示范中心项目。改造20座智能化小型垃圾中转站，实行垃圾直运，推动垃圾分类管理立法。推广“以克论净”环卫深度保洁市场化试点。完善智能交通系统，优化区域大中小路网和公交线设置，建成6个公共停车场，新增4000个停车泊位，缓解市区局部交通拥堵和“停车难”等问题。

（六）坚持生态优先、绿色发展，持续改善人居环境。深入开展“美丽银川行动”，打造“碧水蓝天、明媚银川”城市名片。

抓好绿化美化。加快实施艾依河生态环境综合治理、贺兰山东路延伸及城市出入口等主要节点绿化景观提升和生态建设工程，新建10个小微公园，新增绿化面积500公顷，整治湖泊湿地1.1万亩。加快推进绿博园建设，筹备第九届中国花卉博览会。开展铁腕治污。强力实施“蓝天工程”，加快完善城市供热规划，启动宁东余热回收利用项目，整治拆除20蒸吨以下燃煤锅炉，力争集中供热率提高到75%。加大涉煤、涉油行业监管力度，深度治理城市扬尘、工业废气等空气污染，全面禁止黄标车上路。规划建设“大气超级站”，实时监测和解析PM2.5等空气污染源，有效治理雾霾。深入推进龙须沟治理“三年行动计划”，彻底整治二排沟等市域河道黑臭水体。加强生态保护。严守生态红线，提高项目环境保护准入门槛。健全环境信息公布、企业环保失信追责和环境损害赔偿制度。推进水生态试点城市建设，加强水源地保护，关停一批市域工业自备井。“零容忍”依法打击生态环境违法犯罪。倡导低碳生活。加快完善城市慢行系统，新增一批自行车租赁点和慢行通道，规划建设新能源（电动）汽车充电设施50个，再增加一批绿色环保公交车辆，积极创建国家第二批公交都市，倡导群众绿色低碳出行。

（七）坚持为民惠民，共建共享，提高公共服务能力和水平。保障和改善民生，政府责无旁贷。公共预算支出80%用于民生，重点办好20件民生实事，努力让群众有更多“获得感”。

全力打赢脱贫攻坚战。加快出台在西北省会城市率先脱贫摘帽的实施意见，扎实开展点对点服务、一对一救助、多对一帮扶的“点穴式”精准扶贫，不摘帽不松劲、不脱贫不脱钩。抓好闽宁产业城、闽宁扶贫产业园及特色种养殖扶贫园区建设，培育发展13家劳务中介组织，免费开展贫困户劳动力职业技能和实用技术培训2万人次以上。力争移民地区人均可支配收入增长13%以上。依托滨河新区国际科教城，免费开展贫困户“两后生”职业教育3000人。推行扶贫开发政策与农村低保制度有效衔接，将丧失劳动能力的建档立卡贫困人口全部纳入农村最低生活保障政策兜底范围，力争23个贫困村全部实现脱贫摘帽，建档立卡贫困人口减少1万人以上。

推进创业带动就业。继续优化创业就业政策和环境，搭建一批全民创业孵化基地，培育小企业900个，培养小老板1600个。高度关注经济下行企业职工稳定就业和再就业，重点抓好高校毕业生、农村富余劳动力和困难群体的就业。开展创业就业培训1万人次，帮扶困难群体就业3000人。完善农民工工资支付保障制度，严厉打击恶意欠薪行为，保障农民工合法权益。

构建更加完善的社保体系。推进社会保险“五险合一”经办体制，完成机关事业单位养老保险制度改革，抓好城镇职工、城乡居民和被征地农民养老保险转移和接续。整合建立城乡居民基本医疗保险制度，深入推进总量控制下按病种分值结算医疗保险费用制度。完善救助体系，实施救助标准动态调整机制，兜底保障特困群众生活。实施爱心护理院二期、10个农村幸福院等项目，开展医养结合试点。争创全国七星级慈善城市。

让群众享有公平的教育。新建续建北方民族大学附属中学、华兴世纪希望小学等74个教育项目。鼓励普惠性幼儿园优质发展，深化义务教育均衡发展。试点普通高中免费教育，加强职业学校特色和骨干专业建设，深化产教融合、校企合作办学，支持和规范民办教育发展。推进“梯级”名师培养工程，提高偏远地区乡村教师待遇。开展国际教育交流，办好丝绸之路经济带沿线省会城市教育年会。全面推进教育质量综合评价改革实验工作。

提供更好的卫生计生服务。抓好市第一人民医院全科医师培训基地等8个项目建设。稳步推进城市公立医院综合改革，推行市属医院人事薪酬制度和院长年薪制，全面推进分级诊疗和城乡医疗一体化。规范化培训100名全科医师，培养100名专业技术骨干和100名学科带头人。扶持和规范社会办医，完善医师多点执业制度。落实重大疾病防控，有效应对突发公共卫生事件。加强与俄罗斯、美国、韩国等国际医疗合作。支持发展中医、回医事业。坚持计划生育基本国策，健全完善计划生育利益导向机制，组织实施全面二孩政策，着力提升人口素质。

推动文化和体育事业发展。加快实施银川媒资基地、中心图书馆等项目建设，建成公共文化数字服务平台。深化文化体制改革，推进政府购买基本公共文化服务，丰富群众文化生活。组建文化产业联盟，发展骨干文化企业和创意产业。开展与韩国、马来西亚等国际文化交流，精雕细琢《月上贺兰》《梦回一千零一夜》等原创民族舞剧，力争推向国际市场。办好中国文化馆年会。倡导全民阅读。实施全民健身计划，大力发展体育事业。

加强和创新社会治理。加快构筑立体化社会治安防控体系，全面推进“平安银川”建设。“1·05”公交纵火案，令人痛心，教训深刻，我们要举一反三，深化矛盾纠纷排查化解，有效预防和坚决打击各类违法犯罪。开展“安全生产年”活动，加强道路交通、食药安全等重点领域专项整治，及时消除各类公共安全隐患，确保群众生命财产安全。启动“七五普法”。深入推进逐级走访和诉访分离，引导群众依法表达诉求。做好仲裁、法律援助、人民调解等工作，依法维护群众权益，化解社会矛盾。巩固深化双拥军民融合发展成果。创建全国民族团结进步示范市。

各位代表，今年的发展形势更为严峻、经济下行压力更大，面临的困难更多。信心比黄金更重要！越是在爬坡过坎的时候，越要坚定信心。各级政府及广大公职人员都要增强前景自信、优势自信、创业自信，进一步解放思想、创新实干，保持奋发向上，锐意进取的精神状态，拧住关键点，牵住“牛鼻子”，踢开“拦路虎”，打通“脑梗阻”，以干部的工作高度，提升银川的发展高度，以干部的辛苦指数，换取群众的幸福指数。

一要依法行政。牢记法律红线不可逾越、法律底线不可触碰，切实学法、守法、用法。严格按照法定权限和程序履行职责，自觉接受人大及其常委会的法律监督、工作监督和政协的民主监督，主动接受社会监督。严格执行政府议事规则、重大事项请示报告制度，认真落实重大行政决策公众参与、专家论证、风险评估、合法性审查、集体讨论决定等法定程序，提高行政科学、民主、依法决策水平。全面推进综合执法，开展“两随机、一公开”活动。

二要勤政为民。严守“六大纪律”，坚决贯彻执行市委各项决策部署。坚持走群众路线，巩固拓展“三严三实”专题教育成果，深化干部挂钩基层单位等活动，问政于民、问需于民、问计于民，对重大民生事项实行承诺制，努力使政府服务更加符合群众愿望。全面推进政务、财政预算、公共资源配置、重大项目建设等方面的信息公开，完善新闻发布制度，充分利用微博、微信等新媒体，及时传递政务信息，回应社会关切。

三要实干担当。政府全体成员要自觉践行“严字当头、干在实处”的要求，强化抓重点、抓关键工作机制，重大事项层层签订责任书，勤政敬业，务实作为，以目标倒逼责任，以时间倒逼进度，以实绩倒逼办法。进一步完善政府绩效考核办法，表彰奖励实绩突出的，约谈诫勉工作不力的，曝光追责不为乱为的，确保政令畅通、落实到位。

四要清廉从政。深入贯彻“中央八项”规定精神和区市若干规定，严格落实“两个责任”，认真履行“一岗双责”，把制度的笼子扎得更紧。保障和支持审计机关依法独立行使监督权。强化行政监察，不断完善工程建设、招标投标、土地出让、政府采购、产权交易等领域制度。加大违纪违法案件查办力度，严肃查处发生在群众身边的腐败问题，做到有腐必惩、有贪必肃，努力实现干部清正、政府清廉、政治清明。

各位代表、同志们：蓝图绘就正当乘风破浪，任重道远更需一马当先。让我们在自治区党委、政府和市委的坚强领导下，凝聚全市人民的智慧和力量，以更加饱满的激情、更加昂扬的斗志、更加务实的作风，奋力打好“十三五”开局之年的攻坚战，为建设开放、富裕、和谐、美丽银川而努力奋斗！

银川市2016年国民经济和社会发展计划

银川市发展和改革委员会

一、总体要求及主要预期目标

2016年,机遇与挑战并存。世界经济将在深度调整中曲折复苏,新一轮科技革命和产业变革正在孕育兴起。同时,国际金融危机深层次影响依然存在,外部环境不稳定不确定因素增多。我国发展仍处于可以大有作为的重要战略机遇期,将更加有效地应对各种风险和挑战,深入推进"一带一路"战略,经济仍将保持中高速增长。银川市随着内陆开放步伐加快,开放平台逐步完善,产业转型升级效果显现,新业态、新产业加速发展,继续实施一批交通、产业等重大项目,奠定了经济保持健康较快增长的基础。

基本思路:深入贯彻落实党的十八大、十八届三中、四中和五中全会、中央和自治区经济工作会议以及市委全会精神,主动适应新常态,牢固树立并切实贯彻创新、协调、绿色、开放、共享的发展理念,继续深入实施"2258"工作思路,坚持经济工作项目化,以提高经济发展质量和效益为中心,保持合理较快的经济增长速度,加快开放内涵式发展和国际化、现代化步伐。

2016年国民经济和社会发展主要预期目标为:

——地区生产总值增长8%。

第一产业增加值增长5%;第二产业增加值增长8.5%,其中规模以上工业增加值增长8.5%;第三产业增加值增长8%。

——全社会固定资产投资增长10%。

——社会消费品零售总额增长8%。

——地方公共财政预算收入增长8.5%。

——城镇居民人均可支配收入增长9%。

——农村居民人均可支配收入增长10%。

——居民消费价格涨幅控制在3%左右。

——单位生产总值综合能耗、化学需氧量排放量、二氧化硫排放量完成自治区下达考核目标。

二、主要任务

为顺利实现上述目标,全市上下要按照市委、市政府的统一部署,重点抓好以下工作:

(一)以转型升级为着眼点,实现创新发展

深入实施自治区、银川市《产业转型升级和结构调整实施方案》,以重点园区、重大项目为支撑,大力发展新产业、新行业、新业态,优化产业布局,提高质量效益。

继续实施项目带动战略。坚持经济工作项目化,优化投资结构,提高投资效率,发挥投资拉动增长的积极作用。2016年,全市计划实施基本建设项目1300个,项目总投资5700亿元,年度计划投资1500亿元。其中,市本级项目510个,总投资2000亿元,年度计划投资500亿元。各县(市)区、园区项目790个,总投资3700亿元,年度计划投资1000亿元。着重抓好全市100个重点建设项目,年度投资400亿元。发挥财政资金撬动作用,不断创新融资方式,继续推广应用政府与社会资本合作(PPP)模式,做好银行与企业、银行与项目的对接,充分调动民间投资的积极性,激发企业的投资热情。准确把握"十三五"发展重点及中央、自治区2016年资金投向,积极做好国家专项建设基金项目争取工作,促进投资较快增长。做好"十三五"期间项目储备、实施工作,初步编制"十三五"项目1550个,项目总投资12500亿元。其中,一产项目395个,总投资794亿元;二产项目195个,总投资2544亿元;三

产项目962个，总投资9172亿元。积极落实开工条件，确保完成“十三五”时期全市固定资产投资增长10%以上的目标，为全区“十三五”时期项目总投资达到两万亿元、固定资产投资增长10%做出积极贡献。

大力发展“三精”农业。围绕打造国家级现代农业示范区，坚持“三精”方向，推动种养加一体、一二三产业融合发展，打造高效、生态、安全的现代农业发展新格局。提升农业科技和装备水平，实施粮油高产创建、良种覆盖、测土配方等项目，提升农业综合生产能力，粮食播种面积稳定在150万亩左右，种植优质牧草15万亩，瓜菜种植面积稳定在60万亩，奶牛存栏16万头，肉牛饲养量30万头，肉羊饲养量510万只，水产养殖面积21.6万亩。粮食总产保持在70万吨左右，蔬菜160万吨，肉14万吨，蛋3.3万吨，鲜奶50万吨，水产6.9万吨。大力发展现代特色效益农业，因地制宜发展酿酒葡萄、设施园艺、奶畜等优势特色产业，培育构建有机大米、供外蔬菜、灵武长枣等名特优新农产品体系，着力发展绿色生态农业、休闲观光农业、高科技现代农业，构建都市型现代农业框架。进一步提高农业产业化水平，加强现代农业示范园区建设，扶优扶强农业产业化龙头企业，支持发展农民专业合作社和家庭农场，培育发展现代农业产业联合体，鼓励农户发展联户经营，推动农业“接二连三”新业态、新模式不断发展。探索开展互联网+现代农业行动，进一步提升农产品增值率和市场占有率，推进农村三次产业融合发展。大力培育厚生记、百瑞源等农产品加工企业，拓展农产品销售渠道，提升品牌化营销。推动皓月国际清真产业园开工建设，新建一批大型优质饲草料种植基地、良种肉牛繁育基地和优质肉牛肉羊生态示范养殖基地，促进清真牛羊肉产业加快发展。着力培育清真食品及穆斯林用品产业集群及葡萄酒产业集群。扎实推进农村综合改革，在“三权”抵押贷款、农村集体资产确权收益等方面尽快破题，激发农业农村发展活力。

大力推进新型工业化进程。坚持创新驱动，以信息化和工业化深度融合为主线，突出特色产业，加快园区转型升级和产业结构调整步伐。实施“园区升级工程”。加快两化融合，完善园区功能配套，实施园区腾笼换鸟，拓展集约发展的空间，积极培育德胜、银川生物科技园、永宁望远工业园、通航产业园4个产值过100亿元园区，经济技术开发区和高新技术开发区2个产值过500亿元园区，宁东能源化工基地产值过1000亿元园区。实施“龙头企业振兴工程”。开展质量品牌提升行动，支持企业参照国际行业标杆进行技术改造，全面提升产品质量、工艺装备、能效环保等水平，引导企业通过重组转型实现跨越发展，重点培育神华宁煤、中石油宁夏石化、宝丰能源、如意科技、恒天如意、中银绒业、伊品生物等企业不断做大做强。加快发展战略性新兴产业。促进“高、轻、新”产业发展步伐，将银川市打造成西北地区战略性新兴产业发展重要基地。力争战略性新兴产业主营业务收入占工业比重达到15%，轻重工业比调整为22:78。着力培育四个产业集群：现代纺织产业集群，构建一城（滨河新区恒天如意科技产业城）三园（贺兰生态纺织园、灵武羊绒产业园、银川综合保税区纺织园）特色格局，完善纺织保税物流体系，打通宁东化工基地和滨河生态纺织的全产业链条，打造国家级现代纺织工业示范基地。预计2016年纺织产业产值同比增长25%。高端装备制造业集群，实现智能化、信息化融合发展，进一步扩大小巨人数控机床、共享铸钢、新瑞长城、大河机床、西北轴承、银河仪表等知名品牌规模，推动产品向高端化、智能化、一体化方向发展。新能源新材料产业以蓝宝石、单晶硅等为重点，扩大太阳能光伏材料、电池材料以及国内最新的蓝宝石晶体等新材料产业规模，实现从“单打冠军”向“集团军”转变。生物制药发酵产业集群。依托银川生物科技园、永宁望远工业园，加快实施伊品生物、启元药业技术改造项目，提高产品科技含量，增强区内企业关联度，提升产业国际竞争力。

大力发展现代服务业。坚持“反梯度”战略，加快建设现代服务业中心城市。利用内陆开放型经济试验区、银川综合保税区等发展平台，构建现代服务业综合集群。通过WCA世界电子竞技大赛、TMF大会、国际健康医疗产业等新业态，打造会展经济产业集群，举办大中型展会20场（次）以上。依托东西两条旅游带，加大基础设施和景区建设水平，规划建设银川旅游环线轻轨，加快实施丝绸之路国际马术运动场、丝绸文化博览园项目，打造旅游产业集群。年接待游客、旅游收入分别增长10%和9%。依托国际科教城，实施“扩容”计划，大力引进国际化、国内顶尖高校，建设文化教育产业聚集区，发展影视、文化创意产业，打造文化教育产业集群。以滨河新区国际医疗城为龙头，大力发展健康旅游、医疗养生等新业态、新产品，打造医疗健康产业集群。依托通航产业园，建立西北通航产业联盟，推进北汽通航、席勒（中国）等项目建设，放大区域性物流中心城市效应，建设中西部通用航空物流枢纽基地，打造新兴运输产业集群。物流总额达到3052亿元，增长10%。推进智慧银川和信息消费试点城市建设，依托中兴智慧研究院、iBi育成中心、WCA电子竞技游戏等平台，加快推动物联网、大数据、云计算、游戏动漫等智慧产业集聚发展，打造智慧城市产业集群。iBi育成中心电子商务主营业务收入突破60亿元，增长50%，入园企业达到600家，网络交易额突破6000亿元。

实施“金融强市”战略。创新投融资体制机制，整合产业投资引导基金，发起成立金融租赁公司、P2P和股权众筹平台，加快融资担保体系建设，落实中阿创业投资产业园创业投资企业所得税优惠政策。积极引进国内银行、证券、保险、资产管理公司等金融机构在我市设立分支机构。组建中阿人寿保险公司、金融租赁公司，设立助贷基金，增加银川产权交易中心、西部担保集团注册资本，完成中银绒业重组盛大游戏及阿拉伯债券发行，协调WCA引入战略投资人，鼓励域外上市公司和新三板企业入驻银川，推动本市企业上市及新三板挂牌，争取新三板挂牌企业达到20家以上，加强对财政资金存储招标入围企业考核，撬动银行等金融机构加大信贷支持力度。加快国家服务业综合改革试点城市建设。制定落实消费支持政策，优化发展传统服务业，积极创新拓展新兴服务业。创新服务业发展体制机制，激发服务业发展活力。

以深化改革为突破，释放发展新动力。积极推进供给侧结构性改革，优化投资结构，释放消费潜力，坚定不移地调结构、转方式，加快发展动力转换，全面提升发展层次和水平。深化行政审批制度改革。开展法人和其他组织社会信用登记制度，深化“多证合一”、“一照一码”商事制度改革。继续扩大网上审批事项数量，不断优化网上办事流程。继续创新投资项目审批管理机制，对重大招商项目、重点建设、鼓励类项目，实行一次性审核、一揽子申报、一口式办理的便捷化审批模式。深入推进机构改革。整合行政执法资源，探索跨部门、跨行业综合执法，减少执法层次，完善执法管理体制，提高基层执法能力和服务水平。公开权力清单目录，向社会公开各部门各单位取消、下放、转移、整合、保留的行政职权事项，实行清单动态管理机制，及时对清单进行调整和完善。深化国有资本管理体制改革。制定国资监管清单，明确划分国资监管机构、资本运营公司和经营企业的职责权限。继续做好国有资产清理，彻底解决政企、政资不分问题。启动银川市供热公司、银川维维乳业等企业国资退出程序。组织做好检测中心等经营性事业单位的转企改制工作。加快中兴（银川）智慧城市、银川交投上市步伐。深化医疗卫生改革。统筹推进城市公立医院与基层医疗卫生制度综合改革，稳步推进市属医院人事薪酬制度改革，推行院长年薪制，完善现代医院管理制度；全面推进分级诊疗工作；加强县乡医疗一体化建设；建立促进社会办医加快发展的长效机制。

（二）以载体建设为抓手，实现开放发展

用好用活宁夏内陆开放型经济试验区、中阿博览会两块“金子招牌”和先行先试的政策，加快开放载体建设，努力把银川建设成为丝绸之路经济带节点城市和对阿合作核心区。滨河新区，深入推进与宁东基地、现代生态纺织产业示范园、河东机场、综合保税区、空港物流园“六位一体化”融合发展，加快“四城”基础配套、城市功能建设，打造沿黄城市群产城一体示范区、开放型经济先行区，全力申建国家级新区。强化产业支撑，加快发展医疗健康、科教文化、休闲旅游等高端服务业，推进通用航空、大数据、现代纺织等新兴产业。全力实施恒天如意科技产业城、皓月清真产业园、宝丰枸杞深加工、大数据二期等项目建设，快速推进中阿文化园、天山海世界、景城住宅区、科教城商业开发等项目，加快长河大街延伸、旅游大道改造提升、综合管廊等基础设施建设，力争投资翻一番，完成160亿元，打造全市乃至全区产业转型升级的示范区。综合保税区积极复制上海等四大自贸区便利化监管制度和服务措施，加快中阿自贸区创建步伐，力争在制定专项扶持政策、开展一般纳税人资格试点等方面取得突破。加快经二路、经三路、支五路、支六路道路给排水及路灯工程等二期基础设施建设，确保二期封关运营。推进展览展销中心、生物科技信息产业园、丝路国际合作产业园等项目开工，加快外贸出口基地建设，打造丝路经济带货运集散中心，探索“平台服务+通关机制+境外配送”的跨境电子商务模式；启动中阿跨境电商综合试验区申报工作，加快建设进境肉类（水果、种苗）指定口岸项目并通过验收，积极申请药品、水产品、粮食和整车进口口岸资质。探索大通关协作机制，积极推行快速通关模式。2016年进出口贸易总额增长35%以上，达到30亿美元；新增注册企业50家，招商引资到位资金10亿元。阅海湾中央商务区放大中阿博览会永久性会址效应，加快建设中阿生命园、中阿大学城、帕西姆免税店、江苏总部园、宝湖鑫都商业综合体、国际进出口商品展示中心等项目，大力发展总部经济、楼宇经济。大力引入金融企业，探索建设中阿基金产业园，开展伊斯兰金融业务。积极推进外国领事办事处、官方民间合作交流办事处等机构落户商务区，打造国际化示范区。争取2016年入园企业达到360家，年度投资达到30亿元。

贯通开放“大通道”，打造“空中、陆上、网上”三条丝绸之路。陆路方面，深化与青岛、天津等港口跨区域合作，推进与乌力吉口岸合作，完善与郑州等丝绸之路经济带沿线城市9个海关区域通关一体化模式。积极配合协调国家和自治区建设银川域内银西高铁、呼包银兰客运专线、太中银铁路银川至定边段改扩建、银巴铁路及银川至百色高速、银川至昆明高速等铁路、公路工程，加快构建多式联运、向西出境、向东出海的国际物流大通道。空中方面，发挥紧邻雅布赖国际航线和“第五航权”优势，巩固已开通国际国内客运航线运载能力，协调加快开通更多国际客运、货运航线，推进国际航线常态化运行。争取国际中转旅客72小时过境免签、境外旅客购物离银免税等政策落地。网上方面，对接国家“信息丝路”计划，加快国家级电子商务示范基地和全国跨境贸易电子商务试点城市建设，建成宁夏电子口岸平台一期，争取获批跨境电商保税进口资质。完善丝路通中阿B2B电子商务交易平台运行模式，搭建全市跨境电商营销平台。坚持“走出去”，“引进来”，推进宝塔石化、同基国际贸易等企业海外项目实施，支持荣昌集团、阿莱曼进出口贸易公司等设立海外销售联络处，围绕清真食品、现代纺织等产业加大招商引资力度，力争招商引资项目到位资金达到550亿元，增长10%以上，引进中外500强企业5家以上。

（三）以生态建设为重点，实现绿色、协调发展

提升“碧水蓝天 明媚银川”形象，着力推进绿色发展、循环发展、低碳发展，形成节约环保的生产生活方式。

不断完善城乡基础设施，3座黄河大桥及连接线工程全面建成通车；实施道路畅通、棚户区改造、老旧小区改造工程，加快回迁安置区建设，尽快交付使用。新建、续建地下综合管廊、金凤区南部片区配套道路工程、宝湖路跨艾依河、沈阳路跨阅海桥梁、怀远路等道路桥梁工程和街巷主次干道改造等工程，建设六盘山路跨艾依河工程、实现IBI育成中心与科技园融合发展；缓解交通拥堵，优化道路通行条件。推进城市防洪防涝及黑臭水体治理工程，实施第七、九污水处理厂等续建和第一、二、四、五污水处理厂等扩建项目，提高城市污水处理及排放能力。

持续改善城乡面貌，完成李俊镇、常信乡等9个乡镇15个村的环境整治项目，实施俊华、华琳源等6个畜禽养殖污染治理项目。高标准建设镇北堡红酒小镇等3个美丽小城镇和10个美丽村庄建设，不断改善农村生态环境。实施棚户区改造6900户，改造老旧小区300万平方米；启动城市地下管廊体系建设。

优化提升生态环境。实施小微公园、城市主题公园、城市道路景观绿化、城市公园完善及能力建设、鸣翠湖湿地保护和恢复等工程，大力加强城市周边“绿肺”建设，着力改善城市段湖河沟渠等水系的生态景观环境。落实国家、自治区“水十条”，实施艾依河生态环境综合治理、芦草洼滞洪区生态综合治理、第二排水沟治理等工程。

推进绿色低碳循环发展。发展绿色交通，实行公共交通优先，推广新能源汽车，鼓励自行车等绿色低碳出行。全面实施绿色规划、设计、施工标准，推广绿色建筑和建材，提高建筑节能标准。控制重点行业碳排放。推行企业循环式生产、产业循环式组合、园区循环式改造。扩大灵武循环经济试验区辐射示范效应，推动再生资源回收利用产业化，大力发展再制造产业，促进资源循环利用。调整优化能源结构，促进风能、太阳能等新能源集约开发和多领域应用。淘汰落后产能、技术和污染企业。加快全国生活垃圾分类示范城市创建步伐，加强生活垃圾分类回收处置全过程系统建设，强化与再生资源回收体系衔接，推进生产和生活系统循环链接。

全面节约高效利用资源。实行能源和水资源消耗、建设用地等总量和强度双控行动。实行最严格的水资源管理制度，以水定产、以水定城，严守用水总量、用水效率、水功能区限制纳污"三条红线"，严禁违规开采地下水。建设节水型社会，推广节水技术和高效节水产品，加强生活节水，提高再生水资源利用，实施雨洪资源利用工程。落实最严格耕地保护和节约集约用地制度，推进城镇、园区闲置低效土地开发利用，严格控制农村集体建设用地规模。抓好节能减排，加大对高能耗行业能耗管控力度，强化重点行业节能和公共机构节能。

加大环境保护治理力度。巩固和扩大"蓝天工程"防治成果，实施大气污染防治行动，加大工业企业废气污染治理，强化扬尘、机动车尾气和餐饮业污染治理力度。推广清洁能源替代燃煤小锅炉，控制二氧化硫排放，推动城市空气质量改善。大力实施污染减排。实施工业污染源全面达标排放计划。严格执行建设项目管理环保"一票否决制"，完善总量控制制度和污染物统计监测体系，突出抓好工业源、农业源、生活源、交通源等重点领域污染减排。加快推进药企污染常态化治理。建立土壤环境监测网络，推动土壤污染风险管控和治理修复。加强固体废弃物治理和噪音污染控制。深化农村环境综合整治，改善农村生态环境。推进艾依河流域、黄河银川段流域的综合治理，银川段入黄排水沟水质达到Ⅳ(四类)标准。规范工业固体废物环境管理，严格危险化学品管控，加强重金属污染防治，防控重大环境风险。

(四)以保障民生为根本，实现共享发展

实施精准扶贫。围绕移民增收目标，坚定不移地实施"产业扶贫、教育扶贫、金融扶贫、社会扶贫、整村脱贫"五项行动计划，建档立卡贫困人口减少1万人，吊庄移民区23个行政村全部实现脱贫摘帽，力争吊庄移民和生态移民地区人均可支配收入分别增长13%和16%以上。

支持就业创业。制定"两创"扶持政策，加快建设创业大学，鼓励全民创业创新，高校毕业生当年实现就业达到85%，城镇新增就业人数4.5万人，城镇登记失业率控制在4.5%以内。加强跨区域劳务合作，促进农村富余劳动力转移就业8万人。

扩大社保覆盖面。重点抓好企业职工、个体工商户、灵活就业人员和城乡居民参保扩面工作，进一步提高社会保险待遇水平。城镇职工养老、失业、医疗、工伤和生育保险参保人数分别达到70万人、43万人、65.12万人、44.59万人和39.56万人。城乡居民养老、医疗保险参保人数分别达到27.5万人和91.96万人。

促进教育公平。鼓励普惠性幼儿园发展，继续巩固提高义务教育均衡发展成果，试点推广普通高中免费教育，加强职业教育，推广产教融合、校企合作办学模式，支持和规范发展民办教育，鼓励社会力量和民间资本提供多样化教育服务。推进北方民族大学附属中学、市特殊教育中心迁建、金凤区第十二小学等续建项目，实施唐徕中学改造、九中宿舍楼、实验中学文体艺术楼、第七幼儿园改扩建工程、景城中学、小学等新建项目。

实施健康银川行动。统筹推进城市公立医院与基层医疗卫生制度综合改革，全面推行政府购买社区卫生服务，深化城市社区卫生服务机构管理体制和人事分配制度改革，推进银川市儿童医院、市第一人民医院全科医生培训基地和儿科治疗中心等项目建设，新建银川市紧急救援中心等项目。依托银川市卡瓦心脏中心、中航公司细胞库等重点项目吸引资金和先进技术，推进区域间医疗合作。

推进文化旅游事业发展。推动"两带一轴"旅游景区配套开发，强化文化基础设施建设。实施西夏陵申遗博物馆迁建区、旅游基础设施、贺兰山岩画景区紧急避险道、明长城、兵沟及横城汉墓群保护工程、银川中阿友谊雕塑园、宁夏银川图书城等续建项目，新建银川广播电视及银川日报全媒体媒资基地、银川世界岩画馆(韩美林艺术馆二期)、贺兰山岩画遗址公园生态环境整治改造等文化旅游项目；继续推进"四送六进·文化惠民"工程，开展百场演出下乡村等活动，打造"文化银川·花开四季"特色文化活动品牌。开通丝路旅行网，创新旅游宣传营销推介新模式，探索设立体育旅游产业发展基金，着力推动文化和旅游深度融合，形成"大旅游"建设规模和品牌效应。

稳定物价水平。严格控制各项价费调整，做好政府放开类商品和服务的价格监控工作，认真做好群众来信来访的价格举报受理办理工作，加强对群众生活必需品及服务价格的巡查，加大不当价格行为查处力度。

建设平安银川。结合智慧城市建设,完善社会治安立体防控、应急救援等社会治理体系。增强社区服务功能,推进社区网格化管理。加快社会信用体系建设,促进社会诚信意识普遍增强。加快健全公共安全体系,强化公共安全应急管理。加强安全生产监管,健全安全生产责任体系,杜绝重大安全生产事故。完善农产品质量安全监管体系。实施食品安全放心工程,严格落实重大决策社会稳定风险评估制度,完善社会矛盾排查预警和多元化纠纷调处化解机制。健全社会治安防控网络,依法严厉打击各类违法犯罪活动。加强和改进信访工作,推行"阳光信访",提高信访工作的法治化水平。积极推进特殊人群帮教管理工作创新,健全社区矫正制度。全面加强禁毒工作,最大限度减少毒品危害。启动实施"七五普法",扩大法律援助覆盖面。提高国防动员和后备力量建设质量,坚持军民融合发展,推动双拥工作创新发展。创新开展民族团结进步创建活动,依法加强宗教事务管理,促进民族和睦、宗教和顺、社会和谐。

附件:银川市2016年国民经济和社会发展计划主要指标表

附件

银川市2016年国民经济和社会发展计划主要指标表

	计算单位	2014年实际	2015年计划(%)	2015年实际		2016年计划	
				数值	增长(%)	数值	增长(%)
一、地区生产总值	亿元	1388.62	10左右	1480.73	8.3	1580	8.0
第一产业增加值	亿元	52.80	5.0以上	57.46	4.7	61	5.0
第二产业增加值	亿元	750.11	12.0左右	787.11	9.1	840	8.5
#规上工业增加值	亿元	471.71	11.0左右	487.8	8.9	525	8.5
第三产业增加值	亿元	585.72	8.0以上	636.16	7.6	679	8.0
二、固定资产投资	亿元	1392.76	22.0	1540.88	10.6	1695	10.0
三、地方公共财政预算收入	亿元	153.6	12.0左右	171.28	12.1	185.8	8.5
四、居民消费价格指数(上年=100)		103.5	3.5以内	101.6	1.6	103	3.0左右
五、社会消费品零售总额	亿元	445.42	10.0	477.6	7.2	515	8.0
六、进出口总额	亿美元	45	15.0	32.66	-32	39.5	17.0
其中:出口	亿美元	36	16.0	25.4	-34	29. 5	16.0
七、人民生活							
城镇居民人均可支配收入	元	26118	10.0	28261	8.2	30800	9.0
农村居民人均可支配收入	元	10275	10.0	11148	8.5	12265	10.0

银川市2015年全市及市本级预算执行情况和2016年预算草案的报告

——2016年1月19日在银川市第十四届人民代表大会第五次会议上

银川市财政局

各位代表：

受市人民政府委托，现将银川市2015年预算执行情况和2016年预算草案的报告提请市第十四届人大第五次会议审议，并请市政协各位委员和其他列席人员提出意见。

一、2015年预算执行情况

2015年，全市上下深入贯彻党的十八大和十八届三中、四中、五中全会和中央、自治区经济工作及财政工作会议精神，认真执行市委各项重大决策部署，坚定不移地实施"2258"工作思路和"金融强市"发展战略，坚持稳中求进工作总基调，立足发挥好财政的基础性和支撑性作用，转变财政职能，扎实推进财税改革，主动适应新常态，攻坚克难、奋发有为，较好地实现了全年预算目标。

（一）一般公共预算执行情况

1. 全市一般公共预算执行情况

全市全口径一般公共预算收入完成392.28亿元。其中：中央级收入165.60亿元，自治区级收入55.40亿元，地方一般公共预算收入171.28亿元，完成年初预算的104.30%，同比增长12.11%。地方一般公共预算支出283.94亿元，为变动预算的96.70%，同比增长8.20%。

银川经济技术开发区一般公共预算收入完成13.97亿元，完成年初预算的100.30%，同比增长12.30%。一般公共预算支出14.18亿元，为变动预算的99.20%，同比增长12.30%。

2. 市本级一般公共预算执行情况

市本级一般公共预算收入完成86.79亿元，完成年初预算的107.50%，同比增长13.30%。一般公共预算支出125.0亿元，为变动预算的92.30%，同比增长16.50%。

2015年市本级预算收支执行具体情况如下：

（1）收入项目执行情况

税收收入完成55.07亿元，为预算的98.30%，增长10.30%。其中：增值税完成5.47亿元，为预算的49.60%，增长8.70%；营业税完成22.36亿元，为预算的101.70%，下降10.20%；企业所得税完成3.90亿元，为预算的85.80%，下降3.0%；个人所得税完成1.67亿元，为预算的105.90%，增长23.70%；城建税完成6.75亿元，为预算的154.0%，增长74.50%，主要是中央调整成品油消费税附加费分享比例增加地方分享；土地增值税完成1.82亿元，为预算的98.20%，增长14.0%；耕地占用税完成5.61亿元，为预算的701.70%，增长968.60%。主要是清理历年建设用地占用耕地清缴税收入库;契税7.49亿元，为预算的78.60%，下降10.26%。

非税收入完成31.72亿元，为预算的128.60%，增长18.70%。其中：专项收入完成5.01亿元，为预算的75.70%，增长83.90%，主要是中央调整成品油消费税附加费分享比例增加地方分享，地方水利基金、残疾人就业保障金、教育资金调入一般公共预算；行政事业性收费收入完成2.17亿元，为预算的50.60%，下降47.20%，主要是减轻企业负担，减免、停征行政事业性收费；罚没收入完成1.11亿元，为预算的82.10%，下降12.60%，主要就加强行政监管、加大信息化监控等措施违法行为降低罚没事项减少；国有资产经营收益完成2.18亿元，为预算的242.40%，增长237.70%，主要是股权分红、利息收入等增加；国有资源（资产）有偿使用收入完成21.09亿元，为预算的210.80%，增长26.60%，主要是将政府经营性存量资产进行处置；其他收入完成0.16亿元，为预算的10.30%，下降88.10%。

（2）支出项目执行情况

教育支出7.73亿元，为预算的82.60%，增长0.80%；科学技术支出1.10亿元，为预算的51.80%，下降37.0%，主要是科技园项目因前期审批等因素未形成支出，项目资金结转下年继续安排使用；文化体育与传媒支出3.18亿元，为预算的99.20%，增长8.90%；社会保障和就业支出9.31亿元，为预算的94.70%，增长31.0%；医疗卫生与计划生育支出8.71亿元，为预算的99.80%，增长19.60%；节能环保支出6.79亿元，为预算的95.20%，增长158.60%，主要是增加既有居住建筑供热计量及节能改造项目、拆除燃煤锅炉、淘汰黄标车等专项治理投入；城乡社区事务支出45.97亿元，为预算的87.10%，增长211.40%，主要是支持城乡社区公共设施、支持滨河新区基础设施建设和阅海湾中央商务区发展；农林水支出3.74亿元，为预算的96.60%，下降1.70%，主要是收回历年结余3270万元；国土资源气象等支出0.67亿元，为预算的100.0%，增长27.0%；住房保障支出5.59亿元，为预算的100.0%，下降41.30%；交通运输支出4.39亿元，为预算的100.0%，增长20.10%；资源勘探信息等支出3.08亿元，为预算的99.90%，下降14.80%，主要是整合产业基金，压缩专项资金；商业服务业等支出1.96亿元，为预算的99.70%，下降53.0%；金融监管等事务支出5.03亿元，为预算的100.0%，下降68.50%，主要是上年一次性向金融控股集团注资16亿元；公共安全支出8.51亿元，为预算的100.0%，增长4.90%；一般公共服务支出6.80亿元，为预算的99.40%，增长71.10%；其他支出1.63亿元，为预算的98.10%，下降82.50%。

（3）自治区对市本级转移支付补助情况

自治区对市本级转移支付36.28亿元，其中：返还性收入1.64亿元，一般性转移支付收入12.62亿元，专项转移支付补助收入22.02亿元。

（4）自治区转贷地方政府债券情况

自治区转贷银川市本级地方政府一般债券26.99亿元。其中：新增地方政府一般债券5亿元，主要是解放西街改造补助；置换地方政府存量一般债券21.99亿元。

（5）市本级对辖区转移支付补助情况

市本级对辖区转移支付补助支出23.37亿元。其中：返还性补助1.04亿元，一般性转移支付4.61亿元，专项转移支付补助17.72亿元。

（6）市本级一般公共预算执行结果

市本级一般公共财政预算总收入198.75亿元，其中：一般公共财政预算收入86.79亿元，返还性收入1.61亿元，一般性转移支付收入12.28亿元，专项转移收入29.57亿元，调入预算稳定调节基金8.60亿元，上年结余结转4.39亿元，地方政府债务31.99亿元，调入资金22.45亿元，辖区专项上解收入1.07亿元。市本级一般公共财政预算总支出198.75亿元，其中：市本级一般公共财政预算支出完成125.0亿元，对辖区转移支付补助支出23.37亿元，上解支出0.70亿元，地方政府债券支出26.99亿元，债券还本支出3.28亿元，安排预算稳定调节基金8.85亿元，结转下年支出10.56亿元。市本级一般公共财政预算收支平衡。

（二）政府性基金预算执行情况

1. 全市政府性基金预算执行情况

全市全口径政府性基金预算收入完成79.71亿元。其中：中央级收入2.15亿元，自治区级收入5.0亿元，地方政府性基金收入72.56亿元。全市地方政府性基金预算支出92.48亿元，同比下降19.0%。

银川经济技术开发区政府性基金预算收入完成1.17亿元。政府性基金预算支出1亿元。结转下年支出0.17亿元。

2. 市本级政府性基金预算执行情况

市本级政府性基金预算收入完成38.58亿元，政府性基金预算（不含转移辖区支付19.68亿元）支出29.68亿元。

2015年市本级预算收支执行具体情况如下：

（1）政府性基金收入情况

散装水泥专项资金收入64万元；墙体材料专项基金收入592万元；国有土地使用权出让收入36.50亿元；政府住房基金收入0.83亿元；城市基础设施配套费收入0.61亿元；其他基金收入0.57亿元。

（2）政府性基金支出情况

城乡社区事务支出28.66亿元,其中:土地出让金27.86亿元,重点用于绿博园、征地拆迁等支出;资源勘探电力信息事务支出0.19亿元;商业服务业支出0.09亿元;其他基金支出0.74亿元。

(3)自治区转移支付补助情况

自治区对市本级转移支付补助2.21亿元,其中:政府住房基金补助0.06亿元;新增建设用地土地有偿使用费补助0.13亿元;旅游发展补助0.09亿元;其他政府性基金补助1.93亿元。

(4)自治区转贷地方政府债券情况

自治区转贷银川市本级地方政府专项债券23.44亿元。其中:新增地方政府专项债券1亿元,置换地方政府存量专项债券22.44亿元。

(5)市本级对辖区政府性基金转移支付补助情况

市本级对辖区转移支付补助支出19.68亿元。其中:城乡社区补助18.77亿元,其他基金补助0.91亿元。

(6)市本级政府性基金预算执行结果

市本级政府性基金预算总收入79.20亿元。其中:当年政府性基金预算收入完成38.58亿元,上级补助收入2.21亿元,地方政府债务24.44亿元,上年结转13.97亿元。市本级政府性基金预算总支出79.20亿元。其中:当年政府性基金预算支出完成29.67亿元,地方政府专项债券支出23.44亿元,补助下级支出9.94亿元,调出资金9.61亿元,结转下年6.54亿元。市本级政府性基金预算收支平衡。

(三)国有资本经营预算执行情况

市本级国有资本经营预算收入0.30亿元,主要是金融控股集团公司上缴的利润。当年未支出,全部结转下年安排国有资本运营支出。

(四)社会保险基金预算执行情况

社会保险基金收入78.35亿元,为预算的100.0%,其中,企业职工基本养老保险基金41.29亿元;失业保险基金4.68亿元;城镇职工基本医疗保险基金23.50亿元;工伤保险基金1.17亿元;生育保险基金1.97亿元;城乡居民基本医疗保险基金1.68亿元;城乡居民社会养老保险基金4.06亿元。

社会保险基金支出80.15亿元,为预算的100.0%,其中,企业职工基本养老保险基金46.14亿元;失业保险基金2.18亿元;城镇职工基本医疗保险基金21.72亿元;工伤保险基金1.17亿元;生育保险基金2.0亿元;城乡居民基本医疗保险基金5.97亿元;城乡居民社会养老保险基金0.97亿元。

社会保险基金滚存结余50.95亿元。

(五)需要说明的情况

1. 根据中央"稳增长、调结构、促改革、惠民生、控风险"的总体要求和国务院加大盘活地方政府存量资金的决定。经过市人大常委会审查批准,调整增加当年预算支出14.57亿元。

2. 根据国务院规范地方政府性债务的要求,对2015年地方政府存量债务通过发行地方政府债券进行置换。我市争取落实置换债50.43亿元,其中:市本级24.68亿元,市辖三区25.75亿元。对地方政府债券置换资金已经市人大常委会批准调整。

3. 按照《预算法》的规定,对当年一般公共预算超收及支出净结余,要求转入预算稳定调节基金。在下年度动用安排预算支出。

4. 上述预算收支情况为快报统计数,最终执行结果待决算完成后,再向市人大常委会报告。

(六)落实市人大预算决议情况及预算执行的效果

2015年,面对经济下行压力,认真贯彻中央、自治区和银川市重大决策部署,综合运用各项财政政策措施,稳增长、调结构、促改革、惠民生,有力地促进了全市经济社会平稳持续发展。

1. 深入落实积极的财政政策,促进经济稳定增长

认真落实积极的财政政策,发挥财政资金的导向和杠杆作用,促进经济平稳运行和提质增效。财政调控更加注重发挥市场调节作用,重点放在稳增长、调结构、防风险上。一是积极落实小微企业、西部大开发等税收优惠政策和减免行政事业性收费,减免中小微企业税费32亿元。二是实施科技强市战略支出1.10亿元,重点支持科技研发、科技成果转化、科技支撑计划、中小企业发展创新基金。三是推广应用PPP和政府购买服务等模式,吸引社会资本60亿元,实施棚户区、公租房、公交车购置及场站建设、华夏河图等12个重点民生项目,实现由财政直接投入向市场化运作的转变。

2. 实施投资带动战略,全力保障重点项目资金需求

统筹整合资金118亿元,重点支持滨河新区、阅海湾中央商务区、老旧小区改造、21个棚户区改

造项目、绿博园、滨河黄河大桥等重大基础设施建设、重点民生项目建设,促进经济稳定增长。实施了110省道、203省道、北京路、贺兰山路、文昌路等道路改造提升工程。

3. 创新财政投入模式,着力推动产业转型升级

一是支持新型工业化加速发展。投入5亿元,支持设立通航、纺织、化纤3支产业基金,累计设立10支产业基金,基金规模达到50亿元。重点支持银川通航产业园、滨河新区如意集团项目和宁夏宝塔化纤产业发展和项目建设。二是支持培育总部经济和区域金融中心。投入3亿元,设立阅海湾中央商务区发展专项基金,将阅海湾中央商务区地方财政收入实行封闭运行政策,重点支持引进国内外重点企业和金融机构入驻,着力打造西北地区区域金融中心和中阿合作核心区。三是加大支持中小企业转型发展力度。支出2.20亿元,对企业"新三板"上市、中小企业融资、政策扶持给予政策性奖补,购买社会化服务为280家小型微型企业发放财税代理、法律顾问、代理记帐服务券,助力小微型企业发展。

4. 优先保障民生支出,促进社会和谐发展

全面提升城乡社会保障水平。支出9.31亿元,充分发挥社会保障的托底救急功能。提高城乡低保、五保供养、伤残军人等重点优抚对象补助标准,增加养老保险基金补助,支持残疾人康复培训,残疾人就业培训,残疾人协会及组织建设,保障城乡居民养老保险等足额按时发放。推动城乡居民基本养老保险制度整合,鼓励引导社会资本投入养老机构建设。落实社保补贴、培训补贴等就业政策,设立创业扶持资金,鼓励创业促进就业。加大购买公益性岗位、实施城乡劳动力技能鉴定和就业技能培训,帮助困难群体实现就业,促进复退转业人员就业安置工作,完善全民创业政策,鼓励应届毕业大学生自主创业。

积极支持公共医疗卫生体制改革。支出8.71亿元,重点支持重大公共卫生服务项目建设,支持口腔医院建设和设备购买,继续实施农村孕产妇住院分娩补助、新生儿疾病筛查、学龄儿童牙齿窝沟封闭治疗等重大疾病防控项目,并将儿童先天性心脏病纳入医疗救助范围。落实国家基本药物制度和综合改革各项配套政策。加大对公立医院取消药品加成后的政策性补偿。健全覆盖市辖三区6个公立医院、53个城市社区卫生服务站(中心)、12个乡镇卫生院和71个村卫生室公共医疗卫生服务体系。进一步完善新型农村合作医疗制度,健全城镇居民基本医疗保险制度,支持对高端医学人才和高新技术项目引进、医疗技术人员进修培养及医疗设备购置。支持食品安全监管职能整合调整,落实食品药品、医疗器械专业检测装备购置经费、食品药品监督管理所开办经费等,支持和促进加大市场安全监管力度。

积极促进教育优先发展。支出7.73亿元,继续推进优质教育扩面提升工程,改善中小学校办学条件,提升区域教育现代化水平。进一步完善义务教育公用经费保障机制,支持改造农村薄弱学校。大力推进职业教育发展,落实中等职业教育免学费政策,并对职业教育实训基地建设给予扶持。实施幼儿师范、银川党校、创业大学迁扩建工程。支持银川大学滨河新区新校区建设。落实扶困助学政策,为3.5万名学生免除学杂费、近7000人普通高中、中职学生享受国家助学金,免除高中阶段548人次残疾学生及残疾人家庭学费、住宿费,实现各阶段教育资助政策全覆盖。

积极推进文化旅游发展。支出3.18亿元。实施文化惠民工程,落实博物馆、纪念馆、图书馆、美术馆、文化馆(站)、大型体育场馆免费开放政策。支持办好农村文化信息共享工程。支持西夏陵申遗、贺兰山岩画及韩美林艺术馆等文物保护及传承项目建设。支持银川电视台播出设备更新改造,银川日报社三网融合,支持银川演艺中心项目建设及其他文化体育与传媒产业发展。深入推进公共文化服务体系建设,实施文化惠民工程,推进政府购买文化服务,购买公共文化演出1500多场,免费放电影1万余场次,支持文化产业发展,打造特色文化活动品牌,支持开展"湖城之夏·广场文化季"等系列文化工程。落实我市文艺事业发展政策,支持文化艺术创作和文化艺术产业发展。

全面落实支农惠农政策。支出3.74亿元,落实财政强农惠农政策,设立奶产业风险基金,推进农业产业化经营,支持农村综合改革示范点建设,实施村级公益事业一事一议财政奖补,推进美丽乡村建设试点。实施高水平农田建设,支持粮油、蔬菜等特色效益农业发展,保障主要农产品供给。支持各项水系工程、防护排涝工程、生态综合治理工程。围绕扶贫对象、贫困区域实施精准扶贫,支持

生态扶贫搬迁、整村扶贫和扶贫产业发展，撬动金融等社会资金投入，支持贫困地区发展致富增收产业。

深入实施“蓝天”工程。支出6.79亿元。进一步加大环卫清洁保障投入，购置374台（套），提升环卫机械化水平。支持生活垃圾焚烧发电、餐厨垃圾无害化处理处置、污水处理、污泥无害化处理处置等项目实施。加大对大气污染治理的支持，淘汰“黄标车”1.7万辆。加快推进银川市拆除燃煤茶浴炉工作，拆除224台燃煤锅炉，持续改善空气质量和区域能源结构。大力支持滨河新区、阅海湾中央商务区、艾依河水系、城市主干道生态绿化提升工程。支持实施污水处理厂改造提升工程。生态面貌得到明显改善。

大力实施交通惠民工程。统筹整合资金10亿元。购置626辆公交车，新建市民大厅、滨河新区公交枢纽站，改扩建了南郊、北郊公交枢纽场站。

5. 完善财政监督机制，注重财政投入绩效

积极适应新的经济形势对财政工作的新要求，采取务实有效措施加强和规范管理，改进薄弱环节，促进财政可持续发展。一是建立政府性资金存储绩效考核机制，对金融机构支持银川市经济发展、企业发展、政府购买服务项目情况按季考核按年评价，将绩效评价结果公开并据此确定下一年度政府性资金存储机构。二是完善财政专项资金绩效考核制度，完成对教育、科技、社保等18个项目实施重点绩效评价，逐步拓宽绩效结果运用的广度和深度。三是加快预算执行进度。督促部门加快财政支出审计督查问题整改，依法接受人大调整预算审查。四是全面落实财政“大监督”机制，由常态的事后监督，转为事前监督、事中监督的全过程监督模式，开展农业、卫生等行业会计监督检查，对“银川市为民办实事”项目实施全过程监督，提高预算绩效管理水平。认真贯彻落实“八项”规定，切实强化“三公”经费管理。采取多项措施，严控“三公”经费增长。市本级“三公”经费执行数4020万元，比上年同期下降18.80%。

6. 深化财政改革，坚持创新驱动

一是改革财政投入机制，探索建立产业基金投入新模式，由财政输血型扶持企业发展，转变为造血型产业支持政策。将过去对企业普惠式的发展扶持政策调整为政府主导，市场化运作，基金式管理的新模式，通过基金注入、参股等形式，扶持符合国家产业政策、市场竞争力强的先进装备制造、现代物流、现代农业等传统优势产业，新兴产业，加快银川市产业结构调整和新兴产业培育发展。二是积极推行政府和社会资本合作（PPP）模式。采用PPP模式吸引社会资本参与重点项目、重点领域的投融资、建设和运营，在路桥建设、智慧城市建设和污水处理等项目上实现推广应用的突破。将我市公交车辆购置及场站建设、口腔医院设备购置、棚户区改造等12个重点民生项目作为政府购买服务的试点，发挥财政“四两拨千斤”的作用，实现政府与社会资本合作的共赢。三是建立政银企战略合作机制。改革现行政府性资金管理模式，制定《银川市本级政府性资金竞争存储管理暂行办法》，建立盘活政府性存量资金撬动金融机构支持中小企业发展联动考核机制，将政府性存量资金与金融机构支持企业发展程度挂钩，实现政银企合作的“三赢”或“多赢”。四是落实财源培育激励政策。扎实开展“财源建设年”工作，着力支持重点企业、扶持骨干企业，落实产业优惠政策和激励政策，培育新兴产业、新兴业态，壮大产业发展，培育新的经济增长极，增强财政发展后劲。对地方税收500万元以上的工业企业、地方税收1500万元以上的房地产企业，对贷款增量最大、存贷比最高、有效支持我市重点项目、服务“三农”和“小微”及引领金融创新的金融企业进行通报嘉奖，充分调动各个单位和企业的积极性。五是加快推进财政预算编制体系改革。在细化公共财政预算的基础上，完善包含公共财政预算、政府性基金预算、社会保障预算三大预算有机衔接的政府预算体系。启动财政三年预算规划，积极推进财政三年滚动预算编制，提高预算编制的前瞻性，促使各类规划和建设项目与财政预算安排有效衔接，合理确定财政收支政策和重大项目资金安排，逐年滚动管理，进一步提升财政预算管理的规范化制度化科学化精细化水平，实现规划期内跨年度平衡的预算收支框架。六是稳步推进公务用车制度改革。根据国家和自治区公务用车改革的要求，制定了《银川市执法执勤用车管理办法》、《银川市定向化保障公务用车管理办法》、《银川市公务人员差旅费管理办法》、《全市公务用车制度改革涉改车辆处置办法》，并按照自治区的统一安排于2016年一季度全面实施公务用车改革。

总的看，2015年本市预算执行总体平稳，财政改革发展迈出新步伐，各项工作取得新进展，新突破，这是市委正确领导的结果，是人大、政协及代表委员们监督指导、支持帮助的结果，也是全市各部门和社会各方面团结拼搏的结果。

同时，我们也清醒地认识到财政改革发展面临的问题与挑战：一是财政收入平稳增长与支出需求刚性增长矛盾突出。二是政府预算的完整性、科学性、规范性和透明度有待进一步提高，预算管理改革有待进一步深化推进。三是基本公共服务保障水平、民生保障和改善力度有待进一步加强。四是改革创新力度，与支持新经济、新产业、新业态，创建"一带一路"节点城市和建设现代化、国际化和最适宜人居住、最适宜人创业的区域中心城市相适应的财税政策体系有待进一步完善，财政专项资金的优化整合力度有待进一步加大，财政支持经济发展的方式有待进一步优化。五是财政管理现状与依法理财的新要求还有差距，个别单位违反财经法律法规的现象时有发生。六是地方政府性债务管理有待进一步完善，风险防控亟待加强。七是财政支出标准体系、中期财政规划和信用体系建设有待进一步加强；财务管理和财政监督有待进一步夯实，等等。对此，我们将结合深化财政体制机制改革、加强管理、完善制度措施切实加以解决。

二、2016年预算草案

2016年，全市财政预算编制和财政工作的指导思想是：高举中国特色社会主义伟大旗帜，全面贯彻落实党的十八大、十八届三中、四中、五中全会精神，深入贯彻习近平总书记系列重要讲话精神，坚持"四个全面"战略布局，坚持"五大发展理念"，认真落实市委十三届六次全会的各项部署，以融入"一带一路"为主线，以提高发展质量和效益为中心，加快形成引领经济发展新常态的体制机制和发展方式，以改革开放创新为动力，加快内涵式发展，落实积极的财政政策；进一步加大政府"四本预算"统筹力度，盘活存量，用好增量，从严控制一般性支出，确保重点领域支出特别是民生支出；在全区率先全面建成小康社会，着力推进现代化、国际化进程，着力推进丝绸之路经济带重要节点城市、中阿合作核心区建设，着力推进最适宜居住、最适宜创业的区域中心城市建设，实现经济持续健康发展和社会和谐稳定。

根据上年度预算执行情况和银川市"十三五"规划以及经济社会发展目标，充分考虑我市经济社会发展中各种因素，本着"改革引领、科学谋划、积极稳妥、留有余地"的原则，加大政府性基金、国有资本经营预算与一般公共预算的统筹力度；清理规范财政支出，统筹和优先保障民生支出和重点事项，重点支出向开放发展、向新经济、新产业、新业态倾斜；发挥市场机制作用，积极推进财政支出方式改革；严格控制"三公"经费等一般性支出。

（一）一般公共预算草案

1. 全市一般公共预算安排草案

全市一般公共预算总收入261.86亿元，其中：全市一般公共预算收入安排185.83亿元，增长8.50%。自治区税收返还收入3.03亿元，一般性转移支付收入30.66亿元，专项转移支付收入21.41亿元，调入政府性基金0.25亿元，调入预算稳定基金8亿元，上年结余收入12.67亿元。据此，全市一般公共预算总支出261.86亿元，其中：全市一般公共预算支出259.60亿元，上解自治区支出2.26亿元。收支平衡。

银川经济技术开发区一般公共预算总收入15.56亿元，其中：一般公共预算收入安排15.15亿元，比上年快报完成增长8.50%。据此，一般公共预算总支出15.56亿元，一般公共预算收支平衡。

2. 市本级一般公共预算安排草案

市本级一般公共预算总收入127.03亿元，其中：一般公共预算收入安排93.84亿元，增长8.50%。自治区税收返还收入1.61亿元，调入预算稳定调节基金7亿元，上年结余10.56亿元。转移支付收入14.03亿元，其中：一般性转移支付3.78亿元，专项转移支付9.18亿元，辖区上解收入1.07亿元。据此，一般公共预算总支出127.03亿元，其中：市本级一般公共预算支出121.94亿元，转移辖区支出4.42亿元，上解自治区专项支出0.70亿元。一般公共预算收支平衡。

统筹盘活存量资金、应用重点建设基金、PPP和政府购买服务引入社会资本160亿元。

市本级主要支出项目安排情况是：一般公共服务支出7.04亿元，增长是16.10%；公共安全支出6.71亿元，同口径下降0.70%；教育支出9.95亿元，同口径增长28.0%；科学技术支出3.82亿元，同口径增长150.0%；文化体育与传媒支出3.39亿元，同口径增长12.70%；社会保障和就业支出9.34亿元，同口径增长13.30%；医疗卫生与计划生育支出9.21亿元，同口径增长31.20%；节能环保支出2.94亿元，同口径增长48.20%；城乡社区支出33.54亿元，同口径增长105.90%；农林水支出4.27亿元，同口径下降20.60%；交通运输支出1.82亿元，同口径下降44.80%；资源勘探信息等支出1.52亿元，同口径增长4.90%；商业服务业等支出1.05亿元，同口径增长32.80%；金融支出12.33亿元，同口径增长146.40%；国土海洋气象等支出0.59亿元，同口径增长63.30%；住房保障支出2.25亿元，同口径下降2.80%；粮油物资储备支出0.25亿元，同口径增长108.30%；其他支出9.82亿元，同口径增长21.79%；预备费2亿元，与上年持平。

（二）政府性基金预算安排草案

1. 全市政府性基金预算

全市政府性基金预算收入60亿元。根据收支平衡原则，安排全市政府性基金预算支出60亿元。

银川经济技术开发区政府性基金预算收入1亿元。根据收支平衡原则，安排全市政府性基金预算支出1亿元。

2. 市本级政府性基金预算草案

市本级政府性基金预算收入45亿元。其中：散装水泥专项资金收入0.04亿元，墙体材料专项基金收入0.10亿元，城市公用事业附加收入0.30亿元，农业土地开发资金收入0.40亿元，土地出让金收入安排42亿元，城市基础设施配套费收入2.10亿元，其他基金收入0.06亿元。根据收支平衡原则，安排全市政府性基金预算支出45亿元。其中：政府性基金预算拟安排征地拆迁补偿15亿元，政府投资项目整合安排10亿元，偿还政府债务20亿元。

3. 国有资本经营预算安排

按照有关规定，市国资委监管企业按相关规定税后利润的上缴收益。2016年市本级国有资本经营预算收入安排1.30亿元。其中：国有企业上缴利润收入1亿元，上年结转收入0.30亿元。与此对应，市本级国有资本经营预算支出安排1.30亿元，主要用于资本性支出。

4. 社会保险基金预算安排

全市社会保险基金收入预算安排86.67亿元，增长10.60%.其中：企业职工基本养老保险基金收入37.66亿元，机关事业单位基本养老保险基金收入11.62亿元，城乡居民基本养老保险基金收入0.54亿元，城镇职工基本医疗保险基金收入25.10亿元，居民基本医疗保险基金收入5.96亿元，工伤保险基金收入0.99亿元，失业保险基金收入3.27亿元，生育保险基金收入1.53亿元。全市社会保险基金支出预算安排88.98亿元，增长100.0%。其中：企业职工基本养老保险基金支出43.74亿元，机关事业单位基本养老保险基金支出11.62亿元，城乡居民基本养老保险基金支出0.40亿元，城镇职工基本医疗保险基金支出21.96亿元，居民基本医疗保险基金支出6.57亿元，工伤保险基金支出0.91亿元，失业保险基金支出2.19亿元，生育保险基金支出1.60亿元。滚存结余47.10亿元。

（三）市本级重大支出政策及预算安排

按照进一步完善政府预算体系，加大政府性基金、国有资本经营预算与一般公共预算的统筹力度的要求，市本级对市本级一般公共预算、政府性基金预算、政府存量债务进行统筹安排。2016年市本级可用于统筹安排的总财力为326亿元左右。其中：一般公共预算收入93.90亿元，增长8.50%；政府性基金预算收入45亿元。争取地方政府债券20亿元，积极推广应用PPP合作项目，引进社会资本50亿元，采取政府购买服务方式，引入社会资本投资50亿元，利用棚户区改造项目融资60亿元。动用预算稳定调节资金7亿元。据此统筹安排2016年市本级财政支出预算。

1. 着力推进"一带一路"重要节点城市和开放载体建设，促进外向型产业集聚发展。拟安排3.25亿元。其中：安排0.90亿元，重点支持展会经济、清真产业、电子商务和进出口贸易补贴，安排1亿元，设立开放发展专项基金。安排1.35亿元，支持银川机场三期扩建工程。

2. 着力推进"金融强市"战略，促进产业创新发展。整合压缩各类专项资金，将新增财力重点投入新兴产业，重点支持园区建设，以大项目带动产业大发展。拟安排25.90亿元。其中：产业基金15亿元，重点支持组建金融租赁公司、地方保险公司和新兴产业基金；通联资本、智慧城市注资及购买服务9.30亿元；安排1.60亿元，用于奖励新进金融机构、新三板上市企业、工业企业稳增长等奖励。

3. 着力推进投资带动战略，有效放大公共领域投资。拟整合统筹安排30亿元，其中：安排10亿元，通过政府购买服务方式，吸引社会资本50亿元，参与城市公共领域基础设施建设投资。拟整合资金10亿元，积极推广应用PPP合作模式，引入社会资本50亿元，争取国家PPP模式应用奖励资金，实施沈阳路、六盘山路等地下综合管廊建设。安排10亿元，用于政府投资公益性项目和续建项目的支出。

4. 着力推进创新驱动战略，不断提升科技成果转化。整合安排3.70亿元。其中：安排2亿元科技创新发展基金。探索建立适应不同类型科研项目特点的财政支持机制，鼓励引导企业加强技术中心创新能力建设，探索通过设立引导基金、担保基金等市场化模式，促进科技与金融有机结合，吸引更多社会资金、金融资本支持科技成果转化。安排1.70亿元，重点支持院所合作、科技研究、新技术应用推广、科技后补助等支出。

5. 着力推进统筹协调发展，不断提升民生保障水平。整合统筹安排97.60亿元更好地保障和改善民生。一是整合资金66.50亿元（其中财政配套6.50亿元，利用国开行融资60亿元），加快推进30个棚户区改造项目建设，促进城乡协调发展。二是拟安排6.20亿元。积极推进就业和社会保障体系建设。促进大众创业创新，继续加大对公益性岗位的购买力度，促进弱势群体及其家庭就业增收，推动实现更高质量的就业。统筹推进城乡低保标准统一，鼓励社区居家养老，有效扩大养老服务供给，将失地农民养老保险纳入职工养老保险。三是拟安排2亿元。积极推进和深化卫生体制改革，促进基本公共卫生服务均等化；全面推进城乡居民大病保险，做好城乡医疗救助与基本医保、大病保险、慈善救助之间的衔接。四是拟安排4.30亿元。探索建立以政府购买服务方式支持民办教育和学前教育，支持滨河新区创业大学、幼儿师范、银川大学等职业教育，积极探索建立与办学规模和培养要求相适应的现代职业教育财政投入机制，支持教育国际化和信息化建设，促进优质教育资源共享。五是拟安排2.10亿元。支持优秀文艺作品创作和文艺院团发展，鼓励文艺创作出新品、出精品、出人才；支持现代公共文化服务体系建设，鼓励和引导社会力量、社会资本参与提供公共文化服务，加快推进基本公共文化服务标准化、均等化；支持深化文化体制改革，推动传统媒体与新兴媒体、文化与相关产业融合发展。六是拟整合安排10亿元，积极争取自治区资金支持，“去存量”、“做减法”，“增绿色”，优化美化城市生态景观，积极推进解放西街老旧小区整体改造。七是拟安排2.10亿元。积极探索创新城市道路、绿化、清洁等建设运营一体化管理新模式。以政府购买服务方式在滨河新区率先试点引入社会资本参与市政基础设施的建设、运营管理。加快提升环卫清洁设施水平，扩大公厕免费开放范围和提升管理档次，加大生活垃圾、餐厨垃圾购买服务力度，提升垃圾处理水平。八是拟安排1.40亿元。新购置公交车300辆，进一步加大对公共交通运营补贴，场站建设。不断提升公共交通服务保障能力。九是拟安排3亿元。积极推进“蓝天工程”建设。重点实施污水、污泥处理改造升级，整治“黄标车”、燃煤锅炉和农村综合环境治理，加大环境监测能力建设。

6. 着力推进国家级现代农业示范区建设，促进精准扶贫脱贫和农民增收。拟安排1.80亿元。其中：安排1.20亿元，积极扶持“三精”农业，建立奶产业风险基金，完善农业保险制度，推行蔬菜政策性价格保险，支持发展现代特色效益农业。支持皓月国际清真产业城建设，积极推进外向型经济发展。深化农村改革，健全农业补贴政策体系，支持推进新型农业生产社会化服务体系建设，探索建立“粮食银行”新机制。健全“造血”机制，促进农业发展方式转变，持续促进增加农民收入。整合安排0.60亿元，全面落实精准扶贫脱贫政策，进一步加大生态移民地区的产业扶持力度，促进移民地区加快发展。积极推进“美丽乡村”建设，促进城乡均衡发展。

7. 着力加大公共安全投入，促进平安银川建设。拟安排3.70亿元，支持消防设施建设和消防装备配备，重点解决超高层消防装备；支持公安信息化、智能化建设，提升突发事件处置能力；加大安全生产、食品药品、公共卫生安全和市场执法监督的经费保障，切实维护人民群众生命财产安全，促进平安银川建设。

8. 积极化解政府性债务，促进社会和谐稳定。拟统筹安排67.50亿元，其中：统筹安排1.50亿元，促进住房制度改革，支持加大肉菜粮油等物资储备，促进市场生活必需品价格稳定。安排26亿元，解决历年征地拆迁安排和新增建设用地征地拆迁安置补偿。安排32亿元偿还政府性债务本息。安排8亿元,对历年政府投资项目工程尾款清理结算。

9. 严格执行"八项"规定,着力压缩行政支出。拟安排资金32.40亿元。其中:安排17.20亿元,足额保障机关事业人员(含离退休人员)工资支出。安排11.30亿元,按照中央"八项规定"的要求,压缩一般公用经费和"三公"经费,从严控制机关单位基本运行及事业单位专项业务经费。安排改革预留资金3.90亿元,重点保障预算中各项民生项目调整增加的支出。

10. 预备费安排2亿元。

三、奋力拼搏,扎实推进,努力开创财政工作新局面

(一)扎实推进依法理财。认真贯彻落实人大及其常委会的决议决定,认真办理人大代表建议和政协委员提案,主动接受人大和政协监督。主动适应经济增长新常态,加强收入预测和预算执行分析,积极推进综合治税新举措,进一步提高财政收入质量,切实加强非税收入组织,增加可用财力。进一步增强财政法治理念,健全民主决策机制,完善财政权力运行制约和监督机制。严格依法理财,规范财经秩序,严肃财经纪律。清理规范税收、行政性收费等优惠政策。加强政府采购监管。加大监督检查力度,加强政府债务管理,切实防范财政风险。

(二)着力促进转型发展。以开展"财源建设"为契机,大力培育新的增长点,充分发挥财政促进发展的杠杆作用。落实好结构性减税政策。积极推进"一带一路"战略重要节点城市和开放载体建设,支持滨河新区、综合保税区、阅海湾中央商务区实施引进来,走出去发展战略,积极推动产业结构调整和优化升级,继续加大对工业转型升级的投入力度,支持传统产业改造、特色优势产业发展和新兴产业培育,大力扶持中小微企业发展。继续加大"三农"投入,支持深化农村改革,推进农业现代化发展,促进农业增效农民增收。优化政府投资结构,做好重大基础设施建设资金保障。探索建立支持推进新型城镇化的财政政策机制,促进城乡一体化发展。积极推进"西夏突破"发展战略,加大财税政策倾斜,建立支持区域经济发展的体制机制,促进地区均衡发展。进一步完善政银企互惠合作机制,加强财政金融互动配合,通过财政政策促进金融机构加大对地方经济的支持。

(三)努力做好开源节流。牢固树立"过紧日子"思想,认真落实厉行节约制度机制,规范因公出国(境)、公务接待、会议、培训和差旅费管理,加快推进公务用车制度改革。建立预算安排源头审核控制机制,严格控制"三公"经费等一般性支出。

(四)切实保障改善民生。认真落实各项民生政策,统筹安排民生资金,突出办好20件民生实事。推进扶贫攻坚,健全精准扶贫机制,创新各类社会主体参与民生建设的方式。加强民生资金执行监管,确保民生政策落实到位,结合"四个清理"工作,进一步加大对一般公共预算、部门预算、专项转移支付结转资金和政府性基金项目结转资金的清理,进一步盘活财政存量资金,并将盘活的资金重点投向民生改善、公共服务、新兴产业、基础设施等领域。

(五)深化财政管理改革。完善政府预算体系,加强政府性基金预算、国有资本经营预算与一般公共预算的统筹衔接。建立透明预算制度,全面公开除涉密信息外的所有预决算信息。积极推行中期财政规划管理,实施三年滚动财政规划。深化财政体制体制改革,进一步加大对辖区财政一般性转移支付,增强辖区财政实力。加大专项资金清理整合力度。硬化支出预算约束,加快预算执行进度,严格预算执行中期评估。深化绩效预算管理改革,扎实推进绩效评价,强化评价结果运用,提高财政资金使用效益。

(六)创新财政投入机制。逐步健全以产业引导基金、财政贴息、以奖代补等间接方式为主的财政支持产业发展体系。充分运用政府与社会资本合作(PPP)模式,深化政府向社会力量购买服务改革。

各位代表,今年是"十三五"规划的开局之年,也是银川市打响实现转型追赶、建设"一带一路"战略重要节点城市、率先建成小康社会攻坚战关键之年。做好全市财政工作意义重大、使命光荣、任务艰巨。我们将在市委的正确领导下,严格按照市十四届人大五次会议的决议和要求,不断创新改革,主动作为、锐意进取,奋力拼搏,努力完成各项目标任务,为"四个银川"建设和在全区率先全面建成小康社会做出新的更大贡献。

中华人民共和国
2015年国民经济和社会发展统计公报[1]

中华人民共和国国家统计局

2016年2月29日

2015年，面对错综复杂的国际形势和艰巨繁重的国内改革发展稳定任务，党中央、国务院团结带领全国各族人民，按照“五位一体”总体布局和“四个全面”战略布局的总要求，牢固树立和贯彻落实创新、协调、绿色、开放、共享的发展理念，适应经济发展新常态，坚持改革开放，坚持稳中求进工作总基调，坚持稳增长、调结构、惠民生、防风险，不断创新宏观调控思路与方式，深入推进结构性改革，扎实推动大众创业万众创新，努力促进经济保持中高速增长、迈向中高端水平，转型升级步伐加快，改革开放不断深化，民生事业持续进步，经济社会发展迈上新台阶，实现了“十二五”圆满收官，为“十三五”经济社会发展、决胜全面建成小康社会奠定了坚实基础。

一、综合

初步核算，全年国内生产总值[2]676708亿元，比上年增长6.9%。其中，第一产业增加值60863亿元，增长3.9%；第二产业增加值274278亿元，增长6.0%；第三产业增加值341567亿元，增长8.3%。第一产业增加值占国内生产总值的比重为9.0%，第二产业增加值比重为40.5%，第三产业增加值比重为50.5%，首次突破50%。全年人均国内生产总值49351元，比上年增长6.3%。全年国民总收入[3]673021亿元。

图1 2011年-2015年国内生产总值及其增长速度

图2 2011-2015年三次产业增加值占图内生产总值比重

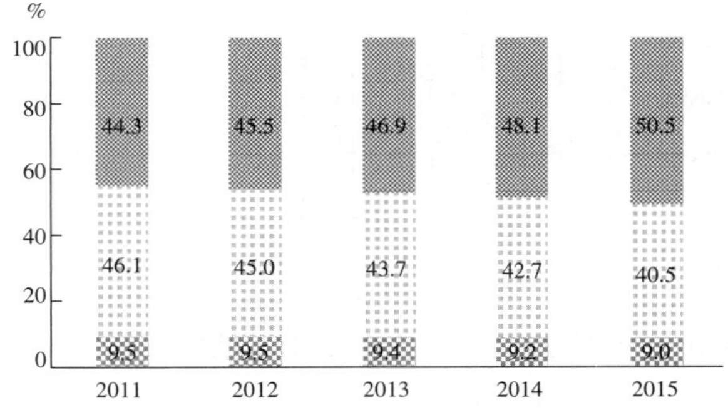

年末全国大陆总人口137462万人，比上年末增加680万人，其中城镇常住人口77116万人，占总人口比重（常住人口城镇化率）为56.10%，比上年末提高1.33个百分点。全年出生人口1655万人，出生率为12.07‰；死亡人口975万人，死亡率为7.11‰；自然增长率为4.96‰。全国人户分离的人口[4]2.94亿人，其中流动人口[5]2.47亿人。人均预期寿命76.34岁。

表1　2015年年末人口数及其构成

指　标	年末数（万人）	比重（%）
全国总人口	137462	100.0
其中：城镇	77116	56.10
乡村	60346	43.90
其中：男性	70414	51.2
女性	67048	48.8
其中：0-15岁（含不满16周岁）[6]	24166	17.6
16-59岁（含不满60周岁）	91096	66.3
60周岁及以上	22200	16.1
其中：65周岁及以上	14386	10.5

年末全国就业人员77451万人，其中城镇就业人员40410万人。全年城镇新增就业1312万人。年末城镇登记失业率为4.05%。全国农民工[7]总量27747万人，比上年增长1.3%。其中，外出农民工16884万

人，增长0.4%；本地农民工10863万人，增长2.7%。

图3 2011-2015年城镇新增就业人数

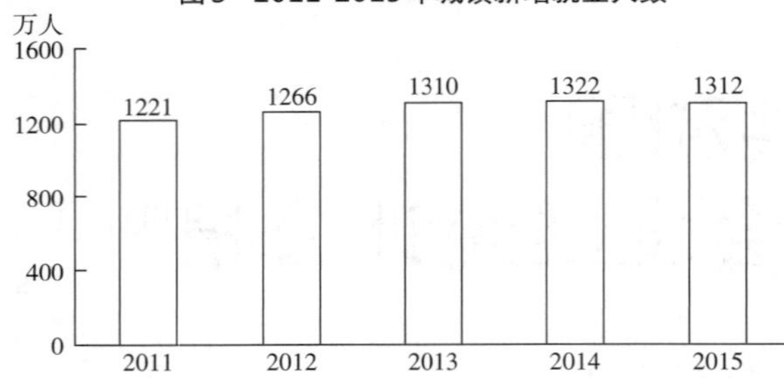

全年全员劳动生产率[8]为76978元/人，比上年提高6.6%。

图4 2011-215年全员劳动生产率

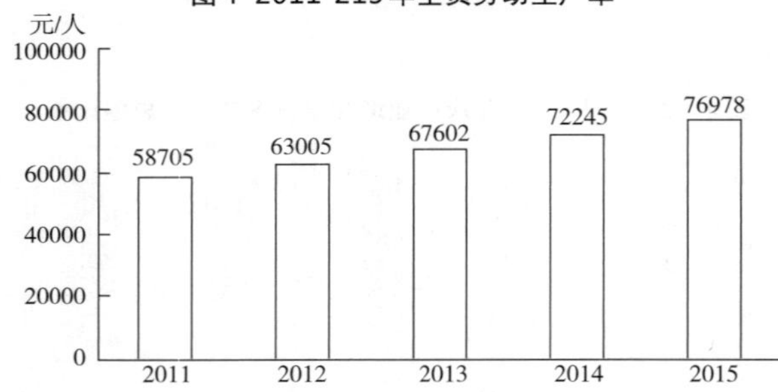

全年居民消费价格比上年上涨1.4%，其中食品价格上涨2.3%。固定资产投资价格下降1.8%。工业生产者出厂价格下降5.2%。工业生产者购进价格下降6.1%。农产品生产者价格[9]上涨1.7%。

图5 2015年居民消费价格月度涨跌幅度

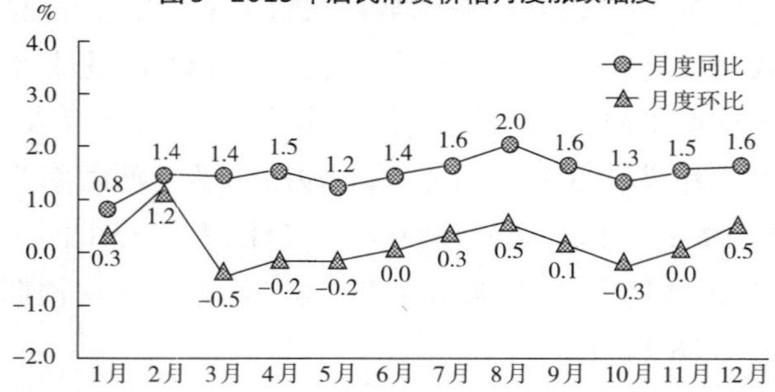

表2 2015年居民消费价格比上年涨跌幅度

单位：%

指　　标	全国	城市	农村
居民消费价格	1.4	1.5	1.3
其中：食品	2.3	2.3	2.4
烟酒及用品	2.1	2.0	2.3
衣着	2.7	2.8	2.3
家庭设备用品及维修服务	1.0	1.0	0.9
医疗保健和个人用品	2.0	1.9	2.3
交通和通信	−1.7	−1.6	−1.9
娱乐教育文化用品及服务	1.4	1.4	1.4
居　住[10]	0.7	1.0	−0.3

年末70个大中城市新建商品住宅销售价格月同比上涨的城市个数为21个，比年初增加20个；下降的为49个，减少20个。

图6 2015年新建商品住宅月同比价格上涨、持平、下降城市个数变化情况

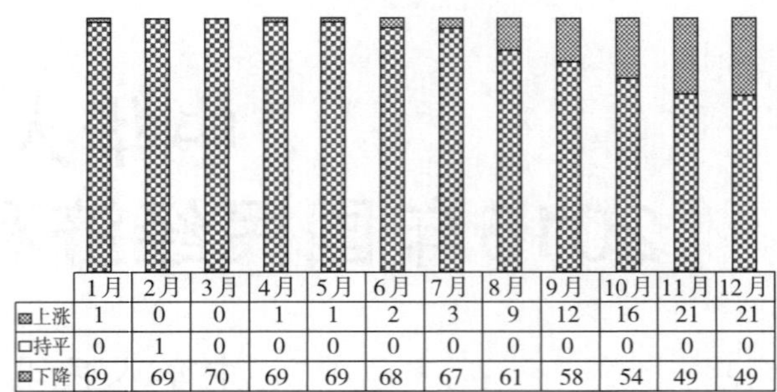

	1月	2月	3月	4月	5月	6月	7月	8月	9月	10月	11月	12月
上涨	1	0	0	1	1	2	3	9	12	16	21	21
持平	0	1	0	0	0	0	0	0	0	0	0	0
下降	69	69	70	69	69	68	67	61	58	54	49	49

全年全国一般公共预算收入152217亿元，比上年同口径[11]增加8324亿元，增长5.8%，其中税收收入124892亿元，增加5717亿元，增长4.8%。

图7 2011-2015年全国一般公共预算收入

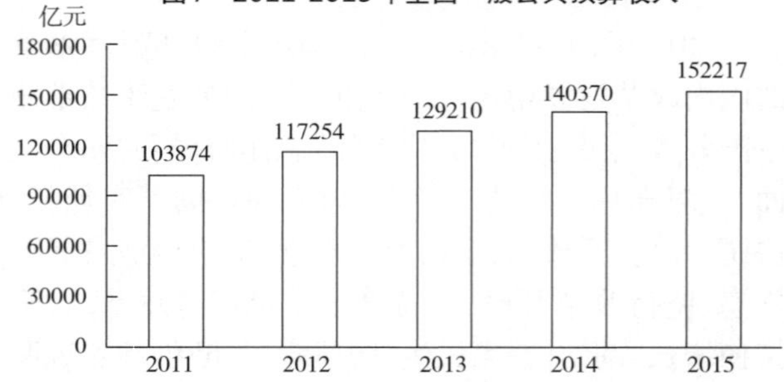

注：图中2011年至2014年数据为全国一般公共预算收入决算数，2015年为执行数。

年末国家外汇储备33304亿美元，比上年末减少5127亿美元。全年人民币平均汇率为1美元兑6.2284元人民币，比上年贬值1.4%。

图8 2011-2015年年末国家外汇储备

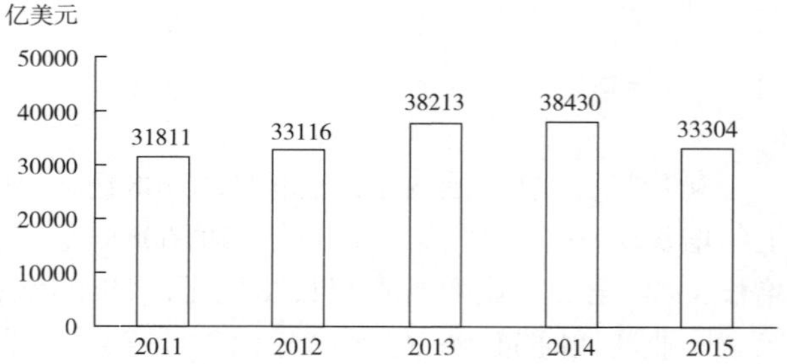

二、农业

全年粮食种植面积11334万公顷，比上年增加62万公顷。棉花种植面积380万公顷，减少42万公顷。油料种植面积1406万公顷，增加1万公顷。糖料种植面积174万公顷，减少16万公顷。

全年粮食产量62144万吨，比上年增加1441万吨，增产2.4%。其中，夏粮产量14112万吨，增产3.3%；早稻产量3369万吨，减产0.9%；秋粮产量44662万吨，增产2.3%。全年谷物产量57225万吨，比上年增产2.7%。其中，稻谷产量20825万吨，增

产0.8%；小麦产量13019万吨，增产3.2%；玉米产量22458万吨，增产4.1%。

图9 2011-2015年粮食产量

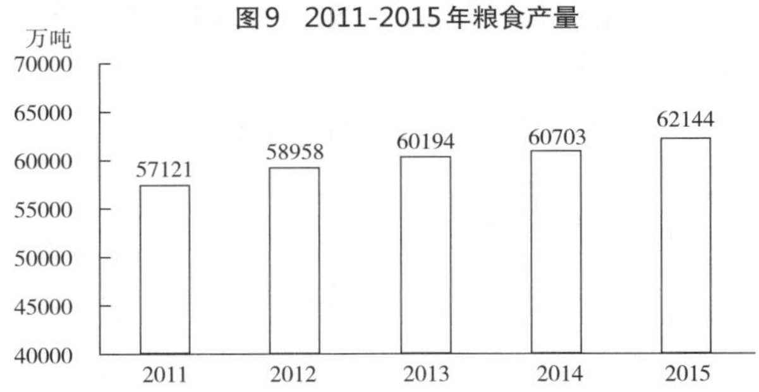

全年棉花产量561万吨，比上年减产9.3%。油料产量3547万吨，增产1.1%。糖料产量12529万吨，减产6.2%。茶叶产量224万吨，增产6.9%。

全年肉类总产量8625万吨，比上年下降1.0%。其中，猪肉产量5487万吨，下降3.3%；牛肉产量700万吨，增长1.6%；羊肉产量441万吨，增长2.9%；禽肉产量1826万吨，增长4.3%。禽蛋产量2999万吨，增长3.6%。牛奶产量3755万吨，增长0.8%。年末生猪存栏45113万头，下降3.2%；生猪出栏70825万头，下降3.7%。

全年水产品产量6690万吨，比上年增长3.5%。其中，养殖水产品产量4942万吨，增长4.1%；捕捞水产品产量1748万吨，增长0.5%。

全年木材产量6832万立方米，比上年下降17.0%。

全年新增耕地灌溉面积158万公顷，新增节水灌溉面积254万公顷。

三、工业和建筑业

全年全部工业增加值228974亿元，比上年增长5.9%。规模以上工业增加值增长6.1%。在规模以上工业中，分经济类型看，国有控股企业增长1.4%；集体企业增长1.2%，股份制企业增长7.3%，外商及港澳台商投资企业增长3.7%；私营企业增长8.6%。分门类看，采矿业增长2.7%，制造业增长7.0%，电力、热力、燃气及水生产和供应业增长1.4%。

图10 2011-2015年全部工业增加值及其增长速度

全年规模以上工业中，农副食品加工业增加值比上年增长5.5%，纺织业增长7.0%，化学原料和化学制品制造业增长9.5%，非金属矿物制品业增长6.5%，黑色金属冶炼和压延加工业增长5.4%，通用设备制造业增长2.9%，专用设备制造业增长3.4%，汽车制造业增长6.7%，电气机械和器材制造业增长7.3%，计算机、通信和其他电子设备制造业增长10.5%，电力、热力生产和供应业增长0.5%。六大高耗能行业[12]增加值比上年增长6.3%，占规模以上工业增加值的比重为27.8%。高技术制造业[13]增加值增长10.2%，占规模以上工业增加值的比重为11.8%。装备制造业[14]增加值增长6.8%，占规模以上工业增加值的比重为31.8%。

表3 2015年主要工业产品产量及其增长速度

产品名称	单位	产量	比上年增长(%)
纱	万吨	3538.0	4.7
布	亿米	892.6	-0.1
化学纤维	万吨	4831.7	10.1
成品糖	万吨	1474.1	-10.3
卷　烟	亿支	25890.7	-0.8
彩色电视机	万台	14475.7	2.5
其中：液晶电视机	万台	14391.9	3.8
其中：智能电视	万台	8383.5	14.9
家用电冰箱	万台	7992.8	-9.1
房间空气调节器	万台	14200.4	-1.8
一次能源生产总量	亿吨标准煤	36.2	0.0
原　煤	亿吨	37.5	-3.3
原　油	万吨	21455.6	1.5
天然气[15]	亿立方米	1346.1	3.4
发电量	亿千瓦小时	58105.8	0.3
其中：火电	亿千瓦小时	42420.4	-2.7
水电	亿千瓦小时	11264.2	5.0
核电	亿千瓦小时	1707.9	28.9
粗　钢	万吨	80382.5	-2.2
钢　材[16]	万吨	112349.6	-0.1
十种有色金属	万吨	5155.8	6.8
其中：精炼铜(电解铜)	万吨	796.2	4.2
原铝(电解铝)	万吨	3141.0	8.8
水　泥	亿吨	23.6	-5.3
硫　酸(折100%)	万吨	8975.7	0.8
烧　碱(折100%)	万吨	3020.7	-1.4
乙　烯	万吨	1714.6	1.1
化　肥(折100%)	万吨	7432.0	8.1
发电机组(发电设备)	万千瓦	12431.4	-17.4
汽　车	万辆	2450.4	3.3
其中：基本型乘用车(轿车)	万辆	1163.0	-6.8

产品名称	单位	产量	比上年增长(%)
运动型多用途乘用车(SUV)	万辆	602.4	48.0
其中:新能源汽车	万辆	32.8	161.2
大中型拖拉机	万台	68.8	6.9
集成电路	亿块	1087.2	7.1
程控交换机	万线	1880.3	-12.5
移动通信手持机	万台	181261.4	7.8
其中:智能手机	万台	139943.1	11.3
微型计算机设备	万台	31418.7	-10.4
工业机器人	台(套)	32996.0	21.7

年末全国发电装机容量150828万千瓦,比上年末增长10.5%。其中[17],火电装机容量99021万千瓦,增长7.8%;水电装机容量31937万千瓦,增长4.9%;核电装机容量2608万千瓦,增长29.9%;并网风电装机容量12934万千瓦,增长33.5%;并网太阳能发电装机容量4318万千瓦,增长73.7%。

全年规模以上工业企业实现利润63554亿元,比上年下降2.3%。分经济类型看,国有控股企业实现利润10944亿元,比上年下降21.9%;集体企业508亿元,下降2.7%,股份制企业42981亿元,下降1.7%,外商及港澳台商投资企业15726亿元,下降1.5%;私营企业23222亿元,增长3.7%。分门类看,采矿业实现利润2604亿元,比上年下降58.2%;制造业55609亿元,增长2.8%;电力、热力、燃气及水生产和供应业5341亿元,增长13.5%。

全年全社会建筑业增加值46456亿元,比上年增长6.8%。全国具有资质等级的总承包和专业承包建筑业企业实现利润6508亿元,增长1.6%,其中国有控股企业1676亿元,增长6.0%。

图11 2011-2015年建筑业增加值及其增长速度

四、固定资产投资

全年全社会固定资产投资562000亿元,比上年增长9.8%,扣除价格因素,实际增长11.8%。其中,固定资产投资(不含农户)551590亿元,增长10.0%。分区域看[18],东部地区投资232107亿元,比上年增长12.4%;中部地区投资143118亿元,增长15.2%;西部地区投资140416亿元,增长8.7%;东北地区投资40806亿元,下降11.1%。

图12 2011-2015年全社会固定资产投资

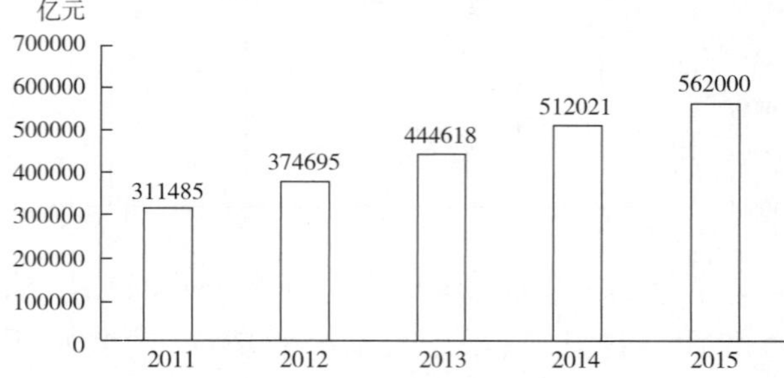

在固定资产投资(不含农户)中,第一产业投资15561亿元,比上年增长31.8%;第二产业投资224090亿元,增长8.0%;第三产业投资311939亿元,增长10.6%。基础设施投资[19]101271亿元,增长17.2%,占固定资产投资(不含农户)的比重为18.4%。民间固定资产投资[20]354007亿元,增长10.1%,占固定资产投资(不含农户)的比重为64.2%。高技术产业投资[21]32598亿元,增长17.0%,占固定资产投资(不含农户)的比重为5.9%。

图13 2015年按领域分固定资产投资(不含农户)及其占比

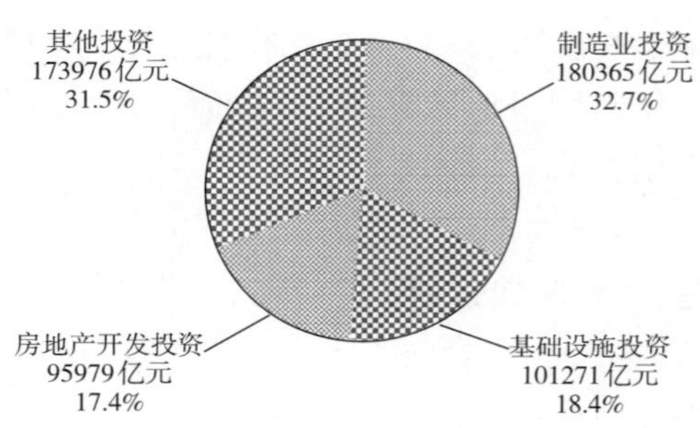

表4 2015年分行业固定资产投资(不含农户)及其增长速度

行 业	投资额(亿元)	比上年增长(%)
总 计	551590	10.0
农、林、牧、渔业	19061	30.8
采矿业	12971	-8.8
制造业	180365	8.1
电力、热力、燃气及水生产和供应业	26621	16.6
建筑业	4895	10.2
批发和零售业	18682	20.1
交通运输、仓储和邮政业	48972	14.3
住宿和餐饮业	6504	5.1
信息传输、软件和信息技术服务业	5517	34.5

行 业	投资额（亿元）	比上年增长（%）
金融业	1367	0.3
房地产业[22]	126674	2.5
租赁和商务服务业	9436	18.6
科学研究和技术服务业	4752	12.6
水利、环境和公共设施管理业	55673	20.4
居民服务、修理和其他服务业	2628	15.5
教育	7723	15.2
卫生和社会工作	5175	29.7
文化、体育和娱乐业	6724	8.9
公共管理、社会保障和社会组织	7851	9.1

表5 2015年固定资产投资新增主要生产与运营能力

指 标	单 位	绝对数
新增220千伏及以上变电设备	万千伏安	21785
新建铁路投产里程	公里	9531
其中：高速铁路[23]	公里	3306
增、新建铁路复线投产里程	公里	7647
电气化铁路投产里程	公里	8694
新建公路里程	公里	71401
其中：高速公路	公里	11265
港口万吨级码头泊位新增吞吐能力	万吨	38487
新增民用运输机场	个	8
新增光缆线路长度	万公里	441

全年房地产开发投资95979亿元，比上年增长1.0%。其中，住宅投资64595亿元，增长0.4%；办公楼投资6210亿元，增长10.1%；商业营业用房投资14607亿元，增长1.8%。

全年全国城镇保障性安居工程基本建成住房772万套，新开工783万套，其中棚户区改造开工601万套。

表6 2015年房地产开发和销售主要指标及其增长速度

指 标	单 位	绝对数	比上年增长（%）
投资额	亿元	95979	1.0
其中：住宅	亿元	64595	0.4
其中：90平方米及以下	亿元	24646	21.2
房屋施工面积	万平方米	735693	1.3
其中：住宅	万平方米	511570	-0.7
房屋新开工面积	万平方米	154454	-14.0
其中：住宅	万平方米	106651	-14.6
房屋竣工面积	万平方米	100039	-6.9
其中：住宅	万平方米	73777	-8.8
商品房销售面积	万平方米	128495	6.5
其中：住宅	万平方米	112406	6.9
本年到位资金	亿元	125203	2.6
其中：国内贷款	亿元	20214	-4.8
其中：个人按揭贷款	亿元	16662	21.9

五、国内贸易

全年社会消费品零售总额300931亿元，比上年增长10.7%，扣除价格因素，实际增长10.6%。按经营地统计，城镇消费品零售额258999亿元，增长10.5%；乡村消费品零售额41932亿元，增长11.8%。按消费类型统计，商品零售额268621亿元，增长10.6%；餐饮收入额32310亿元，增长11.7%。

图14 2011-2015年社会消费品零售总额

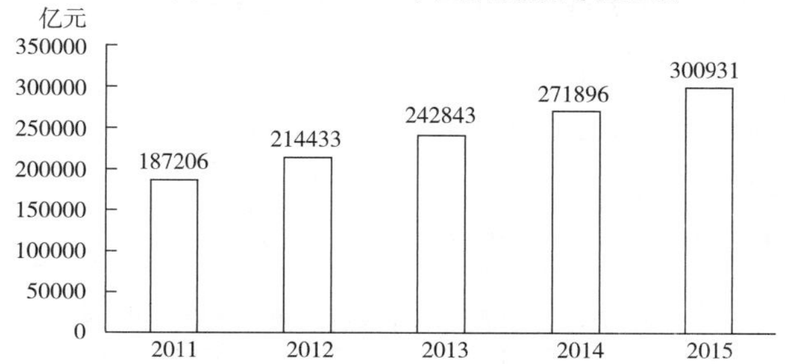

注：图中2011年至2014年数据根据第三次经济普查结果进行修订。

在限额以上企业商品零售额中，粮油、食品、饮料、烟酒类零售额比上年增长14.6%，服装、鞋帽、针纺织品类增长9.8%，化妆品类增长8.8%，金银珠宝类增长7.3%，日用品类增长12.3%，家用电器和音像器材类增长11.4%，中西药品类增长14.2%，文化办公用品类增长15.2%，家具类增长16.1%，通讯器材类增长29.3%，建筑及装潢材料类增长18.7%，汽车类增长5.3%，石油及制品类下降6.6%。

全年网上零售额[24]38773亿元，比上年增长33.3%，其中网上商品零售额32424亿元，增长31.6%。在网上商品零售额中，吃类商品增长40.8%，穿类商品增长21.4%，用类商品增长36%。

六、对外经济[25]

全年货物进出口总额245741亿元，比上年下降7.0%。其中，出口141255亿元，下降1.8%；进口104485亿元，下降13.2%。货物进出口差额（出口减进口）36770亿元，比上年增加13244亿元。

图15 2011-2015年货物进出口总额

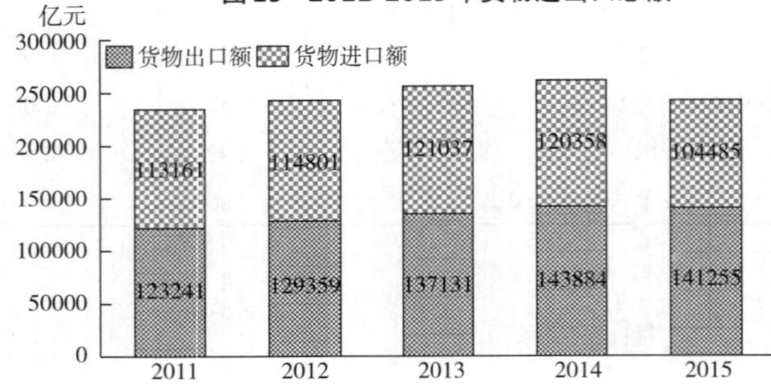

表7 2015年货物进出口总额及其增长速度

指标	金额（亿元）	比上年增长(%)
货物进出口总额	245741	-7.0
货物出口额	141255	-1.8
其中：一般贸易	75456	2.1
加工贸易	49553	-8.8
其中：机电产品	81421	1.1
高新技术产品	40737	0.4
货物进口额	104485	-13.2
其中：一般贸易	57323	-15.9
加工贸易	27772	-13.7
其中：机电产品	50111	-4.5
高新技术产品	34073	0.6
货物进出口差额（出口减进口）	36770	—

表8 2015年主要商品出口数量、金额及其增长速度

商品名称	单位	数量	比上年增长(%)	金额（亿元）	比上年增长(%)
煤（包括褐煤）	万吨	533	-7.1	31	-27.7
钢材	万吨	11240	19.9	3890	-10.6
纺织纱线、织物及制品	—	—	—	6796	-1.3
服装及衣着附件	—	—	—	10819	-5.5
鞋类	万吨	447	-8.4	3319	-3.9
家具及其零件	—	—	—	3277	2.6
自动数据处理设备及其部件	万台	171508	-10.6	9461	-15.2
手持或车载无线电话	万台	134342	2.4	7711	8.8
集装箱	万个	272	-10.1	475	-14.2
液晶显示板	万个	229344	-6.4	1923	-1.5
汽车	万辆	72	-19.4	696	-9.5

表9 2015年主要商品进口数量、金额及其增长速度

商品名称	数量（万吨）	比上年增长(%)	金额（亿元）	比上年增长(%)
谷物及谷物粉	3270	67.6	582	52.4
大豆	8169	14.4	2157	-12.8
食用植物油	676	4.1	311	-14.5
铁矿砂及其精矿	95272	2.2	3574	-37.7
氧化铝	465	-11.8	101	-14.2
煤（包括褐煤）	20406	-29.9	749	-45.2
原油	33550	8.8	8333	-40.5
成品油	2990	-0.3	886	-38.5
初级形状的塑料	2610	2.9	2793	-11.8
纸浆	1984	10.4	792	6.9
钢材	1278	-11.4	889	-19.2
未锻轧铜及铜材	481	-0.3	1804	-17.4

表10 2015年对主要国家和地区货物进出口额及其增长速度

国家和地区	出口额（亿元）	比上年增长(%)	进口额（亿元）	比上年增长(%)
欧盟	22096	-3.0	12985	-13.6
美国	25425	4.5	9238	-5.4
东盟	17221	3.1	12097	-5.4
中国香港	20589	-7.7	797	2.8
日本	8424	-8.3	8881	-11.4
韩国	6291	2.1	10847	-7.1
中国台湾	2785	-2.0	8904	-4.6
印度	3612	8.5	831	-17.2
俄罗斯	2161	-34.5	2066	-19.1

全年服务进出口[26]总额7130亿美元，比上年增长14.6%。其中，服务出口2882亿美元，增长9.2%；服务进口4248亿美元，增长18.6%。服务进出口逆差1366亿美元。

全年吸收外商直接投资（不含银行、证券、保险）新设立企业26575家，比上年增长11.8%。实际使用外商直接投资金额7814亿元（折1263亿美元），增长6.4%。其中"一带一路"[27]沿线国家吸收外商直接投资新设立企业2164家，增长18.3%；实际使用外商直接投资金额526亿元（折85亿美元），增长25.3%。

表11 2015年外商直接投资（不含银行、证券、保险）及其增长速度

行业	企业数（家）	比上年增长(%)	实际使用金额（亿元）	比上年增长(%)
总计	26575	11.8	7813.5	6.4
其中：农、林、牧、渔业	609	-15.3	94.8	1.3
制造业	4507	-13.0	2452.3	0.0
电力、燃气及水生产和供应业	264	26.9	139.4	3.1
交通运输、仓储和邮政业	449	19.4	259.7	-5.0
信息传输、计算机服务和软件业	1311	33.6	237.1	40.1
批发和零售业	9156	14.8	744.0	28.0
房地产业	387	-13.2	1789.8	-15.9
租赁和商务服务业	4465	12.7	623.3	-18.8
居民服务和其他服务业	217	19.9	44.4	0.8

全年对外直接投资额（不含银行、证券、保险）7351亿元，按美元计价为1180亿美元，比上年增长14.7%。其中，我国对"一带一路"沿线国家对外直接投资额达148亿美元，增长18.2%。

表12　2015年对外直接投资额（不含银行、证券、保险）及其增长速度

行　　业	对外直接投资金额（亿美元）	比上年增长（%）
总　　　计	1180.2	14.7
其中：农、林、牧、渔业	20.5	17.8
采矿业	108.5	-43.9
制造业	143.3	105.9
电力、热力、燃气及水生产和供应业	27.9	51.6
建筑业	45.0	-35.9
批发和零售业	160.2	-7.2
交通运输、仓储和邮政业	30.9	5.5
信息传输、软件和信息技术服务业	57.8	240.0
房地产业	90.6	193.2
租赁和商务服务业	416.7	11.9

全年对外承包工程业务完成营业额9596亿元，按美元计价为1541亿美元，比上年增长8.2%。对外劳务合作派出各类劳务人员53万人，下降5.7%。

七、交通[28]、邮电和旅游

全年货物运输总量417亿吨，比上年增长0.2%。货物运输周转量177401亿吨公里，下降1.9%。全年规模以上港口完成货物吞吐量114.3亿吨，比上年增长1.6%，其中外贸货物吞吐量35.9亿吨，增长1.1%。规模以上港口集装箱吞吐量20959万标准箱，增长4.1%。

表13 2015年各种运输方式完成货物运输量及其增长速度

指　标	单　位	绝对数	比上年增长（%）
货物运输总量	亿　吨	417.1	0.2
铁路	亿　吨	33.6	-11.9
公路	亿　吨	315.0	1.2
水运	亿　吨	61.4	2.5
民航	万　吨	625.3	5.2
管道	亿　吨	7.1	1.7
货物运输周转量	亿吨公里	177400.7	-1.9
铁路	亿吨公里	23754.3	-13.7
公路	亿吨公里	57955.7	2.0
水运	亿吨公里	91344.6	-1.2
民航	亿吨公里	207.3	10.4
管道	亿吨公里	4138.8	6.6

全年旅客运输总量194亿人次，比上年下降4.4%。旅客运输周转量30047亿人公里，增长4.9%。

表14 2015年各种运输方式完成旅客运输量及其增长速度

指　标	单　位	绝对数	比上年增长（%）
旅客运输总量	亿人次	194.3	-4.4
铁路	亿人次	25.3	10.0
公路	亿人次	161.9	-6.7
水运	亿人次	2.7	2.8
民航	亿人次	4.4	11.1
旅客运输周转量	亿人公里	30047.0	4.9
铁路	亿人公里	11960.6	6.4
公路	亿人公里	10742.7	-2.3
水运	亿人公里	73.1	-1.7
民航	亿人公里	7270.7	14.8

年末全国民用汽车保有量达到17228万辆（包括三轮汽车和低速货车955万辆），比上年末增长11.5%，其中私人汽车保有量14399万辆，增长14.4%。民用轿车保有量9508万辆，增长14.6%，其中私人轿车8793万辆，增长15.8%。

全年完成邮电业务总量[29]28220亿元，比上年增长29.2%。其中，邮政行业业务总量5079亿元，增长37.4%；电信业务总量23142亿元，增长27.5%。邮政业全年完成邮政函件业务45.8亿件，包裹业务0.4亿件，快递业务量206.7亿件；快递业务收入2770亿元。电信业全年新增移动电话交换机容量[30]6529万户，达到211066万户。年末全国电话用户总数达到153673万户，其中移动电话用户130574万户。移动电话普及率上升至95.5部/百人。固定互联网宽带接入用户[31]21337万户，比上年增加1289万户；移动宽带用户[32]78533万户，增加20279万户。移动互联网接入流量41.9亿G，比上年增长103%。互联网上网人数6.88亿人，增加3951万人，其中手机上网人数[33]6.20亿人，增加6303万人。互联网普及率达到50.3%。软件和信息技术服务业[34]完成软件业务收入43249亿元，比上年增长16.6%。

图16 2011-2015年快递业务量及其增长速度

图17 2011-2015年年末固定互联网宽带接入用户和移动宽带用户数

全年国内游客40亿人次，比上年增长10.5%，国内旅游收入34195亿元，增长13.1%。入境游客13382万人次，增长4.1%。其中，外国人2599万人次，下降1.4%；香港、澳门和台湾同胞10783万人次，增长5.6%。在入境游客中，过夜游客5689万人次，增长2.3%。国际旅游收入1137亿美元，增长7.8%。国内居民出境12786万人次，增长9.7%。其中因私出境12172万人次，增长10.6%；赴港澳台出境8588万人次，增长4.4%。

八、金融

年末广义货币供应量(M2)余额139.2万亿元，比上年末增长13.3%；狭义货币供应量(M1)余额40.1万亿元，增长15.2%；流通中货币(M0)余额6.3万亿元，增长4.9%。

全年社会融资规模增量[35]15.4万亿元，按可比口径计算，比上年少4675亿元。年末全部金融机构本外币各项存款余额139.8万亿元，比年初增加15.3万亿元，其中人民币各项存款余额135.7万亿元，增加15.0万亿元。全部金融机构本外币各项贷款余额99.3万亿元，增加11.7万亿元，其中人民币各项贷款余额94.0万亿元，增加11.7万亿元。

表15 2015年年末全部金融机构本外币存贷款余额及其增长速度

指标	年末数(亿元)	比上年末增长(%)
各项存款余额	1397752	12.4
其中：住户存款	551929	8.9
其中：人民币	546078	8.7
非金融企业存款	455209	13.7
各项贷款余额	993460	13.4
其中：境内短期贷款	366684	7.3
境内中长期贷款	538924	14.2

年末主要农村金融机构(农村信用社、农村合作银行、农村商业银行)人民币贷款余额120321亿元，比年初增加13433亿元。全部金融机构人民币消费贷款余额189520亿元，增加35869亿元。其中，个人短期消费贷款余额41008亿元，增加8497亿元；个人中长期消费贷款余额148512亿元，增加27373亿元。

全年上市公司通过境内市场累计筹资29814亿元，比上年增加21417亿元。其中，首次公开发行A股220只，筹资1579亿元；A股再筹资(包括配股、公开增发、非公开增发[36]、认股权证)6711亿元，增加2546亿元；上市公司通过发行可转债、可分离债、公司债、中小企业私募债筹资21524亿元，增加17961亿元。全年首次公开发行创业板股票86只，筹资309亿元。

全年发行公司信用类债券[37]6.72万亿元，比上年增加1.57万亿元。

全年保险公司原保险保费收入[38]24283亿元，比上年增长20.0%。其中，寿险业务原保险保费收入13242亿元，健康险和意外伤害险业务原保险保费收入3046亿元，财产险业务原保险保费收入7995亿元。支付各类赔款及给付8674亿元。其中，寿险业务给付3565亿元，健康险和意外伤害险赔款及给付915亿元，财产险业务赔款4194亿元。

九、人民生活和社会保障

全年全国居民人均可支配收入21966元，比上年增长8.9%，扣除价格因素，实际增长7.4%；全国居民人均可支配收入中位数[39]19281元，增长9.7%。按常住地分，城镇居民人均可支配收入31195元，比上年增长8.2%，扣除价格因素，实际增长6.6%；城镇居民人均可支配收入中位数为29129元，增长9.4%。农村居民人均可支配收入11422元，比上年增长8.9%，扣除价格因素，实际增长7.5%；农村居民人均可支配收入中位数为10291元，增长8.4%。全年农村居民人均纯收入为10772元。全国农民工人均月收入3072元，比上年增长7.2%。全国居民人均消费支出15712元，比上年增长8.4%，扣除价格因素，实际增长6.9%。按常住地分，城镇居民人均消费支出21392元，增长7.1%，扣除价格因素，实际增长5.5%；农村居民人均消费支出9223

元，增长10.0%，扣除价格因素，实际增长8.6%。

图18 2011-2015年全国居民人均可支配收入及其增长速度

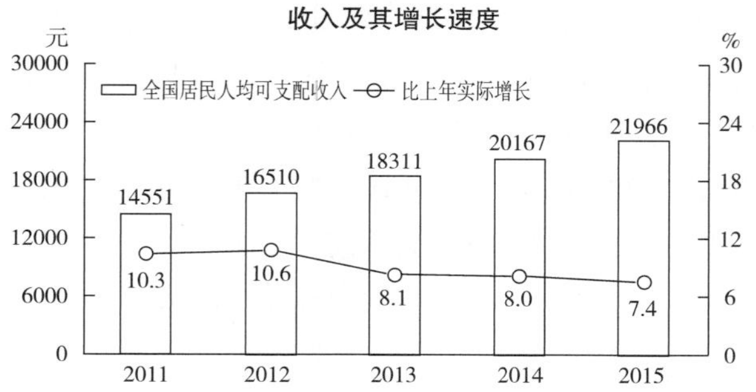

图19 2015年全国居民人均消费支出及其构成

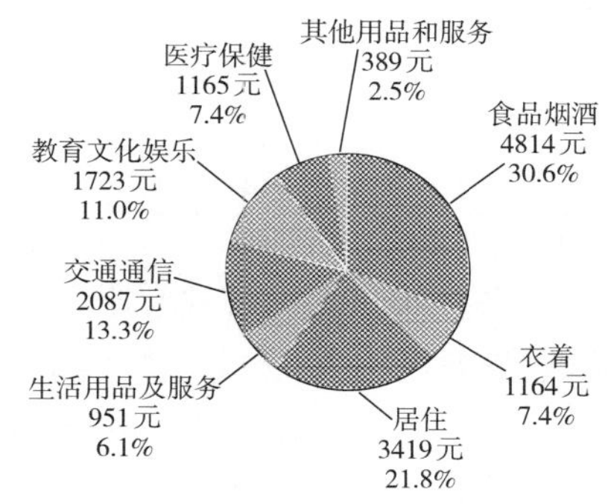

年末全国参加城镇职工基本养老保险人数35361万人，比上年末增加1236万人。参加城乡居民基本养老保险人数50472万人，增加365万人。参加城镇基本医疗保险人数66570万人，增加6823万人。其中，参加职工基本医疗保险人数28894万人，增加598万人；参加城镇居民基本医疗保险人数37675万人，增加6225万人。参加失业保险人数17326万人，增加283万人。年末全国领取失业保险金人数227万人。参加工伤保险人数21404万人，增加765万人，其中参加工伤保险的农民工7489万人，增加127万人。参加生育保险人数17769万人，增加730万人。年末全国共有1708.0万人享受城市居民最低生活保障，4903.2万人享受农村居民最低生活保障，农村五保供养[40]517.5万人。全年资助5910.3万城乡困难群众参加基本医疗保险。按照每人每年2300元（2010年不变价）的农村扶贫标准计算，2015年农村贫困人口5575万人，比上年减少1442万人。

十、教育、科学技术和文化体育

全年研究生教育招生64.5万人，在学研究生191.1万人，毕业生55.2万人。普通本专科招生737.8万人，在校生2625.3万人，毕业生680.9万人。中等职业教育[41]招生601.2万人，在校生1656.7万人，毕业生567.9万人。普通高中招生796.6万人，在校生2374.4万人，毕业生797.6万人。初中招生1411.0万人，在校生4312.0万人，毕业生1417.6万人。普通小学招生1729.0万人，在校生9692.2万人，毕业生1437.2万人。特殊教育招生8.3万人，在校生44.2万人，毕业生5.3万人。学前教育在园幼儿4264.8万人。九年义务教育巩固率为93.0%，高中阶段毛入学率为87.0%。

图20 2011-2015年普通本专科、中等职业教育及普通高中招生人数

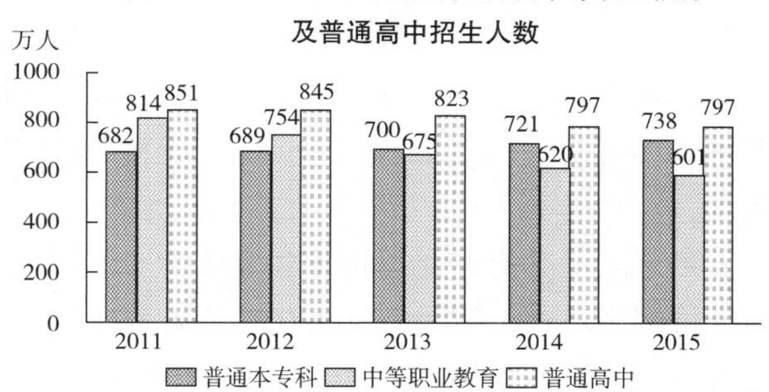

全年研究与试验发展（R&D）经费支出14220亿元，比上年增长9.2%，与国内生产总值之比为2.10%，其中基础研究经费671亿元。全年国家安排了3574项科技支撑计划课题，2561项“863”计划课题。截至年底，累计建设国家工程研究中心132个，国家工程实验室158个，国家认定企业技术中心1187家。国家新兴产业创投计划[42]累计支持设立206家创业投资企业，资金总规模557亿元，投资创业企业1233家。全年受理境内外专利申请279.9万件，授予专利权171.8万件。截至年底，有效专利547.8万件，其中境内有效发明专利87.2万件，每万人口发明专利拥有量6.3件。全年共签订技术合同30.7万项，技术合同成交金额9835亿元，比上年增长14.7%。

图21 2011-2015年烟酒与试验发展（R&D）经费支出

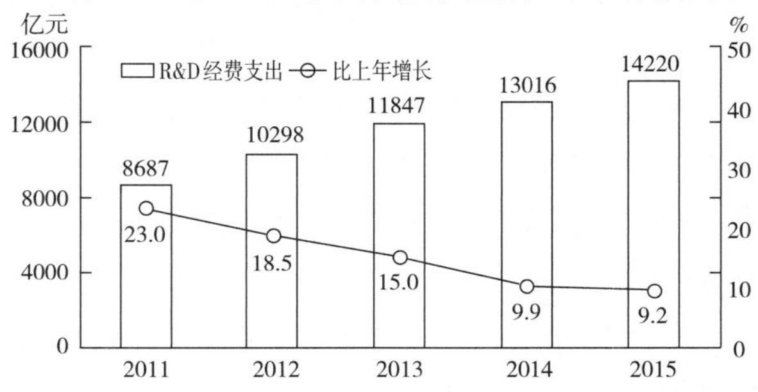

表16 2015年专利申请受理、授权和有效专利情况

指　标	专利数（万件）	比上年增长（%）
专利申请受理数	279.9	18.5
其中：境内专利申请受理	261.7	19.7
其中：发明专利申请受理	110.2	18.7
其中：境内发明专利	95.7	21.2

指　标	专利数(万件)	比上年增长(%)
专利申请授权数	171.8	31.9
其中:境内专利授权	157.8	32.4
其中:发明专利授权	35.9	54.1
其中:境内发明专利	25.6	62.5
年末有效专利数	547.8	18.0
其中:境内有效专利	467.4	19.3
其中:有效发明专利	147.2	23.1
其中:境内有效发明专利	87.2	31.4

全年成功完成19次宇航发射。长征六号、长征十一号新型运载火箭成功首飞;地球静止轨道分辨率最高的遥感卫星高分四号成功发射;完成4颗新一代北斗导航卫星发射,北斗卫星导航系统全球组网稳步推进;国产首架大飞机C919成功总装下线。

年末全国共有产品检测实验室31768个,其中国家检测中心641个。全国现有产品质量、体系认证机构221个,已累计完成对136780个企业的产品认证。全国共有法定计量技术机构3830个,全年强制检定计量器具7354万台(件)。全年制定、修订国家标准1931项,其中新制定1330项。全年中央气象台和省级气象台共发布气象预警信号5939次,警报6107次。全国共有地震台站1687个,区域地震台网32个。全国共有海洋观测站(点)[43]124个。测绘地理信息部门公开出版地图2003种。

年末全国文化系统共有艺术表演团体2052个,博物馆2956个。全国共有公共图书馆3136个,总流通[44]58339万人次;文化馆3315个。有线电视用户2.39亿户,其中有线数字电视用户2.02亿户。年末广播节目综合人口覆盖率为98.2%,电视节目综合人口覆盖率为98.8%。全年生产电视剧395部16560集,电视动画片134011分钟。全年生产故事影片686部,科教、纪录、动画和特种影片[45]202部。出版各类报纸440亿份,各类期刊30亿册,图书81亿册(张),人均图书拥有量[46]5.91册(张)。年末全国共有档案馆4196个,已开放各类档案13294万卷(件)。

全年我国运动员在25个运动大项中获得127个世界冠军,共创12项世界纪录。全年我国残疾人运动员在34项国际赛事中获得395个世界冠军。

十一、卫生和社会服务

年末全国共有医疗卫生机构990248个,其中医院27215个,乡镇卫生院36869个,社区卫生服务中心(站)34588个,诊所(卫生所、医务室)195866个,村卫生室644751个,疾病预防控制中心3492个,卫生监督所(中心)3097个。卫生技术人员803万人,其中执业医师和执业助理医师300万人,注册护士328万人。医疗卫生机构床位708万张,其中医院534万张,乡镇卫生院121万张。

图22　2011-2015年卫生技术人员人数

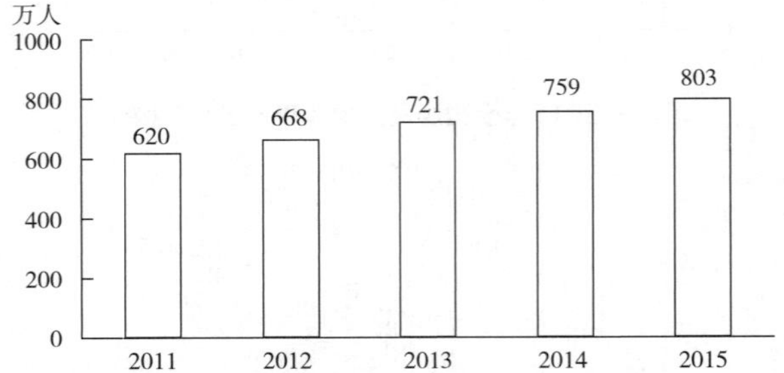

年末全国各类提供住宿的社会服务机构3.2万个,其中养老服务机构2.8万个。社会服务床位[47]676.3万张,其中养老床位669.8万张。年末共有社区服务中心2.4万个,社区服务站12.5万个。

十二、资源、环境和安全生产

全年全国国有建设用地供应总量[48]53万公顷,比上年下降12.5%。其中,工矿仓储用地12万公顷,下降15.2%;房地产用地[49]12万公顷,下降20.9%;基础设施等其他用地29万公顷,下降7.1%。

全年水资源总量28306亿立方米。全年平均降水量644毫米。年末全国监测的614座大型水库蓄水总量3645亿立方米,与上年末蓄水量基本持平。全年总用水量6180亿立方米,比上年增长1.4%。其中,生活用水增长3.1%,工业用水增长1.8%,农业用水增长0.9%,生态补水增长1.7%。万元国内生产总值用水量[50]104立方米,比上年下降5.1%。万元工业增加值用水量58立方米,下降3.9%。人均用水量450立方米,比上年增长0.9%。

全年完成造林面积632万公顷,其中林业重点生态工程完成造林面积242万公顷,占全部造林面积的38.2%。截至年底,自然保护区达到2740个,其中国家级自然保护区428个。新增水土流失治理面积5.4万平方公里,新增实施水土流失地区封育保护面积2.0万平方公里。

全年平均气温为10.5℃,共有6个台风登陆。

初步核算,全年能源消费总量43.0亿吨标准煤，比上年增长0.9%。煤炭消费量下降3.7%，原油消费量增长5.6%，天然气消费量增长3.3%，电力消费量增长0.5%。煤炭消费量占能源消费总量的64.0%，水电、风电、核电、天然气等清洁能源消费量占能源消费总量的17.9%。全国万元国内生产总值能耗下降5.6%。工业企业吨粗铜综合能耗下降0.79%，吨钢综合能耗下降0.56%，单位烧碱综合能耗下降1.41%，吨水泥综合能耗下降0.49%，每千瓦时火力发电标准煤耗下降0.95%。

图23 2011-2015年万元国内生产总值能降耗低率

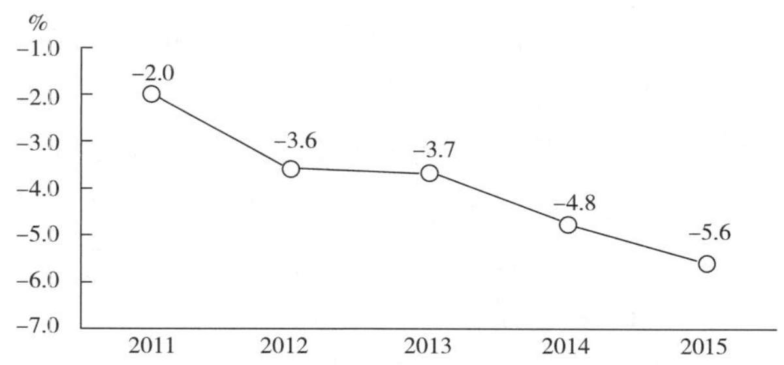

图24 2011-2015年清洁能源消费量占能源费总量的比重

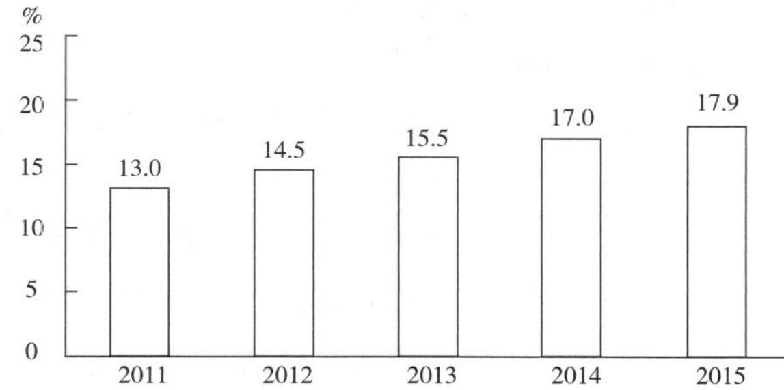

十大流域[51]的700个水质监测断面中，Ⅰ～Ⅲ类水质断面比例占72.1%，劣Ⅴ类水质断面比例占8.9%。十大流域水质总体为轻度污染，水质保持稳定。

近岸海域301个海水水质监测点中，达到国家一、二类海水水质标准的监测点占70.4%，三类海水占7.6%，四类、劣四类海水占21.9%。

在监测的338个城市中，城市空气质量达标的城市占21.6%，未达标的城市占78.4%。

在监测的321个城市中，城市区域声环境质量好的城市占4.0%，较好的占68.5%，一般的占26.2%，较差的占0.9%，差的占0.3%。

年末城市污水处理厂日处理能力达到13784万立方米，比上年末增长5.3%；城市污水处理率达到91.0%，提高0.8个百分点。城市生活垃圾无害化处理率达到92.5%，提高0.7个百分点。城市集中供热面积64.2亿平方米，增长5.1%。城市建成区绿地面积189万公顷，增长3.7%；建成区绿地率达到36.3%，提高0.05个百分点；人均公园绿地面积13.16平方米，增加0.08平方米。

全年农作物受灾面积2177万公顷，其中绝收223万公顷。全年因洪涝和地质灾害造成直接经济损失920亿元，因旱灾造成直接经济损失486亿元，因低温冷冻和雪灾造成直接经济损失89亿元，因海洋灾害造成直接经济损失72亿元。全年大陆地区共发生5级以上地震14次，成灾12次，造成直接经济损失180亿元。全年共发生森林火灾2936起，森林火灾受害森林面积1.3万公顷。

全年各类生产安全事故共死亡66182人。亿元国内生产总值生产安全事故死亡人数0.098人，比上年下降8.4%；工矿商贸企业就业人员10万人生产安全事故死亡人数1.071人，下降19.4%；道路交通事故万车死亡人数2.1人，下降4.5%；煤矿百万吨死亡人数0.162人，下降36.5%。

注释：

[1] 本公报中数据均为初步统计数。各项统计数据均未包括香港特别行政区、澳门特别行政区和台湾省。部分数据因四舍五入的原因，存在着与分项合计不等的情况。

[2] 国内生产总值、各产业增加值和人均国内生产总值绝对数按现价计算，增长速度按不变价格计算。

[3] 国民总收入，原称国民生产总值，是指一个国家或地区所有常住单位在一定时期内所获得的初次分配收入总额。它等于国内生产总值加上来自国外的净要素收入。

[4] 人户分离的人口是指居住地与户口登记地所在的乡镇街道不一致且离开户口登记地半年及以上的人口。

[5] 流动人口是指人户分离人口中扣除市辖区内人户分离的人口。市辖区内人户分离的人口是指一个直辖市或地级市所辖区内和区与区之间，居住地和户口登记地不在同一乡镇街道的人口。

[6] 2015年年末，0-14岁（含不满15周岁）人口为22715万人，15-59岁（含不满60周岁）人口为92547万人。

[7] 年度农民工数量包括年内在本乡镇以外从业6个月及以上的外出农民工和在本乡镇

内从事非农产业6个月及以上的本地农民工两部分。

[8] 全员劳动生产率为国内生产总值(以2010年价格计算)与全部就业人员的比率。

[9] 农产品生产者价格是指农产品生产者直接出售其产品时的价格。

[10] 居住类价格包括建房及装修材料、住房租金、自有住房和水电燃料等价格。

[11] 按照完善政府预算体系的要求,2015年将政府性基金中用于提供基本公共服务以及主要用于人员和机构运转等方面的11项基金转列一般公共预算。为此,需扣除11项政府性基金转列一般公共预算影响,计算同口径增幅。

[12] 六大高耗能行业包括石油加工、炼焦和核燃料加工业,化学原料和化学制品制造业,非金属矿物制品业,黑色金属冶炼和压延加工业,有色金属冶炼和压延加工业,电力、热力生产和供应业。

[13] 高技术制造业包括医药制造业,航空、航天器及设备制造业,电子及通信设备制造业,计算机及办公设备制造业,医疗仪器设备及仪器仪表制造业,信息化学品制造业。

[14] 装备制造业包括金属制品业,通用设备制造业,专用设备制造业,汽车制造业,铁路、船舶、航空航天和其他运输设备制造业,电气机械和器材制造业,计算机、通信和其他电子设备制造业,仪器仪表制造业。

[15] 天然气包括气田天然气、油田天然气(分为油田气层气、油田伴生溶解气)和煤田天然气(也称煤层气)。

[16] 钢材产量数据中含企业之间重复加工钢材约34400万吨。

[17] 少量发电装机容量(如地热等)文中未列出。

[18] 固定资产投资按东部、中部、西部和东北地区计算的合计数据小于全国数据,是因为有部分跨地区的投资未计算在地区数据中。其中,东部地区是指北京、天津、河北、上海、江苏、浙江、福建、山东、广东和海南10省(市);中部地区是指山西、安徽、江西、河南、湖北和湖南6省;西部地区是指内蒙古、广西、重庆、四川、贵州、云南、西藏、陕西、甘肃、青海、宁夏和新疆12省(区、市);东北地区是指辽宁、吉林和黑龙江3省。

[19] 基础设施投资是指建造或购置为社会生产和生活提供基础性、大众性服务的工程和设施的支出。本文中的基础设施投资包括交通运输、邮政业,电信、广播电视和卫星传输服务业,互联网和相关服务业,水利、环境和公共设施管理业投资。

[20] 民间固定资产投资是指具有集体、私营、个人性质的内资企事业单位以及由其控股(包括绝对控股和相对控股)的企业单位建造或购置固定资产的投资。

[21] 高技术产业投资包括医药制造、航空航天器及设备制造等六大类高技术制造业投资和信息服务、电子商务服务等九大类高技术服务业投资。

[22] 房地产业投资除房地产开发投资外,还包括建设单位自建房屋以及物业管理、中介服务和其他房地产投资。

[23] 高速铁路是指最高营运速度达到200公里/小时及以上的铁路。

[24] 网上零售额是指通过公共网络交易平台(包括自建网站和第三方平台)实现的商品和服务零售额。其中,网上零售额包括的服务类商品,以及少部分用于生产经营用或被转卖的商品不统计在社会消费品零售总额中。

[25] 货物贸易、吸收外资采用人民币计价。服务贸易、对外投资和对外承包工程由于技术原因仍主要沿用美元计价。

[26] 服务进出口按照《国际收支手册(第六版)》标准统计,不含政府服务,增速按可比口径计算。

[27] “一带一路”是指“丝绸之路经济带”和“21世纪海上丝绸之路”。

[28] 2015年公路客货运量、周转量数据的核算方法和统计口径发生变化,增速按可比口径计算。

[29] 邮电业务总量按2010年价格计算。

[30] 移动电话交换机容量是指移动电话交换机根据一定话务模型和交换机处理能力计算出来的最大同时服务用户的

数量。

[31] 固定互联网宽带接入用户是指报告期末在电信企业登记注册，通过xDSL、FTTx+LAN、FTTH/0以及其他宽带接入方式和普通专线接入公众互联网的用户。

[32] 移动宽带用户是指报告期末在计费系统拥有使用信息，占用3G或4G网络资源的在网用户。

[33] 手机上网人数是指过去半年通过手机接入并使用互联网的6周岁及以上中国居民数量。

[34] 软件和信息技术服务业包括软件开发，信息系统集成服务，信息技术咨询服务，数据处理和存储服务，集成电路设计服务和其他信息技术服务等行业。

[35] 社会融资规模增量是指一定时期内实体经济从金融体系获得的资金总额。

[36] 非公开增发又叫定向增发，不含资产认购部分。

[37] 公司信用类债券包括非金融企业债务融资工具、企业债券以及公司债、可转债等。

[38] 原保险保费收入是指保险企业确认的原保险合同保费收入。

[39] 人均收入中位数是指将所有调查户按人均收入水平从低到高(或从高到低)顺序排列，处于最中间位置调查户的人均收入。

[40] 农村五保供养是指老年、残疾和未满16周岁的村民，无劳动能力、无生活来源又无法定赡养、抚养、扶养义务人，或者其法定赡养、抚养、扶养义务人无赡养、抚养、扶养能力的村民，在吃、穿、住、医、葬方面得到的生活照顾和物质帮助。

[41] 中等职业教育包括普通中专、成人中专、职业高中和技工学校。

[42] 国家新兴产业创投计划是指中央财政专项资金通过与地方政府资金、社会资本共同发起设立创业投资企业，或以股权投资模式直接投资创业企业等方式，培育和促进新兴产业发展的活动。

[43] 海洋观测站(点)是指依托岸基、岛屿(或海上固定平台)进行海洋水文、气象观测，获取具有充分代表性的长期、定点、连续海洋环境观测资料的场所，部分海洋观测站存在多个观测点的情况。

[44] 总流通人次是指本年度内到图书馆场馆接受图书馆服务的总人次，包括借阅书刊、咨询问题以及参加各类读者活动等。

[45] 特种影片是指那些采用与常规影院放映在技术、设备、节目方面不同的电影展示方式，如巨幕电影、立体电影、立体特效(4D)电影、动感电影、球幕电影等。

[46] 人均图书拥有量是指在一年内全国平均每人能拥有的当年出版图书册数。

[47] 社会服务床位数除收养性机构外，还包括救助类机构、社区类机构以及军休所、军供站等机构的床位。

[48] 国有建设用地供应总量是指报告期内市、县人民政府根据年度土地供应计划依法以出让、划拨、租赁等方式将土地使用权提供给单位或个人使用的国有建设用地总量。

[49] 房地产用地是指商服用地和住宅用地的总和。

[50] 万元国内生产总值用水量、万元工业增加值用水量和万元国内生产总值能耗按2010年价格计算。

[51] 十大流域包括长江、黄河、珠江、松花江、淮河、海河、辽河、浙闽片河流、西北诸河和西南诸河。

宁夏回族自治区2015年国民经济和社会发展统计公报[1]

宁夏回族自治区统计局 国家统计局宁夏调查总队

2016年4月22日

2015年，自治区党委、政府牢牢把握稳中求进工作总基调，主动适应引领经济新常态，立足于转型升级和培育新动能，着力稳增长、促改革、调结构、惠民生、防风险，及时化解经济运行中的不利因素，在复杂严峻的国内外经济形势和持续加大的下行压力下，经济运行呈现“总体平稳、稳中有进、稳中向好”的发展态势。

一、综合

年末全区常住人口667.88万人，比上年末增加6.34万人。其中，城镇人口368.90万人，占常住人口比重55.23%，比上年提高1.6个百分点。人口出生率为12.62‰，死亡率为4.58‰，人口自然增长率为8.04‰，比上年下降0.53个千分点。

表1　2015年年末人口数及其构成

指标	年末数（万人）	比重（%）
年末总人口	667.88	100.00
其中：城镇	368.90	55.23
乡村	298.98	44.77
其中：回族	240.74	36.05
其中：男性	340.37	50.96
女性	327.51	49.04
其中：0–15周岁（含不满16周岁）[2]	146.00	21.86
16–59周岁（含不满60周岁）	439.80	65.85
60周岁及以上	82.08	12.29
其中：65周岁及以上	51.29	7.68

初步核算，全区实现生产总值[3]2911.77亿元，按可比价格计算，比上年增长8.0%。其中，第一产业增加值238.47亿元，增长4.6%；第二产业增加值1379.04亿元，增长8.5%；第三产业增加值1294.26亿元，增长7.9%。按常住人口计算，全区人均生产总值43805元，增长6.9%。

三次产业增加值构成由2014年的7.9∶48.7∶43.4调整为2015年的8.2∶47.4∶44.4。三次产业对经济增长的贡献率分别由2014年的5.2%、61.6%和33.2%转变为2015年的4.2%、57.9%和37.9%。

图1　2011-2015年生产总值及其增长速度

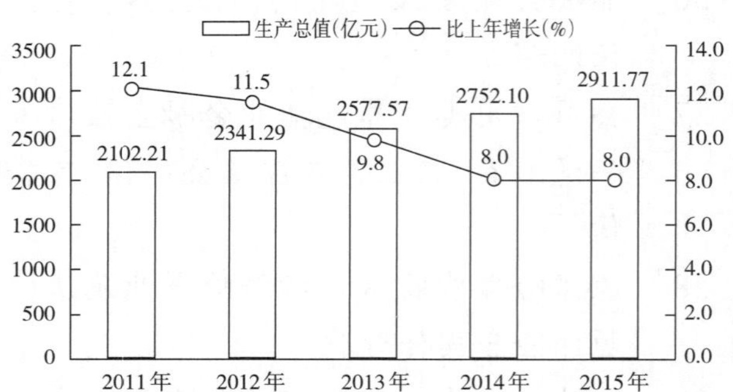

表2　2015年生产总值及其增长速度

指标	绝对值（亿元）	比上年增长（%）
全区生产总值	2911.77	8.0
农林牧渔业	252.42	4.8
工业	979.72	7.4
建筑业	399.98	12.1
批发和零售业	137.61	–0.9
交通运输、仓储和邮政业	200.66	–2.3
住宿和餐饮业	51.95	6.5
金融业	261.60	15.3
房地产业	97.63	–10.2
其他服务业	530.20	16.4
第一产业	238.47	4.6
第二产业	1379.04	8.5
第三产业	1294.26	7.9

全区居民消费价格总水平比上年上涨1.1%，城市、农村分别上涨1.2%和1.0%。其中，食品价格上涨0.4%，非食品价格上涨1.6%，消费品价格上涨0.6%，服务项目价格上涨3.3%。

图2　2015年居民消费价格月度涨跌幅度

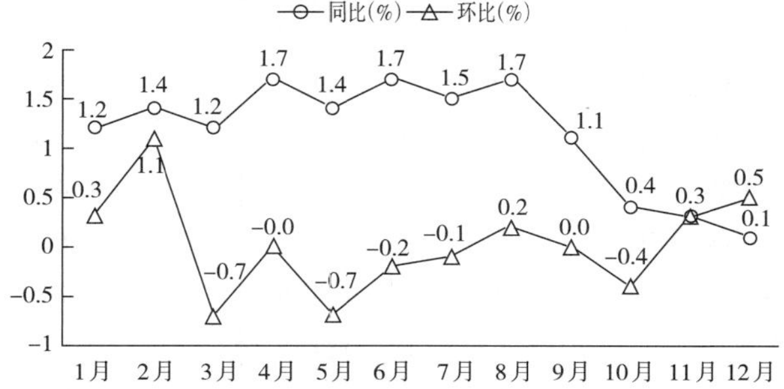

表3　2015年12月居民消费价格指数

指标	环比	同比	1-12月累计比
居民消费价格总指数	100.5	100.1	101.1
食品	102.0	100.1	100.4
其中:粮食	100.1	101.9	101.9
烟酒	100.0	104.4	102.6
衣着	98.2	99.8	102.8
家庭设备用品及服务	99.9	100.1	101.4
医疗保健及个人用品	100.1	100.7	101.0
交通和通信	100.0	98.8	98.6
娱乐教育文化用品及服务	99.5	102.4	105.7
居住	99.9	98.6	100.3

全年商品零售价格总水平上涨0.1%，固定资产投资价格下降2.5%，农业生产资料价格下降1.3%。工业生产者出厂价格下降6.3%；工业生产者购进价格下降7.9%。

图3　2015年工业生产者出厂价格和购进价格同比涨跌幅度

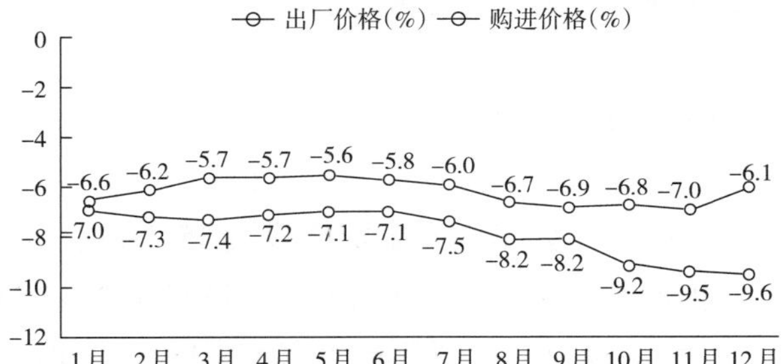

全年完成一般公共预算总收入610.48亿元，比上年增长12.0%，完成地方一般公共预算收入373.74亿元，增长10.0%。其中完成税收收入257.32亿元，增长2.8%；完成非税收收入116.41亿元，增长30.0%。增值税、营业税、企业所得税和个人所得税等主体税种分别完成35.73亿元、99.83亿元、24.55亿元和8.97亿元，增长–7.3%、–5.0%、–13.3%和20.2%。

图4　2011-2015年地方一般公共预算收入[4]及增长速度

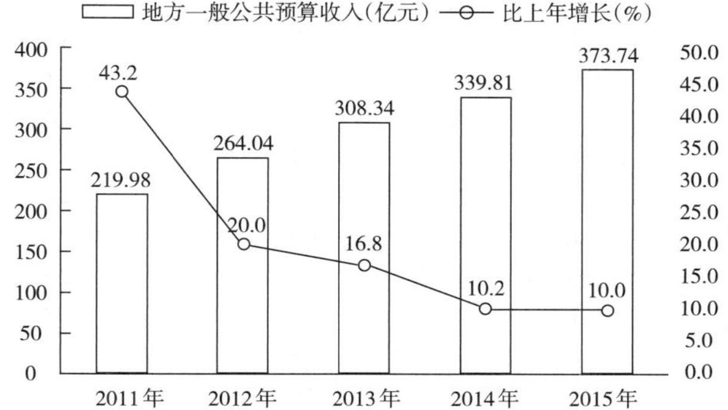

全年一般公共预算支出1138.18亿元，比上年增长13.8%。其中，一般公共服务支出67.75亿元，增长9.8%；教育支出143.11亿元，增长16.7%；社会保障和就业支出147.54亿元，增长26.7%；医疗卫生与计划生育支出75.75亿元，增长16.1%；城乡社区支出156.90亿元，增长50.8%；农林水支出160.74亿元，增长2.4%；交通运输支出97.52亿元，增长33.6%；住房保障支出63.99亿元，下降21.4%。

二、农业

全年完成农林牧渔业总产值487.02亿元，比上年增长4.5%。其中，种植业产值313.65亿元，增长5.4%；林业产值12.16亿元，增长4.1%；畜牧业产值124.04亿元，增长1.8%；渔业产值15.36亿元，增长5.0%；农林牧渔服务业产值21.80亿元，增长8.7%。全区优势特色农业产值420.1亿元，占农林牧渔业总产值的比重达到86.3%。

全年粮食种植面积1155.6万亩，比上年减少1.4万亩。粮食总产量372.6万吨，比上年减产5.2万吨，减少1.4%，实现连续十二年丰收。油料种植面积113.06万亩，减少6.0%。瓜菜种植面积322.93万亩，增长2.4%。葡萄种植面积48.64万亩，减少4.8%。

图5　2011-2015年粮食产量

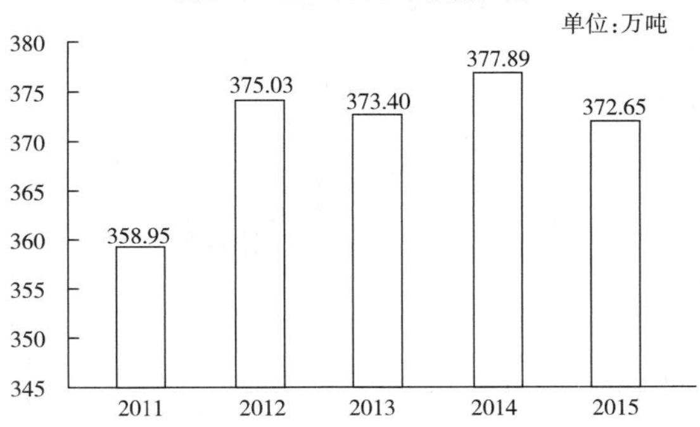

表4　2015年主要农林牧渔业产业产量及其增长速度

指标	产量	比上年增长(%)
粮食	372.6	-1.4
小麦	39.6	-2.3
水稻	60.8	-1.7
玉米	226.9	1.3
油料	15.3	-7.6
蔬菜	575.8	6.5
瓜果	205.1	3.0
枸杞	8.7	2.4
葡萄	21.6	12.2
肉类总产量	29.2	2.5
禽蛋	8.8	5.7
牛奶	136.5	0.6
水产品	17.0	4.4

三、工业和建筑业

全年全部工业增加值979.7亿元,比上年增长7.4%。规模以上工业增加值972.2亿元,比上年增长7.8%。在规模以上工业增加值中,轻工业增加值173.8亿元,增长15.7%;重工业增加值798.3亿元,增长6.4%。分经济类型看,国有企业下降6.6%,股份制企业增长6.6%,外商及港澳台商投资企业增长45.4%;国有控股企业增长2.1%;私营企业增长15.7%。非公有制工业完成工业增加值424.9亿元,比上年增长10.6%,对规模以上工业的贡献率达到56.8%。

全区10大工业产业七增三降的格局较为稳定。其中,煤炭增长11.0%、电力下降3.7%、化工增长27.7%、冶金下降21.9%、有色增长3.3%、轻纺增长15.4%、机械增长23.6%、建材下降9.2%、医药增长28.2%、其他工业增长7.3%。六大高耗能行业[5]实现增加值511.0亿元,比上年增长4.7%;高技术产业增加值比上年增长25.0%。在重点监测的40种工业产品中,有15种产品增速在10%以上。工业产品销售率为94.3%。

图6　2011-2015年全部工业增加值及其增长速度

表5　2015年主要工业产品产量及其增长速度

指标	单位	产量	比上年增长(%)
原煤	万吨	7975.8	-6.9
发电量	亿千瓦时	1154.7	-0.2
焦炭	万吨	756.6	-3.2
原铝(电解铝)	万吨	120.0	-13.7
橡胶轮胎外胎	万条	192.3	25.0
农用化肥(折纯)	万吨	82.4	77.6
精甲醇	万吨	510.1	74.0
电石(碳化钙)	万吨	310.7	-6.6
钢材	万吨	201.6	21.1
水泥	万吨	1742.5	-9.2
铁合金	万吨	345.9	19.1
乳制品	万吨	77.3	2.8
葡萄酒	万千升	3.0	42.9
金属切削机床	台	1950	-31.0
滚动轴承	万套	1591.4	1.5倍

全年规模以上工业企业实现利润总额79.3亿元,比上年下降6.3%。分经济类型看,国有控股企业实现利润总额19.3亿元,同比下降49.1%;股份制企业47.2亿元,下降28.7%;外商及港澳台商投资企业21.6亿元,增长2.6倍;私营企业28.5亿元,下降7.3%。实现主营业务收入3403.9亿元,同比下降3.8%,主营业务收入利润率(以利润总额计算)为2.3%,同比下降0.1个百分点。实现税金总额178.11亿元,比上年增长8.5%。

全区具有资质的总承包和专业承包建筑业企业553家,全年完成建筑业总产值524.53亿元,比上年下降16.1%。建筑业企业房屋建筑施工面积3284.95万平方米,下降24.6%;房屋竣工面积1226.58万平方米,下降17.9%;竣工产值为403.95亿元,下降7.6%。按建筑业总产值计算的劳动生产率26.69万元/人,比上年增长1.7%。

四、固定资产投资

全年全社会完成固定资产投资3532.93亿元,比上年增长10.4%。其中,基本建设投资2393.53亿元,增长14.8%;更新改造投资408.25亿元,增长12.2%;房地产开发投资633.64亿元,下降3.2%;农村农户投资完成79.02亿元,下降1.1%。分投资主体看,国有及国有经济控股完成投资1663.47亿元,增长19.4%;非国有经济控股完成投资1869.46亿元,增长3.4%,其中,民间投资1849.05亿元,增长3.4%。

从投资结构看,第一产业投资166.45亿元,增长29.3%。第二产业投资1662.37亿元,增长15.4%。其中,工业投资1648.28亿元,增长15.7%。第三产业投资1704.11亿元,增长4.4%。

图7 2011-215年全社会固定资产投资额及其增长速度

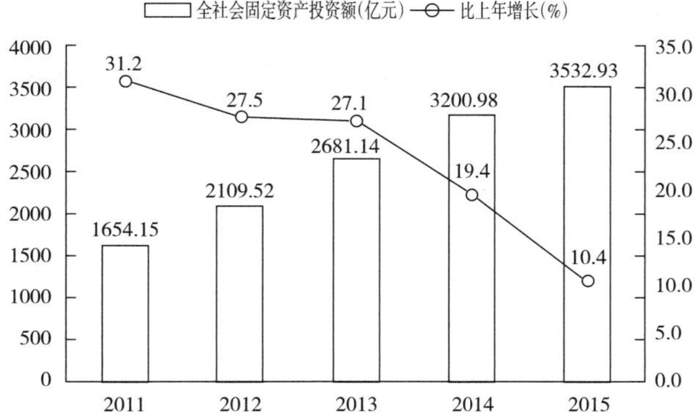

表6 2015年分行业会社会固定资产投资及其增长速度

指标	投资额(亿元)	比上年增长(%)
全社会固定资产投资	3532.93	10.4
农、林、牧、渔业	166.45	29.3
采矿业	120.95	-37.8
制造业	824.75	4.4
电力、热力、燃气及水的生产和供应业	702.59	59.6
建筑业	14.08	-8.9
批发和零售业	32.97	-37.9
交通运输、仓储和邮政业	269.58	-24.1
住宿和餐饮业	16.02	8.5
信息传输、软件和信息技术服务业	51.41	66.6
金融业	5.93	1.1倍
房地产业	880.07	-3.1
租赁和商务服务业	23.26	18.5
科学研究和技术服务业	10.71	52.6
水利、环境和公共设施管理业	269.68	3.7
居民服务和其他服务业	7.04	13.7
教育	5303	83.0
卫生和社会工作	28.88	1.2
文化、体育和娱乐业	20.72	-7.9
公共管理和社会组织	34.82	5.9

全年固定资产投资施工项目4256个,增长0.8%,施工项目计划总投资12044.85亿元,增长9.6%。全区亿元以上项目完成固定资产投资2157.20亿元,增长14.4%。

全年房地产开发投资633.64亿元,比上年下降3.2%。其中,住宅投资396.68亿元,下降3.6%;办公楼投资34.29亿元,增长62.0%;商业营业用房投资129.52亿元,下降10.2%。

表7 2015年房地产开发和销售主要指标完成情况及其增长速度

指标	单位	产量	比上年增长(%)
房地产开发投资	亿元	633.64	-3.2
房屋施工面积	万平方米	7045.68	0.4
其中:住宅	万平方米	4550.38	-1.6
其中:本年新开工面积	万平方米	1391.12	-32.3
房屋竣工面积	万平方米	1168.98	-2.9
其中:住宅	万平方米	746.78	-8.8
商品房销售面积	万平方米	839.16	-25.7
其中:住宅	万平方米	708.12	-24.6
商品房待售面积	万平方米	1207.15	24.8
其中:住宅	万平方米	733.43	17.0
商品房销售额	亿元	370.30	-20.4
其中:住宅	亿元	283.98	-19.3
房地产开发资金	亿元	737.39	-0.7
其中:国内贷款	亿元	96.59	-19.5
其他资金来源	亿元	317.12	-8.7

五、国内贸易

全年实现社会消费品零售总额789.57亿元,比上年增长7.1%,扣除价格因素,实际增长7.0%。按经营地统计,城镇消费品零售额726.72亿元,增长6.6%;乡村消费品零售额62.85亿元,增长13.7%。按消费类型统计,商品零售额661.74亿元,增长5.2%;餐饮收入额127.83亿元,增长18.3%。

图8 2011-2015年全社会消费品零售总额[7]及其增长速度

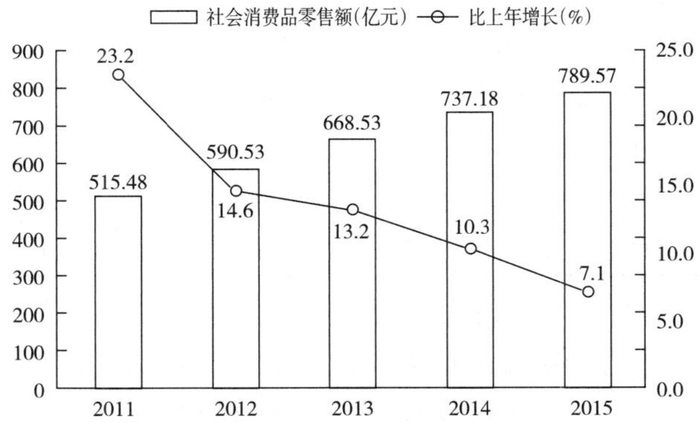

在限额以上企业商品零售额中,22大类商品零售额呈现"10增12降"态势,其中:通讯器材类增长11.4%,粮油、食品类增长9.4%,服装、鞋帽、针纺织品类增长1.5%,化妆品类增长4.5%,日用品类增长2.0%,建筑及装潢材料类增长1.9%,家用电器和音像器材类增长1.5%,文化办公用品类增长1.5%,汽车类下降1.1%,金银珠宝类下降4.6%,家具类下降35.9%,煤炭及制品类下降44.8%,机电产品及设

备类下降44.9%。

根据国家统计局反馈的数据显示，2015年我区网上零售额[8]12.2亿元，比上年增长39.3%，其中实物商品零售额9.5亿元，增长35.8%。

六、对外经济

据海关统计，全年实现进出口总额37.91亿美元，比上年下降30.3%。其中，出口29.76亿美元，下降30.8%；进口8.14亿美元，下降28.1%。全年累计实现贸易顺差21.62亿美元。重点出口产品保持增长，其中，轮胎增长7.6倍、红霉素16.8%、泰乐菌素增长16.0%、羊绒纱线增长15.6%。

图9 2011-2015年进出口总额

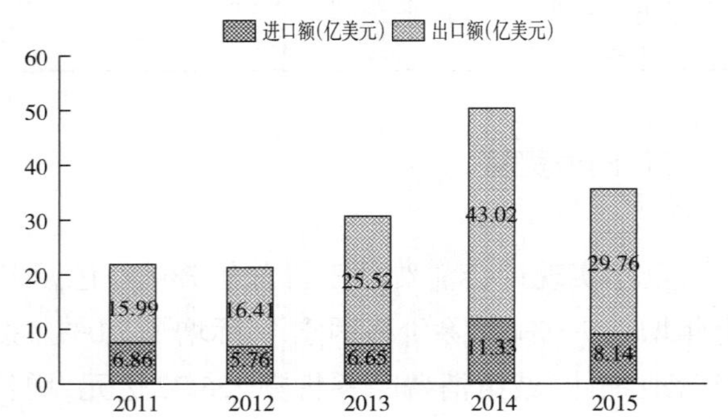

表8 2015年宁夏进出口总额及其增长速度

指标	金额(亿美元)	比上年增长(%)
进出口总额	37.91	-30.3
出口	29.76	-30.8
其中:一般贸易	27.59	-28.8
加工贸易	2.06	46.7
其中:机电产品	7.66	-41.1
其中:高新技术产品	5.09	-26.1
进口	8.14	-28.1

全年实际使用外资(不含境外借款)1.86亿美元，比上年增长1.0倍。全区新批准外商直接投资项目37个，合同外资金额13.59亿美元，增长1.6倍。其中，制造业签订利用外商直接投资项目14个，合同额9.35亿美元。年末全区注册登记外商投资法人企业累计达到209家。其中，中外合资企业占47.8%。

七、交通[9]、邮电和旅游

年末铁路营业里程1029.3公里。公路通车里程33240.05公里，增长6.3%。高速公路里程1527.33公里,增长13.6%。全年货物运输总量4.38亿吨，比上年增长3.1%。货物运输周转量872.72亿吨公里，下降0.5%。全年旅客运输总量0.94亿人，比上年增长1.7%；旅客运输周转量153.84亿人公里，增长4.8%。机场旅客吞吐量553.96万人次，增长15.6%。

表9 2015年全图各种运输方式完成运输量及其增长速度

运输方式	货物				旅客			
	运输总量		运输周转量		运输总量		运输周转量	
	绝对数(万吨)	比上年增长(%)	绝对数(亿吨公里)	比上年增长(%)	绝对数(万人次)	比上年增长(%)	绝对数(亿人公里)	比上年增长(%)
总计	43769.47	3.12	872.72	-0.53	9371.59	1.72	153.84	4.76
铁路	5631.08	-19.44	245.08	-20.04	661.07	0.69	47.37	-2.26
公路	36994.83	7.80	571.85	7.80	8443.98	1.60	68.04	3.60
航空	1.27	6.89	0.20	9.25	266.55	8.52	38.42	17.51
管道	1142.3	0.40	55.59	38.39	-	-	-	-

年末全区民用汽车保有量达到105.38万辆，比上年末增长9.1%，其中私人汽车保有量92.78万辆，增长12.4%。民用轿车保有量49.42万辆，增长14.5%，其中私人轿车46.47万辆，增长16.4%。

全年完成邮电业务总量135.54亿元，比上年增长32.1%。其中，邮政业务总量12.19亿元，增长13.3%；电信业务总量123.35亿元，增长34.2%。邮政业全年完成邮政函件业务574.81万件，包裹业务16.51万件，快递业务量2231.93万件；快递业务收入4.84亿元。电信业全年局用交换机总容量129.4万门，减少39.6万门；移动电话交换机容量1224万户，比上年增加78万户。年末全区固定电话用户达84.4万户，比上年下降17.8%。移动电话用户661万户，比上年下降4.0%，其中3G移动电话用户205.46万户，每百人拥有移动电话99.9部，减少5.3部。电话普及率达到112.7部/百人。固定互联网宽带接入用户86.1万户，移动互联网用户534.9万户。互联网普及率达到49.3%。

全年接待国内外旅游者1839.48万人次，比上年增长9.8%。其中，国内游客1835.75万人次，增长9.8%；过夜入境旅游者37315人次，增长10.9%。其中，外国人18409人次，增长22.0%。接待过夜国内游客890.82万人次，增长1.6%。实现旅游总收入161.30亿元，增长13.0%。其中，国内旅游收入160.01亿元，增长13.0%。全区实现旅游外汇收入2083.86万美元。

八、金融、证券和保险

年末全区金融机构本外币各项存款余额4822.96亿元,比年初增加600.33亿元。其中，人民币各项存款余额4805.15亿元,外汇存款余额2.74亿美元。金融机构本外币各项贷款余额5150.32亿元，比年初增加542.04亿元。其中，人民币各项贷款余额5117.82亿元，外汇贷款余额5.01亿美元。

表10　2015年年末金融机构存贷款余额及其增长速度

指标	年末数（亿美元）	比年初增减（亿元）	比上年末增长(%)
各项存款余额	4822.96	600.33	14.0
人民币存款余额	4805.15	602.32	14.1
其中:住户存款	2357.71	186.06	8.2
非金融企业存款	1244.64	213.82	21.6
广义政府存款	1191.76	197.47	19.0
各项贷款余额	5150.32	542.04	11.8
人民币贷款余额	5117.82	539.33	11.8
其中:短期贷款	1796.64	132.76	7.9
中长期贷款	3007.10	286.27	10.5
票据融资	305.21	121.31	66.0

年末上市公司12家，总股本63.90亿股，总市值817.34亿元，比上年增长66.8%。其中，流通市值685.20亿元，比上年增长66.8%。全年证券交易额8937.41亿元，比上年增长2.8倍。

全区省级营业性保险分公司19家，实现保费收入103.31亿元，比上年增长23.1%。其中，财产险收入41.01亿元，增长12.8%；寿险收入47.43亿元，增长31.6%；健康险收入11.90亿元，增长30.9%；意外伤害险收入2.97亿元，增长23.2%。支付各类赔款和给付34.21亿元，增长16.7%。其中，财产险赔款20.87亿元，增长7.6%；寿险给付8.00亿元，增长36.5%；健康险给付4.58亿元，增长35.8%；意外伤害险赔款0.77亿元，增长13.2%。

九、人民生活和社会保障

全年城镇新增就业7.7万人，农村劳动力转移就业71.3万人；年末城镇登记失业率4.02%。

根据城乡一体化住户调查结果，全年全体居民人均可支配收入17329元，同比名义增长8.9%，扣除价格因素影响，实际增长7.7%。

图10　2015年按收入来源分的全体居民人均可支配收入及占比

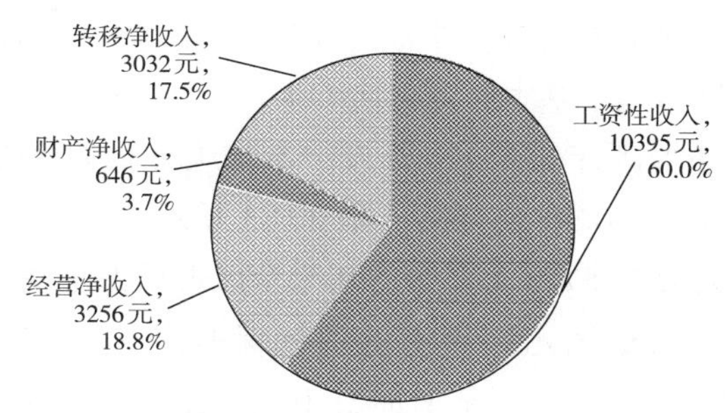

全年农村常住居民人均可支配收入9119元，比上年增加709元，名义增长8.4%，扣除价格因素影响，实际增长7.3%。人均生活消费支出8415元，增长9.6%，扣除价格因素，实际增长8.5%。农村居民人均居住面积30.41平方米，增6.5%。

图11　2011-2015年农村居民人均可支配收入[10]及其增长速度

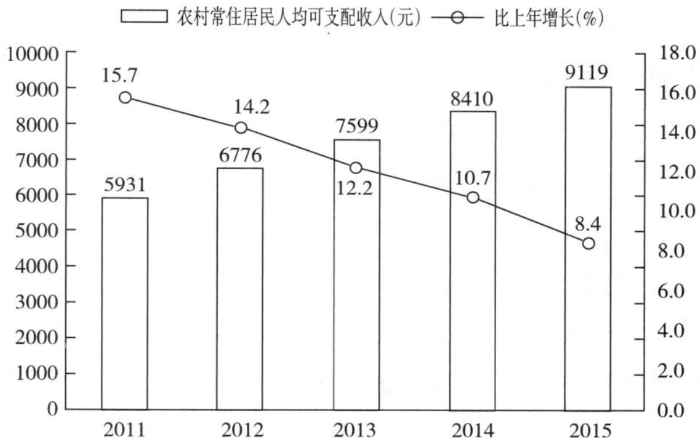

全年城镇常住居民人均可支配收入25186元，比上年增加1901元，名义增长8.2%，扣除价格因素影响，实际增长6.9%。人均消费支出18984元，增长10.3%，扣除价格影响，实际增长9.0%。城镇居民人均居住建筑面积30.65平方米，下降1.1%。

图12　2011-2015年城镇居民人均可支配收入及其增长速度

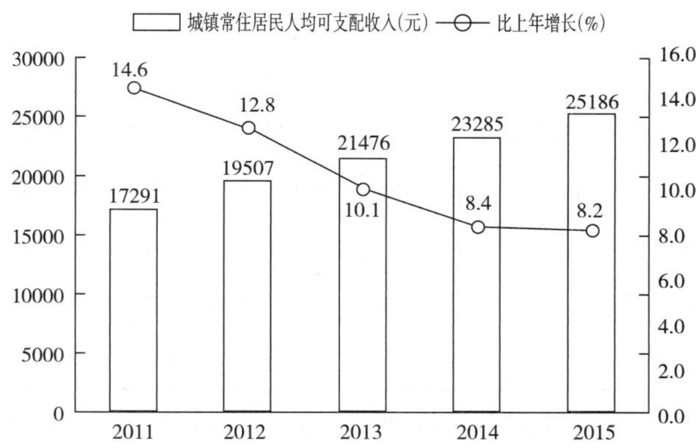

年末全区参加城镇职工基本养老保险人数为178.75万人，比上年末增加27.25万人，其中，参保职工111.1万人，参保离退休人员46.4万人，机关事业单位养老保险参保21.25万人。参加城乡居民基本养老保险人数183.1万人，增长0.8万人。参加基本医疗保险人数584.77万人，增加6.17万人，其中，参加城镇职工基本医疗保险114.77万人，参加城乡居民基本医疗保险470万人。参加失业保险人数75.6万人，参加工伤保险人数80.83万人，参加生育保险人数73.67万人。2015年末全区五项保险基金收入273.02亿元。年末五项社保基金累计结余293.91亿元，较上年末增加21.16亿元，增长7.8%。年末全区享受城市居民最低生活保障 154320 人，享受农村居民最低生活保障 417384 人，农村五保供养 12878人。

年末全区各类提供住宿的社会服务机构120个，养老服务机构98个。社会服务床位16207张，其中养老床位14454 张(注：不包括社区养老床位)。社区服务机构1001个，其中社区服务中心 70个，社区服务站669个。

十、教育与科技

年末全区各级各类学校3125所，教职工96068人。学前教育毛入园率71.44%，小学学龄人口入学率99.98%，初中阶段毛入学率102.21%，高中阶段毛入学率90.99%，高等教育毛入学率31.48%。

表11　2015年各级教育招生、在校、毕业生人数

类别	校数（所）	招生数（人）	在校学生数（人）	毕业学生数（人）
普通高等学校	18	34699	119410	29645
#研究生	–	1703	4403	1410
承认高等学校	1	11439	29172	11607
中等职业教育学校	31	30832	82117	25942
普通中学	299	144447	433996	144253
#高中（含完全中学）	62	50825	159663	55417
初中（含完全中学）	257	93622	274333	88836
普通小学	1693	94170	583509	96119
幼儿园	788	97900	192892	83913
特殊教育学校	12	811	3900	352

全年登记自治区级科技成果244项，比上年增长18.4%。其中，基础理论成果38项，应用技术成果181项，软科学成果25项。全年申请专利量4394件，比上年增长24.5%，其中，发明专利2626件，增长20.3%。专利授权量1865件，增长30.9%。其中，发明专利授权量442件，增长81.9%。全年共签订技术合同662项，技术合同成交金额35400万元。

年末全区拥有国家级工程技术研究中心3个，自治区级工程技术研究中心36个；国家重点实验室2个，省部共建重点实验室4个，国家重点培育基地3个，自治区级重点实验室14个；国家级企业（集团）技术中心14个，自治区级企业（集团）技术中心60个，技术创新中心143个。

十一、文化、卫生和体育

年末全区共有博物馆[11]12个，国家综合档案馆27个，公共图书馆26个，文化馆26个，各类艺术表演团体13个。全年地方出版报纸19种，出版期刊37种，出版图书2560种。有线数字电视用户102.36万户。年末广播节目综合人口覆盖率为96.62%；电视节目综合人口覆盖率为99.24%。

年末全区共有医疗卫生机构[12]4289个，其中医院168个，卫生院219个，疾病预防控制中心25个，妇幼保健机构22个。医疗卫生机构床位3.2万张。卫生技术人员41505人，其中执业(助理)医师15860人，注册护师、护士16135人。

全年举办县级以上全民健身活动1500余场次，其中1000人以上的大型全民健身活动33次，举办青少年单项比赛12项，参加活动的人数总计达到150万人次。在全国比赛取得金牌16枚、银牌17枚、铜牌16枚；全年有123人达国家一级运动员等级标准，332人达国家二级运动员等级标准，81人获得国家一级裁判员等级称号。

十二、资源、环境与安全生产

初步核算，全年全区能源消费总量为5404.70万吨标准煤，比上年增长9.3%。全区万元地区生产总值能耗增长1.2%。

全年水资源总量6.96亿立方米。全年平均降水量289毫米，比上年下降20.6%。全年总用水量70.37亿立方米，比上年增长0.1%。其中，生活用水

2.33亿立方米，增长5.8%；工业用水4.35亿立方米，下降12.6%；农业用水61.47亿立方米，增长0.9%。万元地区生产总值用水量[13]260立方米，比上年下降7.3%；万元工业增加值用水量39立方米，下降18.6%。

全区完成营造林面积120.16万亩，比上年减少6.13万亩，下降4.9%；其中，人工造林65.04万亩，年末实有封山（沙）育林面积566.23万亩。

城市污水处理率达到88.97%，比上年提高2.19个百分点。城市生活垃圾无害化处理率达到83.85%。全区建成区绿地率达到34.5%，比上年提高2.5个百分点。人均公园绿地面积17.22平方米。全年累计发生各类生产安全事故2744起，同比下降9.05%；造成死亡人数453人，同比下降3.0%。亿元地区生产总值生产安全事故死亡率为0.156。发生煤矿事故1起，造成死亡人数1人，煤矿百万吨死亡率为0.013；发生道路交通事故1693起，造成死亡人数394人，道路交通万车死亡率为2.244；发生工矿商贸安全事故43起，造成死亡人数53人，工矿商贸就业人员[14]十万人生产安全事故死亡率为1.933。

注释：

［1］ 本公报中数据均为初步统计数，正式数据以《宁夏统计年鉴-2016》为准。部分数据因四舍五入的原因，存在着与分项合计不等的情况。

［2］ 考虑到我国劳动年龄下限为16周岁，从2013年开始公布16-59岁（含不满60周岁）人口数据。2015年末，0-14岁（含不满15周岁）人口为137.76万人，15-59岁（含不满60周岁）人口为448.04万人。

［3］ 全区生产总值及各产业和各行业增加值指标绝对数按现价计算，增长速度按可比价格计算。

［4］ 2011年至2014年数据为公共财政预算收入决算数，2015年为执行数。

［5］ 六大高耗能行业分别为：化学原料和化学制品制造业、非金属矿物制品业、黑色金属冶炼和压延加工业、有色金属冶炼和压延加工业、石油加工炼焦和核燃料加工业、电力热力生产和供应业。

［6］ 钢材产量数据中含使用钢材加工成其他钢材的重复计算因素。

［7］ 2011年至2014年数据根据第三次经济普查结果进行修订。

［8］ 网上零售额是指通过公共网络交易平台（包括自建网站和第三方平台）实现的商品和服务零售额。

［9］ 公路交通运输货运、客运数据按2013年交通运输统计专项调查之前口径核算。

［10］ 图11、图12数据是按新口径计算的城乡可比的可支配收入。

［11］ 指文化系统管理的博物馆，属财政拨款的行政事业单位。

［12］ 医疗卫生机构包括村卫生室。

［13］ 万元地区生产总值用水量、万元工业增加值用水量按2010年不变价计算。

［14］ 工矿商贸就业人员十万人生产安全事故死亡率以2014年就业人员计算。

银川市2015年国民经济和社会发展统计公报

银川市统计局 国家统计局银川调查队

2015年，面对国内外复杂多变的经济形势，市委、市政府团结带领全市人民，主动适应经济发展新常态，坚持稳中求进的工作总基调，努力促进经济保持中高速增长，加快经济结构调整和产业转型升级，基本完成了“十二五”期间主要目标任务，为“十三五”经济社会发展、决胜全面建成小康社会奠定了坚实基础。

一、综合

初步核算，2015年全市实现地区生产总值1480.73亿元，按可比价格计算，同比增长8.3%[1]。分产业看，第一产业实现增加值57.46亿元，同比增长4.7%；第二产业实现增加值787.11亿元，同比增长9.1%；第三产业实现增加值636.16亿元，同比增长7.6%。按常住人口计算，人均地区生产总值68983元，同比增长6.2%。三次产业结构为3.9:53.2:42.9，对经济增长的贡献率分别为2.2%、60.1%、37.7%。

图1 2011-2015年银川地区生产总值及增速

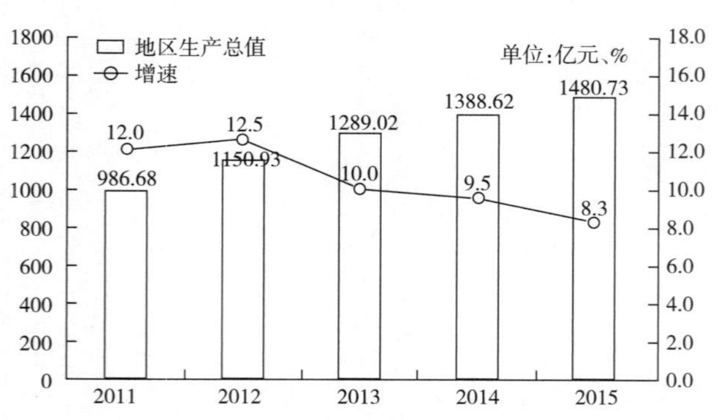

图2 2011-2015年三次产业增加值占地区生产总值比重

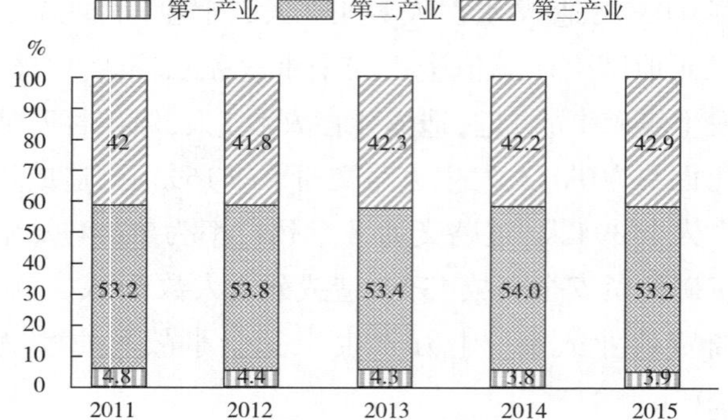

年末全市常住总人口216.41万人，比上年末增长1.7%。其中回族人口55.71万人，占总人口的比重为25.7%。城镇人口164.04万人，乡村人口52.37万人；男性110.40万人，女性106.01万人。人口出生率为10.75‰，死亡率为4.4‰，人口自然增长率为6.35‰。

表1 2015年银川市年末人口数及其构成

指标	年末数(人)	增速(%)	比重(%)
年末总人口	2164119	1.7	100.0
#市区人口	1388572	1.1	64.2
#城镇人口	1640418	2.1	75.8
乡村人口	523701	0.2	24.2
#汉族人口	1567996	0.8	72.5
回族人口	557113	4.4	25.7
其他少数民族	39010	0.2	1.8
#男性	1103995	1.2	51.0
女性	1060124	2.1	49.0

全年居民消费价格指数总水平比上年上涨1.6%，其中娱乐教育文化用品及服务类上涨7.8%，衣着类上涨3.5%，家庭设备用品及维修服务类上涨2.8%，烟酒及用品类上涨2.5%，食品类上涨0.6%，医疗保健及个人用品类上涨0.5%，居住类价

格指数持平，交通和通信类下降0.6%。工业生产者出厂价格指数下降5.5%，工业生产者购进价格指数下降15.4%，新建住宅价格指数下降5.0%，商品零售价格指数上涨0.2%。

图3 2011-2015年居民消费价格指数涨跌幅度

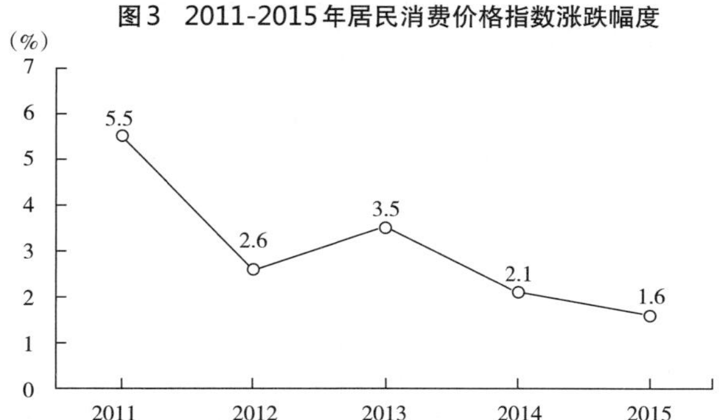

表2 2015年银川市居民消费价格比上年涨跌幅度

单位:%

指标名称	2015年
居民消费价格总指数	1.6
食品	0.6
#粮食	1.6
油脂	-1.0
肉禽及其制品	0.3
蛋	-10.3
鲜菜	7.6
烟酒及用品	2.5
衣着	3.5
家庭设备用品及维修服务	2.8
医疗保健及个人用品	0.5
交通和通信	-0.6
娱乐教育文化用品及服务	7.8
居住	0.0

图4 2015年银川市居民消费价格指数月度涨幅

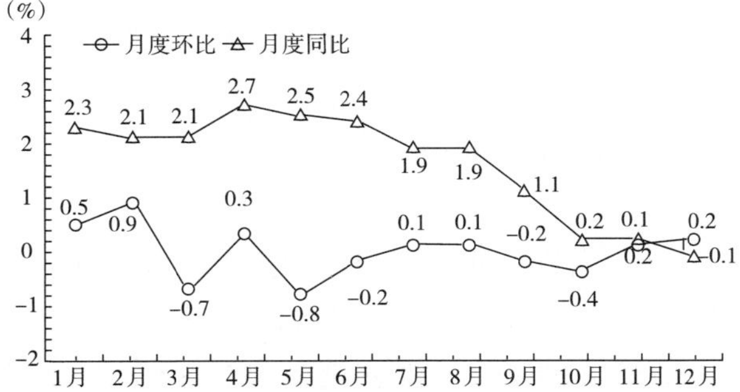

全年完成地方财政收入243.80亿元，同比下降2.8%。公共财政预算收入171.28亿元，增长12.1%，其中税收收入117.23亿元，增长3.7%，税收占公共财政预算收入的比重为68.4%。全年完成地方财政支出401.54亿元，增长6.3%。公共财政预算支出309.27亿元，增长17.2%。其中八大项支出情况为：一般公共服务支出增长27.2%、公共安全支出增长6.4%、教育支出增长11.3%、科学技术支出下降14.4%、社会保障和就业支出增长18.1%、医疗卫生与计划生育支出增长13.1%、节能环保支出增长31.2%、城乡社区支出增长105.3%。

图5 2011-2015年银川市地方财政收入及增速

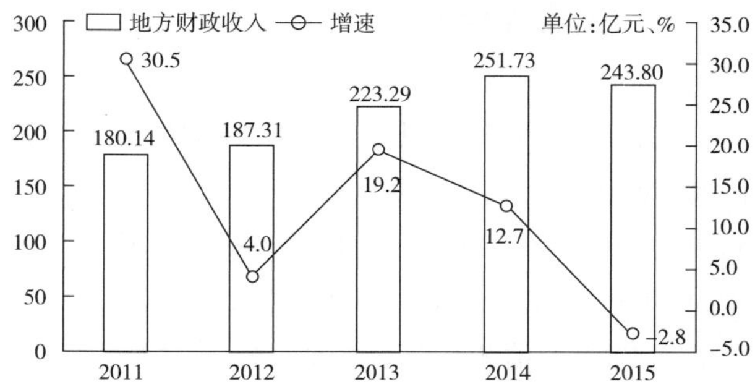

二、农业

全年完成农林牧渔业总产值114.09亿元，按可比价格计算，同比增长4.5%[1]。其中农业产值73.58亿元，增长6.4%；林业产值1.53亿元，下降4.0%；畜牧业产值26.04亿元，增长1.3%；渔业产值6.36亿元，下降2.1%；农林牧渔服务业产值6.58亿元，增长8.1%。

全年粮食作物播种面积10.50万公顷，同比下降0.8%；其中小麦播种面积1.47万公顷，下降8.2%。蔬菜播种面积3.25万公顷，园林水果播种面积2.56万公顷。全年粮食产量83.18万吨，增长3.6%；其中小麦产量7.94万吨，下降4.1%。蔬菜产量185.22万吨，增长28.1%；园林水果25万吨，下降7.7%。肉类产量4.99万吨，下降2.1%，其中猪肉产量1.46万吨，下降14.2%，牛肉产量1.56万吨，增长4.8%，羊肉产量1.41万吨，增长3.8%。年末大牲畜存栏18.97万头，生猪存栏14.01万头，羊只存栏数66.96万只，家禽数216.55万只。禽蛋产量2.23万吨，增长9.6%；牛奶产量49.34万吨，下降7.6%；水产品产量6.92万吨，增长0.8%。

图6 2011-2015年银川市粮食产量及增速

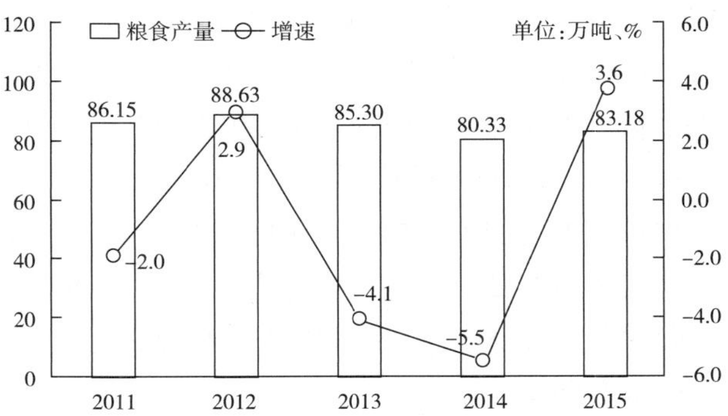

2015年农村用电量3.48亿千瓦小时，下降2.8%；农用化肥施用量(按实物量计算)23.39万吨，下降3.6%。

三、工业和建筑业

2015年全市规模以上工业实现增加值487.81亿元，增长8.9%[1]，全市规模以上工业大中型企业完成增加值390.06亿元，增长10.2%。按轻重工业分，轻工业完成增加值108.05亿元，增长15.1%；重工业完成增加值379.76亿元，增长7.3%。按经济类型分，国有及国有控股企业完成增加值241.77亿元，下降3.3%；股份制企业完成增加值390.15亿元，增长4.2%；外商及港澳台商投资企业完成增加值73.6亿元，增长53.2%。

图7 2011-2015年银川市规模以上工业增加值及增速

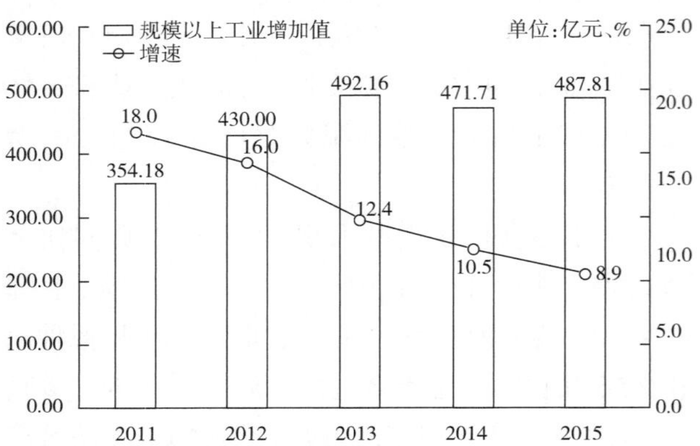

按行业分，电力、热力的生产和供应业完成增加值74.12亿元，下降3.3%；石油加工、炼焦业完成增加值68.94亿元，下降16.0%；煤炭开采和洗选业完成增加值79.11亿元，增长12.2%；化学原料及化学制品制造业完成增加值69.84亿元，增长1.2倍；纺织业完成增加值30.40亿元，增长17.3%。全市规模以上非公有制工业企业完成增加值215.56亿元，增长10.5%。

2015年规模以上工业企业实现销售产值1761.99亿元，比上年下降0.2%，工业产品销售率为94.3%；工业企业主营业务收入1589.57亿元，比上年下降3.2%；主营业务成本1298.78亿元，下降5.2%。工业企业利税总额190.07亿元，增长20.9%；利润总额61.55亿元，增长13.8%。工业品出口交货值65.23亿元，亏损企业亏损32.25亿元，企业亏损面22.8%，应收账款净额189.92亿元，资产负债率66.11%。

表3 2015年银川市主要工业产品产量

产品名称	计量单位	产 量	比上年增长(%)
水泥	万吨	522.80	-9.0
液体乳	万吨	22.41	-6.4
农用化肥(折纯)	万吨	65.16	1.3倍
轮胎外胎	万条	138.77	-9.8
金属切削机床	台	1669.00	-26.6
轴承	万套	594.09	2.2倍
汽油	万吨	214.89	13.8
柴油	万吨	201.86	6.5
合成氨	万吨	30.61	-17.0
机制纸	万吨	8.61	4.2
发电量	亿千瓦时	554.74	-0.7
白酒	千升	8673.99	12.0
葡萄酒	千升	13865.07	1.6倍
服装	万件	1236.16	36.0
家具	万件	22.21	-7.9
焦炭	万吨	417.89	-2.7
自来水生产量	万立方米	22382.00	10.4
电力变压器	万千伏安	1424.50	21.4
电解铝	万吨	44.22	-21.4

全年全市具有资质等级建筑业企业344个，实现建筑业总产值371.74亿元，下降15.6%;其中国有及国有控股企业实现产值132.66亿元，下降11.5%；建筑装修装饰业实现产值7.49亿元，下降20.2%。房屋建筑施工面积2262.7万平方米，下降25.7%；房屋建筑竣工面积787.46万平方米，下降14.7%。具有资质等级的建筑企业实现利润总额9.71亿元，下降23.4%；实现税金总额12.61亿元，下降8.0%。

四、固定资产投资

全年完成全社会固定资产投资1540.88亿元，同比增长10.6%。其中，基本建设投资922.13亿元，增长4.2%；更新改造投资185.48亿元，增长112.8%。按投资主体分，国有经济投资791.47亿元，增长18.5%；非国有经济投资749.41亿元，增长3.4%。按投资结构分，第一产业投资30.68亿元，比上年增长72.2%；第二产业投资608.54亿元，增长26.3%，其中工业投资603.35亿元，增长25.7%，建筑业投资5.18亿元，增长205.0%；第三产业投资901.67亿元，增长0.9%。施工项目计划总投资6256.45亿元，增长6.1%。

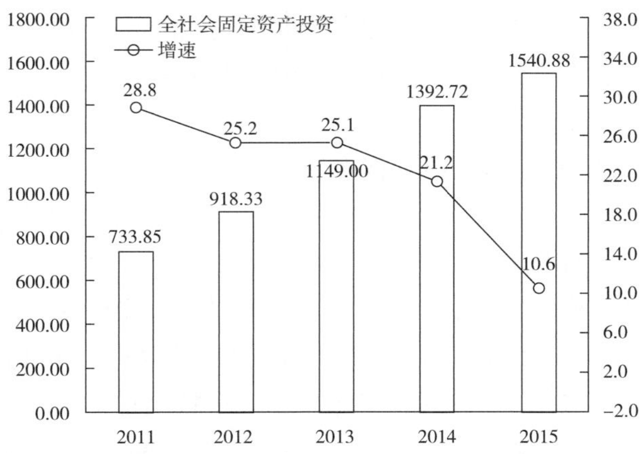

图8 2011-2015年银川市全社会固定资产投资及增速

全年完成房地产开发投资409.17亿元，比上年增长5.2%，其中住宅开发投资254.10亿元，增长6.3%。商品房施工面积4231.36万平方米，增长0.5%，其中住宅施工面积2607.82万平米，下降1.7%；商品房销售面积529.81万平方米，下降26.9%，其中住宅销售面积454.46万平方米，下降26.0%；商品房待售面积657.59万平方米，增长25.2%，其中住宅待售面积386.21万平方米，增长13.3%。全年商品房销售额262.09亿元，下降18.7%,其中住宅销售额204.42亿元，下降19.0%。

五、国内贸易

全年实现社会消费品零售总额477.63亿元[2]，比上年增长7.2%。分城乡看，城镇消费品零售额465.63亿元，增长6.9%；乡村消费品零售额12.00亿元，增长19.7%。分行业看，批发零售业零售额413.20亿元，增长5.3%；住宿餐饮业零售额64.43亿元，增长21.4%。分经济类型看，国有经济实现零售额4.76亿元，增长1.8%；集体经济实现零售额0.59亿元，下降6.0%；股份制经济实现零售额178.08亿元，增长1.1%；私营经济实现零售额148.86亿元，增长3.4%；个体经济实现零售额133.30亿元，增长21.6%;其他各种经济实现零售额12.03亿元，增长16.0%。

在限额以上批发和零售业零售额中，粮油、食品、饮料及烟酒类增长8.0%；服装鞋帽针纺织品类增长3.7%；家用电器和音像器材类增长1.8%；金银珠宝类下降2.3%；石油及制品类增长4.3%；通讯器材类增长12.3%；体育娱乐用品类下降18.2%;汽车类下降1.9%。

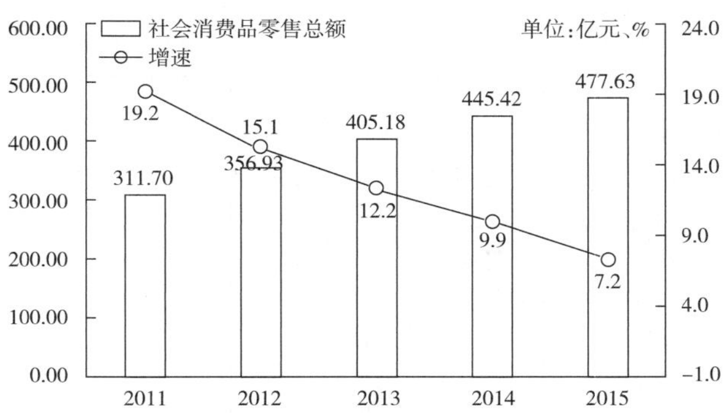

图9 2011-2015年银川市全社会消费品总额及增速

重点商品交易市场成交额210.50亿元，下降1.5%，其中亿元以上商品交易市场成交额204.01亿元，下降1.2%。

六、对外经济

全年实现进出口总额32.67亿美元，同比下降27.4%。其中，出口总额25.41亿美元，下降29.4%；进口总额7.26亿美元，下降19.3%。

图10 2011-2015年银川市进出口贸易总额

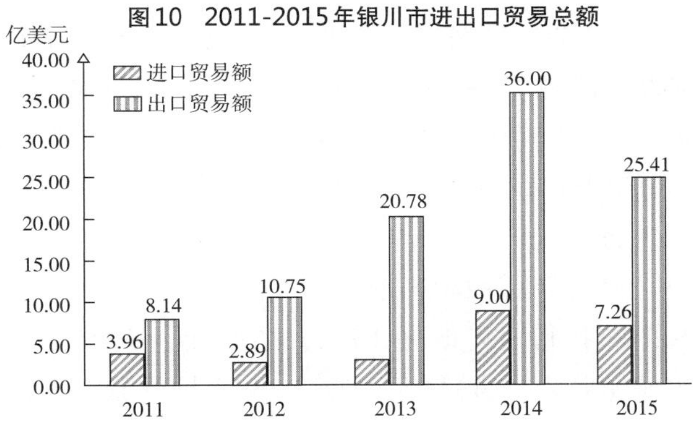

全年签订利用外资项目17个；合同外资金额3.17亿美元，比上年增长15.0%；实际利用外资1.67亿美元，增长154.8%。

七、交通、邮电和旅游

全年铁路客运量[3]408.9万人次，增长0.6%，铁路客运周转量26.71亿人公里，增长0.6%，铁路货运量[3]385.5万吨，下降2.7%，铁路货运周转量20.34亿吨公里，下降2.8%。民航客运量256万人次，增长14.2%，民航客运周转量37.38亿人公里，增长26.7%，民航货运量1.3万吨，增长18.2%，民航货运周转量2037万吨公里，增长18.5%。

表4 2015年银川市铁路及航空完成运输量及增长速度

指 标	单位	绝对数	比上年增长(%)
客运量			
铁路	万人次	408.9	0.6
民航	万人次	256	14.2
客运周转量			
铁路	亿人公里	26.71	0.6
民航	亿人公里	37.38	26.7
货运量			
铁路	万吨	385.5	-2.7
民航	万吨	1.3	18.2
货运周转量			
铁路	亿吨公里	20.34	-2.8
民航	万吨公里	2037	18.5

注:2015年公路客运量及货运量数据宁夏交通厅暂未反馈。

年末全市各种民用汽车保有量57.89万辆,增长13.0%,私人汽车保有量51.77万辆,增长15.8%。

全年完成邮电业营业收入总量31.61亿元[4]。其中,邮政业营业收入1.78亿元,电信业营业收入29.83亿元。快递业务营业收入4.09亿元,增长46.1%。全年订销报刊3349万份,增长0.3%;完成邮政函件业务594万件,增长2.2%。年末本地固定电话用户51.07万户,下降4.0%;移动电话用户279.32万户,增长15.3%;计算机互联网用户47.8万户,增长8.6%。

全年接待国内游客741.36万人次,增长10.7%;接待海外游客2.71万人次,增长5.4%。国内旅游收入93.40亿元,增长13.9%;国际旅游外汇收入1514.36万美元,增长8.2%。

全市共有旅行社108家,其中国际社[5]24家,国内社84家。全市共有旅游星级酒店42家,四星级15家,三星级26家,二星级1家。

八、金融和保险

年末全市金融机构人民币各项存款余额3017.77亿元,增长15.6%,其中,住户存款1304.97亿元,增长9.0%。人民币各项贷款余额3653.98亿元,同比增长14.7%,其中,中长期贷款2403.28亿元,增长11.7%,短期贷款1028.50亿元,增长13.7%。

全年实现保费收入60.57亿元,同比增长20.8%。其中,财产险保费收入23.33亿元,增长11.4%;人身险保费收入37.24亿元,增长27.5%。全年支付各项赔款及给付额19.19亿元,同比增长18.5%。其中,财产险赔款11.68亿元,人身险赔款及给付7.52亿元,分别增长6.2%和44.6%。

九、教育和科学技术

年末全市有研究生培养单位3个,招生1672人,增长5.8%;在学研究生4347人,增长6.4%;毕业生1391人,增长2.1%。普通高等院校15所,招生2.82万人,比上年增长0.2%;在校生9.80万人,毕业生2.42万人,分别增长4.8%和13.3%。成人高校1所,招生1.08万人,下降11.3%;在校生2.55万人,下降6.1%;毕业生9955人,下降21.5%。中等职业学校17所,招生1.75万人,增长17.7%;在校生4.30万人,增长4.6%;毕业生1.34万人,下降34.2%。普通高中院校24所,招生1.88万人,增长1.1%;在校生5.57万人,增长1.9%;毕业生1.79万人,增长3.9%。初中学校50所,招生2.42万人,下降6.1%;在校生7.45万人,下降1.9%;毕业生2.40万人,增长2.9%。普通小学199所,招生2.76万人,增长0.8%;在校生16.21万人,增长3.3%;毕业生2.41万人,下降5.0%。特殊教育学校2所,招生110人,在校生332人。幼儿园259所,在园幼儿6.38万人,增长8.0%。农村小学阶段适龄人口入学率达到100%,农村初中阶段适龄人口入学率达到98%。资助困难学生7760人次。

全年投入科技三项费用2660万元,比上年增长10.8%;实施各类科技计划项目96项。全年申请专利3306件,增长22.3%。

十、文化、卫生和体育

年末全市拥有艺术表演团体5个,文化馆8个,公共图书馆8个,博物馆9个(其中7个国有行业博物馆),全国重点文物保护单位11处。广播电台5座,电视台6座,广播综合人口覆盖率、电视综合人口覆盖率均达到100%,有线广播电视用户54.35万户。全年地方出版报纸19种、期刊37种、图书2560种。

年末全市有卫生机构964个,其中医院和卫生院92个(医院53个)。卫生机构床位14079张,其中医院、卫生院床位13313张。卫生技术人员

20408人，其中执业医师及执业助理医师7578人，注册护士8597人。疾病预防控制中心8个，卫生技术人员366人；妇幼保健机构5个，卫生技术人员979人；乡镇卫生院39个，床位数465张，卫生技术人员709人。卫生监督检验机构8个，卫生技术人员172人。全市已认定医疗保险定点医疗机构284个，定点零售药店707个。全市儿童免疫规划接种率[6]达到99.6%。

全年获得全国冠军2个，获得金牌6块，银牌4块，铜牌4块。

十一、人民生活和社会保障

全年城镇居民人均可支配收入28261元，比上年增加2143元，增长8.2%。城镇居民人均消费性支出21694元，增长6.3%。其中，支出增幅较大的是：其他用品和服务支出749元，增长13.4%，居住支出4095元，增长10.7%，食品烟酒支出5862元，增长6.4%。城镇20%最高收入户人均可支配收入53769元，城镇20%最低收入户人均可支配收入11552元。城镇居民恩格尔系数30.3%。

图11　2011-2015年银川市城镇居民人均可支配收入及增速

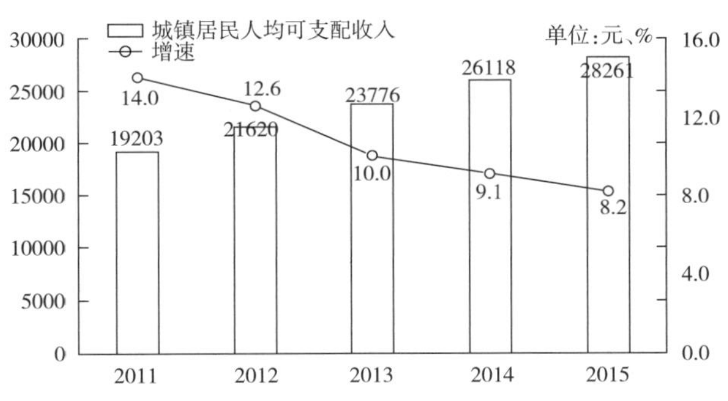

表5　城镇居民每百户主要消费品拥有量

指 标	单位	2015年	2014年	比上年增长(%)
空调器	台	20.6	18.1	13.9
淋浴热水器	台	91.9	87.9	4.6
彩电	台	101.1	100.6	0.5
电冰箱	台	96.2	93.5	2.9
移动电话	部	231.2	217.4	6.4
家用电脑	台	73.4	70.8	3.7
微波炉	台	63.7	57.6	10.6
家用汽车	辆	33.9	28.5	18.8
摩托车	辆	13.3	13.3	0.4
洗衣机	台	95.6	93.4	2.3
照相机	架	29.9	31.7	-5.5
摄像机	架	8.9	8.1	9.4
健身器材	套	1.8	2.1	-15.1

图12　201年银川市居民人均消费支出及其构成

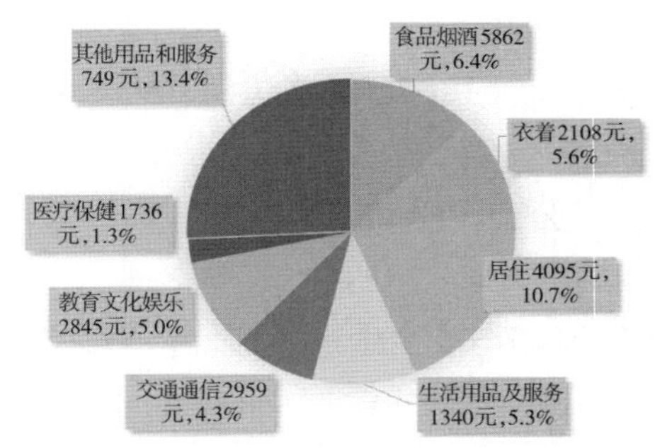

全年农村居民人均可支配收入11148元，比上年增加873元，增长8.5%。农村居民人均生活消费支出10119元，增长8.4%。农村居民恩格尔系数32.2%。

图12　2011-2015年银川市农村居民人均可支配收入及增速

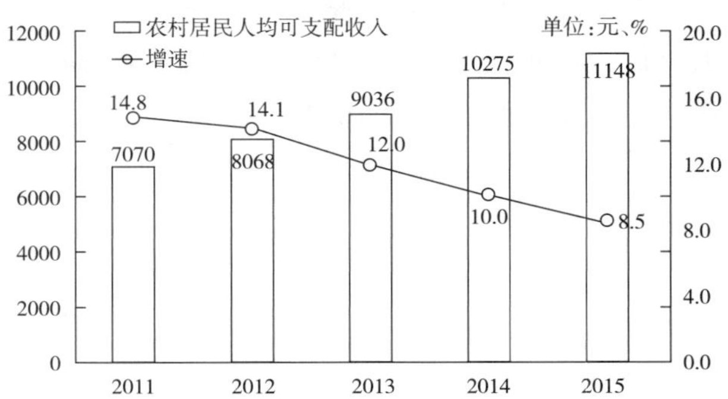

年末全市参加城镇基本养老保险69.73万人，比上年增长10.4%，其中参保职工54.09万人，参保离退休人员15.64万人。参加失业保险43.58万人。参加基本医疗保险161.12万人，其中参加城乡居民基本医疗保险95.36万人，参加城镇职工基本医疗保险65.76万人。

年末全市拥有中心敬老院、敬老院、老年公寓23个，共有床位5401张；收养性社会福利单位1个，床位数150张，收养各类人员83人。全市享受政府最低生活保障人数为2.1万人，发放城镇居民最低生活保障金0.99亿元；农村享受最低保障人数2.7万人，发放农村最低生活保障金0.85亿元。发放城乡医疗救助金4052万元，接受城乡医疗救助6.38万人次。城镇建立各种社区服务设施871个，其中市民服务中心23个。全年销售社会福利彩票5658万元[7]，筹集社会公益资金815万元[7]，直接接受社会捐赠315万元。

十二、城市建设

年末建成区绿化覆盖面积6821公顷[8]；年末建

成区园林绿地面积6817公顷，其中建成区公园绿地面积2263公顷。

年末全市公共汽车线路达到109条，公共汽车运营车辆数1949辆；公交标准运营车辆2398标台；每万人拥有公交车辆17.4标台。

十三、环境与安全生产

全年城市空气质量优良天数259天，占总天数的71.0%。区域噪声平均值53.1分贝，交通干线噪声平均值67.1分贝。城市饮用水源水质达标率100%，黄河银川段水质达到II类。全年完成工业企业环境污染治理项目49个，投入资金7.49亿元。

全年发生各类生产安全事故1286起，死亡124人。亿元GDP生产安全事故死亡人数为0.084人；道路交通万车死亡人数为0.57人。

注：

[1] 地区生产总值、各产业增加值绝对数按现行价格计算，增长速度按可比价格计算。

[2] 2011年至2014年银川市社会消费品零售总额为与第三次经济普查结果衔接数据。

[3] 铁路货运、客运数据为银川站数据，不包含宁东铁路数据。

[4] 2015年起，邮电业务总量指标改为邮电业营业收入。

[5] 2015年起，出境组团社改名为国际社。

[6] 2015年起，全市儿童“五苗”报告接种率指标名称改为全市儿童免疫规划接种率。

[7] 社会福利彩票销售额和筹集社会公益资金为市本级口径。

[8] 2015年起，园林绿地面积改为建成区园林绿地面积，绿化覆盖面积改为建成区绿化覆盖面积。

[9] 本公报中数据均为初步统计数。部分数据因四舍五入的原因，存在着与分项合计不等的情况。

1 综　合

General Survey

1—1 行政区划及区划面积

Administrative Divisions and Area of Zoning

（2015）

县(市)区	County, Municipalities and District	镇（个）Towns (unit)	乡（个）Townships (unit)	街道办事处（个）Street Communities (unit)	居民委员会（个）Neighbour-hood Committees (unit)	村民委员会（个）Village Committees (unit)	区划面积（平方公里）Area of Zoning (sq.km)
总 计	**Total**	**20**	**6**	**23**	**205**	**281**	**9025.38**
市 区	City	6	2	22	165	83	2310.53
兴庆区	Xingqing	2	2	11	72	42	828.26
金凤区	Jinfeng	2	0	5	40	24	353.00
西夏区	Xixia	2	0	6	53	17	1129.27
永宁县	Yongning	5	1	0	17	67	1178.68
贺兰县	Helan	4	1	0	11	62	1527.20
灵武市	Lingwu	5	2	1	12	69	4008.97

1-1 续表 continued

县(市)区	County, Municipalities and District	年末总人口（万人）Population at Year-end (10 000 persons)	人口密度（人/平方公里）Population Density (person/sq.km)	乡、镇、街道办事处名称 Townships,Towns and Street Communities
总 计	**Total**	**216.41**	**240**	
市 区	City	138.86	601	
兴庆区	Xingqing	73.44	887	大新镇 掌政镇 通贵乡 月牙湖乡 凤凰北街 富宁街 中山南街 胜利街 文化街 解放西街 新华街 玉皇阁北街 丽景街 前进街 银古路等街道办事处
金凤区	Jinfeng	30.20	856	良田镇 丰登镇 黄河东路 满城北街 长城中路 北京中路 上海西路等办事处
西夏区	Xixia	35.22	312	兴泾镇 镇北堡镇 西花园 朔方路 北京西路 文昌路 宁华路 贺兰山西路等办事处
永宁县	Yongning	23.44	199	李俊镇 闽宁镇 杨和镇 望洪镇 望远镇 胜利乡
贺兰县	Helan	25.33	166	习岗镇 金贵镇 立岗镇 洪广镇 常信乡
灵武市	Lingwu	28.78	72	临河镇 东塔镇 崇兴镇 马家滩镇 郝家桥镇 白土岗乡 梧桐树乡 城区街道办事处

1—2 气象情况

(2015)

月 份	Month	平均气温(℃) Average Temperature(℃)				降水量(毫米) Precipitation(mm)			
		银川 Yinchuan	永宁 Yongning	贺兰 Helan	灵武 Lingwu	银川 Yinchuan	永宁 Yongning	贺兰 Helan	灵武 Lingwu
一月	January	-3.9	-3.6	-5.8	-4.8				
二月	February	-2.6	-2.5	-3.8	-3.2	4.4	4.7	2.8	7.5
三月	March	7	7.2	5.7	6.6	0			0
四月	April	14	14	13.1	13.5	30.6	30.8	29.1	34.6
五月	May	18.5	18.7	17.2	17.6	1.7	0.8	3.3	4
六月	June	22.6	22.5	21.2	21.7	34	46.7	62.2	56.2
七月	July	24.7	24.8	23.6	24	22.8	21.1	27.1	17.9
八月	August	21.4	21.3	20.8	20.4	31.6	57.0	31.9	55.2
九月	September	18	18	16.8	17.2	14.5	13.1	32.6	34.3
十月	October	11.9	12.3	11	10.6	22.5	16.6	23.8	14.9
十一月	November	2.3	2.6	1.7	1.5	7.1	5.3	5.5	4
十二月	December	-5.6	-5.1	-6.6	-5.3				

1-2 续表

(2015)

月 份	Month	平均风速(米/秒) Average Wind Speed(m/second)				平均相对湿度(%) Mean Relative Humidity(%)			
		银川 Yinchuan	永宁 Yongning	贺兰 Helan	灵武 Lingwu	银川 Yinchuan	永宁 Yongning	贺兰 Helan	灵武 Lingwu
一月	January	1.4	1.2	0.8	2.1	38	34.0	44.0	37
二月	February	1.8	1.3	1	2	56	55	59	61
三月	March	1.8	1.5	1.2	2.1	31	28	36	34
四月	April	1.9	1.6	1	2.1	45	47.0	50.0	50
五月	May	2.3	1.9	1.2	2.5	30	33.0	38.0	37
六月	June	1.7	1.6	0.9	1.9	49	55.0	60.0	57
七月	July	1.8	1.7	0.9	2.1	54	58.0	62.0	59
八月	August	1.7	1.4	0.8	1.8	62	70.0	70.0	71
九月	September	1.5	1.2	0.6	1.6	64	71.0	75.0	72
十月	October	1.4	1.4	0.7	2	62	63.0	68.0	68
十一月	November	1.5	1	0.8	1.9	64	67.0	69.0	66
十二月	December	1.7	1.4	1	2.9	41	44	50	41

注:2014年以后永宁、贺兰、灵武三站已停止观测蒸发量记录

Meteorology

蒸发量(毫米) Evaporation(mm)				日照时数(小时) Hours of Sunshine(hour)			
银川 Yinchuan	永宁 Yongning	贺兰 Helan	灵武 Lingwu	银川 Yinchuan	永宁 Yongning	贺兰 Helan	灵武 Lingwu
51				202.3	232.9	219.8	239.2
58.2				151.4	171.4	162.2	169.1
150.3				244.6	269.1	262.1	267.3
113.5				194.7	235	221.7	216.9
184.4				297.6	317.6	305.61.2	321.9
161.7				267.8	274.8	264.6	277.3
172.7				312.9	318.2	305.5	302.4
138.7				250.9	252.7	260.6	244.4
97.9				65.8	201	195.3	209.1
82.9				225.7	240.9	222	253.8
52.9				169.4	182.2	169.8	207.5
48.8				215.2	226.7	204	259.7

continued

大风日数(日) Days of Wind(day)				雨日数(日) Days of Rain(day)			
银川 Yinchuan	永宁 Yongning	贺兰 Helan	灵武 Lingwu	银川 Yinchuan	永宁 Yongning	贺兰 Helan	灵武 Lingwu
			1				
				1			
				2			1
			1	12	10	12	10
	1		2	5	3	4	4
			2	14	12	13	11
	1			10	9	9	8
				15	15	14	15
				13	11	12	12
				7	7	7	5
			1	5	4	5	4
2			1				

a) Yongning, Helan and Lingwu has stopped observation evaporation since 2014.

1—3 主要年份地区生产总值

Gross Domestic Product in Main Years

单位:万元 （按当年价格计算 caculated at current prices） （10 000 yuan）

年份 Year	地区生产总值 Gross Domestic Product	第一产业 Primary Industry	第二产业 Secondary Industry	工业 Industry	建筑业 Construction	第三产业 Tertiary Industry	交通运输、仓储和邮政业 Transport, Storageand PostService	批发和零售业、住宿和餐饮业 Wholesale, Retail Trade, Hoteling and Catering Services	人均地区生产总值(元/人) Per Capita Gross Domestic Produc (yuan/person)
1949	2025	1484	130	118	12	411	74	63	86
1950	2498	1885	149	131	18	464	84	125	103
1951	3486	2725	227	191	36	534	112	168	137
1952	3374	2343	396	278	118	635	146	186	126
1953	3833	2587	490	348	142	756	218	220	133
1954	4152	2715	560	384	176	877	278	260	134
1955	5064	3317	729	509	220	1018	346	278	154
1956	5443	3192	949	688	261	1302	486	337	159
1957	5716	2986	1143	963	180	1587	572	404	162
1958	8370	3380	2022	1359	663	2968	1189	746	221
1959	11758	3415	4481	3240	1241	3862	1214	1286	276
1960	13424	2691	6059	4612	1447	4674	1345	1463	288
1961	11225	3103	3632	3052	580	4490	1067	1483	240
1962	9188	3181	2664	2296	368	3343	786	980	211
1963	10284	3970	2772	2354	418	3542	827	1097	241
1964	10696	3739	3121	2532	589	3836	920	1124	240
1965	13338	5137	4222	3059	1163	3979	1078	1156	284
1966	17623	5516	7267	5947	1320	4840	1348	1369	363
1967	16109	4547	7650	6573	1077	3912	1089	1081	322
1968	16347	4374	7929	5491	2438	4044	1017	1149	309
1969	20202	5205	10172	8025	2147	4825	1311	1226	360
1970	24481	6111	12335	10855	1480	6035	1457	1478	415
1971	26132	7584	11418	10445	973	7130	1789	1851	427
1972	27538	7756	12016	10711	1305	7766	1930	1997	433
1973	28904	9152	11993	10605	1388	7759	2040	2069	437
1974	30101	7711	14523	13134	1389	7867	2093	2157	439
1975	34183	8139	17494	16129	1365	8550	2328	2287	483
1976	30851	6777	16035	14556	1479	8039	2161	2125	423
1977	33148	7078	17356	15462	1894	8714	2648	2271	441
1978	38222	7902	20245	18352	1893	10075	3202	2535	494
1979	41938	8639	22247	19444	2803	11052	3084	2820	527
1980	44412	10750	21982	18514	3468	11680	3529	3194	546
1981	46487	13019	21089	16140	4949	12379	3559	3655	559
1982	54549	16983	22778	17496	5282	14788	4862	4013	641

注:1993–2010年数据为经济普查年度调整数。2008–2015年人均地区生产总值为常住人口计算。

1-3 续表 continued

单位:万元 （按当年价格计算 caculated at current prices） （10 000 yuan）

年份 Year	地区生产总值 Gross Domestic Product	第一产业 Primary Industry	第二产业 Secondary Industry	工业 Industry	建筑业 Construction	第三产业 Tertiary Industry	交通运输、仓储和邮政业 Transport, Storageand PostService	批发和零售业、住宿和餐饮业 Wholesale, Retail Trade, Hoteling and Catering Services	人均地区生产总值(元/人) Per Capita Gross Domestic Produc (yuan/person)
1983	64259	20044	27625	21848	5777	16590	5311	4590	740
1984	76756	24199	32715	24739	7976	19842	6685	4797	869
1985	94160	26286	42656	31326	11330	25218	8202	6837	1045
1986	111227	29980	49522	35973	13549	31725	9453	7813	1210
1987	132621	35567	55887	42430	13457	41167	11107	9072	1398
1988	168776	41278	67884	56327	11557	59614	11914	13203	1730
1989	207904	47293	87458	76787	10671	73153	14607	14841	2081
1990	231978	54868	92126	79482	12644	84984	11931	18579	2269
1991	270931	56593	112312	95973	16339	102026	15862	24997	2596
1992	320781	62329	138547	111057	27490	119905	18397	33689	3021
1993	432948	67372	202716	169764	32952	162860	26548	48531	4007
1994	571199	94993	268989	208527	60462	207217	32032	57667	5180
1995	717130	120037	310488	250658	59830	286605	44982	65922	6374
1996	827908	132842	367624	277398	90226	327442	61481	70838	7228
1997	951001	150519	406055	300693	105362	394427	7645	78802	8152
1998	1040857	155596	431705	303314	128391	453556	92422	96850	8769
1999	1145303	148970	473950	331604	142346	522383	107746	111132	9518
2000	1287473	143520	541292	383712	157580	602661	124901	124067	10404
2001	1440965	149840	595773	429809	165964	695352	143696	135795	11244
2002	1670921	155463	677801	493294	184507	837657	162583	157863	12716
2003	2015881	147152	858178	601247	256931	1010551	184020	187805	15159
2004	2508483	174756	1107760	866935	240825	1225967	184020	223081	18526
2005	2935714	194508	1325490	1040196	285294	1415716	209520	269605	21091
2006	3499164	210308	1632668	1275043	357625	1656188	225133	319793	24532
2007	4477383	248997	2129367	1684279	445088	2099019	298101	341911	30513
2008	5637874	300661	2674577	2085960	588617	2662636	390421	470510	34473
2009	6442421	328471	3142263	2366427	775836	2971687	429077	488431	38392
2010	7926140	402858	4002448	2987022	1015426	3520834	503756	583014	42771
2011	9866761	470509	5252471	3964581	1287890	4143781	634854	687791	48964
2012	11509344	509518	6190501	4719172	1471330	4809324	646693	708359	56528
2013	12890199	554241	6885962	5232998	1652964	5449996	685282	741874	62437
2014	13886244	527990	7501071	5552683	1950528	5857185	612246	708364	65942
2015	14938590	586225	7807765	5645261	2164550	6544600	653629	768213	69594

a) Date in the table from 1993 to 2010 for the econmiccensus year adjustment. From 2008 to 2015 per capita GDP calculated by resident population.

1—4 主要年份地区生产总值构成

Composition of Gross Domestic Product in Main Years

单位:% （按当年价格计算 caculated at current prices） (%)

年份 Year	地区生产总值 Gross Domestic Product	第一产业 Primary Industry	第二产业 Secondary Industry	工业 Industry	建筑业 Construction	第三产业 Tertiary Industry	交通运输、仓储和邮政业 Transport, Storageand PostService	批发和零售业、住宿和餐饮业 Wholesale, Retail Trade, Hoteling and Catering Services
1949	100	73.3	6.4	5.8	0.6	20.3	3.7	3.1
1950	100	75.5	6.0	5.2	0.8	18.5	3.4	5.0
1951	100	78.2	6.5	5.5	1.0	15.3	3.2	4.8
1952	100	69.4	11.8	8.2	3.6	18.8	4.3	5.5
1953	100	67.5	12.8	9.1	3.7	19.7	5.7	5.7
1954	100	65.4	13.5	9.3	4.2	21.1	6.7	6.3
1955	100	65.5	14.4	10.1	4.3	20.1	6.8	5.5
1956	100	58.6	17.5	12.6	4.9	23.9	8.9	6.2
1957	100	52.2	20.0	16.9	3.1	27.8	10.0	7.1
1958	100	40.4	24.2	16.2	8.0	35.4	14.2	8.9
1959	100	29.1	38.1	27.6	10.5	32.8	10.3	10.9
1960	100	20.0	45.2	34.4	10.8	34.8	10.0	10.9
1961	100	27.6	32.4	27.2	5.2	40.0	9.5	13.2
1962	100	34.6	29.0	25.0	4.0	36.4	8.6	10.7
1963	100	38.6	27.0	22.9	4.1	34.4	8.0	10.7
1964	100	35.0	29.2	23.7	5.5	35.8	8.6	10.5
1965	100	38.5	31.7	22.9	8.8	29.8	8.1	8.7
1966	100	31.3	41.2	33.7	7.5	27.5	7.6	7.8
1967	100	28.2	47.5	40.8	6.7	24.3	6.8	6.7
1968	100	26.8	48.5	33.6	14.9	24.7	6.2	7.0
1969	100	25.8	50.4	39.7	10.7	23.8	6.5	6.1
1970	100	25.0	50.4	44.3	6.1	24.6	6.0	6.0
1971	100	29.0	43.7	40.0	3.7	27.3	6.8	7.1
1972	100	28.2	43.6	38.9	4.7	28.2	7.0	7.3
1973	100	31.7	41.5	36.7	4.8	26.8	7.1	7.2
1974	100	25.6	48.2	43.6	4.6	26.2	7.0	7.2
1975	100	23.8	51.2	47.2	4.0	25.0	6.8	6.7
1976	100	22.0	52.0	47.2	4.8	26.0	7.0	6.9
1977	100	21.4	52.4	46.6	5.8	26.2	8.0	6.9
1978	100	20.7	53.0	48.0	5.0	26.3	8.4	6.6
1979	100	20.6	53.0	46.4	6.6	26.4	7.4	6.7
1980	100	24.2	49.5	41.7	7.8	26.3	7.9	7.2
1981	100	28.0	45.4	34.7	10.7	26.6	7.7	7.9
1982	100	31.1	41.8	32.1	9.7	27.1	8.9	7.4

注:1993-2010年数据为经济普查年度调整数。2008-2015年人均地区生产总值为常住人口计算。

1-4 续表 continued

单位:% （按当年价格计算 caculated at current prices） (%)

年份 Year	地区生产总值 Gross Domestic Product	第一产业 Primary Industry	第二产业 Secondary Industry	工业 Industry	建筑业 Construction	第三产业 Tertiary Industry	交通运输、仓储和邮政业 Transport, Storageand PostService	批发和零售业、住宿和餐饮业 Wholesale, Retail Trade, Hoteling and Catering Services
1983	100	31.2	43.0	34.0	9.0	25.8	8.3	7.1
1984	100	31.5	42.6	32.2	10.4	25.9	8.7	6.2
1985	100	27.9	45.3	33.3	12.0	26.8	8.7	7.3
1986	100	27.0	44.5	32.3	12.2	28.5	8.5	7.0
1987	100	26.8	42.1	32.0	10.1	31.1	8.4	6.8
1988	100	24.5	40.2	33.4	6.8	35.3	7.1	7.8
1989	100	22.7	42.1	36.9	5.2	35.2	7.0	7.1
1990	100	23.7	39.7	34.3	5.4	36.6	5.1	8.0
1991	100	20.8	41.5	35.4	6.1	37.7	5.9	9.2
1992	100	19.4	43.2	34.6	8.6	37.4	5.7	10.5
1993	100	15.6	46.8	39.2	7.6	37.6	6.1	11.2
1994	100	16.6	47.1	36.5	10.6	36.3	5.6	10.1
1995	100	16.7	43.3	35.0	8.3	40.0	6.3	9.2
1996	100	16.0	44.4	33.5	10.9	39.6	7.4	8.6
1997	100	15.8	42.7	31.6	11.1	41.5	8.0	8.3
1998	100	14.9	41.5	29.1	12.4	43.6	8.9	9.3
1999	100	13.0	41.4	29.0	12.4	45.6	9.4	9.7
2000	100	11.1	42.1	29.8	12.3	46.8	9.7	9.6
2001	100	10.4	41.3	29.8	11.5	48.3	10.0	9.4
2002	100	9.3	40.6	29.5	11.1	50.1	9.7	9.4
2003	100	7.3	42.6	29.8	12.8	50.1	9.1	9.3
2004	100	7.0	44.1	34.6	9.5	48.9	7.7	8.9
2005	100	6.6	45.2	35.4	9.8	48.2	7.1	9.2
2006	100	6.0	46.7	36.4	10.3	47.3	6.4	9.1
2007	100	5.6	47.5	37.6	9.9	46.9	6.7	7.6
2008	100	5.3	47.5	37.0	10.5	47.2	6.9	8.3
2009	100	5.1	48.8	36.7	12.1	46.1	6.7	7.6
2010	100	5.1	50.5	37.7	12.8	44.4	6.4	7.4
2011	100	4.8	53.2	40.2	13.0	42.0	6.4	7.0
2012	100	4.4	53.8	41.0	12.8	41.8	5.6	6.2
2013	100	4.3	53.4	40.6	12.8	42.3	5.3	5.8
2014	100	3.8	54.0	40.0	14.0	42.2	4.4	5.1
2015	100	3.9	52.3	37.8	14.5	43.8	4.4	5.1

a) Date in the table from 1993 to 2010 for the econmiccensus year adjustment. From 2008 to 2015 per capita GDP calculated by resident population.

1—5 主要年份地区生产总值指数

Indices of Gross Domestic Product in Main Years

单位:%　　（按可比价格计算，比上年增长% caculated at constant prices,increase than last year %）　　(%)

年份 Year	地区生产总值 Gross Domestic Product	第一产业 Primary Industry	第二产业 Secondary Industry	工业 Industry	建筑业 Construction	第三产业 Tertiary Industry	交通运输、仓储和邮政业 Transport, Storageand PostService	批发和零售业、住宿和餐饮业 Wholesale, Retail Trade, Hoteling and Catering Services
1950	6.0	4.6	14.1	11.1	47.4	13.5	11.5	69.4
1951	31.9	33.5	54.3	46.3	85.7	15.9	32.7	29.1
1952	13.9	10.5	81.6	49.8	225.0	16.2	31.0	12.4
1953	12.4	11.6	20.5	20.9	17.2	13.7	48.9	11.3
1954	14.5	13.9	23.4	23.1	28.8	13.1	28.2	11.4
1955	14.1	13.2	20.6	18.8	33.2	15.8	24.5	6.8
1956	7.9	3.3	29.1	34.6	15.3	25.1	41.4	15.1
1957	-3.9	-10.8	16.8	36.6	-31.4	20.6	16.8	23.5
1958	30.8	17.6	92.6	55.9	278.4	45.7	108.1	90.3
1959	28.4	0.3	115.4	128.9	92.7	48.2	2.1	72.4
1960	-0.4	-20.2	30.2	35.6	15.5	6.3	11.5	11.1
1961	-22.3	-10.9	-45.8	-40.6	-57.7	-6.0	-20.3	-11.5
1962	3.0	24.3	-18.2	-13.9	-37.7	-12.6	-26.8	-32.2
1963	27.2	42.7	2.1	-0.1	4.4	12.7	5.4	22.8
1964	1.5	-4.8	13.1	7.6	47.7	10.9	11.5	4.2
1965	26.3	29.6	44.2	30.5	107.4	4.7	16.4	5.7
1966	28.2	12.6	80.6	107.4	13.5	21.4	25.8	22.1
1967	-11.7	-9.7	-10.2	-8.4	-18.7	-19.7	-19.6	-27.1
1968	0.3	-4.1	13.7	-8.1	129.1	-8.8	-7.4	6.8
1969	15.3	4.1	31.7	52.5	-12.7	17.3	28.2	4.6
1970	14.5	1.8	25.8	38.3	-37.6	25.3	10.6	22.9
1971	-1.4	-4.2	-7.0	-1.5	-43.7	18.7	24.1	25.6
1972	4.7	0.1	7.3	4.9	53.8	8.6	8.4	6.6
1973	4.5	3.9	3.9	3.4	9.9	6.6	5.1	2.4
1974	7.6	2.6	12.1	13.5	-4.5	8.0	3.2	2.9
1975	11.2	2.5	20.5	22.8	-9.1	8.2	10.8	4.2
1976	-11.3	-24.5	-4.7	-5.9	0.7	-4.2	-6.7	-12.1
1977	6.9	10.0	3.5	2.4	-6.5	10.2	13.6	-1.7
1978	11.1	8.8	14.7	12.0	58.4	6.3	22.1	13.7
1979	7.1	0.3	11.0	6.9	50.0	7.8	0.7	10.5
1980	5.3	14.7	-1.4	-6.3	46.2	8.7	14.6	9.2
1981	1.5	10.1	-7.1	-13.8	2.3	7.4	-0.4	7.9
1982	14.8	23.8	8.0	8.7	6.1	14.7	26.9	17.1

1-5 续表 continued

单位:% （按可比价格计算,比上年增长% caculated at constant prices,increase than last year %） （%）

年份 Year	地区生产总值 Gross Domestic Product	第一产业 Primary Industry	第二产业 Secondary Industry	工业 Industry	建筑业 Construction	第三产业 Tertiary Industry	交通运输、仓储和邮政业 Transport, Storageand PostService	批发和零售业、住宿和餐饮业 Wholesale, Retail Trade, Hoteling and Catering Services
1983	18.6	17.8	20.9	24.9	15.2	16.2	9.4	16.9
1984	16.7	18.9	16.9	12.1	40.7	13.3	21.1	1.7
1985	21.5	4.6	32.8	29.4	55.8	27.4	24.2	44.5
1986	11.7	13.7	8.5	6.3	9.8	15.1	8.3	10.2
1987	7.4	-4.1	7.1	14.6	-2.2	21.5	18.0	5.3
1988	10.5	3.0	10.7	18.8	-15.1	17.2	3.4	22.8
1989	9.5	6.6	5.0	10.6	-40.3	18.2	4.6	5.2
1990	6.5	2.0	4.4	4.0	11.2	12.5	-10.9	29.2
1991	12.7	4.1	16.2	13.8	37.2	14.4	28.7	30.3
1992	11.8	1.7	17.5	13.0	31.4	11.3	10.2	22.0
1993	14.6	-1.1	22.6	26.3	1.0	13.5	24.9	28.1
1994	9.5	6.9	13.0	9.8	48.4	6.1	13.1	1.1
1995	9.3	5.7	6.7	9.4	-9.6	14.8	17.9	-4.1
1996	10.2	6.4	15.0	10.2	50.7	5.6	23.5	3.4
1997	10.3	9.5	7.5	5.5	20.9	14.5	21.7	4.2
1998	9.2	6.8	8.0	5.4	22.5	11.8	20.3	23.4
1999	9.2	1.9	8.3	8.0	21.6	13.4	20.1	10.8
2000	9.6	2.8	9.4	10.0	3.4	12.5	17.1	11.4
2001	9.4	3.7	8.8	9.0	4.8	12.0	19.0	8.4
2002	11.4	2.8	13.8	12.6	14.5	11.4	11.1	15.8
2003	14.2	1.2	20.8	14.0	25.6	11.1	5.6	18.1
2004	14.9	3.6	21.0	29.5	-2.2	11.2	8.5	13.9
2005	13.0	4.2	16.9	20.5	4.4	10.8	5.7	12.7
2006	13.4	7.3	16.4	18.2	8.9	11.6	6.0	10.5
2007	14.0	3.7	17.6	19.3	9.8	11.9	7.0	6.0
2008	13.3	8.0	15.1	16.3	9.3	12.0	10.6	6.9
2009	13.0	6.9	15.1	14.2	19.2	11.7	3.5	7.3
2010	14.8	6.3	19.0	19.1	18.6	11.1	8.8	13.3
2011	12.0	5.0	16.8	17.7	14.0	7.2	15.0	5.2
2012	12.5	5.5	15.1	15.2	14.8	10.1	7.4	-5.0
2013	10.0	3.8	11.8	11.9	11.4	8.4	3.6	1.1
2014	9.5	5.0	11.7	9.4	18.6	7.1	-4.9	-0.1
2015	8.3	4.8	9.1	7.8	12.5	7.6	-2.8	2.8

1—6 主要年份地区生产总值指数

Indices of Gross Domestic Product in Main Years

单位:% （1952 年=100） (%)

年份 Year	地区生产总值 Gross Domestic Product	第一产业 Primary Industry	第二产业 Secondary Industry	工业 Industry	建筑业 Construction	第三产业 Tertiary Industry	交通运输、仓储和邮政业 Transport, Storageand PostService	批发和零售业、住宿和餐饮业 Wholesale, Retail Trade, Hoteling and Catering Services
1949	62.8	64.8	31.3	76.2	23.3	65.4	51.1	122.4
1950	66.6	67.8	35.7	84.4	33.1	74.2	57.6	237.3
1951	87.8	90.5	55.1	37.7	23.5	86.0	75.1	83.6
1952	100.0	100.0	100.0	100.0	100.0	100.0	100.0	100.0
1953	112.4	111.6	120.5	120.9	117.2	113.7	148.9	111.3
1954	128.7	127.1	148.6	148.8	151.0	128.6	190.9	124.0
1955	146.8	144.0	179.2	176.8	201.1	149.0	237.7	132.4
1956	158.4	148.8	231.4	238.0	231.8	186.3	336.0	152.4
1957	152.2	132.7	270.4	325.1	159.0	224.8	392.5	188.2
1958	199.1	156.0	520.7	506.8	601.8	327.6	816.8	358.2
1959	255.7	156.5	1121.6	1160.1	1159.7	485.5	834.0	617.5
1960	254.5	124.8	1459.9	1573.1	1339.4	516.2	929.9	686.1
1961	197.8	111.2	791.5	934.4	566.6	485.3	741.1	607.2
1962	203.8	138.2	647.3	804.5	353.0	424.3	542.5	411.7
1963	259.2	197.1	660.6	803.7	368.5	478.0	571.8	505.5
1964	263.1	187.6	747.3	864.8	544.3	530.4	637.5	526.8
1965	332.3	243.2	1078.0	1128.6	1128.8	555.3	742.1	556.8
1966	425.8	273.8	1947.1	2340.6	1281.2	674.3	933.5	679.9
1967	376.1	247.4	1748.2	2144.0	1041.6	541.5	750.6	495.6
1968	377.2	237.3	1987.9	1970.4	2386.4	493.9	695.0	529.3
1969	434.8	247.1	2618.3	3004.8	2083.3	579.3	891.0	553.7
1970	497.9	251.5	3292.6	4155.6	1300.0	725.6	985.5	680.4
1971	490.8	241.1	3060.7	4093.3	731.9	861.4	1223.0	854.6
1972	513.7	241.2	3284.5	4293.9	1125.7	935.8	1325.7	911.1
1973	536.8	250.7	3412.7	4439.9	1237.1	997.7	1393.3	932.9
1974	577.5	257.3	3825.3	5039.2	1181.4	1077.9	1437.9	960.0
1975	642.3	263.7	4611.1	6188.2	1073.9	1165.8	1593.2	1000.3
1976	570.0	199.2	4393.2	5823.1	1081.4	1116.9	1486.5	879.3
1977	609.5	219.2	4547.6	5962.8	1011.1	1230.9	1688.6	864.3
1978	668.6	238.6	5101.4	6678.4	1601.7	1303.3	2061.8	982.7
1979	716.4	239.3	5662.2	7139.2	2402.5	1405.6	2076.2	1085.9
1980	754.7	274.5	5583.6	6689.4	3512.4	1527.2	2379.4	1185.8
1981	766.0	302.3	5188.0	5766.3	3593.2	1640.7	2369.8	1279.5
1982	879.3	374.0	5604.9	6268.0	3812.4	1881.2	3007.3	1498.3

1-6 续表 continued

单位:% （1952 年=100） (%)

年份 Year	地区生产总值 Gross Domestic Product	第一产业 Primary Industry	第二产业 Secondary Industry	工业 Industry	建筑业 Construction	第三产业 Tertiary Industry	交通运输、仓储和邮政业 Transport, Storageand PostService	批发和零售业、住宿和餐饮业 Wholesale, Retail Trade, Hoteling and Catering Services
1983	1043.2	440.6	6776.7	7828.7	4391.9	2186.5	3290.0	1751.5
1984	1217.3	523.8	7920.5	8775.9	6179.4	2478.2	3984.2	1781.3
1985	1479.6	547.7	10518.8	11356.1	9627.5	3156.3	4948.4	2573.9
1986	1653.2	623.0	11409.0	12071.5	10571.0	3633.4	5359.1	2836.5
1987	1774.8	597.3	12214.4	13833.9	10338.4	4415.4	6323.7	2986.8
1988	1960.5	615.0	13518.5	16434.7	8777.3	5175.3	6538.7	3667.8
1989	2147.5	655.6	14198.8	18176.8	5240.1	6118.8	6839.5	3858.5
1990	2287.5	668.8	14819.0	18903.9	5827.0	6885.9	6094.0	4985.2
1991	2576.9	696.3	17215.5	21512.6	7994.6	7877.4	7843.0	6495.7
1992	2880.1	708.4	20219.9	24309.3	10504.9	8768.6	8643.0	7924.8
1993	3299.8	700.7	24790.4	30702.6	10609.9	9954.8	10795.1	10151.6
1994	3612.5	748.8	28014.3	33711.5	15745.2	10560.1	12209.2	10263.3
1995	3947.8	791.1	29881.2	36880.3	14233.6	12119.3	14394.7	9842.5
1996	4350.4	841.5	34371.7	40642.1	21450.1	12798.3	17777.4	10177.1
1997	4796.4	921.1	36953.3	42877.4	25933.1	14658.1	21635.1	10604.6
1998	5236.5	983.9	39893.9	45192.8	31768.1	16394.0	26027.1	13086.0
1999	5719.2	1003.1	43216.9	48808.2	38630.0	18591.8	31258.5	14499.3
2000	6268.2	1031.2	47279.3	53689.1	39943.4	20915.8	36603.7	16152.3
2001	6857.4	1069.3	51439.9	58521.1	41860.7	23425.7	43558.4	17509.1
2002	7639.2	1099.3	58538.6	65894.7	47930.5	26096.2	48393.4	20275.5
2003	8724.0	1112.5	70714.6	75120.0	60200.7	28992.9	51103.4	23945.4
2004	10023.8	1152.5	85564.7	97280.4	58876.3	32240.1	55447.2	27273.8
2005	11326.9	1200.9	100025.1	117222.9	61466.8	35722.0	58607.7	30737.5
2006	12844.7	1288.6	116429.2	138557.5	66937.4	39856.6	62124.2	33965.0
2007	14643.0	1336.3	136920.7	165299.1	73497.2	44609.8	66472.9	36002.9
2008	16590.5	1443.2	157595.7	192242.8	80332.5	49963.0	73519.0	38487.1
2009	18747.3	1542.8	181392.7	219541.3	95756.3	55808.6	76092.2	41296.6
2010	21521.9	1640.0	215857.3	261473.7	113567.0	62003.4	82788.3	46789.0
2011	24104.5	1722.0	252121.3	307754.5	129466.4	66467.6	95206.5	49222.0
2012	27117.7	1816.8	290191.8	354533.3	148627.6	73180.9	102251.9	46760.9
2013	29829.5	1885.8	324434.4	396722.8	165571.1	79328.1	105933.0	47275.3
2014	32663.3	1980.1	350064.7	434014.7	196367.3	84960.4	100742.3	47228.0
2015	35374.4	2075.1	381920.6	467867.8	220913.2	91417.4	97921.5	48550.4

1—7 分行业增加值及构成

Value-added by Sector and Composition

2015年（按当年价格计算 Caculated at Current Prices）

指 标	Item	增加值(万元) Added Valve (10 000 yuan)		构成(%) Composition(%)	
		地区 Region	市区 City	地区 Region	市区 City
地区生产总值	**Gross Domestic Product**	**14938590**	**8933199**	**100.0**	**100.0**
第一产业	Primary Industry	586225	175970	3.9	2.0
第二产业	Secondary Industry	7807765	3418054	52.3	38.3
工业	Industry	5645261	1936388	37.8	21.7
建筑业	Construction	2164550	1482896	14.5	16.6
第三产业	Tertiary Industry	6454600	5339175	43.8	59.8
交通运输仓储和邮政业	Transport, Storage and Post Service	653629	398425	4.4	4.5
批发和零售业	Wholesale and Re-tail Trade	619596	462651	4.1	5.2
住宿和餐饮业	Hoteling and Catering Services	148617	107102	1.0	1.2
金融业	Finance and Insurance	1732958	1526162	11.6	17.1
房地产业	Real Estate	616634	489516	4.1	5.5
其他服务业	Other Services	2728616	2330162	18.3	26.1
营利性服务业	Other for-profit Services	1264031	1126916	8.5	12.6
非营利性服务业	Non-profit Services	1464585	1203246	9.8	13.5

1—8 主要年份人均社会经济发展主要指标

Key Indicators of Per Capita Socio-economic Development in Main Years

指　标	Item	单位	Unit	1958年	1978年
地区生产总值(当年价格)	Gross Domestic Product(aurrent prices)	元	yuan	221	494
工农业总产值(当年价格)	Total Industrial and Agricultural Products(aurrent prices)	元	yuan	194	810
工业总产值	Total Industrial Products	元	yuan	83	643
农业总产值	Total Agricultural Products	元	yuan	111	167
农业产量	Output of Agricultural				
粮食	Grain	公斤	kg		402
牛奶	Cow Milk	公斤	kg		3
肉类	Meat	公斤	kg		3
水产品总产量	Total Aquatic Products	公斤	kg		0.13
主要工业产品产量	Output of Major Industrial Products				
原煤	Raw Coal	吨	ton	0.17	0.62
轮胎外胎	Tires	条	article		0.39
水泥	Cement	吨	ton		0.04
农用化肥	Chemical Fertilizers	吨	ton		0.20
地方财政收入	Local Financial Revenue	元	yuan	20	97
地方财政支出	Local Financial Expenditure	元	yuan	27	88
全社会固定资产投资	Total Investment in Fixed Assets	元	yuan	61	111
社会消费品零售总额	Total Retail Sales of Consumer Goods	元	yuan	134	292
在岗职工年平均工资	Average Wages of Fully Employed Staff and Workers	元	yuan	404	723
城镇居民人均可支配收入	Per Capita Annual Disposable Income of Urban Households	元	yuan	222	346
城镇居民人均消费支出	Per Capital Consumption Expenditure of Urban Households	元	yuan	210	306
农村居民人均可支配收入	Per Capital Net Income of Rural Households	元	yuan		131
农村居民人均生活消费支出	Per Capital Consumption Expenditure of Rural Households	元	yuan		103
城镇居民住宅面积	Area of Urban Residential	平方米	sq.m		4.20
农民生活用房面积	Area of Rural Living Space	平方米	sq.m		10.19
普通高等学校在校生数	Number of Student Enrollmentin Regular Institutions of Higher Education	人/万人	person/10 000persons		32

注:2008-2015年人均地区生产总值为常住人口计算。

a)From 2008 to 2014 per capita GDP calculated by resident population.

1-8 续表1 continued

指 标	Item	单位	Unit	1985年	1990年	1995年	2000年
地区生产总值(当年价格)	Gross Domestic Product(aurrent prices)	元	yuan	1045	2269	6374	10404
工农业总产值(当年价格)	Total Industrial and Agricultural Products(aurrent prices)	元	yuan	1417	3222	8772	10943
工业总产值	Total Industrial Products	元	yuan	1034	2448	7131	9039
农业总产值	Total Agricultural Products	元	yuan	383	774	1641	1904
农业产量	Output of Agricultural						
粮食	Grain	公斤	kg	476	577	609	669
牛奶	Cow Milk	公斤	kg	9	24	56	64
肉类	Meat	公斤	kg	7	13	27	38
水产品总产量	Total Aquatic Products	公斤	kg	1.00	7.00	12	20
主要工业产品产量	Output of Major Industrial Products						
原煤	Raw Coal	吨	ton	0.77	1.03	1.80	3.01
轮胎外胎	Tires	条	article	0.38	0.62	1.47	1.57
水泥	Cement	吨	ton	0.10	0.30	0.46	0.67
农用化肥	Chemical Fertilizers	吨	ton	0.05	0.23	0.31	0.41
地方财政收入	Local Financial Revenue	元	yuan	162	225	235	771
地方财政支出	Local Financial Expenditure	元	yuan	136	219	382	1005
全社会固定资产投资	Total Investment in Fixed Assets	元	yuan	610	641	2022	4234
社会消费品零售总额	Total Retail Sales of Consumer Goods	元	yuan	714	1329	2725	4202
在岗职工年平均工资	Average Wages of Fully Employed Staff and Workers	元	yuan	1123	2030	4872	8956
城镇居民人均可支配收入	Per Capita Annual Disposable Income of Urban Households	元	yuan	815	1581	3932	5622
城镇居民人均消费支出	Per Capital Consumption Expenditure of Urban Households	元	yuan	703	1433	3541	5369
农村居民人均可支配收入	Per Capital Net Income of Rural Households	元	yuan	488	934	1683	2712
农村居民人均生活消费支出	Per Capital Consumption Expenditure of Rural Households	元	yuan	380	765	1449	1886
城镇居民住宅面积	Area of Urban Residential	平方米	sq.m	6.46	7.24	8.60	14.22
农民生活用房面积	Area of Rural Living Space	平方米	sq.m	15.88	18.28	19.75	27.26
普通高等学校在校生数	NumberofStudentEnrollmentinRegularInstitutionsofHigherEducation	人/万人	person/10 000 persons	64	71	88	129

注:2008-2014年人均地区生产总值为常住人口计算。
a)From 2008 to 2014 per capita GDP calculated by resident population.

1-8 续表2 continued

2005年	2010年	2011年	2012年	2013年	2014年	2015年
21091	42771	48964	56528	62437	65942	69594
27619	56697	68715	88711	101644	94327	92718
25097	52664	64366	84036	96618	89273	87363
2522	4033	4349	4675	5026	5053	5355
599	474	427	435	413	381	386
153	191	192	197	202	254	228
37	27	25	24	26	24	23
28	27	26	30	32	33	33
6.07	23.62	26.45	26.71	28.69		
2.19	1.14	0.93	0.7	0.8	0.73	0.64
1.28	2.47	2.36	2.5	3.15	2.76	2.42
0.42	0.37	0.4	0.32	0.26	0.13	0.30
1791	7446	8939	9200	10816	11954	11267
2468	9545	11801	13125	14908	17502	17181
14487	35006	36417	45123	55655	66139	71202
6791	12149	13621	15521	16859	18163	22071
18424	43195	49937	54270	52529	59086	65643
8852	17073	19481	21901	24169	26118	28261
7311	13589	14931	16390	16844	20401	21694
3493	6161	7070	8068	8830	10275	11148
2836	5394	6260	7089	8631	9334	10119
18.90	29.09	30.39	30.46	31.08	32.60	30.85
31.17	38.85	46.19	44.69	37.14	36.96	36.78
294	376	368	387	425	463	453

注:2008-2015年人均地区生产总值为常住人口计算;2014年起在岗职工年平均工资为城镇非私营单位从业人员年平均工资。

a)From 2008 to 2014 per capita GDP calculated by resident population.The date of average wages of fully employed staff and workers changed to average wages of private in stitutions employed in cities and towns since 2014.

1—9 主要年份国民经济和社会发展主要指标

指 标	Item	单位	Unit	1958 年	1978 年
年末总人口	**Population at Year-end**	**万人**	**10 000 persons**	**40.10**	**78.67**
#回族人口	Hui Ethnic	万人	10 000 persons	11.40	19.12
人口自然增长率	**Natural Growth Rate of Population**	‰	‰		
国民经济核算	**National Accounting**				
地区生产总值	Gross Domestic Product	亿元	100 million yuan	0.84	3.82
第一产业	Primary Industry	亿元	100 million yuan	0.34	0.79
第二产业	Secondary Industry	亿元	100 million yuan	0.20	2.02
第三产业	Tertiary Industry	亿元	100 million yuan	0.30	1.01
农业	**Agricultural**				
农林牧渔业总产值	Gross Output Value of Agriculture, Forestry, Animal Husbandry and Fishery	亿元	100 million yuan	0.42	1.29
粮食总产量	Grain	万吨	10 000 tons		31.09
肉类总产量	Meat	万吨	10 000 tons		0.27
水产品产量	Aquatic Products	万吨	10 000 tons		0.01
工业	**Industrial**				
全部工业总产值	Gross Output Value of Whole Industrial	亿元	100 million yuan	0.32	4.98
利税总额	Total Profits and Taxes	亿元	100 million yuan		0.93
固定资产投资	**Investment in Fixed Assets**				
全社会固定资产投资额	Total Investment in Fixed Assets in the Whole Country	亿元	100 million yuan	0.23	0.86
#基本建设	Infrastructure	亿元	100 million yuan	0.23	0.84
更新改造	Renovation and Reformation Investment	亿元	100 million yuan		
房地产开发	Development of Real Estate	亿元	100 million yuan		
各类房屋施工面积	Floor Space under Construction	万平方米	10 000 sq.m	38.35	50.29
各类房屋竣工面积	Floor Space Completed	万平方米	10 000 sq.m	27.28	22.70
运输邮电	**Transport,Postal and Telecommunication Services**				
公路货运周转量	Freight Turnover Volume of Highways	亿吨公里	100 million ton-km	0.49	1.75
公路客运周转量	Passenger Turnover Volume of Highways	亿吨公里	100 million ton-km	0.01	1.24
邮电业务总量	Business Volumeof Postal andTelecommunication Services	亿元	100 million yuan		0.02

Principal Indicators on National Economic and Social Development in Main Years

1985年	1990年	1995年	2000年	2005年	2010年	2011年	2012年	2013年	2014年	2015年
91.06	**103.45**	**113.53**	**126.46**	**142.43**	**200.45**	**202.57**	**204.63**	**208.27**	**212.89**	**216.41**
22.44	25.40	28.01	33.17	36.95	46.21	48.17	48.43	50.11	53.38	55.71
		8.34	**9.00**	**6.31**	**7.23**	**5.77**	**7.11**	**6.73**	**6.71**	**6.35**
9.42	23.20	71.71	128.75	293.57	792.61	986.68	1150.93	1289.02	1388.62	1493.86
2.63	5.49	12.00	14.35	19.45	40.29	47.05	50.95	55.42	52.80	58.62
4.27	9.21	31.05	54.13	132.55	400.24	525.25	619.05	688.60	750.21	780.78
2.52	8.50	28.66	60.27	141.57	352.08	414.38	480.93	545.00	585.72	654.46
3.45	7.91	18.47	23.46	35.10	74.73	87.64	95.18	103.76	106.41	115.88
42.91	58.99	68.55	82.40	83.43	87.91	86.15	88.63	85.30	80.33	83.45
0.62	1.29	3.04	4.65	5.16	4.96	4.98	4.97	5.28	5.09	4.99
0.12	0.73	1.28	2.58	3.94	4.95	5.33	6.03	6.55	6.86	7.11
9.32	25.02	80.24	135.08	349.34	975.92	1297.03	1711.02	1994.69	1879.92	1890.62
1.54	2.27	7.25	4.98	22.50	135.13	163.50	197.09	231.31	181.50	–
5.50	6.55	22.75	52.39	201.65	648.69	733.85	918.73	1149.00	1392.76	1540.88
3.49	3.64	10.51	20.49	90.54	392.73	419.45	522.65	725.58	885.15	922.13
1.32	1.73	4.33	10.44	23.98	39.66	86.00	99.18	71.04	87.17	185.48
	0.21	3.84	12.66	56.61	160.82	207.67	275.70	330.81	388.90	409.17
225.55	139.81	241.10	455.27	1129.75	2566.76	3405.28	3948.48	6087.01	5370.03	5093.87
124.12	93.95	153.04	311.58	618.89	650.52	894.39	814.37	725.82	915.98	896.61
3.03	3.68	5.96	17.09	23.21	134.72	149.81	172.80	160.44	164.34	137.08
3.06	4.96	7.46	13.40	16.04	23.18	25.18	27.95	25.14	30.32	31.84
0.05	0.23	1.30	7.30	21.82	43.19	26.40	29.31	36.61	36.54	37.49

1-9 续表

指　标	Item	单位	Unit	1958 年
国内商业	**Domestic Commercial**			
社会消费品零售总额	Total Retail Sales of Consumer Goods	亿元	100 million yuan	0.51
# 国有经济	State-owned	亿元	100 million yuan	0.23
股份制经济	Share-holding	亿元	100 million yuan	
财政、金融	**Government Finance and Financial Intermediation**			
地方财政收入	Local Financial Revenue	亿元	100 million yuan	0.08
地方财政支出	Local Financial Expenditure	亿元	100 million yuan	0.10
金融机构存款余额	Total Deposits of Financial Institutions	亿元	100 million yuan	0.59
金融机构贷款余额	Total Loans of Financial Institutions	亿元	100 million yuan	0.61
人民生活与物价	**People's Living Condition and Price Indices**			
在岗职工年平均工资	Average Wages of Fully Employed Staff and Workers	元	yuan	404
城镇居民人均可支配收入	Per Capita Annual Disposable Income of Urban Households	元	yuan	222
城镇居民人均消费性支出	Per Capital Consumption Expenditure of Urban Households	元	yuan	210
农村居民人均可支配收入	Per Capital Net Income of Rural Households	元	yuan	
农民人均生活消费支出	Per Capital Consumption Expenditure of Rural Households	元	yuan	
城乡居民储蓄存款余额	Urban and Rural Household Saving Deposits	亿元	100 million yuan	0.04
居民消费价格指数(以上年价格为100)	Consumer Price Index(preceding year=100)	%	%	102.4
商品零售价格指数(以上年价格为100)	Retail Price Index(preceding year=100)	%	%	101.7
教育、卫生	**Education and Public Health**			
高等学校在校学生数	Number of Student Enrollment in Institutions of Higher Education	万人	10 000 persons	0.03
# 普通高等学校	Regular Institutions of Higher Education	万人	10 000 persons	0.03
中等专业学校在校学生数	Number of Student Enrollment in Specialized Secondary Schools	万人	10 000 persons	0.23
普通中学在校学生数	Number of Student Enrollment in Regular Secondary Education Schools	万人	10 000 persons	0.53
小学在校学生数	Number of Student Enrollment in Primary Schools	万人	10 000 persons	0.23
卫生机构数	Number of Health Care Institutions	个	unit	96
医院个数	Number of Hospital	个	unit	14
卫生机构床位数	Number of Beds	张	bed	501
卫生技术人员	Medical Technical Personnel in Health Care Institutions	人	person	992
# 医生	Doctors	人	person	487

注:2013 年在岗职工年平均工资为城镇非私营单位从业人员年平均工资。

continued

1978年	1985年	1990年	1995年	2000年	2005年	2010年	2011年	2012年	2013年	2014年	2015年
2.26	6.44	13.59	30.66	51.99	95.41	244.65	311.70	356.93	405.18	445.42	477.63
1.43	3.60	6.52	14.32	11.11	7.69	8.69	12.90	7.56	7.08	7.08	4.76
			0.27	9.90	28.66	99.50	146.98	166.55	211.76	216.41	178.08
0.73	1.32	2.30	2.64	9.50	24.93	137.99	180.14	187.31	223.29	251.73	243.83
0.68	1.22	2.24	4.30	12.38	34.36	176.88	237.79	267.23	307.78	368.56	371.81
4.97	9.51	22.54	86.38	223.23	612.69	1597.96	1810.20	2118.33	2340.93	2608.97	3017.77
5.03	9.86	31.18	90.01	205.31	551.71	1641.06	1945.42	2313.87	2660.62	3185.93	3653.98
723	1123	2030	4872	8956	18424	43195	49937	54270	57112	59086	65643
346	815	1581	3932	5622	8852	17073	19481	21901	23776	26118	28261
306	703	1433	3541	5369	7311	13589	14931	16390	16844	20401	21694
131	488	934	1683	2712	3493	6161	7070	8068	8830	10275	11148
103	380	765	1449	1886	2836	5394	6260	7089	8631	9334	10119
0.39	3.04	12.26	49.34	99.82	264.95	634.45	725.26	905.95	1015.22	1089.89	–
100.6	108.9	106.3	117.3	99.2	101.7	103.8	105.5	102.6	103.5	102.1	101.6
100.7	108.6	102.9	114.7	97.7	100.6	102.5	104.2	100.6	102.3	100.8	100.2
0.27	1.11	1.23	1.46	2.89	6.00	9.81	9.90	10.80	11.72	12.48	12.35
0.25	0.58	0.73	0.99	1.59	4.09	6.97	7.41	7.87	8.85	9.76	9.80
0.19	0.44	0.65	1.26	2.30	3.07	4.61	5.03	4.54			
6.68	7.25	6.96	6.52	7.70	10.73	12.33	12.38	12.57	12.86	13.06	13.02
12.65	12.80	12.33	12.36	13.60	14.25	14.75	14.82	14.77	15.19	15.69	16.21
312	433	510	134	137	158	543	862	903	931	939	964
60	59	54	76	39	59	61	61	53	54	53	53
2859	3495	4491	5759	6166	8058	9472	10329	11313	12898	13688	14079
4280	6252	7876	7552	7932	8619	13667	14651	15952	17562	19288	20408
2000	2758	4082	3845	4033	3660	5301	5461	5829	6429	7059	7578

a)The date of average wages of fully employed staff and workers changed to average wages of private in stitutions employed in cities and towns in 2013.

1—10 主要年份国民经济和社会发展结构指标

单位:%

指 标	Item	1958年	1978年	1985年
人口	**Population**			
农业与非农业结构	Structural of Agricultural and Non-agricultural			
农业	Agricultural	73.4	68.4	63.0
非农业	Non-agricultural	26.6	31.6	37.0
性别结构	Gender Structural			
男性	Male	54.2	51.8	50.8
女性	Female	45.8	48.2	49.2
地域结构	Geographical structure			
市区	Urban	37.0	41.3	43.6
县	County	44.4	38.0	35.4
市	City	18.6	20.7	21.0
单位从业人员结构	**Structural of Empolyed Persons**			
第一产业	Primary Industry	7.4	9.2	13.1
第二产业	Secondary Industry	21.5	54.6	45.7
第三产业	Tertiary Industry	71.1	36.2	41.2
国民经济核算	**National Econonmic Accounting**			
地区生产总值	Gross Domestic Product			
第一产业	Primary Industry	40.4	20.7	27.9
第二产业	Secondary Industry	24.2	53.0	45.3
第三产业	Tertiary Industry	35.5	26.3	26.8
农业	**Agricultural**			
农林牧渔业总产值结构	Structural of Agriculture, Forestry,Animal Husbandry and Fishery			
农业	Agriculture	89.2	86.2	75.6
林业	Forestry	1.8	2.2	4.7
牧业	Animal Husbandry	8.7	11.6	18.7
渔业	Fishery	0.3	0.1	1.0
工业	**Industrial**			
经济类型结构	Structural of Economic Types			
国有经济	State-owned Enterprises	74.4	81.5	75.7
集体经济	Collective-owned Enterprises	25.5	18.3	17.6
其他	Other Enterprises	0.1	0.2	6.7
轻重工业结构	Structural of Light & Heavy Industries			
轻工业	Light Industry	61.4	39.4	46.3
重工业	Heavy Industry	38.6	60.6	53.7

注:1. 2008-2014年人口为常住人口结构数据。
2. 从2009年起,工业结构数据为规模以上口径。
3. 从2014年起,农业与非农业人口结构比是乡村与城镇人口结构比。

Structural Indicators on National Economic and Social Development in Main Years

(%)

1990年	1995年	2000年	2005年	2010年	2011年	2012年	2013年	2014年	2015年
56.2	51.8	48.5	38.4	35.1	34.9	34.7	34.7	24.6	24.2
43.8	48.2	51.5	61.6	64.9	65.1	65.3	65.3	75.4	75.8
51.1	50.9	50.8	50.5	51.8	51.3	50.9	50.9	51.2	51.0
48.9	49.1	49.2	49.5	48.2	48.7	49.1	49.1	48.8	49.0
46.4	48	50.7	56.2	64.8	64.8	64.8	64.5	64.5	64.2
32.4	30.7	29.1	27.3	22.1	22.1	22.1	22.4	22.5	22.5
21.2	21.3	20.2	16.5	13.1	13.1	13.1	13.1	13.0	13.3
10.7	8.4	8.6	6.1	4.0	3.8	3.3	3.0	2.2	1.9
45.3	49.2	42	50.3	46.4	45.4	41.6	41.4	42.8	41.5
44.0	42.4	49.4	43.6	49.6	50.8	55.1	55.6	55	56.6
23.7	16.7	11.1	6.6	5.1	4.8	4.4	4.3	3.8	3.9
39.7	43.3	42.1	45.2	50.5	53.2	53.8	53.4	54	52.3
36.6	40	46.8	48.2	44.4	42	41.8	42.3	42.2	43.8
70.6	68.3	63.2	59.4	63.4	63.1	62.2	61.6	60.2	65.1
5.4	0.7	1.9	1.5	1.7	1.5	1.5	2.0	1.2	1.1
19.8	26.6	29.6	28.9	24.5	25	24.7	25.4	26.9	22.2
4.2	4.4	5.3	7.7	5.6	5.2	6.6	5.9	6.1	5.8
84.8	64.7	23.8	23.8	19	46.1	28.1	21.0	7.4	4.8
13.6	10.6	5.1	0.5						
1.6	24.7	71.1	75.7	81.0	53.9	71.9	79.0	92.6	95.2
35.3	22.9	24.2	25.9	19.1	17.6	16.7	17.0	21.8	22.2
64.7	77.1	75.8	74.1	80.9	82.4	83.3	83.0	78.2	77.8

a)From 2008 to 2014 the population structure data for the resident Population.

b)The industrial structural data caliber change to industrial above designated size since 2009.

c)The strueture of agriculture and non-agrieultunal populatin ration changed to the structure rural and urban population ration since 2014.

1-10 续表

单位:%

指 标	Item	1958 年	1978 年	1985 年
企业规模结构	Structural of Size of Enterprises			
大型企业	Large Enterprises			
中型企业	Medium-sized Enterprises	10.1	34.0	30.8
小型企业	Small Enterprises	89.9	66.0	69.2
固定资产投资	**Investment in Fixed Assets**			
投资经济类型结构	Structural of Investment Economic Types			
第一产业	Primary Industry		11.2	5.0
第二产业	Secondary Industry		44.4	50.7
第三产业	Tertiary Industry		44.4	44.3
投资种类结构	Structural of Investment Types			
基本建设	Infrastructure		97.9	63.4
更新改造	Renovation and Reformation Investment			23.9
房地产开发	Development of Real Estate			
社会消费品零售总额	**Total Retail Sales of Consumer Goods**			
经济类型结构	Structural of Economic Types			
国有经济	State-owned Enterprises	45.1	63.2	56.0
集体经济	Collective-owned Enterprises	37.8	26.4	23.4
其他经济	Other Enterprises	17.1	10.4	20.6
行业结构	Sector Structural			
批发零售贸易业	Wholesale and Retail Trade	83.8	79.9	79.2
餐饮业	Catering Services	3.8	4.0	3.6
其他	Others	12.4	2.0	17.2
居民生活消费	**Residents' living consumption**			
城镇居民人均生活消费结构	Structural of Per Capital Annual Living Expenditure of Urban Households			
食品类	Food	60.0	58.8	47.9
衣着类	Clothing	16.2	14.6	18.6
居住	Residence	12.3	2.2	4.0
交通通讯	Transport and Communications	0.5	1.2	2.6
医疗保健类	Health Care and Medical Services	0.4	0.5	0.8
农村居民人均生活消费结构	Structural of Per Capital Annual Living Expenditure of Rural Households			
食品类	Food		72.5	64.2
衣着类	Clothing		22.9	14.7
居住	Residence		4.6	7.4
交通通讯	Transport and Communications			
医疗保健类	Health Care and Medical Services			
财政收入占地区生产总值的比例	**The Proportion of Fiscal Revenue in GDP**	**9.2**	**19.0**	**14.0**
固定资产投资占地区生产总值比例	**The Proportion of Investment in Fixed Assets in GDP**	**27.6**	**22.4**	**58.4**

continued

(%)

1990年	1995年	2000年	2005年	2010年	2011年	2012年	2013年	2014年	2015年
14.9	39.0	52.8	43.8	48.6	62.1	63.0	62.4	54.5	52.7
32.3	27.0	16.7	26.5	26.7	20.9	17.8	17.9	18.6	18.6
52.8	34.0	30.5	29.7	24.7	17.0	19.2	19.7	26.9	28.7
2.4	2.3	1.9	0.1	1.7	0.8	1.1	0.8	1.3	2.0
63.5	48.9	34.9	48.0	47.2	46.5	47.8	40.3	34.6	40.3
34.1	48.8	63.2	51.9	51.1	52.7	51.1	58.9	64.1	57.7
55.6	46.2	39.1	44.9	60.5	57.2	58.5	63.1	63.6	59.8
26.5	19.0	19.9	11.9	6.1	11.7	10.8	6.2	6.3	12.0
3.3	16.9	24.2	28.1	24.8	28.3	30.0	28.8	27.9	26.6
48.0	50.7	28.1	14.1	3.6	4.1	2.1	1.7	1.6	1.0
26.8	16.7	6.0	1.2	0.5	0.5	0.4	0.4	0.4	0.1
25.2	32.6	65.9	84.7	95.9	95.4	97.5	97.9	98.0	98.9
93.3	87.4	86.2	84.8	87.1	87.8	89.5	90.2	90.5	86.5
4.7	10.3	12.1	14.4	11.9	11.3	9.1	8.5	8.5	12.5
2.0	2.3	1.7	0.8	1.0	0.9	1.4	1.3	1.0	1.0
52.9	44.1	34.1	35.8	32.1	35.3	33.4	32.3	27.0	27.0
15.3	17.4	12.9	12	11.5	12.3	12.6	11.8	9.8	9.7
4.4	3.7	5.5	9.3	9.8	8.1	7.3	7.9	18.1	18.9
2.0	6.8	9.1	11.2	15.9	13.3	15.7	15.9	13.9	13.6
2.5	2.6	7.5	8.5	8.2	8.0	8.2	7.9	8.4	8.0
47.5	28.3	42.4	37.1	35.8	30.0	35.9	32.1	28.3	29.4
11.6	9.3	8.4	7.3	8.6	9.0	9.6	8.5	8.7	8.6
9.5	14.7	17.6	22.4	21.6	24.6	17.8	22.4	20.6	20.5
	2.9	4.9	8.2	9.7	10.1	10.1	12.2	12.2	13.5
	3.6	8.6	9.0	8.9	9.8	9.3	9.6	11.1	11.1
9.9	**3.7**	**7.4**	**8.5**	**17.4**	**18.3**	**16.3**	**17.3**	**18.1**	**16.3**
28.2	**31.7**	**40.7**	**68.7**	**81.8**	**74.4**	**79.8**	**89.1**	**100.3**	**103.1**

1—11 平均每天主要社会经济活动

指 标	Item	单 位	Unit	1958 年
地区生产总值(当年价格)	Gross Domestic Product(aurrent prices)	万元	10 000 yuan	23
工农业总产值(当年价格)	Total Industrial and Agricultural Products(aurrent prices)	万元	10 000 yuan	20
农业总产值	Total Agricultural Products	万元	10 000 yuan	11
工业总产值	Total Industrial Products	万元	10 000 yuan	9
地方财政收入	Local Financial Revenue	万元	10 000 yuan	2
地方财政支出	Local Financial Expenditure	万元	10 000 yuan	3
主要工业产品产量	Output of Major Industrial Products			
原煤	Raw Coal	万吨	10 000 tons	
金属切削机床	Metal-cutting Machine Tools	台	unit	
轮胎外胎	Tires	条	article	
水泥	Cement	吨	ton	
饮料酒	Alcoholic Drink	千升	kiloliter	3
乳制品	Dairy Products	吨	ton	
农用化肥	Chemical Fertilizers	吨	ton	
社会消费品零售总额	Total Retail Sales of Consumer Goods	万元	10 000 yuan	14
进出口总额	Total Value of Imports and Exports	万美元	USD 10 000	
全社会固定资产投资额	Total Investment in Fixed Assets	万元	10 000 yuan	6
邮电业务总量	Business Volume of Postal and Telecommunication Services	万元	10 000 yuan	
公路货运周转量	Freight Turnover Volume of Highways	万吨公里	10 000 ton-km	13
公路客运周转量	Passenger Turnover Volume of Highways	万吨公里	10 000 ton-km	
金融机构存款余额	Total Deposits of Financial Institutions	万元	10 000 yuan	16
金融机构贷款余额	Total Loans of Financial Institutions	万元	10 000 yuan	17
城市供水总量	Total Volume Water Supply of City Districts	万立方米	10 000 cu.m	
城市公交客运总量	Total Volume Bus and Trplley Bus of City Districts	万人次	10 000 person-times	

Major Indicators on Average Daily Social and Economic Activities

1978 年	1985 年	1990 年	1995 年	2000 年	2005 年	2011 年	2012 年	2013 年	2014 年	2015年
105	258	636	1965	3527	8043	27032	31532	35316	38045	40928
171	350	902	2704	4344	10533	37936	49485	57492	54420	54973
35	95	217	506	643	962	2401	2608	2843	2915	3175
136	255	685	2198	3701	9571	35535	46877	54649	51505	51798
21	40	63	72	260	683	4935	5132	6117	6897	6680
19	33	61	118	339	941	6515	7321	8432	10097	10186
0.1	0.2	0.3	0.6	1.0	3.2	14.6	14.9	16.2		
1	1	1	3	2	4	10	7	6	6	5
825	940	1740	4519	5288	8344	5161	3888	4545	4213	3802
86	236	835	1411	2253	4883	13038	13951	17811	15952	14323
1	21	43	77	111	234	498	471	746	791	785
	2	9	12	19	136	66	537	601	721	671
413	119	644	941	1370	1585	2207	1809	1490	777	1785
62	176	372	840	1424	2590	7520	8658	9536	10479	13086
8	15	23	74	70	144	332	374	660	1233	895
23	151	179	623	1435	5525	20105	25171	31479	38158	42216
1	1	6	36	200	598	723	803	1003	1001	1027
48	83	101	163	468	636	4104	4734	5423	4503	3756
34	84	136	204	367	440	690	766	833	831	872
131	241	563	2367	6116	16786	49595	58036	64135	71479	82679
133	250	792	2466	5625	15115	53299	63394	72894	87286	100109
0.9	3.8	20.3	31.7	33.4	27.5	30.8	31.4	32.4	26.6	30
5.0	16.0	16.0	13.0	18.3	24.6	54.6	69.7	82.3	82.9	84

1—12 银川市主要经济指标与全国、全区对比

（2015年）

指 标	Item	单位	Unit
年末总人口	Population at Year-end	万人	10 000 persons
地区生产总值	Gross Domestic Product	亿元	100 million yuan
第一产业	Primary Industry	亿元	100 million yuan
第二产业	Secondary Industry	亿元	100 million yuan
工业	Industrial	亿元	100 million yuan
第三产业	Tertiary Industry	亿元	100 million yuan
全社会固定资产投资	Total Investment in Fixed Assets in the Whole Country	亿元	100 million yuan
房地产开发投资	Investment in Real Estate Development	亿元	100 million yuan
社会消费品零售总额	Total Retail Sales of Consumer Goods	亿元	100 million yuan
进出口总额	Total Value of Imports and Exports	亿美元	USD 10 000
出口额	Total Export	亿美元	USD 10 000
实际利用外资	Foreign Capital Actually Utilized	亿美元	USD 10 000
金融机构存款余额	Total Deposits of Financial Institutions	亿元	100 million yuan
金融机构贷款余额	Total Loans of Financial Institutions	亿元	100 million yuan
城镇非私营单位从业人员年平均工资	Average Wages of Private Enstitutions Employed in cities and tawns	元	yuan
城镇居民人均可支配收入	Per Capita Annual Disposable Income of Urban Households	元	yuan
农村居民人均可支配收入	Per Capital Net Income of Rural Households	元	yuan
居民消费价格指数	Consumer Price Index	%	%
工业生产者出厂价格指数	Producer Price Index for Manufactured Goods	%	%

The Main Economic Indicators of Yinchuan Compared to Country and Region

全国 Country	全区 Region	银川市 Yinchuan	银川市占全区比重% Yinchuan Accounted for Region
137462	667.88	216.41	32.4
676708	2911.77	1493.86	51.3
60863	237.76	58.62	24.7
274278	1379.60	780.78	56.6
228974	979.72	564.53	57.6
341567	1294.41	654.46	50.6
562000	3532.93	1540.88	43.6
95979	633.64	409.17	64.6
300931	789.57	477.63	60.5
245741	37.91	32.67	86.2
141255	29.76	25.41	85.4
1263	1.86	1.67	89.8
1357000	4805.00	3017.77	62.8
940000	5118.00	3653.98	71.4
	60380	63620	+3240
31195	25186	28261	+3075
11422	9119	11148	+2029
101.4	101.1	101.6	–
94.8	93.7	97.1	–

1—13 主要年份银川市分县(市)区国民经济和社会发展主要指标

指 标	Item	单位	Unit
总人口	Total Population	万人	10 000 persons
#回族人口	Hui Ethnic	万人	10 000 persons
人口自然增长率	Natural Growth Rate of Population	‰	‰
单位从业人员	Employed Persons	万人	10 000 persons
第一产业	Primary Industry	万人	10 000 persons
第二产业	Secondary Industry	万人	10 000 persons
第三产业	Tertiary Industry	万人	10 000 persons
地区生产总值	Gross Domestic Product	亿元	100 million yuan
第一产业	Primary Industry	亿元	100 million yuan
第二产业	Secondary Industry	亿元	100 million yuan
#工业增加值	Value-added of Industry	亿元	100 million yuan
规模以上工业增加值	Value-added of Industry above Designated Size	亿元	100 million yuan
第三产业	Tertiary Industry	亿元	100 million yuan
农、林、牧、渔业总产值	Gross Output Value of Agriculture, Forestry,Animal Husbandry and Fishery	亿元	100 million yuan
#畜牧业产值	Gross Output Value of Livestock	亿元	100 million yuan
粮食产量	Grain	万吨	10 000 tons
蔬菜产量	Vegetables	万吨	10 000 tons
水产品产量	Aquatic Products	万吨	10 000 tons
肉类总产量	Meat	万吨	10 000 tons
#猪牛羊肉产量	Products of Pork, Beef and Mutton	万吨	10 000 tons
规模以上工业总产值	Industrial Enterprises above Designated Size	亿元	100 million yuan
#大中型工业	Large and Medium-sized Enterprises	亿元	100 million yuan
全社会固定资产投资	Investment in Fixed Assets	亿元	100 million yuan
#房地产开发投资	Investment in Real Estate Development	亿元	100 million yuan
社会消费品零售额	Total Retail Sales of Consumer Goods	亿元	100 million yuan
#批发和零售业	Wholesale and Retail Trade	亿元	100 million yuan
住宿和餐饮业	Hotels and Catering Services	亿元	100 million yuan
地方财政收入	Local Financial Revenue	亿元	100 million yuan
#地方公共财政预算收入	Local Public Finance Budget Revenue	亿元	100 million yuan
地方财政支出	Local Financial Expenditure	亿元	100 million yuan
在岗职工年平均工资	Average Wages of Fully Employed Staff and Workers	元	yuan
城镇居民人均可支配收入	Per Capita Annual Disposable Income of Urban Households	元	yuan
城镇居民人均消费性支出	Per Capital Consumption Expenditure of Urban Households	元	yuan
农村居民人均可支配收入	Per Capital Net Income of Rural Households	元	yuan
农民人均生活消费性支出	Per Capital Consumption Expenditure of Rural Households	元	yuan
普通中学在校生	Number of Student Enrollment in Regular Secondary Education Schools	万人	10 000 persons
小学在校生	Number of Student Enrollment in Primary Schools	万人	10 000 persons
卫生技术人员	Medical Technical Personnel in Health Care Institutions	万人	10 000 persons
#医生	Doctors	万人	10 000 persons

注:2008-2014年人口为常住人口结构数据。2014 年在岗职工年平均工资为城镇非私营单位从业人员年平均工资。

Major Indicators on National Economic and Social Development in Main Years by City and Country

地区 Region							市区 City						
2010年	2011年	2012年	2013年	2014年	2015年	2015年比2014年增长%	2010年	2011年	2012年	2013年	2014年	2015年	2015年比2014年增长%
200.45	202.57	204.63	208.27	212.89	216.41	1.7	129.91	131.33	132.67	134.40	137.34	138.86	1.1
46.21	48.17	48.43	50.11	53.38	55.71	4.4	24.15	25.24	25.73	26.99	28.74	29.54	2.8
7.23	5.77	7.11	6.73	6.71	6.35	-0.36	6.97	5.65	6.76	6.46	6.84	5.83	-1.01
30.07	31.30	33.51	35.04	36.53	37.25	2.0	24.75	25.72	27.63	28.46	27.72	28.56	3.0
1.22	1.20	1.12	1.06	0.80	0.72	-10.0	0.48	0.49	0.47	0.45	0.41	0.22	-46.3
13.95	14.2	13.93	14.52	15.64	15.45	-1.2	11.90	12.17	11.95	11.90	10.70	15.45	44.4
14.90	15.90	18.46	19.46	20.08	21.08	5.0	12.37	13.06	15.21	16.11	16.61	21.08	27.0
792.61	986.68	1150.93	1289.02	1388.62	1493.86	8.3	517.04	607.05	713.51	793.90	841.65	893.32	7.7
40.29	47.05	50.95	55.42	52.80	58.62	4.8	13.75	15.90	17.00	17.92	16.19	17.60	3.8
400.24	525.25	619.05	688.60	750.11	780.78	9.1	204.51	246.52	304.78	331.03	345.60	341.81	7.6
298.70	396.46	471.92	523.30	555.27	564.53	7.8	134.57	159.78	206.78	218.70	209.48	193.64	4.1
273.29	354.18	430.00	492.16	471.71	487.81	8.9	132.66	120.34	179.85	198.71	134.70	129.42	
352.08	414.38	480.93	545.00	585.72	654.46	7.6	298.78	344.63	391.73	444.95	479.85	533.92	8.0
74.73	87.64	95.18	103.76	106.41	115.88	4.0	24.93	28.89	30.57	32.46	33.38	35.57	3.4
18.34	21.87	23.53	26.31	28.58	25.76	-5.2	7.86	9.07	8.77	9.57	10.33	9.29	-4.7
87.91	86.15	88.63	85.30	80.33	83.45	3.9	22.22	21.69	22.46	20.90	20.06	20.12	0.3
126.93	137.84	141.18	142.81	144.62	160.56	11.0	40.27	45.75	43.70	38.68	32.02	30.08	-6.1
4.95	5.33	6.03	6.55	6.86	7.11	3.6	1.38	1.43	1.47	1.68	1.80	1.82	1.1
4.96	4.98	4.97	5.28	5.09	4.99	-2.0	1.31	1.26	1.07	1.07	0.91	0.92	1.1
4.29	4.30	4.33	4.63	4.55	4.44	-2.4	1.06	1.01	0.86	0.89	0.83	0.86	3.6
935.56	1229.96	1647.57	1928.03	1820.35	1862.32	2.3	484.06	582.15	824.36	939.91	595.03	541.85	-8.9
735.3	1021.1	1330.43	1548.57	1329.9	1328.23	-0.1	402.13	519.15	756.94	852.97	495.40	433.14	-12.6
648.69	733.85	918.73	1149	1392.76	1540.88	10.6	253.61	309.58	377.52	470.54	602.02	669.88	11.3
160.82	207.67	275.70	330.81	388.90	409.17	5.2	109.47	142.60	210.25	229.40	306.99	335.93	9.4
244.65	311.70	356.93	405.18	445.42	477.63	7.2	172.73	219.86	247.80	277.96	300.12	322.63	7.5
213.12	273.79	319.61	365.54	403.16	413.20	2.5	151.88	191.31	220.23	248.77	264.36	267.29	1.1
29.02	37.91	37.32	39.64	42.26	64.43	52.5	20.85	28.54	27.57	30.19	35.76	55.34	54.8
137.99	180.14	187.31	223.29	251.73	243.83	-3.1	93.27	125.36	133.13	162.35	178.57	162.29	-9.1
	96.62	113.13	134.60	153.62	170.98	11.3	44.06	65.60	78.98	94.91	108.25	122.24	12.9
176.88	237.79	267.23	307.78	368.56	371.81	0.9	104.18	151.60	169.35	194.31	237.93	233.07	-2.0
43195	49937	54270	57112	59086	65643	11.1	46497	50909	56907	54354	60247	66793	10.9
16842	19203	21620	23776	26118	28261	8.2	17073	19481	21901	24169	–		
13237	14562	16007	16844	20401	21694	6.3	13589	14931	16390	17393	–		
6161	7070	8068	8830	10275	11148	8.5	–	–	–	–	–		–
5394	6260	7089	8631	9334	10119	8.4	–	–	–	–	–		–
12.33	12.38	12.57	12.86	13.06	13.02	-0.3	8.29	8.31	8.36	8.54	8.68	8.67	-0.1
14.75	14.82	14.77	15.19	15.69	16.21	3.3	8.78	8.83	8.94	9.14	9.41	9.79	4.0
1.37	1.47	1.60	1.76	1.93	2.04	6.3	1.18	1.25	1.39	1.52	1.69	1.79	5.9
0.53	0.55	0.58	0.64	0.71	0.76	7.0	0.46	0.46	0.50	0.56	0.61	0.67	8.1

a)From 2008 to 2014 the population structure data for the resident Population.The date of average wages of fully ernployed staff and workers changed to average wages of private in stitutions employed in cities and towns in 2014.

1–13　续表 1

指　标	Item	单位	Unit
总人口	Total Population	万人	10 000 persons
#回族人口	Hui Ethnic	万人	10 000 persons
人口自然增长率	Natural Growth Rate of Population	‰	‰
单位从业人员	Employed Persons	万人	10 000 persons
第一产业	Primary Industry	万人	10 000 persons
第二产业	Secondary Industry	万人	10 000 persons
第三产业	Tertiary Industry	万人	10 000 persons
地区生产总值	Gross Domestic Product	亿元	100 million yuan
第一产业	Primary Industry	亿元	100 million yuan
第二产业	Secondary Industry	亿元	100 million yuan
#工业增加值	Value–added of Industry	亿元	100 million yuan
规模以上工业增加值	Value–added of Industry above Designated Size	亿元	100 million yuan
第三产业	Tertiary Industry	亿元	100 million yuan
农、林、牧、渔业总产值	Gross Output Value of Agriculture, Forestry,Animal Husbandry and Fishery	亿元	100 million yuan
#畜牧业产值	Gross Output Value of Livestock	亿元	100 million yuan
粮食产量	Grain	万吨	10 000 tons
蔬菜产量	Vegetables	万吨	10 000 tons
水产品产量	Aquatic Products	万吨	10 000 tons
肉类总产量	Meat	万吨	10 000 tons
#猪牛羊肉产量	Products of Pork, Beef and Mutton	万吨	10 000 tons
规模以上工业总产值	Industrial Enterprises above Designated Size	亿元	100 million yuan
#大中型工业	Large and Medium–sized Enterprises	亿元	100 million yuan
全社会固定资产投资	Investment in Fixed Assets	亿元	100 million yuan
#房地产开发投资	Investment in Real Estate Development	亿元	100 million yuan
社会消费品零售额	Total Retail Sales of Consumer Goods	亿元	100 million yuan
#批发和零售业	Wholesale and Retail Trade	亿元	100 million yuan
住宿和餐饮业	Hotels and Catering Services	亿元	100 million yuan
地方财政收入	Local Financial Revenue	亿元	100 million yuan
#地方公共财政预算收入	Local Public Finance Budget Revenue	亿元	100 million yuan
地方财政支出	Local Financial Expenditure	亿元	100 million yuan
在岗职工年平均工资	Average Wages of Fully Employed Staff and Workers	元	yuan
城镇居民人均可支配收入	Per Capita Annual Disposable Income of Urban Households	元	yuan
城镇居民人均消费性支出	Per Capital Consumption Expenditure of Urban Households	元	yuan
农村居民人均可支配收入	Per Capital Net Income of Rural Households	元	yuan
农民人均生活消费性支出	Per Capital Consumption Expenditure of Rural Households	元	yuan
普通中学在校生	Number of Student Enrollment in Regular Secondary Education Schools	万人	10 000 persons
小学在校生	Number of Student Enrollment in Primary Schools	万人	10 000 persons
卫生技术人员	Medical Technical Personnel in Health Care Institutions	万人	10 000 persons
#医生	Doctors	万人	10 000 persons

continued

兴庆区 xingqing							金凤区 JinFeng						
2010 年	2011 年	2012 年	2013 年	2014 年	2015 年	2015 年比 2014 年增长%	2010 年	2011 年	2012 年	2013 年	2014 年	2015 年	2014 年比 2013 年增长%
68.30	69.00	69.74	70.72	72.52	73.44	1.3	28.5	28.85	29.14	29.54	29.92	30.20	0.9
10.96	11.46	12.78	13.65	14.26	14.60	2.4	7.12	7.45	7.11	7.42	8.35	8.62	3.2
7.10	5.34	7.28	6.87	7.06	5.23	-1.83	9.25	6.07	6.53	6.12	7.06	7.79	0.73
9.82	9.63	10.90	15.66	14.09	14.61	3.7	10.35	11.50	11.81	7.02	8.02	8.49	5.9
0.08	0.10	0.10	0.09	0.05	0.07	40.0	0.07	0.06	0.06	0.02	0.01	0.01	持平
2.68	2.59	2.90	6.76	5.85	5.49	-6.2	6.70	7.18	6.66	2.01	2.02	2.58	27.7
7.06	6.95	7.89	8.80	8.19	9.05	10.5	3.58	4.26	5.08	4.98	5.98	5.9	-1.3
270.98	318.37	356.73	395.63	418.43	444.38	8.5	90.37	107.50	123.85	143.19	161.59	176.15	9.5
4.96	5.64	5.88	6.36	5.75	6.34	4.3	2.63	2.95	3.04	4.41	3.98	3.37	4.3
83.11	103.16	110.84	116.83	113.70	107.37	8.9	43.77	55.14	63.40	73.06	83.47	88.24	10.4
60.96	83.11	88.35	90.62	80.23	70.22	6.7	18.27	21.56	22.42	24.53	29.03	30.04	10.4
	80.92	70.52	78.90	8.43	8.5	10.6	18.21	22.64	14.99	23.32	28.25	29.2	11.3
182.91	209.57	240.02	272.44	298.98	330.67	8.4	43.97	49.41	57.41	65.72	74.14	84.54	8.8
9.34	12.37	13.01	13.81	14.10	14.37	3.4	6.60	7.44	8.01	8.51	8.92	10.15	3.4
2.66	4.26	4.12	4.50	4.36	3.30	-4.7	2.30	1.83	1.77	1.93	2.35	2.93	-4.7
6.88	6.89	7.08	6.24	5.76	6.31	9.5	3.94	3.48	3.51	2.79	2.58	2.61	1.2
19.14	20.32	19.92	15.75	14.77	13.76	-6.8	13.23	13.44	15.37	15.45	14.43	12.66	-12.3
0.47	0.51	0.56	0.57	0.62	0.64	3.2	0.74	0.74	0.89	0.84	0.98	0.88	-10.2
0.48	0.48	0.29	0.25	0.21	0.38	80.9	0.39	0.31	0.41	0.39	0.32	0.27	-15.6
0.36	0.37	0.22	0.19	0.19	0.36	89.5	0.34	0.26	0.35	0.33	0.28	0.26	-7.1
205.23	319.85	340.42	396.67	31.18	39.97	28.2	59.11	58.47	60.75	74.93	90.56	91.80	1.4
193.48	312.52	332.71	383.27	19.21	19.96	3.9	36.60	36.94	35.33	51.39	61.02	56.93	-6.7
91.07	83.17	107.46	135.17	178.93	210.80	17.8	82.34	112.05	155.46	197.75	260.57	301.89	15.9
44.94	47.50	67.69	73.29	83.21	93.94	12.9	57.52	77.01	123.47	135.34	191.93	212.30	10.6
129.06	166.12	186.40	202.98	215.35	231.49	7.5	31.61	38.85	44.36	59.84	63.75	68.50	7.5
115.62	146.60	168.77	181.76	193.38	187.24	-3.2	28.33	34.71	39.80	52.49	55.32	61.80	11.7
13.44	19.53	17.64	21.22	21.97	44.25	101.4	3.28	4.14	4.57	4.35	8.43	6.70	-20.5
5.67	7.02	8.17	10.04	11.51	12.96	12.6	3.77	3.86	5.33	7.13	4.71	5.31	12.7
4.82	7.02	8.18	10.04	11.51	12.96	12.6	1.83	2.64	3.33	3.96	4.68	5.31	13.5
13.58	21.16	23.94	18.10	30.56	31.05	1.6	8.99	28.91	22.12	8.67	23.07	20.19	-12.5
42275	50809	54619	63692	64484	70714	9.7	57469	62453	65028	48134	62313	66218	6.3
18498	21235	23809	25971	28246	30514	8.0	15930	18156	20466	22922	27957	30361	8.6
14534	15773	17339	18892	22352	24089	7.8	14101	15059	17031	16483	23411	24057	2.8
6820	7804	8834	9318	11677	12625	8.1	6008	6900	7866	8759	9187	9941	8.2
5923	6641	7055	9383	9148	10184	11.5	6562	6535	8073	8825	10613	9873	7.0
3.85	3.84	3.85	3.89	3.93	3.83	-2.5	1.97	2.01	2.02	2.11	2.21	2.31	4.5
4.91	4.89	4.96	5.10	5.22	5.37	2.9	1.61	1.71	1.75	1.84	1.99	2.17	9.0
0.77	0.79	0.86	0.96	1.04	1.12	7.7	0.13	0.14	0.37	0.39	0.45	0.47	4.4
0.30	0.29	0.31	0.35	0.38	0.41	7.9	0.05	0.06	0.13	0.14	0.17	0.18	5.9

1-13 续表2

指　标	Item	单位	Unit
总人口	Total Population	万人	10 000 persons
#回族人口	Hui Ethnic	万人	10 000 persons
人口自然增长率	Natural Growth Rate of Population	‰	‰
单位从业人员	Employed Persons	万人	10 000 persons
第一产业	Primary Industry	万人	10 000 persons
第二产业	Secondary Industry	万人	10 000 persons
第三产业	Tertiary Industry	万人	10 000 persons
地区生产总值	Gross Domestic Product	亿元	100 million yuan
第一产业	Primary Industry	亿元	100 million yuan
第二产业	Secondary Industry	亿元	100 million yuan
#工业增加值	Value-added of Industry	亿元	100 million yuan
规模以上工业增加值	Value-added of Industry above Designated Size	亿元	100 million yuan
第三产业	Tertiary Industry	亿元	100 million yuan
农、林、牧、渔业总产值	Gross Output Value of Agriculture, Forestry,Animal Husbandry and Fishery	亿元	100 million yuan
#畜牧业产值	Gross Output Value of Livestock	亿元	100 million yuan
粮食产量	Grain	万吨	10 000 tons
蔬菜产量	Vegetables	万吨	10 000 tons
水产品产量	Aquatic Products	万吨	10 000 tons
肉类总产量	Meat	万吨	10 000 tons
#猪牛羊肉产量	Products of Pork, Beef and Mutton	万吨	10 000 tons
规模以上工业总产值	Industrial Enterprises above Designated Size	亿元	100 million yuan
#大中型工业	Large and Medium-sized Enterprises	亿元	100 million yuan
全社会固定资产投资	Investment in Fixed Assets	亿元	100 million yuan
#房地产开发投资	Investment in Real Estate Development	亿元	100 million yuan
社会消费品零售额	Total Retail Sales of Consumer Goods	亿元	100 million yuan
#批发和零售业	Wholesale and Retail Trade	亿元	100 million yuan
住宿和餐饮业	Hotels and Catering Services	亿元	100 million yuan
地方财政收入	Local Financial Revenue	亿元	100 million yuan
#地方公共财政预算收入	Local Public Finance Budget Revenue	亿元	100 million yuan
地方财政支出	Local Financial Expenditure	亿元	100 million yuan
在岗职工年平均工资	Average Wages of Fully Employed Staff and Workers	元	yuan
城镇居民人均可支配收入	Per Capita Annual Disposable Income of Urban Households	元	yuan
城镇居民人均消费性支出	Per Capital Consumption Expenditure of Urban Households	元	yuan
农村居民人均可支配收入	Per Capital Net Income of Rural Households	元	yuan
农民人均生活消费性支出	Per Capital Consumption Expenditure of Rural Households	元	yuan
普通中学在校生	Number of Student Enrollment in Regular Secondary Education Schools	万人	10 000 persons
小学在校生	Number of Student Enrollment in Primary Schools	万人	10 000 persons
卫生技术人员	Medical Technical Personnel in Health Care Institutions	万人	10 000 persons
#医生	Doctors	万人	10 000 persons

continued

西夏区 Xixia							永宁县 Yongning						
2010年	2011年	2012年	2013年	2014年	2015年	2015年比2014年增长%	2010年	2011年	2012年	2013年	2014年	2015年	2015年比2014年增长%
33.11	33.48	33.79	34.14	34.91	35.22	0.9	21.87	22.08	22.28	23.10	23.26	23.44	0.8
6.07	6.33	5.84	5.92	6.12	6.32	3.3	4.98	5.13	4.55	4.73	4.84	4.87	0.6
5.32	4.41	5.92	5.89	6.19	5.29	–0.9	4.94	5.13	5.86	6.32	5.28	6.15	0.87
4.58	4.59	4.93	5.79	5.61	5.46	–0.27	2.02	1.93	1.96	2.06	2.02	2.12	5.0
0.32	0.33	0.31	0.33	0.04	0.14	3.5	0.16	0.13	0.11	0.11	0.10	0.15	150.0
2.52	2.39	2.39	3.13	2.83	2.67	–5.7	1.15	0.99	0.89	0.92	0.88	0.84	–4.5
1.74	1.87	2.23	2.33	2.75	2.65	–3.6	0.71	0.81	0.96	1.03	1.05	1.13	7.6
155.69	181.18	232.93	255.07	261.63	272.80	5.3	60.8	79.33	94.23	105.57	115.64	121.28	6.9
6.16	7.31	8.08	7.15	6.47	7.88	4.3	9.43	11.13	12.00	13.49	13.39	15.07	5.5
77.63	88.22	130.54	141.14	148.43	146.20	4.4	36.4	47.57	51.64	56.7	64.8	66.72	8.0
55.34	55.11	96.02	103.55	100.22	93.38	–0.6	25.93	32.83	34.33	36.07	39.77	39.10	4.9
55.34	45.36	94.35	96.58	98.03	91.72	0.9	21.24	26.55	29.62	28.90	33.09	34.79	4.5
8.99	85.65	94.31	106.78	106.74	118.71	6.6	14.97	20.63	30.59	35.38	37.46	39.49	4.5
8.99	9.07	9.55	10.13	10.36	11.05	3.4	17.37	20.58	22.16	24.66	25.57	28.35	4.4
2.90	2.98	2.88	3.14	3.62	3.07	–4.7	3.92	4.63	4.83	4.96	5.28	4.66	–7.0
11.4	11.32	11.87	11.87	11.73	11.20	–4.5	23.6	23.76	24.81	26.17	25.63	26.20	2.2
7.89	11.99	8.41	7.47	2.82	3.67	30.1	19.40	21.36	24.25	30.76	37.82	46.12	21.9
0.17	0.18	0.02	0.27	0.20	0.31	55.0	0.87	0.88	0.88	0.88	0.80	0.80	持平
0.44	0.47	0.38	0.43	0.38	0.27	–28.9	1.34	1.29	1.29	1.41	1.46	1.48	1.4
0.36	0.38	0.29	0.37	0.36	0.23	–36.0	1.10	1.05	1.07	1.16	1.21	1.17	–3.3
219.72	203.83	423.20	468.32	473.30	410.07	–13.4	76.28	94.67	108.71	122.20	142.55	144.64	1.5
172.06	169.69	388.90	418.31	415.17	356.25	–14.2	58.95	74.66	90.51	93.31	86.26	72.87	–15.5
79.13	114.36	114.60	137.62	162.51	157.20	–3.3	75.15	88.63	111.33	143.20	179.21	209.33	16.8
7.01	18.09	19.10	20.77	31.85	29.69	–6.8	19.47	21.94	13.58	40.46	27.67	19.22	–30.5
12.06	14.89	17.03	19.14	21.02	22.64	7.7	9.52	11.10	12.69	14.53	16.21	17.19	6.0
7.93	10.01	11.66	14.52	15.66	18.25	16.6	8.15	9.51	10.82	12.35	13.97	14.82	6.0
4.13	4.88	5.37	4.62	5.36	4.39	–18.1	1.38	1.59	1.87	2.18	2.23	2.37	6.0
1.73	1.92	2.26	2.66	3.09	3.51	13.6	10.21	13.63	15.32	17.03	26.78	39.10	46.0
1.42	1.92	2.26	2.66	3.09	3.51	13.6		7.51	9.11	10.89	12.55	14.46	15.2
6.56	7.88	12.57	8.25	19.94	15.76	–21.0	20.32	24.25	26.87	31.50	42.81	56.84	32.8
31533	38533	43197	44524	48735	57258	17.5	25222	31200	35470	41473	45838	51589	12.5
14394	16356	18526	20543	21347	23126	8.3	15240	17202	19530	21483	23017	25091	9.0
10992	12811	13541	14239	17549	19269	9.8	9520	10426	12379	13029	17014	18737	10.1
4337	5050	5828	6829	8618	9334	8.3	5896	6792	7764	8706	10130	10995	8.5
5021	5945	7169	8792	8362	9142	9.3	4520	5756	6290	7229	7773	8554	10.1
2.47	2.46	2.49	2.54	2.53	2.53	持平	1.39	1.38	1.44	1.49	1.55	1.58	1.9
2.26	2.24	2.22	2.21	2.20	2.25	2.3	1.99	2.02	2.11	2.20	2.25	2.30	2.2
0.28	0.32	0.16	0.18	0.20	0.21	5.0	0.06	0.06	0.06	0.08	0.08	0.08	持平
0.11	0.11	0.06	0.07	0.07	0.08	14.3	0.02	0.02	0.02	0.03	0.02	0.02	持平

1-13 续表3

指　标	Item	单位	Unit
总人口	Total Population	万人	10 000 persons
#回族人口	Hui Ethnic	万人	10 000 persons
人口自然增长率	Natural Growth Rate of Population	‰	‰
单位从业人员	Employed Persons	万人	10 000 persons
第一产业	Primary Industry	万人	10 000 persons
第二产业	Secondary Industry	万人	10 000 persons
第三产业	Tertiary Industry	万人	10 000 persons
地区生产总值	Gross Domestic Product	亿元	100 million yuan
第一产业	Primary Industry	亿元	100 million yuan
第二产业	Secondary Industry	亿元	100 million yuan
#工业增加值	Value-added of Industry	亿元	100 million yuan
规模以上工业增加值	Value-added of Industry above Designated Size	亿元	100 million yuan
第三产业	Tertiary Industry	亿元	100 million yuan
农、林、牧、渔业总产值	Gross Output Value of Agriculture, Forestry,Animal Husbandry and Fishery	亿元	100 million yuan
#畜牧业产值	Gross Output Value of Livestock	亿元	100 million yuan
粮食产量	Grain	万吨	10 000 tons
蔬菜产量	Vegetables	万吨	10 000 tons
水产品产量	Aquatic Products	万吨	10 000 tons
肉类总产量	Meat	万吨	10 000 tons
#猪牛羊肉产量	Products of Pork, Beef and Mutton	万吨	10 000 tons
规模以上工业总产值	Industrial Enterprises above Designated Size	亿元	100 million yuan
#大中型工业	Large and Medium-sized Enterprises	亿元	100 million yuan
全社会固定资产投资	Investment in Fixed Assets	亿元	100 million yuan
#房地产开发投资	Investment in Real Estate Development	亿元	100 million yuan
社会消费品零售额	Total Retail Sales of Consumer Goods	亿元	100 million yuan
#批发和零售业	Wholesale and Retail Trade	亿元	100 million yuan
住宿和餐饮业	Hotels and Catering Services	亿元	100 million yuan
地方财政收入	Local Financial Revenue	亿元	100 million yuan
#地方公共财政预算收入	Local Public Finance Budget Revenue	亿元	100 million yuan
地方财政支出	Local Financial Expenditure	亿元	100 million yuan
在岗职工年平均工资	Average Wages of Fully Employed Staff and Workers	元	yuan
城镇居民人均可支配收入	Per Capita Annual Disposable Income of Urban Households	元	yuan
城镇居民人均消费性支出	Per Capital Consumption Expenditure of Urban Households	元	yuan
农村居民人均可支配收入	Per Capital Net Income of Rural Households	元	yuan
农民人均生活消费性支出	Per Capital Consumption Expenditure of Rural Households	元	yuan
普通中学在校生	Number of Student Enrollment in Regular Secondary Education Schools	万人	10 000 persons
小学在校生	Number of Student Enrollment in Primary Schools	万人	10 000 persons
卫生技术人员	Medical Technical Personnel in Health Care Institutions	万人	10 000 persons
#医生	Doctors	万人	10 000 persons

continued

贺兰县 Helan							灵武市 Lingwu						
2010年	2011年	2012年	2013年	2014年	2015年	2015年比2014年增长%	2010年	2011年	2012年	2013年	2014年	2015年	2015年比2014年增长%
22.41	22.64	22.85	23.56	24.66	25.33	2.7	26.26	26.52	26.84	27.22	27.63	28.78	4.2
5.11	5.26	5.43	5.45	5.95	6.07	2.0	11.98	12.54	12.71	12.94	13.85	15.22	9.9
6.98	6.03	6.02	5.41	6.05	6.33	0.28	11.09	9.48	8.51	10.12	8.44	9.24	0.8
1.74	2.01	1.95	2.31	2.97	2.84	-4.4	1.56	1.64	1.97	2.21	3.81	3.73	-2.1
0.17	0.17	0.15	0.15	0.04	0.13	2.3倍	0.42	0.41	0.39	0.35	0.26	0.22	-15.4
0.77	0.85	0.66	1.03	1.63	1.61	-1.2	0.13	0.18	0.43	0.67	2.43	2.26	-7.0
0.80	0.99	1.14	1.13	1.31	1.10	-16.0	1.01	1.05	1.15	1.19	1.12	1.24	10.7
57.89	76.65	92.70	101.36	106.08	121.80	11.9	156.88	223.65	250.49	288.19	325.26	357.45	9.1
10.18	11.82	13.15	14.36	14.02	16.01	5.4	6.92	8.20	8.80	9.65	9.20	9.95	4.4
31.33	41.69	48.95	53.60	55.82	67.96	17.4	128.01	189.47	213.68	247.26	283.90	304.29	9.5
23.89	29.73	34.26	37.43	41.61	52.08	18.0	114.31	174.12	196.55	231.10	264.40	279.70	9.4
18.90	22.29	29.32	34.12	41.13	47.87	18.2	100.49	185.00	191.22	230.44	262.78	275.73	9.5
16.38	23.14	30.60	33.40	36.25	37.83	2.3	21.95	25.98	28.01	31.28	32.16	43.21	7.5
19.29	22.48	25.28	27.65	28.34	31.64	4.4	13.14	15.70	17.16	18.99	19.11	20.41	4.0
2.57	3.02	3.64	4.55	5.29	4.66	-7.0	4.00	5.16	6.30	7.23	7.68	7.15	-3.5
23.79	23.84	24.63	21.21	18.07	20.39	12.8	17.64	16.86	16.74	17.02	16.57	16.74	1.0
59.13	62.47	65.43	66.22	68.71	78.46	14.2	8.13	8.27	7.79	7.15	6.08	5.89	-3.1
2.51	2.79	3.38	3.50	3.74	3.95	5.6	0.19	0.23	0.30	0.50	0.52	0.54	3.8
0.78	0.73	0.73	0.76	0.78	0.73	-6.4	1.53	1.69	1.88	2.03	1.94	1.86	-4.1
0.68	0.62	0.64	0.66	0.70	0.65	-7.1	1.46	1.62	1.76	1.92	1.81	1.75	-3.3
65.07	81.15	111.55	144.20	174.18	206.15	18.4	310.15	472.00	602.94	721.73	908.54	969.68	6.7
9.94	14.92	15.40	33.11	33.74	63.49	88.2	264.28	412.37	467.59	569.19	714.46	758.73	6.2
57.07	77.91	107.29	141.61	145.57	173.26	19.0	262.86	257.73	322.59	393.66	465.96	488.41	4.8
20.76	31.82	39.69	45.15	43.27	37.96	-12.3	11.12	11.31	12.19	15.80	10.96	16.05	46.4
54.38	71.43	85.78	99.08	115.28	122.89	6.6	8.02	9.32	10.65	12.61	13.82	14.93	8.0
53.44	70.23	83.81	96.90	112.96	118.15	4.6	7.15	8.32	9.56	10.96	11.92	12.94	8.6
0.94	1.19	1.98	2.18	2.31	4.73	104.6	0.87	1.00	1.09	1.64	1.90	1.99	4.8
16.98	21.61	18.20	18.74	17.66	18.08	2.4	17.54	19.55	40.85	25.17	28.71	24.36	-15.2
	9.34	11.27	13.02	14.54	15.62	7.4		14.18	13.77	15.78	18.16	18.66	2.8
25.41	29.13	30.16	31.23	31.90	31.11	-2.5	26.96	32.82	40.85	50.75	55.92	50.79	-9.2
27961	32399	39913	44525	49817	52288	5.0	31141	36253	51472	53962	62568	72754	16.3
15146	17290	19570	21401	22791	24548	7.7	15336	17522	19909	21974	24310	26255	8.0
12811	13275	13702	15418	16328	16702	2.3	10390	12505	13913	13876	14283	16309	14.2
6214	7163	8202	9147	10667	11628	9.0	6581	7570	8618	9652	10756	11650	8.3
6003	8011	8147	9710	10727	11866	10.6	5277	6509	6561	8544	9165	10475	14.3
1.22	1.24	1.28	1.32	1.35	1.35	持平	1.44	1.45	1.49	1.51	1.48	1.43	-3.4
1.74	1.74	1.80	1.92	2.02	2.06	2.0	2.24	2.20	1.91	1.93	2.02	2.05	1.5
0.04	0.04	0.05	0.05	0.05	0.06	1.2	0.09	0.11	0.10	0.11	0.11	0.12	1.1
0.02	0.02	0.02	0.02	0.02	0.02	持平	0.04	0.05	0.04	0.04	0.05	0.05	持平

主要统计指标解释

【生产总值】 是按市场价格计算的地区生产总值的简称。它是一个国家(地区)所有常住单位在一定时期内生产活动的最终成果。地区生产总值有三种表现形态,即价值形态、收入形态和产品形态。从价值形态看,它是所有常住单位在一定时期内所生产的全部货物和服务价值超过同期投入的全部非固定资产货物和服务价值的差额,即所有常住单位的增加值之和;从收入形态看,它是所有常住单位在一定时期内所创造并分配给常住单位和非常住单位的初次分配收入之和;从产品形态看,它是最终使用的货物和服务减去进口货物和服务。在实际核算中,地区生产总值的三种表现形态表现为三种计算方法,即生产法、收入法和支出法。三种方法分别从不同的方面反映地区生产总值及其构成。

地区生产总值同社会总产值、国民收入的区别。从核算范围看,社会总产值和国民收入都只计算物质生产部门的劳动成果,而地区生产总值除计算物质生产部门劳动成果外,还计算非物质生产部门的劳动成果。从这三个指标的价值构成看,社会总产值计算了社会产品的全部价值;地区生产总值计算了生产产品和提供劳务过程中增加的价值,即增加值,不计算中间产品和中间劳务投入的价值;而国民收入除了不计算中间产品价值外,还不包括固定资产折旧价值,即只计算净产值。

【三次产业】 是根据社会生产活动历史发展的顺序对产业结构的划分,产品直接取自自然界的部门称为第一产业,对初级产品进行再加工的部门称为第二产业,为生产和消费提供各种服务的部门称为第三产业。

第一产业:农业(包括种植业、林业、牧业、渔业等)。

第二产业:工业(包括采掘业、制造业、自来水、电力、蒸气、热水、煤气)和建筑业。

第三产业:除第一、第二产业以外的其他各业。

【当年价格】 指报告期的实际价格,如工厂的出厂价格,农产品的收购价格,商业的零售价格等。按当年价格计算,是指一些以货币表现的物量指标如工农业总产值、地区生产总值等,按照当年的实际价格来计算总量。使用当年价格是为了使国民经济各项指标互相衔接,便于考察当年经济效益,便于对生产和流通、生产和分配、生产和消费进行经济核算的综合平衡。

按当年价格计算的价值指标,在不同年份之间进行对比时,因为包含有各年间价格变动因素,不能确切地反映实物量的增减变动。必须消除价格变动因素后,才能真实反映经济发展动态。因此,在计算增长速度时都使用按可比价格计算。

【可比价格】 指计算各种总量指标所采用的扣除了价格变动因素的价格,可进行不同时期总量指标的对比。按可比价格计算总量指标有两种方法:一种是直接用产品产量乘某一年的不变价格计算;另一种是用价格指数进行缩减。

【不变价格】 指以同类产品某年的平均价格作为固定价格,用于计算各年的产品价值。按不变价格计算的产品价值消除了价格变动因素,不同时期对比可以反映生产的发展速度。新中国成立后,随着工农业产品价格水平的变化,国家统计局先后五次制定了全国统一的工业产品不变价格和农业产品不变价格,从1952年到1957年使用1952年工(农)业产品不变价格,从1957年到1970年使用1957年不变价格,从1971年到1980年使用1970年不变价格,从1981年到1990年使用1980年不变价格,从1991年开始使用1990年不变价格。

【平均增长速度】 我国计算平均增长速度有两种方法:一种是习惯上经常使用的"水平法",又称几何平均法,是以间隔期最后一年的水平同基期水平对比来计算平均每年增长(或下降)速度;另一种是"累计法",又称代数平均法或方程法,是以间隔期内各年水平的总和同基期水平对比来计算平均每年增长(或下降)速度。在一般正常情况下,两种方法计算的平均每年增长速度比较接近,但在经济发展不平衡、出现大起大落时,两种方法计算的结果差别较大。

2 人口及劳动力

Population and Labor Resources

2—1 主要年份人口发展情况

Basic Statistics of Population Development in Main Years

单位:户、人 (household, person)

年份 Year	总户数 Households Numberof Population	总人口 Number of Population	市区 City	回族人口 Huzu Population	女性人口 Female	非农业人口 Non-Agriculture Population	城镇人口 Urban Population Population	人口自然增长率(‰) Natural GrowthRate (‰)	平均人口 Average Population	市区 City
1949	45256	236299	72485	72493	111211	39837			236299	72485
1950	49246	247749	77801	71380	113462	42900			242024	75143
1951	50672	260142	85270	74829	121187	48630			253946	81536
1952	56193	276639	89700	83045	126166	48748			268391	87485
1953	62679	300198	99841	88772	136787	56860			288419	94771
1954	68074	321563	113068	92594	147450	68597			310881	106455
1955	65000	336403	111411	99457	156189	6743			328983	112240
1956	70772	346777	112376	107249	157998	66609			341590	111894
1957	74573	357851	116554	109418	165002	78666			352314	114465
1958	73535	401035	148237	114052	183730	106548			379443	132396
1959	90677	451634	190649	110086	202026	144519			426335	169443
1960	97208	480697	224877	110131	217807	166649			466166	207763
1961	90646	453310	206414	103033	207847	154700			467004	215646
1962	89712	416967	178642	105447	196263	131349			435139	192528
1963	90863	435057	187218	109824	203553	141243			426012	182930
1964	91694	455163	203072	112522	213643	139169			445110	195145
1965	95562	485038	212627	118699	227103	152417			470101	207850
1966	99688	486125	207166	121888	228312	153574			485582	209897
1967	100959	515165	220804	124951	242186	168739			500645	213985
1968	107182	543598	231651	132374	259388	171832			529382	226227
1969	111049	579658	243705	140373	274716	180569			561628	237680
1970	116810	600701	259469	150395	287255	180451			590180	251589
1971	119482	623017	267693	148212	297348	190391			611859	263581
1972	123994	649755	279211	156770	311783	202290			636386	273452
1973	127707	674103	287667	163954	324245	210007			661929	283439
1974	134538	696414	292901	169429	335601	214666			685259	290284
1975	141395	718620	299393	174374	347737	220925			707517	296147
1976	148458	741390	308446	179583	358800	230423			730005	303920
1977	154491	761706	313951	184679	368776	235181			751548	311199
1978	160534	786743	325177	191204	378907	248658			774225	319573
1979	171646	804081	335217	195687	390468	263385			795412	330198
1980	168447	822542	344540	200710	399608	278972			813312	339879
1981	174855	841060	353829	206777	409152	289869			831801	349184

2-1 续表 continued

单位:户、人

年份 Year	总户数 Households Numberof Population	总人口 Number of Population	市区 City	回族人口 Huzu Population	女性人口 Female	非农业人口 Non-Agriculture Population	城镇人口 Urban Population Population	人口自然增长率(‰) Natural GrowthRate (‰)	平均人口 Average Population	市区 City
1984	195337	891919	383299	220370	435484	318887			882957	377275
1985	202165	910561	396869	224365	448275	336723			901641	390084
1986	210372	933457	411827	230500	455453	373402			919009	404348
1987	223047	963326	433621	235950	467579	401117			948392	422724
1988	235297	987611	449907	242379	479741	421244			975469	441764
1989	244344	1010032	465096	247685	493369	438407			998822	457502
1990	257452	1034520	480184	253987	506191	453383			1022276	472640
1991	265654	1052684	490958	257580	514954	464682			1043602	485571
1992	273089	1070819	501332	262073	524145	476965			1061752	496145
1993	281340	1090204	513365	267994	535042	491087			1080512	507349
1994	296351	1115048	531311	273809	547009	531863			1102627	522338
1995	294670	1135274	544851	280070	556910	547034		8.34	1125162	538081
1996	309954	1155530	558596	285208	567825	561294		9.13	1145402	551724
1997	318000	1177693	573431	289890	578263	592096		8.95	1166512	566014
1998	334241	1196300	586022	293681	589103	616288		9.06	1186997	579727
1999	344758	1210342	593759	298484	596917	632274		8.84	1203321	589891
2000	381110	1264588	641723	331708	622676	650745		9.00	1237465	617741
2001	384942	1298407	654860	347309	640025	677134		8.25	1281498	648292
2002	397781	1329575	692845	357560	655968	700566		9.81	1313991	673853
2003	407714	1330128	718157	343834	655563	792032		7.23	1329852	705501
2004	437498	1377924	758219	360446	678596	840631		7.54	1354026	738188
2005	454690	1405971	790338	364337	695505	866730		6.31	1391947	774278
2006	476191	1446816	829696	372656	716392	916144		6.29	1426393	810017
2007	495822	1487934	860821	386131	738028	949098		6.81	1467375	845258
2008	526860	1654282	1024922	433347	822834	1095210	1156674	6.08	1635438	1020647
2009	558103	1701839	1058205	448080	847227	1137133	1210008	6.49	1678061	1041563
2010	636737	2004456	1299129	462089	966845	1301787	1453231	7.23	1853149	1178667
2011	698216	2025741	1313371	481653	986012	1319610	1506674	5.77	2015099	1306250
2012	698828	2046341	1326667	484276	1004636	1336039	1535549	7.11	2036041	1320019
2013	710858	2082695	1343955	501142	1021608	1360774	1557600	6.73	2064518	1335311
2014	740181	2128937	1373425	533840	1038272		1606188	6.71	2105817	1358691
2015	746411	2164119	1388572	557113	1060124		1640418	6.35	2146528	1380999

注:从 1995 年起以每年的人口变动抽样调查为人口自然增长率统计数据依据;从 2008 年起总人口为常住人口,是按年度人口变动情况抽样调查数据推算。

a)Natural growth rate in aecordance with every year rational sample survey on population changes since 1995; From 2008, data in this table refers to resident population, which is estimated on the base of annual natinal sample survey on population changes.

2—2 户数、人口及变动情况

Household, Population and Change Conditions

单位:户、人　　(2015)　　(household, person)

指 标	Item	总计 Total	市区 City	兴庆区 Xingqing	西夏区 Xixia	金凤区 Jinfeng	永宁县 Yongning	贺兰县 Helan	灵武市 Lingwu
年末总户数、总人口	Number of Households and Population at Year-end								
总户数	Households	746411	498910	271983	124884	102043	73943	84725	88833
总人口	Usual Resident Population	2164119	1388572	734353	352172	302047	234398	253329	287820
#男	Male	1103995	702212	369453	181192	151567	120363	131984	149436
女	Female	1060124	686360	364900	170980	150480	114035	121345	138384
平均人口	Average Population	2146528	1380999	729761	350636	300602	233496	249975	282060
平均每户人数	Average Family Size	2.90	2.78	2.70	2.82	2.96	3.17	2.99	3.24
性别比(以女性为 100)	Sex Ratio(female=100)	104	102	101	106	101	106	109	108
人口变动	Population Change at Year-end								
出生率	Birth Population	10.75	9.94	9.23	9.12	12.38	11.08	12.28	13.40
死亡率	Death Population	4.40	4.11	4.00	3.83	4.59	4.93	5.95	4.16
自然增长率	Natural Growth Population	6.35	5.83	5.23	5.29	7.79	6.15	6.33	9.24
分民族人口	Population by Ethnicity								
#汉族	Han	1567996	1057966	568946	280510	208510	184229	191288	134513
回族	Hui	557113	295396	146003	63201	86192	48726	60745	152246
其他少数民族	Other Ethnic Minorities	39010	35210	19404	8461	7345	1443	1296	1061

2-3 主要年份全市人口自然变动情况

Natural Change of City Population in Main Years

年份 Year	出生率(‰) Birth Rate(‰)	死亡率(‰) Death Rate(‰)	人口自然增长率(‰) Natural Growth Rate(‰)
1996	13.10	3.97	9.13
1997	13.62	4.67	8.95
1998	13.66	4.60	9.06
1999	14.05	5.21	8.84
2000	13.60	4.60	9.00
2001	12.66	4.41	8.25
2002	14.33	4.52	9.81
2003	11.64	4.41	7.23
2004	11.68	4.14	8.54
2005	11.10	4.79	6.31
2006	10.84	4.55	6.29
2007	10.78	3.98	6.80
2008	9.77	3.69	6.08
2009	10.42	3.93	6.49
2010	11.47	4.23	7.24
2011	9.69	3.92	5.77
2012	10.52	3.41	7.11
2013	10.32	3.59	6.73
2014	10.38	3.67	6.71
2015	10.75	4.4	6.35

2—4 常住人口计划生育情况

The Resident Population of Family Planning

单位:人　　(2015)　　(person)

指　标	Item	已婚育龄妇女人数 Number of Married Womenof Cchild-Bearing Age	领取独生子女证人数 Number of Married Couples with One-child Certificate
合　计	**Total**	**374182**	**50891**
市区	City	234713	38439
兴庆区	Xingqing	115778	19473
西夏区	Xixia	54570	11067
金凤区	Jinfeng	64365	7899
永宁县	Yongning	46364	4006
贺兰县	Helan	45321	6423
灵武市	Lingwu	47784	2023

2—5 常住人口节育情况

The Resident Population of Family Birth Control

单位:人　　(2015)　　(person)

指　标	Item	期末选用各种避孕方法人数 Number of Contraceptive Methods	男性绝育 Male Sterilization	女性绝育 Female Sterilization	放置宫内节育器 Intrauterine Contraceptive Device	本期施行计划生育手术例数 Number of Birth Control perating	女性绝育 Female Sterilization	放置宫内节育器 Intrauterine Contracep-tive Device
合　计	**Total**	**353186**	**199**	**34083**	**167667**	**1896**	**76**	**969**
市区	City	221226	188	16513	92930	721	45	303
兴庆区	Xingqing	109264	89	6639	45773	114	9	31
西夏区	Xixia	50859	96	6388	19509	151	10	52
金凤区	Jinfeng	61103	3	3486	25868	456	26	220
永宁县	Yongning	43069	7	4005	29957	446	3	216
贺兰县	Helan	43050	1	3243	20097	295	24	101
灵武市	Lingwu	45841	3	10322	24683	434	4	349

2—6 婚姻状况

Marital Status

指　标	Item	单位	Unit	2014 年	2015 年
登记结婚	Marriage Registration	对	Pair	19232	18984
协议离婚	Divorced by Agreement	对	Pair	5502	5834
涉外婚姻	Marriage with Foreign Elements	对	Pair	52	43
# 结婚	Married	对	Pair	45	38
离婚	Divorced	对	Pair	7	5
法院调离、判离	To Transfer and Betray by Court	对	Pair	1161	1334
# 调离	Transfer	对	Pair	809	942
判离	Betray	对	Pair	352	392

2—7 全社会就业人员情况

Total Number of Employed Persons in the Whole Country

单位:人　　　　(2015)　　　　(person)

指标	Item	城乡合计 Total of Urban and Rural 地区 Region	城乡合计 Total of Urban and Rural 市区 City	城镇 Urban 地区 Hegion	城镇 Urban 市区 City	乡村 Rural 地区 Region	乡村 Rural 市区 City
就业人员	**Employees**	**1215524**	**725131**	**787213**	**624221**	**428311**	**100910**
按经济类型分组	**Grouped by Economic Type**						
国有经济	State-owned Economy	148438	119465	148438	119465		
集体经济	Collective-owned Economy	360158	102419	2104	1509	358054	100910
私营经济	Private Economy	225058	156712	190183	156712	34875	
个体经济	Self-employed Economy	259962	181911	224580	181911	35382	
联营经济	Joint Ownership Economy	224	224	224	224		
股份制经济	Stock System Economy	192373	148768	192373	148768		
港、澳、台商投资经济	Economy of Funds from Hong Kong,Macao & Taiwan	12899	1695	12899	1695		
外商投资经济	Foreign Investment Economy	9962	8907	9962	8907		
其他经济	Economy of Other Types	6450	5030	6450	5030		
按国民经济行业分组	**Grouped by Sector**	**1215524**	**725131**	**787213**	**624221**	**428311**	**100910**
农、林、牧、渔业	Agriculture,Forestry,Animal Husbandry and Fishery	227900	72305	12534	6438	215366	65867
采矿业	Mining	31948	31749	31856	31749	92	
制造业	Manufacturing	132915	47066	84879	41171	48036	5895
电力、燃气及水的生产和供应业	Production and Distribution of Electricity,Gas and Water	22130	18191	21835	18191	295	
建筑业	Construction	92904	45885	48887	36727	44017	9158
批发和零售业	Wholesale and Retail Trades	278803	196789	231825	192167	46978	4622
交通运输、仓储和邮政业	Transport,Storage and Post	38755	17946	18359	14198	20396	3748
住宿和餐饮业	Hotels and Catering Services	73486	50946	55880	46480	17606	4466
信息传输、计算机服务和软件业	Information Transmission,Computer Services and Software	20883	17600	14994	13818	5889	3782
金融业	Financial Intermediation	27921	24244	27599	24244	322	
房地产业	Real Estate	19317	14688	17652	14688	1665	
租赁和商务服务业	Leasing and Business Services	45887	38135	43515	38135	2372	
科学研究、技术服务和地质勘查业	Scientific Research,Technical Serviceand Geologic Prospecting	15869	14162	15437	14162	432	
水利、环境和公共设施管理业	ManagementofWaterConservancy,EnvironmentandPublicFacilities	9370	8305	9183	8305	187	
居民服务业和其他服务业	Services to Households and Other Services	45270	33284	39029	33284	6241	
教育	Education	32289	23471	32215	23471	74	
卫生、社会保障和社会福利业	Health,Social Security and Social Welfare	26243	23197	26140	23197	103	
文化、体育和娱乐业	Culture,Sports and Entertainment	12172	10707	11785	10707	387	
公共管理和社会组织	Public Management and Social Organization	43639	33064	43584	33064	55	
其他行业	Others	17823	3397	25	25	17798	3372

注:由于本年度将神华宁夏煤业集团不在银川市的分支机构按属地统计原则调整其所在地统计,故采矿业人员与上年相比减少。

a) Shenhua Ningxia Coal Industry Group will not Yinchuan branches according to the territorial principle adjust their seat statistics since this year, therefore,the mining industry personnel reduction compared with the previous year.

2—8 主要年份城镇非私营单位就业人员和劳动报酬情况

Basic Statistics of Employees and Earning in Main Years

年份 year	全部就业人员(人) Total Employees (person)	按经济类型分 Grouped by Economic Type			按三次产业分 Grouped by Three Strate of Industry			全部单位从业人员劳动报酬(万元) Employed Person's Earning in Whole Units(10000yuan)			在岗职工平均工资(元) Average Wages of staff and Work-ers (yuan)
		国有 Stateowned	集体 Collectiveowned	其他 Others	一产 Primary Industry	二产 Secondary Industry	三产 Tertiary Industry	国有 Stateowned	集体 Collectiveowned	其他 Others	
1949	2093	2093			85	470	1538	61			291
1950	2625	2625			118	546	1961	78			297
1951	3645	3645			364	667	2614	116			318
1952	6422	6422			587	1688	4147	170			265
1953	7547	7547			883	1755	4909	281			372
1954	10823	10823			1076	3764	5983	309			286
1955	14253	14253			1561	4738	7954	380			267
1956	19438	19438			1818	7999	9621	481			247
1957	24365	24365			2712	7324	14329	1125			462
1958	55830	48722	7108		4110	12016	39704	1973	283		404
1959	75111	67958	7153		9884	17891	47336	4106	463		608
1960	102037	95039	6998		24956	16714	60367	5455	458		579
1961	80752	73717	7035		19144	15489	46119	4810	497		657
1962	61922	54284	7638		14467	8665	38790	3721	564		692
1963	61617	53891	7726		13698	8065	39854	3584	546		670
1964	61719	53719	8000		9132	7907	44680	3968	606		741
1965	76401	68613	7788		14354	10321	51726	4179	481		610
1966	81640	73748	7892		16834	12832	51974	5041	536		683
1967	85143	77265	7878		14621	14549	55973	5087	535		660
1968	87991	79956	8035		17786	18028	52177	5344	562		671
1969	92262	84100	8162		18051	21064	53147	4960	517		594
1970	98280	89753	8527		18455	26082	53743	6436	621		718
1971	90098	81728	8370		7366	28751	53981	5106	527		625
1972	99599	86739	12860		8889	29262	61448	5764	852		664
1973	99575	86690	12885		9278	27078	63219	6116	908		705
1974	104789	90583	14206		4844	28747	71198	6304	1004		697
1975	110702	96334	14368		5453	31900	73349	6575	733		660
1976	121335	103194	18141		5910	34171	81254	6975	967		655
1977	131687	106757	24930		6155	35171	90361	7362	1298		658
1978	140432	119913	20519		12987	76690	50755	8758	1240		723
1979	172876	147906	24970		28757	87308	56811	11040	1208		725
1980	179562	155695	23867		27932	89417	62213	12873	1945		845

2-8 续表 continued

年份 year	全部就业人员(人) Total Employees (person)	按经济类型分 Grouped by Economic Type			按三次产业分 Grouped by Three Strate of Industry			全部单位从业人员劳动报酬(万元) Employed Person's Earning in Whole Units(10000yuan)			在岗职工平均工资(元) Average Wages of staff and Work-ers (yuan)
		国有 Stateowned	集体 Collectiveowned	其他 Others	一产 Primary Industry	二产 Secondary Industry	三产 Tertiary Industry	国有 Stateowned	集体 Collectiveowned	其他 Others	
1981	184320	160582	23738		19772	84092	80456	13568	1634		844
1982	195580	167623	27957		29545	97124	68911	14331	1980		854
1983	205000	173416	31584		30534	99140	75326	15744	2330		893
1984	213989	177679	36310	509	30506	103021	80462	18465	3220	70	1031
1985	227504	188042	39462	463	29724	103918	93862	21243	3703	75	1123
1986	239109	198900	40209	531	29882	106677	102550	26484	4275	89	1316
1987	245636	206741	38386	509	29084	109716	106836	29355	4256	70	1400
1988	258697	219259	38975	463	29459	117262	111976	36172	5090	75	1621
1989	263150	224812	37807	531	29150	117440	116560	41681	5114	89	1804
1990	273130	232506	40013	611	29109	123701	120320	48167	6187	125	2030
1991	285992	242130	43147	715	29535	132204	124253	53653	7190	133	2168
1992	294964	250421	43044	1499	30487	126229	138248	63671	8631	284	2497
1993	286423	246224	35827	4372	25338	112844	148240	73796	9962	1187	2973
1994	298067	247197	38468	12402	27376	143979	126712	102737	12232	5729	4049
1995	300455	245332	39729	15394	25275	147718	127462	121134	15976	9960	4872
1996	292323	242851	33327	16145	24267	138476	129580	129480	15975	10935	5311
1997	302497	240231	35450	26816	24984	144183	133330	134443	21163	20730	5814
1998	270154	205418	23513	41223	24021	122597	123536	138258	15032	31538	6665
1999	262622	201497	21249	39876	23326	112295	127001	153426	15392	32685	7475
2000	256896	196906	19932	40058	22064	108001	126831	175568	17601	37367	8956
2001	242774	186461	16176	40137	21183	97812	123779	205138	16151	40684	10802
2002	238082	178375	15881	43826	19790	98553	119739	230735	16001	47760	11930
2003	288100	150722	8747	128631	21717	140882	125501	214125	8679	179234	13496
2004	288168	144760	6226	137182	18812	144160	125196	225972	9201	210971	15243
2005	291110	155832	5254	130024	17847	146241	127022	295553	9374	250918	18424
2006	295087	149499	4680	140908	12245	149952	132890	338458	9065	349326	23226
2007	292187	147703	4211	140273	14068	140914	137205	421883	10680	425923	28600
2008	289750	148292	2790	138668	13538	137391	138821	482799	9826	490599	33247
2009	296622	148135	2673	145814	12718	140974	142930	516595	10846	571061	36799
2010	300705	150687	2823	147195	12170	139485	149050	577227	12153	695780	43195
2011	313032	165037	2411	145584	11974	141976	159082	734679	12822	766228	49937
2012	335100	178408	2278	154414	11196	139294	184610	1014411	14902	878445	54270
2013	350361	160862	2663	186836	10546	145183	194632	968844	19339	1049976	57112
2014	365267	156625	1828	206814	8006	156437	200824	1007343	11354	1228439	59086
2015	372450	148438	2104	221908	7198	154536	210716	1029750	16885	1324595	65643

2—9 全市城镇非私营单位就业人员人数

Basic Statistics of Employees Number in Yinchuan

单位:人 (2015) (person)

指 标	Item	单位就业人员年末人数 Number of Engaged Persons at Year-end	#女性 Female	在岗职工 Staff and Workers	单位就业人员平均人数 Average Number of Engaged Persons	在岗职工 Staff sand Worker
总 计	**Total**	**372450**	**144760**	**347329**	**374839**	**350493**
按地区分组	**Grouped by Region**					
市区	**City**	285598	113426	267818	289984	272724
兴庆区	Xingqing	146097	55465	140347	148400	142516
金凤区	Jinfeng	84852	36336	74287	85841	76183
西夏区	Xixia	54649	21625	53184	55743	54025
永宁县	Yongning	21162	8852	20166	21539	20312
贺兰县	Helan	28437	8844	23786	25619	21336
灵武市	Lingwu	37253	13638	35559	37697	36121
按企业、事业、机关分组	**Grouped by Enterprises,Institutions and Agencies**					
企业	Enterprises	258939	86777	241989	262889	246557
事业	Institutions	77816	44118	72941	76595	71890
机关	Agencies & Organizations	33597	12723	30485	33324	30203
按国民经济行业分组	**Grouped by Sector**					
农、林、牧、渔业	Agriculture,Forestry,AnimalHusbandryand Fishery	7198	2602	7105	7359	7264
采矿业	Mining and Quarrying	31626	5420	31626	33222	33222
制造业	Manufacturing	67518	21260	66378	68210	66990
电力、燃气及水的生产和供应业	ProductionandDistributionofElectricity,GasandWater	21184	6026	20917	21073	20905
建筑业	Construction	34208	4128	29335	38570	32939
批发和零售业	Wholesale and Retail Trades	17926	10562	17554	17922	17245
交通运输、仓储和邮政业	Transport, Storage and Post	13053	5055	12895	13114	12956
住宿和餐饮业	Hotels and Catering Services	3739	2250	3739	3814	3802
信息传输、计算机服务和软件业	Information Transmission,Computer Services and Software	4649	2274	4564	4633	4549
金融业	Financial Intermediation	26080	16423	17141	24115	16897
房地产业	Real Estate	11705	5003	11145	11629	11080
租赁和商务服务业	Leasing and Business Services	11997	3156	11335	11935	11266
科学研究、技术服务和地质勘查业	Scientific Research,TechnicalServiceandGeologicProspecting	9911	2983	9624	9937	9626
水利、环境和公共设施管理业	ManagementofWaterConservancy,Environmentand PublicFacilities	8681	3689	8580	7826	7726
居民服务和其他服务业	Services to Households and Other Services	575	257	531	585	541
教育	Education	31665	19184	29951	31137	29445
卫生、社会保障和社会福利业	Health,Social Security and Social Welfare	20501	14395	19946	20050	19505
文化、体育和娱乐业	Culture,Sports and Entertainment	6862	3205	6619	6809	6565
公共管理、社会保障和社会组织	Public Management and Social Organization	43372	16888	38344	42899	37970

2—9 续表1 continued

单位:人 (2015) (person)

指 标	Item	单位就业人员年末人数 Number of Engaged Persons at Year-end	#女性 Female	在岗职工 Staff and Workers	单位就业人员平均人数 Average Number of Engaged Persons	在岗职工 Staff sand Worker
国有单位合计	**Total State-owned Units**	**148438**	**68255**	**139427**	**148230**	**138771**
按地区分组	**Grouped by Region**					
市区	City	119465	53979	114967	119527	114414
永宁县	Yongning	8344	4022	7881	8177	7724
贺兰县	Helan	9225	4973	6417	9082	6429
灵武市	Lingwu	11404	5281	10162	11444	10204
按企业、事业、机关分组	Grouped by Enterprises,Institutions and Agencies					
企业	Enterprises	41931	14289	40717	43128	41349
事业	Institutions	72794	41146	68253	71674	67260
机关	Agencies & Organizations	33235	12570	30137	32960	29853
按国民经济行业分组	**Grouped by Sector**					
农、林、牧、渔业	Agriculture,Forestry,Animal Husbandry and Fishery	5891	2076	5835	6122	6062
采矿业	Mining and Quarrying	145	35	145	147	147
制造业	Manufacturing	280	132	280	273	273
电力、燃气及水的生 产和供应业	ProductionandDistributionofElectricity,GasandWater	14486	3906	14329	14395	14313
建筑业	Construction	7750	1492	7161	9480	8255
批发和零售业	Wholesale and Retail Trades	1700	786	1622	1721	1646
交通运输、仓储和邮政业	Transport,Storage and Post	2806	1225	2731	2955	2880
住宿和餐饮业	Hotels and Catering Services	622	433	622	653	653
信息传输、计算机服务和软件业	Information Transmission,Computer Services and Software	370	186	367	370	367
金融业	Financial Intermediation	4708	2491	4617	4727	4639
房地产业	Real Estate	392	214	296	389	290
租赁和商务服务业	Leasing and Business Services	1519	904	1140	1466	1087
科学研究、技术服务和地质勘查业	Scientific Research,Technical Service and Geologic Prospecting	5888	1971	5709	5841	5657
水利、环境和公共设施管理业	Management of Water Conservancy,Environment and Public Facilities	7467	3316	7385	6609	6528
居民服务和其他服务业	Services to Households and Other Services	67	26	67	67	67
教育	Education	27635	16703	26100	27220	25692
卫生、社会保障和社会福利业	Health,Social Security and Social Welfare	18675	13222	18164	18230	17729
文化、体育和娱乐业	Culture,Sports and Entertainment	4891	2359	4718	4892	4721
公共管理、社会保障和社会组织	Public Management and Social Organization	43146	16778	38139	42673	37765

2—9 续表2 continued

单位:人 (2015) (person)

指 标	Item	单位就业人员年末人数 Number of Engaged Persons at Year-end	#女性 Female	在岗职工 Staff and Workers	单位就业人员平均人数 Average Number of Engaged Persons	在岗职工 Staff sand Worker
城镇集体单位合计	**Total Urban Collective-owned**	**2104**	**1045**	**1898**	**2764**	**2568**
按地区分组	**Grouped by Region**					
市区	City	1509	818	1378	1475	1355
永宁县	Yongning	96	33	21	98	22
贺兰县	Helan	22	7	22	22	22
灵武市	Lingwu	477	187	477	1169	1169
按企业、事业、机关分组	**Grouped by Enterprises,Institutions and Agencies**					
企业	Enterprises	1165	478	1049	1850	1733
事业	Institutions	914	563	826	889	812
机关	Agencies & Organizations	25	4	23	25	23
按国民经济行业分组	**Grouped by Sector**					
农、林、牧、渔业	Agriculture,Forestry,Animal Husbandry and Fishery	58	25	56	58	56
制造业	Manufacturing	191	33	191	883	883
建筑业	Construction	134	55	59	136	60
批发和零售业	Wholesale and Retail Trades	49	36	49	49	49
住宿和餐饮业	Hotels and Catering Services	343	192	304	322	283
房地产业	Real Estate	295	90	295	307	307
租赁和商务服务业	Leasing and Business Services	82	39	82	82	82
水利、环境和公共设施管理业	Management of Water Conservancy,Environment and Public Facilities	13	8	13	13	13
教育	Education	495	324	428	470	414
卫生、社会保障和社会福利业	Health,Social Security and Social Welfare	343	202	343	343	343
文化、体育和娱乐业	Culture,Sports and Entertainment	76	37	55	76	55
公共管理、社会保障和社会组织	Public Management and Social Organization	25	4	23	25	23

2—9 续表3 continued

单位:人 （2015） (person)

指 标	Item	单位就业人员年末人数 Number of Engaged Persons at Year-end	#女性 Female	在岗职工 Staff and Workers	单位就业人员平均人数 Average Number of Engaged Persons	在岗职工 Staff sand Worker
其他单位合计	**Total Other Units**	**221908**	**75460**	**206004**	**223845**	**209154**
按地区分组	**Grouped by Region**					
市区	City	164624	58629	151473	168982	156955
永宁县	Yongning	12722	4797	12264	13264	12566
贺兰县	Helan	19190	3864	17347	16515	14885
灵武市	Lingwu	25372	8170	24920	25084	24748
按企业、事业、机关分组	**Grouped by Enterprises,Institutions and Agencies**					
企业	Enterprises	215843	72010	200223	217911	203475
事业	Institutions	4108	2409	3862	4032	3818
机关	Agencies & Organizations	337	149	325	339	327
按国民经济行业分组	**Grouped by Sector**					
农、林、牧、渔业	Agriculture,Forestry,Animal Husbandry and Fishery	1307	526	1270	1237	1202
采矿业	Mining and Quarrying	31481	5385	31481	33075	33075
制造业	Manufacturing	67180	21103	66042	67879	66661
电力、燃气及水的生产和供应业	Production and Distribution of Electricity,Gas and Water	6698	2120	6588	6678	6592
建筑业	Construction	26267	2603	21983	28207	23801
批发和零售业	Wholesale and Retail Trades	16092	9721	15873	16065	15539
交通运输、仓储和邮政业	Transport, Storage and Post	10247	3830	10164	10159	10076
住宿和餐饮业	Hotels and Catering Services	3068	1781	3068	3112	3100
信息传输、计算机服务和软件业	Information Transmission,Computer Services and Software	4279	2088	4197	4263	4182
金融业	Financial Intermediation	21029	13740	12220	19066	11975
房地产业	Real Estate	11018	4699	10554	10933	10483
租赁和商务服务业	Leasing and Business Services	10396	2213	10113	10387	10097
科学研究、技术服务和地质勘查业	Scientific Research,Technical Service and Geologic Prospecting	4010	1004	3902	4083	3956
水利、环境和公共设施管理业	ManagementofWaterConservancy,EnvironmentandPublicFacilities	1214	373	1195	1217	1198
居民服务和其他服务业	Services to Households and Other Services	508	231	464	518	474
教育	Education	3535	2157	3423	3447	3339
卫生、社会保障和社会福利业	Health,Social Security and Social Welfare	1483	971	1439	1477	1433
文化、体育和娱乐业	Culture,Sports and Entertainment	1895	809	1846	1841	1789
公共管理、社会保障和社会组织	Public Management and Social Organization	201	106	182	201	182

2—10 全市城镇非私营单位就业人员劳动报酬

Earning of Employed Persons in the Private Institutions of City Units

（2015）

指 标	Item	单位就业人员工资总额（万元）Total Wages of Engaged Persons (10 000yuan)	在岗职工工资总额 Total Wages of Staff and Workers	单位就业人员平均工资（元）Average Wages of Engaged Persons (yuan)	在岗职工平均工资 Average Wages of Staff and Workers
总 计	**Total**	**2371230**	**2300740**	**63260**	**65643**
按地区分组	**Grouped by Region**				
市区	City	1873559	1821596	64609	66793
兴庆区	Xingqing	1028832	1007792	69328	70714
金凤区	Jinfeng	529061	504470	61633	66218
西夏区	Xixia	315666	309334	56629	57258
永宁县	Yongning	108309	104787	50285	51589
贺兰县	Helan	122410	111561	47781	52288
灵武市	Lingwu	266952	262796	70815	72754
按企业、事业、机关分组	**Grouped by Enterprises,Institutions and Agencies**				
企业	Enterprises	1620149	1570145	61629	63683
事业	Institutions	509703	497928	66545	69262
机关	Agencies & Organizations	229808	221518	68962	73343
按国民经济行业分组	**Grouped by Sector**				
农、林、牧、渔业	Agriculture,Forestry,Animal Husbandry and Fishery	27959	27709	37993	38145
采矿业	Mining and Quarrying	265902	265902	80038	80038
制造业	Manufacturing	369031	364889	54102	54469
电力、燃气及水的生产和供应业	Production and Distribution of Electricity,Gas and Water	215197	214619	102120	102664
建筑业	Construction	183702	161841	47628	49133
批发和零售业	Wholesale and Retail Trades	82961	81385	46290	47193
交通运输、仓储和邮政业	Transport,Storage and Post	74655	74060	56928	57162
住宿和餐饮业	Hotels and Catering Services	15051	15011	39463	39482
信息传输、计算机服务和软件业	Information Transmission,Computer Services and Software	38968	38832	84109	85363
金融业	Financial Intermediation	199688	182313	82806	107897
房地产业	Real Estate	53473	51859	45983	46804
租赁和商务服务业	Leasing and Business Services	51571	50088	43210	44459
科学研究、技术服务和地质勘查业	Scientific Research,Technical Service and Geologic Prospecting	76772	75453	77259	78385
水利、环境和公共设施管理业	Management of Water Conservancy,Environment and Public Facilities	35728	35427	45653	45855
居民服务和其他服务业	Services to Households and Other Services	2494	2392	42627	44222
教育	Education	217579	212965	69878	72327
卫生、社会保障和社会福利业	Health,Social Security and Social Welfare	130418	128777	65046	66023
文化、体育和娱乐业	Culture,Sports and Entertainment	46616	45965	68463	70016
公共管理、社会保障和社会组织	Public Management and Social Organization	283467	271255	66078	71439

2—10 续表1 continued

（2015）

指 标	Item	单位就业人员工资总额（万元）Total Wages of Engaged Persons (10 000yuan)	在岗职工工资总额 Total Wages of Staff and Workers	单位就业人员平均工资（元）Average Wages of Engaged Persons (yuan)	在岗职工平均工资 Average Wages of Staff and Workers
国有单位合计	**Total State-owned Units**	**1029750**	**1005425**	**69470**	**72452**
按地区分组	**Grouped by Region**				
市区	City	858360	844272	71813	73791
永宁县	Yongning	44384	43219	54279	55954
贺兰县	Helan	47642	41784	52457	64992
灵武市	Lingwu	79364	76151	69350	74628
按企业、事业、机关分组	**Grouped by Enterprises,Institutions and Agencies**				
企业	Enterprises	321277	316500	74494	76544
事业	Institutions	477975	467068	66687	69442
机关	Agencies & Organizations	227849	219595	69129	73559
按国民经济行业分组	**Grouped by Sector**				
农、林、牧、渔业	Agriculture,Forestry,Animal Husbandry and Fishery	23364	23228	38164	38317
采矿业	Mining and Quarrying	883	883	60095	60095
制造业	Manufacturing	1189	1189	43549	43549
电力、燃气及水的生产和供应业	Production and Distribution of Electricity,Gas and Water	161069	160814	111892	112355
建筑业	Construction	40780	37394	43016	45298
批发和零售业	Wholesale and Retail Trades	12104	11928	70328	72465
交通运输、仓储和邮政业	Transport,Storage and Post	17106	16946	57889	58840
住宿和餐饮业	Hotels and Catering Services	2491	2491	38142	38142
信息传输、计算机服务和软件业	Information Transmission,Computer Services and Software	2408	2390	65084	65120
金融业	Financial Intermediation	54129	53937	114510	116269
房地产业	Real Estate	2032	1836	52237	63307
租赁和商务服务业	Leasing and Business Services	6456	5795	44040	53307
科学研究、技术服务和地质勘查业	Scientific Research,Technical Service and Geologic Prospecting	46273	45670	79221	80731
水利、环境和公共设施管理业	Management of Water Conservancy,Environment and Public Facilities	30027	29758	45433	45585
居民服务和其他服务业	Services to Households and Other Services	371	371	55313	55313
教育	Education	195014	190814	71644	74270
卫生、社会保障和社会福利业	Health,Social Security and Social Welfare	115840	114345	63544	64496
文化、体育和娱乐业	Culture,Sports and Entertainment	36275	35862	74152	75962
公共管理、社会保障和社会组织	Public Management and Social Organization	281940	269777	66070	71436

2—10 续表2 continued

（2015）

指 标	Item	单位就业人员工资总额（万元）Total Wages of Engaged Persons (10 000yuan)	在岗职工工资总额 Total Wages of Staff and Workers	单位就业人员平均工资(元) Average Wages of Engaged Persons (yuan)	在岗职工平均工资 Average Wages of Staff and Workers
城镇集体单位合计	**Total Urban Collective-owned**	**16885**	**16468**	**61090**	**64129**
按地区分组	**Grouped by Region**				
市区	City	10624	10314	72024	76121
永宁县	Yongning	198	90	20153	40682
贺兰县	Helan	58	58	26136	26136
灵武市	Lingwu	6007	6007	51385	51385
按企业、事业、机关分组	**Grouped by Enterprises,Institutions and Agencies**				
企业	Enterprises	9184	8940	49643	51586
事业	Institutions	7565	7400	85090	91128
机关	Agencies & Organizations	137	129	54800	56043
按国民经济行业分组	**Grouped by Sector**				
农、林、牧、渔业	Agriculture,Forestry,Animal Husbandry and Fishery	180	178	31103	31696
制造业	Manufacturing	3819	3819	43247	43247
建筑业	Construction	427	319	31404	53183
批发和零售业	Wholesale and Retail Trades	248	248	50694	50694
住宿和餐饮业	Hotels and Catering Services	2871	2738	89174	96756
房地产业	Real Estate	1387	1387	45192	45192
租赁和商务服务业	Leasing and Business Services	198	198	24183	24183
水利、环境和公共设施管理业	Management of Water Conservancy,Environment and Public Facilities	52	52	40154	40154
卫生、社会保障和社会福利业	Health,Social Security and Social Welfare	3707	3573	78881	86292
教育	Education	3515	3515	102464	102464
文化、体育和娱乐业	Culture,Sports and Entertainment	343	313	45079	56836
公共管理、社会保障和社会组织	Public Management and Social Organization	137	129	54800	56043

2—10 续表3 continued

(2015)

指 标	Item	单位就业人员工资总额(万元) Total Wages of Engaged Persons (10 000yuan)	在岗职工工资总额 Total Wages of Staff and Workers	单位就业人员平均工资(元) Average Wages of Engaged Persons (yuan)	在岗职工平均工资 Average Wages of Staff and Workers
其他单位合计	**Total Other Units**	**1324595**	**1278847**	**59175**	**61144**
按地区分组	**Grouped by Region**				
市区	City	1004576	967010	59449	61611
永宁县	Yongning	63728	61479	48046	48924
贺兰县	Helan	74711	69720	45238	46839
灵武市	Lingwu	181581	180639	72389	72991
按企业、事业、机关分组	**Grouped by Enterprises,Institutions and Agencies**				
企业	Enterprises	1289687	1244705	59184	61172
事业	Institutions	24164	23460	59930	61446
机关	Agencies & Organizations	1822	1795	53737	54884
按国民经济行业分组	**Grouped by Sector**				
农、林、牧、渔业	Agriculture,Forestry,Animal Husbandry and Fishery	4595	4481	37146	37277
采矿业	Mining and Quarrying	265018	265018	80126	80126
制造业	Manufacturing	367661	363522	54164	54533
电力、燃气及水的生产和供应业	Production and Distribution of Electricity,Gas and Water	54128	53805	81054	81622
建筑业	Construction	139104	120628	49315	50682
批发和零售业	Wholesale and Retail Trades	70430	69138	43841	44493
交通运输、仓储和邮政业	Transport,Storage and Post	57549	57114	56648	56683
住宿和餐饮业	Hotels and Catering Services	12312	12272	39563	39587
信息传输、计算机服务和软件业	Information Transmission,Computer Services and Software	36560	36442	85760	87139
金融业	Financial Intermediation	142688	125637	74839	104916
房地产业	Real Estate	50054	48636	45782	46395
租赁和商务服务业	Leasing and Business Services	44916	44095	43243	43671
科学研究、技术服务和地质勘查业	Scientific Research,Technical Service and Geologic Prospecting	30447	29731	74570	75155
水利、环境和公共设施管理业	Management of Water Conservancy,Environment and Public Facilities	5701	5669	46844	47324
卫生、社会保障和社会福利业	Services to Households and Other Services	2123	2022	40986	42654
教育	Education	18857	18579	54707	55642
卫生、社会保障和社会福利业	Health,Social Security and Social Welfare	11063	10918	74903	76191
文化、体育和娱乐业	Culture,Sports and Entertainment	9999	9791	54311	54730
公共管理、社会保障和社会组织	Public Management and Social Organization	1391	1350	69189	74165

2-11 市区城镇非私营单位就业人员人数

Number of Engaged Persons in the Private Institutions of City Urban Units

（2015）

指 标	item	单位就业人员年末人数 Number of Engaged Persons at Year-end	#女性 Female	在岗职工 Staff and Workers	单位就业人员平均人数 Average Number of Engaged Persons	在岗职工 Staff sand Worker
总 计	**Total**	**285598**	**113426**	**267818**	**289984**	**272724**
按企业、事业、机关分组	**Grouped by Enterprises,Institutions and Agencies**					
企业	Enterprises	197491	68743	183333	202918	189350
事业	Institutions	60615	34048	58954	59752	58084
机关	Agencies & Organizations	26851	10256	24927	26656	24673
按国民经济行业分组	**Grouped by Sector**					
农、林、牧、渔业	Agriculture,Forestry,Animal Husbandry and Fishery	2187	766	2146	2174	2136
采矿业	Mining and Quarrying	31626	5420	31626	33222	33222
制造业	Manufacturing	33558	10342	32920	34127	33399
电力、燃气及水的生产和供应业	Production and Distribution of Electricity,Gas and Water	17967	5252	17800	17952	17860
建筑业	Construction	24255	3768	20476	30148	25717
批发和零售业	Wholesale and Retail Trades	15766	9729	15479	15704	15111
交通运输、仓储和邮政业	Transport,Storage and Post	10135	3995	9994	10347	10208
住宿和餐饮业	Hotels and Catering Services	3516	2114	3516	3568	3556
信息传输、计算机服务和软件业	Information Transmission,Computer Services and Software	4546	2230	4464	4530	4449
金融业	Financial Intermediation	22985	14551	14989	21222	14802
房地产业	Real Estate	10003	4364	9533	9877	9421
租赁和商务服务业	Leasing and Business Services	10820	2359	10528	10787	10488
科学研究、技术服务和地质勘查业	Scientific Research,Technical Service and Geologic Prospecting	9270	2782	9024	9275	9016
水利、环境和公共设施管理业	ManagementofWaterConservancy,EnvironmentandPublicFacilities	8005	3502	7909	7156	7061
居民服务和其他服务业	Services to Households and Other Services	554	256	510	564	520
教育	Education	22980	13868	21931	22653	21591
卫生、社会保障和社会福利业	Health,Social Security and Social Welfare	17850	12561	17593	17429	17171
文化、体育和娱乐业	Culture,Sports and Entertainment	6511	3029	6344	6456	6288
公共管理、社会保障和社会组织	Public Management and Social Organization	33064	12538	31036	32793	30708

2—11 续表1 continued

（2015）

指 标	Item	单位就业人员年末人数 Number of Engaged Persons at Year-end	#女性 Female	在岗职工 Staff sand Worker	单位就业人员平均人数 Average Number of Engaged Persons	在岗职工 Staff sand Worker
国有单位合计	**Total State-owned Units**	**119465**	**53979**	**114967**	**119527**	**114414**
按企业、事业、机关分组	**Grouped by Enterprises,Institutions and Agencies**					
企业	Enterprises	36304	12309	35212	37372	35737
事业	Institutions	56342	31433	54868	55529	54043
机关	Agencies & Organizations	26771	10212	24852	26576	24598
按国民经济行业分组	**Grouped by Sector**					
农、林、牧、渔业	Agriculture,Forestry,Animal Husbandry and Fishery	1501	550	1492	1531	1525
采矿业	Mining and Quarrying	145	35	145	147	147
制造业	Manufacturing	155	71	155	157	157
电力、燃气及水的生产和供应业	ProductionandDistributionofElectricity,GasandWater	13401	3589	13244	13343	13261
建筑业	Construction	7714	1487	7125	9439	8232
批发和零售业	Wholesale and Retail Trades	1626	743	1548	1646	1571
交通运输、仓储和邮政业	Transport,Storage and Post	2422	1118	2360	2574	2512
住宿和餐饮业	Hotels and Catering Services	622	433	622	653	653
信息传输、计算机服务和软件业	Information Transmission,Computer Services and Software	355	180	355	355	355
金融业	Financial Intermediation	4010	2136	4008	4050	4048
房地产业	Real Estate	392	214	296	389	290
租赁和商务服务业	Leasing and Business Services	687	279	665	683	661
科学研究、技术服务和地质勘查业	Scientific Research,Technical Service and Geologic Prospecting	5432	1828	5268	5377	5208
水利、环境和公共设施管理业	Management of Water Conservancy,Environment and Public Facilities	7322	3283	7245	6464	6388
居民服务和其他服务业	Services to Households and Other Services	67	26	67	67	67
教育	Education	19755	11757	18856	19480	18566
卫生、社会保障和社会福利业	Health,Social Security and Social Welfare	16395	11601	16179	15980	15763
文化、体育和娱乐业	Culture,Sports and Entertainment	4575	2199	4471	4574	4472
公共管理、社会保障和社会组织	Public Management and Social Organization	32889	12450	30866	32618	30538

2—11 续表2 continued

（2015）

指 标	Item	单位就业人员年末人数 Number of Engaged Persons at Year-end	#女性 Female	在岗职工 Staff and Workers	单位就业人员平均人数 Average Number of Engaged Persons	在岗职工 Staff sand Worker
城镇集体单位合计	**Total Urban Collective-owned**	**1509**	**818**	**1378**	**1475**	**1355**
按企业、事业、机关分组	**Grouped by Enterprises,Institutions and Agencies**					
企业	Enterprises	774	366	733	765	724
事业	Institutions	710	448	622	685	608
机关	Agencies & Organizations	25	4	23	25	23
按国民经济行业分组	**Grouped by Sector**					
制造业	Manufacturing	36	18	34	36	34
批发和零售业	Wholesale and Retail Trades	38	22	38	38	38
住宿和餐饮业	Hotels and Catering Services	49	36	49	49	49
金融业	Financial Intermediation	343	192	304	322	283
房地产业	Real Estate	295	90	295	307	307
租赁和商务服务业	Leasing and Business Services	13	8	13	13	13
教育	Education	495	324	428	470	414
卫生、社会保障和社会福利业	Health,Social Security and Social Welfare	139	87	139	139	139
文化、体育和娱乐业	Culture,Sports and Entertainment	76	37	55	76	55
公共管理、社会保障和社会组织	Public Management and Social Organization	25	4	23	25	23

2—11 续表3 continued

（2015）

指 标	Item	单位就业人员年末人数 Number of Engaged Persons at Year-end	#女性 Female	在岗职工 Staff and Workers	单位就业人员平均人数 Average Number of Engaged Persons	在岗职工 Staff sand Worker
其他单位合计	**Total Other Units**	**164624**	**58629**	**151473**	**168982**	**156955**
按企业、事业、机关分组	**Grouped by Enterprises,Institutions and Agencies**					
企业	Enterprises	160413	56068	147388	164781	152889
事业	Institutions	3563	2167	3464	3538	3433
机关	Agencies & Organizations	55	40	52	55	52
按国民经济行业分组	**Grouped by Sector**					
农、林、牧、渔业	Agriculture,Forestry,Animal Husbandry and Fishery	686	216	654	643	611
采矿业	Mining and Quarrying	31481	5385	31481	33075	33075
制造业	Manufacturing	33367	10253	32731	33934	33208
电力、燃气及水的生产和供应业	Production and Distribution of Electricity,Gas and Water	4566	1663	4556	4609	4599
建筑业	Construction	16541	2281	13351	20709	17485
批发和零售业	Wholesale and Retail Trades	14102	8964	13893	14020	13502
交通运输、仓储和邮政业	Transport，Storage and Post	7713	2877	7634	7773	7696
住宿和餐饮业	Hotels and Catering Services	2845	1645	2845	2866	2854
信息传输、计算机服务和软件业	Information Transmission,Computer Services and Software	4191	2050	4109	4175	4094
金融业	Financial Intermediation	18632	12223	10677	16850	10471
房地产业	Real Estate	9316	4060	8942	9181	8824
租赁和商务服务业	Leasing and Business Services	10133	2080	9863	10104	9827
科学研究、技术服务和地质勘查业	Scientific Research,Technical Service and Geologic Prospecting	3825	946	3743	3885	3795
水利、环境和公共设施管理业	ManagementofWaterConservancy,EnvironmentandPublicFacilities	683	219	664	692	673
居民服务和其他服务业	Services to Households and Other Services	487	230	443	497	453
教育	Education	2730	1787	2647	2703	2611
卫生、社会保障和社会福利业	Health,Social Security and Social Welfare	1316	873	1275	1310	1269
文化、体育和娱乐业	Culture,Sports and Entertainment	1860	793	1818	1806	1761
公共管理、社会保障和社会组织	Public Management and Social Organization	150	84	147	150	147

2—12 市区城镇非私营单位就业人员劳动报酬

Revenue of Engaged Persons in the Private Institutions of City Urban Units

（2015）

指 标	Item	单位就业人员工资总额（万元）Total Wages of Engaged Persons（10 000yuan）	在岗职工工资总额 Total Wages of Staff and Workers	单位就业人员平均工资（元）Average Wages of Engaged Persons（yuan）	在岗职工平均工资 Average Wages of Staff and Workers
合 计	**Total**	**1873559**	**1821596**	**64609**	**66793**
按企业、事业、机关分组	**Grouped by Enterprises,Institutions and Agencies**				
企业	Enterprises	1276392	1234522	62902	65198
事业	Institutions	408566	403473	68377	69464
机关	Agencies & Organizations	185607	180745	69631	73256
按国民经济行业分组	**Grouped by Sector**				
农、林、牧、渔业	Agriculture,Forestry,Animal Husbandry and Fishery	10011	9878	46048	46247
采矿业	Mining and Quarrying	265902	265902	80038	80038
制造业	Manufacturing	159600	157165	46766	47057
电力、燃气及水的生产和供应业	Production and Distribution of Electricity,Gas and Water	190377	190094	106048	106435
建筑业	Construction	147314	129350	48864	50297
批发和零售业	Wholesale and Retail Trades	71627	70174	45611	46439
交通运输、仓储和邮政业	Transport，Storage and Post	55445	54903	53586	53784
住宿和餐饮业	Hotels and Catering Services	14291	14251	40054	40076
信息传输、计算机服务和软件业	Information Transmission,Computer Services and Software	38663	38545	85349	86637
金融业	Financial Intermediation	178742	163231	84225	110276
房地产业	Real Estate	44191	42849	44741	45482
租赁和商务服务业	Leasing and Business Services	48250	47400	44730	45194
科学研究、技术服务和地质勘查业	Scientific Research,Technical Service and Geologic Prospecting	72100	70942	77736	78685
水利、环境和公共设施管理业	Management of Water Conservancy,Environment and Public Facilities	32447	32155	45342	45538
居民服务和其他服务业	Services to Households and Other Services	2409	2308	42715	44381
教育	Education	162549	159248	71756	73756
卫生、社会保障和社会福利业	Health,Social Security and Social Welfare	113306	112516	65010	65527
文化、体育和娱乐业	Culture,Sports and Entertainment	44804	44281	69398	70422
公共管理、社会保障和社会组织	Public Management and Social Organization	221532	216405	67555	70472

2—12 续表1 continued

(2015)

指 标	Item	单位就业人员工资总额(万元) Total Wages of Engaged Persons (10 000yuan)	在岗职工工资总额 Total Wages of Staff and Workers	单位就业人员平均工资(元) Average Wages of Engaged Persons (yuan)	在岗职工平均工资 Average Wages of Staff and Workers
其他单位合计	**Total Other Units**	**858360**	**844272**	**71813**	**73791**
按企业、事业、机关分组	**Grouped by Enterprises,Institutions and Agencies**				
企业	Enterprises	291634	287164	78035	80355
事业	Institutions	381243	376580	68657	69682
机关	Agencies & Organizations	185094	180247	69647	73277
按国民经济行业分组	**Grouped by Sector**				
农、林、牧、渔业	Agriculture,Forestry,Animal Husbandry and Fishery	7302	7279	47695	47730
采矿业	Mining and Quarrying	883	883	60095	60095
制造业	Manufacturing	878	878	55943	55943
电力、燃气及水的生产和供应业	Production and Distribution of Electricity,Gas and Water	150422	150167	112735	113239
建筑业	Construction	40604	37260	43017	45263
批发和零售业	Wholesale and Retail Trades	11693	11517	71038	73311
交通运输、仓储和邮政业	Transport,Storage and Post	14526	14386	56433	57269
住宿和餐饮业	Hotels and Catering Services	2491	2491	38142	38142
信息传输、计算机服务和软件业	Information Transmission,Computer Services and Software	2330	2330	65620	65620
金融业	Financial Intermediation	48168	48158	118933	118968
房地产业	Real Estate	2032	1836	52237	63307
租赁和商务服务业	Leasing and Business Services	4632	4566	67824	69080
科学研究、技术服务和地质勘查业	Scientific Research,Technical Service and Geologic Prospecting	42839	42281	79671	81184
水利、环境和公共设施管理业	Management of Water Conservancy,Environment and Public Facilities	28869	28608	44660	44784
居民服务和其他服务业	Services to Households and Other Services	371	371	55313	55313
教育	Education	143842	140844	73841	75861
卫生、社会保障和社会福利业	Health,Social Security and Social Welfare	101408	100759	63459	63921
文化、体育和娱乐业	Culture,Sports and Entertainment	34731	34429	75931	76987
公共管理、社会保障和社会组织	Public Management and Social Organization	220341	215230	67552	70479

2—12 续表2 continued

（2015）

指 标	Item	单位就业人员工资总额（万元）Total Wages of Engaged Persons (10 000yuan)	在岗职工工资总额 Total Wages of Staff and Workers	单位就业人员平均工资（元）Average Wages of Engaged Persons (yuan)	在岗职工平均工资 Average Wages of Staff and Workers
城镇集体单位合计	**Total Urban Collective-owned**	**10624**	**10314**	**72024**	**76121**
按企业、事业、机关分组	**Grouped by Enterprises,Institutions and Agencies**				
企业	Enterprises	4912	4776	64208	65964
事业	Institutions	5575	5410	81381	88975
机关	Agencies & Organizations	137	129	54800	56043
按国民经济行业分组	**Grouped by Sector**				
制造业	Manufacturing	123	120	34139	35294
批发和零售业	Wholesale and Retail Trades	230	230	60421	60421
住宿和餐饮业	Hotels and Catering Services	248	248	50694	50694
金融业	Financial Intermediation	2871	2738	89174	96756
房地产业	Real Estate	1387	1387	45192	45192
租赁和商务服务业	Leasing and Business Services	52	52	40154	40154
教育	Education	3707	3573	78881	86292
卫生、社会保障和社会福利业	Health,Social Security and Social Welfare	1525	1525	109683	109683
文化、体育和娱乐业	Culture,Sports and Entertainment	343	313	45079	56836
公共管理、社会保障和社会组织	Public Management and Social Organization	137	129	54800	56043

2—12 续表3 continued

(2015)

指 标	Item	单位就业人员工资总额（万元）Total Wages of Engaged Persons (10 000yuan)	在岗职工工资总额 Total Wages of Staff and Workers	单位就业人员平均工资（元）Average Wages of Engaged Persons (yuan)	在岗职工平均工资 Average Wages of Staff and Workers
其他单位合计	**Total Other Units**	**1004576**	**967010**	**59449**	**61611**
按企业、事业、机关分组	**Grouped by Enterprises,Institutions and Agencies**				
企业	Enterprises	979846	942583	59464	61651
事业	Institutions	21748	21483	61470	62579
机关	Agencies & Organizations	377	369	68491	70981
按国民经济行业分组	**Grouped by Sector**				
农、林、牧、渔业	Agriculture,Forestry,Animal Husbandry and Fishery	2709	2600	42126	42547
采矿业	Mining and Quarrying	265018	265018	80126	80126
制造业	Manufacturing	158599	156167	46737	47027
电力、燃气及水的生产和供应业	Production and Distribution of Electricity,Gas and Water	39955	39927	86689	86816
建筑业	Construction	106711	92090	51529	52668
批发和零售业	Wholesale and Retail Trades	59705	58427	42585	43273
交通运输、仓储和邮政业	Transport,Storage and Post	40919	40517	52643	52646
住宿和餐饮业	Hotels and Catering Services	11552	11512	40307	40336
信息传输、计算机服务和软件业	Information Transmission,Computer Services and Software	36334	36215	87026	88460
金融业	Financial Intermediation	127703	112335	75788	107282
房地产业	Real Estate	40771	39625	44408	44906
租赁和商务服务业	Leasing and Business Services	43618	42834	43169	43588
科学研究、技术服务和地质勘查业	Scientific Research,Technical Service and Geologic Prospecting	29209	28609	75183	75387
水利、环境和公共设施管理业	ManagementofWaterConservancy,EnvironmentandPublicFacilities	3578	3547	51705	52697
居民服务和其他服务业	Services to Households and Other Services	2039	1937	41016	42764
教育	Education	15000	14832	55495	56804
卫生、社会保障和社会福利业	Health,Social Security and Social Welfare	10374	10233	79188	80637
文化、体育和娱乐业	Culture,Sports and Entertainment	9730	9540	53876	54174
公共管理、社会保障和社会组织	Public Management and Social Organization	1054	1047	70273	71190

主要统计指标解释

【总人口】 指在一定时点一定地区范围内有生命的个人总和。包括有常住户口和未落常住户口的人,以及被注销户口的押犯、劳改、劳教人员,但不包括现役军人及人民武装警察。

【总户数】 包括家庭户和集体户。

【性别比】 男性人数与女性人数之比(女=100)。

性别比=[男性人数÷女性人数]×100%

【年平均人口数】 指一年之中各个时点的平均生存人数。

年平均人口数=[年初人口数+年末人口数]÷2

【出生人数】 指在一定时期内(通常为一年内)出生有生命现象(即有心跳和呼吸)婴儿数的总和。

【出生率】 指某个地区一定时期内的出生人数与同期平均人数之比。

出生率=[年出生人数÷年平均人数]×1000‰

【死亡率】 指某个地区一定时期内的死亡人数与同期平均人数之比。

死亡率=[年死亡人数÷年平均人数]×1000‰

【人口自然增长率】 在一定时期内(通常为一年)人口自然增加数(出生人数减死亡人数)占该时期内平均人数之比,一般用千分率表示。

人口自然增长率=[本年出生人数-本年死亡人数÷年平均人数]×1000‰

【就业人员期末数】 指期末最后一日24时在本单位中工作,并取得工资或其他形式劳动报酬的人员数。该指标为时点指标,不包括最后一日当天及以前已经与单位解除劳动合同关系的人员,是在岗职工、劳务派遣人员及其他从业人员之和。不包括:(1)离开本单位仍保留劳动关系,并定期领取生活费的人员;(2)利用课余时间打工的学生及在本单位实习的各类在校学生;(3)本单位因劳务外包而使用的人员。

【在岗职工】 指在本单位工作且与本单位签订劳动合同,并由单位支付各项工资和社会保险、住房公积金的人员,以及上述人员中由于学习、病伤、产假等原因暂未工作仍由单位支付工资的人员。在岗职工还包括:(1)应订立劳动合同而未订立劳动合同人员(如使用的农村户籍人员);(2)处于试用期人员;(3)编制外招用的人员;(4)派往外单位工作,但工资仍由本单位发放的人员(如挂职锻炼、外派工作等情况)。不包括:(1)本单位使用的且由本单位直接支付工资的劳务派遣人员,应统计在本单位"劳务派遣人员"指标中;(2)本单位因劳务外包而使用的人员,由承包劳务的单位统计为在岗职工。

【就业人员工资总额】 本单位在报告期内(季度或年度)直接支付给本单位全部从业人员的劳动报酬总额。包括计时工资、计件工作、资金、津贴和补贴、加班加点工资、特殊情况下支付的工资,是在岗职工工资总额、劳务派遣人员工资总额和其他从业人员工资总额之和。工资总额是税前工资,包括单位从个人工资中直接为其代扣或代缴的房费、水费、电费、住房公积金和社会保险基金个人缴纳部分等。工资总额不论是计入成本的还是不计入成本的,不论是以货币形式支付的还是以实物形式支付的,均应列入工资总额。

【在岗职工工资总额】 指本单位在报告期内直接支付给本单位全部在岗职工的劳动报酬总额。在岗职工工资总额由基本工资、绩效工资、工资性津贴和补贴、其他工资四部分组成。工资总额不包括病假、事假等情况的扣款。

【在岗职工平均工资】 指本单位在报告期内在岗职工的平均工资水平。

在岗职工平均工资=[报告期在岗职工工资总额÷报告期在岗职工平均人数]

3 农　业

Agriculture

3—1 主要年份农林牧渔业总产值

Gross Output Value of Agriculture, Forestry, Animal Husbandry and Fishery in Main Years

单位:万元　　（按当年价格计算 caculated at current prices）　　(10 000 yuan)

年 份 Year	农、林、牧渔业总产值 Gross Output of Agriculture,Forestry, Animal Husbandry and Fishery	农业 Agriculture	#种植业 Farming	林业 Forestry	牧业 Animal Husbandry	渔业 Fishery
1949	1878	1594	1513	9	265	11
1950	2422	2022	1939	11	378	11
1951	3570	3065	2962	17	475	13
1952	3044	2616	2517	19	397	12
1953	3342	2901	2784	27	402	12
1954	3435	3029	2886	23	371	13
1955	4154	3711	3549	29	401	13
1956	4107	3701	3487	48	345	13
1957	3658	3220	3049	49	376	13
1958	4197	3742	3570	76	366	13
1959	4196	3678	3487	83	419	17
1960	3329	2784	2586	115	412	18
1961	3780	3160	2946	108	492	20
1962	3667	3035	2874	108	513	12
1963	5087	4171	3962	239	661	16
1964	4952	3961	3766	246	728	17
1965	6347	5075	4803	404	850	21
1966	7293	5853	5550	506	915	19
1967	6338	5122	4831	352	846	18
1968	6043	4757	4476	409	860	17
1969	7061	5761	5436	412	873	16
1970	8167	6240	5898	840	1068	18
1971	10117	7651	7232	183	2262	20
1972	10390	7159	6695	195	2897	16
1973	12292	8987	8716	245	2917	4
1974	10957	9527	9253	126	1146	4
1975	11579	9802	9529	178	1433	7
1976	9872	7946	7686	170	1593	9
1977	10979	9240	8773	190	1376	5
1978	12931	11149	10382	272	1504	6
1979	14735	12464	11102	430	1835	6
1980	17428	15446	15041	435	1532	15

3-1 续表 continued

单位:万元 （按当年价格计算 caculated at current prices） (10 000 yuan)

年 份 Year	农、林、牧渔业总产值 Gross Output of Agriculture,Forestry, Animal Husbandry and Fishery	农业 Agriculture	#种植业 Farming	林业 Forestry	牧业 Animal Husbandry	渔业 Fishery
1981	22347	19655	18098	446	2214	32
1982	27746	24721	23168	544	2428	53
1983	29844	26291	24529	855	2589	109
1984	32730	27116	26868	1598	3816	200
1985	34486	26068	25379	1606	6458	354
1986	40376	31413	30729	1104	7238	621
1987	47899	37709	36749	955	8095	1140
1988	62901	45291	44079	1290	14344	1976
1989	70137	53103	51638	1581	12840	2613
1990	79146	55864	55471	4245	15706	3331
1991	84975	61169	60275	5104	15315	3387
1992	88628	62770	61559	3995	17458	4405
1993	95826	68064	66106	1003	21342	5417
1994	136904	96774	93243	974	32398	6758
1995	184665	126159	123673	1167	49168	8171
1996	207459	144688	141700	1088	53255	8428
1997	229701	157343	154171	1166	61927	9265
1998	240193	166193	162779	1149	62415	10436
1999	232177	153460	150435	4182	64212	10323
2000	234643	148279	147025	4450	69435	12479
2001	248946	149497	147110	4271	80762	14416
2002	253094	149833	148000	4351	83030	15880
2003	251400	141388	141250	7087	85826	17099
2004	310885	184096	184096	4596	97939	24254
2005	350995	208512	208512	5148	101516	27063
2006	388734	238321	238321	4984	104641	29005
2007	449199	278391	278391	6941	115735	22794
2008	553292	332569	332569	8935	151560	32474
2009	603492	385219	385219	11320	138263	36747
2010	747284	474072	474072	12531	183407	42010
2011	876404	552911	552911	13492	218674	50521
2012	951769	591855	591855	14732	235317	62908
2013	1037642	639207	639207	20262	263083	61063
2014	1064148	640167	640167	13123	285783	64936
2015	1158803	754021	754021	13177	257637	67490

3—2 主要年份农林牧渔业总产值指数

Agriculture, Forestry, Animal Husbandry and Fishery Related Indices in Main Years

单位:%　　（按可比价格计算,以上年为100 caculated at constant prices,preceding year=100）　　(%)

年份 Year	农、林、牧渔业总产值 Gross Output of Agriculture,Forestry, Animal Husbandry and Fishery	农业 Agriculture	林业 Forestry	牧业 Animal Husbandry	渔业 Fishery
1950	106.0	103.5	80.0	119.9	100.0
1951	136.0	138.9	214.0	122.8	267.5
1952	110.4	110.9	165.2	106.5	77.2
1953	110.8	112.2	174.7	101.3	105.8
1954	109.3	111.0	100.7	100.0	57.7
1955	114.3	116.2	124.1	101.5	123.2
1956	104.8	104.3	298.5	89.2	240.5
1957	86.0	83.4	93.5	104.6	31.3
1958	118.3	118.9	166.8	100.5	178.4
1959	100.8	97.4	128.3	113.5	76.9
1960	80.8	74.5	127.7	97.3	99.5
1961	92.8	95.8	59.3	101.4	46.5
1962	119.5	117.5	130.6	127.6	220.1
1963	143.6	137.8	236.5	129.4	181.1
1964	98.3	94.9	104.7	110.0	44.3
1965	134.3	131.2	171.8	118.6	164.1
1966	109.7	110.1	114.1	103.2	66.4
1967	92.3	94.5	79.1	97.7	69.4
1968	95.7	90.9	113.9	101.2	143.9
1969	105.7	112.6	88.0	95.6	77.3
1970	103.9	93.9	153.6	103.7	174.5
1971	97.3	105.1	21.1	178.4	13.8
1972	101.0	93.3	108.0	121.4	511.2
1973	106.4	115.0	105.1	88.9	97.3
1974	784.5	125.8	63.9	51.8	60.8
1975	13.8	100.5	137.7	119.4	215.5
1976	78.9	74.3	87.9	102.0	63.8
1977	116.2	122.6	116.9	90.6	133.1
1978	110.6	111.5	138.3	100.2	100.0
1979	99.3	97.5	111.4	103.9	104.8
1980	112.9	118.4	87.3	95.0	118.2

3-2 续表 continued

单位:% （按可比价格计算,以上年 为 100 caculated at constant prices,preceding year=100） (%)

年份 Year	农、林、牧渔业总产值 Gross Output of Agriculture,Forestry, Animal Husbandry and Fishery	农业 Agriculture	林业 Forestry	牧业 Animal Husbandry	渔业 Fishery
1981	107.9	108.4	102.0	106.0	207.7
1982	118.5	117.9	143.5	109.1	229.6
1983	106.4	104.2	125.6	111.5	129.0
1984	114.6	108.7	158.4	125.1	200.6
1985	103.8	99.6	91.1	140.8	154.2
1986	105.9	108.5	73.7	111.0	149.3
1987	101.2	101.7	80.8	103.0	160.0
1988	108.9	109.8	85.3	107.1	158.5
1989	105.3	106.1	98.6	97.8	140.0
1990	106.3	96.2	223.1	125.0	119.4
1991	104.6	103.0	130.6	98.7	108.2
1992	96.8	97.4	69.0	106.9	115.7
1993	100.9	104.7	16.4	116.3	113.7
1994	106.6	104.6	80.6	113.2	112.0
1995	109.3	103.4	105.7	127.5	111.1
1996	110.0	109.5	96.9	112.4	104.6
1997	108.7	108.3	114.7	109.3	109.0
1998	107.1	104.8	109.8	110.8	116.4
1999	104.4	100.6	203.2	105.6	127.7
2000	106.3	103.5	115.1	110.6	110.7
2001	105.0	102.3	92.2	110.3	109.7
2002	102.7	99.3	109.0	106.0	113.4
2003	96.8	93.8	171.7	95.8	107.5
2004	109.6	112.9	79.1	103.6	121.0
2005	105.5	107.2	112.0	102.7	104.9
2006	108.4	110.2	207.7	102.9	108.9
2007	107.5	114.3	96.8	103.1	107.2
2008	108.7	109.7	118.1	102.6	120.0
2009	108.1	108.2	126.7	104.4	108.1
2010	107.2	103.5	179.5	114.3	111.3
2011	105.3	104.7	107.7	105.1	109.1
2012	106.0	104.4	109.2	107.5	110.9
2013	104.3	102.3	137.5	102.7	115.3
2014	105.6	103.9	64.8	112.0	106.5
2015	104.0	108.0	85.7	94.8	103.9

3—3 主要年份农林牧渔业总产值指数

Agriculture, Forestry, Animal Husbandry and Fishery Related Indices in Main Years

单位:% （按可比价格计算,以1952为100 caculated at constant prices,1952=100） (%)

年份 Year	农、林、牧渔业总产值 Gross Output of Agriculture,Forestry, Animal Husbandry and Fishery	农业 Agriculture	林业 Forestry	牧业 Animal Husbandry	渔业 Fishery
1953	110.8	112.2	174.4	101.4	87.7
1954	121.1	124.6	175.6	101.3	100.0
1955	138.4	144.7	218.0	102.9	103.7
1956	145.1	150.9	650.6	91.8	108.6
1957	124.7	125.9	608.3	95.9	108.6
1958	147.6	149.8	1014.8	96.4	108.6
1959	148.7	145.8	1302.0	109.4	136.3
1960	120.2	108.6	1662.6	106.5	140.0
1961	111.5	104.1	986.4	107.9	131.3
1962	133.3	122.3	1288.1	137.8	88.6
1963	191.4	168.5	3045.9	178.3	127.6
1964	188.2	159.9	3188.8	196.1	127.6
1965	252.6	209.7	5476.7	232.6	164.7
1966	277.1	230.9	6248.6	240.1	161.7
1967	255.9	218.2	4944.5	234.7	149.4
1968	244.9	198.3	5629.1	237.4	137.0
1969	258.9	223.4	4955.4	226.9	137.0
1970	268.9	209.7	7613.2	235.4	128.4
1971	261.6	220.5	1608.6	419.7	108.6
1972	264.2	205.6	1737.5	509.7	75.3
1973	281.0	236.4	1826.5	453.3	16.3
1974	2204.8	297.3	1167.3	234.6	16.9
1975	303.8	298.8	1607.6	280.2	34.5
1976	239.7	221.9	1412.5	285.7	46.3
1977	278.5	272.0	1651.3	258.8	25.9
1978	320.5	307.9	2851.8	276.9	25.9
1979	318.1	300.3	3177.7	287.7	27.2
1980	359.2	355.4	2775.3	273.4	32.1

3-3 续表 continued

单位:% （按可比价格计算，以 1952 为 100 caculated at constant prices,1952=100） (%)

年 份 Year	农、林、牧渔业总产值 Gross Output of Agriculture,Forestry, Animal Husbandry and Fishery	农业 Agriculture	林业 Forestry	牧业 Animal Husbandry	渔业 Fishery
1981	387.5	385.4	2831.8	289.8	66.7
1982	459.1	454.5	4063.5	316.2	153.1
1983	488.4	473.3	5103.5	352.5	197.5
1984	559.8	514.5	8082.4	441.0	396.3
1985	580.8	512.6	7361.2	621.1	611.1
1986	615.0	556.1	5425.9	689.5	912.4
1987	622.1	565.7	4384.7	710.1	1459.3
1988	677.4	621.3	3741.2	760.2	2312.4
1989	713.0	659.4	3687.1	743.3	3237.0
1990	757.8	634.0	8227.1	928.9	3864.2
1991	792.9	652.7	10748.2	916.4	4180.3
1992	767.5	635.7	7411.8	979.8	4834.6
1993	774.2	665.5	1214.1	1139.7	5497.5
1994	824.9	696.1	978.8	1290.0	6156.8
1995	902.0	719.9	1034.1	1644.2	6842.0
1996	991.8	788.5	1002.4	1847.7	7156.8
1997	1077.8	854.1	1149.4	2018.9	7802.5
1998	1154.5	895.4	1262.4	2236.1	9081.5
1999	1205.3	900.8	2564.7	2361.7	11597.5
2000	1280.6	932.5	2952.9	2612.5	12837.0
2001	1344.9	953.5	2723.5	2880.2	14086.4
2002	1380.6	947.1	2969.4	3054.0	15977.8
2003	1336.8	888.0	5097.7	2925.0	17181.5
2004	1465.7	1002.1	4032.9	3029.0	20791.4
2005	1546.2	1074.3	4517.0	3110.2	21799.7
2006	1676.0	1184.0	9381.4	3199.2	23729.0
2007	1802.1	1353.4	9082.1	3297.7	25432.8
2008	1958.3	1484.2	10725.0	3383.4	30529.5
2009	2116.9	1605.9	13588.6	3532.3	33002.4
2010	2277.8	1662.2	24391.6	4037.4	36731.6
2011	2398.6	1740.3	26269.7	5692.8	40074.2
2012	2542.5	1816.8	28686.6	6119.7	44442.3
2013	2651.8	1858.6	39444.0	6284.9	51242.0
2014	2800.3	1931.1	25559.7	7039.1	54572.7
2015	2912.3	2085.6	21904.7	6673.1	56701.0

3—4 主要年份农民生活情况及主要农产品产量

Farmers Living Conditions and Output of Major Farm Products in Main Years

（按可比价格计算，以 1952 为 100 caculated at constant prices,1952=100）

年份 Year	农民人均纯收入（元） Per Capital Net Income of Rural Households (yuan)	农村居民人均生活消费支出（元） Per Capital Consumption Expenditure of Rural Households (yuan)	农民人均生活用房（平方米） Per Capita Living Space of Rural Households (sq.m)	粮食产量（吨） Grain Yield (ton)	肉类产量（吨） Meat Yield (ton)	牛奶产量（吨） Cow Milk Yield (ton)	禽蛋产量（吨） Poultry Eggs Yield (ton)	蔬菜产量（吨） Vegetables Yield (ton)	水果产量（吨） Fruits Yield (ton)	水产品产量（吨） Aquatic Products Yield (ton)
1978	131	103	10.19	310876	2678	2216			8516	97
1979	157	116	11.00	284150	2916	984			10174	101
1980	201	155	11.81	342624	3724	2739			8070	113
1981	298	191	12.61	397025	4281	2838			10110	188
1982	442	273	13.43	442365	4097	3500			9413	296
1983	447	276	14.24	462195	5473	4157			9339	466
1984	478	304	15.05	484005	4666	5651			12925	747
1985	488	380	15.88	429065	6203	8081			15551	1214
1986	573	457	16.36	480097	11070	11255	5741		1596	1824
1987	658	536	16.85	472011	10794	13432	5512		19031	2898
1988	727	576	17.34	514213	12560	15917	5769		19761	4647
1989	859	727	18.22	540498	13133	18947	6361		25382	6525
1990	934	765	18.28	589904	12926	24057	6516	282312	22273	7280
1991	971	765	19.02	612797	17014	29269	6215	273444	9417	7955
1992	977	785	19.27	578382	19108	35835	6755	249556	27050	9166
1993	1016	914	20.13	602581	20654	38438	7118	269711	31900	10419
1994	1336	1109	20.11	659909	23188	48050	9030	270407	28262	11738
1995	1683	1449	19.75	685534	30364	62858	11407	336380	41670	12813
1996	2212	1849	22.03	779537	34242	74558	13148	370634	46293	13602
1997	2578	2147	24.09	815924	35986	77501	14880	390504	46293	15195
1998	2811	1945	25.27	885305	41338	71216	17667	431349	46115	17182
1999	2657	1948	26.41	914116	45645	73415	17761	430633	62880	22044
2000	2712	1886	27.26	823967	46516	78903	19975	572113	62312	25823
2001	2858	2009	27.19	847511	52763	104822	21059	510440	76658	33337
2002	2932	1902	27.27	844114	54777	113842	21303	520652	64343	31326
2003	2984	2224	28.40	684527	58795	140134	20674	562710	86525	32833
2004	3493	2510	28.56	801508	52597	165329	11203	526949	92303	37615
2005	3493	2836	31.17	834345	51623	213294	11340	573445	113285	39405
2006	3800	2902	33.94	879841	50202	222775	9347	685197	111457	42961
2007	4303	3576	35.48	827505	39295	275678	14759	778551	123543	33734
2008	4917	4119	35.76	886219	42973	335385	14454	994344	165343	44163
2009	5389	4817	38.33	913417	46614	318801	15049	1113214	188695	45926
2010	6161	5394	38.90	879142	49633	354098	16512	1269280	187640	49510
2011	7070	6707	39.92	861547	49772	387525	15589	1378422	202848	53313
2012	8068	7089	44.69	861547	49744	401076	21094	1411762	233491	60323
2013	8830	8631	37.14	852983	52785	416489	15492	1428116	252379	65522
2014	10275	9334	36.96	803311	50916	534254	20334	1446217	270736	68597
2015	11148	10119	36.78	834490	49868	493392	22287	1605566	287716	71098

注：2014 年由于城乡一体化指标变更农民人均纯收入改为农村居民人均可支配收入。

a) Farmers' Per capita net income of rural residents was changed to the capita disposable of rural residents in 2014.

3—5 农林牧渔业总产值

单位:万元 (2015)

指 标	Item	银川市 Yinchuan
农林牧渔业总产值	**Gross Output Value of Agriculture, Forestry, Animal Husbandry and Fishery**	**1158803**
农业	**Agriculture**	**754021**
谷物及其他作物	Cereal and Other Crops	222187
粮食	Grain	198078
谷物(原粮)	Cereal	197399
小麦	Wheat	21401
冬小麦	Winter Wheat	182
春小麦	Spring Wheat	21219
稻谷	Rice	91135
有机稻	Organic Rice	21842
玉米	Corn	84863
其它谷物	Other Cereals	
豆类	Soybeans	679
大豆	Soja	679
其他作物	Other Crops	6889
油料	Oil-bearing Crops	1620
芝麻	Sesame	101
胡麻	Rapeseeds	233
向日葵	Helianthus	1286
油菜籽	Beetroots	
其他农作物	Other Farm Crops	5269
青饲料	Succulence	4550
牧草	Pasture	719
谷物副产品	By-product of Cereal	17220
稻草	Straw	5353
小麦秸	Wheat Stalks	1544
玉米秸	Corn Stalks	10324
蔬菜、食用菌及花卉盆景园艺产品	Produces of Vegetables, Edible Fungus, Flowers and Gardening	308282
蔬菜	Vegetables	269494
叶菜类	Leafy	39722
芹菜	Celery	12571
油菜	Rape	5021
菠菜	Spinach	1588
其他	Others	20543
白菜类	Cabbages	9220
大白菜	Chinese Cabbage	8155

Gross Output Value of Agriculture, Forestry, Animal Husbandry and Fishery

(10 000yuan)

兴庆区 Xingqing	金凤区 Jinfeng	西夏区 Xixia	永宁县 Yongning	贺兰县 Helan	灵武市 Lingwu
143705	**101516**	**110528**	**282495**	**316424**	**204135**
89337	**48169**	**67595**	**215427**	**223066**	**110427**
21386	6557	29404	61683	53981	49177
18233	5692	25404	57201	48903	42645
18233	5692	25404	56967	48799	42305
1717	182	696	9969	8062	776
		8		174	
1717	182	688	9969	7888	776
13101	774	6117	19305	28912	22926
			3882	2864	15096
3416	4736	18591	27693	11826	18603
			234	104	341
			234	104	341
1820	281	1522	636	1209	1422
101	22	158	334	832	173
			101		
			233		
101	22	158		832	173
1718	259	1364	303	377	1249
1718	172	817	265	377	1201
	87	546	38		48
1333	584	2479	3845	3869	5110
806	48	377	921	1791	1411
152	16	62	648	611	55
375	520	2040	2277	1468	3644
58095	25679	8083	66984	133280	16162
23669	25679	6416	64632	132937	16162
4614	1494	749	15654	16005	1206
2463	372	663	1932	7141	
1122	754	64	442	2611	28
51	71	14	479	973	
978	298	7	12802	5280	1178
381	1061	314	4469	2659	336
323	862	305	4199	2130	336

3-5 续表 1

单位:万元 (2015)

指 标	Item	银川市 Yinchuan
圆白菜	Cabbages	249
其他	Otherss	816
甘蓝类	Brassica	2853
卷心菜	Cabbages	2466
其他	Others	387
块根、块茎类	Root Tubers and Stem Tuber	11173
白萝卜	White Radishs	3585
胡萝卜	Carrots	1615
生姜	Ginger	766
马铃薯	Potatoes	3608
其他	Others	1600
瓜菜类	Melon and Vegetables	31023
黄瓜	Cucumbers	27794
西葫芦	Squashes	355
冬瓜	Melons	134
其他	Others	2741
菜用豆类	Vegetable Beans	27022
豇豆	Cowpea Beans	1543
四季豆	Green Beans	25379
其他	Others	100
茄果类	Eggplants, Fruits and Vegetables	109444
茄子	Eggplants	37913
辣椒	Chilis	29878
西红柿	Tomatoes	41583
其他	Others	70
葱蒜类	Onions and Garlices	18819
大葱	Onions	4210
蒜头	Garlics	1793
韭菜	Chives	12716
其他	Others	100
其他蔬菜	Other Vegetables	20219
食用菌	Edible Fungus	8493
干品	Dry goods	588
香菇	Mushrooms	323
黑木耳	Black fungus	266
鲜品	Fresh products	7905
磨菇	Mushrooms	7905

continued

(10 000yuan)

兴庆区 Xingqing	金凤区 Jinfeng	西夏区 Xixia	永宁县 Yongning	贺兰县 Helan	灵武市 Lingwu
				249	
57	199	9	271	280	
48	160	32	446	2100	68
48	157	32	446	1715	68
	2			385	
360	1813	427	2925	4498	1151
56	615	111	500	2303	
	456	5	717	437	
265	295	206			1151
39	271	95	1609	442	
	175		99	1316	
4191	6494	2427	5708	11460	744
4135	5570	2223	4555	10567	744
		33		322	
		134			
56	925	37	1153	571	
1089	2982	52	6419	14571	1909
187		2	484	378	491
895	2982	50	5860	14174	1418
6			75	19	
6878	7348	1937	22993	62363	7925
162	1806	158	7528	25753	2506
1558	3468	632	13615	6426	4180
5157	2057	1147	1850	30132	1240
	17			53	
140	1483	244	5031	9100	2822
60	369	109	933	2740	
	142	34	1412	206	
44	972	101	2686	6091	2822
36				64	
5969	2845	235	988	10181	
6365		20	1765	343	
			588		
			323		
			266		
6365		20	1177	343	
6365		20	1177	343	

3-5 续表 2

单位:万元 (2015)

指 标	Item	银川市 Yinchuan
花卉	Flowers	30296
鲜切花	Fresh Flowers	25452
盆栽类	Potted	4843
水果、坚果、茶、饮料和香料	Fruits, Nuts, Tea, Drinks and Spices	183851
果用瓜	Melon	68159
西瓜	Watermelons	45853
甜瓜	Melons	21383
草莓	Strawberrys	923
园林水果	Fruits of Garden	115686
苹果	Apples	19129
梨	Pears	2954
红枣	Jujubse	11942
葡萄	Grapes	66576
桃	Peaches	12418
杏	Apricots	1222
其他	Others	1446
坚果	Nuts	6
松子	Pine Nuts	6
中药材	Medicinal Materials	39701
麻黄	Ephedra	6221
枸杞	Wolfberry	28698
林业	**Forestry**	**13177**
林木的培育和种植	Cultivation and Planting of Trees	12793
育苗育种面积	Areas of Nursery and Breeding	5050
造林面积	Afforestation Area	4508
幼林抚育管理面积	Management Area of Young Forest	642
成林抚育管理面积	Management Area of Older Forest	2574
零星植树	Sporadic Cultivation	20
竹木采伐	Lumbering	384
牧业	**Animal Husbandry**	**257637**
牲畜饲养	Livestock Raising	209012
牛	Cow	42156
羊	Sheep	30336
山羊	Goats	4662
绵羊	Sheep	25493
羊羔	Lambs	182

continued

(10 000yuan)

兴庆区 Xingqing	金凤区 Jinfeng	西夏区 Xixia	永宁县 Yongning	贺兰县 Helan	灵武市 Lingwu
28062		1647	587		
25290			162		
2771		1647	425		
4899	14588	16399	71617	33329	43019
385	9873	841	14492	30127	12440
232	9781	835	12112	10453	12440
153	92	7	2092	19039	
			288	635	
4514	4714	15551	57125	3202	30579
1576	87	3140	2357	1239	10729
9	6	298	728	203	1710
2		557	322	217	10844
2924	4607	11509	40799	1129	5607
	8	3	11594	69	744
2	5	6	565	164	480
1		37	760	181	466
		6			
		6			
4957	1346	13708	15143	2477	2070
			6221		
175	1346	13708	8922	2477	2070
1470	**612**	**1094**	**3793**	**430**	**5778**
1470	612	1094	3479	360	5778
321	422	451	2578	164	1115
839	36	266	159	148	3060
214	52	265	94		16
96	100	99	648	42	1588
	2	12		6	
			314	70	
32979	**29265**	**30659**	**46550**	**46637**	**71547**
30144	26846	24972	30156	40295	56599
4370	3691	2288	13336	9757	8714
1491	1229	756	4748	2652	19461
303	270	158	991	665	2276
1077	959	562	3752	1958	17185
110		35	6	29	1

3-5 续表3

单位:万元 (2015)

指 标	Item	银川市 Yinchuan
其他	Others	271
马	Horses	45
驴	Donkeys	206
骡	Mules	20
奶产品	Dairy Products	132597
牛奶	Cow Milk	132597
毛绒产品	Plush Products	3652
山羊毛	Goat Wool	73
绵羊毛	Sheep Wool	896
羊绒	Cashmere	2609
二毛皮	Two Fur	74
猪的饲养	Pigs	24736
家禽饲养	Poultry	22519
肉禽	Meat and Poultry	8184
鸡	Chickens	6666
鸭	Ducks	1476
其他	Others	43
禽蛋	Poultry Eggs	14335
鸡蛋	Eggs	13987
其他	Others	348
其他畜牧业	Others	1370
兔	Rabbit	9
蜂蜜	Honey	94
鹿茸	Antler	1268
特种动物饲养	Special Animal	
渔业(内陆水域水产品)	**Fishery(inland waters of aquathc)**	**67490**
#养殖	Cultivation	67319
鱼类	Fish	66805
鲤鱼	Chub	25913
鲫鱼	Carp	2262
鲢鱼	Catfish	3979
草鱼	Grass Carp	28988
团头鲂	Bream	190
其他	Others	5472
虾蟹类	Shrimps, Prawns and Crabs	685
螃蟹	Crabs	685
农林牧渔服务业	**Output Value of Services for Agriculture, Forestry, Animal Husbandry and Fishery**	**66478**

continued

(10 000yuan)

兴庆区 Xingqing	金凤区 Jinfeng	西夏区 Xixia	永宁县 Yongning	贺兰县 Helan	灵武市 Lingwu
		5	193	73	
			22	23	
		5	158	43	
			13	7	
24245	21926	21740	11663	27580	25443
24245	21926	21740	11663	27580	25443
39		183	216	233	2981
1		6	5	13	48
38		28	208	102	521
		95		102	2412
		54	3	16	
1852	1680	1270	4955	3064	11916
972	727	3185	11382	3222	3033
252	3	1064	4319	981	1565
237	3	984	3051	825	1565
14		37	1268	156	
		43			
720	723	2121	7063	2241	1467
676	668	1873	7063	2241	1467
45	55	248			
12	12	1232	59	56	
				9	
12	12	12	59		
		1220		47	
5838	**8432**	**2968**	**7608**	**36786**	**5859**
5826	8388	2968	7606	36674	5859
5835	8432	2968	7449	36690	5433
3059	2849	897	4557	12216	2335
389	381	71	197	1143	81
450	464	129	832	1571	534
1933	3850	820	1851	18209	2326
	80			111	
3	809	1051	11	3440	157
4			160	96	426
4			160	96	426
14080	**15039**	**8213**	**9117**	**9505**	**10524**

3—6 农林牧渔业增加值

单位:万元 (2015)

指 标	Item	银川市 Yinchuan
总产值	**Gross Output Value**	**1158803.3**
农业	Agriculture	754020.9
林业	Forestry	13177.3
牧业	Animal Husbandry	257637
渔业	Fishery	67489.9
农林牧渔服务业	Output Value of Services for Agriculture,Forestry, Animal Husbandry and Fishery	66478
中间消耗	**Intermediate Consumption**	**530074.4**
农业	Agriculture	299946.3
林业	Forestry	8599.8
牧业	Animal Husbandry	155125.8
渔业	Fishery	42427.7
农林牧渔服务业	Output Value of Services for Agriculture,Forestry, Animal Husbandry and Fishery	23974.8
增加值	**Added Value**	**628728.7**
农业	Agriculture	454074.6
林业	Forestry	4577.5
牧业	Animal Husbandry	102511.2
渔业	Fishery	25062.2
农林牧渔服务业	Output Value of Services for Agriculture,Forestry, Animal Husbandry and Fishery	42503.2

Value-added of Agriculture, Forestry, Animal Husbandry and Fishery

(10 000 yuan)

兴庆区 Xingqing	金凤区 Jinfeng	西夏区 Xixia	永宁县 Yongning	贺兰县 Helan	灵武市 Lingwu
143705.1	**101515.5**	**110528.3**	**282495.3**	**316423.9**	**204135.2**
89337	48168.8	67594.7	215426.6	223066.4	110427.4
1470.2	612.1	1093.7	3793	430	5778.3
32979.3	29264.6	30659.3	46550.4	46636.5	71546.9
5838.4	8431.5	2967.7	7608.3	36785.5	5858.5
14080.2	15038.5	8212.9	9117	9505.4	10524
61594.5	**46033**	**48225.3**	**125979.1**	**150278.6**	**97963.9**
32042.5	17276.7	24244.2	86799.1	94758.6	44825.2
949.9	395.5	706.6	2522.3	278.9	3746.6
19833.8	17599.7	18438.5	28679.7	28490.2	42083.9
3712.1	5360.8	1886.8	4682.1	23288.9	3497
5056.2	5400.3	2949.3	3295.8	3462	3811.2
19833.8	**55482.5**	**18438.5**	**156516.2**	**166145.2**	**106171.2**
57294.5	30892.1	43350.5	128627.5	128307.8	65602.2
520.3	216.6	387.1	1270.7	151.1	2031.7
13145.5	11664.9	12220.8	17870.7	18146.3	29463
2126.3	3070.7	1080.9	2926.2	13496.6	2361.5
9024	9638.2	5263.6	5821.2	6043.4	6712.8

3—7 农业基本情况及从业人员

(2015)

指 标	Item	单位	Unit	银川市 Yinchuan
农村社会基础设施	**Infrastructure of Rural Area**			
自来水受益村数	Number of Villages Benefit from Using Tap Water	个	unit	276
通有限电视村数	Number of Villages with Limited Television	个	unit	191
通宽带村数	Number of all Village Broadband	个	unit	273
乡村人口与从业人员	**Rural Population and Employees**			
乡村户数	Number of Countryside	户	household	177200
乡村人口数	Number of Rural Population	人	person	653706
男	Male	人	person	338001
女	Female	人	person	315705
乡村劳动力资源数	Number of Rural Labor Resources	人	person	411185
男	Male	人	person	214296
女	Female	人	person	196889
乡村从业人员数合计	Total Number of Rural Labor Force	人	person	358054
男	Male	人	person	186808
从事农业人员数	Number of People Engaged in Agriculture	人	person	101374
女	Female	人	person	171246
从事农业人员数	Number of People Engaged in Agriculture	人	person	101104

兴庆区 Xingqing	金凤区 Jinfeng	西夏区 Xixia	永宁县 Yongning	贺兰县 Helan	灵武市 Lingwu
36	20	17	66	62	75
19	20	17	66	17	52
36	20	17	66	62	72
25989	13160	13134	40720	42985	41212
92689	42495	50827	154284	142872	170539
47422	22106	27985	79657	72388	88443
45267	20389	22842	74627	70484	82096
58900	27076	27887	94700	95569	107053
30566	14189	15090	49083	50528	54840
28334	12887	12797	45617	45041	52213
49122	27076	24712	87016	74767	95361
26488	14189	13762	44795	38517	49057
13855	10208	5738	26406	23178	21989
22634	12887	10950	42221	36250	46304
13721	7440	6896	26713	22856	23478

3—8 农业主要能源物资消耗及农用水利建设情况

(2015)

指　标	Item	单 位	Unit	银川市 Yinchuan
农村用电量	Electricity Consumed in Rural Areas	万千瓦小时	10 000kwh	34774
#农业生产用电量	Agricultural Electricity Consumption	万千瓦小时	10 000kwh	11958
农用化肥施用量(实物量)	Consumption of Chemical Fertilizer	吨	ton	233884
氮肥	Nitrogenous Fertilizer	吨	ton	128062
磷肥	Phosphate Fertilizer	吨	ton	39484
钾肥	Potash Fertilizer	吨	ton	14078
复合肥	Compound Fertilizer	吨	ton	52260
农用塑料薄膜使用量	Used Volume of Agricalture Plastics Film	公斤	kg	1964988
地膜使用量	Used Volume of Plastic Film	公斤	kg	886769
地膜覆盖面积	Mulching Arra of Plastic Film	公顷	hectare	14877
农用柴油使用量	Agricultural Diesel Oil Amount	吨	ton	35032
农药使用量	Farm Chemical Amount	公斤	kg	854187
农用机油使用量	Agricultural Machine Oil Amount	公斤	kg	282021
农业生产用煤	Agricultural Produces with Coal	吨	ton	7028

Major Energy Material Consumption and Water Conservancy Contruction on Agriculture

兴庆区 Xingqing	金凤区 Jinfeng	西夏区 Xixia	永宁县 Yongning	贺兰县 Helan	灵武市 Lingwu
8197	1321	2593	9241	4613	8809
2700	547	1253	4684	1602	1172
24932	11753	38182	57751	60811	40455
15137	7469	20255	31738	36514	16949
5249	1832	6556	5857	14623	5367
1361	1679	2729	3952	2189	2168
3185	773	8642	16204	7485	15971
367614	57860	80651	503555	621538	333770
164291	13870	8910	100026	381163	218509
1597	975	798	2105	6982	2420
4314	964	7958	8425	9265	4106
72282	15802	217879	230691	234665	82868
18011	7029	43461	62237	33598	117685
894	120	3335	2420	95	164

3—9 主要农产品生产情况

(2015)

指　标	Item	银川市 Yinchuan		兴庆区 Xingqing	
		播种面积(公顷) Sown Area (hectare)	产量(吨) Yield (ton)	播种面积(公顷) Sown Area (hectare)	产量(吨) Yield (ton)
农作物总播种面积	**Total Sown Area of Crops**	**153788**		**11821**	
#复种面积	Multiple Cropping Area	8455		269	
粮食作物	Grain Crops	105331	834490	8760	63059
谷物	Cereal	103124	833001	8760	63059
夏收谷物	Summer Harvest of Cereal	14683	78872	1273	6088
小麦	Wheat	14683	78872	1273	6088
冬小麦	Winter Wheat	922	689		
春小麦	Spring Wheat	13761	78183	1273	6088
秋收谷物	Autumn Harvest of Cereal	88441	754129	7487	56971
稻谷	Rice	37995	315593	5160	40310
#有机稻	Organic Rice	8633	71936		
玉米	Corn	50446	438536	2327	16661
#套种玉米	Tnterplant Corn	8591	65862	173	1573
豆类	Peas and Beans	2207	1489		
#大豆	Soja	2207	1489		
油料合计	Total Oil-bearing Crops	1336	3273	53	208
胡麻籽	Benne	186	412		
向日葵籽	Helianthus	1036	2677	53	208
中草药材	Medicinal Materials	3561	16108	668	1337
#枸杞	Wolfberrys	2353	7922	23	45
麻黄	Ephedra	563	6894		
蔬菜(含菜用瓜)	Vegetables	32525	1605566	2210	137574
瓜果类	Melon and Fruit	6771	358629	35	1552
西瓜	Watermelon	4684	269338	15	1056
香瓜(甜瓜)	Melon	2056	88695	20	496
草莓	Strawberry	31	596		
其他作物	Other Crops	4264	104436	95	20457
#青饲料	Succulence	2495	86617	95	20457
牧草	Pasture	1769	17819		

Production of Major Farm Products

金凤区 Jinfeng		西夏区 Xixia		永宁县 Yongning		贺兰县 Helan		灵武市 Lingwu	
播种面积（公顷）Sown Area（hectare）	产量（吨）Yield（ton）	播种面积（公顷）Sown Area（hectare）	产量（吨）Yield（ton）	播种面积（公顷）Sown Area（hectare）	产量（吨）Yield（ton）	播种面积（公顷）Sown Area（hectare）	产量（吨）Yield（ton）	播种面积（公顷）Sown Area（hectare）	产量（吨）Yield（ton）
8203		**15077**		**45766**		**48900**		**24021**	
1218		267				6701			
3395	26128	12066	111977	33345	261997	27097	203902	20668	167427
3395	26128	12066	111977	32678	261497	26890	203613	19335	166727
135	645	466	2468	6800	36383	5459	30537	550	2751
135	645	466	2468	6800	36383	5459	30537	550	2751
		4	29			918	660		
135	645	462	2439	6800	36383	4541	29877	550	2751
3260	25483	11600	109509	25878	225114	21431	173076	18785	163976
305	2382	2430	18822	7733	71607	13900	111930	8467	70542
				1600	14400	1423	11086	5610	46450
2955	23101	9170	90687	18145	153507	7531	61146	10318	93434
1270	9090			2132	10234	3956	35765	1060	9200
				667	500	207	289	1333	700
				667	500	207	289	1333	700
10	45	102	325	300	596	516	1744	355	355
				186	412				
10	45	102	325			516	1744	355	355
101	346	1241	3524	1243	9540	231	841	77	520
101	346	1241	3524	680	2646	231	841	77	520
				563	6894				
2664	126601	632	36660	8376	461224	17213	784585	1430	58922
893	44759	41	3816	2031	104763	2938	143349	833	60390
883	44459	40	3795	1731	96071	1182	63567	833	60390
10	300	1	21	290	8482	1735	79396		
				10	210	21	386		
1140	4077	995	22434	471	15130	905	17123	658	25215
640	2051	91	9727	255	13244	905	17123	509	24015
500	2026	904	12707	216	1886			149	1200

3—10 蔬菜及特种作物生产情况

(2015)

指 标	Item	银川市 Yinchuan			
		合计 Total		设施农业 Agricultural Facilities	
		播种面积(公顷) Sown Area (hectare)	产量(吨) Yield(ton)	播种面积(公顷) Sown Area (hectare)	产量(吨) Yield(ton)
蔬菜合计	**Total Vegetables**	**32525**	**1605566**	**12888**	**638694**
叶菜类	Leafy	7607	315373	1937	75564
芹菜	Celery	2055	92220	1050	47707
油菜	Rape	806	27707	402	13825
菠菜	Spinach	461	12763	127	2719
其他	Others	4285	182683	358	11313
白菜类	Cabbage Kinds	1459	90508	144	4091
大白菜	Chinese Cabbage	1285	80726	120	3034
圆白菜	Cabbages	51	2736		
其他	Others	123	7046	24	1057
甘蓝类	Brassica	494	33765	71	3497
卷心菜	Cabbages	405	28804	47	2465
其他	Others	89	4961	24	1032
块根、块茎类	Root Tuber and Stem Tuber	2397	112130	72	2424
白萝卜	White Radish	694	37993	23	1009
胡萝卜	Carrots	500	21685	11	318
生姜	Ginger	148	4475		
马铃薯	Potatoes	756	36060	28	840
山药	Yam	4	46		
其他	Others	295	11871	10	257
瓜菜类	Melons and Vegetables	2594	160141	1429	87590
黄瓜	Cucumbers	2066	135097	1162	73638
西葫芦	Squashes	20	6990	7	280
冬瓜	Melons	16	745		
其他	Others	492	17309	260	13672
菜用豆类	Dish with Beans	1741	67215	745	29980
豇豆	Cowpea Beans	113	3917	51	2205
四季豆	String Beans	1569	63009	675	27520
其他	Others	59	289	19	255
茄果类	Eggplants Fruits and Vegetables	12230	651044	7176	364636
茄子	Eggplants	2979	139861	1039	51725
辣椒	Chili	1693	88166	1183	63604
西红柿	Tomatoes	7523	422287	4939	248997
其他	Others	35	730	15	310
葱蒜类	Onions and Garlices	2099	90588	775	29457
大葱	Onions	736	27898	6	268
蒜头	Garlic	173	6265		
韭菜	Chives	1173	55987	769	29189
其他	Others	17	438		
水生菜类	Aquatic Dish	78	450		
莲藕	Lotus Root	49	360		
茭白	Zizania White	29	90		
其他蔬菜	Other Vegetables	1826	63191	539	20294
食用菌	Edible Fungus(dry and fresh)		21161		21161
干品	Dry Goods		1333		1333
香菇	Mushrooms		731		731
黑木耳	Black Fungus		602		602
鲜品	Fresh Products		19828		19828
蘑菇	Mushrooms		19408		19408
特种作物	Specialty Crops				
花卉种植面积(公顷)	Sown Area of Flowers(hectare)	594		589	
鲜切花(枝)	Fresh Cut-folwer(branch)		73018931		73018931
盆栽观赏植物(盆)	Potted Plants Ornamental Plant(pot)		4940221		4940221

Production of Vegetables and Specialty Crops

兴庆区 Xingqing				金凤区 Jinfeng				西夏区 Xixia			
合计 Total		设施农业 Agricultural Facilities		合计 Total		设施农业 Agricultural Facilities		合计 Total		设施农业 Agricultural Facilities	
播种面积（公顷） Sown Area (hectare)	产量（吨） Yield (ton)	播种面积（公顷） Sown Area (hectare)	产量（吨） Yield (ton)	播种面积（公顷） Sown Area (hectare)	产量（吨） Yield (ton)	播种面积（公顷） Sown Area (hectare)	产量（吨） Yield (ton)	播种面积（公顷） Sown Area (hectare)	产量（吨） Yield (ton)	播种面积（公顷） Sown Area (hectare)	产量（吨） Yield (ton)
2210	**137574**	**1754**	**119378**	**2664**	**126601**	**1145**	**57166**	**632**	**36660**	**309**	**21954**
797	28153	580	22846	415	8584	331	7545	94	4890	67	4372
393	16421	278	11664	137	2478	95	1567	73	4423	60	4053
171	5998	147	5856	143	4030	116	4018	13	345	5	254
22	300	20	268	22	422	20	372	6	82	2	65
211	5434	135	5058	113	1654	100	1588	2	40		
48	3534	38	1288	256	9861	26	767	71	2908	58	1406
41	2993	37	1089	218	7983	17	404	70	2826	58	1406
7	541	1	199	38	1878	9	363	1	82		
9	530	6	328	35	1771			5	353		
9	530	6	328	34	1747			5	353		
				1	24						
72	2485	9	379	464	16365	3	78	86	3294		
14	615	9	379	171	6761			24	1217		
				152	4557	3	78	1	48		
51	1547			55	1723			42	1205		
7	323			53	2229			15	778		
								4	46		
				33	1095						
233	19278	147	14294	249	30688	170	15621	134	11426	77	8068
229	18969	145	14173	200	25549	122	10603	108	10195	70	7788
								7	280	7	280
								16	745		
4	309	2	121	49	5139	48	5018	3	206		
88	2916	79	2695	194	7983	77	3198	6	139	3	89
15	502	6	281						5		
71	2397	71	2397	194	7983	77	3198	6	134	3	89
2	17	2	17								
650	46484	598	45349	611	35466	483	27194	189	11767	104	7966
19	812	12	1093	188	9030	123	5028	29	792	3	170
118	4451	74	3144	180	9909	119	5698	55	1805	10	395
513	41221	512	41112	240	16437	240	16438	105	9170	91	7401
				3	90	1	30				
16	725	9	410	150	7516	55	2763	33	1348		
9	409	6	268	55	2514			18	742		
				11	634			4	151		
5	196	3	142	84	4368	55	2763	11	455		
2	120										
				68				10	450		
				41				8	360		
				27				2	90		
297	17557	288	15877	222	8367			4	35		3
	15912		15912						50		50
	15912		15912						50		50
	15912		15912						50		50
290		290						234		234	
	72257333		72257333								
	1847600		1847600						1097960		1097960

(2015)

指标	Item	永宁县 Yongning 合计 Total 播种面积(公顷) Sown Area (hectare)	产量(吨) Yield(ton)	设施农业 Agricultural Facilities 播种面积(公顷) Sown Area (hectare)	产量(吨) Yield(ton)
蔬菜合计	**Total Vegetables**	**8376**	**461224**	**3521**	**188713**
叶菜类	Leafy	2741	160817	436	22043
芹菜	Celery	301	16000	292	15840
油菜	Rape	65	2708	37	1501
菠菜	Spinach	140	4751	32	1062
其他	Others	2235	137358	75	3640
白菜类	Cabbage Kinds	702	47161		
大白菜	Chinese Cabbage	670	45160		
圆白菜	Cabbages				
其他	Others	32	2001		
甘蓝类	Brassica	61	3565		
卷心菜	Cabbages	61	3565		
其他	Others				
块根、块茎类	Root Tuber and Stem Tuber	759	45025		
白萝卜	White Radish	171	9369		
胡萝卜	Carrots	262	13255		
生姜	Ginger				
马铃薯	Potatoes	310	21600		
山药	Yam				
其他	Others	16	801		
瓜菜类	Melons and Vegetables	717	35873	605	31778
黄瓜	Cucumbers	495	27408	454	25301
西葫芦	Squashes				
冬瓜	Melons				
其他	Others	222	8465	151	6477
菜用豆类	Dish with Beans	372	19450	311	16905
豇豆	Cowpea Beans	30	1468	30	1468
四季豆	String Beans	337	17756	276	15211
其他	Others	5	226	5	226
茄果类	Eggplants Fruits and Vegetables	2201	116621	1827	102199
茄子	Eggplants	610	35013	498	30274
辣椒	Chili	701	43152	666	40365
西红柿	Tomatoes	890	38456	663	31560
其他	Others				
葱蒜类	Onions and Garlices	663	25419	212	8790
大葱	Onions	215	7120		
蒜头	Garlic	128	4610		
韭菜	Chives	320	13689	212	8790
其他	Others				
水生菜类	Aquatic Dish				
莲藕	Lotus Root				
茭白	Zizania White				
其他蔬菜	Other Vegetables	160	3294	130	2999
食用菌	Edible Fungus(dry and fresh)		3999		3999
干品	Dry Goods		1333		1333
香菇	Mushrooms		731		731
黑木耳	Black Fungus		602		602
鲜品	Fresh Products		2666		2666
蘑菇	Mushrooms		2666		2666
特种作物	**Specialty Crops**				
花卉种植面积(公顷)	Sown Area of Flowers(hectare)	63		58	
鲜切花(枝)	Fresh Cut-folwer(branch)		761598		761598
盆栽观赏植物(盆)	Potted Plants Ornamental Plant(pot)		1994661		1994661

continued

贺兰县 Helan				灵武市 Lingwu			
合计 Total		设施农业 Agricultural Facilities		合计 Total		设施农业 Agricultural Facilities	
播种面积（公顷） Sown Area (hectare)	产量(吨) Yield(ton)	播种面积（公顷） Sown Area (hectare)	产量(吨) Yield(ton)	播种面积（公顷） Sown Area (hectare)	产量(吨) Yield(ton)	播种面积（公顷） Sown Area (hectare)	产量(吨) Yield(ton)
17213	**784585**	**5882**	**238851**	**1430**	**58922**	**277**	**12632**
3477	109809	522	18722	83	3120	1	36
1151	52898	325	14583				
411	14506	96	2160	3	120	1	36
271	7208	53	952				
1644	35197	48	1027	80	3000		
335	24644	22	630	47	2400		
239	19364	8	135	47	2400		
51	2736						
45	2544	14	495				
372	26926	65	3169	12	620		
284	21989	41	2137	12	620		
88	4937	24	1032				
814	38901	60	1967	202	6060		
314	20031	14	630				
85	3825	8	240				
169	5070	28	840	202	6060		
246	9975	10	257				
1212	60219	428	17703	49	2657	2	126
985	50319	369	15647	49	2657	2	126
13	6710						
214	3190	59	2056				
934	32447	274	7051	147	4280	1	42
45	842	15	456	23	1100		
837	31559	247	6583	124	3180	1	42
52	46	12	12				
7902	410720	4088	178365	677	29986	76	3563
1930	84764	402	15115	203	9450	1	45
430	17849	258	11314	209	11000	56	2688
5510	307467	3414	151656	265	9536	19	830
32	640	14	280				
1024	45781	302	8629	213	9799	197	8865
439	17113						
30	870						
540	27480	302	8629	213	9799	197	8865
15	318						
1143	33938	121	1415				
	1200		1200				
	1200		1200				
	780		780				
7		7					

3—11 水果、枸杞生产情况

(2015)

指 标	Item	银川市 Yinchuan			
		合计 Total		设施农业 Agricultural Facilities	
		播种面积（公顷）Sown Area (hectare)	产量（吨）Yield (ton)	播种面积（公顷）Sown Area (hectare)	产量（吨）Yield (ton)
园林水果	**Garden Fruits**	**28014**	**287716**	**3509**	**35320**
#本年新增面积	Added Area This Year	296			
苹果	Apples	4882	102144		
本年新增苹果面积	Added Area of Apple This Year	90			
红富士苹果	Fuji Apple	1241	25893		
国光苹果	Guo Guang Apple	590	11088		
梨	Pears	476	9382		
雪花梨	Snowflake Pears	66	1283		
鸭梨	Pears	71	1345		
葡萄	Grapes	13948	117730	3068	23207
酿造用葡萄	Brewing Grapes	9048	76620		
枣	Jujubes	7133	24578	20	227
桃	Peaches	1041	26984	364	11381
杏	Apricots	257	2965	1	1
其它园林水果	Other Fruits	277	3933	56	504
食用坚果	**Eat Nut**		**3**		
核桃	Juglans Regia L		3		
枸杞	**Wolfberrys**	**2353**	**7922**		
本年新增枸杞面积	Added Area of Wolfberrys This Year	128			
枸杞结果面积	Area of Wolfbeery Results	2015			

Production of Fruits and Wolfberrys

兴庆区 Xingqing				金凤区 Jinfeng				西夏区 Xixia			
合计 Total		设施农业 Agricultural Facilities		合计 Total		设施农业 AgriculturalFacilities		合计 Total		设施农业 Agricultural Facilities	
播种面积（公顷）Sown Area（hectare）	产量（吨）Yield（ton）	播种面积（公顷）Sown Area（hectare）	产量（吨）Yield（ton）	播种面积（公顷）Sown Area（hectare）	产量（吨）Yield（ton）	播种面积（公顷）Sown Area（hectare）	产量（吨）Yield（ton）	播种面积（公顷）Sown Area（hectare）	产量（吨）Yield（ton）	播种面积（公顷）Sown Area（hectare）	产量（吨）Yield（ton）
1422	**10758**	**3**	**42**	**814**	**6990**	**12**	**176**	**3059**	**31744**	**8**	**85**
202				4				10			
568	6539			33	360			824	13031		
								10			
	1898			1	10			64	2598		
	15							6	120		
3	30			18	21			60	978		
1	10							2	21		
777	4177	2	39	731	6582	11	173	1749	16442	6	82
277	2318			499	4518			1597	14437		
64	5	1	3					383	1188		
				23	15	1	3	5	5	1	2
3	4			7	11			11	14	1	1
7	3			2	1			27	86		
									3		
									3		
23	**45**			**101**	**346**			**1241**	**3524**		
6				79				26			
17				17				1241			

3-11 续表

(2015)

指标	Item	永宁县 Yongning 合计 Total 播种面积（公顷） Sown Area (hectare)	永宁县 Yongning 合计 Total 产量（吨） Yield (ton)	永宁县 Yongning 设施农业 Agricultural Facilities 播种面积（公顷） Sown Area (hectare)	永宁县 Yongning 设施农业 Agricultural Facilities 产量（吨） Yield (ton)
园林水果	**Garden Fruits**	**12408**	**133658**	**3427**	**34450**
#本年新增面积	Added Area This Year				
苹果	Apples	1012	19731		
本年新增苹果面积	Added Area of Apple This Year				
红富士苹果	Fuji Apple	508	10501		
国光苹果	Guo Guang Apple	504	9230		
梨	Pears	120	2340		
雪花梨	Snowflake Pears	65	1267		
鸭梨	Pears	55	1073		
葡萄	Grapes	9864	81598	3010	22575
酿造用葡萄	Brewing Grapes	6241	52689		
枣	Jujubes	257	894		
桃	Peaches	860	25155	361	11371
杏	Apricots	140	1680		
其它园林水果	Other Fruits	155	2260	56	504
食用坚果	**Eat Nut**				
核桃	Juglans Regia L				
枸杞	**Wolfberrys**	**680**	**2646**		
本年新增枸杞面积	Added Area of Wolfberrys This Year				
枸杞结果面积	Area of Wolfbeery Results	680			

continued

贺兰县 Helan				灵武市 Lingwu			
合计 Total		设施农业 Agricultural Facilities		合计 Total		设施农业 Agricultural Facilities	
播种面积（公顷）Sown Area (hectare)	产量（吨）Yield (ton)	播种面积（公顷）Sown Area (hectare)	产量（吨）Yield (ton)	播种面积（公顷）Sown Area (hectare)	产量（吨）Yield (ton)	播种面积（公顷）Sown Area (hectare)	产量（吨）Yield (ton)
1726	**14677**	**32**	**277**	**8585**	**89889**	**27**	**290**
				80			
763	8601			1682	53882		
				80			
301	3621			305	7265		
52	813			28	910		
65	823			210	5190		
				1	16		
13	241						
661	3271	31	272	166	5660	8	66
434	2658						
180	804			6249	21687	19	224
14	236	1	5	139	1573		
26	404			70	852		
17	538			69	1045		
231	**841**			**77**	**520**		
				17			
				60			

3—12 林业生产情况

Production of Forestry

(2015)

指 标	Item	单位 Unit		银川市 Yinchuan	兴庆区 Xingqing	金凤区 Jinfeng	西夏区 Xixia	永宁县 Yongning	贺兰县 Helan	灵武市 Lingwu
荒山荒(沙)地造林面积	Afforestation Area of Barren Mountain	公顷	hectare	9460	1748	75	555	480	312	6290
按造林方式分	**Grouped by Afforestation Methods**									
人工造林	Afforestation	公顷	hectare	3794	229	6	143	147	312	2957
竹林面积	Area of Bamboo Forest	公顷	hectare							
乔木林面积	Area of Arbor Lin	公顷	hectare	1831	162	6	133	147	232	1151
无林地和疏林地新封	No Forest and Woodland by New Sealed	公顷	hectare	5666	1519	69	412	333		3333
按经济成份分	**Grouped by Structural of Economic Types**									
公有经济造林	Public Economy	公顷	hectare	8479	1180	53	231	480	312	6223
国有经济造林	State-owned Economy	公顷	hectare	6997	1167	53	228	480	312	4757
集体经济造林	Collective-owned Economy	公顷	hectare	1482	13		3			1466
非公有经济造林	Non-public Economy	公顷	hectare	981	568	22	324			67
按林种用途分	**Grouped by Different Use of Forest**									
经济林	Economic Forest	公顷	hectare	641	198	69	275		32	67
防护林	Shelter-forest	公顷	hectare	8819	1550	6	280	480	280	6223
有林地造林面积	Area of Afforestation	公顷	hectare							
四旁(零星)植树	Plant Scatteredly	株	plant	22210		1626	10374		10210	
年末实有封山(沙)育林面积	Area of closedoff the Mountains for Forest at Year-end	公顷	hectare	83776	1000		24599	1896		56281
未成林抚育作业面积	Schoolwork Area of Young Growth Forsters	公顷	hectare	7775	2069	505	2566	2435		200
未成林抚育实际面积	Actual Area of Young Growth Forsters	公顷	hectare	4794	1310	187	797	2300		200
成林抚育面积	Area of Completed Forst	公顷	hectare	43797	1579	1652	1631	12019	800	26116
中、幼龄林抚育面积	Area of Middle and Young Growth Forsters	公顷	hectare	33478	1579	1652	1631	11700	800	16116
林木种子采集量	The Pucking Quantity of Timber Seed	吨	ton	38					1	37
当年苗木产量	Seedling Qutput This Year	万株	10 000trank	21831	2978	3534	5264	6761	3200	93
育苗面积	Area of Grawing Seedings	公顷	hectare	4510	189	248	265	2341	200	1267
本年新增育苗面积	Square Measureof New Increasing Growing This Year	公顷	hectare	549	9	24	69	201		246

3—13 渔业生产情况

Production of Fishery

(2015)

指　标	Item	单位	Unit	银川市 Yinchuan	兴庆区 Xingqing	金凤区 Jinfeng	西夏区 Xixia	永宁县 Yongning	贺兰县 Helan	灵武市 Lingwu
水产品总产量	Total Output of Aquatic Products	吨	ton	71098	6355	8790	3073	8000	39470	5410
淡水捕捞	Fresh water Fishing	吨	ton	183	10	50		3	120	
鱼类	Fishes	吨	ton	173	10	50		3	110	
#黄河鲤鱼	Yellow River's Carps	吨	ton	87	8			3	76	
淡水养殖	Fresh water Aquaculture	吨	ton	70915	6345	8740	3073	7997	39350	5410
鱼类	Fish	吨	ton	70453	6330	8740	3073	7924	39200	5186
#鲤鱼	Carp	吨	ton	26955	3399	3165	989	4647	12452	2303
鲢鱼	Silver Carp	吨	ton	7176	811	793	134	968	3849	621
鲫鱼	Crucian Carp	吨	ton	6344	708	832	211	652	3738	203
草鱼	Grass Carp	吨	ton	24596	1409	3130	829	1646	15644	1938
罗非鱼	Tilapia	吨	ton							
团头鲂	Group Head Triangular Bream	吨	ton	191		80			111	
其他	Others	吨	ton	4980	3	740	910		3206	121
虾蟹类	Shrimps,Prawns and Crabs	吨	ton	462	15			73	150	224
#罗氏沼虾	Macrobrachium Rosenbergii	吨	ton	115	13				102	
螃蟹	Crabs	吨	ton	347	2			73	48	224
淡水养殖面积	Area for Breeding Aquatics in Inland Waters	公顷	hectare	15639	2089	2332	1083	1314	7488	1333
池塘养殖	Pond Breeding	公顷	hectare	8553	896	380	492	428	5667	690
湖泊养殖	Lake Breeding	公顷	hectare	6723	1193	1819	591	886	1821	413
水库养殖	Reservoir Breeding	公顷	hectare	363	49	42	42			230
稻田养蟹面积	Area of Grab Breeding in Rice Paddy	公顷	hectare	3318	66		13	633	1273	1333

3—14 畜牧业生产情况

Production of Animal Husbandry

(2015)

指标	Item	单位	Unit	银川市 Yinchuan	兴庆区 Xingqing	金凤区 Jinfeng	西夏区 Xixia	永宁县 Yongning	贺兰县 Helan	灵武市 Lingwu
年末牲畜存栏	**Number of Large Animals at Year-end**	—	—							
大牲畜	Large Animals	头	head	189413	31897	20884	16801	41448	53814	24569
牛	Cows	头	head	188119	31897	20884	16787	40654	53328	24569
# 奶牛	Dairy Cows	头	head	62507	8544	4006	3009	27335	14276	5337
肉牛	Mutton Cows	头	head	125612	23353	16878	13778	13319	39052	19232
马	Horses	头	head	86			2	80	4	
驴	Donkeys	头	head	1020			3	594	423	
骡	Mules	头	head	185			9	120	56	
骆驼	Camels	头	head	3					3	
猪	Hogs	头	head	140092	10457	7402	6979	23798	15771	75685
能繁殖的母猪	Breeding Sows	头	head	19192	1199	848	800	3537	2112	10696
羊	Sheep and Goats	只	head	669591	41876	30383	21633	148082	106707	320910
山羊	Goats	只	head	115127	4687	7991	6300	16437	31522	48190
绵羊	Sheeps	只	head	554464	37189	22392	15333	131645	75185	272720
滩羊	Beach Sheeps	只	head	21318		3663	230		17425	
活家禽	Number of Poultry on Hand	百只	100head	21654	758	760	2214	11753	3071	3098
活鸡	Chicken	百只	100head	19118	665	672	1919	9819	2945	3098
肉鸡	Chicken	百只	100head	3534	46	51	109	658	662	2008
蛋鸡	Hens	百只	100head	15584	619	621	1810	9161	2283	1090
家兔	Rabbits	只	head	32271			60	28208	4003	
当年出栏数	**Number of Animals Slaughtered Current Year**	—	—							
大牲畜	Large Animals	头	head	106340	12557	10607	6591	35462	20859	20264
牛	Cattle and Buffaloes	头	head	103259	12557	10607	6575	33282	19974	20264
马	Horses	头	head	556				270	286	
驴	Donkeys	头	head	2242			16	1750	476	
骡	Mules	头	head	283				160	123	
猪	Hogs	头	head	187714	13041	11833	8943	45041	25529	83327
羊	Sheep and Goats	只	head	812147	33663	29961	17574	184616	86600	459733
山羊	Goats	只	head	117302	6732	5992	3515	30868	19625	50570

3-14 续表 continued

指 标	Item	单位	Unit	银川市 Yinchuan	兴庆区 Xingqing	金凤区 Jinfeng	西夏区 Xixia	永宁县 Yongning	贺兰县 Helan	灵武市 Lingwu
绵羊	Sheeps	只	head	694845	26931	23969	14059	153748	66975	409163
宰杀羊羔(供宰杀二毛的羊羔)	**SlaughterLamb**	**只**	**head**	**17321**	**8178**		**2621**	**1060**	**5413**	**49**
活家禽	Number of Poultry Slaughtered	百只	100head	27435	629	836	1826	15425	3502	5217
活鸡	Chicken	百只	100head	22121	593	747	1721	10898	2945	5217
活鸭	Ducks	百只	100head	5214	36	89	5	4527	557	
家兔	Rabbits Slaughtered	只	head	4987			20		4967	
肉类总产量	**Total Output of Meat**	**吨**	**ton**	**49868**	**3765**	**2729**	**2726**	**14804**	**7275**	**18569**
猪肉	Pork	吨	ton	14590	1094	774	731	3535	1995	6461
牛肉	Beef	吨	ton	15645	1901	1360	1273	5033	3027	3051
羊肉	Mutton	吨	ton	14138	636	462	330	3181	1509	8020
山羊	Goats	吨	ton	1385	127	92	67	168	321	610
绵羊	Sheeps	吨	ton	12753	509	370	263	3013	1188	7410
禽肉	Poultry Meat	吨	ton	5225	134	133	390	2861	670	1037
鸡肉	Chicken	吨	ton	4302	121	122	368	2103	551	1037
马肉	Horse Meat	吨	ton	37				21	16	
驴肉	Donkey Meat	吨	ton	199			2	162	35	
骡肉	Mule Meat	吨	ton	19				11	8	
兔肉	Rabbit Meat	吨	ton	15					15	
奶类产量	**Output of Milke**	**吨**	**ton**	**493392**	**75766**	**68520**	**67937**	**55537**	**137898**	**87734**
牛奶	Cow Milk	吨	ton	493392	75766	68520	67937	55537	137898	87734
山羊毛产量	**Output of Goat Wool**	**吨**	**ton**	**301**	**2**		**24**	**18**	**37**	**220**
山羊粗毛	Goat Wool	吨	ton	170	1		20	18	31	100
山羊绒	Pashm	吨	ton	131	1		4		6	120
绵羊毛产量	**Sheep Wool**	**吨**	**ton**	**1543**	**61**		**45**	**415**	**182**	**840**
细羊毛产量	Fine Wool	吨	ton	1006	49		9	108		840
半细羊毛产量	Semi-fine	吨	ton	466	8		1	275	182	
滩羊皮产量	**Tibet Lamb Skin**	**张**	**unit**	**21997**			**875**		**21122**	
鹿茸产量	**Antler**	**公斤**	**kg**	**1035**			**1000**		**35**	
天然蜂蜜产量	**Honey**	**吨**	**ton**	**110**	**10**	**10**	**10**	**65**	**15**	
禽蛋产量	**Output of Poultry Eggs**	**吨**	**ton**	**22287**	**939**	**941**	**2743**	**11771**	**3735**	**2158**
鸡蛋产量	Eggs	吨	ton	21896	889	879	2464	11771	3735	2158

主要统计指标解释

【乡村户数】 指长期(一年以上)居住在乡镇(不包括城关镇)行政管理区域内的住户,还包括居住在城关镇所辖行政村范围内的农村住户。户口不在本地而在本地居住一年及以上的住户也包括在本地农村住户内;有本地户口,但举家外出谋生一年以上的住户,无论是否保留承包耕地都不包括在本地农村住户范围内。不包括乡村地区内的国有经济的机关、团体、学校、企业、事业单位的集体户。

【乡村人口数】 指乡村地区常住居民户数中的常住人口数,即经常在家或在家居住6个月以上,而且经济和生活与本户连成一体的人口。外出从业人员在外居住时间虽然在6个月以上,但收入主要带回家中,经济与本户连为一体,仍视为家庭常住人口;在家居住,生活和本户连成一体的国家职工、退休人员也为家庭常住人口。但是现役军人、中专及以上(走读生除外)的在校学生、以及常年在外(不包括探亲、看病等)且已有稳定的职业与居住场所的外出从业人员,不应当作家庭常住人口。

【乡村劳动力资源数】 指乡村人口中劳动年龄以上(16周岁)能够参加生产经营活动的人员。

【乡村从业人员】 指乡村人口中16岁以上实际参加生产经营活动并取得实物或货币收入的人员,既包括劳动年龄内经常参加劳动的人员,也包括超过劳动年龄但经常参加劳动的人员。但不包括户口在家的在外学生、现役军人和丧失劳动能力的人,也不包括待业人员和家务劳动者。从业人员年龄为16岁以上。从业人员按从事主业时间最长(时间相同按收入)分为农业从业人员、工业从业人员、建筑业从业人员、交运仓储及邮电通讯业从业人员、信息传输、计算机服务和软件业、批零贸易及餐饮业从业人员、住宿和餐饮业从业人员、其他从业人员。

【谷物】 是指禾本科和蓼科粮食作物。这类作物具体包括稻谷、小麦、玉米、谷子、高粱和其他谷物;其他谷物包括大麦、燕麦、荞麦等。

【中草药材】 指人工种植、以获取药材为目的、主要用于中药配伍以及中成药加工的药材作物面积。包括药用真菌的面积。

【猪、牛、羊肉产量】 值本调查期内出栏猪、牛、羊折算出的鲜、冷鲜冷冻猪牛羊肉的总量,按胴体重计算。

【水产品产量 】 指渔业(捕捞和养殖)生产活动的最终有效成果,包括全部海水和淡水鱼类、甲壳类(虾、蟹)、贝类、头足类、藻类和其它类渔业产品的最终产量。不包括渔业生产过程中的中间成果,如鱼苗、鱼种、亲鱼、转塘鱼、存塘鱼和自用作饵料的产品等。水产品在上岸前已经腐烂变质,不能供人食用或加工成其它制品的,不统计在水产品产量中。

【淡水水域养殖产量】指在淡水水域中人工投放苗种(不包括灌江纳苗)并进行人工饲养管理的、并已捕捞起水的水产品产量。稻田养殖起水产品产量也计人淡水水域养殖产量中。淡水养殖产品包括鱼类、甲壳类(虾、蟹)、贝类、藻类和其他类产品。

【农林牧渔业总产值】 农林牧渔业总产值是以货币表现的农林牧渔业的全部产品产量和对农林牧渔业生产活动进行的各种支持性服务活动的价值。它反应一定时期内农林牧渔业生产总规模和总成果,是观察农林牧渔业生产水平和发展速度,研究农林牧渔业内部比例关系、农林牧渔业与工业、农林牧渔业与国家建设、人民生活比例关系的重要指标,同时也是计算农林牧渔业劳动生产率和农林牧渔业增加值的基础资料。

【农林牧渔业增加值】 指农、林、牧、渔及农林牧渔服务业生产货物或提供服务活动而增加的价值,为农林牧渔业现价总产值扣除农林牧渔业现价中间投入后的余额。

4 工　业

Industry

4—1 主要年份全部工业总产值

Gross Output Value of Industrial in Main Years

单位:万元 （10 000 yuan）

年份 Year	工业总产值 Industrial Output Value	按经济类型分 Grouped by Economic Type		按轻重工业分 Grouped Light & Heavy Industriesby		按企业规模分 Grouped by Size of Enterprises				产品销售收入 Product Sales Revenue	利润总额 Total Profits
		#国有 State-owned	#股份制 Joint-stock	轻工业 Light Industry	重工业 Heavy Industry	大型企业 Large Enterprises	中型企业 Medium-sized Enterprises	小型企业 Small Enterprises	微型企业 Micro-enterprises		
1949	297	66		169	128			297			
1950	310	64		185	125			310			
1951	453	194		339	114			453			
1952	662	339		467	195			662			
1953	825	503		593	232			825			
1954	917	600		652	265			890			
1955	1206	864		922	284			1163			
1956	1679	1099		1186	493			1604			
1957	2285	1565		1863	422			2164			
1958	3167	2345		1944	1223			2847			
1959	6765	6126		3865	2900			5908			
1960	9712	8840		5105	4607			8241			
1961	7433	6696		4693	2740			6301			
1962	5638	4820		4028	1610			4681			
1963	5704	4853		4088	1616			4188			
1964	5915	4868		4134	1781			4336			
1965	6779	5709		4588	2191			5428			
1966	13766	12538		5372	8394			8166			
1967	15032	13684		5791	9241			9332			
1968	12290	11084		5103	7187			6794			
1969	17953	16445		7185	10768			10453			
1970	25292	23315		9836	15456			13456			
1971	24849	22219		8567	16282			10257			
1972	26973	23793		9325	17648			11921			
1973	28035	24713		9925	18110			12067			
1974	33140	28960		12015	21125			16306			
1975	37507	32086		14708	22799			20186			
1976	34485	28713		14620	19865			19926			
1977	37750	30288		15994	21756			21461			
1978	49750	40562		19609	30141		16905	32845		42091	5681
1979	52665	38952		20153	32512		19169	33496		43043	6416
1980	50576	40939		21794	28782		16818	33758		42957	5314
1981	40537	27597		22618	17919		9448	31089		35640	1187
1982	49769	35395		25607	24162		14018	35751		45053	2921

4-1 续表 continued

单位:万元 (10 000 yuan)

年份 Year	工业总产值 Industrial Output Value	按经济类型分 Grouped by Economic Type		按轻重工业分 Grouped Light & Heavy Industriesby		按企业规模分 Grouped by Size of Enterprises				产品销售收入 Product Sales Revenue	利润总额 Total Profits
		#国有 State-owned	#股份制 Joint-stock	轻工业 Light Industry	重工业 Heavy Industry	大型企业 Large Enterprises	中型企业 Medium-sized Enterprises	小型企业 Small Enterprises	微型企业 Micro-enterprises		
1983	61723	44428		30196	31527		19031	42692		54068	5321
1984	73500	52327		35397	38103		23539	49961		63487	6816
1985	93215	71703		43202	50013		28736	64479		81292	8504
1986	109090	75233		51099	57991	7484	29507	72099		89511	7908
1987	129119	90007		59760	69359	11969	35340	81810		115190	8777
1988	176466	125938		73827	102639	25593	46651	104222		163440	13155
1989	246317	182655		93009	153308	35118	71390	139809		186970	14247
1990	250241	212169		88364	161877	37215	80762	132264		183729	7641
1991	309257	238074		102155	207102	117109	50039	142109		224755	7120
1992	377891	287885		114139	263752	122335	84395	171161		47571	5418
1993	518930	381182	2809	131830	387100	164527	161566	192837		417825	10905
1994	647702	376879	11488	169864	477838	235998	170081	241623		470561	-703
1995	802370	518764	38729	183733	618637	312861	216678	272831		637133	10699
1996	889899	392668	105954	227465	662434	334177	217877	337845		677803	9377
1997	935361	387160	111202	239869	695492	335349	241466	358546		751831	12180
1998	932899	233733	228741	269598	663301	304840	224244	403815		733525	-14990
1999	995156	240935	307410	315424	679732	310981	234883	449292		776650	-19000
2000	1350836	471680	447330	326300	1024536	712700	225517	412619		937746	-4969
2001	1482460	401728	638451	384120	1098340	827255	239205	416000		1037883	-7307
2002	1679417	392712	931177	406222	1273195	1067647	153157	458613		1128795	11412
2003	1982866	421701	1152754	500897	1481969	681579	731810	569477		1449813	34321
2004	2877823	729690	1719105	636613	2241210	1021355	813391	1043077		2392661	107607
2005	3493447	829826	2015002	906523	2586924	1529342	924734	1039371		3178012	84184
2006	4318730	959420	2627608	1040581	3278149	2048430	952857	1317443		3902884	73093
2007	5289808	1167797	3344637	1241105	4048703	2431750	1439109	1418949		4738217	204231
2008	6412142	1269453	4291828	1446856	4965286	2976139	1744631	1691372		5766846	96540
2009	7315811	1275533	5064006	1571223	5314053	3273806	2064628	1546842		6577240	476934
2010	9759157	1851934	6660556	1867855	7487782	4743640	2609348	2002649		9077515	785192
2011	12970305	5675470	5770813	2160715	10138923	7636982	2574014	2071981	16661	12082080	1062873
2012	17110249	4635723	11072564	2745582	13730075	10372335	2932009	3108869	62444	16156535	893286
2013	19946852	4043431	14540397	3276296	16004008	12038807	3446932	3722649	71915	18874779	1056989
2014	18799176	1353128	14765899	3965904	14237548	9914669	3384379	4772636	131767	17230161	706925
2015	18906200	1089168	14999308	4557732	14065487	9806466	3475842	5123867	217044	16666318	596398

注:1. 2000 年—2013 年指标数含宁夏电力公司全区口径,2014 年指标数中宁夏电力公司只含银川市部分;

2. 效益指标 2000 年前为独立核算口径,2000 年后(含 2000 年)为规模以上口径;

3. 从 2009 年起,数据除工业总产值外,其他指标均为规模以上口径。

a) The date in above table containing the Ningxia electric power company the region's caliber frome 2000 to 2013, the number of indicators in Ningxia electric power company is only part of Yinchuan City in 2014.

b) Efficiency indicators by the year 2000 as an independent accounting caliber, 2000(including 2000)for the above designated size caliber.

c) In addition to gross industrial output value Since 2009, other indicators are above the designated size caliber.

4—2 主要年份工业产品产量

Output of Major Industrial Products in Main Years

年份 Year	轮胎外胎（万条）Tires (10 000 tires)	水泥（万吨）Cement (10 000 tons)	金属切削机床（台）Metal-cutting Machine Tools (unit)	电力变压器（万千伏安）Power Transformers (10 000 kva)	味精（吨）Monosodium Glutamate (ton)	乳制品（吨）Dairy Products (ton)
1978	30.10	3.13	439	3.50	35	
1979	32.00	2.82	437	4.00		
1980	29.30	2.96	385	7.33		
1981	8.50	1.84	239	3.00	24	205
1982	16.20	3.35	245	2.66	53	258
1983	25.60	5.47	356	4.31	55	308
1984	29.50	5.77	406	6.49	48	527
1985	34.30	8.60	400	12.15	55	759
1986	38.45	10.09	392	13.88	87	1068
1987	57.01	14.70	417	18.65	151	1355
1988	67.08	28.34	480	19.61	250	1779
1989	69.10	35.11	403	24.73	423	3292
1990	63.51	30.46	289	24.54	433	3128
1991	75.62	32.26	228	23.90	393	4033
1992	103.59	36.96	337	26.54	420	7404
1993	123.56	38.11	386	33.90	500	4811
1994	144.20	47.19	1649	25.00	567	4643
1995	164.95	51.51	994	25.00	800	4329
1996	192.24	59.90	829	30.06	1000	5991
1997	186.74	60.95	983	36.82	1235	5079
1998	191.24	74.77	455	40.81	880	6531
1999	167.98	85.20	659	46.73	1567	7742
2000	193.00	82.22	909	67.00	2419	6760
2001	182.00	87.70	1298	124.00	3592	7814
2002	224.31	123.06	1816	116.02	3032	6099
2003	241.53	208.52	1953	105.00	14979	5621
2004	293.60	196.48	1095	73.25	24236	6876
2005	304.56	178.23	1418	67.66	24159	49656
2006	389.59	219.52	1892	159.41	32018	64688
2007	395.54	261.55	2494	224.85	62151	73347
2008	337.16	277.93	2458	178.90	66660	50159
2009	225.62	332.27	1620	685.27	75635	46553
2010	210.44	458.53	3110	43.55	84711	37433
2011	188.38	475.89	3762	705.43		24115
2012	141.91	509.22	2570	174.75		196140
2013	165.89	650.06	2370	713.63		219417
2014	153.76	582.24	2146	1141.10	201917	263074
2015	138.77	522.80	1669	1424.50	217920	244975

4-2 续表 1 continued

年 份 Year	饮料酒 （千升） Alcoholic Drink （ton）	农用化肥 （万吨） Chemical Fertilizers （10 000 tons）	自来水售水量 （万吨） Water Sales （10 000 tons）	服 装 （万件） Clothing （10 000 units）	中成药 （吨） Chinese Patent Modicines（ton）
1978	424	15.07			
1979	743	3.64			
1980	855	3.62			200
1981	2889	3.08		94.80	188
1982	3658	3.84			191
1983	4867	3.96		77.78	222
1984	5830	4.84		100.76	230
1985	7600	4.36	1283		172
1986	13345	4.83	1596		222
1987	14553	5.31	1840	107.26	243
1988	16800	5.73	2208		340
1989	16300	18.68	2560	192.46	277
1990	15800	23.50	2864	171.34	255
1991	16200	26.96	3233	158.55	322
1992	14103	28.79	3625	139.36	281
1993	21970	25.22	4227	74.02	402
1994	21848	27.96	4865	119.31	317
1995	28063	34.34	5153	193.75	354
1996	31270	32.07	5249	72.00	392
1997	28068	32.97	5048	129.20	385
1998	28468	36.35	5697		300
1999	43712	43.02	4297	37.72	349
2000	40390	50.00	4399	51.00	461
2001	43934	57.00	4101	120.00	453
2002	77449	66.68	4108	132.34	459
2003	66167	63.67	4455	120.85	512
2004	95015	69.20	4592	96.62	481
2005	85439	57.84	4804	57.57	802
2006	76888	55.80	5079	41.35	1013
2007	103363	57.90	5578	169.54	762
2008	120124	74.91	5909	243.74	671
2009	146343	72.61	6380	319.97	869
2010	159947	69.02	6868	362.44	926
2011	181920	80.56	7078	411.70	943
2012	172088	66.02	7607	493.70	400
2013	272200	54.38	7993	631.01	665
2014	288878	28.35	8417	836.83	564
2015	286681	65.16	9373	1236.00	730

4-2　续表 2 continued

年 份 Year	合成氨 （万吨） Synthetic Ammonia （10 000 tons）	铁合金 （万吨） Ferroalloy （10 000 tons）	轴　承 （万套） Bearing （10 000 sets）	配混合饲料 （万吨） Feed （10 000 tons）
1978	4.84		12.00	
1979	5.98		6.40	
1980	5.49	0.14	3.09	
1981	4.71	0.06		
1982	5.55	0.07		
1983	5.51	0.11		
1984	6.80	0.11		
1985	6.27	0.13		
1986	11.00	0.44	20.10	
1987	6.73			
1988	7.59	1.16		
1989	23.25			
1990	29.90	1.73	195.06	
1991	33.62	0.76	200.00	
1992	34.84	1.26	171.40	
1993	25.99	2.32	197.00	
1994	35.14	3.54	203.55	
1995	40.66	3.21	349.69	
1996	39.76	4.53	309.37	
1997	4.59	3.68	283.46	
1998	45.52	3.04	622.67	
1999	52.95	4.09	655.00	
2000	63.00	5.38	735.00	2.02
2001	72.00	5.80	459.00	3.11
2002	82.93	7.38	354.30	4.58
2003	79.69	10.83	254.45	4.57
2004	85.89	12.49	215.45	9.42
2005	75.16	11.46	199.72	12.33
2006	74.02	15.75	176.28	12.27
2007	78.38	11.80	205.90	11.20
2008	89.66	10.35	161.97	15.91
2009	84.26	7.04	114.32	22.70
2010	79.75	6.39	133.59	19.46
2011	92.31	11.75	96.40	23.14
2012	84.15	11.23	80.70	24.73
2013	69.32	17.57	94.61	25.83
2014	36.87	16.16	183.48	29.32
2015	30.61	7.24	594.09	30.67

4—3 主要年份规模以上工业总产值

单位:万元

指 标	Item	2007 年	2008 年
总 计	**Total**	**4922282**	**5999463**
按地区分	**Gorped by Region**		
市区	City	3093216	3664004
永宁	Yongning	404768	501170
贺兰	Helan	267981	376754
灵武	Lingwu	1156318	1457534
按轻重工分	**Grouped byLight & Heavy Industries**		
轻工业	Light Industry	1054619	1272635
重工业	Heavy Industry	3867664	4726827
按企业规模分	**Grouped by Size of Enterprises**		
大型企业	Large Enterprises	2431750	2976139
中型企业	Medium-sized Enterprises	1439109	1744631
小型企业	Small Enterprises	1051423	1278692
微型企业	Micro-enterprises		
按登记注册类型分	**Groupedby Status of Registration**		
内资企业	Domestic Funded	4374544	5403065
国有企业	State-owned Enterprises	1164597	1258944
集体企业	Collective-owned Enterprises	7368	4711
联营企业	Joint Ownership Enterprises	5314	7974
有限责任公司	Limited Liability Corporations	1345937	1697668
国有独资公司	State Sole Funded Corporations	36020	597831
其他有限责任公司	Other Limited Liability Corporations	1309917	1099837
股份有限公司	Share-holding Corporations Limited	873486	1327548
私营企业	Private Enterprises	977841	1106221
私营独资企业	Private Sole Funded Corporations	38059	17873
私营有限责任公司	Private Limited LiabilityCorporations	923356	1086361
私营股份有限公司	Private Share-holdingCorporations Limited	11356	1987
其他企业	Others		
港、澳、台商投资企业	EnterpriseswithFundsfromHongKong,MacaoandTaiwan	26753	35347
外商投资企业	Foreign Funded Enterprises	520986	561051

注:2007 年-2013 年指标数含宁夏电力公司全区口径,2014 年指标数中宁夏电力公司只含银川市部分。

Gross Industrial Output Value of Enterprises above Designated Size in Main Years

(10 000yuan)

2009 年	2010 年	2011 年	2012 年	2013 年	2014 年	2015 年
6885276	**9355637**	**12299638**	**16475657**	**19280304**	**18203451**	18623219
3598719	4840629	5821471	8243637	9399106	5950349	5418472
605906	762787	946682	1087063	1221952	1425491	1446420
531029	650714	811479	1115541	1441957	1741838	2061497
2149623	3101507	4720005	6029416	7217288	9085398	9696833
1571223	1867855	2160715	2745582	3276296	3965904	4557732
5314054	7487782	10138923	13730075	16004008	14237548	14065487
3273806	4743640	7636982	10372335	12038807	9914669	9806466
2064628	2609348	2574014	2932009	3446932	3384379	3475842
1546842	2002649	2071981	3108869	3722649	4772636	5123867
		16661	62444	71915	131767	217044
6371170	8573221	11520664	15766254	18588274	16124387	16115189
1275533	1851934	5675470	4635723	4043431	1353128	1089168
7335	12228		2424			
2030857	2898609	2193134	4289162	5256084	6376842	6658939
859926	1284139	106062	2212839	2427636	2902825	2917020
1170931	1614470	2087071	2076323	2828448	3474017	3741919
1443287	1686254	1114111	3643923	4380937	3862530	3163927
1614158	2086997	2487739	3195021	4907822	4531887	5203154
24296	9572	24171	55542	4446	5360	26712
1588622	1923937	2334374	3139479	3820731	4489977	5009843
1240	151757	129195		1082646	36550	166600
		50210				
39622	183095	117086	204590	190855	1464254	1927515
474485	599321	661888	504812	501175	614810	580515

a)The indicatora in above table include the region′ s Ningxia electric power company from 2007 to 2013, the number of indicators Ningxia electric power company is only part of Yinchuan city in 2014.

4—4 全市规模以上工业企业增加值

单位:万元 (2015)

指 标	Item	工业增加值（当年价格）Value-added of Industry (current prices)
总 计	**Total**	**4878089**
按地区分	**Gorped by Region**	
市区	City	1294164
兴庆区	Xingqing	85177
西夏区	Xixia	914228
金凤区	Jinfeng	291759
永宁	Yongning	347928
贺兰	Helan	478723
灵武	Lingwu	2757288
按轻重工分	**Grouped by Light & Heavy Industries**	
轻工业	Light Industry	1080508
重工业	Heavy Industry	3740582
按企业规模分	**Grouped by Size of Enterprises**	
大型企业	Large Enterprises	2664975
中型企业	Medium-sized Enterprises	1082249
小型企业	Small Enterprises	1041725
微型企业	Micro-enterprises	32141
按登记注册类型分	**Grouped by Status of Registration**	
国有企业	State-owned Enterprises	234889
股份制企业	Joint-stock Enterprises	3844453
外商及港澳台投资企业	Foreign and Hongkong, Macau and Taiwan Invested Enterprises	736017
其他经济类型企业	Others	5731

Main Economic Indicators of Industrial Enterprises above Designated Size

(10 000 yuan)

指 标	Item	工业增加值（当年价格）Value-added of Industry (current prices)
按工业行业大类分	**Grouped by Sector**	
煤炭开采和洗选业	Mining and Washing of Coal	847055
农副食品加工业	Processing of Food from Agricultural Products	95550
食品制造业	Manufacture of Foods	163107
酒、饮料和精制茶制造业	Manufacture of Wine, Beverage and Tea	82409
纺织业	Manufacture of Textile	304020
纺织服装、服饰业	Manufacture of Textile Wearing Apparel and Apparel Industry	207007
皮革、毛皮、羽毛及其制品和制鞋业	Manufacture of leather, Fur, Feather, Footwear and Related Products	16578
木材加工及木、竹、藤、棕、草制品业	Processing of Timber,Manufacture of Wood,Bamboo,Rattan,Palm and Straw Products	23642
家具制造业	Manufacture of Furniture	18717
造纸及纸制品业	Manufacture of Paper and Paper Products	18534
印刷和记录媒介复制业	Printing,Reproduction of Recording Media	3282
文教、工美、体育和娱乐用品制造业	ManufactureofArticlesforCulture,Education,ArtsandCrafts,SportandEntertainmentActivities	1445
石油加工、炼焦及核燃料加工业	Processing of Petroleum,Coking, Processing of Nuclear Fuel	689398
化学原料及化学制品制造业	Manufacture of Raw Chemical Materials and Chemical Products	698380
医药制造业	Manufacture of Medicines	116377
橡胶和塑料制品业	Manufacture of Rubber and Plastics	39491
非金属矿物制品业	Manufacture of Non-metallic Mineral Products	167898
黑色金属冶炼及压延加工业	Smelting and Pressing of Ferrous Metals	35050
有色金属冶炼及压延加工业	Smelting and Pressing of Non-ferrous Metals	143108
金属制品业	Manufacture of Metal Products	82054
通用设备制造业	Manufacture of General Purpose Machinery	73155
专用设备制造业	Manufacture of Special Purpose Machinery	25828
汽车制造业	Manufature of Automotive Industry	644
铁路、船舶、航空航天和其他运输设备制造业	Manufature of Railways, Shipbailding, Aerospace and Other Transporation Equipment	2938
电气机械及器材制造业	Manufacture of Electrical Machinery and Equipment	146048
仪器仪表制造业	Manufacture of Measuring Instruments	20810
废弃资源综合利用业	Comprehensive Vtilization of waste Resources	9807
电力、热力的生产和供应业	Production and Supply of Electric Power,Gas and Water	741234
燃气生产和供应业	Production and Supply of Gas	65248
水的生产和供应业	Production and Supply of Water	38217

4—5 规模以上工业企业主要产品产量

产　品	Product	单位	Unit
大米	Rice	万吨	10 000tons
乳制品	Dairy Products	万吨	10 000tons
液体乳	Liquid Milk	万吨	10 000tons
小麦粉	Wheat Flour	万吨	10 000tons
白酒	Liquor	千升	kiloliter
啤酒	Beer	千升	kiloliter
葡萄酒	Wine	千升	kiloliter
服装	Clothing	万件	10 000units
家具	Furniture	万件	10 000units
机制纸	Machine-made Paper	万吨	10 000tons
中成药	Medicine	吨	ton
塑料制品	Plastic Products	吨	ton
水泥	Cement	万吨	10 000tons
合成氨	SyntheticAmmonia	万吨	10 000tons
农用化肥	Chemical Fertilizers	万吨	10 000tons
氮肥	Nitrogen	万吨	10 000tons
磷肥	Phosphate	万吨	10 000tons
轮胎外胎	Tires	万条	10 000tires
变压器	Transformer	万千伏安	10 000kva
金属切削机床	Metal-cutting Machine Tools	台	unit
铁合金	Ferroalloy	万吨	10 000tons
轴承	Bearing	万套	10 000sets
配混合饲料	Feed	吨	ton
钢材	Rolled Steel	吨	ton
起重机	Lifting Appliances	吨	ton
铸铁件	CastIron	吨	ton
交流电动机	Electric Motor	万千瓦时	10 000kwh

Output Volume of Major Industrial Products in Enterprises above Designated Size

2014年	2015年
45.01	50.61
26.31	24.50
24.72	22.41
14.05	14.99
7742.00	8674.00
276829.00	263792.00
4177.00	13865.00
836.83	1236.00
22.53	22.21
6.34	8.61
563.77	729.71
115025.00	106887.09
582.24	522.80
36.87	30.61
28.35	65.16
28.08	65.07
0.27	0.09
153.76	138.77
1172.98	1424.50
2146.00	1669.00
16.16	7.24
183.48	594.09
29.32	306674.00
207463.00	193045.00
8661.00	8822.00
40905.00	38941.09
77.34	82.91

4—6 全市规模以上工业企业主要经济指标

单位:万元 (2015)

指标	Item	企业单位数（个）Number of Enterprises (unit)
总　计	**Total**	**486**
#亏损企业	Loss-suffering Enterprises	114
按地区分	**Gorped by Region**	
市区	City	148
永宁	Yongning	81
贺兰	Helan	131
灵武	Lingwu	126
按轻重工分	**Grouped by Light & Heavy Industries**	
轻工业	Light Industry	193
重工业	Heavy Industry	293
按企业规模分	**Grouped by Size of Enterprises**	
大型企业	Large Enterprises	15
中型企业	Medium-sized Enterprises	51
小型企业	Small Enterprises	375
微型企业	Micro-enterprises	45
按登记注册类型分	**Grouped by Status of Registration**	
内资企业	Domestic Funded	456
国有企业	State-owned Enterprises	4
中央企业	Central	2
地方企业	Local	2
有限责任公司	Limited Liability Corporations	118
国有独资公司	State Sole Funded Corporations	13
其他有限责任公司	Other Limited Liability Corporations	105
股份有限公司	Share-holding Corporations Limited	13
私营企业	Private Enterprises	321
私营独资企业	Private Sole Funded Corporations	2
私营有限责任公司	Private Limited Liability Corporations	311
私营股份有限公司	Private Share-holding Corporations Limited	8
港、澳、台商投资企业	Enterprises with Funds fromHong Kong,Macaoand Taiwan	13
合资经营企业(港或澳、台资)	Joint-venturesEnterprises(Hongkong, Macao or Taiwan)	5
港澳台商独资经营企业	Enterprises with Fundsfrom Hong Kong,Macao andTaiwan	8
外商投资企业	Foreign Funded Enterprises	17
中外合资经营企业	Joint-venture Enterprises	10
中外合作经营企业	Cooperation Enterprises	
外资企业	Foreign Enterprises	7

Main Economic Indicators of Industrial Enterprises above Designated Size

(10 000 yuan)

# 亏损企业 Loss-suffering Enterprises	工业总产值（当年价格） Gross Output Value of Industrial (current prices)	工业销售产值（当年价格） Output Value of Industrial Sold (current prices)	资产总计 Total Assets	流动资产总计 Total Working Capitas	# 存货 Stock	# 产成品 Finished Products
114	**18623219**	**17506233**	**37290842**	**12111805**	**3100947**	**1237577**
114	5136923	4608234	17880706	4992235	1050137	410549
43	5418472	5037734	9065000	3844369	839491	214337
14	1446420	1325430	2166864	879899	220815	75328
33	2061497	1849235	2274039	1039250	260385	114160
24	9696833	9293838	23784942	6348287	1780256	833753
25	4557732	4285667	7638897	4052256	1600328	666051
89	14065487	13220566	29651945	8059549	1500619	571526
4	9806466	9304995	20563141	5126082	1297299	566253
18	3475842	3293862	7860567	2760528	751052	279622
87	5123867	4697250	8455791	4086786	1000904	364219
5	217044	210125	411343	138410	51692	27484
105	16115189	15127101	33127430	10888064	2821355	1163603
1	1089168	1089168	1226483	280233	5106	
	1078025	1078025	1200819	271722	4954	
1	11144	11144	25664	8511	152	
37	6658939	6012149	19768122	4557407	1155569	560564
4	2917020	2657655	9232779	1510736	467507	245513
33	3741919	3354493	10535343	3046671	688062	315051
6	3163927	3136741	2514423	636411	225570	72052
61	5203154	4889043	9618402	5414013	1435110	530986
	26712	25576	14231	11193	2617	1325
57	5009843	4699505	9376677	5261479	1414903	524555
4	166600	163962	227494	141340	17591	5107
5	1927515	1827145	3210392	780371	72917	18559
3	1791291	1721233	2922614	676066	38086	8040
2	136225	105912	287778	104305	34830	10520
4	580515	551987	953020	443370	206676	55415
1	310552	271826	596560	290956	137764	28255
3	269964	280161	356461	152414	68912	27160

4-6 续表 1

单位:万元 (2015)

指 标	Item	企业单位数(个) Number of Enterprises (unit)
按工业行业大类分	**Grouped by Sector**	
煤炭开采和洗选业	Mining and Washing of Coal	7
农副食品加工业	Processing of Food from Agricultural Products	57
食品制造业	Manufacture of Foods	30
酒、饮料和精制茶制造业	Manufacture of Wine, Beverage and Tea	14
纺织业	Manufacture of Textile	39
纺织服装、服饰业	Manufacture of Textile Wearing Apparel and Apparel Industry	3
皮革、毛皮、羽毛及其制品和制鞋业	Manufacture ofleather, Fur,Feather, Footwearand Related Products	5
木材加工及木、竹、藤、棕、草制品业	ProcessingofTimber,ManufactureofWood,Bamboo,Rattan,PalmandStrawProducts	4
家具制造业	Manufacture of Furniture	7
造纸及纸制品业	Manufacture of Paper and Paper Products	8
印刷和记录媒介复制业	Printing,Reproduction of Recording Media	2
文教、工美、体育和娱乐用品制造业	Manufacture of Articles for Culture,Education,Arts and Crafts,Sport and Entertainment Activities	2
石油加工、炼焦及核燃料加工业	Processing of Petroleum,Coking, Processing of Nuclear Fuel	10
化学原料及化学制品制造业	Manufacture of Raw Chemical Materials and Chemical Products	36
医药制造业	Manufacture of Medicines	11
橡胶和塑料制品业	Manufacture of Rubber and Plastics	17
非金属矿物制品业	Manufacture of Non-metallic Mineral Products	56
黑色金属冶炼及压延加工业	Smelting and Pressing of Ferrous Metals	8
有色金属冶炼及压延加工业	Smelting and Pressing of Non-ferrous Metals	12
金属制品业	Manufacture of Metal Products	29
通用设备制造业	Manufacture of General Purpose Machinery	23
专用设备制造业	Manufacture of Special Purpose Machinery	15
汽车制造业	Manufature of Automotive Industry	2
铁路、船舶、航空航天和其他运输设备制造业	ManufatureofRailways,Shipbailding,AerospaceandOtherTransporationEquipment	3
电气机械及器材制造业	Manufacture of Electrical Machinery andEquipment	30
仪器仪表制造业	Manufacture of Measuring Instruments	5
废弃资源综合利用业	Vtilization Waste Resources	6
电力、热力的生产和供应业	Production and Supply of Electric Power,Gasand Water	28
燃气生产和供应业	Production and Supply of Gas	13
水的生产和供应业	Production and Supply of Water	4

continued

(10 000yuan)

# 亏损企业 Loss-suffering Enterprises	工业总产值(当年价格) Gross Output Value of Industrial (current prices)	工业销售产值(当年价格) Output Value of Industrial Sold (current prices)	资产总计 Total Assets	流动资产总计 Total Working Capitas	# 存货 Stock	# 产成品 Finished Products
3	2755673	2498969	7995497	1356986	433167	254768
7	653008	605205	513772	288040	145881	39479
5	920286	910637	849673	312067	86859	32010
2	176977	148287	388373	165854	110430	18550
4	1836158	1710633	4090708	2466416	1099099	497383
	16614	13882	75903	65844	19393	12217
	76627	72867	53495	36002	14682	9966
	77780	67818	50063	23651	10555	6186
1	71495	69875	57938	31669	7280	4484
	124475	125358	128827	61213	15526	3051
	14488	14593	14811	9476	676	211
1	114738	114478	125182	107526	864	137
4	4436076	4368974	5926730	2091983	214109	43946
18	879643	722609	3547019	492302	142908	59302
3	366281	322791	964686	402108	81440	39189
6	221606	216731	253050	153192	45693	29051
16	604696	572055	976723	493526	70268	28693
5	195280	194493	407779	143576	46937	15487
2	939284	897249	637909	278444	88619	28602
7	335068	245110	312862	189271	37348	11442
7	277038	257775	581870	321906	104993	38236
3	130701	121624	202791	107787	37682	10577
	7826	6747	3202	985	155	62
	10372	10733	20682	7284	2985	1773
6	511403	446057	439142	255399	67894	33639
1	105655	95794	80446	65936	12958	6771
	57998	60237	54195	25438	4907	1258
7	2249642	2245644	5494864	850591	48945	
5	391787	304481	2661996	1237288	147378	10657
1	64548	64529	380658	70046	1317	451

4-6 续表2 continued

单位:万元 （2015）

指 标	Item	固定资产总计 Total Value of FixedAssets
总 计	**Total**	**16395169**
# 亏损企业	Loss-suffering Enterprises	7395884
按地区分	**Gorped by Region**	
市区	City	3419094
永宁	Yongning	909816
贺兰	Helan	694288
灵武	Lingwu	11371973
按轻重工分	**Grouped by Light & Heavy Industries**	
轻工业	Light Industry	2318127
重工业	Heavy Industry	14077042
按企业规模分	**Grouped by Size of Enterprises**	
大型企业	Large Enterprises	9328511
中型企业	Medium-sized Enterprises	3743240
小型企业	Small Enterprises	3081054
微型企业	Micro-enterprises	242365
按登记注册类型分	**Grouped by Status of Registration**	
内资企业	Domestic Funded	14338842
国有企业	State-owned Enterprises	900667
中央企业	Central	885147
地方企业	Local	15521
有限责任公司	Limited Liability Corporations	9887872
国有独资公司	State Sole Funded Corporations	4236763
其他有限责任公司	Other Limited Liability Corporations	5651109
股份有限公司	Share-holding Corporations Limited	1592850
私营企业	Private Enterprises	1957453
私营独资企业	Private Sole Funded Corporations	924
私营有限责任公司	Private Limited Liability Corporations	1903403
私营股份有限公司	Private Share-holding Corporations Limited	53126
港、澳、台商投资企业	Enterprises with Funds fromHong Kong,Macaoand Taiwan	1694144
合资经营企业(港或澳、台资)	Joint-venturesEnterprises(Hongkong,Macao or Taiwan)	1617428
港澳台商独资经营企业	Enterprises with Fundsfrom Hong Kong,Macao andTaiwan	76716
外商投资企业	Foreign Funded Enterprises	362183
中外合资经营企业	Joint-venture Enterprises	177929
中外合作经营企业	Cooperation Enterprises	
外资企业	Foreign Enterprises	184255

continued

(10 000yuan)

固定资产原价 Original Value of Fixed Assets	累计折旧 Accumulated Depreciation	负债合计 Total Liabilities	流动负债合计 Total Working Liabilities	#应付账款 Accounts Payable
21455766	**6231772**	**24830829**	**14786184**	**3597345**
10041981	2752470	13581529	7621526	1997481
4754810	1788594	5461835	3551476	914071
1316069	476020	1368750	1081538	223719
817924	221065	1296345	962081	256840
14566967	3746096	16703901	9191090	2202717
2588232	773065	4411938	3565174	610062
18867534	5458708	20418892	11221010	2987284
12623585	4036409	13814862	8035751	1905106
4903714	1227949	5226943	2996428	621075
3660923	939525	5531826	3674778	1052109
267544	27890	257199	79228	19055
18952031	5759917	22305487	13095989	3047339
1431936	657883	864342	467865	185085
1419960	652430	848639	461868	181280
11975	5453	15704	5997	3805
12802828	3481570	13693085	6806623	1811620
6234548	2189287	6590690	3082299	935932
6568279	1292284	7102395	3724325	875688
2434202	1081508	1412909	1111853	245990
2283066	538956	6335151	4709648	804645
2332	1412	9043	9026	3548
2217253	523164	6163172	4555903	690447
63481	14379	162936	144719	110649
1930365	246751	2018841	1216620	371617
1841489	224062	1815738	1076297	302539
88875	22690	203103	140323	69078
573370	225104	506501	473575	178390
226048	62037	296307	263591	53439
347322	163068	210194	209984	124950

4-6 续表 3 continued

单位:万元 (2015)

指标	Item	固定资产总计 Total Value of FixedAssets
按工业行业大类分	**Grouped by Sector**	
煤炭开采和洗选业	Mining and Washing of Coal	3113340
农副食品加工业	Processing of Food from Agricultural Products	166957
食品制造业	Manufacture of Foods	402609
酒、饮料和精制茶制造业	Manufacture of Wine, Beverage and Tea	188939
纺织业	Manufacture of Textile	823646
纺织服装、服饰业	ManufactureofTextile WearingApparelandApparelIndustry	6870
皮革、毛皮、羽毛及其制品和制鞋业	Manufacture ofleather, Fur,Feather, Footwearand Related Products	15045
木材加工及木、竹、藤、棕、草制品业	ProcessingofTimber,ManufactureofWood,Bamboo,Rattan,PalmandStrawProducts	14744
家具制造业	Manufacture of Furniture	17941
造纸及纸制品业	Manufacture of Paper and Paper Products	51505
印刷和记录媒介复制业	Printing,Reproduction of Recording Media	3885
文教、工美、体育和娱乐用品制造业	Manufacture of Articles for Culture,Education,Arts and Crafts,Sport and Entertainment Activities	6331
石油加工、炼焦及核燃料加工业	Processing of Petroleum,Coking, Processing of Nuclear Fuel	2588924
化学原料及化学制品制造业	ManufactureofRawChemicalMaterialsandChemicalProducts	2401726
医药制造业	Manufacture of Medicines	404030
橡胶和塑料制品业	Manufacture of Rubber and Plastics	82692
非金属矿物制品业	Manufacture of Non-metallic Mineral Products	347914
黑色金属冶炼及压延加工业	Smelting and Pressing of Ferrous Metals	158502
有色金属冶炼及压延加工业	Smelting and Pressing of Non-ferrous Metals	297425
金属制品业	Manufacture of Metal Products	69481
通用设备制造业	Manufacture of General Purpose Machinery	203192
专用设备制造业	Manufacture of Special Purpose Machinery	58571
汽车制造业	Manufature of Automotive Industry	1287
铁路、船舶、航空航天和其他运输设备制造业	ManufatureofRailways,Shipbailding,AerospaceandOtherTransporationEquipment	3558
电气机械及器材制造业	Manufacture of Electrical Machinery andEquipment	136424
仪器仪表制造业	Manufacture of Measuring Instruments	11657
废弃资源综合利用业	Vtilization Waste Resources	20748
电力、热力的生产和供应业	ProductionandSupplyofElectricPower,GasandWater	3877190
燃气生产和供应业	Production and Supply of Gas	717339
水的生产和供应业	Production and Supply of Water	202697

continued

(10 000yuan)

固定资产原价 Original Value of Fixed Assets	累计折旧 Accumulated Depreciation	负债合计 Total Liabilities	流动负债合计 Total Working Liabilities	# 应付账款 Accounts Payable
5018187	1904875	5646001	2982416	851256
180634	46757	235834	201312	31605
552809	186271	469998	407059	81345
222402	46939	279762	263728	68173
620198	139738	2290843	1788621	184379
12329	5511	52905	51502	25746
13916	1819	29502	25960	2494
19354	4610	21642	8811	3339
24670	6729	21492	21492	2850
78969	27475	74961	58875	7937
13353	9537	5607	5607	5213
6386	139	104826	102528	101275
3282598	952184	4005357	2728067	442454
2545292	149496	2504445	1134371	370724
574753	209244	653436	554293	81346
206967	126477	175031	168504	109793
504628	169386	554941	533237	218556
208918	55939	255101	181770	52314
536872	191007	607691	543683	128764
69731	24617	205171	99469	22471
307438	122204	272230	239826	92023
65902	13203	112211	108106	14805
1269	109	664	664	187
4060	502	12322	6238	2021
167018	36525	250405	185406	56048
14660	3384	43011	41711	16126
22099	2529	28403	28373	5814
5164444	1577491	3807275	1259909	468512
767956	137673	1910928	1017858	141860
247954	79404	198835	36789	7918

4-6 续表4 continued

单位:万元 (2015)

指 标	Item	所有者权益合计 Owners' Equities
总 计	**Total**	**12430948**
#亏损企业	Loss-suffering Enterprises	4292137
按地区分	**Gorped by Region**	
市区	City	3603987
永宁	Yongning	790251
贺兰	Helan	977692
灵武	Lingwu	7059019
按轻重工分	**Grouped by Light & Heavy Industries**	
轻工业	Light Industry	3204938
重工业	Heavy Industry	9226010
按企业规模分	**Grouped by Size of Enterprises**	
大型企业	Large Enterprises	6748280
中型企业	Medium-sized Enterprises	2633611
小型企业	Small Enterprises	2916099
微型企业	Micro-enterprises	132959
按登记注册类型分	**Grouped by Status of Registration**	
内资企业	Domestic Funded	10792878
国有企业	State-owned Enterprises	362141
中央企业	Central	352180
地方企业	Local	9961
有限责任公司	Limited Liability Corporations	6075024
国有独资公司	State Sole Funded Corporations	2642090
其他有限责任公司	Other Limited Liability Corporations	3432934
股份有限公司	Share-holding Corporations Limited	1101514
私营企业	Private Enterprises	3254200
私营独资企业	Private Sole Funded Corporations	5188
私营有限责任公司	Private Limited Liability Corporations	3183620
私营股份有限公司	Private Share-holding Corporations Limited	65392
港、澳、台商投资企业	Enterprises with Funds fromHong Kong,Macaoand Taiwan	1191551
合资经营企业(港或澳、台资)	Joint-venturesEnterprises(Hongkong,Macao or Taiwan)	1106876
港澳台商独资经营企业	Enterprises with Fundsfrom Hong Kong,Macao andTaiwan	84675
外商投资企业	Foreign Funded Enterprises	446519
中外合资经营企业	Joint-venture Enterprises	300252
中外合作经营企业	Cooperation Enterprises	
外资企业	Foreign Enterprises	146267

continued

(10 000yuan)

实收资本 Paid-up Capital	国家资本 State-owned Capital	集体资本 Collective-owned Capital	法人资本 Corporate Capital	个人资本 Personal Capital	港澳台资本 Capital frome Hong Kong, Macao and Taiwan	外商资本 Foreign Capital
12930989	**4574861**	**13613**	**6860968**	**1012767**	**303640**	**165141**
8400633	3112519	8125	4937894	156117	64420	121559
2347795	832083	1794	1154795	170082	54874	134167
310053	9452		91057	187256		22289
676432	27113	11749	520318	90714	17853	8685
9596709	3706214	70	5094798	564715	230912	
1531743	64112	516	814829	597752	20719	33815
11399246	4510750	13097	6046139	415015	282920	131326
9452300	3788008		4959091	466968	200000	38234
1650862	494127		901645	124004	37848	93238
1738675	244017	13613	981169	400414	65792	33670
89153	48709		19063	21381		
11749989	4559693	13613	6223253	953430		
114155	114155					
108889	108889					
5266	5266					
8895874	3701261	2489	4785382	406742		
6453922	3268252		3177771	7899		
2441952	433009	2489	1607611	398843		
911528	725138		129314	57076		
1828432	19140	11124	1308557	489611		
5000			2000	3000		
1796776	19140	11124	1294389	472123		
26656			12168	14488		
899690	8418		531895	58880	290204	10293
832372	8418		523895	58880	241179	
67318			8000		49025	10293
281310	6750		105820	457	13435	154848
132887	6750		105820	457	13435	6425
148424						148424

4-6 续表5 continued

单位:万元 (2015)

指 标	Item	所有者权益合计 Owners' Equities
按工业行业大类分	**Grouped by Sector**	
煤炭开采和洗选业	Mining and Washing of Coal	2349496
农副食品加工业	Processing of Food from Agricultural Products	277937
食品制造业	Manufacture of Foods	379674
酒、饮料和精制茶制造业	Manufacture of Wine, Beverage and Tea	108611
纺织业	Manufacture of Textile	1777845
纺织服装、服饰业	Manufacture of Textile Wearing Apparel and Apparel Industry	22998
皮革、毛皮、羽毛及其制品和制鞋业	Manufacture ofleather, Fur,Feather, Footwearand Related Products	23993
木材加工及木、竹、藤、棕、草制品业	ProcessingofTimber,ManufactureofWood,Bamboo,Rattan,PalmandStrawProducts	28421
家具制造业	Manufacture of Furniture	36446
造纸及纸制品业	Manufacture of Paper and Paper Products	53865
印刷和记录媒介复制业	Printing,Reproduction of Recording Media	9204
文教、工美、体育和娱乐用品制造业	Manufacture of Articles for Culture,Education,Arts and Crafts,Sport and Entertainment Activities	20356
石油加工、炼焦及核燃料加工业	Processing of Petroleum,Coking, Processing of Nuclear Fuel	1921373
化学原料及化学制品制造业	Manufacture of Raw Chemical Materials and Chemical Products	1042561
医药制造业	Manufacture of Medicines	311250
橡胶和塑料制品业	Manufacture of Rubber and Plastics	78019
非金属矿物制品业	Manufacture of Non-metallic Mineral Products	421781
黑色金属冶炼及压延加工业	Smelting and Pressing of Ferrous Metals	152678
有色金属冶炼及压延加工业	Smelting and Pressing of Non-ferrous Metals	30217
金属制品业	Manufacture of Metal Products	99829
通用设备制造业	Manufacture of General Purpose Machinery	310474
专用设备制造业	Manufacture of Special Purpose Machinery	90580
汽车制造业	Manufature of Automotive Industry	2537
铁路、船舶、航空航天和其他运输设备制造业	ManufatureofRailways,Shipbailding,AerospaceandOtherTransporationEquipment	8360
电气机械及器材制造业	Manufacture of Electrical Machinery andEquipment	188737
仪器仪表制造业	Manufacture of Measuring Instruments	37434
废弃资源综合利用业	Vtilization Waste Resources	25792
电力、热力的生产和供应业	Production and Supply of Electric Power,Gasand Water	1687589
燃气生产和供应业	Production and Supply of Gas	751068
水的生产和供应业	Production and Supply of Water	181823

continued

(10 000yuan)

实收资本 Paid-up Capital	国家资本 State-owned Capital	集体资本 Collective-owned Capital	法人资本 Corporate Capital	个人资本 Personal Capital	港澳台资本 Capital frome Hong Kong, Macao and Taiwan	外商资本 Foreign Capital
6161134	2998763		3121629	40742		
98397	2929		36786	55490	600	2591
128882		125	87538	32534		8685
67564	10580		11000	4361	19334	22289
870462	18700		458930	392832		
13669	750		12669			250
6849			2763	4086		
3838		408	2540	890		
9680			7500	2180		
21149			4517	16632		
5921	5371			550		
13600			10000	3600		
1863649	715249		846020	102380	200000	
913277		9091	875895	8988	19198	104
155698	1664		74917	79117		
112924			29226	21973	2425	59300
286379	19318	1854	203727	53639	7842	
89388			69805	16000		3584
117853	35000		74553	8300		
51679	100		21325	30254		
177020			77330	31353		68338
53833			27265	26568		
1600			900	700		
2430				2430		
129291			87650	41641		
16200		2065	5780	2355	6000	
10560			4750	5810		
1062272	728975		297768	23028	12500	
327925	13345	70	310175	4335		
157867	24117		98008		35741	

4-6 续表6 continued

单位:万元 (2015)

指 标	Item	主营业务收入 Revenue from Principal Business
总 计	**Total**	**16666318**
#亏损企业	Loss-suffering Enterprises	3765946
按地区分	**Gorped by Region**	
市区	City	5301190
永宁	Yongning	1279790
贺兰	Helan	1491717
灵武	Lingwu	8593624
按轻重工分	**Grouped by Light & Heavy Industries**	
轻工业	Light Industry	4276297
重工业	Heavy Industry	12390021
按企业规模分	**Grouped by Size of Enterprises**	
大型企业	Large Enterprises	8722025
中型企业	Medium-sized Enterprises	3161552
小型企业	Small Enterprises	4599813
微型企业	Micro-enterprises	182927
按登记注册类型分	**Grouped by Status of Registration**	
内资企业	Domestic Funded	14291229
国有企业	State-owned Enterprises	1085267
中央企业	Central	1074052
地方企业	Local	11215
有限责任公司	Limited Liability Corporations	5243346
国有独资公司	State Sole Funded Corporations	1870729
其他有限责任公司	Other Limited Liability Corporations	3372617
股份有限公司	Share-holding Corporations Limited	3146469
私营企业	Private Enterprises	4816148
私营独资企业	Private Sole Funded Corporations	25528
私营有限责任公司	Private Limited Liability Corporations	4632118
私营股份有限公司	Private Share-holding Corporations Limited	158501
港、澳、台商投资企业	Enterprises with Funds fromHong Kong,Macaoand Taiwan	1825095
合资经营企业(港或澳、台资)	Joint-venturesEnterprises(Hongkong,Macao or Taiwan)	1719114
港澳台商独资经营企业	Enterprises with Fundsfrom Hong Kong,Macao andTaiwan	105981
外商投资企业	Foreign Funded Enterprises	549994
中外合资经营企业	Joint-venture Enterprises	270698
中外合作经营企业	Cooperation Enterprises	
外资企业	Foreign Enterprises	279295

continued

(10 000yuan)

# 主营业务成本 Cost of Principal Business	其他业务收入 Revenus from Other Business	其他业务利润 Other Profits	销售费用 Selling Costs	管理费用 Management Costs
13727055	**390299**	**23998**	**350036**	**723206**
3402652	73946	-242	93157	343519
3976801	145937	8019	122676	198442
1105341	75651	12968	41553	78040
1217555	46241	828	78456	80656
7427361	122470	2183	107351	366068
3599439	218533	16872	147870	161113
10127616	171766	7126	202166	562093
6977420	144702	5266	132229	390223
2523344	167167	17410	102550	149637
4074957	78208	1307	110737	175031
151334	222	15	4519	8316
11731014	256298	19651	293085	648992
1037300	2326	231	8	18221
1026694	1799	231		17152
10606	527		8	1070
4272769	129477	7032	136436	373157
1462292	3416	6	49686	212855
2810477	126061	7026	86751	160303
2168873	72997	10278	42637	96834
4252072	51498	2110	114003	160780
23979	61		135	1282
4087606	50852	2110	107362	152152
140486	585		6506	7346
1560285	65563	-80	24011	36436
1479888	63873		19091	27074
80397	1690	-80	4920	9362
435756	68438	4426	32940	37779
194862	45830	3802	19196	20949
240894	22607	625	13744	16830

4-6 续表7 continued

单位:万元 (2015)

指 标	Item	主营业务收入 Revenue from Principal Business
按工业行业大类分	**Grouped by Sector**	
煤炭开采和洗选业	Mining and Washing of Coal	1743179
农副食品加工业	Processing of Food from Agricultural Products	556071
食品制造业	Manufacture of Foods	773598
酒、饮料和精制茶制造业	Manufacture of Wine, Beverage and Tea	141959
纺织业	Manufacture of Textile	1967362
纺织服装、服饰业	Manufacture of Textile Wearing Apparel and Apparel Industry	16129
皮革、毛皮、羽毛及其制品和制鞋业	Manufacture ofleather, Fur,Feather, Footwearand Related Products	58688
木材加工及木、竹、藤、棕、草制品业	ProcessingofTimber,ManufactureofWood,Bamboo,Rattan,PalmandStrawProducts	56781
家具制造业	Manufacture of Furniture	61284
造纸及纸制品业	Manufacture of Paper and Paper Products	107610
印刷和记录媒介复制业	Printing,Reproduction of Recording Media	13492
文教、工美、体育和娱乐用品制造业	Manufacture of Articles for Culture,Education,Arts and Crafts,Sport and Entertainment Activities	114478
石油加工、炼焦及核燃料加工业	Processing of Petroleum,Coking, Processing of Nuclear Fuel	4371430
化学原料及化学制品制造业	Manufacture of Raw Chemical Materials and Chemical Products	580376
医药制造业	Manufacture of Medicines	300572
橡胶和塑料制品业	Manufacture of Rubber and Plastics	218832
非金属矿物制品业	Manufacture of Non-metallic Mineral Products	523324
黑色金属冶炼及压延加工业	Smelting and Pressing of Ferrous Metals	208285
有色金属冶炼及压延加工业	Smelting and Pressing of Non-ferrous Metals	920859
金属制品业	Manufacture of Metal Products	226712
通用设备制造业	Manufacture of General Purpose Machinery	244272
专用设备制造业	Manufacture of Special Purpose Machinery	104248
汽车制造业	Manufature of Automotive Industry	6780
铁路、船舶、航空航天和其他运输设备制造业	ManufatureofRailways,Shipbailding,AerospaceandOtherTransporationEquipment	9701
电气机械及器材制造业	Manufacture of Electrical Machinery andEquipment	384424
仪器仪表制造业	Manufacture of Measuring Instruments	85509
废弃资源综合利用业	Vtilization Waste Resources	65192
电力、热力的生产和供应业	Production and Supply of Electric Power,Gasand Water	2179490
燃气生产和供应业	Production and Supply of Gas	560836
水的生产和供应业	Production and Supply of Water	64846

continued

(10 000yuan)

#主营业务成本 Cost of Principal Business	其他业务收入 Revenus from Other Business	其他业务利润 Other Profits	销售费用 Selling Costs	管理费用 Management Costs
1439206			48216	193395
488174	5058	81	14606	15816
609607	109097	2947	65344	40946
81814	11950	-70	17087	11607
1702515	19241	655	30560	36944
14298	930	60	1370	1554
50177	23	23	374	860
51600	4859		1635	912
52639			3310	3799
92803	136	132	2131	3983
10720	1101		34	1962
113845			93	830
3230906	63739	31	29083	93523
530919	37267	519	7887	57645
258215	68804	12856	7309	34573
201999	20857	434	9676	9132
429245	765	314	32561	32466
185933	9729	2782	7373	15286
899666	15274	-1246	17737	9178
194381	109	9	4190	14877
194270	2738	398	13330	27089
85530	226	94	2636	8192
6109				233
7114	486	83	341	915
332047	3629	1185	14802	14453
68653	1689	297	3618	5833
59713			1713	1526
1820788	9652	1773	519	56571
479386	1645	641	8565	21643
34783	1295		3939	7463

4-6 续表8 continued

单位:万元 (2015)

指 标	Item	财务费用 Financial Costs
总 计	**Total**	**594134**
# 亏损企业	Loss-suffering Enterprises	238322
按地区分	**Gorped by Region**	
市区	City	137188
永宁	Yongning	30253
贺兰	Helan	39169
灵武	Lingwu	387524
按轻重工分	**Grouped by Light & Heavy Industries**	
轻工业	Light Industry	130074
重工业	Heavy Industry	464060
按企业规模分	**Grouped by Size of Enterprises**	
大型企业	Large Enterprises	277505
中型企业	Medium-sized Enterprises	170044
小型企业	Small Enterprises	135852
微型企业	Micro-enterprises	10733
按登记注册类型分	**Grouped by Status of Registration**	
内资企业	Domestic Funded	517133
国有企业	State-owned Enterprises	21613
中央企业	Central	21618
地方企业	Local	-5
有限责任公司	Limited Liability Corporations	287865
国有独资公司	State Sole Funded Corporations	120524
其他有限责任公司	Other Limited Liability Corporations	167340
股份有限公司	Share-holding Corporations Limited	45470
私营企业	Private Enterprises	162185
私营独资企业	Private Sole Funded Corporations	112
私营有限责任公司	Private Limited Liability Corporations	160179
私营股份有限公司	Private Share-holding Corporations Limited	1894
港、澳、台商投资企业	Enterprises with Funds fromHong Kong,Macaoand Taiwan	61893
合资经营企业(港或澳、台资)	Joint-venturesEnterprises(Hongkong,Macao or Taiwan)	54824
港澳台商独资经营企业	Enterprises with Fundsfrom Hong Kong,Macao andTaiwan	7069
外商投资企业	Foreign Funded Enterprises	15109
中外合资经营企业	Joint-venture Enterprises	10983
中外合作经营企业	Cooperation Enterprises	
外资企业	Foreign Enterprises	4126

continued

(10 000yuan)

# 利息支出 Interest Expense	营业利润 Operating Profits	利润总额 Total Profits	亏损企业亏损总额 Total Loss of Loss-suffering Enterprises	本年应付职工薪酬 Wages Payable This Year	从业人员平均人数(人) Annual Average Employed Persons(person)
634949	**556638**	**596398**	**364421**	**1223328**	**139587**
300943	-365952	-364421	364421	661373	59952
132364	129374	137107	108656	284829	39137
29424	33860	47417	11002	70784	12607
24447	83601	110316	19945	71464	15105
448716	309803	301559	224818	796251	72738
117963	260970	329458	20726	185711	37095
516987	295668	266941	343696	1037617	102492
337164	256594	255422	158519	851622	73636
165093	212896	207906	90061	183646	28592
126130	80275	125807	113846	183271	36518
6563	6873	7264	1996	4790	841
566454	347223	395537	341805	1063265	117915
21667	16016	17514	158	65142	4388
21667	15950	17327		63916	4137
0	67	188	158	1225	251
355009	139101	144566	163689	719995	65258
187041	-39631	-42760	101150	526875	35572
167968	178732	187326	62539	193120	29686
43306	57369	53193	55047	134874	13692
146473	134736	180263	122911	143255	34577
111	-44	86		1361	290
144477	134152	178057	120683	133458	32307
1885	628	2120	2228	8437	1980
54689	180186	166415	10336	97415	12889
47689	179590	162247	8052	89487	11671
7000	597	4169	2284	7928	1218
13806	29229	34447	12281	62648	8783
12524	29310	34350	217	26496	4741
1283	-82	97	12064	36152	4042

4-6 续表9 continued

单位:万元 (2015)

指 标	Item	财务费用 Financial Costs
按工业行业大类分	**Grouped by Sector**	
煤炭开采和洗选业	Mining and Washing of Coal	87232
农副食品加工业	Processing of Food from Agricultural Products	11846
食品制造业	Manufacture of Foods	11264
酒、饮料和精制茶制造业	Manufacture of Wine, Beverage and Tea	3199
纺织业	Manufacture of Textile	78801
纺织服装、服饰业	Manufacture of Textile Wearing Apparel and Apparel Industry	256
皮革、毛皮、羽毛及其制品和制鞋业	Manufacture ofleather, Fur,Feather, Footwearand Related Products	858
木材加工及木、竹、藤、棕、草制品业	ProcessingofTimber,ManufactureofWood,Bamboo,Rattan,PalmandStrawProducts	628
家具制造业	Manufacture of Furniture	496
造纸及纸制品业	Manufacture of Paper and Paper Products	2875
印刷和记录媒介复制业	Printing,Reproduction of Recording Media	-1
文教、工美、体育和娱乐用品制造业	Manufacture of Articles for Culture,Education,Arts and Crafts,Sport and Entertainment Activities	290
石油加工、炼焦及核燃料加工业	Processing of Petroleum,Coking, Processing of Nuclear Fuel	99584
化学原料及化学制品制造业	Manufacture of Raw Chemical Materials and Chemical Products	22780
医药制造业	Manufacture of Medicines	15455
橡胶和塑料制品业	Manufacture of Rubber and Plastics	1681
非金属矿物制品业	Manufacture of Non-metallic Mineral Products	11459
黑色金属冶炼及压延加工业	Smelting and Pressing of Ferrous Metals	7887
有色金属冶炼及压延加工业	Smelting and Pressing of Non-ferrous Metals	23024
金属制品业	Manufacture of Metal Products	5245
通用设备制造业	Manufacture of General Purpose Machinery	7615
专用设备制造业	Manufacture of Special Purpose Machinery	2849
汽车制造业	Manufature of Automotive Industry	98
铁路、船舶、航空航天和其他运输设备制造业	ManufatureofRailways,Shipbailding,AerospaceandOtherTransporationEquipment	184
电气机械及器材制造业	Manufacture of Electrical Machinery andEquipment	8864
仪器仪表制造业	Manufacture of Measuring Instruments	861
废弃资源综合利用业	Vtilization Waste Resources	790
电力、热力的生产和供应业	Production and Supply of Electric Power,Gasand Water	142381
燃气生产和供应业	Production and Supply of Gas	38882
水的生产和供应业	Production and Supply of Water	6753

continued

(10 000yuan)

# 利息支出 Interest Expense	营业利润 Operating Profits	利润总额 Total Profits	亏损企业亏损总额 Total Loss of Loss-suffering Enterprises	本年应付职工薪酬 Wages Payable This Year	从业人员平均人数(人) Annual Average Employed Persons(person)
153836	-90984	-95974	99237	508633	35812
10686	26811	35166	9239	19393	4267
10600	51228	58506	387	41453	7263
2987	14422	16734	338	10575	2024
69167	137081	178099	1445	51065	11824
125	-499	186		3827	1026
801	5236	5589		1238	417
508	1999	1692		1050	222
451	902	1033	949	6361	666
2459	5649	6630		8042	2077
2	872	1144		1463	284
1	-583	91	44	710	186
96443	213609	175268	75159	166197	17878
24865	-14187	-20729	47438	67057	9371
16177	-2840	3410	6300	26024	4848
1344	-3834	-3430	13770	22294	3658
12367	11850	25578	8799	32090	5787
8670	-695	974	6379	19012	3558
22236	-34923	-30170	43744	29579	3589
4266	7526	7987	3353	8337	1976
4892	-513	611	14870	35964	5668
2407	5348	7089	1605	8704	1754
96	313	325		168	42
184	1105	1136		896	214
4584	13706	15299	7204	19282	3364
813	7405	8309	503	4640	677
773	1400	2529		911	217
137979	173897	166195	5550	108507	8395
38264	11970	12538	15954	8852	1375
6966	13369	14582	2156	11006	1148

4-7 规模以上工业企业主要经济指标(市区)

单位:万元 (2015)

指标	Item	企业单位数(个) Number of Enterprises (unit)
总 计	**Total**	**148**
# 亏损企业	Loss-suffering Enterprises	43
按轻重工分	**Grouped by Light & Heavy Industries**	
轻工业	Light Industry	43
重工业	Heavy Industry	105
按企业规模分	**Grouped by Size of Enterprises**	
大型企业	Large Enterprises	5
中型企业	Medium-sized Enterprises	27
小型企业	Small Enterprises	110
微型企业	Micro-enterprises	6
按登记注册类型分	**Grouped by Status of Registration**	
内资企业	Domestic Funded	126
国有企业	State-owned Enterprises	2
中央企业	Central	1
地方企业	Local	1
有限责任公司	Limited Liability Corporations	59
国有独资公司	State Sole Funded Corporations	3
其他有限责任公司	Other Limited Liability Corporations	56
股份有限公司	Share-holding Corporations Limited	7
私营企业	Private Enterprises	58
私营有限责任公司	Private Limited Liability Corporations	56
私营股份有限公司	Private Share-holding Corporations Limited	2
港、澳、台商投资企业	Enterpriseswith Funds from Hong Kong,Macaoand Taiwan	8
合资经营企业(港或澳、台资)	Joint-ventures Enterprises(Hongkong, Macao or Taiwan)	2
港澳台商独资经营企业	Enterprises with Funds from HongKong,Macao and Taiwan	6
外商投资企业	Foreign Funded Enterprises	14
中外合资经营企业	Joint-venture Enterprises	9
外资企业	Foreign Enterprises	5

Main Economic Indicators of Industrial Enterprises above Designated Size(City)

(10 000yuan)

# 亏损企业 Loss-suffering Enterprises	工业总产值（当年价格） Gross Output Value of Industrial (current prices)	工业销售产值（当年价格） Output Value of Industrial Sold (current prices)	资产总计 Total Assets	流动资产总计 Total Working Capitas	# 存货 Stock	# 产成品 Finished Products
43	**5418472**	**5037734**	**9065000**	**3844369**	**839491**	**214337**
43	783531	655096	3870923	1949799	368312	76715
6	709057	649216	838008	462673	183862	42007
37	4709416	4388518	8226992	3381696	655629	172330
1	2801766	2692592	1801139	394717	137549	36363
10	1529665	1399913	3211196	1449565	336737	86429
31	1063849	921742	3984612	1968164	351753	87814
1	23193	23486	68053	31923	13452	3731
36	4813273	4481602	7964507	3366446	641277	157031
	328421	328421	282546	49694	215	
	322301	322301	273984	45186	63	
	6119	6119	8562	4508	152	
14	1295471	1045136	3203671	1486198	209084	62248
1	110455	99817	255986	64783	9929	
13	1185016	945319	2947685	1421416	199156	62248
4	2271382	2253046	1307835	192861	107902	30804
18	917999	855000	3170455	1637693	324076	63979
16	915320	852787	3148467	1626783	317266	63628
2	2679	2214	21989	10910	6810	351
3	109819	97502	255031	75438	14404	8478
2	10672	9601	34465	7766	4926	4663
1	99147	87901	220566	67672	9477	3815
4	495381	458630	845462	402486	183810	48828
1	257498	218659	533113	261787	124176	27489
3	237883	239971	312349.4	140698.9	59634	21339

单位:万元 (2015)

指 标	Item	企业单位数（个） Number of Enterprises （unit）
按工业行业大类分	**Grouped by Sector**	
煤炭开采和洗选业	Mining and Washing of Coal	1
农副食品加工业	Processing of Food from Agricultural Products	13
食品制造业	Manufacture of Foods	9
酒、饮料和精制茶制造业	Manufacture of Wine, Beverage and Tea	2
纺织业	Manufacture of Textile	5
纺织服装、服饰业	Manufacture of Textile Wearing Appareland Apparel Industry	3
造纸及纸制品业	Manufacture of Paper and Paper Products	3
印刷和记录媒介复制业	Printing,Reproduction of Recording Media	1
石油加工、炼焦及核燃料加工业	Processing ofPetroleum,Coking, Processing of NuclearFuel	3
化学原料及化学制品制造业	Manufacture of RawChemical Materials and Chemical Products	14
医药制造业	Manufacture of Medicines	3
橡胶和塑料制品业	Manufacture of Rubber and Plastics	6
非金属矿物制品业	Manufacture of Non-metallic Mineral Products	17
黑色金属冶炼及压延加工业	Smelting and Pressing of Ferrous Metals	4
金属制品业	Manufacture of Metal Products	2
通用设备制造业	Manufacture of General Purpose Machinery	18
专用设备制造业	Manufacture of Special Purpose Machinery	7
铁路、船舶、航空航天和其他运输设备制造业	ManufatureofRailways,Shipbailding,AerospaceandOtherTransporationEquipment	2
电气机械及器材制造业	Manufacture of Electrical Machinery and Equipment	11
仪器仪表制造业	Manufacture of Measuring Instruments	2
废弃资源综合利用业	Recycling and Disposal of Waste	1
电力、热力的生产和供应业	Production and Supply of Electric Power,Gas and Water	12
燃气生产和供应业	Production and Supply of Gas	7
水的生产和供应业	Production and Supply of Water	2

continued

(10 000yuan)

# 亏损企业 Loss-suffering Enterprises	工业总产值（当年价格） Gross Output Value of Industrial (current prices)	工业销售产值（当年价格） Output Value of Industrial Sold (current prices)	资产总计 Total Assets	流动资产总计 Total Working Capitas	# 存货 Stock	# 产成品 Finished Products
	218121	213619	253648	43425	11526	9546
3	121399	117866	125578	81353	34858	4962
1	328591	313968	131889	60757	20593	2357
	30014	22666	76128	9800	5633	45
1	123457	96249	200829	136272	83406	17748
	16614	13882	75903	65844	19393	12217
	31147	26748	28082	19677	5988	1142
	6600	6704	13176	8349	465	
1	2325894	2292135	1678085	580979	163762	28907
7	291276	191879	457565	268599	58090	17955
	16678	15674	28356	15554	5297	1046
4	167253	165064	195013	105506	40110	25599
5	184397	180890	492581	216186	17707	10189
2	123326	116899	321444	127014	39603	10067
	18697	18508	24036	6076	1875	352
6	244501	228849	566627	310117	101312	37539
2	50532	48365	142558	75572	31881	8045
	5217	5273	15460	4394	1635	921
3	205768	148078	225164	141593	38559	12167
	50042	42971	45870	39659	7005	3493
	3138	3235	4736	1656	582	238
2	516207	515910	1170958	272082	4990	
5	311834	224528	2575602	1197797	144589	9766
1	27771	27771	215715	56110	633	37

4-7 续表2

单位:万元 (2015)

指 标	Item	固定资产总计 Total Value of FixedAssets
总 计	**Total**	**3419094**
#亏损企业	Loss-suffering Enterprises	1118204
按轻重工分	**Grouped by Light & Heavy Industries**	
轻工业	Light Industry	269329
重工业	Heavy Industry	3149765
按企业规模分	**Grouped by Size of Enterprises**	
大型企业	Large Enterprises	1293182
中型企业	Medium-sized Enterprises	958715
小型企业	Small Enterprises	1143170
微型企业	Micro-enterprises	24027
按登记注册类型分	**Grouped by Status of Registration**	
内资企业	Domestic Funded	3055518
国有企业	State-owned Enterprises	220735
中央企业	Central	218313
地方企业	Local	2422
有限责任公司	Limited Liability Corporations	1080316
国有独资公司	State Sole Funded Corporations	189837
其他有限责任公司	Other Limited Liability Corporations	890479
股份有限公司	Share-holding Corporations Limited	1068813
私营企业	Private Enterprises	685656
私营有限责任公司	Private Limited Liability Corporations	682969
私营股份有限公司	Private Share-holding Corporations Limited	2687
港、澳、台商投资企业	Enterpriseswith Funds from Hong Kong,Macaoand Taiwan	62101
合资经营企业(港或澳、台资)	Joint-ventures Enterprises(Hongkong,Macao or Taiwan)	9951
港澳台商独资经营企业	Enterprises with Funds from HongKong,Macao and Taiwan	52150
外商投资企业	Foreign Funded Enterprises	301475
中外合资经营企业	Joint-venture Enterprises	148628
外资企业	Foreign Enterprises	152847

continued

(10 000yuan)

固定资产原价 Original Value of Fixed Assets	累计折旧 Accumulated Depreciation	负债合计 Total Liabilities	流动负债合计 Total Working Liabilities	# 应付账款 Accounts Payable
4754810	**1788594**	**5461835**	**3551476**	**914071**
1382599	378879	2873193	1707662	381601
380790	131938	426169	390490	122657
4374020	1656656	5035665	3160986	791414
1979962	982733	672897	482016	212030
1375461	445538	2030827	1411982	240604
1372626	357538	2706670	1647780	458162
26761	2786	51441	9699	3275
4173307	1547352	4822508	3010310	669799
376103	193205	177655	91312	54382
370274	189797	172619	88680	53256
5829	3407	5036	2632	1126
1534497	468987	1987866	1259617	314209
296198	110511	180762	78407	32762
1238299	358476	1807104	1181210	281447
1504686	709090	440225	256977	58589
758022	176070	2216763	1402404	242619
755155	175891	2199518	1398668	242619
2867	180	17245	3736	
88685	35982	189084	120315	72376
27823	17872	23628	17439	6396
60862	18110	165456	102877	65980
492818	205261	450243	420851	171896
185924	51214	272772	243590	48765
306894	154047	177470	177261	123130

4-7 续表3

单位:万元 （2015）

指 标	Item	固定资产总计 Total Value of Fixed Assets
按工业行业大类分	**Grouped by Sector**	
煤炭开采和洗选业	Mining and Washing of Coal	5640
农副食品加工业	Processing of Food from Agricultural Products	37422
食品制造业	Manufacture of Foods	59254
酒、饮料和精制茶制造业	Manufacture of Wine, Beverage and Tea	56161
纺织业	Manufacture of Textile	34401
纺织服装、服饰业	Manufacture of Textile Wearing Appareland Apparel Industry	6870
造纸及纸制品业	Manufacture of Paper and Paper Products	5556
印刷和记录媒介复制业	Printing,Reproduction of Recording Media	3378
石油加工、炼焦及核燃料加工业	Processing ofPetroleum,Coking, Processing of NuclearFuel	940784
化学原料及化学制品制造业	Manufacture of RawChemical Materials and Chemical Products	142129
医药制造业	Manufacture of Medicines	8467
橡胶和塑料制品业	Manufacture of Rubber and Plastics	74919
非金属矿物制品业	Manufacture of Non-metallic Mineral Products	195781
黑色金属冶炼及压延加工业	Smelting and Pressing of Ferrous Metals	94080
金属制品业	Manufacture of Metal Products	11227
通用设备制造业	Manufacture of General Purpose Machinery	201083
专用设备制造业	Manufacture of Special Purpose Machinery	35136
铁路、船舶、航空航天和其他运输设备制造业	ManufatureofRailways,Shipbailding,AerospaceandOtherTransporationEquipment	1483
电气机械及器材制造业	Manufacture of Electrical Machinery and Equipment	63238
仪器仪表制造业	Manufacture of Measuring Instruments	4654
废弃资源综合利用业	Recycling and Disposal of Waste	1223
电力、热力的生产和供应业	Production and Supply of Electric Power,Gas and Water	693955
燃气生产和供应业	Production and Supply of Gas	690533
水的生产和供应业	Production and Supply of Water	51723

continued

(10 000yuan)

固定资产原价 Original Value of Fixed Assets	累计折旧 Accumulated Depreciation	负债合计 Total Liabilities	流动负债合计 Total Working Liabilities	#应付账款 Accounts Payable
6483	843	68995	55755	12638
42220	15723	55210	45282	9371
80863	21795	86480	83748	24226
63149	16223	72974	72965	48258
45005	10604	75028	74487	4527
12329	5511	52905	51502	25746
9661	4116	19335	11014	1666
8202	4893	5393	5393	5030
1378904	695713	861022	634014	85434
192093	51746	184154	144514	52210
15877	7410	12218	9524	1349
195023	121076	149148	142785	105338
293299	105330	236636	230902	86105
123641	34956	206858	143166	32853
13383	2157	10790	10790	952
303815	120689	263811	232454	89996
41037	8917	95166	91859	13165
1701	218	9447	3363	2021
80298	17207	139646	106072	28064
6557	1935	33095	33095	13713
1806	583	2691	2691	299
1013739	371185	851108	345289	132336
733891	129649	1884593	1001906	134897
91838	40116	85131	18906	3878

4-7　续表4

单位:万元 (2015)

指 标	Item	所有者权益合计 Owners' Equities
总 计	**Total**	**3603987**
# 亏损企业	Loss-suffering Enterprises	998553
按轻重工分	**Grouped by Light & Heavy Industries**	
轻工业	Light Industry	411838
重工业	Heavy Industry	3192148
按企业规模分	**Grouped by Size of Enterprises**	
大型企业	Large Enterprises	1128242
中型企业	Medium-sized Enterprises	1180356
小型企业	Small Enterprises	1277941
微型企业	Micro-enterprises	17447
按登记注册类型分	**Grouped by Status of Registration**	
内资企业	Domestic Funded	3142820
国有企业	State-owned Enterprises	104891
中央企业	Central	101364
地方企业	Local	3526
有限责任公司	Limited Liability Corporations	1215792
国有独资公司	State Sole Funded Corporations	75224
其他有限责任公司	Other Limited Liability Corporations	1140568
股份有限公司	Share-holding Corporations Limited	867610
私营企业	Private Enterprises	954527
私营有限责任公司	Private Limited Liability Corporations	948949
私营股份有限公司	Private Share-holding Corporations Limited	5579
港、澳、台商投资企业	Enterpriseswith Funds from Hong Kong,Macaoand Taiwan	65948
合资经营企业(港或澳、台资)	Joint-ventures Enterprises(Hongkong,Macao or Taiwan)	10838
港澳台商独资经营企业	Enterprises with Funds from HongKong,Macao and Taiwan	55110
外商投资企业	Foreign Funded Enterprises	395219
中外合资经营企业	Joint-venture Enterprises	260340
外资企业	Foreign Enterprises	134879

continued

(10 000yuan)

实收资本 Paid-up Capital	国家资本 State-owned Capital	集体资本 Collective-owned Capital	法人资本 Corporate Capital	个人资本 Personal Capital	港澳台资本 Capital frome Hong Kong, Macao and Taiwan	外商资本 Foreign Capital
2347795	**832083**	**1794**	**1154795**	**170082**	**54874**	**134167**
779698	27827		534829	59769	46008	111266
225002	10257		190712	18325	2867	2841
2122793	821826	1794	964082	151757	52008	131326
838042	732906		66902			38234
721457	28403		514221	79595	6000	93238
776007	70774	1794	562882	88987	48874	2695
12290			10790	1500		
2028034	822915	1794	1033700	169625		
21874	21874					
17657	17657					
4217	4217					
796250	75564	1794	691322	27570		
69610	16000		53610			
726640	59564	1794	637712	27570		
783223	725138		22374	35711		
426688	340		320004	106344		
425201	340		320004	104857		
1487	8418		15275	1487	54874	
78567	8418		7275		10267	
25960			8000		44607	
52607	750		105820	457		
241193	750		105820	457		134167
113451						6425
127742						127742

4-7　续表5

单位：万元 (2015)

指　标	Item	所有者权益合计 Owners' Equities
按工业行业大类分	**Grouped by Sector**	
煤炭开采和洗选业	Mining and Washing of Coal	184653
农副食品加工业	Processing of Food from Agricultural Products	70368
食品制造业	Manufacture of Foods	45408
酒、饮料和精制茶制造业	Manufacture of Wine, Beverage and Tea	3154
纺织业	Manufacture of Textile	125801
纺织服装、服饰业	Manufacture of Textile Wearing Appareland Apparel Industry	22998
造纸及纸制品业	Manufacture of Paper and Paper Products	8747
印刷和记录媒介复制业	Printing,Reproduction of Recording Media	7783
石油加工、炼焦及核燃料加工业	Processing ofPetroleum,Coking, Processing of NuclearFuel	817063
化学原料及化学制品制造业	Manufacture of RawChemical Materials and Chemical Products	273399
医药制造业	Manufacture of Medicines	16138
橡胶和塑料制品业	Manufacture of Rubber and Plastics	45865
非金属矿物制品业	Manufacture of Non-metallic Mineral Products	255944
黑色金属冶炼及压延加工业	Smelting and Pressing of Ferrous Metals	114586
金属制品业	Manufacture of Metal Products	13245
通用设备制造业	Manufacture of General Purpose Machinery	303650
专用设备制造业	Manufacture of Special Purpose Machinery	47392
铁路、船舶、航空航天和其他运输设备制造业	ManufatureofRailways,Shipbailding,AerospaceandOtherTransporationEquipment	6014
电气机械及器材制造业	Manufacture of Electrical Machinery and Equipment	85518
仪器仪表制造业	Manufacture of Measuring Instruments	12774
废弃资源综合利用业	Recycling and Disposal of Waste	2045
电力、热力的生产和供应业	Production and Supply of Electric Power,Gas and Water	319850
燃气生产和供应业	Production and Supply of Gas	691009
水的生产和供应业	Production and Supply of Water	130584

continued

(10 000yuan)

实收资本 Paid-up Capital	国家资本 State-owned Capital	集体资本 Collective-owned Capital	法人资本 Corporate Capital	个人资本 Personal Capital	港澳台资本 Capital frome Hong Kong, Macao and Taiwan	外商资本 Foreign Capital
30000				30000		
24588	2879		9662	8855	600	2591
28492			24245	4247		
1581			100		1481	
31500			28000	3500		
13669	750		12669			250
5500			4517	983		
5371	5371					
858249	715249		143000			
99903			94370	4643	786	104
9037	1257		7310	470		
91072			28226	1121	2425	59300
197182	19318	1794	154907	13321	7842	
76252			59869	12800		3584
12600			5600	7000		
171880			73830	29713		68338
35273			19255	16018		
930						
55243			37250	930		
6500			500	17993		
50			50		6000	
167613	73915		79209	14490		
291562	13345		274217	4000		
133749			98008		35741	

4-7 续表6

单位:万元　　　　(2015)

指 标	Item	主营业务收入 Revenue from Principal Business
总 计	**Total**	**5301190**
#亏损企业	Loss-suffering Enterprises	859632
按轻重工分	**Grouped by Light & Heavy Industries**	
轻工业	Light Industry	536712
重工业	Heavy Industry	4764477
按企业规模分	**Grouped by Size of Enterprises**	
大型企业	Large Enterprises	2802116
中型企业	Medium-sized Enterprises	1350122
小型企业	Small Enterprises	1128421
微型企业	Micro-enterprises	20531
按登记注册类型分	**Grouped by Status of Registration**	
内资企业	Domestic Funded	4745696
国有企业	State-owned Enterprises	328095
中央企业	Central	322301
地方企业	Local	5794
有限责任公司	Limited Liability Corporations	1093227
国有独资公司	State Sole Funded Corporations	95360
其他有限责任公司	Other Limited Liability Corporations	997866
股份有限公司	Share-holding Corporations Limited	2262986
私营企业	Private Enterprises	1061387
私营有限责任公司	Private Limited Liability Corporations	1059090
私营股份有限公司	Private Share-holding Corporations Limited	2297
港、澳、台商投资企业	Enterpriseswith Funds from Hong Kong,Macaoand Taiwan	99270
合资经营企业(港或澳、台资)	Joint-ventures Enterprises(Hongkong, Macao or Taiwan)	9634
港澳台商独资经营企业	Enterprises with Funds from HongKong,Macao and Taiwan	89636
外商投资企业	Foreign Funded Enterprises	456224
中外合资经营企业	Joint-venture Enterprises	217641
外资企业	Foreign Enterprises	238583

continued

(10 000yuan)

# 主营业务成本 Cost of Principal Business	其他业务收入 Revenus from Other Business	其他业务利润 Other Profits	销售费用 Selling Costs	管理费用 Management Costs
3976801	**145937**	**8019**	**122676**	**198442**
812373	21555	507	25485	54729
421858	105238	3033	43431	26333
3554943	40699	4986	79246	172110
1862208	12765	3056	14443	61641
1121011	92458	4062	69790	65671
977166	40713	901	37852	70196
16416	1		591	934
3511559	85373	3712	95668	156837
317515	966	113		3146
312609	438	113		2775
4906	527			372
865870	82108	3377	56899	57835
80073	584	6	1374	3956
785797	81525	3371	55525	53879
1351458	1166	60	9236	56129
976717	1133	163	29532	39728
974711	758	163	29330	39390
2005	375		202	337
83207	1689	-120	5189	9216
10860	142		887	1308
72347	1547	-120	4303	7908
382036	58876	4426	21820	32389
171464	40540	3802	8764	17330
210571	18336	625	13056	15059

4-7 续表7

单位：万元 （2015）

指 标	Item	主营业务收入 Revenue from Principal Business
按工业行业大类分	**Grouped by Sector**	
煤炭开采和洗选业	Mining and Washing of Coal	218121
农副食品加工业	Processing of Food from Agricultural Products	115220
食品制造业	Manufacture of Foods	206156
酒、饮料和精制茶制造业	Manufacture of Wine, Beverage and Tea	22644
纺织业	Manufacture of Textile	95586
纺织服装、服饰业	Manufacture of Textile Wearing Appareland Apparel Industry	16129
造纸及纸制品业	Manufacture of Paper and Paper Products	25208
印刷和记录媒介复制业	Printing,Reproduction of Recording Media	5603
石油加工、炼焦及核燃料加工业	Processing ofPetroleum,Coking, Processing of NuclearFuel	2293451
化学原料及化学制品制造业	Manufacture of RawChemical Materials and Chemical Products	281014
医药制造业	Manufacture of Medicines	14505
橡胶和塑料制品业	Manufacture of Rubber and Plastics	167681
非金属矿物制品业	Manufacture of Non-metallic Mineral Products	175848
黑色金属冶炼及压延加工业	Smelting and Pressing of Ferrous Metals	129644
金属制品业	Manufacture of Metal Products	18719
通用设备制造业	Manufacture of General Purpose Machinery	223796
专用设备制造业	Manufacture of Special Purpose Machinery	42198
铁路、船舶、航空航天和其他运输设备制造业	ManufatureofRailways,Shipbailding,AerospaceandOtherTransporationEquipment	4241
电气机械及器材制造业	Manufacture of Electrical Machinery and Equipment	190300
仪器仪表制造业	Manufacture of Measuring Instruments	44603
废弃资源综合利用业	Recycling and Disposal of Waste	2353
电力、热力的生产和供应业	Production and Supply of Electric Power,Gas and Water	501936
燃气生产和供应业	Production and Supply of Gas	478149
水的生产和供应业	Production and Supply of Water	28088

continued

(10 000yuan)

# 主营业务成本 Cost of Principal Business	其他业务收入 Revenus from Other Business	其他业务利润 Other Profits	销售费用 Selling Costs	管理费用 Management Costs
215204			147	1123
94900	493	44	5811	4320
155962	99124	2945	28340	4051
21368	1561	-127		1187
75189	1468		516	4262
14298	930	60	1370	1554
21931	13	9	901	1414
3609	1101		14	1507
1396682	31	31	9709	54974
247956	1360	72	3928	8562
7494	124	101	2118	4020
159050	20398	384	8715	7241
143668	638	226	17329	12773
107304	9547	2782	5416	10810
16295	9	9	37	1044
176015	1757	362	12718	25996
33927	223	90	1697	6003
2639			299	754
162772	486	83	8682	7861
33983	3629	1185	3106	3846
1880	9	7	141	81
458865	2715	-250	496	10020
408761	5	4	7568	19090
17051	316		3620	5952

4-7　续表8

单位:万元　　　　(2015)

指　标	Item	财务费用 Financial Costs
总　计	**Total**	**137188**
# 亏损企业	Loss-suffering Enterprises	65829
按轻重工分	**Grouped by Light & Heavy Industries**	
轻工业	Light Industry	9668
重工业	Heavy Industry	127521
按企业规模分	**Grouped by Size of Enterprises**	
大型企业	Large Enterprises	16038
中型企业	Medium-sized Enterprises	68826
小型企业	Small Enterprises	50644
微型企业	Micro-enterprises	1680
按登记注册类型分	**Grouped by Status of Registration**	
内资企业	Domestic Funded	116033
国有企业	State-owned Enterprises	3987
中央企业	Central	3986
地方企业	Local	1
有限责任公司	Limited Liability Corporations	42507
国有独资公司	State Sole Funded Corporations	8117
其他有限责任公司	Other Limited Liability Corporations	34390
股份有限公司	Share-holding Corporations Limited	14849
私营企业	Private Enterprises	54690
私营有限责任公司	Private Limited Liability Corporations	54314
私营股份有限公司	Private Share-holding Corporations Limited	377
港、澳、台商投资企业	Enterpriseswith Funds from Hong Kong,Macaoand Taiwan	6389
合资经营企业(港或澳、台资)	Joint-ventures Enterprises(Hongkong,Macao or Taiwan)	299
港澳台商独资经营企业	Enterprises with Funds from HongKong,Macao and Taiwan	6090
外商投资企业	Foreign Funded Enterprises	14766
中外合资经营企业	Joint-venture Enterprises	10991
外资企业	Foreign Enterprises	3775

continued

(10 000yuan)

# 利息支出 Interest Expense	营业利润 Operating Profits	利润总额 Total Profits	亏损企业亏损总额 Total Loss of Loss-suffering Enterprises	本年应付职工薪酬 Wages Payable This Year	从业人员平均人数(人) Annual Average Employed Persons(person)
132364	**129374**	**137107**	**108656**	**284829**	**39137**
62763	-102232	-108656	108656	56054	11110
10150	40051	49467	3742	38811	7860
122214	89322	87640	104914	246018	31277
16936	113485	97446	9469	116172	10380
65698	27917	30348	59038	100475	15837
48041	-12552	8702	39705	66574	12784
1689	524	611	444	1608	136
112638	120549	118812	90262	219293	29946
4077	6559	5811		18364	1395
4077	5513	5465		17431	1216
	1047	346		933	179
43215	68575	78649	24001	89730	13774
8150	1225	1065	3188	11138	833
35066	67350	77584	20813	78592	12941
14979	88249	70039	11199	77008	6942
50367	-42836	-35688	55062	34191	7835
49991	-42345	-35208	54583	33938	7765
377	-491	-479	479	253	70
6371	-6266	-1772	6113	8287	1297
315	-4854	-3958	3958	1431	245
6056	-1412	2186	2156	6856	1052
13354	15091	20067	12281	57249	7894
12425	18705	23627	217	23163	4223
930	-3613	-3560	12064	34086	3671

4-7　　续表9

单位:万元　　　　　　　　　　　　　　　　　　　　　　　　　　　　(2015)

指　标	Item	财务费用 Financial Costs
按工业行业大类分	**Grouped by Sector**	
煤炭开采和洗选业	Mining and Washing of Coal	1856
农副食品加工业	Processing of Food from Agricultural Products	1874
食品制造业	Manufacture of Foods	797
酒、饮料和精制茶制造业	Manufacture of Wine, Beverage and Tea	1271
纺织业	Manufacture of Textile	3789
纺织服装、服饰业	Manufacture of Textile Wearing Appareland Apparel Industry	256
造纸及纸制品业	Manufacture of Paper and Paper Products	652
印刷和记录媒介复制业	Printing,Reproduction of Recording Media	-1
石油加工、炼焦及核燃料加工业	Processing ofPetroleum,Coking, Processing of NuclearFuel	25117
化学原料及化学制品制造业	Manufacture of RawChemical Materials and Chemical Products	2749
医药制造业	Manufacture of Medicines	179
橡胶和塑料制品业	Manufacture of Rubber and Plastics	838
非金属矿物制品业	Manufacture of Non-metallic Mineral Products	5030
黑色金属冶炼及压延加工业	Smelting and Pressing of Ferrous Metals	7540
金属制品业	Manufacture of Metal Products	781
通用设备制造业	Manufacture of General Purpose Machinery	7546
专用设备制造业	Manufacture of Special Purpose Machinery	1785
铁路、船舶、航空航天和其他运输设备制造业	ManufatureofRailways,Shipbailding,AerospaceandOtherTransporationEquipment	44
电气机械及器材制造业	Manufacture of Electrical Machinery and Equipment	5248
仪器仪表制造业	Manufacture of Measuring Instruments	660
废弃资源综合利用业	Recycling and Disposal of Waste	132
电力、热力的生产和供应业	Production and Supply of Electric Power,Gas and Water	27167
燃气生产和供应业	Production and Supply of Gas	38333
水的生产和供应业	Production and Supply of Water	3547

continued

(10 000yuan)

# 利息支出 Interest Expense	营业利润 Operating Profits	利润总额 Total Profits	亏损企业亏损总额 Total Loss of Loss-suffering	本年应付职工薪酬 Wages Payable This Year	从业人员平均人数(人) Annual Average Employed Persons(person)
1756	236	461		2546	703
1974	8065	9231	1628	6365	1328
577	19489	21171	35	7276	1841
1104	-1485	578		1084	212
4701	12350	15460	178	3383	856
125	-499	186		3827	1026
564	303	455		3411	468
2	580	852		1227	204
25034	62382	44934	34869	70738	5380
3043	18306	9402	12258	19518	3840
186	556	902		4066	768
620	-7771	-7468	13443	19857	3045
6564	-5473	6292	3222	17382	2799
8136	5986	6818	83	15578	2580
520	529	584		1091	162
4870	-961	126	14844	34791	5367
1335	-700	920	1587	6062	1170
45	463	494		767	160
3675	6009	7497	6653	14195	1993
666	2678	3249		3752	456
120	120	118		67	15
25340	7278	12644	1747	33259	2854
37698	1575	2049	15954	6635	1002
3709	-642	154	2156	7954	908

4—8 工业企业按工业总产值排序前50名

The Sort before 50 of Industrial Enterpries According to Industrial Output Value

(2015)

名 次 Number	企业名称 Company Name	法人代表 Legal Representative
1	神华宁夏煤业集团有限责任公司	王 俭
2	中国石油天然气股份有限公司宁夏石化分公司	雍瑞生
3	宁夏宝丰能源集团股份有限公司	刘元管
4	宁夏电力公司	赵 亮
5	宁夏中银绒业国际集团有限公司	马生明
6	华电宁夏灵武发电有限公司	李天光
7	青铜峡铝业股份有限公司	刘 丰
8	宁夏伊品生物科技股份有限公司	闫晓平
9	宁夏广银铝业有限公司	吴大奎
10	蒙牛乳业(银川)有限公司	黄 华
11	宁夏嘉源绒业集团有限公司	杨立功
12	中国石化长城能源化工(宁夏)有限公司	杨 栋
13	宁夏宝塔能源化工有限公司	纪 静
14	宁夏如意科技时尚产业有限公司	宇恒星
15	宁夏通达新能源集团有限公司	李华平
16	宁夏京能宁东发电有限责任公司	陆海军
17	神华国能宁夏煤电有限公司	马元坤
18	宁夏特米尔羊绒制品有限公司	李国仁
19	宁夏荣昌绒业集团有限公司	杨建荣
20	银川隆基硅材料有限公司	李振国
21	宁夏泰瑞制药股份有限公司	王 义
22	宁夏和宁化学有限公司	宁忠培
23	银川宝塔精细化工有限公司	孙淑兰
24	宁夏金银街黄金珠宝文化产业园有限公司	王智勇
25	德泓(宁夏)国际纺织有限公司	回振丽
26	宁夏瑞银有色金属科技有限公司	杨文礼
27	宁夏哈纳斯天然气有限公司	王 奎
28	银川佳通轮胎有限公司	李怀靖
29	宁夏远高新能源装备制造有限公司	赵建军
30	宁夏启元药业有限公司	胡吉东
31	宁夏哈纳斯液化天然气有限公司	马富强
32	宁夏小巨人机床有限公司	董庆富
33	宁夏泰益欣生物科技有限公司	王 义
34	中铝宁夏能源集团有限公司	朱润洲
35	宁夏远大可建科技有限公司	肖 弈
36	宁夏天马冶化(集团)股份有限公司	李汉生
37	宁夏国华宁东发电有限公司	陈寅彪
38	宁夏昊王米业集团有限公司	王 忠
39	宁夏力成电气集团有限公司	陈庆成
40	宁夏百川通清洁能源有限公司	袁湘海
41	宁夏赛马水泥有限公司	李卫东
42	宁夏电投西夏热电有限公司	王建华
43	宁夏大北农科技实业有限公司	邢泽光
44	宁夏紫荆花纸业有限公司	纳巨波
45	卧龙电气银川卧龙变压器有限公司	韩礼钧
46	宁夏西夏嘉酿啤酒有限公司	杜 晖
47	宁夏宝利达化工有限公司	党自利
48	宁夏兴唐米业集团有限公司	杨茂红
49	银川兄弟彩兴化工有限公司	董 华
50	宁夏磐泰能源科技有限公司	崔立滨

注:神华宁夏煤业集团有限责任公司只含银川市数据。

a)The date of Shenhua Ningxia Coal Tndustry Group limited liability company only included Yinchua's date.

4—9 工业企业按固定资产原价排序前50名

The Sort before 50 of Industrial Enterpries According to Original Value of Fixed Assets

（2015）

名次 Number	企业名称 Company Name	法人代表 Legal Representative
1	神华宁夏煤业集团有限责任公司	王　俭
2	宁夏宝丰能源集团股份有限公司	刘元管
3	中国石化长城能源化工(宁夏)有限公司	杨　栋
4	中国石油天然气股份有限公司宁夏石化分公司	雍瑞生
5	华电宁夏灵武发电有限公司	李天光
6	宁夏电力公司	赵　亮
7	宁夏和宁化学有限公司	宁忠培
8	宁夏京能宁东发电有限责任公司	陆海军
9	青铜峡铝业股份有限公司	刘　丰
10	神华国能宁夏煤电有限公司	马元坤
11	宁夏马斯特(集团)实业有限公司	汪　勇
12	宁夏伊品生物科技股份有限公司	闫晓平
13	中铝宁夏能源集团有限公司	朱润洲
14	宁夏中银绒业国际集团有限公司	马生明
15	宁夏国华宁东发电有限公司	陈寅彪
16	华电国际宁夏新能源发电有限公司宁东分公司	李长军
17	宁夏启元药业有限公司	胡吉东
18	宁夏电投西夏热电有限公司	王建华
19	宁夏哈纳斯液化天然气有限公司	马富强
20	宁夏赛马水泥有限公司	李卫东
21	宁夏泰瑞制药股份有限公司	王　义
22	宁夏宁东水务有限责任公司	赵　欣
23	宁夏银星能源股份有限公司	许　峰
24	银川佳通轮胎有限公司	李怀靖
25	银川隆基硅材料有限公司	李振国
26	宁夏泰益欣生物科技有限公司	王　义
27	宁夏宝塔能源化工有限公司	纪　静
28	银川中铁水务集团有限公司	王　军
29	宁夏宁东神舟光伏电力有限公司	许　瞻
30	银川宝塔精细化工有限公司	孙淑兰
31	宁夏如意科技时尚产业有限公司	宇恒星
32	宁夏电投银川热电有限公司	张泽文
33	龙源灵武风力发电有限公司	艾进才
34	宁夏小巨人机床有限公司	董庆富
35	舍弗勒(宁夏)有限公司	ZHANG YI LIN
36	宁夏电投热力有限公司	白加宏
37	宁夏哈纳斯天然气有限公司	王　奎
38	宁夏共享装备有限公司	徐国强
39	蒙牛乳业(银川)有限公司	黄华
40	宁夏紫荆花纸业有限公司	纳巨波
41	宁夏西部热电有限公司	张　毅
42	西北轴承股份有限公司	张立忠
43	宁夏瀛海天琛建材有限公司	范海龙
44	大唐昂立(灵武)新能源有限公司	胡国栋
45	宁夏嘉源绒业集团有限公司	杨立功
46	中电投宁夏能源铝业银川新能源有限公司	张凤强
47	宁夏宏兴新能源开发有限公司	刘　娟
48	宁夏七星电线电缆有限公司	代文杰
49	银川顶津食品有限公司	张百清
50	宁夏共享铸钢有限公司	彭　凡

注：神华宁夏煤业集团有限责任公司只含银川市数据。

a)The date of Shenhua Ningxia Coal Tndustry Group limited liability company only included Yinchua's date.

主要统计指标解释

【工业总产值】 是指工业企业在本年内生产的以货币形式表现的工业最终产品和提供工业劳务活动的总价值量。

工业总产值计算应遵循的三个原则：工业生产的原则、最终产品的原则、“工厂法”原则。

工业总产值的内容包括三部分：生产的成品价值、对外加工费收入、自制半成品在制品期末期初差额价值。

【工业增加值】 是指工业企业在报告期内以货币表现的工业生产活动的最终成果。工业增加值有两种计算方法：一是生产法，即工业总产值减去工业中间投入；二是收入法（又称要素分配法），即从收入的角度出发，根据生产要素在生产过程中应得到的收入份额计算，具体构成项目有固定资产折旧、劳动者报酬、生产税净值、营业盈余。

生产法计算公式为：

工业增加值=工业总产值-工业中间投入+本年应交增值税

收入法（分配法）计算公式为：

工业增加值=固定资产折旧+劳动者报酬+生产税净额+营业盈余

【实收资本】 指企业投资者实际投入的资本（或股本），包括货币、实物、无形资产等各种形式的投入。实收资本按投资主体可分为国家资本、集体资本、法人资本、个人资本、港澳台资本和外商资本。

【资产总计】 指企业拥有或控制的能以货币计量的经济资源，包括各种财产、债权和其他权利。资产按其流动性（即资产的变现能力和支付能力）划分为：流动资产、长期投资、固定资产、无形资产、递延资产和其他资产。

固定资产指企业使用期限超过一年的房屋、建筑物、机器、机械、运输工具以及其他与生产、经营有关的设备、器具、工具等。不属于生产经营主要设备的物品，单位价值在2000元以上，并且使用年限超过2年的，也应当作为固定资产。

流动资产指企业可以在一年内或者超过一年的一个生产周期内变现或者耗用的资产，包括现金及各种存款、短期投资、应收及预付款项、存货等。

【负债合计】 指企业所承担的能以货币计量，将以资产或劳务偿付的债务。偿还形式包括货币、资产或提供劳务。负债一般按偿还期长短分为流动负债和长期负债。

流动负债指企业在一年内或超过一年的一个营业周期内需要偿还的债务，包括短期借款、应付票据、应付帐款、预收帐款、应付工资、应交税金、应付利润、预提费用等。

长期负债指企业偿还期在一年以上或者超过一年的一个营业周期以上的债务，包括长期借款、长期应付款、应付债券等。

【所有者权益合计】 指企业投资人对企业净资产的所有权。企业净资产等于企业全部资产减去全部负债后的余额，包括实收资本、资本公积金、盈余公积金和未分配利润等。

【利税总额】 指企业利润总额、产品销售税金及附加和应交增值税之和。

5 能　源

Energy

5-1 银川市全社会能源消费量

单位:万吨标准煤

年 份	Year	2011
全社会能源消费量	**Comprehensive Energy Consumption**	**1256.39**
第一产业	Primary Industry	12.05
第二产业	Secondary Industry	1050.25
工业	Industry	1025.38
模以上工业	Industrial Enterprises above Designated Size	951.61
规模以下工业	Industrial Enterprises below Designated Size	46.12
损失量	Amount at Stake	27.65
建筑业	Construction	24.87
第三产业	Tertiary Industry	129.06
交通运输、仓储邮电	Transport,Storang and Post	64.4
批发、零售和住宿餐饮	Wholesale,Retail Trades,Hotels and Gatering Services	30.56
其他	Others	34.10
生活消费	living Consumption	65.04
城镇	Urban	50.49
农村	Rural	14.55

5-2 银川市能源加工转换情况

(2015)

指标	Item	单位	Unit	合计 Total
投入量	Input	万吨标准煤	10 000 Tons of SCE	3637.03
产出量	Output	万吨标准煤	10 000 Tons of SCE	2460.21
转换损失量	Losses During The Process of Energy Conversion	万吨标准煤	10 000 Tons of SCE	1176.82
转换效率	Efficience of Energy Conversion	%	%	67.64

5-3 规上工业能源消费量及单位工业增加值能耗下降率

(2015)

地 区	Region	规上工业能源消费量(万吨标准煤) Energy Consumption of Industrial Enterprises above Designated Size (10 000 Tons of SCE)
银川市	Yinchuan	2056.4
兴庆区	Xinqing	11.0
金凤区	Jinfeng	13.7
西夏区	Xixia	212.6
永宁县	Yongning	132.4
贺兰县	Helan	49.6
灵武市	Lingwu	1634.6
宁 东	Ningdong	1625.1

Comprehensive Energy Consumption of the Whole Country in Yinchuan

(10 000 tons of SCE)

2012	2013	2014	2015
1420.69	**1623.15**	**1870.13**	**2309.96**
11.92	7.02	10.81	12.46
1220.21	1475.28	1679.76	2117.29
1195.85	1459.25	1658.49	2095.17
1147.3	1435.79	1601.3	2056.38
21.11	16.3	49.59	31.20
27.44	7.16	7.59	7.59
24.36	16.03	21.27	22.11
124.43	102.7	115.64	115.39
62.04	52.76	52.63	48.21
29.1	27	30.55	33.60
33.28	22.94	32.46	33.58
64.04	38.15	63.93	64.79
49.42	21.12	49.7	49.66
14.62	17.03	14.23	15.17

Energy Processing and Conversion

火电 Thermal Power	供热 Heating	洗煤 Washing Coal	炼焦 Coking	炼油 Petroleum Refineries	天然气液化 Liguefied Nature Gas
1575.18	127.3	529.96	493.44	902.19	8.96
637.86	102.05	508.68	442.46	760.54	8.61
937.32	25.25	21.28	50.98	141.64	0.35
40.49	80.16	95.98	89.67	84.3	96.05

Energy Consumption of Industrial Enterprises above Designated Size and Drop Rate of Energy Consumption of Per Unit Industrial Added-value

单位工业增加值能耗下降率(%) Drop Rate of Energy Consumption of Per Unit Industrial Added-value (%)
14.3
8.7
-6.0
-11.0
-0.9
-4.2
22.5
23.3

5-4 全市规模以上工业企业能源生产、销售与库存

产 品	Product	单 位	Unit	年初存货 Invertory At Beginning of Year	产品产量 Production	
					2015年	2014年
原煤	**Coal**	**吨**	**ton**	**3365974.26**	**68321074.10**	**75245103.56**
无烟煤	Anthracite Coal	吨	ton	43264.00	6586218.00	6603938.00
烟煤	Bituminous Coal	吨	ton	3322710.26	61734856.10	68641165.56
炼焦烟煤	Coking Coal	吨	ton	2191767.00	8251388.00	9876739.00
一般烟煤	General Coal	吨	ton	1130943.26	53483468.10	58764426.56
褐煤	Lignite	吨	ton			
洗煤	Washing Coal	吨	ton	1153067.87	15751936.38	16453899.97
其中:洗精煤	Clean Coal	吨	ton	132075.37	11548108.29	11404107.70
天然原油	Natural Grede Oil	吨	ton			
天然气	Natural Gas	万立方米	10 000 su.m			
液化天然气	Liquefied Natural Gas	吨	ton	5413.00	48976.00	451582.49
煤层气(煤田)	Coal Bed Methane (coal)	万立方米	10 000 su.m			
原油加工量	Crude Oil Processing Capacity	吨	ton		4759984.00	4240258.11
汽油	Gasoline	吨	ton	85987.50	2148946.00	1887632.00
煤油	Kerosene	吨	ton	771.00	142231.00	86514.00
柴油	Diesel Oil	吨	ton	84239.00	2018644.00	1895611.00
润滑油	Lubricating Oil	吨	ton			
燃料油	Fuel Oil	吨	ton	8457.00	57616.00	60023.00
石脑油	Naphtha	吨	ton	1410.00	38296.00	49157.00
溶剂油	Solvent Oil	吨	ton			
润滑脂	Grease	吨	ton			
液化石油气	Liquefied Oil Gas	吨	ton	1025.00	331900.92	311536.73
石油焦	Petroleum Coke	吨	ton			
石油沥青	Asphalt	吨	ton			
焦炭	Coke	吨	ton	26850.00	4178879.09	4294822.16
机焦	Machine Coke	吨	ton	26850.00	4178879.09	4294822.16
发电量	Energy Output	万千瓦小时	10 000 kwh		5547431.82	5584151.04
火力发电量	Thermal Power	万千瓦小时	10 000 kwh		5177498.13	5314956.71
水力发电量	Hydropower	万千瓦小时	10 000 kwh			
核能发电量	Nuclear Power	万千瓦小时	10 000 kwh			
风力发电量	Wind Power	万千瓦小时	10 000 kwh		218474.37	230946.61
太阳能发电量	Solar Power	万千瓦小时	10 000 kwh		138821.77	30790.51
潮汐能发电量	Tidal Power	万千瓦小时	10 000 kwh			
沼气发电量	Marsh Gas Power	万千瓦小时	10 000 kwh			
地热能发电量	Geothermal Power	万千瓦小时	10 000 kwh			
垃圾发电量	Garbage Power	万千瓦小时	10 000 kwh		12637.55	7457.12
竹木生物质燃料发电量	Bamboo Biomass Power	万千瓦小时	10 000 kwh			
其他发电量	Other Power	万千瓦小时	10 000 kwh			
煤气生产量	Output of Coal Gas	万立方米	10 000 kwh			

Energy Purchase, Consumption and Inventory of Industrial Enterprises above Designated Size

销售量 Sales volume				企业自用及其他 Enterprise for Own Use and Others		年末存货 Invertory At Year-end	
2015年	2014年	销往省外 Sales to Other Provinces 2015年	销往省外 Sales to Other Provinces 2014年	2015年	2014年	2015年	2014年
49781862.31	**60879905.86**	**4050260.00**	**10748381.00**	**14091852.56**	**16159134.00**	**8708389.08**	**3365974.26**
328481.00	507277.00			6297699.00	6195064.00	3302.00	43264.00
49453381.31	60372628.86	4050260.00	10748381.00	7794153.56	9964070.00	8705087.08	3322710.26
4698819.00	2211080.00			4568835.00	7574138.00	1490711.00	2191767.00
44754562.31	58161548.86	4050260.00	10748381.00	3225318.56	2389932.00	7214376.08	1130943.26
12000819.05	13834185.88	8021527.78	10089800.60	3937595.27	2321089.55	966589.93	980426.85
8712342.12	9981307.58	7219112.47	8797237.37	2825525.61	1436747.34	142315.93	132025.37
42026.00	462702.37			1051.00		11312.00	5413.00
2152833.00	1850364.00	1941611.00	1763861.00	247.22	340.50	81600.28	85987.50
143001.00	88512.00	143001.00	88512.00			1.00	771.00
2004864.00	1860596.00	1797764.00	1771343.00	806.00	718.00	96902.00	84239.00
56055.00	56685.00	56055.00	56685.00	1212.00	1272.00	8806.00	8457.00
37238.00	49328.00	37238.00	49323.00	0.00	0.00	2467.00	1410.00
303378.92	290586.73	146591.00	155808.00	27388.00	21640.00	2159.00	1025.00
4167775.00	4331734.56	2834086.67	2945579.50	37007.20		37954.09	
4167775.00	4331734.56	2834086.67	2945579.50	37007.20		37954.09	
4299476.90	4553862.03	2626145.64	2525899.41	597804.80	479232.20		
3937873.46	4335033.92	2520676.64	2525899.41	589355.39	467401.28		
214288.00	183216.95	102494.00		4301.49	9155.25		
138019.74	30215.46	2975.00		802.03	599.53		
9295.70	5395.70			3345.87	2076.14		

5—5 全市规模以上工业分行业产值能耗

(2015)

指 标	Item	综合能源消费量（吨标准煤） Comprehensive Energy Consumption (tons of SCE)
合 计	**Total**	**25634639.00**
采矿业	**Mining**	**6419517.00**
煤炭开采和洗选业	Mining and Washing of Coal	6419517.00
制造业	**Manufacturing**	**10931381.00**
农副食品加工业	Processing of Food fromAgricultural Products	47581.00
食品制造业	Manufacture of Foods	580862.00
酒、饮料和精制茶制造业	Manufacture of Wine,Beverages and Tea	22417.00
纺织业	Manufacture of Textile	29512.00
纺织服装、服饰业	Manufacture of Textile and Apparel	1064.00
皮革、毛皮、羽毛及其制品和制鞋业	Manufactureof Leather,Fur,Feather,Related ProdusctsandShoe	1013.00
木材加工及木、竹、藤、棕、草制品业	Processing ofTimber,Manufacture of Wood,Bamboo,Rattan,Palmand StrawProducts	3077.00
家具制造业	Manufacture of Furniture	450.00
造纸及纸制品业	Manufacture of Paper and Paper Products	38707.00
印刷业和记录媒介的复制	Printing and Reproduction of Recording Media	249.00
石油加工炼焦及核燃料加工业	Processing of Petroleum,Coking and Processing ofNuclear Fuel	4576979.00
化学原料及化学制品制造业	Manufacture of RawChemical Materials and Chemical Products	3469980.00
医药制造业	Manufacture of Medicines	592032.00
橡胶和塑料制品业	Manufacture of Rubber and Plastics	54482.00
非金属矿物制品业	Manufacture of Mon-metallic Mineral Products	434258.00
黑色金属冶炼及压延加工业	Smelting and Pressing of Ferrous Metals	162636.00
有色金属冶炼及压延加工业	Smelting and Pressing of Non-ferrous Metals	881284.00
金属制品业	Manufacture of Metal Products	7132.00
通用设备制造业	Manufacture of General Purpose Machinery	14311.00
专用设备制造业	Manufacture of Special purpose Machinery	1935.00
汽车制造业	Manufacture of Car	62.00
铁路、船舶、航空航天和其他运输设备制造业	Manufacture of Railway,Ship,Aviation and Transport Equipment	111.00
电气机械及器材制造业	Manufacture of Electrical Machinery and Equipment	6306.00
仪器仪表制造业	Manufacture of Measuring Instruments	424.00
废弃资源综合利用业	Recycling and Disposal of Waste	4481.00
电力、燃气及水的生产和供应业	**Electric Power,Gas andWater Production andSupply**	**8283741.00**
电力、热力的生产和供应业	Production and Supply of ElectricPower and Heat Power	8242651.00
燃气生产和供应业	Production and Supply of Gas	15018.00
水的生产和供应业	Production and Supply of Water	26072.00

Energy Consumption of Industrial Enterprises above Designated Size by Industries

工业总产值（万元）Gross Industrial Output Value（10 000yuan）	产值单耗（吨标准煤/万元）Energy Consumption per Unit of Gross Industrial Output Value（tons of sce/10 000 yuan）
18685228.30	**1.3719**
1501623.50	**4.2751**
1501623.50	4.2751
14388342.20	**0.7597**
634534.40	0.0750
888313.60	0.6539
232801.60	0.0963
1537629.60	0.0192
409767.20	0.0026
67999.00	0.0149
78161.40	0.0394
68849.30	0.0065
125483.30	0.3085
14488.40	0.0172
2813949.80	1.6265
3591862.50	0.9661
424427.10	1.3949
228349.40	0.2386
636719.90	0.6820
198291.00	0.8202
984480.70	0.8952
337448.70	0.0211
264701.60	0.0541
114857.60	0.0168
5322.70	0.0116
10426.60	0.0106
559658.80	0.0113
105690.10	0.0040
50195.70	0.0893
2799194.80	**2.9593**
2396788.90	3.4390
335121.60	0.0448
67284.30	0.3875

5—6 全市规模以上工业企业能源购进、消费与库存情况

(2015)

指 标	Item	年初库存量 Inventory at the Beginning of the Year	购进量 Physical Quantity Purchased
原煤(吨)	Raw Coal(ton)	3478358.97	43473247.82
无烟煤(吨)	Anthracite Coal(ton)	210786.40	2182765.95
炼焦烟煤(吨)	Coking Coal(ton)	224813.36	3298465.21
一般烟煤(吨)	General Coal(ton)	3042062.21	37954379.66
褐煤(吨)	Lignite(ton)	697.00	37637.00
洗精煤(吨)	Clean Coal(ton)	185432.64	3059430.96
其它洗煤(吨)	Other Washing Coal(ton)	175819.68	56645.04
煤制品(吨)	Coal Products(ton)		
焦炭(吨)	Coke(ton)	108548.53	245915.71
其它焦化产品(吨)	Other Coking Products(ton)	588.00	5978.97
焦炉煤气(万立方米)	Coking Gas(10 000 cu.m)		
天然气(气态)(万立方米)	Natural Gas(gaseous state)(10 000 cu.m)	9.01	66668.09
液化天然气(液态)(吨)	Liquefied Natural(liquid state)Gas(ton)		249.60
原油(吨)	Crude Oil(ton)	71539.80	4807381.10
汽油(吨)	Gasoline(ton)	39.29	3612.66
煤油(吨)	Kerosene(ton)	5.20	69.88
柴油(吨)	Diesel Oil(ton)	654.03	20113.14
燃料油(吨)	Fuel Oil(ton)	15018.91	389837.67
液化石油气(吨)	Liquefied Petroleum Gas(ton)		97.64
润滑油(吨)	Lubricating Oil(ton)	23.40	1314.89
石油焦(吨)	Petroleum coke(ton)	35166.60	112608.48
其它石油制品(吨)	Other Petroleum Products(ton)	68.58	41408.51
热力(百万千焦)	Heat(million kilo-joule)		669073.81
电力(万千瓦时)	Electricity(10 000 kwh)		1236758.48
煤矸石用于燃料(吨)	Coal Gangue as Fuel(ton)		620734.00
余热余压(百万千焦)	Waste Heat and Excess Pressure(million kilo-joule)		
其他燃料(吨标准煤)	Other Feul(tons of sce)	1036.52	18241.00
能源合计(吨标准煤)	Total Energy(tons of sce)		

Energy Purchase, Consumption and Inventory of Industrial Enterprises above Designated Size

购进额（万元）Purchased（10 000 yuan）	消费量 Consumption	# 工业生产消费 Industrial Production		# 非工业生产消费 Non-industrial	合计中运输工具消费 Total:Trans port consumption	年末库存量 Inventory at Year-end
			# 用于原材料 Used for Raw Materials			
6226473.21	50259619.76	50178147.58	4826172.25	81472.20		2263996.21
959973.52	2465616.09	2465416.99		199.10		72438.72
711280.88	4599246.04	4598851.02	962038.45	395.02		207796.63
4520218.81	43160018.63	43079738.57	3864133.80	80280.08		1980165.86
35000.00	34739.00	34141.00		598.00		3595.00
2351823.08	5993219.50	5993219.50	44001.96			249775.19
	58747.97	58747.97	2769.60			173716.75
133063.80	252482.67	252482.67	173376.45			102013.01
	5976.98	5976.98				589.99
	121501.43	121501.43				
	66630.20	66337.60	25955.00	292.60	58.11	
	249.60	148.15		101.45	135.00	
4538451.00	4759989.90	4759984.00		5.90	0.00	106251.00
4.12	3861.65	1881.61		1979.97	1719.03	22.76
	71.65	71.65				2.18
838.56	21027.39	19800.09		1227.30	5335.73	540.04
201397.00	403533.34	403533.34				2517.38
97.15	97.64	97.15		0.49		
	1336.94	1279.17		57.77		7.76
	92674.00	92674.00				55101.08
37900.09	41474.51	41445.54		28.97		1.40
	14805135.99	14611398.22		193737.76		
130.52	2144241.52	2110829.06		33412.47		
	953632.30	953632.30				
	483424.85	483424.85				
18240.00	18552.00	18550.00		2.00		726.52
	50364881.50	50253331.07		111550.27		0.00

5—7 全市规模以上工业企业能源购进、消费与库存附表情况

（2015）

指 标	Item	单 位	Unit	工业生产消费量 Industry Consumption	加工转换投入合计 Total Convert Input	火力发电 Thermal Power
原煤	Coal	吨	ton	48056711.12	36878743.89	24422738.81
无烟煤	Anthracite Coal	吨	ton	2461382.66	653051.30	
炼焦烟煤	Coking Coal	吨	ton	4598851.02	1743152.83	
一般烟煤	General Coal	吨	ton	40996477.44	34482539.76	24422738.81
褐煤	Lignite	吨	ton			
洗精煤	Clean Coal	吨	ton	5920078.96	5920078.96	
其它洗煤	Other Washing Coal	吨	ton	4657.37		
煤制品	Coal Products	吨	ton			
焦炭	Coke	吨	ton	166301.45		
其它焦化产品	Other Coking Products	吨	ton			
焦炉煤气	Coking Gas	万立方米	10 000 su.m	121501.43		
天然气(气态)	Natural Gas(gaseous state)	万立方米	10 000 su.m	58955.56		
液化天然气(液态)	Liquefied Natural(liquid state)Gas	吨	ton			
原油	Crude Oil	吨	ton	4759984.00	4759984.00	
汽油	Gasoline	吨	ton	636.58		
煤油	Kerosene	吨	ton	2.13		
柴油	Diesel Oil	吨	ton	5563.92	240.47	240.47
燃料油	Fuel Oil	吨	ton	403533.34	402321.34	1517.52
液化石油气	Liquefied Petroleum Gas	吨	ton			
炼厂干气	Net Gas of Plant	吨	ton			
石脑油	Naphtha	吨	ton			
润滑油	Lubricating Oil	吨	ton	1247.23		
其它石油制品	Other Petroleum Products	吨	ton	41354.56	39945.00	
热力	Heat	百万千焦	million kilo-joule	13944004.18		
电力	Electricity	万千瓦时	10 000 kwh	1153925.37		
煤矸石用于燃料	Coal Gangue as Fuel	吨	ton	953632.30	620734.00	620734.00
余热余压	Waste Heat and Excess Pressure	百万千焦	million kilo-joule	483424.85	483424.85	483424.85
其他燃料	Other Fuel	吨标准煤	tons of SCE			
能源合计	Total Energy	吨标准煤	tons of SCE	47281890.43	36431796.96	15814090.17

Energy Purchase, Consumption and Inventory of Industrial Enterprises above Designated Size

供热 Heating Supply	原煤入洗 Washing -dressing Coal	炼焦 Coking	炼油及煤制油 Petroleum Refining and Coal Products	天然气液化 Natural Gas iquefying	能源加工转换产出 Output in Processing	回收利用 Recycling
1989638.13	8162231.63		2304135.34			
	653051.30					
	1743152.83					
1989638.13	5766027.50		2304135.34			
		5920078.96			4397257.29	
					2149997.09	
					4178879.09	
					303059.03	
					121501.43	
9088.00				7252.00		
					48976.00	
			4759984.00			
					2148946.00	
					142231.00	
					2018644.00	
0.82			400803.00		57616.00	
					331900.92	
					35.00	
					38296.00	
					0.00	
			39945.00		417307.27	
					29927498.18	
					5190135.68	
					1015137.01	
						483424.85
1272979.27	5299354.27	4934385.81	9021932.90	89054.56	24602207.61	16484.79

5—8 全市规模以上工业分品种分行业能源消费

(2015)

指 标	Item	原煤(吨) Coal(ton)
合 计	**Total**	**50259620.00**
采矿业	**Mining**	**12903219.00**
煤炭开采和洗选业	Mining and Washing of Coal	12903219.00
制造业	**Manufacturing**	**16063639.00**
农副食品加工业	Mining and Washing of Coal	28074.00
食品制造业	Manufacture of Foods	981545.00
酒、饮料和精制茶制造业	Manufacture of Wine,Beverages and Tea	6530.00
纺织业	Manufacture of Textile	10957.00
纺织服装、服饰业	Manufacture of Textile and Apparel	283.00
皮革、毛皮、羽毛及其制品和制鞋业	Manufacture of Leather,Fur,Feather,Related Produsts and Shoe	1327.00
木材加工及木、竹、藤、棕、草制品业	Processing of Timber,Manufacture of Wood,Bamboo,Rattan,Palm,and Straw Products	
家具制造业	Manufacture of Furniture	
造纸及纸制品业	Manufacture of Paper and Paper Products	52473.00
印刷和记录媒介复制业	Printing and Reproduction of Recording Media	6.00
文教、工美、体育和娱乐用品制造业	Manufacture of Cultureand Edueation,Arts and crafts,Sports and Entertainment Prdcucts	
石油加工炼焦及核燃料加工业	Processing of Petroleum,Coking and Processing of Nuclear Fuel	8697340.00
化学原料及化学制品制造业	Manufacture of Raw Chemical Materials and Chemical Products	4644213.00
医药制造业	Manufacture of Medicines	1121966.00
橡胶和塑料制品业	Manufacture of Rubber and Plastics	9173.00
非金属矿物制品业	Manufacture of Non-metallic Mineral Products	489733.00
黑色金属冶炼和压延加工业	Smelting and Pressing of Ferrous Metals	6954.00
有色金属冶炼和压延加工业	Smelting and Pressing of Non-ferrous Metals	3884.00
金属制品业	Manufacture of Metal Products	4680.00
通用设备制造业	Manufacture of General Purpose Machinery	89.00
专用设备制造业	Manufacture of Special purpose Machinery	186.00
汽车制造业	Manufacture of Car	
铁路、船舶、航空航天和其他运输设备制造业	Manufacture of Railway,Ship,Aviation and Transport Equipment	40.00
电气机械及器材制造业	Manufacture of Electrical Machinery and Equipment	3875.00
仪器仪表制造业	Manufacture of Measuring Instruments	
废弃资源综合利用业	Recycling and Disposal of Waste	311.00
电力、燃气及水的生产和供应业	**Electric Power,Gas and Water Production and Supply**	**21292761.00**
电力、热力的生产和供应	Production and Supply of Electric Power and Heat Power	21292461.00
燃气生产和供应业	Production and Supply of Gas	
水的生产和供应业	Production and Supply of Water	301.00

Energy Consumption of Industrial Enterprises above Designated Size by Variety by Industries

无烟煤(吨) Anthracite Coal(ton)	炼焦烟煤(吨) Coking Coal(ton)	一般烟煤(吨) General Coal(ton)	褐煤(吨) Lignite(ton)	洗精煤(吨) Clean Coal(ton)
2465616.00	**4599246.00**	**43160019.00**	**34739.00**	**5993219.00**
653051.00	**1743153.00**	**10507015.00**		
653051.00	1743153.00	10507015.00		
1812565.00	**2856093.00**	**11360242.00**	**34739.00**	**5993219.00**
		25335.00	2739.00	
		981545.00		
		6530.00		
101.00		10857.00		
283.00				
		1327.00		
		52473.00		
		6.00		
1808331.00	1400462.00	5488546.00		5920079.00
1349.00	1455236.00	3155628.00	32000.00	51541.00
		1121966.00		
		9173.00		
2412.00		487321.00		21599.00
	395.00	6559.00		
		3884.00		
		4680.00		
89.00				
		186.00		
		40.00		
		3875.00		
		311.00		
		21292761.00		
		21292461.00		
		301.00		

5-8 续表1

(2015)

指 标	Item	其它洗煤(吨) Other Washing Coal(ton)
合 计	**Total**	**58748.00**
采矿业	**Mining**	**4657.00**
煤炭开采和洗选业	Mining and Washing of Coal	4657.00
制造业	**Manufacturing**	**54091.00**
农副食品加工业	Mining and Washing of Coal	
食品制造业	Manufacture of Foods	
酒、饮料和精制茶制造业	Manufacture of Wine,Beverages and Tea	
纺织业	Manufacture of Textile	
纺织服装、服饰业	Manufacture of Textile and Apparel	
皮革、毛皮、羽毛及其制品和制鞋业	Manufacture of Leather,Fur,Feather,Related Produsts and Shoe	
木材加工及木、竹、藤、棕、草制品业	Processing of Timber,Manufacture of Wood,Bamboo,Rattan,Palm,and Straw Products	
家具制造业	Manufacture of Furniture	
造纸及纸制品业	Manufacture of Paper and Paper Products	
印刷和记录媒介复制业	Printing and Reproduction of Recording Media	
文教、工美、体育和娱乐用品制造业	Manufacture of Cultureand Edueation,Arts and crafts,Sports and Entertainment Prdcucts	
石油加工炼焦及核燃料加工业	Processing of Petroleum,Coking and Processing of Nuclear Fuel	
化学原料及化学制品制造业	Manufacture of Raw Chemical Materials and Chemical Products	2770.00
医药制造业	Manufacture of Medicines	
橡胶和塑料制品业	Manufacture of Rubber and Plastics	51321.00
非金属矿物制品业	Manufacture of Non-metallic Mineral Products	
黑色金属冶炼和压延加工业	Smelting and Pressing of Ferrous Metals	
有色金属冶炼和压延加工业	Smelting and Pressing of Non-ferrous Metals	
金属制品业	Manufacture of Metal Products	
通用设备制造业	Manufacture of General Purpose Machinery	
专用设备制造业	Manufacture of Special purpose Machinery	
汽车制造业	Manufacture of Car	
铁路、船舶、航空航天和其他运输设备制造业	Manufacture of Railway,Ship,Aviation and Transport Equipment	
电气机械及器材制造业	Manufacture of Electrical Machinery and Equipment	
仪器仪表制造业	Manufacture of Measuring Instruments	
废弃资源综合利用业	Recycling and Disposal of Waste	
电力、燃气及水的生产和供应业	**Electric Power,Gas and Water Production and Supply**	
电力、热力的生产和供应	Production and Supply of Electric Power and Heat Power	
燃气生产和供应业	Production and Supply of Gas	
水的生产和供应业	Production and Supply of Water	

continued

煤制品（吨） Coal Products（ton）	焦 炭（吨） Coke（ton）	其它焦化产品（吨） Other Coking Products（ton）	焦炉煤气（万立方米） Coking Gas （10 000 cu.m）	天然气（气态）（万立方米） Natural Gas(Gaseous State) （10 000 cu.m）	液化天然气（液态）（吨） Liquefied Natrual Gas(Liquid State)（ton）
	252483.00	**5977.00**	**121501.00**	**66630.00**	**250.00**
				15357.00	
				15357.00	
	252483.00	**5977.00**	**121501.00**	**34865.00**	**250.00**
				321.00	
				670.00	80.00
	32.00			969.00	
				405.00	33.00
				52.00	
				238.00	
				6.00	
				173.00	
				5.00	
			121501.00	26694.00	
	208738.00			1392.00	
				8.00	
				152.00	
	750.00	5977.00		12.00	135.00
	38873.00			1109.00	
				2098.00	
				75.00	
				331.00	2.00
				36.00	
				1.00	
				110.00	
				6.00	
	4089.00				
				16408.00	
				9091.00	
				7308.00	
				9.00	

5-8 续表2

(2015)

指 标	Item	原油(吨) Crude Oil (ton)
合 计	**Total**	**4759990.00**
采矿业	**Mining**	
煤炭开采和洗选业	Mining and Washing of Coal	
制造业	**Manufacturing**	**4759990.00**
农副食品加工业	Mining and Washing of Coal	6.00
食品制造业	Manufacture of Foods	
酒、饮料和精制茶制造业	Manufacture of Wine,Beverages and Tea	
纺织业	Manufacture of Textile	
纺织服装、服饰业	Manufacture of Textile and Apparel	
皮革、毛皮、羽毛及其制品和制鞋业	Manufacture of Leather,Fur,Feather,Related Produsts and Shoe	
木材加工及木、竹、藤、棕、草制品业	Processing of Timber,Manufacture of Wood,Bamboo,Rattan,Palm,and Straw Products	
家具制造业	Manufacture of Furniture	
造纸及纸制品业	Manufacture of Paper and Paper Products	
印刷和记录媒介复制业	Printing and Reproduction of Recording Media	
文教、工美、体育和娱乐用品制造业	Manufacture of Cultureand Edueation,Arts and crafts,Sports and Entertainment Prdcucts	
石油加工炼焦及核燃料加工业	Processing of Petroleum,Coking and Processing of Nuclear Fuel	4759984.00
化学原料及化学制品制造业	Manufacture of Raw Chemical Materials and Chemical Products	
医药制造业	Manufacture of Medicines	
橡胶和塑料制品业	Manufacture of Rubber and Plastics	
非金属矿物制品业	Manufacture of Non-metallic Mineral Products	
黑色金属冶炼和压延加工业	Smelting and Pressing of Ferrous Metals	
有色金属冶炼和压延加工业	Smelting and Pressing of Non-ferrous Metals	
金属制品业	Manufacture of Metal Products	
通用设备制造业	Manufacture of General Purpose Machinery	
专用设备制造业	Manufacture of Special purpose Machinery	
汽车制造业	Manufacture of Car	
铁路、船舶、航空航天和其他运输设备制造业	Manufacture of Railway,Ship,Aviation and Transport Equipment	
电气机械及器材制造业	Manufacture of Electrical Machinery and Equipment	
仪器仪表制造业	Manufacture of Measuring Instruments	
废弃资源综合利用业	Recycling and Disposal of Waste	
电力、燃气及水的生产和供应业	**Electric Power,Gas and Water Production and Supply**	
电力、热力的生产和供应	Production and Supply of Electric Power and Heat Power	
燃气生产和供应业	Production and Supply of Gas	
水的生产和供应业	Production and Supply of Water	

continued

汽油(吨) Gasoline (ton)	煤油(吨) Kerosene (ton)	柴油(吨) Diesel Oil (ton)	燃料油(吨) Fuel Oil (ton)	液化石油气(吨) Liquefied Petroleum Gas (ton)	润滑油(吨) Lubricating Oil (ton)
3862.00	**72.00**	**21027.00**	**403533.00**	**98.00**	**1337.00**
446.00	**2.00**	**4316.00**			**1305.00**
446.00	2.00	4316.00			1305.00
2576.00	**70.00**	**16219.00**	**402015.00**	**0.00**	**32.00**
267.00		120.00			
156.00		108.00			
29.00		33.00			
85.00		53.00			
26.00					
16.00					
0.00					
21.00					
37.00		31.00			
31.00					
0.00					
253.00		806.00	402015.00		
373.00		817.00			18.00
21.00		96.00			
69.00		66.00			
142.00		11466.00			
56.00		263.00			
2.00		1618.00			
54.00		20.00			1.00
388.00	70.00	80.00			13.00
67.00		66.00			
33.00					
196.00		50.00			
232.00		123.00			
21.00		403.00			
840.00		**493.00**	**1518.00**	**97.00**	**0.00**
454.00		369.00	1518.00		
187.00		1.00		97.00	
200.00		123.00			

5-8 续表3

（2015）

指 标	Item	石油焦（吨）Petroleum Coke（ton）
合 计	**Total**	**92674.00**
采矿业	**Mining**	
煤炭开采和洗选业	Mining and Washing of Coal	
制造业	**Manufacturing**	**92674.00**
农副食品加工业	Mining and Washing of Coal	
食品制造业	Manufacture of Foods	
酒、饮料和精制茶制造业	Manufacture of Wine,Beverages and Tea	
纺织业	Manufacture of Textile	
纺织服装、服饰业	Manufacture of Textile and Apparel	
皮革、毛皮、羽毛及其制品和制鞋业	Manufacture of Leather,Fur,Feather,Related Produsts and Shoe	
木材加工及木、竹、藤、棕、草制品业	Processing of Timber,Manufacture of Wood,Bamboo,Rattan,Palm,and Straw Products	
家具制造业	Manufacture of Furniture	
造纸及纸制品业	Manufacture of Paper and Paper Products	
印刷和记录媒介复制业	Printing and Reproduction of Recording Media	
文教、工美、体育和娱乐用品制造业	Manufacture of Cultureand Edueation,Arts and crafts,Sports and Entertainment Prdcucts	
石油加工炼焦及核燃料加工业	Processing of Petroleum,Coking and Processing of Nuclear Fuel	
化学原料及化学制品制造业	Manufacture of Raw Chemical Materials and Chemical Products	
医药制造业	Manufacture of Medicines	
橡胶和塑料制品业	Manufacture of Rubber and Plastics	
非金属矿物制品业	Manufacture of Non-metallic Mineral Products	
黑色金属冶炼和压延加工业	Smelting and Pressing of Ferrous Metals	
有色金属冶炼和压延加工业	Smelting and Pressing of Non-ferrous Metals	92674.00
金属制品业	Manufacture of Metal Products	
通用设备制造业	Manufacture of General Purpose Machinery	
专用设备制造业	Manufacture of Special purpose Machinery	
汽车制造业	Manufacture of Car	
铁路、船舶、航空航天和其他运输设备制造业	Manufacture of Railway,Ship,Aviation and Transport Equipment	
电气机械及器材制造业	Manufacture of Electrical Machinery and Equipment	
仪器仪表制造业	Manufacture of Measuring Instruments	
废弃资源综合利用业	Recycling and Disposal of Waste	
电力、燃气及水的生产和供应业	**Electric Power,Gas and Water Production and Supply**	
电力、热力的生产和供应	Production and Supply of Electric Power and Heat Power	
燃气生产和供应业	Production and Supply of Gas	
水的生产和供应业	Production and Supply of Water	

continued

其它石油制品（吨）Other Petroleum Products（ton）	热力（百万千焦）Heat（million kilo-joule）	电力（万千瓦时）Electricity（10 000 kwh）	煤矸石用于燃料（吨）Coal Gangue asFuel（ton）	城市垃圾用于燃料（吨）City Garbage asFuel（ton）	生物质废料用于燃料（吨）Material Waste as Fuel（ton）	余热余压（百万千焦）Waste Heat and Excess Pressure（million kilo-joule）	其他燃料（吨标准煤）Other Feul（tons of SCE）
41475.00	**14805136.00**	**2144242.00**	**953632.00**	**368968.00**		**483425.00**	**18552.00**
1373.00		**350421.00**					
1373.00		350421.00					
40102.00	**14805136.00**	**1402592.00**	**332898.00**			**483425.00**	**18552.00**
	282063.00	15897.00					
	8589260.00	62837.00					
	55665.00	4211.00					
		13428.00					
		163.00					
		141.00					
		402.00					
		369.00					
	743063.00	5364.00					
		188.00					
		0.00					
40011.00		162300.00	332898.00				
	246185.00	298476.00					
	4858140.00	53604.00					
		12556.00					
		60558.00				483425.00	
		81007.00					18552.00
		617127.00					
		2408.00					
91.00	30759.00	7490.00					
		1016.00					
		51.00					
		21.00					
		2409.00					
		318.00					
		219.00					
		391228.00	**620734.00**	**368968.00**			
		361765.00	620734.00	368968.00			
		8886.00					
		20577.00					

5—9 全市规模以上工业企业水消费

Water Consumption of Industrial Enterprises above Designated Size

（2015）

指 标	Item	取水总量（万立方米）Amount（10 000cu.m）	外供水量（万立方米）Amount（10 000cu.m）
地表淡水	Land Surface Water	15947.00	
陆地苦咸水	Land Lake Water	1.00	
地下淡水	Groundwater	15828.60	
自来水	Tap	11819.70	25714.87
其他水	Others	0.30	
再生水(中水)	Reclaimed Water	1208.70	

补充指标 Additional Index

指 标	Item	本 期（万立方米）This Year（10 000cu.m）	同 期（万立方米）Last Year（10 000cu.m）
外排水量	Disposable Water	17408.20	16632.40
重复用水量	Repeated Water Consumption	320168.50	275834.40
污水处理企业污水处理量	Sewage Treatment Capacity of Sewage Treatment Enterprises	12632.10	12696.80

主要统计指标解释

【能源消费量】 指能源使用企业(单位)在报告期内实际消费的各种能源的数量。能源消费量分实物量和标准量两种。能源消费实物量是按照报表规定的、体现物质形态属性的计量单位(如:吨、立方米)计算的能源消费量;能源消费标准量是按照能源标准计量单位(如:吨标准煤)计算的能源消费量。

【综合能源消费量】 指企业(单位)在报告期内工业生产实际消费的各种能源(扣除能源加工转换和能源回收利用等重复因素)的总和。计算综合能源消费量时,需要将各种能源品种的消费量换算成按照标准计量单位(如:吨标准煤)计量的消费量。

【能源加工转换投入】 能源加工转换,指为了特定的用途,将一种能源(一般为一次能源),经过一定的工艺,加工或转换成另外一种能源(二次能源)。

【取水量】 指企业从各种水源直接提取或者从市场购买的用于厂区、办公区内工业生产活动的水量,以实际获得的新水量为准。

用于工业生产活动的水量,包括主要生产用水、辅助生产用水(如机修、运输、空压站等)和附属生产用水(如绿化、办公室、浴室、食堂、厕所、保健站等),不包括非工业生产单位的用水量(如基建用水、厂内居民家庭用水和企业附属幼儿园、学校、对外营业的浴室、游泳池等的用水量)和居民生活用水量。

取水量包括企业取自地表、地下、城镇供水工程的水,外购的再生水(中水)、其他水或水的产品,以及企业为生产外供水或水产品而取用的水。不包括重复用水量、直流冷却水量、未利用直接排放的矿井水和雨水量、污水处理企业处理的污(废)水量、水力发电动力用水量。

【外供水量】 指企业外供给其他单位的水或水产品的量,以离厂水量为准。包括外供给其他企业或市场的原水、自来水、海水淡化水、矿泉水、纯净水等。不包括直流冷却水量、再生水(中水)、未利用直接排放的矿井水和雨水量、北方地区供暖企业供给城镇热力网内循环的热水量、进入城镇污水管网和直接排到自然环境中的水量。

【重复用水量】 指在确定的用水单元或系统内,所有未经处理和处理后又重复使用的水量总和,重复用水量不包括北方地区城镇热力网内循环的热水、火力发电设备内进行汽水循环的除盐水。

【非工业企业能源消费量】 指不是工业企业的法人单位所消费的各种能源,具体指建筑业和第三产业的企事业法人单位。其能源消费主要包括:(1)用于生产经营活动的能源;(2)用于技术更新改造措施、新技术研究以及科学试验等方面的能源;(3)用于经营维修、建筑及设备大修理、机电设备和交通运输工具等方面的能源;(4)用于劳动保护的能源;(5)其他非生产消费的能源。

6 固定资产投资

Investment in Fixed Assets

6—1 主要年份全社会固定资产投资

Total Investment in Fixed Assets of the Whole Country in Main Years

单位:万元、平方米　　　　(10 000 yuan, sq.m)

年份 Year	全社会固定资产投资 Total Investment in Fixed Assets					新增固定资产 Newly Increased Fixed Assets	各类房屋施工面积 Floor Space under Construction		各类房屋竣工面积 Floor Space Completed	
		基本建设投资 Infrastructure	更新改造投资 Renovation and Reformation Investment	房地产开发投资 Real Estate	住宅 Residence			住宅面积 Floor Space of Residence		住宅面积 Floor Space of Residence
1950	53	53				31	1467	1143	1100	800
1951	108	108				48	8000	5571	6000	3900
1952	445	445				224	6133	2857	4600	2000
1953	524	524				256	15600	5000	11700	3500
1954	715	715				387	26133	11231	19600	7300
1955	641	641				314	37733	18000	28300	11700
1956	667	667				363	70286	26462	49200	17200
1957	447	447				218	33857	13538	23700	8800
1958	2313	2313				750	383541	201987	272755	131987
1959	4840	4840				1048	441690	215213	318090	133746
1960	6397	6397				4188	463863	271040	332120	167240
1961	2400	2400				497	237231	130333	154200	78200
1962	666	666				464	29846	3833	19400	2300
1963	1066	1066				830	68462	18667	44500	11200
1964	2403	2403				2006	160923	75273	104600	41400
1965	4927	4927				3498	224061	100913	147599	56322
1966	5727	5727				3809	525333	248545	315200	136700
1967	3313	3313				349	58828	3091	37095	1700
1968	3776	3776				688	864784	43285	523517	26349
1969	3261	3261				1872	828898	143303	502565	72603
1970	4623	4623				2113	609499	29600	370699	14800
1971	5050	5050				2110	271931	162000	186198	81000
1972	4957	4957				2985	272935	126620	171547	66720
1973	5294	5294				3077	316289	124406	195381	64606
1974	5599	5599				3477	345613	129454	138739	46787
1975	6065	6065				4091	367316	126226	175353	56230
1976	5950	5950				3002	404323	130909	157000	57854
1977	6047	6047				4564	402883	131114	179555	60785
1978	8560	8376				5243	502900	148000	227020	72000
1979	11905	10919	862			8008	837493	388562	311284	134805
1980	16265	13699	2362			12648	1070119	524200	610119	284000
1981	15339	10653	3726			12949	1031995	542744	637528	315157
1982	18258	12208	4566			14997	1587654	997424	1186744	766054
1983	21385	11012	8241			15461	1093897	618285	498977	320511
1984	29330	15407	9384			19559	1887950	995322	1142746	686193

6-1 continued

单位:万元、平方米

(10 000 yuan, sq.m)

年份 Year	全社会固定资产投资 Total Investment in Fixed Assets	基本建设投资 Infrastructure	更新改造投资 Renovation and Reformation Investment	房地产开发投资 Real Estate	住宅 Residence	新增固定资产 Newly Increased Fixed Assets	各类房屋施工面积 Floor Space under Construction	住宅面积 Floor Space of Residence	各类房屋竣工面积 Floor Space Completed	住宅面积 Floor Space of Residence
1985	55005	34872	13160			30347	2255500	1109428	1241225	701528
1986	66084	43894	17423			39289	2037959	943686	1346280	744614
1987	75101	51668	18597			55585	1532013	582122	965840	395009
1988	56292	33375	13822			33629	1409844	674239	982568	495398
1989	56419	29761	16852			38038	1158405	591582	781511	413010
1990	65500	36431	17340	2149	1764	48913	1398073	802355	939523	600655
1991	87636	44318	21405	8965	8372	60555	1899668	1195878	1303969	906242
1992	146519	78744	37615	13663	10400	151708	2410361	1324909	1578398	974386
1993	194002	84407	52851	22540	12104	173246	2969490	1811726	1987984	1384739
1994	246885	126134	66092	24037	19790	219909	2311284	1283794	1610092	990857
1995	227456	105098	43262	38376	28000	189329	2410970	1532772	1530400	1167180
1996	315463	154291	83632	41086	28111	252909	2600454	1442603	1761583	1178097
1997	380733	191802	60937	48590	31059	314142	4038255	2892013	3014031	2307205
1998	511270	277336	75541	88455	58856	359110	3931877	2559940	2611550	1799054
1999	516344	256873	70575	104919	59640	378007	4396176	2519022	3274393	1995085
2000	523923	204858	104399	126616	74690	525341	4552693	2652779	3115842	2087221
2001	560558	201025	106508	177941	98121	516897	4569637	2653177	3061367	1947532
2002	729627	326252	91328	240498	164659	479996	5766251	3485057	3093144	1992760
2003	1433939	620045	186981	393550	279647	1015596	9967477	6478985	6115154	4313808
2004	1717373	616663	257489	488078	295523	1007747	10510923	5643948	5390303	3441758
2005	2016507	905404	239750	566134	346375	1113990	11297484	6752154	6188935	4246691
2006	2328456	1284219	257813	576808	405861	1429210	11564933	6798205	5792179	3747578
2007	2926906	1689254	368149	627154	443118	1337848	12610230	7419524	6053179	4212773
2008	3656897	2280467	355143	786051	569594	2322089	13430521	8285362	5673344	3672797
2009	4921031	3307601	388898	995984	743543	2944037	17293716	10113633	6291230	4380586
2010	6486862	3927344	396627	1608188	1160756	2026383	25667621	14592765	6505184	4534215
2011	7338479	4194479	860018	2076719	1436173	6861875	34052766	18774469	8943919	4939024
2012	9187292	5226518	991762	2757023	1755066	3850184	39484833	22688905	8143678	6131097
2013	11490012	7255830	710424	3308094	1956800	5474655	60870147	27188302	7258174	5159194
2014	13927640	8851536	871698	3888952	2390099	8033073	53700347	29097660	9159764	5658438
2015	15408842	9221349	1854836	4091711	2541048	12193828	50938672	26997768	8966054	4812046

注:1.自 2003 年起全社会固定资产投资包括区统计局反馈不分地区项目投资。2008 年分组指标不含农户投资。

2.自 2011 年始,固定资产投资计划总投资起点由 50 万元调整为 500 万元,故,依据自治区统计局反馈数据对 2010 年数据进行修订。

a) Since 2003, the total social investment in fixed assets including District Statistics Bureau feedback data that not classified region Project investment. The group index exchuding farmer investment in 2008.

b) Since 2011, the total Planned investment in fixed assets investment starting point adjustment from 50 million to 500 million, 2010 data rivised in-accordance with the Regional Bareau of feed back data.

6—2 主要年份按行业分的城镇固定资产投资

单位:万元 （2015）

指　标	Item	2006年	2007年
按国民经济行业分	**Grouped by Sector**	**2131519**	**2681405**
第一产业	**Primary Industry**	**10671**	**6066**
农林牧渔业	Agriculture,Forestry,Animal Husbandary and Fishery	10671	6066
第二产业	**Secondary Industry**	**1018050**	**1554617**
工业	Industry	1011130	1553322
采矿业	Mining	178502	374274
制造业	Manufacturing	428972	745179
电力、燃气及水的生产和供应业	Production and Supply of Electricity,Gas and Water	403656	433869
建筑业	Construction	6920	1295
第三产业	**Tertiary Industry**	**1102798**	**1120722**
批发和零售业	Wholesale and Retail Trades	10419	14939
交通运输、仓储和邮电业	Transport,Storang and Post	38192	62187
住宿和餐饮业	Hotels and Catering Services	19605	16276
信息传输、软件和信息技术服务业	Information Transmission,Computer Services and Software	18123	7407
金融业	Financial Intermediation	5552	2353
房地产业	Real Estate	579990	648083
租赁和商务服务业	Leasing and Business Sewices	8000	4000
科学研究和技术服务业	Scientific Research and Technical Service	1067	2084
水利、环境和公共设施管理业	Management of Water Conservancy,Environment and Public Facilities	186496	128275
居民服务、修理和其他服务业	Services to Households and Other Services	650	
教育	Education	83565	84634
卫生和社会工作	Health and Social Work	41221	43446
文化、体育和娱乐业	Culture,Sports and Entertainment	26815	72346
公共管理、社会保障和社会组织	Public Management,Social Security and Social Organizations	83103	34692
国际组织	International Organizations		

注:1.自2003年起全社会固定资产投资包括区统计局反馈不分地区项目投资。2008年分组指标不含农户投资。自2011年起,行业数据以国家统计局新编写的《2011年国民经济行业分类注释》划分。自2014年起,农村非农户投资划入城镇投资范围。

2.自2011年始,固定资产投资计划总投资起点由50万元调整为500万元,故,依据自治区统计局反馈数据对2010年数据进行修订。

3.按照国家统计局2013年三次产业划分规定,农、林、牧、渔业中的农、林、牧、渔服务业,采矿业中的开采辅助活动,制造业中的金属制品、机械和设备修理业三个大类调入第三产业。故,第三产业分项和不等于总量。

Total Investment in Fixed Assets By Sector in Main Years

(10 000 yuan)

2008年	2009年	2010年	2011年	2012年	2013年	2014年	2015年
3392333	**4662067**	**5411380**	**7026745**	**8531538**	**10619200**	**13719186**	**15280187**
49172	**66019**	**61303**	**37978**	**48383**	**33630**	**178112**	**306770**
49172	66019	61303	37978	15045	33630	178112	306770
1985045	**2891341**	**2371644**	**3334368**	**4087744**	**4414842**	**4816642**	**6213842**
1983815	2890288	2367224	3328168	4069264	4409909	4799648	6162009
440974	464120	452482	569798	743269	398204	291305	162138
1336429	1459230	1127564	2190023	2824876	3473965	3655514	3731758
206412	966938	787178	568347	501119	537740	852829	2268113
1230	1053	4420	6200	18480	4933	16994	51833
1358116	**1704707**	**2978433**	**3654399**	**4395411**	**6170728**	**8724432**	**8759575**
40059	32203	96385	238434	100042	147261	94932	81155
51716	61454	331359	271341	221943	341455	986317	1103371
8047	19253	23048	30568	33296	49390	70542	90570
812		29737	53262	69354	66523	147292	246195
1005	8101				5800	28800	53900
884771	1050472	1919268	2355861	3316487	4344547	5410592	5197404
11906	5799	10577	10	53577	78593	53940	92637
1100	1900	5495	9959	2900	9859	32854	68365
184564	213083	309863	422934	328938	711746	1351679	1161923
	220			74766	23117	13347	13342
43912	133619	89425	107342	65197	90236	131918	214931
26473	38394	36829	22679	58690	57726	108285	59672
65214	41284	38292	45482	29481	40841	65143	86426
38537	98925	88155	96527	40740	181615	193625	196438

a) Since 2003, the total social investment in fixed assets including District Statistics Bureau feedback data that not classifiedr

b) Since 2011, the total Planned investment in fixed assets investment starting point adjustment from 50 million to 500 million, 2010 data rivised in accordance with the Regional Bareau of feed back data.

c) According to provisions of the three divisions of industry by National Bureau of Statistics in 2013, the services of agriculture, forestry, animal husbandry and fishery, mining auxiliary activities of mining industry, metal products, machinery and equipment repair of maunfacture industry which transferred to the tertiary industry. So, tertiary industry component and is not equal to the total.

6—3 全社会固定资产投资及房屋建筑面积

单位:万元、平方米　　　　(2015)

指　标	Item	总　计 Total
全社会固定资产投资	**Total Investment in Fixed Assets**	**15408842**
#住宅	Residence	2681994
国有经济控股	State-owned	7914706
新建	New Construction	9610240
扩建	Expansion	557684
改建和技术改造	Reconstruction and Renovation	940063
迁建	Relocation	35995
单纯购置	Simply Purchase	44494
房地产开发投资	Real Estate Investment	4091711
农户投资	Farmers Investment	128655
按隶属关系分	**Grouped by Jurisdiction of Management**	
中央	Central Investment	2023369
地方	Local Investment	13256818
自治区	Autonomous Regions	2657699
地市县属	Cities of County	2966891
其他	Others	7632228
各类房屋施工面积	**Floor Space under Construction**	**50938672**
#住宅	Residence	26997768
新建	New Construction	8446663
扩建	Expansion	118734
改建和技术改造	Reconstruction and Renovation	48683
迁建	Relocation	11000
房地产开发	Real Estate	42313592
各类房屋竣工面积	**Floor Space Completed**	**8966054**
#住宅	Residence	4812046
新建	New Construction	1824588
扩建	Expansion	72706
改建和技术改造	Reconstruction and Renovation	21978
迁建	Relocation	
房地产开发	Real Estate	7046782

注:1. 分组指标不含不分地区投资。
2. 自2011年始,固定资产投资计划总投资起点由50万元调整为500万元,故,依据自治区统计局反馈数据对2010年数据进行修订。

Total Investment in Fixed Assets in the Whole Country and Area of Aousing Construction

(10 000 yuan, sq.m)

市　区 City	永宁县 Yongning	贺兰县 Helan	灵武市 Lingwu
6698828	**2093325**	**1732638**	**4884051**
2141930	143386	270194	126484
2808893	820755	221098	4063960
2916191	1576195	1211965	3905889
129319	199549	26181	202635
214589	64353	74191	586930
26364	6837		2794
41936	2558		
3359346	192171	379645	160549
11083	51662	40656	25254
226184	13653	11555	1771977
6461561	2028010	1680427	3086820
511989	115758		2029952
1942290	724298	35307	264996
4007282	1187954	1645120	791872
33468865	**4642122**	**8114387**	**4713298**
18668939	2474046	4551749	1303034
2216902	1099343	1660014	3470404
106151		12583	
21478		14322	12883
11000			
31113334	3542779	6427468	1230011
4893815	**1165491**	**1344567**	**1562181**
2469523	581905	826892	933726
746580			1078008
72706			
21478			500
4053051	1165491	1344567	483673

a) Packet index excluding non– regional projects.

b) Since 2011, the total Planned investment in fixed assets investment starting point adjustment from 50 million to 500 million, 2010 data rivised in accordance with the Regional Bareau of feed back data.

6—4 按国民经济行业分的固定资产投资

单位:万元 （2015）

指 标	Item	总 计 Total	
		2015年	2014年
本年资金来源合计	**Total of Sources of Funds This Year**	**15447188**	**14258006**
上年末结余资金	**Non-balance Funds Last Year**	**1043745**	**945187**
本年资金来源小计	**Subtotal of Sources of Funds This Year**	**14403443**	**13312819**
按资金来源分	**Grouped by Fund Sources**		
国家预算内资金	State Budget	881645	627011
国内贷款	Demestic Loans	3487906	3762546
债券	Bonds		
利用外资	Foreign Investment	2915	24952
自筹资金	Self-raising Funds	7577571	6256064
其他资金	Others	2453406	2642246
按国民经济行业分	**Grouped by Sector**	**15280187**	**13719186**
第一产业	Primary Industry	306770	178112
农、林、牧、渔业	Agriculture,Forestry,Animal Husbandary and Fishery	306770	178112
第二产业	Secondary Industry	6213842	4816642
工业	Industry	6162009	4799648
采矿业	Mining	162138	291305
制造业	Manufacturing	3731758	3655514
电力、燃气及水的生产和供应业	Production and Supply of Electricity,Gas and Water	2268113	852829
建筑业	Construction	51833	16994
第三产业	Tertiary Industry	8759575	8724432
批发和零售业	Wholesale and Retail Trades	81155	94932
交通运输、仓储和邮政业	Transport,Storage and Post	1103371	986317
住宿和餐饮业	Hotels and Catering Services	90570	70542
信息传输、计算机服务和软件业	Information Transmission,Computer Services and Software	246195	147292
金融业	Financial Intermediation	53900	28800
房地产业	Real Estate	5197404	5410592
租赁和商务服务业	Leasing and Business Services	92637	53940
科学研究、技术服务和地质勘查业	Scientific Research,Technical Service and Geologic Prospecting	68365	32854
水利、环境和公共设施管理业	Management of Water Conservancy,Environment and Public Facilities	1161923	1351679
居民服务和其他服务业	Services to Households and Other Services	13342	13347
教育	Education	214931	131918
卫生、社会保障和社会福利业	Health,Social Security and Social Welfare	59672	108285
文化、体育和娱乐业	Culture,Sports and Entertainment	86426	65143
公共管理和社会组织	Public Management and Social Organizations	196438	193625
新增固定资产	**Newly Increased Fixed Assets**	**12193828**	**8033073**
固定资产交付使用率(%)	**Rate of Projects of Fixed Assets Completed and Put into Use(%)**	**79.8**	**58.6**

注:1. 该表不含农户投资

2. 自2011年始,固定资产投资计划总投资起点由50万元调整为500万元,故,依据自治区统计局反馈数据对2010年数据进行修订。

3.按照国家统计局2014年三次产业划分规定,农、林、牧、渔业中的农、林、牧、渔服务业,采矿业中的开采辅助活动,制造业中的金属制品、机械和设备修理业三个大类调入第三产业。故,第三产业分项和不等于总量。

Total Investment in Fixed Assets By Sector

(10 000 yuan)

市 区 City		永宁县 Yongning		贺兰县 Helan		灵武市 Lingwu	
2015年	2014年	2015年	2014年	2015年	2014年	2015年	2014年
7833217	**7566078**	**721033**	**736804**	**1604584**	**1286960**	**5288354**	**4668164**
881805	**852820**	**19848**	**12979**	**66117**	**35863**	**75975**	**43525**
6951412	**6713258**	**701185**	**723825**	**1538467**	**1251097**	**5212379**	**4624639**
625360	460759	3647	4086	135763	47873	116875	114293
1057258	1064549	157452	148817	36034	48325	2237162	2500855
2915	14952						10000
3152301	2900891	518795	547563	1219610	956308	2686865	1851302
2113578	2272107	21291	23359	147060	198591	171477	148189
6687745	**6004939**	**2041663**	**1723709**	**1691982**	**1377420**	**4858797**	**4613118**
53289	26580	117643	51585	90013	59436	45825	40511
53289	26580	117643	51585	90013	59436	45825	40511
849042	678135	445678	259747	856709	633772	4062413	3244988
825856	676735	445678	259747	836950	618178	4053525	3244988
46276	64068					115862	227237
449461	512664	409252	236159	673852	582432	2199193	2324259
330119	100003	36426	23588	163098	35746	1738470	693492
23186	1400			19759	15594	8888	
5785414	5300224	1478342	1412377	745260	684212	750559	1327619
7620	29478	25156	20800	47879	23384	500	21270
622080	642288	216158	155040	79507	55575	185626	133414
62450	3989	10706	36953	17414	29600		
236111	147292	3640		3959		2485	
53900	28800						
3979058	3467993	477389	843862	388975	466642	351982	632095
83217	45342	9420	8598				
42706	21700			18000		7659	11154
339064	531388	599239	248986	68319	87922	155301	483383
2395		2934	13347	8013			
161371	107589	14407	12440	28409	3900	10744	7989
33855	79498	14439	18730	7027	8461	4351	1596
28583	54301			57843			10842
101355	137140	54796	36702	9817	3928	30470	15855
3231412	**4035570**	**1077421**	**751100**	**2515803**	**981235**	**5369192**	**2265168**
48.3	**67.2**	**52.8**	**43.6**	**148.7**	**71.2**	**110.5**	**49.1**

a) The data in above table does not include the farmers investment.

b) Since 2011, the total planned investment in fixed assets investment starting point adjustment from 50 million to 500 million, 2010 data rivised in accordance with the Regional Bareau of feed back data.

c) According to provisions of the three divisions of industry by National Bureau of Statistics in 2014, the services of agriculture, forestry, animal husbandry and fishery, mining auxiliary activities of mining industry, metal products, machinery and equipment repair of maunfacture industry which transferred to the tertiary industry. So, tertiary industry component and is not equal to the total.

6—5 各种分组的固定资产投资

单位:万元　　　　(2015)

指 标	Item	总 计 Total 2015年	2014年
自开始建设至本年底累计完成投资	Investment Completed Since The Construction Until This Year-end	41900564	36978778
本年完成投资	**Investment Completed This Year**	**15280187**	**13719186**
住宅	Residence	2681994	2760847
按构成分	**Grouped by Structure**		
建筑工程	Construction	9725164	8834990
安装工程	Installation	1491232	1017520
设备工器具购置	Purchase of Equipment and Instruments	2816982	2777570
其他费用	Others	1246809	1089106
按建设性质分(不含房地产)	**Grouped by Type of Construction(Except Real Estate)**		
新建	New Construction	9610240	8347455
扩建	Expansion	557684	1018902
改建和技术改造	Reconstruction and Renovation	940063	408550
按经济类型分	**Grouped by Economic Types**		
内资	Domestic Funds	15079071	13517653
国有	State-owned Enterprises	5101292	4403353
有限责任公司	Limited Liability Corporations	4466198	3270010
国有独资公司	State Sole Funded Corporations	2311324	1614332
其他有限责任公司	Other Limited Liability Corporations	2154874	1655678
股份有限公司	Share-holding Corporations Ltd.	196327	429807
私营	Private Enterprises	5301343	5403123
其他内资	Other Domestic Funds	11011	9360
港、澳、台商投资	Enterprises with Sole Investment from Hongkong,Macao and Taiwan	118864	135742
外商投资	Foreign Share-holding Corporations Ltd.	61392	63479

注:1. 该表不含农户投资。
2. 本年实际征用和购置土地面积包含无偿划拨土地。
3. 自 2011 年始,固定资产投资计划总投资起点由 50 万元调整为 500 万元,故,依据自治区统计局反馈数据对 2010 年数据进行修订。

Total Investment in Fixed Assets By Sector

(10 000 yuan)

市　区 City		永宁县 Yongning		贺兰县 Helan		灵武市 Lingwu	
2015年	2014年	2015年	2014年	2015年	2014年	2015年	2014年
17577451	15120175	4066639	3351548	4511456	3736365	15745018	14770690
6687745	**6004939**	**2041663**	**1723709**	**1691982**	**1377420**	**4858797**	**4613118**
2141930	1880260	143386	188406	270194	298175	126484	394006
5091311	4510302	1689556	1469667	1197542	905113	1746755	1949908
668106	512389	100676	41890	86086	117465	636364	345776
376147	471474	163289	80083	374702	318705	1902844	1907308
552181	510774	88142	132069	33652	36137	572834	410126
2916191	2611254	1576195	1093787	1211965	854253	3905889	3788161
129319	236053	199549	172179	26181	25372	202635	585298
214589	78881	64353	134513	74191	65077	586930	130079
6521718	5842359	2027934	1696756	1671122	1375420	4858297	4603118
1945885	1681626	796485	995890	174300	160249	2184622	1565588
1593316	1221036	308107	350986	701359	429025	1863416	1268963
440161	334828	177	20846	44339	12280	1826647	1246378
1153155	886208	307930	330140	657020	416745	36769	22585
101773	119834	29093	2700	6909	3000	58552	304273
2877844	2817566	891251	347180	780541	774083	751707	1464294
	297	2998		8013	9063		
118364	123742				2000	500	10000
47663	36526	13729	26953				

a) The data in above table does not include the farmers investment.

b) The actual acpuisition and purchase of the land area contains the free allocation of land this year.

c) Since 2011, the total Planned investment in fixed assets investment starting point adjustment from 50 million to 500 million, 2010 data rivised in accordance with the Regional Bareau of feed back data.

6—6 固定资产投资效果

(2015)

指　标	Item	单 位	Unit	合 计 Total
建设项目投产率	**Rate of Construction Projects and Put into Produce**	**%**	**%**	**68.2**
本年施工项目	Projects under Construction This Year	个	unit	1214
本年竣工项目	Projects Completed This Year	个	unit	828
固定资产交付使用率	**Rate of Projects of Fixed Assets Completed and Put into Use**	**%**	**%**	**79.8**
本年新增固定资产	Newly Increased Fixed Assets This Year	万元	10 000 yuan	12193828
本年完成投资额	Investment Completed This Year	万元	10 000 yuan	15280187
建设周期	**Construction Period**	**年**	**year**	**4.1**
计划总投资	Total Planned Investment	万元	10 000 yuan	62435820
本年完成投资	Investment Completed This Year	万元	10 000 yuan	15280187
房屋建筑面积竣工率	**Rate of Floor Space of Buildings Completed**	**%**	**%**	**17.6**
施工面积	Floor Space of Buildings Under Construction	平方米	sq.m	50938672
竣工面积	Floor Space of Buildings Completed	平方米	sq.m	8966054

注:1. 该表不含农户投资。
2. 自 2011 年始,固定资产投资计划总投资起点由 50 万元调整为 500 万元,故,依据自治区统计局反馈数据对 2010 年数据进行修订。

The Effect of Fixed Assets Inverstment

新 建 New Construction	扩 建 Expansion	改建和技术改造 Reconstruction and Renovation	迁 建 Relocation	单纯购置 Simply Purchase	房地产开发 Real Estate
64.6	**81.3**	**86.1**	**50.0**		
972	128	108	6		
628	104	93	3		
84.7	**161.5**	**110.4**	**38.1**	**100.0**	**50.2**
8142095	900728	1038053	13731	44494	2054727
9610240	557684	940063	35995	44494	4091711
3.7	**4.0**	**1.5**	**3.7**	**1.0**	**5.6**
35579772	2243284	1426942	134143	44494	23007185
9610240	557684	940063	35995	44494	4091711
21.6	**61.2**	**45.1**			**16.7**
8446663	118734	48683	11000		42313592
1824588	72706	21978			7046782

a) The data in above table does not include the farmers investment.

b) Since 2011, the total Planned investment in fixed assets investment starting point adjustment from 50 million to 500 million, 2010 data rivised in accordance with the Regional Bareau of feed back data.

6—7 主要重点项目建设情况

单位:万元 (2015)

项目名称 Project Name	开工时间 Start Time	竣工时间 Completion Time
西夏万达广场	201210	
银川市公安局看守所拘留所戒毒所迁建项目	201304	201507
科技园研发中心建设项目	201308	201508
滨河生态园及配套绿地建设工程	201309	
永宁黄河大桥及连接线	201310	
北京路东延伸及滨河黄河公路大桥项目	201403	
银川兵沟黄河大桥及连接线	201403	
银峰铝业循环经济综合产业园	201405	
银川智慧物联产业基地	201407	201512
S203头道湾至黑山段辅道建设工程水洞沟隧道工程	201408	
宁夏创业谷项目	201408	
宁夏幼儿师范学校(滨河校区)一期	201408	
银川三沙源国际生态旅游及休闲度假园项目	201408	
智能移动终端应用大尺寸蓝宝石晶体项目	201409	
宁夏生态纺织产业示范园区污水处理厂工程	201410	201510
宁东(灵州)-浙江(绍兴)±800KVT特高压直流输电工程	201412	
利用华电灵武电厂热能集中供热工程	201503	201511
宁夏生态纺织示范园区道路及供排水工程(江南路)	201503	201510
黄河银川段航运建设一期	201504	
国华宁东电厂二期	201504	
洪广营生态牧场建设项目	201505	
通航产业园基础设施工程	201505	
通用机场项目	201505	
中铝宁夏银星电厂	201505	

Coustruction Condition of Major Keystone Project

(10 000 yuan)

计划总投资 Total Planned Investment	累计完成投资 Accumulated Completion Investment	本年计划 Planned This Year	本年完成投资 Completion Investment This Year
454022	409799	76000	44399
52041	52041	8000	6837
24761	24950	12990	14850
95000	53500	16000	6500
194200	143000	53800	103000
505111	414520	200000	200020
187000	154800	60000	63000
214201	93158	40000	49985
52000	52000	34000	24200
13205	13205	11200	10805
300000	48880	10000	25045
51348	50474	38700	39904
800000	450402	510000	445908
105679	56073	50000	38245
22600	22600	22334	18600
864688	464496	410000	345348
18459	18459	37000	18459
19500	19500	28000	19500
34042	16240	17500	16240
504400	175128	140000	175128
43028	28200	20000	28200
69893	25500	5000	25500
25500	23000	15000	23000
467300	200501	250000	200501

6—8 房地产开发企业投资情况

单位：个、万元、平方米 (2015)

指 标	Item	总 计 Total
企业个数	**Number of Enterprises**	**295**
计划总投资	Total Planned Investment	23007185
自开始建设累计完成投资	Accumulative InvestmentActually Completed Since Starting of Construction up to the End of This Year	14961576
本年完成投资	Investment Completed This Year	4091711
配套工程投资	Project Investment	
按构成分	**Grouped by Structure**	
建筑工程	Construction	2957937
安装工程	Installation	547286
设备工器具购置	Purchase of Equipment and Instruments	24284
其他费用	Others	562204
# 旧建筑物购置费	Purchased Costs of Older Buildings	7844
土地购置费	Toatal Value of Land Purchased	444212
按工程用途分	**Grouped by Use of Project**	
住宅	Residence	2541048
# 90平方米以下住房	Housing of 90 Square Meters Below	631736
144平方米以上住房	Housing of 144 Square Meters Above	372572
别墅、高档公寓	Villas, High-grade Apartments	102538
办公楼	Office Buildings	258112
商业营业用房	Houses for Business Use	699485
其他	Others	593066
本年新增固定资产	Newly Increased Fixed Assets This Year	2054727
本年资金来源合计	Total Funds This Year	5690721
上年末结余资金	Non-balance Funds Last Year	927671
本年资金来源小计	Subtotal of Sources of Funds This Year	4763050
国内贷款	Demestic Loans	765336
# 银行贷款	Bank loans	744157
非银行金融机构贷款	Loans of Non-bank Financial Institutions	21179
自筹资金	Self-raising Funds	1803739
# 自有资金	Own Funds	925137
股东投入资金	Shave holders' Funds Invested	296458
借入资金	Borroued Funds	417221
其他资金来源	Others	2193975
# 定金及预收款	Deposit and Payment	1319209
个人按揭贷款	Individual Mortgage Loans	459315
本年各项应付款合计	Total Payable of All	982142
# 工程款	Projects Receivable	588031
待开发土地面积	Land Space Pending Development	2179510
本年购置土地面积	Land Space Purchased This Year	1064967
本年土地成交价款	Land Transaction Price This Year	156787
# 拆迁补偿费	Relocation Compensation Fee	2461
土地使用权出让金	Transfer Fee of Land Use Right	143124
契税	Deed Tax	8233

Investment Statistics on Enterprises for Real Estate Development

(unit, 10 000yuan, sq.m)

国有经济 State-owned Enterprises	私营经济 Private Enterprises	其他有限责任公司 Other Limited Liability Corporations	外商投资 Foreign Funded Enterprises
10	**212**	**69**	**4**
2889481	12473846	6506621	1137237
2063128	8616285	3444569	837594
463102	2670525	873867	84217
420475	1956273	531015	50174
27095	341722	177044	1425
2636	19119	2529	
12896	353411	163279	32618
	6692	1152	
10000	278665	132400	23147
354452	1548583	565302	72711
164165	334810	118947	13814
52838	199445	117029	3260
7970	72102	21605	861
5465	178401	74246	
25639	502914	165189	5743
77546	440627	69130	5763
136403	1435280	433818	49226
553328	3331165	1657738	148490
109526	382834	400428	34883
443802	2948331	1257310	113607
73768	544918	137650	9000
71768	533479	129910	9000
2000	11439	7740	
278384	966588	556838	1929
268384	537133	119217	403
2000	42480	251978	
8000	293715	113980	1526
91650	1436825	562822	102678
51934	806512	359005	101758
15756	273835	168915	809
157942	591853	227506	4841
130415	349816	105480	2320
2726	1162900	1013884	
	990060	74907	
	145156	11631	
	2461		
	133793	9331	
	6102	2131	

6-8 续表1

单位：个、万元、平方米　　(2015)

指　标	Item	银川市 Yinchuan
企业个数	**Number of Enterprises**	**295**
计划总投资	Total Planned Investment	23007185
自开始建设累计完成投资	Accumulative InvestmentActually Completed Since Starting of Construction up to the End of This Year	14961576
本年完成投资	Investment Completed This Year	4091711
配套工程投资	Project Investment	
按构成分	**Grouped by Structure**	
建筑工程	Construction	2957937
安装工程	Installation	547286
设备工器具购置	Purchase of Equipment and Instruments	24284
其他费用	Others	562204
#旧建筑物购置费	Purchased Costs of Older Buildings	7844
土地购置费	Toatal Value of Land Purchased	444212
按工程用途分	**Grouped by Use of Project**	
住宅	Residence	2541048
#90平方米以下住房	Housing of 90 Square Meters Below	631736
144平方米以上住房	Housing of 144 Square Meters Above	372572
别墅、高档公寓	Villas, High-grade Apartments	102538
办公楼	Office Buildings	258112
商业营业用房	Houses for Business Use	699485
其他	Others	593066
本年新增固定资产	Newly Increased Fixed Assets This Year	2054727
本年资金来源合计	Total Funds This Year	5690721
上年末结余资金	Non-balance Funds Last Year	927671
本年资金来源小计	Subtotal of Sources of Funds This Year	4763050
国内贷款	Demestic Loans	765336
#银行贷款	Bank loans	744157
非银行金融机构贷款	Loans of Non-bank Financial Institutions	21179
自筹资金	Self-raising Funds	1803739
#自有资金	Own Funds	925137
股东投入资金	Shave holders' Funds Invested	296458
借入资金	Borroued Funds	417221
其他资金来源	Others	2193975
#定金及预收款	Deposit and Payment	1319209
个人按揭贷款	Individual Mortgage Loans	459315
本年各项应付款合计	Total Payable of All	982142
#工程款	Projects Receivable	588031
待开发土地面积	Land Space Pending Development	2179510
本年购置土地面积	Land Space Purchased This Year	1064967
本年土地成交价款	Land Transaction Price This Year	156787
#拆迁补偿费	Relocation Compensation Fee	2461
土地使用权出让金	Transfer Fee of Land Use Right	143124
契税	Deed Tax	8233

continued

(unit, 10 000yuan, sq.m)

市　区 City	兴庆区 Xingqing	金凤区 Jinfeng	西夏区 Xixia	永宁县 Yongning	贺兰县 Helan	灵武市 Lingwu
226	**128**	**89**	**9**	**19**	**30**	**20**
17136730	5823662	9953272	1359796	1776713	3127365	966377
11283608	3179186	7053705	1050717	941696	2119584	616688
3359346	939388	2123005	296953	192171	379645	160549
2391421	643121	1524618	223682	137179	302516	126821
432103	136951	264441	30711	39946	64114	11123
23674	7125	15433	1116	90	514	6
512148	152191	318513	41444	14956	12501	22599
7844	5076	2768				
401052	117844	255898	27310	14037	6524	22599
2122131	583308	1349448	189375	95976	270194	52747
528235	99370	341352	87513	29460	55716	18325
320513	123277	193021	4215	9664	33339	9056
76238	13932	62306		8608	9893	7799
206975	62096	143559	1320		47716	3421
510135	166499	263841	79795	48960	47235	93155
520105	127485	366157	26463	47235	14500	11226
1325242	582397	555697	187148	259402	328720	141363
4885985	2543670	2262282	80033	120250	349804	334682
822064	458511	352139	11414	17962	65779	21866
4063921	2085159	1910143	68619	102288	284025	312816
712996	372578	331908	8510	7500	11540	33300
707057	368639	329908	8510		3800	33300
5939	3939	2000		7500	7740	
1491915	701573	749018	41324	76217	127568	108039
767856	403610	351807	12439	47966	48988	60327
274271	22283	251988			4100	18087
327214	230789	96425		12104	74298	3605
1859010	1011008	829217	18785	18571	144917	171477
1111899	552467	548212	11220	13635	77330	116345
375247	197062	174828	3357	4936	60929	18203
798077	313674	441800	42603	26212	88465	69388
481192	215504	252604	13084	19676	39415	47748
1763427	1260300	503127		205961	92370	117752
846465	605791	240674		72263	49332	96907
137287	86201	51086		11932	3245	4323
2461	493	1968				
128188	85418	42770		7368	3245	4323
7807	1405	6402		221	76	129

6-8 续表2

单位：个、万元、平方米 （2015）

指 标	Item	一 级 First Grade
企业个数	**Number of Enterprises**	**10**
计划总投资	Total Planned Investment	5238993
自开始建设累计完成投资	Accumulative InvestmentActually Completed Since The Construction Until This Year-end	3546484
本年完成投资	Investment Completed This Year	1021118
配套工程投资	Project Investment	
按构成分	**Grouped by Structure**	
建筑工程	Construction	742451
安装工程	Installation	111620
设备工器具购置	Purchase of Equipment and Instruments	
其他费用	Others	167047
#旧建筑物购置费	Purchased Costs of Older Buildings	
土地购置费	Toatal Value of Land Purchased	139220
按工程用途分	**Grouped by Use of Project**	
住宅	Residence	560361
#90平方米以下住房	Housing of 90 Square Meters Below	85388
144平方米以上住房	Housing of 144 Square Meters Above	125685
别墅、高档公寓	Villas, High-grade Apartments	53726
办公楼	Office Buildings	37270
商业营业用房	Houses for Business Use	132711
其他	Others	290776
本年新增固定资产	Newly Increased Fixed Assets This Year	468733
本年资金来源合计	Total Funds This Year	1121243
上年末结余资金	Non-balance Funds Last Year	133983
本年资金来源小计	Subtotal of Sources of Funds This Year	987260
国内贷款	Demestic Loans	230029
#银行贷款	Bank loans	230029
非银行金融机构贷款	Loans of Non-bank Financial Institutions	
自筹资金	Self-raising Funds	164022
#自有资金	Own Funds	122570
股东投入资金	Shave holders' Funds Invested	
借入资金	Borroued Funds	41452
其他资金来源	Others	593209
#定金及预收款	Deposit and Payment	322713
个人按揭贷款	Individual Mortgage Loans	20805
本年各项应付款合计	Total Payable of All	82722
#工程款	Projects Receivable	54008
待开发土地面积	Land Space Pending Development	
本年购置土地面积	Land Space Purchased This Year	169701
本年土地成交价款	Land Transaction Price This Year	29202
#拆迁补偿费	Relocation Compensation Fee	
土地使用权出让金	Transfer Fee of Land Use Right	29202
契税	Deed Tax	

continued

(unit, 10 000yuan, sq.m)

资质等级 Qualification Criteria				
二 级 Second Grade	三 级 Third Grade	四 级 Forth Grade	暂 定 Tentative	其 他 Others
67	**73**	**50**	**94**	**1**
6516664	2910994	2104388	5946433	289713
4689033	2149687	1323875	3037296	215201
1064612	483682	508620	967049	46630
765016	384835	446812	578926	39897
172188	51856	31195	173694	6733
12033	6680	1	5570	
115375	40311	30612	208859	
541	800	4535	1968	
83932	30221	23862	166977	
693013	276713	370876	603446	36639
129483	73931	145322	160973	36639
65676	33797	57605	89809	
12451	9696	9799	16866	
49200	49042	37525	85075	
230749	105658	31148	196170	3049
91650	52269	69071	82358	6942
662155	498247	319445	106147	
1453373	761685	649959	1603177	101284
255629	58874	93252	329205	56728
1197744	702811	556707	1273972	44556
196220	87928	25908	184251	41000
196220	78188	23032	175688	41000
	9740	2876	8563	
331485	361918	286328	656430	3556
220034	252102	184349	142526	3556
3860	33661	43901	215036	
35128	65113	57298	218230	
670039	252965	244471	433291	
348076	202762	139811	305847	
203547	47151	95242	92570	
329922	85006	196473	280155	7864
184934	65679	139275	136271	7864
1209060	164552	86139	719759	
243293	155566	113693	382714	
37234	17124	22300	50927	
		493	1968	
28746	17124	21517	46535	
3790	514	2319	1610	

6—9 房地产开发企业经营情况

单位:万元 (2015)

指 标	Item	总 计 Total
年初存货	**Stock in Early**	**10246527**
年末资产负债	**Assets and Liabilities at Year-end**	
流动资产合计	Total Circulating Funds	16919648
#应收账款	Projects Receivable	294776
存货	Stock	11155475
固定资产合计	Total Investment Assets	674946
固定资产原价	Original Value of Fixed Assets	639818
累计折旧	Accumulated Depreciation	157973
#本年折旧	Depreciation This Year	31802
在建工程	Construction in Process	395349
资产总计	Total Assets	19030766
流动负债合计	Total Liquid Liabilities	13712274
#应付账款	Projects Payment	1835407
非流动负债合计	Total Non-Liquid Liabilities	2363492
负债合计	Total Liabilities	16075766
所有者权益合计	Total Equity	2955000
#实收资本	Paid-in Capitals	2092134
损益及分配	**Profit, loss and Distribution**	
营业收入	Total Revenue	2082607
#主营业务收入	Revenue from Principal Business	2050520
土地转让收入	Land Transferred	51935
商品房屋销售收入	Sales Income of Commercial Flat	1948109
房屋出租收入	Income of Renting House	31971
其他收入	Others	18506
营业成本	Business Costs	1607438
#主营业务成本	Cost of Principal Business	1574827
营业税金及附加	Business Taxes and Other Charges	142627
#主营业务税金及附加	Taxes and Other Charges on Principal Business	141976
其他业务利润	Profits from Other Businesses	26519
销售费用	Saling Costs	93974
管理费用	Management Costs	168341
#税金	Taxes	17132
财务费用	Finance Costs	51826
#利息收入	Interest Income	2640
利息支出	Interest Expense	47834
资产减值损失	Impairment of Awwets	377
公允价值变动收益	Fair Value Gain	
投资收益	Investment Income	16439
营业利润	Business Profits	32220
营业外收入	Income of Extra-business	23943
#补贴收入	Subsidy Income	1431
营业外支出	Expenditure of Extra-business	15927
利润总额	Total Profits	41876
应交所得税	Tax Payable	24492
工资、福利费	**Wages and Welfare**	
本年应付工资总额	Total Wages This Year	88148

Operating Statistics on Enterprises for Real Estate Development

(10 000yuan)

国有经济 State-owned Enterprises	私营经济 Private Enterprises	其他有限责任公司 Other Limited Liability Corporations	外商投资 Foreign Funded Enterprises
743339	**6098901**	**2782049**	**622238**
1080616	10333352	4617335	888345
15586	187666	67786	23737
775634	6908649	2785645	685548
39928	455193	178718	1108
45963	384548	206588	2719
6587	108852	40921	1613
1134	20544	9745	379
163053	147683	84613	
1602649	11236745	5295004	896368
1144279	8305180	3579507	683309
226399	1037022	506624	65362
172328	1450371	666743	74050
1316607	9755551	4246250	757359
286042	1481194	1048754	139009
71913	1118453	789767	112000
286020	1261798	446859	87930
284880	1232780	444992	87868
	40936	10999	
281602	1162736	415902	87868
1425	26610	3935	
1852	2498	14156	
239182	934090	358904	75262
239050	929002	331513	75262
21949	83037	32312	5329
21949	82589	32110	5329
819	24692	946	62
2752	55358	32670	3193
12441	108448	41200	6251
2484	11766	2469	414
-162	39001	11977	1010
182	1457	759	242
-23	35477	11191	1188
302		76	
	14510	1929	
9556	54122	-28343	-3115
1758	16873	5252	60
410	795	216	10
1155	9092	5337	344
10159	63543	-28428	-3399
1282	22809	-94	496
11486	49133	23739	3789

6-9 续表1

单位:万元 (2015)

指 标	Item	银川市 Yinchuan
年初存货	**Stock in Early**	**10246527**
年末资产负债	**Assets and Liabilities at Year-end**	
流动资产合计	Total Circulating Funds	16919648
#应收账款	Projects Receivable	294776
存货	Stock	11155475
固定资产合计	Total Investment Assets	674946
固定资产原价	Original Value of Fixed Assets	639818
累计折旧	Accumulated Depreciation	157973
#本年折旧	Depreciation This Year	31802
在建工程	Construction in Process	395349
资产总计	Total Assets	19030766
流动负债合计	Total Liquid Liabilities	13712274
#应付账款	Projects Payment	1835407
非流动负债合计	Total Non-Liquid Liabilities	2363492
负债合计	Total Liabilities	16075766
所有者权益合计	Total Equity	2955000
#实收资本	Paid-in Capitals	2092134
损益及分配	**Profit, loss and Distribution**	
营业收入	Total Revenue	2082607
#主营业务收入	Revenue from Principal Business	2050520
土地转让收入	Land Transferred	51935
商品房屋销售收入	Sales Income of Commercial Flat	1948109
房屋出租收入	Income of Renting House	31971
其他收入	Others	18506
营业成本	Business Costs	1607438
#主营业务成本	Cost of Principal Business	1574827
营业税金及附加	Business Taxes and Other Charges	142627
#主营业务税金及附加	Taxes and Other Charges on Principal Business	141976
其他业务利润	Profits from Other Businesses	26519
销售费用	Saling Costs	93974
管理费用	Management Costs	168341
#税金	Taxes	17132
财务费用	Finance Costs	51826
#利息收入	Interest Income	2640
利息支出	Interest Expense	47834
资产减值损失	Impairment of Awwets	377
公允价值变动收益	Fair Value Gain	
投资收益	Investment Income	16439
营业利润	Business Profits	32220
营业外收入	Income of Extra-business	23943
#补贴收入	Subsidy Income	1431
营业外支出	Expenditure of Extra-business	15927
利润总额	Total Profits	41876
应交所得税	Tax Payable	24492
工资、福利费	**Wages and Welfare**	
本年应付工资总额	Total Wages This Year	88148

continued

(10 000yuan)

市 区 City	兴庆区 Xingqing	金凤区 Jinfeng	西夏区 Xixia	永宁县 Yongning	贺兰县 Helan	灵武市 Lingwu
8661601	**4921543**	**3467076**	**272982**	**549468**	**903458**	**132000**
14524090	8288237	5767084	468769	775151	1241879	378528
224882	112683	111119	1081	18254	35686	15954
9678796	5509352	3795593	373852	546146	738146	192387
583659	330761	159704	93194	13450	40659	37178
564240	274266	181504	108470	18566	51429	5584
139100	76761	47063	15276	5547	11920	1405
26117	13927	8926	3264	1572	3903	210
358723	272929	85794			151	36475
16473262	9260170	6612192	600901	837043	1319732	400728
11931632	6988433	4555526	387674	588001	890589	302052
1560264	672744	748552	138968	92679	155879	26584
1941314	948061	902111	91142	123941	264519	33718
13872946	7936493	5457637	478816	711942	1155108	335770
2600316	1323677	1154555	122085	125101	164625	64958
1799086	820420	873977	104689	114312	114075	64660
1843798	820891	926430	96477	68606	125645	44558
1812511	795142	920893	96477	68585	124924	44500
10999		10999		26220		14716
1752760	768069	891740	92951	41786	123797	29766
30264	23726	3850	2689	579	1127	
18488	3347	14304	837			18
1412319	587364	741796	83159	59336	99733	36051
1379818	582215	714444	83159	59336	99623	36051
125337	58944	59064	7329	4774	9236	3279
124775	58583	58863	7329	4774	9226	3201
25320	20366	4954		476	666	58
79346	43061	31860	4426	6839	5969	1819
143274	82546	52911	7818	11368	10096	3603
13957	10237	3242	478	841	2156	178
41682	21241	16307	4134	1453	8575	116
2013	939	987	87	535	52	41
37983	18807	15460	3716	1649	8161	42
321	773	7	-459		6	51
16323	12383	3866	74	66	20	30
55229	37668	27417	-9855	-14728	-7949	-332
21847	8393	4933	8521	524	534	1038
1277	738	489	50	154		
12927	6459	6206	262	507	2328	165
65789	40307	27078	-1596	-14711	-9743	541
25243	17475	9893	-2124	271	-135	-887
74234	42374	27768	4093	4038	7664	2212

6-9 续表2

单位:万元 (2015)

指 标	Item	一 级 First Grade
年初存货	**Stock in Early**	**1846048**
年末资产负债	**Assets and Liabilities at Year-end**	
流动资产合计	Total Circulating Funds	2801603
# 应收账款	Projects Receivable	32162
存货	Stock	2055088
固定资产合计	Total Investment Assets	163971
固定资产原价	Original Value of Fixed Assets	64252
累计折旧	Accumulated Depreciation	20338
# 本年折旧	Depreciation This Year	2299
在建工程	Construction in Process	148232
资产总计	Total Assets	3255710
流动负债合计	Total Liquid Liabilities	2258824
# 应付账款	Projects Payment	236598
非流动负债合计	Total Non-Liquid Liabilities	447959
负债合计	Total Liabilities	2706782
所有者权益合计	Total Equity	548927
# 实收资本	Paid-in Capitals	142391
损益及分配	**Profit, loss and Distribution**	
营业收入	Total Revenue	400048
# 主营业务收入	Revenue from Principal Business	380479
土地转让收入	Land Transferred	
商品房屋销售收入	Sales Income of Commercial Flat	375438
房屋出租收入	Income of Renting House	4187
其他收入	Others	854
营业成本	Business Costs	281158
# 主营业务成本	Cost of Principal Business	278691
营业税金及附加	Business Taxes and Other Charges	32369
# 主营业务税金及附加	Taxes and Other Charges on Principal Business	32369
其他业务利润	Profits from Other Businesses	16128
销售费用	Saling Costs	13299
管理费用	Management Costs	29717
# 税金	Taxes	3160
财务费用	Finance Costs	13130
# 利息收入	Interest Income	598
利息支出	Interest Expense	10726
资产减值损失	Impairment of Awwets	257
公允价值变动收益	Fair Value Gain	
投资收益	Investment Income	10726
营业利润	Business Profits	38906
营业外收入	Income of Extra-business	1060
# 补贴收入	Subsidy Income	4
营业外支出	Expenditure of Extra-business	805
利润总额	Total Profits	40126
应交所得税	Tax Payable	10147
工资、福利费	**Wages and Welfare**	
本年应付工资总额	Total Wages This Year	17099

continued

(10 000 yuan)

资质等级 Qualification Criteria				
二级 Second Grade	三级 Third Grade	四级 Forth Grade	暂定 Tentative	其他 Others
3331606	**1938029**	**981867**	**2148978**	
5105227	2864272	1655318	4458599	34630
115659	56225	35327	55319	84
3573480	1813259	956774	2756874	
225064	71742	110185	103981	4
269055	86679	133640	86035	157
72892	27210	26221	11159	153
12563	6113	7484	3344	
149924	7954	62706	26532	
5680014	3046328	2047920	4653989	346805
4072190	2510295	1263102	3355442	252420
651007	331066	190209	423286	3241
770361	205009	291942	559733	88490
4842551	2715303	1555044	3915175	340910
837463	331025	492876	738814	5894
511766	309528	430494	697954	
703239	428470	156169	394372	310
696036	426414	154710	392883	
	40936		10999	
671126	382361	140036	379149	
21660	2868	420	2836	
3251	249	14254	-101	
554103	331268	127541	313369	
551569	330625	127394	286548	
44348	25790	13003	27116	
44110	25592	12795	27110	
5957	1783	999	1343	310
24281	10154	14517	31552	171
55296	29246	20103	33897	81
7058	2980	980	2955	
20779	9068	1681	7195	-27
991	140	241	642	27
21256	8166	1264	6422	
523	6	44	-453	
2697	251	2629	136	
5930	23550	-18091	-18161	86
4300	3768	2001	12795	18
171	154	408	694	
6413	2580	1327	4496	306
4492	24738	-17417	-9862	-202
9673	4786	774	-888	
24440	13150	11022	22169	267

6—10 房地产开发施工、竣工房屋面积

单位:平方米、万元、套 (2015)

指 标	Item	总 计 Total
房屋施工面积	**Floor Space of Buildings under Construction**	**42313592**
住宅	Residence	26078197
#90 平方米以下住房	Housing of 90 Square Meters Below	6479130
144 平方米以上住房	Housing of 144 Square Meters Above	3442986
别墅、高档公寓	Villas and High-grade Apartments	962312
办公楼	Office Buildings	2726766
商业营业用房	Houses for Business Use	6675091
其他	Others	6833538
本年新开工面积	Started This Year	8418192
住宅	Residence	5221341
#90 平方米以下住房	Housing of 90 Square Meters Below	1428278
144 平方米以上住房	Housing of 144 Square Meters Above	460345
别墅、高档公寓	Villas and High-grade Apartments	257636
办公楼	Office Buildings	570919
商业营业用房	Houses for Business Use	1091208
其他	Others	1534724
房屋竣工面积	**Floor Space of Buildings Completed**	**7046782**
住宅	Residence	4090407
#90 平方米以下住房	Housing of 90 Square Meters Below	862584
144 平方米以上住房	Housing of 144 Square Meters Above	646457
别墅、高档公寓	Villas and High-grade Apartments	74793
办公楼	Office Buildings	245658
商业营业用房	Houses for Business Use	1401852
其他	Others	1308865
不可销售面积	Non-sales Floor Space of Buildings	1240113
住宅	Residence	296169
#90 平方米以下住房	Housing of 90 Square Meters Below	31733
144 平方米以上住房	Housing of 144 Square Meters Above	
别墅、高档公寓	Villas and High-grade Apartments	
办公楼	Office Buildings	64060
商业营业用房	Houses for Business Use	57191
其他	Others	822693
商品住宅竣工套数	**Number of Commercialized Buildings Completed**	**37877**
#90 平方米以下住房	Housing of 90 Square Meters Below	10826
144 平方米以上住房	Housing of 144 Square Meters Above	3728
别墅、高档公寓	Villas and High-grade Apartments	307
竣工房屋价值	**Value of Buildings Completed**	**1822114**
住宅	Residence	959156
#90 平方米以下住房	Housing of 90 Square Meters Below	213792
144 平方米以上住房	Housing of 144 Square Meters Above	153651
别墅、高档公寓	Villas and High-grade Apartments	21606
办公楼	Office Buildings	94195
商业营业用房	Houses for Business Use	503445
其他	Others	265318

Floor Space of Buildings under Construction and Completed for Real Estate Development

(sq.m,10 000yuan,set)

国有经济 State-owned Enterprises	私营经济 Private Enterprises	其他有限责任公司 Other Limited Liability Corporations	外商投资 Foreign Funded Enterprises
5612154	**26333264**	**9750225**	**617949**
3923713	15913018	5742729	498737
2016595	3222019	1129225	111291
679547	1695129	1044119	24191
22473	555367	329058	55414
224659	1689908	812199	
410439	4522213	1715198	27241
1053343	4208125	1480099	91971
1873023	4941010	1391075	213084
1402063	2789534	864591	165153
706832	606974	114472	
219039	182591	39545	19170
	222087	16379	19170
1577	470261	99081	
152750	686413	229559	22486
316633	994802	197844	25445
681260	**4618716**	**1581912**	**164894**
321025	2369979	1239264	160139
31617	422676	352696	55595
195090	268008	183359	
22473	52320		
1551	166467	77640	
49291	1260646	87160	4755
309393	821624	177848	
259359	971038	8565	1151
	295018		1151
	30929		804
	64060		
	57191		
259359	554769	8565	
2504	**22217**	**11521**	**1635**
381	5414	4333	698
1163	1427	1138	
84	223		
125637	**1241363**	**405888**	**49226**
76862	526500	309163	46631
10216	104781	82827	15968
39915	59373	54363	
13342	8264		
456	71243	22496	
16744	457452	26654	2595
31575	186168	47575	

6-10 续表 1

单位:平方米、万元、套 (2015)

指　标	Item	银川市 Yinchuan
房屋施工面积	**Floor Space of Buildings under Construction**	**42313592**
住宅	Residence	26078197
#90平方米以下住房	Housing of 90 Square Meters Below	6479130
144平方米以上住房	Housing of 144 Square Meters Above	3442986
别墅、高档公寓	Villas and High-grade Apartments	962312
办公楼	Office Buildings	2726766
商业营业用房	Houses for Business Use	6675091
其他	Others	6833538
本年新开工面积	Started This Year	8418192
住宅	Residence	5221341
#90平方米以下住房	Housing of 90 Square Meters Below	1428278
144平方米以上住房	Housing of 144 Square Meters Above	460345
别墅、高档公寓	Villas and High-grade Apartments	257636
办公楼	Office Buildings	570919
商业营业用房	Houses for Business Use	1091208
其他	Others	1534724
房屋竣工面积	**Floor Space of Buildings Completed**	**7046782**
住宅	Residence	4090407
#90平方米以下住房	Housing of 90 Square Meters Below	862584
144平方米以上住房	Housing of 144 Square Meters Above	646457
别墅、高档公寓	Villas and High-grade Apartments	74793
办公楼	Office Buildings	245658
商业营业用房	Houses for Business Use	1401852
其他	Others	1308865
不可销售面积	Non-sales Floor Space of Buildings	1240113
住宅	Residence	296169
#90平方米以下住房	Housing of 90 Square Meters Below	31733
144平方米以上住房	Housing of 144 Square Meters Above	
别墅、高档公寓	Villas and High-grade Apartments	
办公楼	Office Buildings	64060
商业营业用房	Houses for Business Use	57191
其他	Others	822693
商品住宅竣工套数	**Number of Commercialized Buildings Completed**	**37877**
#90平方米以下住房	Housing of 90 Square Meters Below	10826
144平方米以上住房	Housing of 144 Square Meters Above	3728
别墅、高档公寓	Villas and High-grade Apartments	307
竣工房屋价值	**Value of Buildings Completed**	**1822114**
住宅	Residence	959156
#90平方米以下住房	Housing of 90 Square Meters Below	213792
144平方米以上住房	Housing of 144 Square Meters Above	153651
别墅、高档公寓	Villas and High-grade Apartments	21606
办公楼	Office Buildings	94195
商业营业用房	Houses for Business Use	503445
其他	Others	265318

continued

(sq.m,10 000yuan,set)

市 区 City				永宁县 Yongning	贺兰县 Helan	灵武市 Lingwu
	兴庆区 Xingqing	金凤区 Jinfeng	西夏区 Xixia			
31113334	**9670470**	**18636005**	**2806859**	**3542779**	**6427468**	**1230011**
18543179	5127965	11419129	1996085	2328446	4551749	654823
4636845	1087496	2658513	890836	778122	961465	102698
2485071	789383	1639593	56095	210257	723109	24549
569016	137544	431472		212545	160333	20418
2155017	754786	1367041	33190	54249	483120	34380
4844813	2273844	2083377	487592	454066	957923	418289
5570325	1513875	3766458	289992	706018	434676	122519
7187927	1690433	4935925	561569	230135	683128	317002
4513213	1000699	3091347	421167	109413	433303	165412
1344848	194145	1014731	135972	13232	70198	
439796	83382	340547	15867	11219	7935	1395
221052	5783	215269		25988	10596	
441657	144183	297474			129262	
823076	281377	489341	52358	94235	57566	116331
1409981	264174	1057763	88044	26487	62997	35259
4053051	**1578888**	**1889479**	**584684**	**1165491**	**1344567**	**483673**
2343763	707228	1150620	485915	581905	826892	337847
482061	106424	142923	232714	138315	195913	46295
413093	202188	196656	14249	36037	174173	23154
52320	52320				2055	20418
163404	20868	110446	32090		77640	4614
782306	551919	200447	29940	134656	349526	135364
763578	298873	427966	36739	448930	90509	5848
854277	213616	472869	167792	349792	32105	3939
291181	62482	126836	101863	347	802	3839
30931	24149	6782			802	
64060		31970	32090			
28191	22651	5540			28900	100
470845	128483	308523	33839	349445	2403	
21579	**6097**	**10314**	**5168**	**5700**	**7715**	**2883**
6161	1610	1842	2709	1775	2320	570
2404	1136	1243	25	176	1052	96
223	223				6	78
1214027	**522592**	**513246**	**178189**	**189692**	**297930**	**120465**
576719	172350	271513	132856	88593	210074	83770
118540	25150	34272	59118	32285	50089	12878
82303	46504	32664	3135	4929	53257	13162
8264	8264				781	12561
70361	5920	50641	13800		22496	1338
376053	241617	115303	19133	48429	44483	34480
190894	102705	75789	12400	52670	20877	877

6-10 续表 2

单位:平方米、万元、套 (2015)

指 标	Item	一 级 First Grade
房屋施工面积	**Floor Space of Buildings under Construction**	**7796650**
住宅	Residence	4449176
# 90 平方米以下住房	Housing of 90 Square Meters Below	863009
144 平方米以上住房	Housing of 144 Square Meters Above	819287
别墅、高档公寓	Villas and High-grade Apartments	237666
办公楼	Office Buildings	384870
商业营业用房	Houses for Business Use	952341
其他	Others	2010263
本年新开工面积	Started This Year	1805035
住宅	Residence	1111168
# 90 平方米以下住房	Housing of 90 Square Meters Below	206630
144 平方米以上住房	Housing of 144 Square Meters Above	122870
别墅、高档公寓	Villas and High-grade Apartments	150299
办公楼	Office Buildings	52019
商业营业用房	Houses for Business Use	155595
其他	Others	486253
房屋竣工面积	**Floor Space of Buildings Completed**	**1591643**
住宅	Residence	707727
# 90 平方米以下住房	Housing of 90 Square Meters Below	14727
144 平方米以上住房	Housing of 144 Square Meters Above	87821
别墅、高档公寓	Villas and High-grade Apartments	4523
办公楼	Office Buildings	77301
商业营业用房	Houses for Business Use	226200
其他	Others	580415
不可销售面积	Non-sales Floor Space of Buildings	548530
住宅	Residence	93451
# 90 平方米以下住房	Housing of 90 Square Meters Below	802
144 平方米以上住房	Housing of 144 Square Meters Above	
别墅、高档公寓	Villas and High-grade Apartments	
办公楼	Office Buildings	31970
商业营业用房	Houses for Business Use	17143
其他	Others	405966
商品住宅竣工套数	**Number of Commercialized Buildings Completed**	**6236**
# 90 平方米以下住房	Housing of 90 Square Meters Below	201
144 平方米以上住房	Housing of 144 Square Meters Above	416
别墅、高档公寓	Villas and High-grade Apartments	12
竣工房屋价值	**Value of Buildings Completed**	**373963**
住宅	Residence	120829
# 90 平方米以下住房	Housing of 90 Square Meters Below	2844
144 平方米以上住房	Housing of 144 Square Meters Above	14052
别墅、高档公寓	Villas and High-grade Apartments	903
办公楼	Office Buildings	44185
商业营业用房	Houses for Business Use	117213
其他	Others	91736

continued

(sq.m,10 000yuan,set)

资质等级 Qualification Criteria				
二级 Second Grade	三级 Third Grade	四级 Forth Grade	暂定 Tentative	其他 Others
12579294	**6716640**	**4579545**	**9862864**	**778599**
8600246	3972498	2983352	5384685	688240
1682045	691209	1124584	1430043	688240
889637	534527	547207	652328	
196531	150217	72453	305445	
342560	805558	258631	935147	
1917493	940989	680461	2157066	26741
1718995	997595	657101	1385966	63618
1696288	1162566	1929397	1758492	66414
1012399	630522	1318391	1084938	63923
89636	170430	685963	211696	63923
123549	36216	146340	31370	
28000	55754		23583	
148277	83524	137799	149300	
206379	268240	166706	294288	
329233	180280	306501	229966	2491
2217346	**1641963**	**1087065**	**508765**	
1328952	991897	872815	189016	
409887	208207	175411	54352	
165563	204702	182510	5861	
43764	6088	20418		
52462	111281		4614	
606261	196247	62549	310595	
229671	342538	151701	4540	
164522	482077	10740	34244	
62482	130840	8592	804	
24149	5978		804	
	32090			
11048		100	28900	
90992	319147	2048	4540	
13011	**9216**	**7575**	**1839**	
5248	2503	2190	684	
888	1310	1090	24	
202	15	78		
607394	**439279**	**309115**	**92363**	
302806	237321	247099	51101	
98061	47853	49436	15598	
38568	37342	62038	1651	
6346	1796	12561		
11920	36752		1338	
221744	104314	21529	38645	
70924	60892	40487	1279	

6—11 房地产开发商品房销售与出租情况

单位:平方米、万元、套 （2015）

指 标	Item	总 计 Total
出租房屋面积	**Floor Space of Buildings Rented**	**224348**
住宅	Residence	19573
#90平方米以下住房	Housing of 90 Square Meters Below	19573
144平方米以上住房	Housing of 144 Square Meters Above	
别墅、高档公寓	Villas and High-grade Apartments	
办公楼	Office Buildings	7800
商业营业用房	Houses for Business Use	196387
其他	Others	588
商品房销售面积	**Floor Space of Commercialized Buildings Sold**	**5298060**
住宅	Residence	4544622
#90平方米以下住房	Housing of 90 Square Meters Below	702219
144平方米以上住房	Housing of 144 Square Meters Above	988699
别墅、高档公寓	Villas and High-grade Apartments	66086
办公楼	Office Buildings	126975
商业营业用房	Houses for Business Use	512262
其他	Others	114201
现房销售面积	Floor Space of Existing Buildings Sold	1438666
住宅	Residence	1159624
#90平方米以下住房	Housing of 90 Square Meters Below	181025
144平方米以上住房	Housing of 144 Square Meters Above	281500
别墅、高档公寓	Villas and High-grade Apartments	28952
办公楼	Office Buildings	31145
商业营业用房	Houses for Business Use	193422
其他	Others	54475
期房销售面积	Floor Space of Forward Buildings Sold	3859394
住宅	Residence	3384998
#90平方米以下住房	Housing of 90 Square Meters Below	521194
144平方米以上住房	Housing of 144 Square Meters Above	707199
别墅、高档公寓	Villas and High-grade Apartments	37134
办公楼	Office Buildings	95830
商业营业用房	Houses for Business Use	318840
其他	Others	59726
商品房销售额	**Total Sale of Commercialized Buildings**	**2620883**
住宅	Residence	2044208
#90平方米以下住房	Housing of 90 Square Meters Below	270650
144平方米以上住房	Housing of 144 Square Meters Above	506885
别墅、高档公寓	Villas and High-grade Apartments	41365
办公楼	Office Buildings	100306
商业营业用房	Houses for Business Use	432868
其他	Others	43501
现房销售额	Total Sale of Existing Buildings	746332
住宅	Residence	531772
#90平方米以下住房	Housing of 90 Square Meters Below	72224
144平方米以上住房	Housing of 144 Square Meters Above	153340
别墅、高档公寓	Villas and High-grade Apartments	17572

Saled and Rented of Real Estate Commercialized Buildings

(sq.m,10 000yuan,set)

国有经济 State-owned Enterprises	私营经济 Private Enterprises	其他有限责任公司 Other Limited Liability Corporations	外商投资 Foreign Funded Enterprises
11436	**212912**		
	19573		
	19573		
7800			
3636	192751		
	588		
957180	**3034625**	**1050574**	**255681**
919105	2439472	942005	244040
208375	296427	146392	51025
264692	485548	193140	45319
9474	24380	31905	327
843	104570	21562	
5994	429698	71858	4712
31238	60885	15149	6929
316815	904746	194687	22418
284279	704428	154459	16458
36456	95246	49261	62
50973	197825	18400	14302
9474	15724	3754	
843	13525	16777	
4772	169411	17471	1768
26921	17382	5980	4192
640365	2129879	855887	233263
634826	1735044	787546	227582
171919	201181	97131	50963
213719	287723	174740	31017
	8656	28151	327
	91045	4785	
1222	260287	54387	2944
4317	43503	9169	2737
336795	**1617476**	**544090**	**122522**
323328	1159437	450129	111314
62925	128558	58857	20310
99353	284553	99165	23814
6906	14490	19704	265
962	79750	19594	
6073	352882	67489	6424
6432	25407	6878	4784
115169	509168	109343	12652
104345	352620	67024	7783
14290	37810	20089	35
21451	115947	8927	7015
6906	8795	1871	

6-11　续表 1

单位:平方米、万元、套　　　　(2015)

指　标	Item	总 计 Total
办公楼	Office Buildings	25484
商业营业用房	Houses for Business Use	172756
其他	Others	16320
期房销售额	Total Sale of Forward Buildings	1874551
住宅	Residence	1512436
#90 平方米以下住房	Housing of 90 Square Meters Below	198426
144 平方米以上住房	Housing of 144 Square Meters Above	353545
别墅、高档公寓	Villas and High-grade Apartments	23793
办公楼	Office Buildings	74822
商业营业用房	Houses for Business Use	260112
其他	Others	27181
商品住宅销售套数	**Total Number of Flats of Commercialized Residential Buildings Sold**	**39337**
#90 平方米以下住房	Housing of 90 Square Meters Below	9066
144 平方米以上住房	Housing of 144 Square Meters Above	5807
别墅、高档公寓	Villas and High-grade Apartments	574
现房住宅销售套数	Total Number of Flats of Existing Residential Buildings Sold	9723
#90 平方米以下住房	Housing of 90 Square meters Below	2302
144 平方米以上住房	Housing of 144 Square meters Above	1555
别墅、高档公寓	Villas and High-grade Apartments	157
期房住宅销售套数	Total Number of Flats of Forward Residential Buildings Sold	29614
#90 平方米以下住房	Housing of 90 Square meters Below	6764
144 平方米以上住房	Housing of 144 Square meters Above	4252
别墅、高档公寓	Villas and High-grade Apartments	417
待售面积	**Unsold Area**	**6575866**
住宅	Residence	3862119
#90 平方米以下住房	Housing of 90 Square Meters Below	692434
144 平方米以上住房	Housing of 144 Square Meters Above	1046699
别墅、高档公寓	Villas and High-grade Apartments	182522
办公楼	Office Buildings	253933
商业营业用房	Houses for Business Use	1678379
其他	Others	781435
待售 1-3 年面积	Unsold Area of 1-3 year	3448439
住宅	Residence	1892151
#90 平方米以下住房	Housing of 90 Square Meters Below	320215
144 平方米以上住房	Housing of 144 Square Meters Above	549042
别墅、高档公寓	Villas and High-grade Apartments	145975
办公楼	Office Buildings	86349
商业营业用房	Houses for Business Use	993928
其他	Others	476011
待售 3 年以上面积	Unsold Area above 3 year	98384
住宅	Residence	33553
#90 平方米以下住房	Housing of 90 Square Meters Below	16257
144 平方米以上住房	Housing of 144 Square Meters Above	5676
别墅、高档公寓	Villas and High-grade Apartments	1570
办公楼	Office Buildings	12389
商业营业用房	Houses for Business Use	45953
其他	Others	6489

continued

(sq.m,10 000yuan,set)

国有经济 State-owned Enterprises	私营经济 Private Enterprises	其他有限责任公司 Other Limited Liability Corporations	外商投资 Foreign Funded Enterprises
962	8276	16246	
4971	140928	24797	2060
4891	7344	1276	2809
221626	1108308	434747	109870
218983	806817	383105	103531
48635	90748	38768	20275
77902	168606	90238	16799
	5695	17833	265
	71474	3348	
1102	211954	42692	4364
1541	18063	5602	1975
7840	**20960**	**8441**	**2096**
2634	3915	1904	613
1705	2809	1115	178
33	238	302	1
2325	5895	1439	64
448	1235	618	1
298	1109	100	48
33	112	12	
5515	15065	7002	2032
2186	2680	1286	612
1407	1700	1015	130
	126	290	1
780801	**4232258**	**1325683**	**237124**
646103	2168068	875709	172239
64937	484055	136876	6566
231841	485733	204988	124137
29499	112257	40055	711
36444	214803	2686	
77060	1334029	251617	15673
21194	515358	195671	49212
199466	2361565	660033	227375
147138	1140482	439184	165347
24185	201636	87961	6433
36881	314494	80192	117475
17406	89678	38891	
13818	69845	2686	
19695	825716	133446	15071
18815	325522	84717	46957
16008	69071	13305	
1570	26094	5889	
	10496	5761	
1570	4106		
1570			
8500	3889		
5938	34015	6000	
	5073	1416	

6-11 续表 2

单位:平方米、万元、套 (2015)

指 标	Item	银川市 Yinchuan
出租房屋面积	**Floor Space of Buildings Rented**	**224348**
住宅	Residence	19573
#90 平方米以下住房	Housing of 90 Square Meters Below	19573
144 平方米以上住房	Housing of 144 Square Meters Above	
别墅、高档公寓	Villas and High-grade Apartments	
办公楼	Office Buildings	7800
商业营业用房	Houses for Business Use	196387
其他	Others	588
商品房销售面积	**Floor Space of Commercialized Buildings Sold**	**5298060**
住宅	Residence	4544622
#90 平方米以下住房	Housing of 90 Square Meters Below	702219
144 平方米以上住房	Housing of 144 Square Meters Above	988699
别墅、高档公寓	Villas and High-grade Apartments	66086
办公楼	Office Buildings	126975
商业营业用房	Houses for Business Use	512262
其他	Others	114201
现房销售面积	Floor Space of Existing Buildings Sold	1438666
住宅	Residence	1159624
#90 平方米以下住房	Housing of 90 Square Meters Below	181025
144 平方米以上住房	Housing of 144 Square Meters Above	281500
别墅、高档公寓	Villas and High-grade Apartments	28952
办公楼	Office Buildings	31145
商业营业用房	Houses for Business Use	193422
其他	Others	54475
期房销售面积	Floor Space of Forward Buildings Sold	3859394
住宅	Residence	3384998
#90 平方米以下住房	Housing of 90 Square Meters Below	521194
144 平方米以上住房	Housing of 144 Square Meters Above	707199
别墅、高档公寓	Villas and High-grade Apartments	37134
办公楼	Office Buildings	95830
商业营业用房	Houses for Business Use	318840
其他	Others	59726
商品房销售额	**Total Sale of Commercialized Buildings**	**2620883**
住宅	Residence	2044208
#90 平方米以下住房	Housing of 90 Square Meters Below	270650
144 平方米以上住房	Housing of 144 Square Meters Above	506885
别墅、高档公寓	Villas and High-grade Apartments	41365
办公楼	Office Buildings	100306
商业营业用房	Houses for Business Use	432868
其他	Others	43501
现房销售额	Total Sale of Existing Buildings	746332
住宅	Residence	531772
#90 平方米以下住房	Housing of 90 Square Meters Below	72224
144 平方米以上住房	Housing of 144 Square Meters Above	153340
别墅、高档公寓	Villas and High-grade Apartments	17572

continued

(sq.m,10 000yuan,set)

市 区 City	兴庆区 Xingqing	金凤区 Jinfeng	西夏区 Xixia	永宁县 Yongning	贺兰县 Helan	灵武市 Lingwu
219020	**186290**	**32730**		**1583**		**3745**
19573	19573					
19573	19573					
7800	7800					
191059	158917	32142		1583		3745
588		588				
3932981	**1112442**	**2379386**	**441153**	**423034**	**661700**	**280345**
3392924	865583	2109900	417441	397442	619656	134600
373148	65986	129054	178108	211593	89708	27770
855180	248660	584164	22356	12974	97377	23168
26656	8406	18250		5956	17767	15707
113745	35835	77910		2366	4785	6079
319149	184944	117274	16931	23057	30438	139618
107163	26080	74302	6781	169	6821	48
978841	246177	596104	136560	82929	219035	157861
793513	174249	497212	122052	66209	204368	95534
104104	12702	37889	53513	13179	40182	23560
225959	58222	150689	17048	2358	30015	23168
9249	6054	3195			3996	15707
28779	13080	15699		2366		
106337	52580	45829	7928	14185	10621	62279
50212	6268	37364	6580	169	4046	48
2954140	866265	1783282	304593	340105	442665	122484
2599411	691334	1612688	295389	331233	415288	39066
269044	53284	91165	124595	198414	49526	4210
629221	190438	433475	5308	10616	67362	
17407	2352	15055		5956	13771	
84966	22755	62211			4785	6079
212812	132364	71445	9003	8872	19817	77339
56951	19812	36938	201		2775	
2092255	**733659**	**1160204**	**198392**	**148084**	**263641**	**116903**
1625070	505611	940587	178872	133668	238447	47023
165800	40674	56618	68508	62976	32885	8989
449132	169008	271182	8942	5744	41159	10850
17374	5549	11825		3502	11091	9398
93186	25531	67655		876	3348	2896
331924	188125	125537	18262	13528	20446	66970
42075	14392	26425	1258	12	1400	14
569276	172395	322287	74594	31768	76951	68337
404081	98556	242199	63326	22287	69208	36196
45854	8479	16533	20842	4339	13962	8069
130453	37234	86445	6774	833	11204	10850
6173	4084	2089			2001	9398

6-11 续表 3

单位:平方米、万元、套　　(2015)

指　标	Item	银川市 Yinchuan
办公楼	Office Buildings	25484
商业营业用房	Houses for Business Use	172756
其他	Others	16320
期房销售额	Total Sale of Forward Buildings	1874551
住宅	Residence	1512436
# 90 平方米以下住房	Housing of 90 Square Meters Below	198426
144 平方米以上住房	Housing of 144 Square Meters Above	353545
别墅、高档公寓	Villas and High-grade Apartments	23793
办公楼	Office Buildings	74822
商业营业用房	Houses for Business Use	260112
其他	Others	27181
商品住宅销售套数	**Total Number of Flats of Commercialized Residential Buildings Sold**	**39337**
# 90 平方米以下住房	Housing of 90 Square Meters Below	9066
144 平方米以上住房	Housing of 144 Square Meters Above	5807
别墅、高档公寓	Villas and High-grade Apartments	574
现房住宅销售套数	Total Number of Flats of Existing Residential Buildings Sold	9723
# 90 平方米以下住房	Housing of 90 Square meters Below	2302
144 平方米以上住房	Housing of 144 Square meters Above	1555
别墅、高档公寓	Villas and High-grade Apartments	157
期房住宅销售套数	Total Number of Flats of Forward Residential Buildings Sold	29614
# 90 平方米以下住房	Housing of 90 Square meters Below	6764
144 平方米以上住房	Housing of 144 Square meters Above	4252
别墅、高档公寓	Villas and High-grade Apartments	417
待售面积	**Unsold Area**	**6575866**
住宅	Residence	3862119
# 90 平方米以下住房	Housing of 90 Square Meters Below	692434
144 平方米以上住房	Housing of 144 Square Meters Above	1046699
别墅、高档公寓	Villas and High-grade Apartments	182522
办公楼	Office Buildings	253933
商业营业用房	Houses for Business Use	1678379
其他	Others	781435
待售 1-3 年面积	Unsold Area of 1-3 year	3448439
住宅	Residence	1892151
# 90 平方米以下住房	Housing of 90 Square Meters Below	320215
144 平方米以上住房	Housing of 144 Square Meters Above	549042
别墅、高档公寓	Villas and High-grade Apartments	145975
办公楼	Office Buildings	86349
商业营业用房	Houses for Business Use	993928
其他	Others	476011
待售 3 年以上面积	Unsold Area above 3 year	98384
住宅	Residence	33553
# 90 平方米以下住房	Housing of 90 Square Meters Below	16257
144 平方米以上住房	Housing of 144 Square Meters Above	5676
别墅、高档公寓	Villas and High-grade Apartments	1570
办公楼	Office Buildings	12389
商业营业用房	Houses for Business Use	45953
其他	Others	6489

continued

(sq.m,10 000yuan,set)

市 区 City	兴庆区 Xingqing	金凤区 Jinfeng	西夏区 Xixia	永宁县 Yongning	贺兰县 Helan	灵武市 Lingwu
24608	9418	15190		876		
125194	60907	54240	10047	8593	6842	32127
15393	3514	10658	1221	12	901	14
1522979	561264	837917	123798	116316	186690	48566
1220989	407055	698388	115546	111381	169239	10827
119946	32195	40085	47666	58637	18923	920
318679	131774	184737	2168	4911	29955	
11201	1465	9736		3502	9090	
68578	16113	52465			3348	2896
206730	127218	71297	8215	4935	13604	34843
26682	10878	15767	37		499	
28533	**7140**	**17079**	**4314**	**4405**	**5229**	**1170**
4847	1030	1634	2183	2805	1067	347
5074	1439	3489	146	73	547	113
394	62	332		31	91	58
6487	1368	3881	1238	653	1789	794
1362	201	491	670	166	476	298
1256	305	841	110	16	170	113
86	37	49			13	58
22046	5772	13198	3076	3752	3440	376
3485	829	1143	1513	2639	591	49
3818	1134	2648	36	57	377	
308	25	283		31	78	
4442857	**1429288**	**2376818**	**636751**	**504291**	**1038357**	**590361**
2520905	515599	1484800	520506	294104	696486	350624
439312	170885	159255	109172	84679	102232	66211
778820	144545	502931	131344	15177	200461	52241
56007	28612	27395			109212	17303
228337	80386	134094	13857		23020	2576
1079271	596599	419259	63413	190943	186872	221293
614344	236704	338665	38975	19244	131979	15868
2145241	972374	960274	212593	318927	730294	253977
1086132	287499	642547	156086	140219	474833	190967
185129	89963	50286	44880	51396	41032	42658
359623	95019	249158	15446	12504	147543	29372
33346	26034	7312			95326	17303
82133	22432	45844	13857		1640	2576
641499	475695	129748	36056	160578	141540	50311
335477	186748	142135	6594	18130	112281	10123
72960	45795	27165		5668	14747	5009
22428	21112	1316		2204	7331	1590
10142	10142			354	5761	
4106	2954	1152			1570	
					1570	
12389	11293	1096				
33070	11944	21126		3464	6000	3419
5073	1446	3627			1416	

6-11 续表 4

单位:平方米、万元、套 (2015)

指标	Item	一级 First Grade
出租房屋面积	**Floor Space of Buildings Rented**	**7348**
住宅	Residence	
#90 平方米以下住房	Housing of 90 Square Meters Below	
144 平方米以上住房	Housing of 144 Square Meters Above	
别墅、高档公寓	Villas and High-grade Apartments	
办公楼	Office Buildings	
商业营业用房	Houses for Business Use	7348
其他	Others	
商品房销售面积	**Floor Space of Commercialized Buildings Sold**	**1094411**
住宅	Residence	917724
#90 平方米以下住房	Housing of 90 Square Meters Below	210813
144 平方米以上住房	Housing of 144 Square Meters Above	285166
别墅、高档公寓	Villas and High-grade Apartments	3732
办公楼	Office Buildings	37714
商业营业用房	Houses for Business Use	102938
其他	Others	36035
现房销售面积	Floor Space of Existing Buildings Sold	284901
住宅	Residence	247475
#90 平方米以下住房	Housing of 90 Square Meters Below	14658
144 平方米以上住房	Housing of 144 Square Meters Above	127404
别墅、高档公寓	Villas and High-grade Apartments	2641
办公楼	Office Buildings	8230
商业营业用房	Houses for Business Use	20824
其他	Others	8372
期房销售面积	Floor Space of Forward Buildings Sold	809510
住宅	Residence	670249
#90 平方米以下住房	Housing of 90 Square Meters Below	196155
144 平方米以上住房	Housing of 144 Square Meters Above	157762
别墅、高档公寓	Villas and High-grade Apartments	1091
办公楼	Office Buildings	29484
商业营业用房	Houses for Business Use	82114
其他	Others	27663
商品房销售额	**Total Sale of Commercialized Buildings**	**594701**
住宅	Residence	450007
#90 平方米以下住房	Housing of 90 Square Meters Below	68257
144 平方米以上住房	Housing of 144 Square Meters Above	183964
别墅、高档公寓	Villas and High-grade Apartments	2438
办公楼	Office Buildings	30611
商业营业用房	Houses for Business Use	99811
其他	Others	14272
现房销售额	Total Sale of Existing Buildings	161446
住宅	Residence	125115
#90 平方米以下住房	Housing of 90 Square Meters Below	6058
144 平方米以上住房	Housing of 144 Square Meters Above	73842
别墅、高档公寓	Villas and High-grade Apartments	1665

continued

(sq.m,10 000yuan,set)

资质等级 Qualification Criteria				
二级 Second Grade	三级 Third Grade	四级 Forth Grade	暂定 Tentative	其他 Others
200325		**1494**	**15181**	
19573				
19573				
			7800	
180164		1494	7381	
588				
1975560	**791730**	**360954**	**1075405**	
1726745	702171	322044	875938	
255566	76121	68293	91426	
278654	222927	64010	137942	
16584	19975	10401	15394	
40169	31892		17200	
158077	50788	33942	166517	
50569	6879	4968	15750	
786788	241594	84942	40441	
604752	201064	72797	33536	
110105	29042	27220		
66748	57448	21370	8530	
3677	6033	10401	6200	
22072			843	
118440	36428	11668	6062	
41524	4102	477		
1188772	550136	276012	1034964	
1121993	501107	249247	842402	
145461	47079	41073	91426	
211906	165479	42640	129412	
12907	13942		9194	
18097	31892		16357	
39637	14360	22274	160455	
9045	2777	4491	15750	
907063	**341050**	**199435**	**578634**	
719966	282835	167246	424154	
105423	26916	28617	41437	
118759	99642	35527	68993	
9951	13393	7364	8219	
33246	25209		11240	
139021	31303	29535	133198	
14830	1703	2654	10042	
404420	106504	41723	32239	
264385	82716	32556	27000	
45027	10684	10455		
33533	31628	11799	2538	
1997	4115	7364	2431	

6-11 续表 5

单位:平方米、万元、套 (2015)

指 标	Item	一 级 First Grade
办公楼	Office Buildings	5204
商业营业用房	Houses for Business Use	26492
其他	Others	4635
期房销售额	Total Sale of Forward Buildings	433255
住宅	Residence	324892
#90 平方米以下住房	Housing of 90 Square Meters Below	62199
144 平方米以上住房	Housing of 144 Square Meters Above	110122
别墅、高档公寓	Villas and High-grade Apartments	773
办公楼	Office Buildings	25407
商业营业用房	Houses for Business Use	73319
其他	Others	9637
商品住宅销售套数	**Total Number of Flats of Commercialized Residential Buildings Sold**	**7988**
#90 平方米以下住房	Housing of 90 Square Meters Below	2827
144 平方米以上住房	Housing of 144 Square Meters Above	1672
别墅、高档公寓	Villas and High-grade Apartments	54
现房住宅销售套数	Total Number of Flats of Existing Residential Buildings Sold	1790
#90 平方米以下住房	Housing of 90 Square meters Below	192
144 平方米以上住房	Housing of 144 Square meters Above	756
别墅、高档公寓	Villas and High-grade Apartments	35
期房住宅销售套数	Total Number of Flats of Forward Residential Buildings Sold	6198
#90 平方米以下住房	Housing of 90 Square meters Below	2635
144 平方米以上住房	Housing of 144 Square meters Above	916
别墅、高档公寓	Villas and High-grade Apartments	19
待售面积	**Unsold Area**	**1151428**
住宅	Residence	700987
#90 平方米以下住房	Housing of 90 Square Meters Below	148906
144 平方米以上住房	Housing of 144 Square Meters Above	193230
别墅、高档公寓	Villas and High-grade Apartments	26289
办公楼	Office Buildings	64769
商业营业用房	Houses for Business Use	225497
其他	Others	160175
待售 1-3 年面积	Unsold Area of 1-3 year	126666
住宅	Residence	79016
#90 平方米以下住房	Housing of 90 Square Meters Below	6847
144 平方米以上住房	Housing of 144 Square Meters Above	41651
别墅、高档公寓	Villas and High-grade Apartments	6482
办公楼	Office Buildings	730
商业营业用房	Houses for Business Use	14285
其他	Others	32635
待售 3 年以上面积	Unsold Area above 3 year	7780
住宅	Residence	2683
#90 平方米以下住房	Housing of 90 Square Meters Below	
144 平方米以上住房	Housing of 144 Square Meters Above	2519
别墅、高档公寓	Villas and High-grade Apartments	1570
办公楼	Office Buildings	
商业营业用房	Houses for Business Use	5097
其他	Others	

continued

(sq.m,10 000yuan,set)

资质等级 Qualification Criteria				
二 级 Second Grade	三 级 Third Grade	四 级 Forth Grade	暂 定 Tentative	其 他 Others
19318			962	
110406	22578	9003	4277	
10311	1210	164		
502643	234546	157712	546395	
455581	200119	134690	397154	
60396	16232	18162	41437	
85226	68014	23728	66455	
7954	9278		5788	
13928	25209		10278	
28615	8725	20532	128921	
4519	493	2490	10042	
15110	**5657**	**2696**	**7886**	
3281	925	840	1193	
1734	1285	354	762	
161	108	37	214	
5478	1589	637	229	
1417	361	332		
374	294	106	25	
28	32	37	25	
9632	4068	2059	7657	
1864	564	508	1193	
1360	991	248	737	
133	76		189	
3069742	**1478283**	**639135**	**237278**	
1615133	1036499	372183	137317	
308225	168188	62265	4850	
343117	330446	96922	82984	
32650	39026	84557		
82285	20134	71373	15372	
978880	301389	106610	66003	
393444	120261	88969	18586	
1955378	626181	515041	225173	
916986	437972	320860	137317	
191085	72387	45046	4850	
231105	100453	92849	82984	
29443	25493	84557		
43253	1551	33943	6872	
732943	111036	73266	62398	
262196	75622	86972	18586	
30250	32199	16050	12105	
20328	4781	5761		
10142	354	5761		
3157				
	3889		8500	
6099	22819	8333	3605	
3823	710	1956		

6—12 房地产开发企业资质等级一、二级企业名单

The List of Real Estate Development Enterprise by Qualthication Clriteria of Frist and Second Grade

(2015)

单位名称 Unit Name	法人代表 Legal Representative	资质等级 Qualification Criteria	经济类型 Economic Types
宁夏新材房地产开发有限公司	朱宝良	一级	私营有限责任公司
宁夏住宅建设发展(集团)有限公司	王新生	一级	私营有限责任公司
宁夏正丰房地产开发有限公司	郑国祥	一级	私营有限责任公司
宁夏中房实业集团股份有限公司	方 陆	一级	私营股份有限公司
银川建发集团股份有限公司	杨 伟	一级	私营有限责任公司
银川众一集团房地产开发有限公司	雷光新	一级	私营有限责任公司
宁夏民生房地产开发有限公司	刘文锦	一级	私营有限责任公司
宁夏银帝房地产开发有限公司	朱奕龙	一级	私营有限责任公司
宁夏亘元房地产开发有限公司	白武新	一级	国有独资公司
宁夏长城集团房地产开发有限公司	王 涛	一级	私营有限责任公司
宁夏绿地房地产有限责任公司	王义新	二级	私营有限责任公司
宁夏荣恒房地产集团有限责任公司	梁志东	二级	私营有限责任公司
宁夏银基房地产开发有限责任公司	韩建华	二级	私营有限责任公司
宁夏兴泰隆房地产开发有限公司	冯军君	二级	其他有限责任公司
宁夏天成市场开发有限责任公司	王 琪	二级	私营有限责任公司
银川神州房地产开发有限公司	桑建华	二级	私营有限责任公司
宁夏房地产综合开发有限公司	刘胜冬	二级	私营有限责任公司
银川大地房地产开发有限责任公司	齐 宁	二级	私营有限责任公司
银川市白云房地产开发有限公司	朱宏魁	二级	其他有限责任公司
宁夏昆仑房地产开发有限公司	党建宁	二级	私营有限责任公司
银川三建房地产开发有限公司	刘惠敏	二级	私营有限责任公司
宁夏华尊立达房地产开发集团有限公司	张 达	二级	私营有限责任公司
宁夏灵隆房地产开发有限责任公司	官国福	二级	私营有限责任公司
宁夏瑞信房地产开发有限公司	曹香瑞	二级	私营有限责任公司
宁夏檀溪房地产开发有限公司	周荣军	二级	私营有限责任公司
宁夏隆安房地产开发有限公司	蔡国春	二级	私营有限责任公司
宁夏房地产开发集团有限公司	贺玉斌	二级	国有独资公司
宁夏云天房地产开发集团有限公司	妥 鹏	二级	私营有限责任公司
宁夏荣昌众汇房地产开发有限公司	杨建荣	二级	私营有限责任公司
宁夏大众房地产开发有限公司	饶占银	二级	私营有限责任公司
宁夏宝丰地产开发有限公司	党彦平	二级	其他有限责任公司
宁夏圣雪绒房地产开发有限公司	侯羽乾	二级	私营有限责任公司
宁夏天骏房地产开发有限公司	李 俊	二级	私营有限责任公司
宁夏北方温和房地产开发有限公司	温炳成	二级	私营有限责任公司
宁夏银川龙马房地产开发有限公司	倪吉乐	二级	私营有限责任公司
宁夏吉泰房地产开发有限公司	侯智斌	二级	私营有限责任公司
宁夏富兴达房地产开发集团有限公司	刘良富	二级	私营有限责任公司
宁夏吉运开发建设集团有限公司	尤天彪	二级	私营有限责任公司

6-12　续表 1

单位名称 Unit Name	法人代表 Legal Representative	资质等级 Qualification Criteria	经济类型 Economic Types
银川开发区宏建房地产开发有限公司	陈述清	二级	私营有限责任公司
宁夏英力特房地产开发有限公司	宗维海	二级	其他有限责任公司
宁夏富龙房地产开发有限公司	马学明	二级	私营有限责任公司
宁夏中恒房地产开发有限公司	王志乾	二级	私营有限责任公司
宁夏派胜房地产开发有限公司	张学鹏	二级	其他有限责任公司
宁夏新思路房地产开发有限公司	陈　舒	二级	私营有限责任公司
宁夏舜天房地产开发有限公司	马小奇	二级	其他有限责任公司
宁夏建工集团房地产开发有限公司	白云程	二级	国有独资公司
银川市规划建筑设计院房地产开发有限公司	黄民生	二级	其他有限责任公司
拉普斯置业有限公司	杜寿鹏	二级	外资企业
宁夏瑞兴房地产开发有限公司	倪　伟	二级	私营有限责任公司
宁夏浩海房地产开发集团有限公司	王海军	二级	私营有限责任公司
宁夏友厦房地产开发有限公司	秦云友	二级	私营有限责任公司
宁夏鼎城房地产开发有限公司	王耀武	二级	私营有限责任公司
宁夏建元房地产开发有限公司	施建文	二级	私营有限责任公司
银川市通城置业集团房地产有限公司	席　华	二级	私营有限责任公司
宁夏立业房地产开发有限公司	王　佩	二级	私营有限责任公司
宁夏鑫业房地产开发有限公司	连勃振	二级	私营有限责任公司
宁夏共享地产有限公司	霍　飞	二级	其他有限责任公司
宁夏恒诺房地产开发有限公司	范国添	二级	私营有限责任公司
宁夏汇融房地产开发有限公司	任彦豹	二级	私营有限责任公司
宁夏光耀房地产开发有限公司	马耀庭	二级	私营有限责任公司
银川隆光置业有限公司	王继光	二级	私营有限责任公司
宁夏铁路多元发展集团地产置业有限公司	马英武	二级	其他有限责任公司
宁夏海利达房地产开发有限公司	王　海	二级	私营有限责任公司
宁夏鑫祥房地产开发有限公司	杨智祥	二级	私营有限责任公司
宁夏上陵房地产开发有限公司	史　信	二级	其他有限责任公司
银川颐安建设集团有限公司	孙万国	二级	私营有限责任公司
宁夏金色阳光房地产开发有限公司	祁立峰	二级	其他有限责任公司
银川市望远庆丰房地产开发有限公司	唐旭辉	二级	私营有限责任公司
宁夏土木基业房地产开发有限公司	何　刚	二级	私营有限责任公司
银川先泽房地产开发有限公司	喻祖洪	二级	私营有限责任公司
宁夏银大房地产开发有限公司	刘　峰	二级	私营有限责任公司
宁夏地德人和房地产开发有限公司	李志海	二级	私营有限责任公司
宁夏恒昱源房地产开发有限公司	魏自平	二级	私营有限责任公司
银川鲁银投资有限公司	崔照松	二级	私营有限责任公司
宁夏金盛房地产开发有限公司	徐建成	二级	私营有限责任公司
宁夏天地德科房地产开发有限公司	杨　明	二级	私营有限责任公司
宁夏众一发展集团有限公司	袁责钧	二级	私营有限责任公司

主要统计指标解释

【全社会固定资产投资】 固定资产投资额是以货币表现的建造和购置固定资产活动的工作量，它是反映固定资产投资规模、速度、比例关系和使用方向的综合性指标。全社会固定资产投资按经济类型分，包括国有经济单位投资、城乡集体经济单位投资、其他各种经济类型的单位投资和城乡居民个人投资。全社会固定资产投资总额分为基本建设、更新改造、其他固定资产投资和房地产开发投资四个部分；城乡集体经济单位投资包括城镇集体所有制单位投资和农村集体所有制单位投资；其他各种经济类型单位投资包括联营经济、股份制经济、中外合资经营、中外合作经营、外资、与大陆合资经营、与大陆合作经营、港澳台独资及其他经济的单位投资。城乡居民个人投资包括城市、县城、镇、工矿区所辖范围内的个人建房和农村个人建房及购买生产性固定资产的投资。

【基本建设投资】 基本建设是企业、事业、行政单位以扩大生产能力或工程效益为主要目的的新建、扩建工程及有关工作。包括(1)列入中央和各级地方本年基本建设计划的建设项目，以及虽未列入本年基本建设计划，但使用以前年度基建计划内结转投资(包括利用基建设备材料)在本年继续施工的建设项目；(2)本年基本建设计划内投资与更新改造计划内投资结合安排的新建项目和新增生产能力(或工程效益)达到大中型项目标准的扩建项目，以及为改变生产力布局而进行的全厂性迁建项目；(3)国有单位既未列入基建计划，也未列入更新改造计划的总投资在50万元以上的新、扩建、恢复项目和为改变生产力布局而进行的全厂性迁建项目，以及行政、事业单位增建业务用房和行政单位增建生活福利设施的项目。

【更新改造投资】 更新改造指企业、事业单位对原有设施进行固定资产更新和技术改造，以及相应配套的工程和有关工作(不包括大修理和维护工程)。包括：(1)列入中央和各级地方本年更新改造计划的项目和虽未列入本年更新改造计划，但使用上年更新改造计划内结转的投产在本年继续施工的项目；(2)本年更新改造计划内投资与基本建设计划内投资结合安排的对企、事业单位原有设施进行技术改造或更新的项目和增建主要生产车间、分厂等其新增生产能力(或工程效益)未达到大中型项目标准的项目，以及由于城市环境保护和安全生产的需要而进行的迁建工作；(3)国有企、事业既未列入基建计划也未列入更新改造计划，总投资在50万元以上的属于改建式更新改造性质的项目，以及由于城市环境保护和安全生产的需要而进行的迁建工程。

【房地产开发投资】 包括各种经济类型的房地产开发公司、商品房建设公司及其他房地产开发单位统一开发的包括统代建、拆迁还建的住宅、厂房、仓库、饭店、宾馆、度假村、写字楼、办公楼等房屋建筑物和配套的服务设施、土地开发工程，如道路、给水、排水、供电、供热、通讯、平整场地等基础设施工程的投资。包括实际从事房地产开发或经营活动的附营房地产开发单位。

【其他固定资产投资】 全社会固定资产投资中未列入基本建设、更新改造和房地产开发投资的建造和购置固定资产的活动。包括：(1)国有单位按规定不纳入基本建设计划和更新改造计划管理，计划总投资或实际需要总投资在50万元以上的工程；(2)城镇集体经济单位固定投资；(3)除国有、城镇集体以外的联营经济、股份制经济、外商投资经济、港澳台投资经济及其他经济类型的企、事业单位建造和购置固定资产其计划总投资在50万元以上的、未列入基本建设计划和更新改造计划的项目。

【新增固定资产】 指通过投资活动所形成的新的固定资产价值。包括本年内建成投入生产或交付使用的工程价值和达到固定资产标准的设备、工具、器具的价值及有关应摊入的费用。它是以价值形成表示的固定资产投资成果的综合性指标，可以综合反映不同时期、不同部门、不同地区的固定资产投资成果。

【建设项目投产率】 指一定时期内全部建成投入生产项目个数占同期正式施工项目个数的比率。它是从项目建设速度的角度反映投资效果的指标。

【固定资产交付使用率】 指一定时期新增固定资产与同期完成投资额的比率。它是反映各个时期固定资产动用速度，衡量建设过程中宏观投资效果的一个综合性指标。

【商品房销售面积】 指报告期内出售商品房屋的合同总面积(即双方签署的正式买卖合同中所确定的建筑面积)。由现房销售建筑面积和期房销售建筑面积两部分组成。

【商品房销售额】 指报告期内出售商品房屋的合同总价款(即双方签署的正式买卖合同中所确定的合同总价)。该指标与商品房销售面积同口径，由现房销售额和期房销售额两部分组成。

【规划用地面积】 指根据经有关部门批准的项目规划，建设项目需要使用的土地面积。

【本年实际征用和购置土地面积】 指报告期内通过征用等各种方式获得使用权的土地面积。

【本年实际征用和购置土地成交价款】 指报告期内征用和购置土地进行土地使用权交易活动的最终金额。征用和购置的土地成交价款与征用和购置土地面积同口径，目的是正确计算平均土地征用和购置价格。

7 建筑业

Construction

7-1 主要年份建筑业主要指标

指 标	Item	单位	Unit
企业个数	**Number of Enterprises**	**个**	**unit**
建筑业总产值	**Gross Output Value of Construction**	**万元**	**10 000yuan**
#一、二级企业	First and Second Grade	万元	10 000yuan
按构成分	**Grouped by Composition**		
建筑工程产值	Output Value of Construction	万元	10 000yuan
安装工程产值	Output Value of Installation	万元	10 000yuan
其他产值	Other Output Value	万元	10 000yuan
按登记注册类型分	**Grouped by Status of Registration**		
国有企业	State-owned Enterprises	万元	10 000yuan
集体企业	Collective-owned Enterprises	万元	10 000yuan
有限责任公司	Limited Liabilities Corporations	万元	10 000yuan
股份有限公司	Share-holding Corporations Limited	万元	10 000yuan
私营企业	Private Enterprises	万元	10 000yuan
港澳台投资企业	Funds from Hong Kong, Macao and Taiwan	万元	10 000yuan
外商投资企业	Foreign Funded	万元	10 000yuan
按建筑行业分	**Grouped by Construction Sector**		
房屋建筑业	House Building	万元	10 000yuan
土木工程建筑业	Civil Engineering	万元	10 000yuan
建筑安装业	Construction Installation	万元	10 000yuan
建筑装饰和其他建筑业	Construction Decoration and Other Construction	万元	10 000yuan
竣工产值	Output Value of Construction Completed	万元	10 000yuan
房屋施工面积	Floor Space of Buildings under Construction	万平方米	10 000sq.m
房屋竣工面积	Floor Space of Buildings Completed	万平方米	10 000sq.m
期末从业人员	Number of Employed Persons	人	person
工程结算收入	Revenue of Project Settlement Accounts	万元	10 000yuan
工程结算利润	Profits of Project Settlement Accounts	万元	10 000yuan
利税总额	Total Taxes and Profits	万元	10 000yuan

注:本表不包含劳务分包建筑企业数据。

Main Indicators on Construction Enterprises in Main Years

2005 年	2011 年	2012 年	2013 年	2014 年	2015 年
283	**318**	**331**	**344**	**352**	**344**
809251	**2677155**	**2829250**	**3750575**	**4404625**	**3717353**
645233	2157079	2277545	3219796	3947704	3404735
712100	2530561	2685345	3603530	4188711	3515093
94899	138147	136283	128625	195664	180788
2252	8447	7622	18421	20250	21473
286807	819073	771179	1092670	793211	662742
10742	11851	10080	18531	29905	7637
281923	508423	652699	727406	1021153	898011
54618	153613	102399	241553	372578	2716209
174982	1137618	1274610	1638921	2048260	1731402
180					
	46576	18283	31494	139518	145941
450834	1703452	1967393	2702579	3114219	2503226
310988	863385	757592	942108	1191870	1140377
21027	30764	42069	45283	36411	28174
26401	79553	62196	60605	62125	45577
734117	2415940	2344996	3067652	3129988	2922459
770	2139	2385	3327	3045	2263
416	879	948	1330	923	787
47829	64232	53864	70894	69295	88766
778770	2643462	2799130	3803254	4406224	3944772
45563	132479	176711	174260	257409	238367
33265	151769	165473	177330	263319	224349

a)The date in above table doesn't include labor suvcontracting construction enterprise data.

7—2 全部建筑业企业主要指标

单位:万元、人 (2015)

指 标	Item	企业数(个) Number of Enterprises (unit)	#有工作量的企业数 Number of Workload Enterprises
总 计	**Total**	**370**	**317**
#一、二级企业	First and Second Grade	228	205
按地区分	**Grouped by County**		
市区	City	323	277
兴庆区	Xingqing	160	135
西夏区	Xixia	25	21
金凤区	Jinfeng	138	121
永宁县	Yongning	2	2
贺兰县	Helan	23	18
灵武市	Lingwu	22	20
按登记注册类型分	**Grouped by Status of Registration**		
内资企业	Domestic Funded	369	316
国有企业	State-owned Enterprises	21	20
集体企业	Collective-owned Enterprises	1	1
有限责任公司	Limited Liabilities Corporations	45	43
国有独资公司	State Sole Funded Corporations	15	14
其他有限责任公司	Other Limited Liabilities Corporations	30	29
股份有限公司	Share-holding Corporations Limited	1	1
私营企业	Private Enterprises	301	251
私营有限责任公司	Private Limited Liabilities Corporations	300	250
私营股份有限公司	Private Share-holding Corporations Ltd.	1	1
外商投资企业	Foreign Funded	1	1
中外合资经营企业	Domestic and Foreign Joint Funded Enterprises	1	1
按国民经济行业分(2011)	**Grouped by Sector(2011)**		
房屋建筑业	House Building	179	147
房屋建筑业	House Building	179	147
土木工程建筑业	Civil Engineering	92	83
铁路、道路、隧道和桥梁工程建筑	Railway, Road, Tunnel and Bridge	31	27
公路工程建筑	Road	8	6
市政道路工程建筑	Municipal Works	23	21
水利和内河港口工程建筑	Water and River Ports	22	21
水源及供水设施工程建筑	Construction of Water Source and Supply Water Facility	21	20
河湖治理及防洪设施工程建筑	Construciton of River Lake Administer and Hood Control Facility	1	1
工矿工程建筑	Mining	9	8
架线和管道工程建筑	Frame Line and Pipeline	20	18
架线及设备工程建筑	Frame Line Equipment Engineering	17	15
管道工程建筑	Pipeline	3	3
其他土木工程建筑	Other Civil Engineering	10	9

Main Indicators on Construction Enterprises

(10 000yuan, person)

企业总产值 Total Output Value of Enterprises	# 建筑业总产值 Total Output Value of Construction	营业收入 Business Revenue	# 主营业务收入 Revenue from Principal Business	税 金 Taxes	利润总额 Total Profits	年末从业人数 Employed Persons at Year-end
3778020	**3722135**	**3998138**	**3951343**	**6289**	**100114**	**88934**
3451966	3407968	3655386	3616669	5252	89695	81919
2997000	2976100	3154157	3107767	5222	74366	75355
1381967	1378391	1432745	1418005	2250	27215	35164
333782	332965	322460	320424	260	6751	9164
1281251	1264744	1398951	1369338	2712	40400	31027
100417	100417	102834	102810	9	1929	482
490389	488066	501535	501154	858	10538	9259
190215	157553	239612	239612	200	13281	3838
3632080	3576195	3850512	3803878	5965	98913	87959
663026	662742	650007	644266	1292	3412	18339
7637	7637	22034	22034	16	562	734
914011	900906	967559	963317	1572	14958	22301
635339	632254	644648	643113	973	5708	12368
278672	268652	322911	320205	599	9251	9933
271621	271621	291054	289486	397	7280	982
1775786	1733288	1919858	1884775	2688	72702	45603
1755034	1712537	1899999	1868328	2667	71771	45401
20751	20751	19859	16447	21	931	202
145941	145941	147627	147465	325	1201	975
145941	145941	147627	147465	325	1201	975
2549153	2507168	2645192	2622630	3108	63078	64267
2549153	2507168	2645192	2622630	3108	63078	64267
1153056	1140377	1254636	1240745	2685	35761	20647
594176	594176	646919	644326	881	23263	8515
336751	336751	341672	340068	439	7134	1509
257426	257426	305248	304258	441	16130	7006
185804	183556	215483	211126	532	2692	4001
184757	182509	213941	209601	524	2761	3984
1047	1047	1542	1524	8	−69	17
164316	164063	169087	166916	379	1994	1855
200426	190298	214206	209471	861	7371	5963
196229	186100	207903	203167	857	7032	5867
4197	4197	6303	6303	4	339	96
8334	8284	8940	8906	33	441	313

7-2 续表

单位:万元、人　　　　(2015)

指　标	Item	企业数（个） Number of Enterprises (unit)
建筑安装业	Construction Installation	48
电气安装	Electric Installation	35
管道和设备安装	Pipeline and Equipment	3
其他建筑安装业	Other Construction Installation	10
建筑装饰和其他建筑业	Construction Decoration and Other Construction	51
建筑装饰业	Construction Decoration	46
工程准备活动	Other Construction	5
建筑物拆除活动	Building Demolishes	2
其他工程准备活动	Other Construction	3
按控股情况分	**Grouped by Controlling Stake**	
国有控股	State-owned	40
集体控股	Collective-owned	6
私人控股	Private	321
外商控股	Foreign	1
其他	Others	2
按企业规模分	**Grouped by Enterprises Scale**	
大型	Large-Scale	8
中型	Medium-Scale	80
小型	Small-Scale	174
微型	Miniatrue	108
按营业状态分	**Grouped by Operating Status**	
营业	Operating	367
停业(歇业)	Turn Off(go out of business)	3
按会计准则分	**Grouped by Accounting Standards**	
2006年会计准则	Accounting Standards of 2006	142
2011年会计准则	Accounting Standards of 2011	48
其他会计准则	Other Accounting Standards	180
按企业资质等级分	**Grouped by Qualification Criteria**	
施工总承包	General Contractors	192
特级	Special Grade	1
一级	First Grade	15
二级	Second Grade	108
三级及以下	Third Grade and Below	68
专业承包	Professional Contractors	152
一级	First Grade	8
二级	Second Grade	78
三级及以下	Third Grade and Below	66
劳务分包	Labour Subcontractors	26
一级	First Grade	18
三级及以下	Third Grade and Below	8

continued

(10 000yuan, person)

# 有工作量的企业数 Number of Workload Enterprises	企业总产值 Total Output Value of Enterprises	# 建筑业总产值 Total Output Value of Construction	营业收入 Business Revenue	# 主营业务收入 Revenue from Principal Business	税金 Taxes	利润总额 Total Profits	年末从业人数 Employed Persons at Year-end
43	29814	29014	45554	37339	278	-1093	2412
30	26968	26739	39600	31843	260	-1162	2199
3	840	840	3193	3162	2	243	28
10	2006	1435	2760	2334	16	-174	185
44	45998	45577	52758	50629	219	2368	1608
41	44826	44405	51776	49647	171	2407	1565
3	1171	1171	982	982	47	-39	43
2	679	679	679	679	47	-31	40
1	493	493	304	304		-8	3
38	1329956	1326588	1329467	1321826	2300	9501	31700
6	84480	74538	106504	105986	272	5374	3948
270	2199549	2156973	2398667	2360446	3305	84269	51701
1	145941	145941	147627	147465	325	1201	975
2	18095	18095	15874	15620	87	-231	610
8	1514128	1513151	1512254	1505924	2024	16587	23739
80	1686213	1656614	1920204	1904987	2258	75461	47731
164	537240	517240	541425	531162	1842	9333	15128
65	40440	35131	24255	9270	165	-1267	2336
315	3777031	3721146	3997938	3951143	6289	100124	88913
2	989	989	200	200	1	-10	21
128	2687941	2644343	2811867	2793024	4121	67597	58935
31	216047	211326	194357	194344	183	5444	2492
158	874032	866467	991914	963974	1985	27073	27507
174	3557588	3513373	3740165	3705199	5019	97503	79803
1	113407	112430	114166	114166	160	-193	3980
15	1600079	1600049	1607194	1598553	2014	22336	32087
104	1548144	1515575	1728739	1708538	2240	65884	38045
54	295958	285319	290066	283941	605	9475	5691
130	215651	203981	251350	239574	1267	2328	8963
8	29918	29865	34836	34490	135	616	1432
69	157186	146816	167732	158223	701	1032	6255
53	28548	27299	48783	46862	431	680	1276
13	4782	4782	6623	6570	4	284	168
8	3232	3232	2720	2699	2	20	120
5	1550	1550	3903	3872	2	264	48

7—3 建筑业总产值

单位:万元 (2015)

指标	Item	企业数(个) Number of Enterprises (unit)	#有工作量的企业数 Number of Workload Enterprises
总计	**Total**	**344**	**304**
#一、二级企业	First and Second Grade	210	197
按地区分	**Grouped by County**		
市区	City	302	267
兴庆区	Xingqing	149	129
西夏区	Xixia	21	20
金凤区	Jinfeng	132	118
永宁县	Yongning	2	2
贺兰县	Helan	19	16
灵武市	Lingwu	21	19
按登记注册类型分	**Grouped by Status of Registration**		
内资企业	Domestic Funded	343	303
国有企业	State-owned Enterprises	21	20
集体企业	Collective-owned Enterprises	1	1
有限责任公司	Limited Liabilities Corporations	43	41
国有独资公司	State Sole Funded Corporations	15	14
其他有限责任公司	Other Limited Liabilities Corporations	28	27
股份有限公司	Share-holding Corporations Limited	1	1
私营企业	Private Enterprises	277	240
私营有限责任公司	Private Limited Liabilities Corporations	276	239
私营股份有限公司	Private Share-holding Corporations Ltd.	1	1
外商投资企业	Foreign Funded	1	1
中外合资经营企业	Domestic and Foreign Joint Funded Enterprises	1	1
按国民经济行业分(2011)	**Grouped by Sector(2011)**		
房屋建筑业	House Building	156	137
房屋建筑业	House Building	156	137
土木工程建筑业	Civil Engineering	92	83
铁路、道路、隧道和桥梁工程建筑	Railway, Road, Tunnel and Bridge	31	27
公路工程建筑	Road	8	6
市政道路工程建筑	Municipal Works	23	21
水利和内河港口工程建筑	Water and River Ports	22	21
水源及供水设施工程建筑	Construction of Water Source and Supply Water Facility	21	20
河湖治理及防洪设施工程建筑	Construciton of River Lake Administer and Hood Control Facility	1	1
工矿工程建筑	Mining	9	8
架线和管道工程建筑	Frame Line and Pipeline	20	18
架线及设备工程建筑	Frame Line Equipment Engineering	17	15
管道工程建筑	Pipeline	3	3
其他土木工程建筑	Other Civil Engineering	10	9

Total Output Value of Construction

(10 000yuan)

建筑业总产值 Total Output Value of Construction	#装饰装修产值 Output Value of Decoration	#在外省完成的产值 Output Value of Completed Outside the Province	建筑工程产值 Output Value of Construction	安装工程产值 Output Value of Installation	其他产值 Others	竣工产值 Output Value of Construction Completed
3717353	**74923**	**439459**	**3515093**	**180788**	**21473**	**2922459**
3404735	70436	437028	3218983	168456	17297	2709533
2971710	69116	267600	2809565	150140	12006	2473490
1374935	30349	31675	1354793	18039	2103	1052437
332552	9922	10331	326258	566	5727	235651
1264224	28844	225595	1128513	131534	4176	1185402
100417			100417			122593
487963	1769	171859	451946	26551	9467	160472
157263	4039		153165	4098		165904
3571413	74923	293519	3369152	180788	21473	2776519
662742	4100	22047	582237	74525	5980	507134
7637			7637			10248
898011	16150	198363	841737	46808	9467	381699
632254	1318	179083	598723	24064	9467	176882
265757	14832	19280	243013	22743		204817
271621		58864	271621			366641
1731402	54673	14245	1665921	59455	6026	1510797
1710651	54673	14245	1645169	59455	6026	1507418
20751			20751			3379
145941		145941	145941			145941
145941		145941	145941			145941
2503226	30842	206607	2457431	34901	10894	1770583
2503226	30842	206607	2457431	34901	10894	1770583
1140377	1833	230635	1006467	123833	10077	1081617
594176	561.9	62634	594125	51		680264
336751		62634	336751			473198
257426	561.9		257375	51		207067
183556		6013	178162	5141	253	123990
182509		6013	177115	5141	253	122944
1047			1047			1047
164063	360	152082	157793	543	5727	163743
190298	911	9907	68103	118098	4097	106890
186100	911	9655.1	68017	113987	4097	102862
4197		251	86	4111		4027
8284			8284			6729

7-3 续表

单位:万元 (2015)

指 标	Item	企业数（个）Number of Enterprises (unit)	# 有工作量的企业数 Number of Workload Enterprises
建筑安装业	Construction Installation	45	40
电气安装	Electric Installation	35	30
其他建筑安装业	Other Construction Installation	10	10
建筑装饰和其他建筑业	Construction Decoration and Other Construction	51	44
建筑装饰业	Construction Decoration	46	41
工程准备活动	Other Construction	5	3
建筑物拆除活动	Building Demolishes	2	2
其他工程准备活动	Other Construction	3	1
按控股情况分	**Grouped by Controlling Stake**		
国有控股	State-owned	40	38
集体控股	Collective-owned	6	6
私人控股	Private	295	257
外商控股	Foreign	1	1
其他	Others	2	2
按企业规模分	**Grouped by Enterprises Scale**		
大型	Large-Scale	8	8
中型	Medium-Scale	80	80
小型	Small-Scale	171	161
微型	Miniatrue	85	55
按营业状态分	**Grouped by Operating Status**		
营业	Operating	341	302
停业(歇业)	Turn Off(go out of business)	3	2
按会计准则分	**Grouped by Accounting Standards**		
2006年会计准则	Accounting Standards of 2006	128	120
2011年会计准则	Accounting Standards of 2011	38	26
其他会计准则	Other Accounting Standards	178	158
按企业资质等级分	**Grouped by Qualification Criteria**		
施工总承包	General Contractors	192	174
特级	Special Grade	1	1
一级	First Grade	15	15
二级	Second Grade	108	104
三级及以下	Third Grade and Below	68	54
专业承包	Professional Contractors	152	130
一级	First Grade	8	8
二级	Second Grade	78	69
三级及以下	Third Grade and Below	66	53

continued

(10 000yuan)

建筑业总产值 Total Output Value of Construction	# 装饰装修产值 Output Value of Decoration	# 在外省完成的产值 Output Value of Completed Outside the Province	建筑工程产值 Output Value of Construction	安装工程产值 Output Value of Installation	其他产值 Others	竣工产值 Output Value of Construction Completed
28174	4100	159	11401	16272	501	24492
26739	4100	159	10976	15261	501	22719
1435			425	1011		1773
45577	38148	2058	39794	5783		45768
44405	38148	2058	38623	5783		44597
1171			1171			1171
679			679			679
493			493			493
1326588	15340	201463	1212552	98589	15447	708165
74538		28	52901	21638		64670
2152191	55083	75582	2085604	60561	6026	1998184
145941		145941	145941			145941
18095	4500	16445	18095			5500
1513151		393542	1409289	94395	9467	1007175
1656614	35100	29476	1618868	37493	253	1487846
516011	37870	16141	458178	46100	11733	399028
31577	1953	300	28757	2800	20	28410
3716364	74891	439459	3515061	179831	21473	2921752
989	32		32	957		707
2640373	35607	423226	2485958	138075	16340	1974667
210514	7385	1324	203840	3149	3524	194842
866467	31931	14909	825295	39564	1608	752950
3513373	21608	427396	3356569	139356	17447	2755534
112430		1310	112430			44967
1600049	487	253012	1491912	98417	9720	994223
1515575	19733	171180	1471689	36751	7135	1525330
285319	1388	1895	280539	4188	592	191014
203981	53315	12063	158523	41432	4026	166925
29865	21742	2264	27030	2835		31844
146816	28474	9263	115922	30453	441	113168
27299	3099	536	15571	8144	3584	21913

7—4 建筑业合同签订及承包工程完成情况

单位:万元 (2015)

指 标	Item	签订的合同额 Total Value of Contracts	上年结转合同额 Value from Contracts Signed in Last Year
总 计	**Total**	**5539210**	**2251504**
#一、二级企业	First and Second Grade	5101696	2090364
按地区分	**Grouped by County**		
市区	City	4532780	1937233
兴庆区	Xingqing	2060744	876532
西夏区	Xixia	529279	252496
金凤区	Jinfeng	1942757	808205
永宁县	Yongning	135979	74298
贺兰县	Helan	632631	161230
灵武市	Lingwu	237821	78742
按登记注册类型分	**Grouped by Status of Registration**		
内资企业	Domestic Funded	5393270	2251504
国有企业	State-owned Enterprises	930886	436137
集体企业	Collective-owned Enterprises	10367	3242
有限责任公司	Limited Liabilities Corporations	1398086	540271
国有独资公司	State Sole Funded Corporations	977297	360245
其他有限责任公司	Other Limited Liabilities Corporations	420789	180027
股份有限公司	Share-holding Corporations Limited	498847	192497
私营企业	Private Enterprises	2555084	1079356
私营有限责任公司	Private Limited Liabilities Corporations	2509603	1038126
私营股份有限公司	Private Share-holding Corporations Ltd.	45481	41230
外商投资企业	Foreign Funded	145941	
中外合资经营企业	Domestic and Foreign Joint Funded Enterprises	145941	
按国民经济行业分(2011)	**Grouped by Sector(2011)**		
房屋建筑业	House Building	3791611	1745780
房屋建筑业	House Building	3791611	1745780
土木工程建筑业	Civil Engineering	1648350	475327
铁路、道路、隧道和桥梁工程建筑	Railway, Road, Tunnel and Bridge	953959	336591
公路工程建筑	Road	594081	244277
市政道路工程建筑	Municipal Works	359878	92314
水利和内河港口工程建筑	Water and River Ports	251644	56942
水源及供水设施工程建筑	Construction of Water Source and Supply Water Facility	250301	56942
河湖治理及防洪设施工程建筑	Construciton of River Lake Administer and Hood Control Facility	1343	
工矿工程建筑	Mining	163861	1150
架线和管道工程建筑	Frame Line and Pipeline	268822	78949
架线及设备工程建筑	Frame Line Equipment Engineering	264531	78698
管道工程建筑	Pipeline	4291	251
其他土木工程建筑	Other Civil Engineering	10064	1696

Contracts Signed and Completion of Contracted Projects by Construction Enterprises

(10 000yuan)

本年新签合同额 Value from New Contracts Signed in This Year	直接从建设单位承揽工程完成的产值 Completed Output Value of Projects Contracted Directly from Investors	自行完成施工产值 Own-completed Output Value	分包出去工程的产值 Output Value of Out-sourced Projects	从建设单位以外承揽工程完成的产值 Completed Output Value of Projects Contracted from Non-investors
3287707	**3721247**	**3701117**	**20130**	**16237**
3011332	3420402	3400304	20098	4431
2595547	2975603	2955474	20130	16237
1184212	1382400	1373605	8795	1330
276783	342879	331612	11267	940
1134552	1250325	1250257	68	13966
61681	100417	100417		
471401	487963	487963		
159079	157263	157263		
3141766	3575306	3555176	20130	16237
494749	679778	659718	20060	3024
7125	7637	7637		
857814	897071	897071		940
617052	631314	631314		940
240762	265757	265757		
306350	271621	271621		
1475728	1719199	1719130	70	12272
1471477	1698448	1698378	70	12272
4251	20751	20751		
145941	145941	145941		
145941	145941	145941		
2045831	2501864	2490597	11267	12630
2045831	2501864	2490597	11267	12630
1173023	1146899	1138106	8793	2270
617368	594176	594176		
349804	336751	336751		
267564	257426	257426		
194702	191505	182712	8793	844
193360	190458	181665	8793	844
1343	1047	1047		
162711	163903	163903		160
189873	190298	190298		
185833	186100	186100		
4041	4197	4197		
8368	7018	7018		1266

7-4 续表

单位:万元　　　　(2015)

指　标	Item	签订的合同额 Total Value of Contracts	上年结转合同额 Value from Contracts Signed in Last Year
建筑安装业	Construction Installation	38019	15325
电气安装	Electric Installation	36221	15165
其他建筑安装业	Other Construction Installation	1798	160
建筑装饰和其他建筑业	Construction Decoration and Other Construction	61231	15072
建筑装饰业	Construction Decoration	60060	15057
工程准备活动	Other Construction	1171	15
建筑物拆除活动	Building Demolishes	679	15
其他工程准备活动	Other Construction	493	
按控股情况分	**Grouped by Controlling Stake**		
国有控股	State-owned	1945267	803643
集体控股	Collective-owned	89732	25259
私人控股	Private	3327541	1402067
外商控股	Foreign	145941	
其他	Others	30730	20535
按企业规模分	**Grouped by Enterprises Scale**		
大型	Large-Scale	2215036	864409
中型	Medium-Scale	2550467	1119167
小型	Small-Scale	734522	240549
微型	Miniatrue	39185	27380
按营业状态分	**Grouped by Operating Status**		
营业	Operating	5538221	2251472
停业(歇业)	Turn Off(go out of business)	989	32
按会计准则分	**Grouped by Accounting Standards**		
2006年会计准则	Accounting Standards of 2006	3991748	1592581
2011年会计准则	Accounting Standards of 2011	287502	115097
其他会计准则	Other Accounting Standards	1259960	543825
按企业资质等级分	**Grouped by Qualification Criteria**		
施工总承包	General Contractors	5267103	2165749
特级	Special Grade	262638	140487
一级	First Grade	2396218	962181
二级	Second Grade	2203847	906316
三级及以下	Third Grade and Below	404401	156766
专业承包	Professional Contractors	272107	85755
一级	First Grade	47354	16775
二级	Second Grade	191640	64607
三级及以下	Other Construction Installation	33113	4373

continued

(10 000yuan)

本年新签合同额 Value from New Contracts Signed in This Year	直接从建设单位承揽工程完成的产值 Completed Output Value of Projects Contracted Directly from Investors	自行完成施工产值 Own-completed Output Value	分包出去工程的产值 Output Value of Out-sourced Projects	从建设单位以外承揽工程完成的产值 Completed Output Value of Projects Contracted from Non-investors
22694	26907	26837	70	1337
21056	25471	25402	70	1337
1638	1435	1435		
46159	45577	45577		
45003	44405	44405		
1156	1171	1171		
663	679	679		
493	493	493		
1141624	1342684	1322624	20060	3964
64473	74538	74538		
1925474	2139989	2139919	70	12272
145941	145941	145941		
10195	18095	18095		
1350627	1513151	1513151		
1431300	1663257	1643197	20060	13417
493973	513260	513192	68	2819
11806	31579	31577	2	
3286750	3720258	3700128	20130	16237
957	989	989		
2399166	2647018	2626956	20062	13417
172405	210457	210457		57
716135	863772	863704	68	2763
3101354	3519959	3499899	20060	13474
122151	112430	112430		
1434037	1619265	1599205	20060	844
1297531	1513338	1513338		2237
247635	274926	274926		10393
186352	201287	201218	70	2763
30579	29865	29865		
127033	145503	145465	38	1351
28740	25919	25887	32	1412

7—5 房屋建筑施工面积及竣工面积

单位:平方米　　　　　　　　　　　　　　　　　　　　　　　　　　　　　　　　　　　　（2015）

指　标	Item	房屋建筑施工面积 Floor Space of Buildings under Construction
总　计	**Total**	**22626967**
#一、二级企业	First and Second Grade	20474822
按地区分	**Grouped by County**	
市区	City	18544377
兴庆区	Xingqing	7356393
西夏区	Xixia	3411841
金凤区	Jinfeng	7776143
永宁县	Yongning	832244
贺兰县	Helan	2240602
灵武市	Lingwu	1009744
按登记注册类型分	**Grouped by Status of Registration**	
内资企业	Domestic Funded	22626967
国有企业	State-owned Enterprises	2714274
集体企业	Collective-owned Enterprises	51447
有限责任公司	Limited Liabilities Corporations	6817852
国有独资公司	State Sole Funded Corporations	4509313
其他有限责任公司	Other Limited Liabilities Corporations	2308539
私营企业	Private Enterprises	13043394
私营有限责任公司	Private Limited Liabilities Corporations	12942192
私营股份有限公司	Private Share-holding Corporations Ltd.	101202
按国民经济行业分(2011)	**Grouped by Sector(2011)**	
房屋建筑业	House Building	22188087
房屋建筑业	House Building	22188087
土木工程建筑业	Civil Engineering	438880
铁路、道路、隧道和桥梁工程建筑	Railway, Road, Tunnel and Bridge	279454
市政道路工程建筑	Municipal Works	279454
水利和内河港口工程建筑	Water and River Ports	20974
水源及供水设施工程建筑	Construction of Water Source and Supply Water Facility	20974
架线和管道工程建筑	Frame Line and Pipeline	138452
架线及设备工程建筑	Frame Line Equipment Engineering	138452
按控股情况分	**Grouped by Controlling Stake**	
国有控股	State-owned	7223587
集体控股	Collective-owned	59321
私人控股	Private	15123094
其他	Others	220965
按企业规模分	**Grouped by Enterprises Scale**	
大型	Large-Scale	6223720
中型	Medium-Scale	13635340
小型	Small-Scale	2520309
微型	Miniatrue	247598
按营业状态分	**Grouped by Operating Status**	
营业	Operating	22626967
按会计准则分	**Grouped by Accounting Standards**	
2006年会计准则	Accounting Standards of 2006	14044743
2011年会计准则	Accounting Standards of 2011	1507366
其他会计准则	Other Accounting Standards	7074858
按企业资质等级分	**Grouped by Qualification Criteria**	
施工总承包	General Contractors	22615889
特级	Special Grade	1382330
一级	First Grade	7425994
二级	Second Grade	11666498
三级及以下	Third Grade and Below	2141067
专业承包	Professional Contractors	11078
三级及以下	Third Grade and Below	11078

Floor Space of Buildings Constructed and Completed

(sq.m)

本年新开工面积 Floor Space of New Buildings in This Year	实行投标承包面积 Floor Space of Contracted Projects	房屋建筑竣工面积 Floor Space of Buildings Completed	住宅房屋 Residence
6755243	**21261766**	**7874555**	**5696614**
6334067	19121324	7311921	5255339
5472177	18457012	5710888	3932916
2539947	7271714	2749623	1787677
1281957	3411841	843159	328910
1650273	7773457	2118106	1816329
340515	832244	728779	690280
457391	974230	816323	537227
485160	998280	618565	536191
6755243	21261766	7874555	5696614
964183	2712079	1536631	1012076
4993	51447	46454	46454
1652205	5547791	1324812	886178
1222562	3239252	745976	368378
429643	2308539	578836	517800
4133862	12950449	4966658	3751906
4080635	12872488	4915274	3751906
53227	77961	51384	
6444713	20870425	7775912	5673907
6444713	20870425	7775912	5673907
310530	391341	98643	22707
210598	231915	88428	22707
210598	231915	88428	22707
20204	20974	6707	
20204	20974	6707	
79728	138452	3508	
79728	138452	3508	
2186745	5951331	2282607	1380454
9359	59321	52362	46454
4485563	15030149	5504586	4257206
73576	220965	35000	12500
2034681	4955152	2119310	1464280
3611426	13556783	4915103	3601317
1109136	2502233	713181	540307
	247598	126961	90710
6755243	21261766	7874555	5696614
4182991	12738375	4625799	3277704
461353	1505226	919720	846401
2110899	7018165	2329036	1572509
6744165	21250688	7863477	5696614
505480	1382329	129423	128333
1997121	6109888	1956809	1078511
3831466	11629107	5225689	4048495
410098	2129364	551556	441275
11078	11078	11078	
11078	11078	11078	

7-5 续表1

单位:万元 (2015)

指 标	Item	商业及服务用房屋 Business and Service
总 计	**Total**	**735803**
#一、二级企业	First and Second Grade	667147
按地区分	**Grouped by County**	
市区	City	591551
兴庆区	Xingqing	345708
西夏区	Xixia	160020
金凤区	Jinfeng	85823
永宁县	Yongning	
贺兰县	Helan	82723
灵武市	Lingwu	61529
按登记注册类型分	**Grouped by Status of Registration**	
内资企业	Domestic Funded	735803
国有企业	State-owned Enterprises	143451
集体企业	Collective-owned Enterprises	
有限责任公司	Limited Liabilities Corporations	89944
国有独资公司	State Sole Funded Corporations	81559
其他有限责任公司	Other Limited Liabilities Corporations	8385
私营企业	Private Enterprises	502408
私营有限责任公司	Private Limited Liabilities Corporations	502408
私营股份有限公司	Private Share-holding Corporations Ltd.	
按国民经济行业分(2011)	**Grouped by Sector(2011)**	
房屋建筑业	House Building	705023
房屋建筑业	House Building	705023
土木工程建筑业	Civil Engineering	30780
铁路、道路、隧道和桥梁工程建筑	Railway, Road, Tunnel and Bridge	30780
市政道路工程建筑	Municipal Works	30780
水利和内河港口工程建筑	Water and River Ports	
水源及供水设施工程建筑	Construction of Water Source and Supply Water Facility	
架线和管道工程建筑	Frame Line and Pipeline	
架线及设备工程建筑	Frame Line Equipment Engineering	
按控股情况分	**Grouped by Controlling Stake**	
国有控股	State-owned	225010
集体控股	Collective-owned	
私人控股	Private	510793
其他	Others	
按企业规模分	**Grouped by Enterprises Scale**	
大型	Large-Scale	61090
中型	Medium-Scale	575528
小型	Small-Scale	62934
微型	Miniatrue	36251
按营业状态分	**Grouped by Operating Status**	
营业	Operating	735803
按会计准则分	**Grouped by Accounting Standards**	
2006年会计准则	Accounting Standards of 2006	381639
2011年会计准则	Accounting Standards of 2011	34820
其他会计准则	Other Accounting Standards	319344
按企业资质等级分	**Grouped by Qualification Criteria**	
施工总承包	General Contractors	735803
特级	Special Grade	1090
一级	First Grade	140905
二级	Second Grade	525152
三级及以下	Third Grade and Below	68656
专业承包	Professional Contractors	
三级及以下	Third Grade and Below	

continued

(10 000yuan)

商厦房屋（批发和零售用房）Commercial (wholesale and retail trade)	宾馆用房屋（住宿用房）Hotel (hoteling)	餐饮用房屋（餐饮用房）Catering (catering services)	商务会展用房屋 Commercial Exhibition	其他商业及服务用房屋（居民服务业用房）Other Business and Service (other services)	办公用房屋 Offices
690884	**4792**	**14188**	**15570**	**10369**	**619253**
626533	4792	13597	15570	6655	604720
571834		2405	15570	1742	579949
339081		2405	2480	1742	392378
160020					108377
72733			13090		79194
74096				8627	35616
44954	4792	11783			3688
690884	4792	14188	15570	10369	619253
143451					316259
84560		1814	3570		89977
80469			1090		43077
4091		1814	2480		46900
462873	4792	12374	12000	10369	213017
462873	4792	12374	12000	10369	213017
660104	4792	14188	15570	10369	601267
660104	4792	14188	15570	10369	601267
30780					17986
30780					17986
30780					17986
223920			1090		359336
					2400
466964	4792	14188	14480	10369	235017
					22500
60000			1090		302479
547196	4792	2405	14480	6655	301086
59220				3714	15688
24468		11783			
690884	4792	14188	15570	10369	619253
362015	4792		13090	1742	451792
23037		11783			
305832		2405	2480	8627	167461
690884	4792	14188	15570	10369	619253
			1090		
139091		1814			406584
487442	4792	11783	14480	6655	198136
64351		591		3714	14533

7–5 续表2

单位:万元 (2015)

指 标	Item	科研、教育、医疗用房屋 Scientific Research, Education and Medical
总 计	**Total**	**267314**
# 一、二级企业	First and Second Grade	265856
按地区分	**Grouped by County**	
市区	City	213758
兴庆区	Xingqing	69420
西夏区	Xixia	50865
金凤区	Jinfeng	93473
永宁县	Yongning	35764
贺兰县	Helan	14792
灵武市	Lingwu	3000
按登记注册类型分	**Grouped by Status of Registration**	
内资企业	Domestic Funded	267314
国有企业	State–owned Enterprises	44829
集体企业	Collective–owned Enterprises	
有限责任公司	Limited Liabilities Corporations	30682
国有独资公司	State Sole Funded Corporations	30682
其他有限责任公司	Other Limited Liabilities Corporations	
私营企业	Private Enterprises	191803
私营有限责任公司	Private Limited Liabilities Corporations	191803
私营股份有限公司	Private Share–holding Corporations Ltd.	
按国民经济行业分(2011)	**Grouped by Sector(2011)**	
房屋建筑业	House Building	254653
房屋建筑业	House Building	254653
土木工程建筑业	Civil Engineering	12661
铁路、道路、隧道和桥梁工程建筑	Railway, Road, Tunnel and Bridge	12661
市政道路工程建筑	Municipal Works	12661
水利和内河港口工程建筑	Water and River Ports	
水源及供水设施工程建筑	Construction of Water Source and Supply Water Facility	
架线和管道工程建筑	Frame Line and Pipeline	
架线及设备工程建筑	Frame Line Equipment Engineering	
按控股情况分	**Grouped by Controlling Stake**	
国有控股	State–owned	75511
集体控股	Collective–owned	
私人控股	Private	191803
其他	Others	
按企业规模分	**Grouped by Enterprises Scale**	
大型	Large–Scale	66446
中型	Medium–Scale	147917
小型	Small–Scale	52951
微型	Miniatrue	
按营业状态分	**Grouped by Operating Status**	
营业	Operating	267314
按会计准则分	**Grouped by Accounting Standards**	
2006年会计准则	Accounting Standards of 2006	142615
2011年会计准则	Accounting Standards of 2011	35764
其他会计准则	Other Accounting Standards	88935
按企业资质等级分	**Grouped by Qualification Criteria**	
施工总承包	General Contractors	267314
特级	Special Grade	
一级	First Grade	88053
二级	Second Grade	177803
三级及以下	Third Grade and Below	1458
专业承包	Professional Contractors	
三级及以下	Third Grade and Below	

continued

(10 000yuan)

科学研究用房屋 Scientific Research	教育用房屋 Education	医疗用房屋（卫生医疗用房）Medical（health and medical）	文化、体育、娱乐用房屋 Culture,Sports and Entertainment	厂房及建筑物 Workshop and Buildings	# 厂房 Workshop	仓库 Warehouse	其他未列明的房屋建筑物 Other Buildings
10117	**217043**	**40154**	**41880**	**418577**	**344303**	**26289**	**68825**
10117	215585	40154	39829	388396	325200	26289	64345
10117	163487	40154	12983	311025	296368	600	68106
6117	61653	1650	3883	94429	85110	600	55528
	37319	13546	9100	179737	179737		6150
4000	64515	24958		36859	31521		6428
	35764			2735	2735		
	14792		28897	90660	45200	25689	719
	3000			14157			
10117	217043	40154	41880	418577	344303	26289	68825
	6325	38504		14719	14719		5297
	30682		28897	168595	123135	25689	4850
	30682		28897	162844	117384	25689	4850
				5751	5751		
10117	180036	1650	12983	235263	206449	600	58678
10117	180036	1650	12983	185858	157044		57299
				49405	49405	600	1379
10117	204382	40154	41880	406119	331845	26289	66774
10117	204382	40154	41880	406119	331845	26289	66774
	12661			12458	12458		2051
	12661			2243	2243		2051
	12661			2243	2243		2051
				6707	6707		
				6707	6707		
				3508	3508		
				3508	3508		
	37007	38504	28897	177563	132103	25689	10147
				3508	3508		
10117	180036	1650	12983	237506	208692	600	58678
	66446		28897	165579	120119	25689	4850
6117	101646	40154	12983	238640	220904	600	37032
4000	48951			14358	3280		26943
10117	217043	40154	41880	418577	344303	26289	68825
	104111	38504	30729	273200	210004	26289	41831
	35764			2735	2735		
10117	77168	1650	11151	142642	131564		26994
10117	217043	40154	41880	407499	344303	26289	68825
6117	68390	13546	28897	179369	133909	25689	8801
4000	147195	26608	10932	209027	191291	600	55544
	1458		2051	19103	19103		4480
				11078			
				11078			

7—6 房屋建筑竣工价值

单位:万元 (2015)

指　标	Item	竣工房屋价值 Output Value of Buildings Completed
总　计	**Total**	**1271897**
#一、二级企业	First and Second Grade	1199878
按地区分	**Grouped by County**	
市区	City	933226
兴庆区	Xingqing	414041
西夏区	Xixia	168719
金凤区	Jinfeng	350466
永宁县	Yongning	115754
贺兰县	Helan	131605
灵武市	Lingwu	91312
按登记注册类型分	**Grouped by Status of Registration**	
内资企业	Domestic Funded	1271897
国有企业	State-owned Enterprises	258303
集体企业	Collective-owned Enterprises	10248
有限责任公司	Limited Liabilities Corporations	211976
国有独资公司	State Sole Funded Corporations	124880
其他有限责任公司	Other Limited Liabilities Corporations	87096
私营企业	Private Enterprises	791370
私营有限责任公司	Private Limited Liabilities Corporations	787991
私营股份有限公司	Private Share-holding Corporations Ltd.	3379
按国民经济行业分(2011)	**Grouped by Sector(2011)**	
房屋建筑业	House Building	1249598
房屋建筑业	House Building	1249598
土木工程建筑业	Civil Engineering	22298
铁路、道路、隧道和桥梁工程建筑	Railway, Road, Tunnel and Bridge	19164
市政道路工程建筑	Municipal Works	19164
水利和内河港口工程建筑	Water and River Ports	2609
水源及供水设施工程建筑	Construction of Water Source and Supply Water Facility	2609
架线和管道工程建筑	Frame Line and Pipeline	526
架线及设备工程建筑	Frame Line Equipment Engineering	526
按控股情况分	**Grouped by Controlling Stake**	
国有控股	State-owned	383183
集体控股	Collective-owned	11174
私人控股	Private	872039
其他	Others	5500
按企业规模分	**Grouped by Enterprises Scale**	
大型	Large-Scale	330976
中型	Medium-Scale	815746
小型	Small-Scale	106232
微型	Miniatrue	18943
按营业状态分	**Grouped by Operating Status**	
营业	Operating	1271897
按会计准则分	**Grouped by Accounting Standards**	
2006年会计准则	Accounting Standards of 2006	772512
2011年会计准则	Accounting Standards of 2011	148643
其他会计准则	Other Accounting Standards	350742
按企业资质等级分	**Grouped by Qualification Criteria**	
施工总承包	General Contractors	1271348
特级	Special Grade	24673
一级	First Grade	334626
二级	Second Grade	840579
三级及以下	Third Grade and Below	71470
专业承包	Professional Contractors	548
三级及以下	Third Grade and Below	548

Output Value of Floor Space of Buildings Completed

（10 000yuan）

住宅房屋 Residence	商业及服务用房屋 Business and Service	商厦房屋（批发和零售用房）Commercial（wholesale and retail trade）	宾馆用房屋（住宿用房）Hotel（hoteling）	餐饮用房屋（餐饮用房）Catering（catering services）	商务会展用房屋 Commercial Exhibition	其他商业及服务用房屋（居民服务业用房）Other Business and Service（other services）	办公用房屋 Offices
881113	**133838**	**126010**	**719**	**2231**	**2782**	**2097**	**119553**
824177	124138	116958	719	2126	2782	1554	117493
608222	110696	107307		341	2782	267	111383
266887	47068	46177		341	283	267	64317
61199	49221	49221					21557
280136	14407	11909			2498		25510
105803							
87442	13139	11309				1830	7310
79647	10003	7394	719	1890			860
881113	133838	126010	719	2231	2782	2097	119553
147527	46534	46534					50860
10248							
132563	13963	12746		236	982		25350
63888	12776	12078			698		9010
68675	1187	668		236	283		16340
590775	73341	66730	719	1995	1800	2097	43344
590775	73341	66730	719	1995	1800	2097	43344
877002	126823	118995	719	2231	2782	2097	115454
877002	126823	118995	719	2231	2782	2097	115454
4112	7016	7016					4100
4112	7016	7016					4100
4112	7016	7016					4100
211415	59311	58612			698		59869
10248							400
658450	74528	67398	719	2231	2084	2097	54784
1000							4500
226478	10358	9660			698		44982
563549	109204	104508	719	341	2084	1554	72091
78504	7915	7372				543	2480
12583	6361	4471		1890			
881113	133838	126010	719	2231	2782	2097	119553
520676	85593	82109	719		2498	267	79095
132695	5997	4107		1890			
227743	42248	39794		341	283	1830	40458
881113	133838	126010	719	2231	2782	2097	119553
23975	698				698		
177326	27446	27210		236			71502
622876	95994	89748	719	1890	2084	1554	45992
56937	9700	9052		105		543	2060

7-6 续表

单位:万元 (2015)

指 标	Item	科研、教育、医疗用房屋 Scientific Research, Education and Medical
总 计	**Total**	**56169**
# 一、二级企业	First and Second Grade	55954
按地区分	**Grouped by County**	
市区	City	43828
兴庆区	Xingqing	15850
西夏区	Xixia	9482
金凤区	Jinfeng	18496
永宁县	Yongning	8308
贺兰县	Helan	3994
灵武市	Lingwu	39
按登记注册类型分	**Grouped by Status of Registration**	
内资企业	Domestic Funded	56169
国有企业	State-owned Enterprises	8435
集体企业	Collective-owned Enterprises	
有限责任公司	Limited Liabilities Corporations	6803
国有独资公司	State Sole Funded Corporations	6803
其他有限责任公司	Other Limited Liabilities Corporations	
私营企业	Private Enterprises	40932
私营有限责任公司	Private Limited Liabilities Corporations	40932
私营股份有限公司	Private Share-holding Corporations Ltd.	
按国民经济行业分(2011)	**Grouped by Sector(2011)**	
房屋建筑业	House Building	53063
房屋建筑业	House Building	53063
土木工程建筑业	Civil Engineering	3107
铁路、道路、隧道和桥梁工程建筑	Railway, Road, Tunnel and Bridge	3107
市政道路工程建筑	Municipal Works	3107
水利和内河港口工程建筑	Water and River Ports	
水源及供水设施工程建筑	Construction of Water Source and Supply Water Facility	
架线和管道工程建筑	Frame Line and Pipeline	
架线及设备工程建筑	Frame Line Equipment Engineering	
按控股情况分	**Grouped by Controlling Stake**	
国有控股	State-owned	15238
集体控股	Collective-owned	
私人控股	Private	40932
其他	Others	
按企业规模分	**Grouped by Enterprises Scale**	
大型	Large-Scale	15111
中型	Medium-Scale	27760
小型	Small-Scale	13299
微型	Miniatrue	
按营业状态分	**Grouped by Operating Status**	
营业	Operating	56169
按会计准则分	**Grouped by Accounting Standards**	
2006年会计准则	Accounting Standards of 2006	28269
2011年会计准则	Accounting Standards of 2011	8308
其他会计准则	Other Accounting Standards	19592
按企业资质等级分	**Grouped by Qualification Criteria**	
施工总承包	General Contractors	56169
特级	Special Grade	
一级	First Grade	20185
二级	Second Grade	35770
三级及以下	Third Grade and Below	215
专业承包	Professional Contractors	
三级及以下	Third Grade and Below	

continued

(10 000yuan)

科学研究用房屋 Scientific Research	教育用房屋 Education	医疗用房屋(卫生医疗用房) Medical (health and medical)	文化、体育、娱乐用房屋 Culture,Sports and Entertainment	厂房及建筑物 Workshop and Buildings	#厂房 Workshop	仓库 Warehouse	其他未列明的房屋建筑物 Other Buildings
2517	**46112**	**7541**	**8545**	**58762**	**48866**	**3993**	**9923**
2517	45897	7541	8127	56992	47644	3993	9004
2517	33770	7541	4178	45070	41595	88	9762
1619	13948	283	901	11477	10277	88	7453
	6264	3218	3277	23114	23114		870
898	13558	4040		10479	8204		1439
	8308			1643	1643		
	3994		4366	11287	5627	3905	162
	39			762			
2517	46112	7541	8545	58762	48866	3993	9923
	1177	7258		4254	4254		694
	6803		4366	24249	18589	3905	777
	6803		4366	23355	17695	3905	777
				894	894		
2517	38132	283	4178	30259	26023	88	8453
2517	38132	283	4178	27064	22828		8357
				3195	3195	88	96
2517	43005	7541	8545	55259	45363	3993	9461
2517	43005	7541	8545	55259	45363	3993	9461
	3107			3503	3503		463
	3107			368	368		463
	3107			368	368		463
				2609	2609		
				2609	2609		
				526	526		
				526	526		
	7980	7258	4366	27609	21949	3905	1471
				526	526		
2517	38132	283	4178	30627	26391	88	8453
	15111		4366	24998	19338	3905	777
1619	18600	7541	4178	32619	28931	88	6257
898	12401			1145	597		2890
2517	46112	7541	8545	58762	48866	3993	9923
	21011	7258	4849	43128	33780	3993	6910
	8308			1643	1643		
2517	16792	283	3695	13991	13443		3014
2517	46112	7541	8545	58213	48866	3993	9923
1619	15348	3218	4366	28480	22820	3905	1417
898	30549	4323	3760	28512	24824	88	7587
	215		418	1221	1221		919
				548			
				548			

7—7 建筑业企业自有施工机械设备及劳动人员情况

(2015)

指 标	Item	年末自有施工机械设备净值(万元) Net Value of Machinery and Equipment Owned (10 000 yuan)
总 计	**Total**	62027
#一、二级企业	First and Second Grade	49841
按地区分	**Grouped by County**	
市区	City	48959
兴庆区	Xingqing	23365
西夏区	Xixia	4625
金凤区	Jinfeng	20968
永宁县	Yongning	2579
贺兰县	Helan	7954
灵武市	Lingwu	2535
按登记注册类型分	**Grouped by Status of Registration**	
内资企业	Domestic Funded	62027
国有企业	State-owned Enterprises	8903
集体企业	Collective-owned Enterprises	
有限责任公司	Limited Liabilities Corporations	12412
国有独资公司	State Sole Funded Corporations	6700
其他有限责任公司	Other Limited Liabilities Corporations	5713
股份有限公司	Share-holding Corporations Limited	5291
私营企业	Private Enterprises	35421
私营有限责任公司	Private Limited Liabilities Corporations	35421
私营股份有限公司	Private Share-holding Corporations Ltd.	
外商投资企业	Foreign Funded	
中外合资经营企业	Domestic and Foreign Joint Funded Enterprises	
按国民经济行业分(2011)	**Grouped by Sector(2011)**	
房屋建筑业	House Building	32977
房屋建筑业	House Building	32977
土木工程建筑业	Civil Engineering	25246
铁路、道路、隧道和桥梁工程建筑	Railway,Road,Tunnel and Bridge	16487
公路工程建筑	Road	11101
市政道路工程建筑	Municipal Works	5387
水利和内河港口工程建筑	Water and River Ports	3710
水源及供水设施工程建筑	Construction of Water Source and Supply Water Facility	2769
河湖治理及防洪设施工程建筑	Construciton of River LakeAdminister and Hood Control Facility	942
工矿工程建筑	Mining	2043
架线和管道工程建筑	Frame Line and Pipeline	2818
架线及设备工程建筑	Frame Line Equipment Engineering	2770
管道工程建筑	Pipeline	48
其他土木工程建筑	Other Civil Engineering	188

Machinery and Equipment Owned and Employed Persons by Construction Enterprises

年末自有施工机械设备总台数(台) Number of Machinery and Equipment Owned (set)	年末自有施工机械设备总功率(千瓦) Total Power of Machinery and Equipment Owned (kw)	从事建筑业活动的平均人数(人) Average Number of People Engaged in the Construction Industry(person)	期末从业人员数(人) Number of Employed Persons at Year-end (person)	工程技术人员(人) Engineering Persons (person)	一级建造师(人) First Construction Engineer(person)
14487	355904	142036	88766	14848	599
12131	278271	128578	81799	12856	553
10071	279245	115411	75224	12662	556
5209	146402	53742	35132	5026	296
1571	31823	13864	9154	1953	57
3291	101020	47805	30938	5683	203
325	4285	2357	482	183	
3686	56301	17385	9222	967	40
405	16073	6883	3838	1036	3
14487	355904	140449	87791	14651	599
1723	39818	24084	18339	2771	111
		883	734	296	
2722	88423	36459	22285	3481	167
1169	48631	26391	12368	2073	69
1553	39792	10068	9917	1408	98
150	11206	8488	982	615	35
9892	216457	70535	45451	7488	286
9892	216457	70211	45249	7320	285
		324	202	168	1
		1587	975	197	
		1587	975	197	
10095	201677	103044	64127	9495	327
10095	201677	103044	64127	9495	327
2681	141958	34360	20647	4344	220
933	91297	19684	8515	1960	132
285	24961	10358	1509	772	41
648	66336	9326	7006	1188	91
445	18692	5424	4001	899	17
442	18480	5392	3984	886	16
3	212	32	17	13	1
402	11693	2574	1855	444	15
712	16079	6310	5963	965	55
684	15850	6158	5867	889	54
28	229	152	96	76	1
189	4197	368	313	76	1

7-7 续表

(2015)

指　标	Item	末自有施工机械设备净值(万元) Net Value of Machinery and Equipment Owned (10 000 yuan)
建筑安装业	Construction Installation	2661
电气安装	Electric Installation	166
其他建筑安装业	Other Construction Installation	2495
建筑装饰和其他建筑业	Construction Decoration and Other Construction	1144
建筑装饰业	Construction Decoration	439
工程准备活动	Other Construction	704
建筑物拆除活动	Building Demolishes	704
其他工程准备活动	Other Construction	
按控股情况分	**Grouped by Controlling Stake**	
国有控股	State-owned	15738
集体控股	Collective-owned	292
私人控股	Private	43483
外商控股	Foreign	
其他	Others	2514
按企业规模分	**Grouped by Enterprises Scale**	
大型	Large-Scale	17262
中型	Medium-Scale	23950
小型	Small-Scale	17427
微型	Miniatrue	3388
按营业状态分	**Grouped by Operating Status**	
营业	Operating	61404
停业(歇业)	Turn Off(go out of business)	623
按会计准则分	**Grouped by Accounting Standards**	
2006年会计准则	Accounting Standards of 2006	37043
2011年会计准则	Accounting Standards of 2011	4234
其他会计准则	Other Accounting Standards	20750
按企业资质等级分	**Grouped by Qualification Criteria**	
施工总承包	General Contractors	52127
特级	Special Grade	1290
一级	First Grade	19034
二级	Second Grade	24249
三级及以下	Third Grade and Below	7554
专业承包	Professional Contractors	9900
一级	First Grade	82
二级	Second Grade	5186
三级及以下	Other Construction Installation	4632

continued

年末自有施工机械设备总台数(台) Number of Machinery and Equipment Owned (set)	年末自有施工机械设备总功率(千瓦) Total Power of Machinery and Equipment Owned (kw)	从事建筑业活动的平均人数(人) Average Number of People Engaged in the Construction Industry(person)	期末从业人员数(人) Number of Employed Persons at Year-end (person)	工程技术人员(人) Engineering Persons (person)	一级建造师(人) First Construction Engineer(person)
822	7150	2413	2384	471	16
128	705	2238	2199	386	15
694	6445	175	185	85	1
889	5119	2219	1608	538	36
851	2443	2179	1565	512	35
38	2676	40	43	26	1
38	2676	37	40	23	1
		3	3	3	
2921	89043	51677	31700	4932	185
220	10255	3570	3948	955	6
11208	241552	84485	51533	8578	389
		1587	975	197	
138	15054	717	610	186	19
2081	51223	51463	23739	3486	158
7639	158207	65331	47731	6935	290
3838	136069	22887	15086	3895	125
929	10405	2355	2210	532	26
14461	353324	142001	88745	14844	598
26	2580	35	21	4	1
8602	219133	97277	58878	9478	306
621	41223	6367	2381	891	13
5264	95548	38392	27507	4479	280
11997	292617	131953	79803	12372	529
135	2558	6886	3980	628	17
3268	84204	57413	32087	4349	298
7041	139399	55671	38045	5774	175
1553	66456	11983	5691	1621	39
2490	63287	10083	8963	2476	70
149	1214	1580	1432	488	35
1538	50896	7028	6255	1617	28
803	11177	1475	1276	371	7

7—8 建筑业企业财务状况

单位:万元 (2015)

指 标	Item	年初存货 Stock	资产总计 Total Funds
总 计	**Total**	**669246**	**4425213**
#一、二级企业	First and Second Grade	593852	3916034
按地区分	**Grouped by County**		
市区	City	485464	3602074
永宁县	Yongning	1273	175205
贺兰县	Helan	136776	453049
灵武市	Lingwu	45733	194885
按登记注册类型分	**Grouped by Status of Registration**		
内资企业	Domestic Funded	667362	4186188
国有企业	State-owned Enterprises	102142	688347
集体企业	Collective-owned Enterprises	2444	17020
有限责任公司	Limited Liabilities Corporations	184495	1050261
国有独资公司	State Sole Funded Corporations	131567	603434
其他有限责任公司	Other Limited Liabilities Corporations	52929	446827
股份有限公司	Share-holding Corporations Limited	27533	242307
私营企业	Private Enterprises	350749	2188253
私营有限责任公司	Private Limited Liabilities Corporations	348879	2139445
私营股份有限公司	Private Share-holding Corporations Ltd.	1870	48809
外商投资企业	Foreign Funded	1884	239025
中外合资经营企业	Domestic and Foreign Joint Funded Enterprises	1884	239025
按国民经济行业分	**Grouped by Sector**		
房屋建筑业	Building and Civil Engineering	485397	2898967
土木工程建筑业	Civil Engineering	167172	1313673
铁路、道路、隧道和桥梁工程建筑	Railway, Road, Tunnel and Bridge	87543	639443
水利和内河港口工程建筑	Water and River Ports	27671	145364
工矿工程建筑	Mining	3660	262645
架线和管道工程建筑	Frame Line and Pipeline	46900	252607
其他土木工程建筑	Other Civil Engineering	1399	13614
建筑安装业	Construction Installation	8911	69716
建筑装饰和其他建筑业	Construction Decoration and Other Construction	7765	142856
建筑装饰业	Construction Decoration	7110	106330
工程准备活动	Other Construction	656	36527
按控股情况分	**Grouped by Controlling Stake**		
国有控股	State-owned	236334	1311193
集体控股	Collective-owned	37383	121119
私人控股	Private	391777	2717122
外商控股	Foreign	1884	239025
其他	Others	1868	36755
按营业状态分	**Grouped by Operating Status**		
营业	Operating	665491	4412926
停业(歇业)	Closed(go out of business)	3754	12287
当年关闭	Turn off at Current Year		
按会计准则分	**Grouped by Accounting Standards**		
2006年会计准则	Accounting Standards of 2006	470599	2765759
2011年会计准则	Accounting Standards of 2011	20014	332468
其他会计准则	Other Accounting Standards	178633	1326985
按企业资质等级分	**Grouped by Qualification Criteria**		
施工总承包	General Contractors	594959	3925593
特级	Special Grade	10038	124743
一级	First Grade	312859	1492269
二级	Second Grade	211732	1932025
三级及以下	Third Grade and Below	60330	376556
专业承包	Professional Contractors	74287	499620
一级	First Grade	5418	76884
二级	Second Grade	53805	290113
三级及以下	Third Grade and Below	15064	132623

7-8 续表1

单位:万元 (2015)

指 标	Item	在建工程 Construction in Process	负债合计 Total Liabilities
总 计	**Total**	**16483**	**3212082**
#一、二级企业	First and Second Grade	13202	2909345
按地区分	**Grouped by County**		
市区	City	15809	2598245
永宁县	Yongning		159785
贺兰县	Helan	211	367615
灵武市	Lingwu	463	86438
按登记注册类型分	**Grouped by Status of Registration**		
内资企业	Domestic Funded	16000	3010755
国有企业	State-owned Enterprises	632	562560
集体企业	Collective-owned Enterprises		10523
有限责任公司	Limited Liabilities Corporations	238	853897
国有独资公司	State Sole Funded Corporations	238	503679
其他有限责任公司	Other Limited Liabilities Corporations		350219
股份有限公司	Share-holding Corporations Limited	5658	190900
私营企业	Private Enterprises	9472	1392875
私营有限责任公司	Private Limited Liabilities Corporations	9472	1362182
私营股份有限公司	Private Share-holding Corporations Ltd.		30692
外商投资企业	Foreign Funded	483	201328
中外合资经营企业	Domestic and Foreign Joint Funded Enterprises	483	201328
按国民经济行业分	**Grouped by Sector**		
房屋建筑业	Building and Civil Engineering	4917	2194626
土木工程建筑业	Civil Engineering	10209	903915
铁路、道路、隧道和桥梁工程建筑	Railway, Road, Tunnel and Bridge	6105	424062
水利和内河港口工程建筑	Water and River Ports	50	95428
工矿工程建筑	Mining	1496	210167
架线和管道工程建筑	Frame Line and Pipeline	2464	167789
其他土木工程建筑	Other Civil Engineering	94	6469
建筑安装业	Construction Installation	722	36574
建筑装饰和其他建筑业	Construction Decoration and Other Construction	635	76968
建筑装饰业	Construction Decoration	635	61103
工程准备活动	Other Construction		15865
按控股情况分	**Grouped by Controlling Stake**		
国有控股	State-owned	870	1082216
集体控股	Collective-owned		89476
私人控股	Private	15130	1816298
外商控股	Foreign	483	201328
其他	Others		22765
按营业状态分	**Grouped by Operating Status**		
营业	Operating	16483	3204313
停业(歇业)	Closed(go out of business)		7770
当年关闭	Turn off at Current Year		
按会计准则分	**Grouped by Accounting Standards**		
2006年会计准则	Accounting Standards of 2006	10966	2067992
2011年会计准则	Accounting Standards of 2011	168	235462
其他会计准则	Other Accounting Standards	5349	908629
按企业资质等级分	**Grouped by Qualification Criteria**		
施工总承包	General Contractors	11606	2954883
特级	Special Grade	30	90734
一级	First Grade	6893	1280692
二级	Second Grade	4633	1331134
三级及以下	Third Grade and Below	50	252324
专业承包	Professional Contractors	4878	257200
一级	First Grade		49508
二级	Second Grade	1646	157278
三级及以下	Third Grade and Below	3232	50414

continued

(10 000yuan)

流动负债合计 Total Liquid Liabilities	应付账款 Accounts Payable	非流动负债合计 Total Non-Liquid Liabilities	所有者权益合计 Owners' Equity	实收资本 Paid-in Capitals	国家资本 State-owned Capitals	集体资本 Collective owned Capitals	法人资本 Corporate Capitals	个人资本 Personal Capitals	外商资本 Foreign Capitals
3100835	**1275996**	**72567**	**1213075**	**856081**	**117748**	**2503**	**97318**	**626512**	**12000**
2831329	1184092	69830	1006633	685643	109200	2503	90998	470942	12000
2510900	1127124	48671	1003774	723004	114993		65257	530754	12000
146385	2914	13400	15420	14238	536			13702	
359615	127422	8000	85434	65946	1333		30980	33633	
83935	18536	2496	108447	52893	886	2503	1081	48423	
2920352	1173567	51721	1175378	826082	117748	2503	79318	626512	
561078	271036	1462	125786	67990	67723		266		
10523	9681		6497	2503		2503			
851431	351808	2455	196364	152097	50024		78886	23187	
503679	192079		99756	80399	48270		32130		
347752	159729	2455	96608	71697	1755		46756	23187	
190900	115525		51407	25272				25272	
1306421	425516	47805	795323	578220			167	578053	
1275728	415486	47805	777207	567220				567220	
30692	10031		18116	11000			167	10833	
180482	102430	20845	37697	30000			18000		12000
180482	102430	20845	37697	30000			18000		12000
2111975	795332	45357	704341	490147	73186	2503	59986	354472	
878183	456115	24424	409759	278510	39062		35313	192135	12000
421663	221376	2399	215381	138723	2176		6718	129829	
94587	34234	821	49936	28679	12798		168	15713	
188034	105011	20845	52478	44281	8778		18000	5503	12000
167431	92299	358	84818	61475	13300		10227	37947	
6469	3195		7146	5353	2010		200	3143	
33709	16600	2787	33142	29464	4500		100	24864	
76967	7950		65833	57960	1000		1919	55042	
61102	7431		45172	37163			1919	35244	
15865	519		20662	20798	1000			19798	
1080734	469326	1462	228977	151304	117748		33196	360	
89476	46783		31644	15251		2503	12727	20	
1727390	654263	50259	900768	646528			21395	625132	
180482	102430	20845	37697	30000			18000		12000
22753	3194		13990	13000			12000	1000	
3092687	1288633	72960	1208558	851460	117748	2503	97318	621890	12000
8148	-12637	-393	4517	4622				4622	
2017186	875587	29149	697768	434583	101088	2503	81694	237298	12000
220103	28439	15358	97007	83385	8183		168	75034	
863546	371971	28060	418301	338114	8477		15457	314181	
2847659	1205404	69925	970710	683082	89534	2503	88402	490642	12000
90734	22356		34009	28218	28218				
1272024	654124	8538	211577	148302	38165		34068	76069	
1262382	446813	60737	600892	399927	16754	2503	49394	319276	12000
222520	82112	650	124232	106635	6397		4941	95297	
253176	70592	2642	242365	173000	28213		8916	135870	
48719	9838	789	27376	26693	9003		800	16890	
157470	50961	-233	132779	82504	17061		6736	58707	
46986	9793	2087	82210	63803	2150		1380	60273	

7-8 续表2

单位:万元 (2015)

指　标	Item	营业收入 Business Revenue	主营业务收入 Revenue from Principal Business
总　计	**Total**	**4007412**	**3957889**
#一、二级企业	First and Second Grade	3661473	3620891
按地区分	**Grouped by County**		
市区	City	3162323	3113184
永宁县	Yongning	102834	102810
贺兰县	Helan	501839	501479
灵武市	Lingwu	240416	240416
按登记注册类型分	**Grouped by Status of Registration**		
内资企业	Domestic Funded	3859786	3810424
国有企业	State-owned Enterprises	650007	644266
集体企业	Collective-owned Enterprises	22034	22034
有限责任公司	Limited Liabilities Corporations	967347	963137
国有独资公司	State Sole Funded Corporations	644648	643113
其他有限责任公司	Other Limited Liabilities Corporations	322699	320024
股份有限公司	Share-holding Corporations Limited	291054	289486
私营企业	Private Enterprises	1929343	1891502
私营有限责任公司	Private Limited Liabilities Corporations	1909485	1875055
私营股份有限公司	Private Share-holding Corporations Ltd.	19859	16447
外商投资企业	Foreign Funded	147627	147465
中外合资经营企业	Domestic and Foreign Joint Funded Enterprises	147627	147465
按国民经济行业分	**Grouped by Sector**		
房屋建筑业	Building and Civil Engineering	2647236	2622801
土木工程建筑业	Civil Engineering	1263424	1248647
铁路、道路、隧道和桥梁工程建筑	Railway, Road, Tunnel and Bridge	652441	649848
水利和内河港口工程建筑	Water and River Ports	216960	211716
工矿工程建筑	Mining	169584	167414
架线和管道工程建筑	Frame Line and Pipeline	215498	210763
其他土木工程建筑	Other Civil Engineering	8940	8906
建筑安装业	Construction Installation	43886	35703
建筑装饰和其他建筑业	Construction Decoration and Other Construction	52867	50738
建筑装饰业	Construction Decoration	51885	49756
工程准备活动	Other Construction	982	982
按控股情况分	**Grouped by Controlling Stake**		
国有控股	State-owned	1329467	1321826
集体控股	Collective-owned	106504	105986
私人控股	Private	2407941	2366993
外商控股	Foreign	147627	147465
其他	Others	15874	15620
按营业状态分	**Grouped by Operating Status**		
营业	Operating	4007212	3957689
停业(歇业)	Closed(go out of business)	200	200
当年关闭	Turn off at Current Year		
按会计准则分	**Grouped by Accounting Standards**		
2006年会计准则	Accounting Standards of 2006	2808713	2788036
2011年会计准则	Accounting Standards of 2011	196354	196342
其他会计准则	Other Accounting Standards	1002346	973511
按企业资质等级分	**Grouped by Qualification Criteria**		
施工总承包	General Contractors	3752032	3714285
特级	Special Grade	114166	114166
一级	First Grade	1607194	1598553
二级	Second Grade	1735662	1713575
三级及以下	Third Grade and Below	295010	287990
专业承包	Professional Contractors	255381	243604
一级	First Grade	34836	34490
二级	Second Grade	169616	160107
三级及以下	Third Grade and Below	50930	49008

continued

(10 000yuan)

营业成本 Business Costs	主营业务成本 Costs of Principal Business	营业税金及附加 Business Taxes and Other Charges	主营业务税金及附加 Taxes and Other Charges on Principal Business	其他业务利润 Profits from Other Businesses	销售费用 Selling Costs	管理费用 Management Costs
3635448	**3596088**	**119820**	**118729**	**10472**	**4078**	**115116**
3329463	3298332	109821	108919	9790	2882	98004
2856909	2818027	98069	96979	10165	4078	99915
96982	96960	3436	3436			463
468921	468880	10295	10295	307		10731
212636	212220	8020	8019			4007
3504024	3464946	117264	116173	10472	4078	106589
601514	597586	20363	20292	1763	252	17866
20133	20133	757	757			403
896573	892659	24420	24204	751	121	28902
607983	606392	14712	14516	310	2	15356
288591	286267	9708	9688	440	120	13546
264705	264255	9798	9798	1481	216	8637
1721099	1690313	61926	61121	6477	3490	50782
1704772	1675657	61589	60784	5004	3490	49678
16327	14656	337	337	1473		1104
131424	131143	2557	2557			8527
131424	131143	2557	2557			8527
2437755	2417978	79496	78976	4705	1233	50789
1118283	1106471	37248	37016	3307	1824	53163
579429	578201	21797	21797	1736	1416	20330
197382	192755	6227	6141	591	57	8304
150070	148003	3089	3089	196	152	10661
183887	180013	5896	5815	756	166	13081
7515	7499	239	173	29	34	787
36430	30297	1324	986	2052	818	5838
42980	41343	1753	1752	407	204	5326
42322	40685	1719	1719	407	204	4933
658	658	34	34			393
1241906	1236115	36121	35855	2074	254	34120
90527	90151	3014	2997	93	22	6485
2156626	2124199	77948	77144	8305	3803	65089
131424	131143	2557	2557			8527
14965	14482	180	177			895
3635273	3595914	119770	118679	10472	4078	115085
175	175	50	50			30
2563031	2546714	81664	81280	5389	1124	75224
177085	177083	6450	6446		821	4904
895332	872291	31706	31004	5083	2133	34988
3422953	3392440	112177	111515	7632	2769	88456
109209	109209	3623	3623			2526
1495541	1490143	46262	46042	3572	216	33487
1552760	1534490	53691	53397	3742	1896	42184
265443	258598	8602	8453	317	658	10259
212495	203649	7643	7215	2840	1310	26660
27593	27342	1430	1430		354	3086
144360	137148	4817	4428	2476	417	16721
40542	39159	1397	1357	364	539	6853

7-8 续表3

单位:万元 （2015）

指　标	Item	税金 Taxes	财务费用 Financial Costs
总　计	**Total**	**6379**	**25421**
#一、二级企业	First and Second Grade	5259	22859
按地区分	**Grouped by County**		
市区	City	5277	21389
永宁县	Yongning	8	
贺兰县	Helan	893	1461
灵武市	Lingwu	201	2571
按登记注册类型分	**Grouped by Status of Registration**		
内资企业	Domestic Funded	6055	21974
国有企业	State-owned Enterprises	1292	2698
集体企业	Collective-owned Enterprises	16	187
有限责任公司	Limited Liabilities Corporations	1576	1389
国有独资公司	State Sole Funded Corporations	973	495
其他有限责任公司	Other Limited Liabilities Corporations	603	894
股份有限公司	Share-holding Corporations Limited	397	553
私营企业	Private Enterprises	2775	17147
私营有限责任公司	Private Limited Liabilities Corporations	2754	16717
私营股份有限公司	Private Share-holding Corporations Ltd.	21	431
外商投资企业	Foreign Funded	325	3447
中外合资经营企业	Domestic and Foreign Joint Funded Enterprises	325	3447
按国民经济行业分	**Grouped by Sector**		
房屋建筑业	Building and Civil Engineering	3113	13159
土木工程建筑业	Civil Engineering	2735	10719
铁路、道路、隧道和桥梁工程建筑	Railway, Road, Tunnel and Bridge	886	4646
水利和内河港口工程建筑	Water and River Ports	532	1378
工矿工程建筑	Mining	380	3384
架线和管道工程建筑	Frame Line and Pipeline	903	1272
其他土木工程建筑	Other Civil Engineering	33	39
建筑安装业	Construction Installation	278	424
建筑装饰和其他建筑业	Construction Decoration and Other Construction	253	1119
建筑装饰业	Construction Decoration	206	800
工程准备活动	Other Construction	47	319
按控股情况分	**Grouped by Controlling Stake**		
国有控股	State-owned	2300	3187
集体控股	Collective-owned	272	495
私人控股	Private	3396	18228
外商控股	Foreign	325	3447
其他	Others	87	65
按营业状态分	**Grouped by Operating Status**		
营业	Operating	6379	25421
停业(歇业)	Closed(go out of business)		
当年关闭	Turn off at Current Year		
按会计准则分	**Grouped by Accounting Standards**		
2006年会计准则	Accounting Standards of 2006	4154	15267
2011年会计准则	Accounting Standards of 2011	183	1285
其他会计准则	Other Accounting Standards	2043	8870
按企业资质等级分	**Grouped by Qualification Criteria**		
施工总承包	General Contractors	5030	22833
特级	Special Grade	160	-29
一级	First Grade	2014	5366
二级	Second Grade	2246	16098
三级及以下	Third Grade and Below	611	1397
专业承包	Professional Contractors	1350	2588
一级	First Grade	135	207
二级	Second Grade	704	1217
三级及以下	Third Grade and Below	511	1164

continued

(10 000yuan)

利息收入 Interest Income	利息支出 Interest Expense	资产减值损失 Empairment of Assets	投资收益 Investment Income	营业利润 Business Profits	营业外收入 Income Expect Business	政府补助 Government Subsidy
1279	**21101**	**6382**	**439**	**101382**	**8373**	**1308**
1168	18685	5602	438	93241	7393	1171
1039	18288	7208	420	74971	7164	1299
1				1953		
50	999	-826	19	11277	1174	8
189	1813			13181	35	
1323	17510	6382	439	99709	8326	1308
94	2682	4454	222	3091	2499	96
	187			554	17	
148	1071	1927	85	14023	4100	1152
121	116	1261	85	4848	3660	1152
27	955	666		9175	440	
425	676		146	7291	57	50
656	12895	1	-13	74750	1654	9
660	12489	1	-23	73081	1201	9
-4	406		10	1670	453	
-44	3591			1673	47	
-44	3591			1673	47	
504	10127	1556	-125	63288	6428	1024
656	9602	4813	564	37742	1866	284
596	3746	11	256	24967	286	59
74	1419	856	21	2776	781	129
-62	3613		139	2348	311	
56	822	3946	63	7314	474	95
-8	2		85	338	14	
114	353	1		-1121	55	
5	1020	13		1473	25	
5	701	13		1893	3	
	319			-421	22	
218	2798	5729	307	8388	6161	1248
11	526	653		5308	292	
1093	14121	1	133	86243	1873	59
-44	3591			1673	47	
1	64			-231		
1279	21101	6382	439	101437	8373	1308
				-55		
1057	13755	6382	244	66264	7169	1307
32	983			5809	190	
190	6363		196	29309	1014	1
1143	19453	4357	351	98866	7044	1171
41		1051		-2213	2058	915
610	5058	3269	283	23441	3325	146
427	12703	34	67	68989	1388	109
65	1692	4	2	8649	273	
136	1648	2025	88	2516	1329	137
11	34	13		2153	148	
80	890	1236	88	870	473	1
46	724	777		-507	707	137

7-8　续表4

单位:万元　　　　(2015)

指　标	Item	营业外支出 Expenses Expect Business
总　计	**Total**	**10244**
#一、二级企业	First and Second Grade	9610
按地区分	**Grouped by County**	
市区	City	7266
永宁县	Yongning	24
贺兰县	Helan	2499
灵武市	Lingwu	455
按登记注册类型分	**Grouped by Status of Registration**	
内资企业	Domestic Funded	9724
国有企业	State-owned Enterprises	2188
集体企业	Collective-owned Enterprises	9
有限责任公司	Limited Liabilities Corporations	3263
国有独资公司	State Sole Funded Corporations	2893
其他有限责任公司	Other Limited Liabilities Corporations	371
股份有限公司	Share-holding Corporations Limited	68
私营企业	Private Enterprises	4195
私营有限责任公司	Private Limited Liabilities Corporations	3004
私营股份有限公司	Private Share-holding Corporations Ltd.	1191
外商投资企业	Foreign Funded	520
中外合资经营企业	Domestic and Foreign Joint Funded Enterprises	520
按国民经济行业分	**Grouped by Sector**	
房屋建筑业	Building and Civil Engineering	7578
土木工程建筑业	Civil Engineering	2316
铁路、道路、隧道和桥梁工程建筑	Railway, Road, Tunnel and Bridge	470
水利和内河港口工程建筑	Water and River Ports	860
工矿工程建筑	Mining	636
架线和管道工程建筑	Frame Line and Pipeline	345
其他土木工程建筑	Other Civil Engineering	5
建筑安装业	Construction Installation	319
建筑装饰和其他建筑业	Construction Decoration and Other Construction	31
建筑装饰业	Construction Decoration	31
工程准备活动	Other Construction	
按控股情况分	**Grouped by Controlling Stake**	
国有控股	State-owned	5152
集体控股	Collective-owned	226
私人控股	Private	4346
外商控股	Foreign	520
其他	Others	
按营业状态分	**Grouped by Operating Status**	
营业	Operating	10243
停业(歇业)	Closed(go out of business)	
当年关闭	Turn off at Current Year	
按会计准则分	**Grouped by Accounting Standards**	
2006年会计准则	Accounting Standards of 2006	6690
2011年会计准则	Accounting Standards of 2011	1461
其他会计准则	Other Accounting Standards	2093
按企业资质等级分	**Grouped by Qualification Criteria**	
施工总承包	General Contractors	7673
特级	Special Grade	38
一级	First Grade	3008
二级	Second Grade	4410
三级及以下	Third Grade and Below	217
专业承包	Professional Contractors	2571
一级	First Grade	1685
二级	Second Grade	469
三级及以下	Third Grade and Below	416

continued

(10 000yuan)

利润总额 Total Profits	应交所得税 Tax Payable	应付职工薪酬(本年贷方累计发生额) Deal with Wages(volume of gredit side)	在境外完成的营业收入 Overseas Revenues
98236	**38989**	**270248**	**1149**
89743	35473	237547	1149
73594	27540	220122	1149
1929	1878	14336	
9952	5093	20357	
12761	4479	15433	
97036	38682	259342	1149
3401	2274	40494	1149
562	441	96	
14945	7890	61074	
5700	4388	25077	
9244	3502	35997	
7280	115	13553	
70849	27962	144126	
69918	27928	143734	
931	35	392	
1201	308	10906	
1201	308	10906	
62143	29940	164742	
36012	7705	92052	1149
23417	4497	38184	
2697	1782	11910	
2023	636	16637	
7443	704	24553	1149
431	86	769	
-1385	562	8250	
1467	783	5204	
1866	780	4699	
-399	3	504	
9483	6916	66775	1149
5374	806	16591	
82410	30680	175312	
1201	308	10906	
-231	279	665	
98292	38989	270201	1149
-55		48	
66743	22017	149002	1149
4543	3057	20372	
26950	13916	100873	
96878	36506	233645	1149
-193	939	1149	
22336	7370	85037	1149
66025	25081	120184	
8710	3115	27274	
1359	2484	36603	
616	687	3693	
960	1396	27484	
-216	402	5427	

7—9 劳务分包建筑业企业生产经营情况

单位:万元 (2015)

指 标	Item	企业数(个) Number of Enterprises (unit)	有工作量的企业数 Number of Enter Prise with Workload
总 计	Total	**26**	**13**
#一、二级企业	First and Second Grade	18	8
按地区分	**Grouped by County**		
市区	City	21	10
永宁县	Yongning		
贺兰县	Helan	4	2
灵武市	Lingwu	1	1
按登记注册类型分	**Grouped by Status of Registration**		
内资企业	Domestic Funded	26	13
有限责任公司	Limited Liabilities Corporations	2	2
国有独资公司	State Sole Funded Corporations		
其他有限责任公司	Other Limited Liabilities Corporations	2	2
私营企业	Private Enterprises	24	11
私营有限责任公司	Private Limited Liabilities Corporations	24	11
按国民经济行业分	**Grouped by Sector**		
房屋建筑业	Building and Civil Engineering	23	10
建筑安装业	Construction and Installation Industry	3	3
管道和设备安装	Piping and Equipment Installation	3	3
按控股情况分	**Grouped by Controlling Stake**		
国有控股	State-owned		
私人控股	Private	26	13
按营业状态分	**Grouped by Operating Status**		
营业	Operating	26	13
按会计准则分	**Grouped by Accounting Standards**		
2006年会计准则	Accounting Standards of 2006	14	8
2011年会计准则	Accounting Standards of 2011	10	5
其他会计准则	Other Accounting Standards	2	
按企业资质等级分	**Grouped by Qualification Criteria**		
一级	First Grade	18	8
三级及以下	Third Grade and Below	6	5

Production and Business Statistics of Labour Subcontractors in Construction Industry

(10 000yuan)

建筑业总产值 Total Output Value of Construction	装饰装修产值 Dueput Value of Decoration	固定资产原价 Original Value of Fixed Assets	本年折旧 Depreciation This Year	资产总计 Total Capital	负债合计 Total Liabilities	实收资本 Paid-in Capitals	营业收入 Business Revenue
4782	**342**	**486**	**49**	**4478**	**1631**	**2459**	**6623**
3232	52	276	40	2127	176	1782	2720
4390	50	440	41	4158	1623	2270	6280
103	2	43	7	200	6	154	53
290	290	3	1	119	3	35	290
4782	342	486	49	4478	1631	2459	6623
2896		291	29	1294	737	300	5249
2896		291	29	1294	737	300	5249
1886	342	195	20	3184	894	2159	1374
1886	342	195	20	3184	894	2159	1374
3942	342	279	41	3051	688	2259	3429
840		207	9	1427	943	200	3193
840		207	9	1427	943	200	3193
4782	342	486	49	4478	1631	2459	6623
4782	342	486	49	4478	1631	2459	6623
3970		454	40	2397	1053	938	5810
812	342	28	7	2039	547	1470	812
		4	2	41	31	50	
3232	52	276	40	2127	176	1782	2720
1550	290	211	10	2350	1455	676	3903

7-9　续表1

单位:万元 (2015)

指　标	Item	主营业务收入 Revenue from Principal Business	营业成本 Business Costs
总　计	**Total**	**6570**	**5922**
#一、二级企业	First and Second Grade	2699	2671
按地区分	**Grouped by County**		
市区	City	6249	5685
永宁县	Yongning		
贺兰县	Helan	32	22
灵武市	Lingwu	290	216
按登记注册类型分	**Grouped by Status of Registration**		
内资企业	Domestic Funded	6570	5922
有限责任公司	Limited Liabilities Corporations	5218	4713
国有独资公司	State Sole Funded Corporations		
其他有限责任公司	Other Limited Liabilities Corporations	5218	4713
私营企业	Private Enterprises	1353	1209
私营有限责任公司	Private Limited Liabilities Corporations	1353	1209
按国民经济行业分	**Grouped by Sector**		
房屋建筑业	Building and Civil Engineering	3408	3282
建筑安装业	Construction and Installation Industry	3162	2640
管道和设备安装	Piping and Equipment Installation	3162	2640
按控股情况分	**Grouped by Controlling Stake**		
国有控股	State-owned		
私人控股	Private	6570	5922
按营业状态分	**Grouped by Operating Status**		
营业	Operating	6570	5922
按会计准则分	**Grouped by Accounting Standards**		
2006年会计准则	Accounting Standards of 2006	5759	5228
2011年会计准则	Accounting Standards of 2011	811	694
其他会计准则	Other Accounting Standards		
按企业资质等级分	**Grouped by Qualification Criteria**		
一级	First Grade	2699	2671
级及以下	Third Grade and Below	3872	3251

continued

(10 000yuan)

主营业务成本 Costs of Principal Business	营业税金及附加 Business Taxes and Other Charges	主营业务税金及附加 Taxes and Other Charges on Principal Business	销售费用 Sale Costs	管理费用 Management Costs	税金 Taxes	财务费用 Financial Costs	营业利润 Business Profits	利润总额 Total Profits
5889	**82**	**72**	**10**	**515**	**4**	**11**	**207**	**145**
2643	28	18	1	125	2	8	–24	–55
5663	52	52	1	463	3	7	147	115
11	20	10		14	1	3	43	12
216	10	10	9	37		1	18	18
5889	82	72	10	515	4	11	207	145
4708	31	31		279	2		227	230
4708	31	31		279	2		227	230
1182	51	41	10	236	3	11	–20	–86
1182	51	41	10	236	3	11	–20	–86
3255	40	29	10	243	2	11	–33	–98
2635	43	43		271	2		240	243
2635	43	43		271	2		240	243
5889	82	72	10	515	4	11	207	145
5889	82	72	10	515	4	11	207	145
5196	67	57	1	352	4	8	221	192
694	15	15	9	156		3	–6	–40
				7			–7	–7
2643	28	18	1	125	2	8	–24	–55
3246	54	54	9	390	2	3	231	200

7-9 续表2

单位:万元 (2015)

指 标	Item	应付职工薪酬（本年贷方累计发生额）Deal with Wages (volume of gredit side)
总 计	**Total**	**1610**
#一、二级企业	First and Second Grade	476
按地区分	**Grouped by County**	
市区	City	1413
永宁县	Yongning	
贺兰县	Helan	141
灵武市	Lingwu	56
按登记注册类型分	**Grouped by Status of Registration**	
内资企业	Domestic Funded	1610
有限责任公司	Limited Liabilities Corporations	581
国有独资公司	State Sole Funded Corporations	
其他有限责任公司	Other Limited Liabilities Corporations	581
私营企业	Private Enterprises	1029
私营有限责任公司	Private Limited Liabilities Corporations	1029
按国民经济行业分	**Grouped by Sector**	
房屋建筑业	Building and Civil Engineering	961
建筑安装业	Construction and Installation Industry	649
管道和设备安装	Piping and Equipment Installation	649
按控股情况分	**Grouped by Controlling Stake**	
国有控股	State-owned	
私人控股	Private	1610
按营业状态分	**Grouped by Operating Status**	
营业	Operating	1610
按会计准则分	**Grouped by Accounting Standards**	
2006年会计准则	Accounting Standards of 2006	804
2011年会计准则	Accounting Standards of 2011	801
其他会计准则	Other Accounting Standards	4
按企业资质等级分	**Grouped by Qualification Criteria**	
一级	First Grade	476
三级及以下	Third Grade and Below	1134

continued

(10 000yuan)

全部从业人员平均人数(人) Average Number of Total Persons Employed(person)	期末从业人员数(人) Number of Employed Persons (person)	# 工程技术人员 Engineering Persons	# 现场施工人员 Site Construction Persons
921	**215**	**34**	**91**
775	162	24	58
867	164	28	63
54	51	6	28
921	215	34	91
653	16	2	8
653	16	2	8
268	199	32	83
268	199	32	83
895	187	28	77
26	28	6	14
26	28	6	14
921	215	34	91
921	215	34	91
732	93	15	35
183	116	18	56
6	6	1	
775	162	24	58
146	53	10	33

7—10 全部建筑业企业主要指标(市区)

单位:万元、人 (2015)

指标	Item	企业数(个) Number of Enterprises (unit)
总 计	**Total**	**323**
#一、二级企业	First and Second Grade	199
按辖区分	**Grouped by County**	
兴庆区	Xingqing	160
西夏区	Xixia	25
金凤区	Jinfeng	138
按登记注册类型分	**Grouped by Status of Registration**	
内资企业	Domestic Funded	322
国有企业	State-owned Enterprises	20
有限责任公司	Limited Liabilities Corporations	39
国有独资公司	State Sole Funded Corporations	13
其他有限责任公司	Other Limited Liabilities Corporations	26
股份有限公司	Share-holding Corporations Limited	1
私营企业	Private Enterprises	262
私营有限责任公司	Private Limited Liabilities Corporations	261
私营股份有限公司	Private Share-holding Corporations Ltd.	1
外商投资企业	Foreign Funded	1
中外合资经营企业	Domestic and Foreign Joint Funded Enterprises	1
按国民经济行业分(2011)	**Grouped by Sector(2011)**	
房屋建筑业	House Building	144
房屋建筑业	House Building	144
土木工程建筑业	Civil Engineering	82
铁路、道路、隧道和桥梁工程建筑	Railway, Road, Tunnel and Bridge	28
公路工程建筑	Road	7
市政道路工程建筑	Municipal Works	21
水利和内河港口工程建筑	Water and River Ports	16
水源及供水设施工程建筑	Construction of Water Source and Supply Water Facility	15
河湖治理及防洪设施工程建筑	Construciton of River LakeAdminister and Hood Control Facility	1
工矿工程建筑	Mining	8
架线和管道工程建筑	Frame Line and Pipeline	20
架线及设备工程建筑	Frame Line Equipment Engineering	17
管道工程建筑	Pipeline	3
其他土木工程建筑	Other Civil Engineering	10

Main Indicators on Construction Enterprises (City)

(10 000 yuan, person)

# 有工作量的企业数 Number of Workload Enterprises	企业总产值 Total Output Value of Enterprises	# 建筑业总产值 Total Output Value of Construction	营业收入 Business Revenue	# 主营业务收入 Revenue from Principal Business	税金 Taxes	利润总额 Total Profits	年末从业人数 Employed Persons at Year-end
277	**2997000**	**2976100**	**3154157**	**3107767**	**5222**	**74366**	**75355**
178	2771852	2758212	2896728	2858384	4340	68320	69818
135	1381967	1378391	1432745	1418005	2250	27215	35164
21	333782	332965	322460	320424	260	6751	9164
121	1281251	1264744	1398951	1369338	2712	40400	31027
276	2851059	2830159	3006530	2960302	4897	73165	74380
19	661568	661292	648550	642815	1290	3474	18318
37	524059	511954	582275	578395	910	8992	14775
12	279234	277150	294744	293541	343	185	5749
25	244825	234804	287531	284854	567	8807	9026
1	271621	271621	291054	289486	397	7280	982
219	1393811	1385292	1484652	1449606	2301	53419	40305
218	1373060	1364541	1464794	1433159	2280	52488	40103
1	20751	20751	19859	16447	21	931	202
1	145941	145941	147627	147465	325	1201	975
1	145941	145941	147627	147465	325	1201	975
117	1817233	1808013	1870352	1848159	2195	38276	52008
117	1817233	1808013	1870352	1848159	2195	38276	52008
74	1103985	1093526	1185525	1171671	2532	34812	19331
25	592680	592680	643083	640489	880	24411	8405
6	336751	336751	341672	340068	439	7134	1509
19	255930	255930	301411	300422	441	17277	6896
15	139686	139652	151666	147338	381	533	2816
14	138640	138605	150124	145814	373	602	2799
1	1047	1047	1542	1524	8	-69	17
7	162859	162613	167629	165466	377	2057	1834
18	200426	190298	214206	209471	861	7371	5963
15	196229	186100	207903	203167	857	7032	5867
3	4197	4197	6303	6303	4	339	96
9	8334	8284	8940	8906	33	441	313

7-10 续表

单位:万元 (2015)

指 标	Item	企业数(个) Number of Enterprises (unit)	# 有工作量的企业数 Number of Workload Enterprises
建筑安装业	Construction Installation	47	42
电气安装	Electric Installation	35	30
管道和设备安装	Pipeline and Equipment	3	3
其他建筑安装业	Other Construction Installation	9	9
建筑装饰和其他建筑业	Construction Decoration and Other Construction	50	44
建筑装饰业	Construction Decoration	45	41
工程准备活动	Other Construction	5	3
建筑物拆除活动	Building Demolishes	2	2
其他工程准备活动	Other Construction	3	1
按控股情况分	**Grouped by Controlling Stake**		
国有控股	State-owned	34	32
集体控股	Collective-owned	5	5
私人控股	Private	281	237
外商控股	Foreign	1	1
其他	Others	2	2
按企业规模分	**Grouped by Enterprises Scale**		
大型	Large-Scale	6	6
中型	Medium-Scale	63	63
小型	Small-Scale	157	149
微型	Miniatrue	97	59
按营业状态分	**Grouped by Operating Status**		
营业	Operating	320	275
停业(歇业)	Turn Off(go out of business)	3	2
按会计准则分	**Grouped by Accounting Standards**		
2006年会计准则	Accounting Standards of 2006	112	104
2011年会计准则	Accounting Standards of 2011	40	24
其他会计准则	Other Accounting Standards	171	149
按企业资质等级分	**Grouped by Qualification Criteria**		
施工总承包	General Contractors	158	142
特级	Special Grade	1	1
一级	First Grade	14	14
二级	Second Grade	87	83
三级及以下	Third Grade and Below	56	44
专业承包	Professional Contractors	144	125
一级	First Grade	8	8
二级	Second Grade	75	66
三级及以下	Third Grade and Below	61	51
劳务分包	Labour Subcontractors	21	10
一级	First Grade	14	6
三级及以下	Third Grade and Below	7	4

continued

(10 000yuan)

企业总产值 Total Output Value of Enterprises	# 建筑业总产值 Total Output Value of Construction	营业收入 Business Revenue	# 主营业务收入 Revenue from Principal Business	税金 Taxes	利润总额 Total Profits	年末从业人数 Employed Persons at Year-end
29784	28984	45523	37308	277	-1091	2408
26968	26739	39600	31843	260	-1162	2199
840	840	3193	3162	2	243	28
1976	1405	2729	2303	15	-172	181
45998	45577	52758	50629	219	2368	1608
44826	44405	51776	49647	171	2407	1565
1171	1171	982	982	47	-39	43
679	679	679	679	47	-31	40
493	493	304	304		-8	3
950725	948364	954509	947237	1643	3889	24313
76843	66902	84470	83952	256	4812	3214
1805396	1796799	1951678	1913494	2911	64695	46243
145941	145941	147627	147465	325	1201	975
18095	18095	15874	15620	87	-231	610
1070445	1069468	1069212	1063215	1396	9152	16892
1438874	1425602	1609715	1594500	1980	56975	43401
453770	450018	451459	441245	1686	9403	12948
33911	31012	23772	8808	160	-1164	2114
2996011	2975111	3153957	3107567	5222	74376	75334
989	989	200	200	1	-10	21
2110186	2096751	2152505	2134067	3090	49621	47082
71292	71292	69894	69882	180	530	1770
815522	808057	931759	903819	1952	24214	26503
2780873	2771637	2900196	2865606	3963	71706	66366
113407	112430	114166	114166	160	-193	3980
1249974	1249945	1257730	1249422	1386	16815	25540
1221573	1219355	1322708	1302520	1966	49965	32603
195919	189907	205591	199499	451	5119	4243
211737	200074	247681	235911	1256	2414	8858
29918	29865	34836	34490	135	616	1432
153850	143488	164621	155119	692	1118	6180
27969	26721	48224	46302	429	680	1246
4390	4390	6280	6249	3	246	131
3130	3130	2667	2667	1		83
1260	1260	3613	3582	2	246	48

7—11 建筑业总产值(市区)

单位:万元　　　　(2015)

指　标	Item	企业数(个) Number of Enterprises (unit)
总　计	**Total**	**302**
#一、二级企业	First and Second Grade	185
按辖区分	**Grouped by County**	
兴庆区	Xingqing	149
西夏区	Xixia	21
金凤区	Jinfeng	132
按登记注册类型分	**Grouped by Status of Registration**	
内资企业	Domestic Funded	301
国有企业	State-owned Enterprises	20
有限责任公司	Limited Liabilities Corporations	37
国有独资公司	State Sole Funded Corporations	13
其他有限责任公司	Other Limited Liabilities Corporations	24
股份有限公司	Share-holding Corporations Limited	1
私营企业	Private Enterprises	243
私营有限责任公司	Private Limited Liabilities Corporations	242
私营股份有限公司	Private Share-holding Corporations Ltd.	1
外商投资企业	Foreign Funded	1
中外合资经营企业	Domestic and Foreign Joint Funded Enterprises	1
按国民经济行业分(2011)	**Grouped by Sector(2011)**	
房屋建筑业	House Building	126
房屋建筑业	House Building	126
土木工程建筑业	Civil Engineering	82
铁路、道路、隧道和桥梁工程建筑	Railway, Road, Tunnel and Bridge	28
公路工程建筑	Road	7
市政道路工程建筑	Municipal Works	21
水利和内河港口工程建筑	Water and River Ports	16
水源及供水设施工程建筑	Construction of Water Source and Supply Water Facility	15
河湖治理及防洪设施工程建筑	Construciton of River LakeAdminister and Hood Control Facility	1
工矿工程建筑	Mining	8
架线和管道工程建筑	Frame Line and Pipeline	20
架线及设备工程建筑	Frame Line Equipment Engineering	17
管道工程建筑	Pipeline	3
其他土木工程建筑	Other Civil Engineering	10

Total Output Value of Construction(City)

(10 000 yuan)

# 有工作量的企业数 Number of Workload Enterprises	建筑业总产值 Total Output Value of Construction	# 装饰装修产值 Output Value of Decoration	# 在外省完成的产值 Output Value of Completed Outside the Province	建筑工程产值 Output Value of Construction	安装工程产值 Output Value of Installation	其他产值 Others	竣工产值 Output Value of Construction Completed
267	**2971710**	**69116**	**267600**	**2809565**	**150140**	**12006**	**2473490**
172	2755082	64629	265169	2609415	137837	7830	2306428
129	1374935	30349	31675	1354793	18039	2103	1052437
20	332552	9922	10331	326258	566	5727	235651
118	1264224	28844	225595	1128513	131534	4176	1185402
266	2825770	69116	121660	2663624	150140	12006	2327550
19	661292	4100	22047	580787	74525	5980	505684
35	509059	16150	26503	486315	22743		239032
12	277150	1318	7224	277150			92062
23	231909	14832	19280	209166	22743		146970
1	271621		58864	271621			366641
211	1383798	48866	14245	1324901	52871	6026	1216193
210	1363047	48866	14245	1304150	52871	6026	1212815
1	20751			20751			3379
1	145941		145941	145941			145941
1	145941		145941	145941			145941
110	1804464	25035	34748	1798754	4282	1427	1357505
110	1804464	25035	34748	1798754	4282	1427	1357505
74	1093526	1833	230635	959616	123833	10077	1045755
25	592680	562	62634	592629	51		678768
6	336751		62634	336751			473198
19	255930	562		255879	51		205571
15	139652		6013	134258	5141	253	91076
14	138605		6013	133211	5141	253	90029
1	1047			1047			1047
7	162613	360	152082	156343	543	5727	162293
18	190298	911	9907	68103	118098	4097	106890
15	186100	911	9655	68017	113987	4097	102862
3	4197		251	86	4111		4027
9	8284			8284			6729

7-11 续表

单位:万元 (2015)

指 标	Item	企业数（个）Number of Enterprises (unit)
建筑安装业	Construction Installation	44
电气安装	Electric Installation	35
其他建筑安装业	Other Construction Installation	9
建筑装饰和其他建筑业	Construction Decoration and Other Construction	50
建筑装饰业	Construction Decoration	45
工程准备活动	Other Construction	5
建筑物拆除活动	Building Demolishes	2
其他工程准备活动	Other Construction	3
按控股情况分	**Grouped by Controlling Stake**	
国有控股	State-owned	34
集体控股	Collective-owned	5
私人控股	Private	260
外商控股	Foreign	1
其他	Others	2
按企业规模分	**Grouped by Enterprises Scale**	
大型	Large-Scale	6
中型	Medium-Scale	63
小型	Small-Scale	154
微型	Miniatrue	79
按营业状态分	**Grouped by Operating Status**	
营业	Operating	299
停业(歇业)	Turn Off(go out of business)	3
按会计准则分	**Grouped by Accounting Standards**	
2006年会计准则	Accounting Standards of 2006	101
2011年会计准则	Accounting Standards of 2011	32
其他会计准则	Other Accounting Standards	169
按企业资质等级分	**Grouped by Qualification Criteria**	
施工总承包	General Contractors	158
特级	Special Grade	1
一级	First Grade	14
二级	Second Grade	87
三级及以下	Third Grade and Below	56
专业承包	Professional Contractors	144
一级	First Grade	8
二级	Second Grade	75
三级及以下	Third Grade and Below	61

continued

(10 000yuan)

#有工作量的企业数 Number of Workload Enterprises	建筑业总产值 Total Output Value of Construction	#装饰装修产值 Output Value of Decoration	#在外省完成的产值 Output Value of Completed Outside the Province	建筑工程产值 Output Value of Construction	安装工程产值 Output Value of Installation	其他产值 Others	竣工产值 Output Value of Construction Completed
39	28144	4100	159	11401	16242	501	24462
30	26739	4100	159	10976	15261	501	22719
9	1405			425	981		1743
44	45577	38148	2058	39794	5783		45768
41	44405	38148	2058	38623	5783		44597
3	1171			1171			1171
2	679			679			679
1	493			493			493
32	948364	15340	29604	867859	74525	5980	607258
5	66902		28	45264	21638		54422
227	1792409	49275	75582	1732406	53977	6026	1660370
1	145941		145941	145941			145941
2	18095	4500	16445	18095			5500
6	1069468		221683	999138	70331		811601
63	1425602	31172	29476	1394242	31107	253	1284851
146	448789	36101	16141	390957	46100	11733	354765
52	27851	1843	300	25229	2602	20	22273
265	2970721	69084	267600	2809533	149183	12006	2472783
2	989	32		32	957		707
97	2092882	31568	251367	1975957	110052	6874	1735793
21	70772	5617	1324	64267	2981	3524	65779
149	808057	31931	14909	769341	37107	1608	671918
142	2771637	17680	255537	2654918	108738	7981	2309939
1	112430		1310	112430			44967
14	1249945	487	81153	1175338	74353	253	914403
83	1219355	15804	171180	1182023	30197	7135	1204841
44	189907	1388	1895	185127	4188	592	145728
125	200074	51436	12063	154646	41402	4026	163551
8	29865	21742	2264	27030	2835		31844
66	143488	26596	9263	112593	30453	441	110372
51	26721	3099	536	15023	8114	3584	21334

7—12 建筑业合同签订及承包工程完成情况(市区)

单位:万元 (2015)

指 标	Item	签订的合同额 Total Value of Contracts
总 计	**Total**	**4532780**
#一、二级企业	First and Second Grade	4213244
按辖区分	**Grouped by County**	
兴庆区	Xingqing	2060744
西夏区	Xixia	529279
金凤区	Jinfeng	1942757
按登记注册类型分	**Grouped by Status of Registration**	
内资企业	Domestic Funded	4386839
国有企业	State-owned Enterprises	929436
有限责任公司	Limited Liabilities Corporations	894793
国有独资公司	State Sole Funded Corporations	519769
其他有限责任公司	Other Limited Liabilities Corporations	375024
股份有限公司	Share-holding Corporations Limited	498847
私营企业	Private Enterprises	2063763
私营有限责任公司	Private Limited Liabilities Corporations	2018282
私营股份有限公司	Private Share-holding Corporations Ltd.	45481
外商投资企业	Foreign Funded	145941
中外合资经营企业	Domestic and Foreign Joint Funded Enterprises	145941
按国民经济行业分(2011)	**Grouped by Sector(2011)**	
房屋建筑业	House Building	2849567
房屋建筑业	House Building	2849567
土木工程建筑业	Civil Engineering	1583993
铁路、道路、隧道和桥梁工程建筑	Railway, Road, Tunnel and Bridge	952463
公路工程建筑	Road	594081
市政道路工程建筑	Municipal Works	358382
水利和内河港口工程建筑	Water and River Ports	190234
水源及供水设施工程建筑	Construction of Water Source and Supply Water Facility	188892
河湖治理及防洪设施工程建筑	Construciton of River LakeAdminister and Hood Control Facility	1343
工矿工程建筑	Mining	162410
架线和管道工程建筑	Frame Line and Pipeline	268822
架线及设备工程建筑	Frame Line Equipment Engineering	264531

Contracts Signed and Completion of Contracted Projects by Construction Enterprises(City)

(10 000 yuan)

上年结转合同额 Value from Contracts Signed in Last Year	本年新签合同额 Value from New Contracts Signed in This Year	直接从建设单位承揽工程完成的产值 Completed Output Value of Projects Contracted Directly from Investors	自行完成施工产值 Own-completed Output Value	分包出去工程的产值 Output Value of Out-sourced Projects	从建设单位以外承揽工程完成的产值 Completed Output Value of Projects Contracted from Non-investors
1937233	**2595547**	**2975603**	**2955474**	**20130**	**16237**
1817855	2395389	2770749	2750651	20098	4431
876532	1184212	1382400	1373605	8795	1330
252496	276783	342879	331612	11267	940
808205	1134552	1250325	1250257	68	13966
1937233	2449606	2829663	2809533	20130	16237
435116	494320	678328	658268	20060	3024
420308	474485	508118	508118		940
259132	260637	276210	276210		940
161176	213848	231909	231909		
192497	306350	271621	271621		
889311	1174452	1371595	1371526	70	12272
848081	1170201	1350844	1350774	70	12272
41230	4251	20751	20751		
	145941	145941	145941		
	145941	145941	145941		
1450387	1399181	1803101	1791834	11267	12630
1450387	1399181	1803101	1791834	11267	12630
456450	1127544	1100049	1091256	8793	2270
336591	615872	592680	592680		
244277	349804	336751	336751		
92314	266068	255930	255930		
39085	151149	147601	138808	8793	844
39085	149807	146554	137761	8793	844
	1343	1047	1047		
129	162281	162453	162453		160
78949	189873	190298	190298		
78698	185833	186100	186100		

7-12 续表

单位:万元 (2015)

指 标	Item	签订的合同额 Total Value of Contracts
管道工程建筑	Pipeline and Equipment	4291
其他土木工程建筑	Other Civil Engineering	10064
建筑安装业	Construction Installation	37989
电气安装	Electric Installation	36221
其他建筑安装业	Other Construction Installation	1768
建筑装饰和其他建筑业	Construction Decoration and Other Construction	61231
建筑装饰业	Construction Decoration	60060
工程准备活动	Other Construction	1171
建筑物拆除活动	Building Demolishes	679
其他工程准备活动	Other Construction	493
按控股情况分	**Grouped by Controlling Stake**	
国有控股	State-owned	1460116
集体控股	Collective-owned	79365
私人控股	Private	2816628
外商控股	Foreign	145941
其他	Others	30730
按企业规模分	**Grouped by Enterprises Scale**	
大型	Large-Scale	1633369
中型	Medium-Scale	2230398
小型	Small-Scale	633555
微型	Miniatrue	35459
按营业状态分	**Grouped by Operating Status**	
营业	Operating	4531791
停业(歇业)	Turn Off(go out of business)	989
按会计准则分	**Grouped by Accounting Standards**	
2006年会计准则	Accounting Standards of 2006	3267653
2011年会计准则	Accounting Standards of 2011	98411
其他会计准则	Other Accounting Standards	1166716
按企业资质等级分	**Grouped by Qualification Criteria**	
施工总承包	General Contractors	4271281
特级	Special Grade	262638
一级	First Grade	1943690
二级	Second Grade	1777952
三级及以下	Third Grade and Below	287001
专业承包	Professional Contractors	261499
一级	First Grade	47354
二级	Second Grade	181610
三级及以下	Third Grade and Below	32535

continued

(10 000yuan)

上年结转合同额 Value from Contracts Signed in Last Year	本年新签合同额 Value from New Contracts Signed in This Year	直接从建设单位承揽工程完成的产值 Completed Output Value of Projects Contracted Directly from Investors	自行完成施工产值 Own-completed Output Value	分包出去工程的产值 Output Value of Out-sourced Projects	从建设单位以外承揽工程完成的产值 Completed Output Value of Projects Contracted from Non-investors
251	4041	4197	4197		
1696	8368	7018	7018		1266
15325	22664	26877	26807	70	1337
15165	21056	25471	25402	70	1337
160	1608	1405	1405		
15072	46159	45577	45577		
15057	45003	44405	44405		
15	1156	1171	1171		
15	663	679	679		
	493	493	493		
694249	765867	964460	944400	20060	3964
22017	57349	66902	66902		
1200433	1616195	1780207	1780137	70	12272
	145941	145941	145941		
20535	10195	18095	18095		
691791	941578	1069468	1069468		
1020711	1209687	1432245	1412185	20060	13417
200938	432617	446038	445970	68	2819
23793	11666	27853	27851	2	
1937201	2594590	2974614	2954485	20130	16237
32	957	989	989		
1404316	1863337	2099527	2079465	20062	13417
28049	70362	70715	70715		57
504869	661848	805361	805294	68	2763
1860969	2410312	2778223	2758163	20060	13474
140487	122151	112430	112430		
861068	1082622	1269161	1249101	20060	844
744409	1033544	1217119	1217119		2237
115005	171996	179514	179514		10393
76264	185234	197380	197311	70	2763
16775	30579	29865	29865		
55117	126493	142174	142137	38	1351
4373	28162	25341	25309	32	1412

7—13 房屋建筑施工面积及竣工面积(市区)

单位:平方米　　　　　　　　　　　　　　　　　　　　　　　　　　　　　　　　(2015)

指　标	Item	房屋建筑施工面积 Floor Space of Buildings under Construction
总　计	**Total**	**18544377**
#一、二级企业	First and Second Grade	16759494
按辖区分	**Grouped by County**	
兴庆区	Xingqing	7356393
西夏区	Xixia	3411841
金凤区	Jinfeng	7776143
按登记注册类型分	**Grouped by Status of Registration**	
内资企业	Domestic Funded	18544377
国有企业	State-owned Enterprises	2714274
有限责任公司	Limited Liabilities Corporations	5116952
国有独资公司	State Sole Funded Corporations	3100164
其他有限责任公司	Other Limited Liabilities Corporations	2016788
私营企业	Private Enterprises	10713151
私营有限责任公司	Private Limited Liabilities Corporations	10611949
私营股份有限公司	Private Share-holding Corporations Ltd.	101202
按国民经济行业分(2011)	**Grouped by Sector(2011)**	
房屋建筑业	House Building	18105497
房屋建筑业	House Building	18105497
土木工程建筑业	Civil Engineering	438880
铁路、道路、隧道和桥梁工程建筑	Railway, Road, Tunnel and Bridge	279454
市政道路工程建筑	Municipal Works	279454
水利和内河港口工程建筑	Water and River Ports	20974
水源及供水设施工程建筑	Construction of Water Source and Supply Water Facility	20974
架线和管道工程建筑	Frame Line and Pipeline	138452
架线及设备工程建筑	Frame Line Equipment Engineering	138452
按控股情况分	**Grouped by Controlling Stake**	
国有控股	State-owned	5814438
集体控股	Collective-owned	7874
私人控股	Private	12501100
其他	Others	220965
按企业规模分	**Grouped by Enterprises Scale**	
大型	Large-Scale	3986015
中型	Medium-Scale	12188990
小型	Small-Scale	2156594
微型	Miniatrue	212778
按营业状态分	**Grouped by Operating Status**	
营业	Operating	18544377
按会计准则分	**Grouped by Accounting Standards**	
2006年会计准则	Accounting Standards of 2006	11761545
2011年会计准则	Accounting Standards of 2011	537058
其他会计准则	Other Accounting Standards	6245774
按企业资质等级分	**Grouped by Qualification Criteria**	
施工总承包	General Contractors	18544377
特级	Special Grade	1382330
一级	First Grade	6020533
二级	Second Grade	9356631
三级及以下	Third Grade and Below	1784883

Floor Space of Buildings Constructed and Completed(City)

(sq.m)

本年新开工面积 Floor Space of New Buildings in This Year	实行投标承包面积 Floor Space of Contracted Projects	房屋建筑竣工面积 Floor Space of Buildings Completed	住宅房屋 Residence	商业及服务用房屋 Business and Service	商厦房屋(批发和零售用房) Commercial (wholesale, retail trade)	餐饮用房屋(餐饮用房) Catering (catering services)	商务会展用房屋 Commercial Exhibition	其他商业及服务用房屋(居民服务业用房) Other Business and Service (other services)
5472177	**18457012**	**5710888**	**3932916**	**591551**	**571834**	**2405**	**15570**	**1742**
5149388	16683832	5321816	3633944	539643	521579	1814	15570	680
2539947	7271714	2749623	1787677	345708	339081	2405	2480	1742
1281957	3411841	843159	328910	160020	160020			
1650273	7773457	2118106	1816329	85823	72733		13090	
5472177	18457012	5710888	3932916	591551	571834	2405	15570	1742
964183	2712079	1536631	1012076	143451	143451			
1509428	5116951	537409	354684	29944	24560	1814	3570	
1079785	3100163	250022	128333	21559	20469		1090	
429643	2016788	287387	226351	8385	4091	1814	2480	
2998566	10627982	3636848	2566156	418156	403823	591	12000	1742
2945339	10550021	3585464	2566156	418156	403823	591	12000	1742
53227	77961	51384						
5161647	18065671	5612245	3910209	560771	541054	2405	15570	1742
5161647	18065671	5612245	3910209	560771	541054	2405	15570	1742
310530	391341	98643	22707	30780	30780			
210598	231915	88428	22707	30780	30780			
210598	231915	88428	22707	30780	30780			
20204	20974	6707						
20204	20974	6707						
79728	138452	3508						
79728	138452	3508						
2043968	5812242	1786653	1140409	165010	163920		1090	
4366	7874	5908						
3350267	12415931	3883327	2780007	426541	407914	2405	14480	1742
73576	220965	35000	12500					
1555077	3983819	898265	533955	1090			1090	
2959416	12118209	4051022	2794247	528748	511183	2405	14480	680
957684	2142206	669460	514004	60282	59220			1062
	212778	92141	90710	1431	1431			
5472177	18457012	5710888	3932916	591551	571834	2405	15570	1742
3567254	11733013	3731458	2689589	280834	266002		13090	1742
36962	534918	108121	108121					
1867961	6189081	1871309	1135206	310717	305832	2405	2480	
5472177	18457012	5710888	3932916	591551	571834	2405	15570	1742
505480	1382329	129423	128333	1090			1090	
1858032	5970799	1464543	838466	80905	79091	1814		
2785876	9330704	3727850	2667145	457648	442488		14480	680
322789	1773180	389072	298972	51908	50255	591		1062

7-13 续表

单位:万元 (2015)

指 标	Item	办公用房屋 Offices	科研、教育、医疗用房屋 Scientific Research, Education and Medical
总 计	**Total**	**579949**	**213758**
#一、二级企业	First and Second Grade	568849	212300
按辖区分	**Grouped by County**		
兴庆区	Xingqing	392378	69420
西夏区	Xixia	108377	50865
金凤区	Jinfeng	79194	93473
按登记注册类型分	**Grouped by Status of Registration**		
内资企业	Domestic Funded	579949	213758
国有企业	State-owned Enterprises	316259	44829
有限责任公司	Limited Liabilities Corporations	54106	15890
国有独资公司	State Sole Funded Corporations	7206	15890
其他有限责任公司	Other Limited Liabilities Corporations	46900	
私营企业	Private Enterprises	209584	153039
私营有限责任公司	Private Limited Liabilities Corporations	209584	153039
私营股份有限公司	Private Share-holding Corporations Ltd.		
按国民经济行业分(2011)	**Grouped by Sector(2011)**		
房屋建筑业	House Building	561963	201097
房屋建筑业	House Building	561963	201097
土木工程建筑业	Civil Engineering	17986	12661
铁路、道路、隧道和桥梁工程建筑	Railway, Road, Tunnel and Bridge	17986	12661
市政道路工程建筑	Municipal Works	17986	12661
水利和内河港口工程建筑	Water and River Ports		
水源及供水设施工程建筑	Construction of Water Source and Supply Water Facility		
架线和管道工程建筑	Frame Line and Pipeline		
架线及设备工程建筑	Frame Line Equipment Engineering		
按控股情况分	**Grouped by Controlling Stake**		
国有控股	State-owned	323465	60719
集体控股	Collective-owned	2400	
私人控股	Private	231584	153039
其他	Others	22500	
按企业规模分	**Grouped by Enterprises Scale**		
大型	Large-Scale	270296	15890
中型	Medium-Scale	297653	144917
小型	Small-Scale	12000	52951
微型	Miniatrue		
按营业状态分	**Grouped by Operating Status**		
营业	Operating	579949	213758
按会计准则分	**Grouped by Accounting Standards**		
2006年会计准则	Accounting Standards of 2006	412488	124823
2011年会计准则	Accounting Standards of 2011		
其他会计准则	Other Accounting Standards	167461	88935
按企业资质等级分	**Grouped by Qualification Criteria**		
施工总承包	General Contractors	579949	213758
特级	Special Grade		
一级	First Grade	374401	73261
二级	Second Grade	194448	139039
三级及以下	Third Grade and Below	11100	1458

continued

(sq.m)

科学研究用房屋 Scientific Research	教育用房屋 Education	医疗用房屋（卫生医疗用房）Medical (health and medical)	文化、体育、娱乐用房屋 Culture, Sports and Entertainment	厂房及建筑物 Workshop and Buildings	#厂 房 Workshop	仓 库 Warehouse	其他未列明的房屋建筑物 Other Buildings
10117	**163487**	**40154**	**12983**	**311025**	**296368**	**600**	**68106**
10117	162029	40154	10932	291922	277265	600	63626
6117	61653	1650	3883	94429	85110	600	55528
	37319	13546	9100	179737	179737		6150
4000	64515	24958		36859	31521		6428
10117	163487	40154	12983	311025	296368	600	68106
	6325	38504		14719	14719		5297
	15890			77935	77935		4850
	15890			72184	72184		4850
				5751	5751		
10117	141272	1650	12983	218371	203714	600	57959
10117	141272	1650	12983	168966	154309		56580
				49405	49405	600	1379
10117	150826	40154	12983	298567	283910	600	66055
10117	150826	40154	12983	298567	283910	600	66055
	12661			12458	12458		2051
	12661			2243	2243		2051
	12661			2243	2243		2051
				6707	6707		
				6707	6707		
				3508	3508		
				3508	3508		
	22215	38504		86903	86903		10147
				3508	3508		
10117	141272	1650	12983	220614	205957	600	57959
	15890			72184	72184		4850
6117	98646	40154	12983	235561	220904	600	36313
4000	48951			3280	3280		26943
10117	163487	40154	12983	311025	296368	600	68106
	86319	38504	1832	179461	164804	600	41831
10117	77168	1650	11151	131564	131564		26275
10117	163487	40154	12983	311025	296368	600	68106
6117	53598	13546		88709	88709		8801
4000	108431	26608	10932	203213	188556	600	54825
	1458		2051	19103	19103		4480

7—14 房屋建筑竣工价值(市区)

单位:万元 (2015)

指 标	Item	竣工房屋价值 OutputValue of BuildingsCompleted
总 计	**Total**	**933226**
#一、二级企业	First and Second Grade	881524
按辖区分	**Grouped by County**	
兴庆区	Xingqing	414041
西夏区	Xixia	168719
金凤区	Jinfeng	350466
按登记注册类型分	**Grouped by Status of Registration**	
内资企业	Domestic Funded	933226
国有企业	State-owned Enterprises	258303
有限责任公司	Limited Liabilities Corporations	89424
国有独资公司	State Sole Funded Corporations	44200
其他有限责任公司	Other Limited Liabilities Corporations	45225
私营企业	Private Enterprises	585499
私营有限责任公司	Private Limited Liabilities Corporations	582120
私营股份有限公司	Private Share-holding Corporations Ltd.	3379
按国民经济行业分(2011)	**Grouped by Sector(2011)**	
房屋建筑业	House Building	910928
房屋建筑业	House Building	910928
土木工程建筑业	Civil Engineering	22298
铁路、道路、隧道和桥梁工程建筑	Railway, Road, Tunnel and Bridge	19164
市政道路工程建筑	Municipal Works	19164
水利和内河港口工程建筑	Water and River Ports	2609
水源及供水设施工程建筑	Construction of Water Source and Supply Water Facility	2609
架线和管道工程建筑	Frame Line and Pipeline	526
架线及设备工程建筑	Frame Line Equipment Engineering	526
按控股情况分	**Grouped by Controlling Stake**	
国有控股	State-owned	302503
集体控股	Collective-owned	926
私人控股	Private	624297
其他	Others	5500
按企业规模分	**Grouped by Enterprises Scale**	
大型	Large-Scale	135402
中型	Medium-Scale	684543
小型	Small-Scale	100336
微型	Miniatrue	12947
按营业状态分	**Grouped by Operating Status**	
营业	Operating	933226
按会计准则分	**Grouped by Accounting Standards**	
2006年会计准则	Accounting Standards of 2006	630087
2011年会计准则	Accounting Standards of 2011	21892
其他会计准则	Other Accounting Standards	281247
按企业资质等级分	**Grouped by Qualification Criteria**	
施工总承包	General Contractors	933226
特级	Special Grade	24673
一级	First Grade	254806
二级	Second Grade	602045
三级及以下	Third Grade and Below	51702

Output Value of Floor Space of Buildings Completed(City)

(10 000 yuan)

住宅房屋 Residence	商业及服务用房屋 Business and Service	商厦房屋（批发和零售用房）Commercial (wholesale, retail trade)	餐饮用房屋（餐饮用房）Catering (catering services)	商务会展用房屋 Business Exhibition	其他商业及服务用房屋（居民服务业用房）Other Business and Service (other services)	办公用房屋 Offices
608222	**110696**	**107307**	**341**	**2782**	**267**	**111383**
568422	103011	99904	236	2782	90	109939
266887	47068	46177	341	283	267	64317
61199	49221	49221				21557
280136	14407	11909		2498		25510
608222	110696	107307	341	2782	267	111383
147527	46534	46534				50860
50778	4303	3086	236	982		17795
23975	3116	2418		698		1455
26804	1187	668	236	283		16340
409917	59859	57687	105	1800	267	42728
409917	59859	57687	105	1800	267	42728
604110	103681	100292	341	2782	267	107284
604110	103681	100292	341	2782	267	107284
4112	7016	7016				4100
4112	7016	7016				4100
4112	7016	7016				4100
171501	49651	48952		698		52315
						400
435721	61046	58355	341	2084	267	54168
1000						4500
80762	698			698		38288
440496	102085	99571	341	2084	90	71475
74382	7549	7372			177	1620
12583	364	364				
608222	110696	107307	341	2782	267	111383
425541	70278	67513		2498	267	70925
21892						
160788	40418	39794	341	283		40458
608222	110696	107307	341	2782	267	111383
23975	698			698		
137412	17786	17550	236			64808
407035	84527	82354		2084	90	45132
39800	7685	7403	105		177	1444

单位:万元 (2015)

指 标	Item	科研、教育、医疗用房屋 Scientific Research, Education and Medical
总 计	**Total**	**43828**
#一、二级企业	First and Second Grade	43613
按辖区分	**Grouped by County**	
兴庆区	Xingqing	15850
西夏区	Xixia	9482
金凤区	Jinfeng	18496
按登记注册类型分	**Grouped by Status of Registration**	
内资企业	Domestic Funded	43828
国有企业	State-owned Enterprises	8435
有限责任公司	Limited Liabilities Corporations	2809
国有独资公司	State Sole Funded Corporations	2809
其他有限责任公司	Other Limited Liabilities Corporations	
私营企业	Private Enterprises	32584
私营有限责任公司	Private Limited Liabilities Corporations	32584
私营股份有限公司	Private Share-holding Corporations Ltd.	
按国民经济行业分(2011)	**Grouped by Sector(2011)**	
房屋建筑业	House Building	40721
房屋建筑业	House Building	40721
土木工程建筑业	Civil Engineering	3107
铁路、道路、隧道和桥梁工程建筑	Railway, Road, Tunnel and Bridge	3107
市政道路工程建筑	Municipal Works	3107
水利和内河港口工程建筑	Water and River Ports	
水源及供水设施工程建筑	Construction of Water Source and Supply Water Facility	
架线和管道工程建筑	Frame Line and Pipeline	
架线及设备工程建筑	Frame Line Equipment Engineering	
按控股情况分	**Grouped by Controlling Stake**	
国有控股	State-owned	11244
集体控股	Collective-owned	
私人控股	Private	32584
其他	Others	
按企业规模分	**Grouped by Enterprises Scale**	
大型	Large-Scale	2809
中型	Medium-Scale	27720
小型	Small-Scale	13299
微型	Miniatrue	
按营业状态分	**Grouped by Operating Status**	
营业	Operating	43828
按会计准则分	**Grouped by Accounting Standards**	
2006年会计准则	Accounting Standards of 2006	24236
2011年会计准则	Accounting Standards of 2011	
其他会计准则	Other Accounting Standards	19592
按企业资质等级分	**Grouped by Qualification Criteria**	
施工总承包	General Contractors	43828
特级	Special Grade	
一级	First Grade	16191
二级	Second Grade	27422
三级及以下	Third Grade and Below	215

continued

(sq.m)

科学研究用房屋 Scientific Research	教育用房屋 Education	医疗用房屋（卫生医疗用房）Medical (health and medical)	文化、体育、娱乐用房屋 Culture, Sports and Entertainment	厂房及建筑物 Workshop and Buildings	#厂房 Workshop	仓库 Warehouse	其他未列明的房屋建筑物 Other Buildings
2517	**33770**	**7541**	**4178**	**45070**	**41595**	**88**	**9762**
2517	33555	7541	3760	43849	40374	88	8843
1619	13948	283	901	11477	10277	88	7453
	6264	3218	3277	23114	23114		870
898	13558	4040		10479	8204		1439
2517	33770	7541	4178	45070	41595	88	9762
	1177	7258		4254	4254		694
	2809			12962	12962		777
	2809			12068	12068		777
				894	894		
2517	29784	283	4178	27854	24380	88	8291
2517	29784	283	4178	24660	21185		8195
				3195	3195	88	96
2517	30663	7541	4178	41567	38093	88	9299
2517	30663	7541	4178	41567	38093	88	9299
	3107			3503	3503		463
	3107			368	368		463
	3107			368	368		463
				2609	2609		
				2609	2609		
				526	526		
				526	526		
	3986	7258		16322	16322		1471
				526	526		
2517	29784	283	4178	28222	24748	88	8291
	2809			12068	12068		777
1619	18560	7541	4178	32405	28931	88	6095
898	12401			597	597		2890
2517	33770	7541	4178	45070	41595	88	9762
	16978	7258	483	31627	28153	88	6910
2517	16792	283	3695	13443	13443		2852
2517	33770	7541	4178	45070	41595	88	9762
1619	11354	3218		17193	17193		1417
898	22201	4323	3760	26656	23181	88	7426
	215		418	1221	1221		919

7—15 建筑业企业自有施工机械设备及劳动人员情况（市区）

（2015）

指 标	Item	年末自有施工机械设备净值（万元） Net Value of Machinery and Equipment Owned at Year-end （10 000 yuan）
总 计	**Total**	**48959**
#一、二级企业	First and Second Grade	38778
按辖区分	**Grouped by County**	
兴庆区	Xingqing	23365
西夏区	Xixia	4625
金凤区	Jinfeng	20968
按登记注册类型分	**Grouped by Status of Registration**	
内资企业	Domestic Funded	48959
国有企业	State-owned Enterprises	8903
有限责任公司	Limited Liabilities Corporations	6568
国有独资公司	State Sole Funded Corporations	1440
其他有限责任公司	Other Limited Liabilities Corporations	5128
股份有限公司	Share-holding Corporations Limited	5291
私营企业	Private Enterprises	28197
私营有限责任公司	Private Limited Liabilities Corporations	28197
私营股份有限公司	Private Share-holding Corporations Ltd.	
外商投资企业	Foreign Funded	
中外合资经营企业	Domestic and Foreign Joint Funded Enterprises	
按国民经济行业分（2011）	**Grouped by Sector（2011）**	
房屋建筑业	House Building	21457
房屋建筑业	House Building	21457
土木工程建筑业	Civil Engineering	23757
铁路、道路、隧道和桥梁工程建筑	Railway，Road，Tunnel and Bridge	16170
公路工程建筑	Road	11101
市政道路工程建筑	Municipal Works	5069
水利和内河港口工程建筑	Water and River Ports	2539
水源及供水设施工程建筑	Construction of Water Source and Supply Water Facility	1598
河湖治理及防洪设施工程建筑	Construciton of River LakeAdminister and Hood Control Facility	942
工矿工程建筑	Mining	2043
架线和管道工程建筑	Frame Line and Pipeline	2818
架线及设备工程建筑	Frame Line Equipment Engineering	2770
管道工程建筑	Pipeline	48
其他土木工程建筑	Other Civil Engineering	188

Machinery and Equipment Owned and Employed Persons by Construction Enterprises (City)

年末自有施工机械设备总台数(台) Number of Machinery and Equipment Owned at Year-end (set)	年末自有施工机械设备总功率(千瓦) Total Power of Machinery and Equipment Owned at Year-end (kw)	从事建筑业活动的平均人数(人) Average Number of People Engaged in the Construction Industry(person)	期末从业人员数(人) Number of Employed Persons at Year-end (person)	工程技术人员(人) Engineering Persons (person)	一级建造师(人) First Construction Engineer (person)
10071	**279245**	**115411**	**75224**	**12662**	**556**
8111	230212	105875	69735	11029	511
5209	146402	53742	35132	5026	296
1571	31823	13864	9154	1953	57
3291	101020	47805	30938	5683	203
10071	279245	113824	74249	12465	556
1723	39818	24004	18318	2766	111
1645	57354	22928	14759	2835	143
206	21269	14246	5749	1557	45
1439	36085	8682	9010	1278	98
150	11206	8488	982	615	35
6553	170867	58404	40190	6249	267
6553	170867	58080	39988	6081	266
		324	202	168	1
		1587	975	197	
		1587	975	197	
5748	131641	78149	51905	7517	284
5748	131641	78149	51905	7517	284
2616	135375	32634	19331	4138	220
917	89761	19490	8405	1910	132
285	24961	10358	1509	772	41
632	64800	9132	6896	1138	91
396	13645	3972	2816	748	17
393	13433	3940	2799	735	16
3	212	32	17	13	1
402	11693	2494	1834	439	15
712	16079	6310	5963	965	55
684	15850	6158	5867	889	54
28	229	152	96	76	1
189	4197	368	313	76	1

7-15 续表

(2015)

指 标	Item	年末自有施工机械设备净值(万元) Net Value of Machinery and Equipment Owned at Year-end (10 000 yuan)
建筑安装业	Construction Installation	2601
电气安装	Electric Installation	166
其他建筑安装业	Other Construction Installation	2435
建筑装饰和其他建筑业	Construction Decoration and Other Construction	1144
建筑装饰业	Construction Decoration	439
工程准备活动	Other Construction	704
建筑物拆除活动	Building Demolishes	704
其他工程准备活动	Other Construction	
按控股情况分	**Grouped by Controlling Stake**	
国有控股	State-owned	10344
集体控股	Collective-owned	292
私人控股	Private	35809
外商控股	Foreign	
其他	Others	2514
按企业规模分	**Grouped by Enterprises Scale**	
大型	Large-Scale	9534
中型	Medium-Scale	20179
小型	Small-Scale	15918
微型	Miniatrue	3328
按营业状态分	**Grouped by Operating Status**	
营业	Operating	48336
停业(歇业)	Turn Off(go out of business)	623
按会计准则分	**Grouped by Accounting Standards**	
2006年会计准则	Accounting Standards of 2006	29021
2011年会计准则	Accounting Standards of 2011	1020
其他会计准则	Other Accounting Standards	18918
按企业资质等级分	**Grouped by Qualification Criteria**	
施工总承包	General Contractors	39271
特级	Special Grade	1290
一级	First Grade	13774
二级	Second Grade	18515
三级及以下	Third Grade and Below	5692
专业承包	Professional Contractors	9688
一级	First Grade	82
二级	Second Grade	5117
三级及以下	Third Grade and Below	4489

continued

年末自有施工机械设备总台数(台) Number of Machinery and Equipment Owned at Year-end (set)	年末自有施工机械设备总功率(千瓦) Total Power of Machinery and Equipment Owned at Year-end (kw)	从事建筑业活动的平均人数(人) Average Number of People Engaged in the Construction Industry(person)	期末从业人员数(人) Number of Employed Persons at Year-end (person)	工程技术人员(人) Engineering Persons (person)	一级建造师(人) First Construction Engineer (person)
818	7110	2409	2380	469	16
128	705	2238	2199	386	15
690	6405	171	181	83	1
889	5119	2219	1608	538	36
851	2443	2179	1565	512	35
38	2676	40	43	26	1
38	2676	37	40	23	1
		3	3	3	
1944	61174	38584	24313	4355	161
220	10255	2687	3214	659	6
7769	192762	71836	46112	7265	370
		1587	975	197	
138	15054	717	610	186	19
798	19663	37346	16892	2883	135
4599	115671	55943	43401	5886	284
3749	133546	19934	12906	3486	111
925	10365	2188	2025	407	26
10045	276665	115376	75203	12658	555
26	2580	35	21	4	1
4703	153708	76483	47040	7941	276
252	35263	2748	1681	553	13
5116	90274	36180	26503	4168	267
7604	216086	105500	66366	10203	486
135	2558	6886	3980	628	17
2305	56842	45340	25540	3904	275
3994	118764	45181	32603	4404	156
1170	37922	8093	4243	1267	38
2467	63159	9911	8858	2459	70
149	1214	1580	1432	488	35
1528	50834	6888	6180	1605	28
790	11111	1443	1246	366	7

7—16 建筑业企业财务状况(市区)

单位:万元 (2015)

指 标	Item	年初存货 Stock	资产总计 Total Funds
总 计	**Total**	**485464**	**3602074**
#一、二级企业	First and Second Grade	430787	3186305
按辖区分	**Grouped by County**		
兴庆区	Xingqing	226857	1422803
西夏区	Xixia	21579	420940
金凤区	Jinfeng	237028	1758332
按登记注册类型分	**Grouped by Status of Registration**		
内资企业	Domestic Funded	483580	3363049
国有企业	State-owned Enterprises	101953	686980
有限责任公司	Limited Liabilities Corporations	66597	705898
国有独资公司	State Sole Funded Corporations	16420	277152
其他有限责任公司	Other Limited Liabilities Corporations	50177	428746
股份有限公司	Share-holding Corporations Limited	27533	242307
私营企业	Private Enterprises	287497	1727865
私营有限责任公司	Private Limited Liabilities Corporations	285627	1679056
私营股份有限公司	Private Share-holding Corporations Ltd.	1870	48809
外商投资企业	Foreign Funded	1884	239025
中外合资经营企业	Domestic and Foreign Joint Funded Enterprises	1884	239025
按国民经济行业分	**Grouped by Sector**		
房屋建筑业	Building and Civil Engineering	309919	2137052
土木工程建筑业	Civil Engineering	158959	1255448
铁路、道路、隧道和桥梁工程建筑	Railway, Road, Tunnel and Bridge	82081	620581
水利和内河港口工程建筑	Water and River Ports	25109	107367
工矿工程建筑	Mining	3471	261279
架线和管道工程建筑	Frame Line and Pipeline	46900	252607
其他土木工程建筑	Other Civil Engineering	1399	13614
建筑安装业	Construction Installation	8869	67872
建筑装饰和其他建筑业	Construction Decoration and Other Construction	7717	141702
建筑装饰业	Construction Decoration	7062	105176
工程准备活动	Other Construction	656	36527
按控股情况分	**Grouped by Controlling Stake**		
国有控股	State-owned	118467	973924
集体控股	Collective-owned	34939	104100
私人控股	Private	328305	2248271
外商控股	Foreign	1884	239025
其他	Others	1868	36755
按营业状态分	**Grouped by Operating Status**		
营业	Operating	481709	3589787
停业(歇业)	Closed(go out of business)	3754	12287
当年关闭	Turn off at Current Year		
按会计准则分	**Grouped by Accounting Standards**		
2006年会计准则	Accounting Standards of 2006	321170	2253422
2011年会计准则	Accounting Standards of 2011	10893	112669
其他会计准则	Other Accounting Standards	153401	1235984
按企业资质等级分	**Grouped by Qualification Criteria**		
施工总承包	General Contractors	412531	3118176
特级	Special Grade	10038	124743
一级	First Grade	197773	1166798
二级	Second Grade	165017	1536568
三级及以下	Third Grade and Below	39703	290067
专业承包	Professional Contractors	72933	483898
一级	First Grade	5418	76884
二级	Second Grade	52541	281311
三级及以下	Third Grade and Below	14974	125703

Financial Indicators on Construction Enterprises(City)

(10 000yuan)

流动资产合计 Total Circulating Funds	应收工程款 Projects Receivable	存货 Stock	固定资产合计 Total Investment Assets	固定资产减值准备 Impairment of Fixed Assets	固定资产原价 Original Value of Fixed Assets	累计折旧 Accumulated Depreciation	本年折旧 Depreciation This Year
3125508	**1304654**	**485023**	**252788**	**2483**	**408261**	**174974**	**23367**
2791280	1196182	417906	209608	169	341345	146180	19525
1265769	447730	241253	83324	169	147870	69639	7052
401741	250421	19101	11600		26871	15271	1240
1457998	606504	224670	157864	2313	233520	90064	15075
2926351	1168166	483975	219832	2483	363182	162368	19454
629333	313324	85329	35915	151	83131	48048	3836
582765	153611	55331	33306		67871	35242	2830
203681	66255	11501	11515		22889	11408	964
379084	87356	43830	21791		44982	23834	1866
192501	79155	16468	38832		41122	7948	1756
1521751	622077	326847	111780	2332	171059	71129	11032
1473844	597927	320796	111279	2332	170557	70654	11024
47907	24150	6051	501		501	475	8
199157	136488	1048	32956		45079	12606	3913
199157	136488	1048	32956		45079	12606	3913
1923231	774527	319781	102535	2313	173063	76935	10346
1044617	473050	147889	130148	151	206798	86873	11535
521892	241681	84398	59872		77847	24101	3527
88376	15910	22857	10346	151	22702	12356	1124
214827	141148	2345	37695		55496	19306	4492
207270	67839	36533	21259		48671	29876	2277
12252	6471	1757	977		2083	1234	115
48724	26616	8606	10671	18	15265	5693	833
108936	30461	8747	9434		13136	5474	652
90500	28710	8044	7281		9804	4217	536
18436	1751	704	2153		3332	1257	116
842776	382056	97256	47459	151	106078	59486	4800
88628	26066	19828	6578		14919	8341	602
1961396	754652	363211	162634	2332	234958	89852	13444
199157	136488	1048	32956		45079	12606	3913
33551	5391	3681	3162		7227	4689	609
3116178	1301345	482174	251419	2483	406184	174265	23306
9330	3309	2850	1368		2077	709	61
1930083	842161	330226	173846	2483	265205	104346	14836
85312	23257	13370	4915		10176	5665	1001
1110112	439236	141428	74028		132880	64963	7530
2756508	1159120	423590	195759	2464	317369	134586	17072
67792	10198	5249	3831		6346	2546	214
1060192	416077	168903	75857	151	124807	55635	4850
1380041	646993	198014	93056		147746	59488	10133
248484	85852	51425	23015	2313	38469	16918	1876
369000	145534	61433	57029	18	90892	40388	6295
63976	22565	4687	3499		5771	3133	469
219281	100350	41054	33366	18	56675	25379	3859
85744	22619	15693	20164		28446	11876	1967

7-16 续表1

单位:万元 (2015)

指标	Item	在建工程 Construction in Process	负债合计 Total Liabilities
总计	**Total**	**15809**	**2598245**
#一、二级企业	First and Second Grade	12577	2349907
按辖区分	**Grouped by County**		
兴庆区	Xingqing	3092	1022709
西夏区	Xixia		334409
金凤区	Jinfeng	12717	1241127
按登记注册类型分	**Grouped by Status of Registration**		
内资企业	Domestic Funded	15326	2396917
国有企业	State-owned Enterprises	632	562296
有限责任公司	Limited Liabilities Corporations	30	557571
国有独资公司	State Sole Funded Corporations	30	216601
其他有限责任公司	Other Limited Liabilities Corporations		340969
股份有限公司	Share-holding Corporations Limited	5658	190900
私营企业	Private Enterprises	9006	1086150
私营有限责任公司	Private Limited Liabilities Corporations	9006	1055458
私营股份有限公司	Private Share-holding Corporations Ltd.		30692
外商投资企业	Foreign Funded	483	201328
中外合资经营企业	Domestic and Foreign Joint Funded Enterprises	483	201328
按国民经济行业分	**Grouped by Sector**		
房屋建筑业	Building and Civil Engineering	4293	1603336
土木工程建筑业	Civil Engineering	10159	882497
铁路、道路、隧道和桥梁工程建筑	Railway, Road, Tunnel and Bridge	6105	418283
水利和内河港口工程建筑	Water and River Ports		80053
工矿工程建筑	Mining	1496	209903
架线和管道工程建筑	Frame Line and Pipeline	2464	167789
其他土木工程建筑	Other Civil Engineering	94	6469
建筑安装业	Construction Installation	722	35479
建筑装饰和其他建筑业	Construction Decoration and Other Construction	635	76933
建筑装饰业	Construction Decoration	635	61068
工程准备活动	Other Construction		15865
按控股情况分	**Grouped by Controlling Stake**		
国有控股	State-owned	662	787678
集体控股	Collective-owned		78953
私人控股	Private	14664	1507521
外商控股	Foreign	483	201328
其他	Others		22765
按营业状态分	**Grouped by Operating Status**		
营业	Operating	15809	2590475
停业(歇业)	Closed(go out of business)		7770
当年关闭	Turn off at Current Year		
按会计准则分	**Grouped by Accounting Standards**		
2006年会计准则	Accounting Standards of 2006	10295	1693440
2011年会计准则	Accounting Standards of 2011	165	49148
其他会计准则	Other Accounting Standards	5349	855657
按企业资质等级分	**Grouped by Qualification Criteria**		
施工总承包	General Contractors	10934	2349015
特级	Special Grade	30	90734
一级	First Grade	6685	994201
二级	Second Grade	4220	1063822
三级及以下	Third Grade and Below		200258
专业承包	Professional Contractors	4875	249230
一级	First Grade		49508
二级	Second Grade	1643	151642
三级及以下	Third Grade and Below	3232	48080

continued

(10 000yuan)

流动负债合计 Total Liquid Liabilities	应付账款 Accounts Payable	非流动负债合计 Total Non-Liquid Liabilities	所有者权益合计 Owners' Equity	实收资本 Paid-in Capitals	国家资本 State-owned Capitals	集体资本 Collectiveowned Capitals	法人资本 Corporate Capitals	个人资本 Personal Capitals	外商资本 Foreign Capitals
2510900	**1127124**	**48671**	**1003774**	**723004**	**114993**		**65257**	**530754**	**12000**
2295794	1058507	45935	836342	574070	108200		58937	394933	12000
984658	407638	21727	400094	330083	29946		27978	272159	
332370	167512	82	86531	55654	30108		800	24745	
1193872	551974	26862	517150	337268	54939		36479	233850	12000
2330418	1024694	27826	966077	693004	114993		47257	530754	
560814	270967	1462	124684	67189	66923		266		
555104	240019	2455	148327	115977	48070		46825	21083	
216601	86249		60550	49220	48070		1150		
338503	153770	2455	87777	66758			45675	21083	
190900	115525		51407	25272				25272	
1023599	398183	23909	641659	484566			167	484399	
992907	388152	23909	623543	473566				473566	
30692	10031		18116	11000			167	10833	
180482	102430	20845	37697	30000			18000		12000
180482	102430	20845	37697	30000			18000		12000
1544588	657481	21461	533716	380322	72986		27925	279411	
856766	445191	24424	372951	255873	36507		35313	172053	12000
415884	219958	2399	202298	126437	2176		6718	117543	
79212	24796	821	27313	19128	11043		168	7917	
187770	104943	20845	51376	43481	7978		18000	5503	12000
167431	92299	358	84818	61475	13300		10227	37947	
6469	3195		7146	5353	2010		200	3143	
32614	16527	2787	32393	29149	4500		100	24549	
76933	7925		64714	57660	1000		1919	54742	
61068	7406		44052	36863			1919	34944	
15865	519		20662	20798	1000			19798	
786196	357468	1462	186246	117409	114993		2216	200	
78953	37102		25146	12747			12727	20	
1442515	626929	26364	740695	549848			20314	529534	
180482	102430	20845	37697	30000			18000		12000
22753	3194		13990	13000			12000	1000	
2502752	1139760	49064	999257	718383	114993		65257	526132	12000
8148	-12637	-393	4517	4622				4622	
1642696	744665	29093	559982	351241	98333		50714	190194	12000
48789	19406	358	63521	61053	8183		168	52701	
819414	363053	19220	380271	310711	8477		14375	287859	
2265694	1059774	46029	769161	554882	87580		56341	398961	12000
90734	22356		34009	28218	28218				
985533	548872	8538	172597	117323	38165		3088	76069	
1018973	429337	36842	472746	321929	16554		48313	245063	12000
170454	59209	650	89809	87412	4643		4941	77829	
245206	67350	2642	234613	168123	27413		8916	131793	
48719	9838	789	27376	26693	9003		800	16890	
151834	48104	-233	129614	79908	16260		6736	56911	
44652	9408	2087	77623	61522	2150		1380	57992	

单位:万元 (2015)

指 标	Item	营业收入 Business Revenue
总 计	**Total**	**3162323**
# 一、二级企业	First and Second Grade	2902868
按辖区分	**Grouped by County**	
兴庆区	Xingqing	1434187
西夏区	Xixia	320033
金凤区	Jinfeng	1408103
按登记注册类型分	**Grouped by Status of Registration**	
内资企业	Domestic Funded	3014696
国有企业	State-owned Enterprises	648550
有限责任公司	Limited Liabilities Corporations	582063
国有独资公司	State Sole Funded Corporations	294744
其他有限责任公司	Other Limited Liabilities Corporations	287319
股份有限公司	Share-holding Corporations Limited	291054
私营企业	Private Enterprises	1493030
私营有限责任公司	Private Limited Liabilities Corporations	1473171
私营股份有限公司	Private Share-holding Corporations Ltd.	19859
外商投资企业	Foreign Funded	147627
中外合资经营企业	Domestic and Foreign Joint Funded Enterprises	147627
按国民经济行业分	**Grouped by Sector**	
房屋建筑业	Building and Civil Engineering	1871610
土木工程建筑业	Civil Engineering	1193991
铁路、道路、隧道和桥梁工程建筑	Railway, Road, Tunnel and Bridge	648283
水利和内河港口工程建筑	Water and River Ports	153143
工矿工程建筑	Mining	168127
架线和管道工程建筑	Frame Line and Pipeline	215498
其他土木工程建筑	Other Civil Engineering	8940
建筑安装业	Construction Installation	43855
建筑装饰和其他建筑业	Construction Decoration and Other Construction	52867
建筑装饰业	Construction Decoration	51885
工程准备活动	Other Construction	982
按控股情况分	**Grouped by Controlling Stake**	
国有控股	State-owned	954509
集体控股	Collective-owned	84470
私人控股	Private	1959844
外商控股	Foreign	147627
其他	Others	15874
按营业状态分	**Grouped by Operating Status**	
营业	Operating	3162122
停业(歇业)	Closed(go out of business)	200
当年关闭	Turn off at Current Year	
按会计准则分	**Grouped by Accounting Standards**	
2006年会计准则	Accounting Standards of 2006	2148880
2011年会计准则	Accounting Standards of 2011	71253
其他会计准则	Other Accounting Standards	942190
按企业资质等级分	**Grouped by Qualification Criteria**	
施工总承包	General Contractors	2910969
特级	Special Grade	114166
一级	First Grade	1257730
二级	Second Grade	1329631
三级及以下	Third Grade and Below	209441
专业承包	Professional Contractors	251354
一级	First Grade	34836
二级	Second Grade	166505
三级及以下	Third Grade and Below	50013

continued

(10 000yuan)

主营业务收入 Revenue from Principal Business	营业成本 Business Costs	主营业务成本 Costs of Principal Business	营业税金及附加 Business Taxes and Other Charges	主营业务税金及附加 Taxes and Other Charges on Principal Business	其他业务利润 Profits from Other Businesses	销售费用 Selling Costs	管理费用 Management Costs
3113184	**2856909**	**2818027**	**98069**	**96979**	**10165**	**4078**	**99915**
2862638	2628452	2597777	90850	89949	9486	2882	85089
1419439	1312224	1300366	45464	45129	3185	1979	36897
318028	293182	291927	10077	10017	648	54	7761
1375717	1251503	1225734	42527	41833	6331	2046	55257
2965719	2725485	2686885	95512	94423	10165	4078	91388
642815	600097	596169	20330	20260	1763	252	17753
578214	533282	529845	18020	17806	457	121	20449
293541	277735	276598	9399	9205	17	2	7632
284674	255548	253246	8621	8601	440	120	12817
289486	264705	264255	9798	9798	1481	216	8637
1455203	1327401	1296617	47364	46559	6463	3490	44550
1438756	1311075	1281961	47026	46222	4990	3490	43446
16447	16327	14656	337	337	1473		1104
147465	131424	131143	2557	2557			8527
147465	131424	131143	2557	2557			8527
1847523	1722605	1703284	59905	59386	4398	1233	38250
1179251	1054912	1043122	35088	34856	3307	1824	51020
645690	575290	574062	21676	21676	1736	1416	19487
147929	139567	134963	4221	4135	591	57	7117
165963	148653	146586	3057	3057	196	151	10548
210763	183887	180013	5896	5815	756	166	13081
8906	7515	7499	239	173	29	34	787
35672	36412	30279	1323	985	2052	818	5824
50738	42980	41343	1753	1752	407	204	4820
49756	42322	40685	1719	1719	407	204	4428
982	658	658	34	34			393
947237	887977	882663	30095	29830	1781	254	25833
83952	70394	70017	2257	2240	93	22	6082
1918910	1752149	1719723	62980	62175	8292	3803	58579
147465	131424	131143	2557	2557			8527
15620	14965	14482	180	177			895
3112983	2856735	2817853	98018	96929	10165	4078	99884
200	175	175	50	50			30
2128587	1952447	1936608	66165	65782	5082	1124	62874
71241	62396	62394	2219	2215		821	3821
913356	842067	819026	29685	28982	5083	2133	33220
2873599	2648057	2618022	90498	89837	7325	2769	74183
114166	109209	109209	3623	3623			2526
1249422	1165709	1160350	40951	40731	3279	216	25786
1307557	1184455	1166602	40083	39790	3732	1896	37260
202454	188685	181862	5842	5693	314	658	8612
239585	208852	200006	7570	7142	2840	1309	25731
34490	27593	27342	1430	1430		354	3086
157003	141486	134274	4764	4375	2476	416	16431
48092	39772	38389	1377	1338	364	539	6214

7-16 续表3

单位:万元 (2015)

指 标	Item	税金 Taxes	财务费用 Financial Costs
总 计	**Total**	**5277**	**21389**
#一、二级企业	First and Second Grade	4347	19555
按辖区分	**Grouped by County**		
兴庆区	Xingqing	2295	7156
西夏区	Xixia	262	1886
金凤区	Jinfeng	2721	12347
按登记注册类型分	**Grouped by Status of Registration**		
内资企业	Domestic Funded	4953	17942
国有企业	State-owned Enterprises	1290	2698
有限责任公司	Limited Liabilities Corporations	913	917
国有独资公司	State Sole Funded Corporations	343	15
其他有限责任公司	Other Limited Liabilities Corporations	571	902
股份有限公司	Share-holding Corporations Limited	397	553
私营企业	Private Enterprises	2353	13774
私营有限责任公司	Private Limited Liabilities Corporations	2332	13344
私营股份有限公司	Private Share-holding Corporations Ltd.	21	431
外商投资企业	Foreign Funded	325	3447
中外合资经营企业	Domestic and Foreign Joint Funded Enterprises	325	3447
按国民经济行业分	**Grouped by Sector**		
房屋建筑业	Building and Civil Engineering	2200	9835
土木工程建筑业	Civil Engineering	2582	10011
铁路、道路、隧道和桥梁工程建筑	Railway, Road, Tunnel and Bridge	886	4367
水利和内河港口工程建筑	Water and River Ports	382	948
工矿工程建筑	Mining	378	3384
架线和管道工程建筑	Frame Line and Pipeline	903	1272
其他土木工程建筑	Other Civil Engineering	33	39
建筑安装业	Construction Installation	277	424
建筑装饰和其他建筑业	Construction Decoration and Other Construction	219	1119
建筑装饰业	Construction Decoration	171	800
工程准备活动	Other Construction	47	319
按控股情况分	**Grouped by Controlling Stake**		
国有控股	State-owned	1643	2714
集体控股	Collective-owned	256	307
私人控股	Private	2966	14856
外商控股	Foreign	325	3447
其他	Others	87	65
按营业状态分	**Grouped by Operating Status**		
营业	Operating	5277	21389
停业(歇业)	Closed(go out of business)	1	-1
当年关闭	Turn off at Current Year		
按会计准则分	**Grouped by Accounting Standards**		
2006年会计准则	Accounting Standards of 2006	3088	12152
2011年会计准则	Accounting Standards of 2011	180	590
其他会计准则	Other Accounting Standards	2010	8647
按企业资质等级分	**Grouped by Qualification Criteria**		
施工总承包	General Contractors	3974	18867
特级	Special Grade	160	-29
一级	First Grade	1386	4886
二级	Second Grade	1972	13292
三级及以下	Third Grade and Below	457	718
专业承包	Professional Contractors	1303	2522
一级	First Grade	135	207
二级	Second Grade	695	1199
三级及以下	Third Grade and Below	474	1116

continued

(10 000yuan)

利息收入 Interest Income	利息支出 Interest Expense	资产减值损失 Empairment of Assets	投资收益 Investment Income	营业利润 Business Profits	营业外收入 Income Expect Business	政府补助 Government Subsidy
1039	**18288**	**7208**	**420**	**74971**	**7164**	**1299**
965	16635	6428	419	69994	6403	1171
229	6141	1238	141	29432	3714	239
20	1929	449	70	6610	258	
790	10218	5521	209	38929	3192	1061
1083	14697	7208	420	73297	7117	1299
94	2682	4454	203	3177	2475	96
137	1070	2753	85	6528	3203	1152
115	116	2088	85	-2118	2762	1152
22	955	666		8647	440	
425	676		146	7291	57	50
427	10270	1	-15	56301	1383	1
431	9864	1	-25	54631	931	1
-4	406		10	1670	453	
-44	3591			1673	47	
-44	3591			1673	47	
376	7984	2383	-125	37440	5495	1024
544	8931	4813	545	36671	1589	275
523	3546	11	256	26190	245	51
35	949	856	20	395	570	129
-62	3613		121	2434	287	
56	822	3946	63	7314	474	95
-8	2		85	338	14	
114	353	1		-1119	55	
5	1020	13		1978	25	
5	701	13		2399	3	
	319			-421	22	
209	2797	6555	288	1301	5239	1248
11	339	653		4754	275	
861	11496	1	132	67472	1602	51
-44	3591			1673	47	
1	64			-231		
1039	18288	7208	420	75025	7164	1299
				-55		
820	11731	7208	224	47134	5993	1299
31	341			1405	190	
187	6217		196	26432	981	1
902	16698	5183	350	71789	5868	1171
41		1051		-2213	2058	915
604	5058	4095	283	16477	2427	146
229	10662	34	67	52601	1320	109
28	978	4	1	4924	62	
136	1591	2025	70	3182	1297	129
11	34	13		2153	148	
80	881	1236	70	977	449	1
46	676	777		53	699	128

7-16 续表4

单位:万元 (2015)

指 标	Item	营业外支出 Expenses Expect Business
总 计	**Total**	**7266**
#一、二级企业	First and Second Grade	6728
按辖区分	**Grouped by County**	
兴庆区	Xingqing	5032
西夏区	Xixia	571
金凤区	Jinfeng	1663
按登记注册类型分	**Grouped by Status of Registration**	
内资企业	Domestic Funded	6746
国有企业	State-owned Enterprises	2188
有限责任公司	Limited Liabilities Corporations	837
国有独资公司	State Sole Funded Corporations	551
其他有限责任公司	Other Limited Liabilities Corporations	286
股份有限公司	Share-holding Corporations Limited	68
私营企业	Private Enterprises	3652
私营有限责任公司	Private Limited Liabilities Corporations	2461
私营股份有限公司	Private Share-holding Corporations Ltd.	1191
外商投资企业	Foreign Funded	520
中外合资经营企业	Domestic and Foreign Joint Funded Enterprises	520
按国民经济行业分	**Grouped by Sector**	
房屋建筑业	Building and Civil Engineering	5064
土木工程建筑业	Civil Engineering	1852
铁路、道路、隧道和桥梁工程建筑	Railway, Road, Tunnel and Bridge	440
水利和内河港口工程建筑	Water and River Ports	427
工矿工程建筑	Mining	636
架线和管道工程建筑	Frame Line and Pipeline	345
其他土木工程建筑	Other Civil Engineering	5
建筑安装业	Construction Installation	319
建筑装饰和其他建筑业	Construction Decoration and Other Construction	31
建筑装饰业	Construction Decoration	31
工程准备活动	Other Construction	
按控股情况分	**Grouped by Controlling Stake**	
国有控股	State-owned	2755
集体控股	Collective-owned	217
私人控股	Private	3773
外商控股	Foreign	520
其他	Others	
按营业状态分	**Grouped by Operating Status**	
营业	Operating	7266
停业(歇业)	Closed(go out of business)	
当年关闭	Turn off at Current Year	
按会计准则分	**Grouped by Accounting Standards**	
2006年会计准则	Accounting Standards of 2006	3775
2011年会计准则	Accounting Standards of 2011	1450
其他会计准则	Other Accounting Standards	2041
按企业资质等级分	**Grouped by Qualification Criteria**	
施工总承包	General Contractors	4712
特级	Special Grade	38
一级	First Grade	667
二级	Second Grade	3872
三级及以下	Third Grade and Below	135
专业承包	Professional Contractors	2554
一级	First Grade	1685
二级	Second Grade	466
三级及以下	Third Grade and Below	402

continued

(10 000yuan)

利润总额 Total Profits	应交所得税 Tax Payable	应付职工薪酬(本年贷方累计发生额) Deal with Wages(volume of gredit side)	在境外完成的营业收入 Overseas Revenues
73594	**27540**	**220122**	**1149**
68389	25116	191671	1149
26749	14588	87042	
6382	3125	20889	
40464	9827	112191	1149
72394	27232	209216	1149
3464	2274	40349	1149
8979	5190	38613	
177	1954	9328	
8801	3236	29285	
7280	115	13553	
52672	19653	116702	
51741	19618	116309	
931	35	392	
1201	308	10906	
1201	308	10906	
37877	19303	117757	
35128	6892	88954	1149
24630	4456	37656	
538	1011	9484	
2085	636	16492	
7443	704	24553	1149
431	86	769	
-1383	561	8238	
1972	783	5174	
2371	780	4669	
-399	3	504	
3870	4452	49998	1149
4812	365	16496	
63941	22135	142058	
1201	308	10906	
-231	279	665	
73649	27540	220075	1149
-55		48	
49352	14091	120589	1149
151	604	5425	
24091	12845	94108	
71584	25063	184210	1149
-193	939	1149	
16815	4936	69342	1149
50106	17160	90495	
4856	2028	23223	
2010	2476	35913	
616	687	3693	
1045	1395	26991	
349	395	5228	

7—17 劳务分包建筑业企业生产经营情况(市区)

单位:万元 (2015)

指 标	Item	企业数(个) Number of Enterprises(unit)
总 计	**Total**	**21**
#一、二级企业	First and Second Grade	14
按辖区分	**Grouped by County**	
兴庆区	Xingqing	11
西夏区	Xixia	4
金凤区	Jinfeng	6
按登记注册类型分	**Grouped by Status of Registration**	
内资企业	Domestic Funded	21
有限责任公司	Limited Liabilities Corporations	2
其他有限责任公司	Other Limited Liabilities Corporations	2
私营企业	Private Enterprises	19
私营有限责任公司	Private Limited Liabilities Corporations	19
按国民经济行业分	**Grouped by Sector**	
房屋建筑业	Building and Civil Engineering	18
建筑安装业	Construction Installation	3
管道和设备安装	Piping and Equipment Installation	3
按控股情况分	**Grouped by Controlling Stake**	
国有控股	State-owned	
私人控股	Private	21
按营业状态分	**Grouped by Operating Status**	
营业	Operating	21
按会计准则分	**Grouped by Accounting Standards**	
2006年会计准则	Accounting Standards of 2006	11
2011年会计准则	Accounting Standards of 2011	8
其他会计准则	Other Accounting Standards	2
按企业资质等级分	**Grouped by Qualification Criteria**	
一级	First Grade	14
三级及以下	Third Grade and Below	7

Production and Business Statistics of Labour Subcontractors in Construction Industry (City)

(10 000 yuan)

有工作量的企业数 Number of Enter Prise with Workload	建筑业总产值 Total Output Value of Construction	固定资产原价 Original Value of Fixed Assets	本年折旧 Depreciation This Year	资产总计 Total Capital	负债合计 Total Liabilities	实收资本 Paid-in Capitals	营业收入 Business Revenue
10	**4390**	**440**	**41**	**4158**	**1623**	**2270**	**6280**
6	3130	233	33	1927	170	1628	2667
6	3456	151	22	804	355	535	2994
1	413	228	11	1161	748	180	2767
3	520	61	9	2193	520	1554	520
10	4390	440	41	4158	1623	2270	6280
2	2896	291	29	1294	737	300	5249
2	2896	291	29	1294	737	300	5249
8	1494	149	13	2865	886	1970	1031
8	1494	149	13	2865	886	1970	1031
7	3550	233	33	2732	679	2070	3087
3	840	207	9	1427	943	200	3193
3	840	207	9	1427	943	200	3193
10	4390	440	41	4158	1623	2270	6280
10	4390	440	41	4158	1623	2270	6280
7	3870	423	36	2247	1047	834	5760
3	520	13	3	1870	545	1385	520
		4	2	41	31	50	
6	3130	233	33	1927	170	1628	2667
4	1260	208	9	2231	1452	641	3613

7–17　续表1

单位:万元　　(2015)

指　标	Item	主营业务收入 Revenue from Principal Business	营业成本 Business Costs
总　计	**Total**	**6249**	**5685**
#一、二级企业	First and Second Grade	2667	2649
按辖区分	**Grouped by County**		
兴庆区	Xingqing	2994	2902
西夏区	Xixia	2735	2269
金凤区	Jinfeng	520	514
按登记注册类型分	**Grouped by Status of Registration**		
内资企业	Domestic Funded	6249	5685
有限责任公司	Limited Liabilities Corporations	5218	4713
其他有限责任公司	Other Limited Liabilities Corporations	5218	4713
私营企业	Private Enterprises	1031	972
私营有限责任公司	Private Limited Liabilities Corporations	1031	972
按国民经济行业分	**Grouped by Sector**		
房屋建筑业	Building and Civil Engineering	3087	3045
建筑安装业	Construction Installation	3162	2640
管道和设备安装	Piping and Equipment Installation	3162	2640
按控股情况分	**Grouped by Controlling Stake**		
国有控股	State–owned		
私人控股	Private	6249	5685
按营业状态分	**Grouped by Operating Status**		
营业	Operating	6249	5685
按会计准则分	**Grouped by Accounting Standards**		
2006年会计准则	Accounting Standards of 2006	5729	5208
2011年会计准则	Accounting Standards of 2011	520	477
其他会计准则	Other Accounting Standards		
按企业资质等级分	**Grouped by Qualification Criteria**		
一级	First Grade	2667	2649
三级及以下	Third Grade and Below	3582	3036

continued

(10 000yuan)

主营业务成本 Costs of Principal Business	营业税金及附加 Business Taxes and Other Charges	主营业务税金及附加 Taxes and Other Charges on Principal Business	销售费用 Sale Costs	管理费用 Management Costs	税金 Taxes	财务费用 Financial Costs	营业利润 Business Profits	利润总额 Total Profits
5663	**52**	**52**	**1**	**463**	**3**	**7**	**147**	**115**
2632	8	8	1	111	1	5	–66	–67
2890	18	18	1	133	1	5	–19	–54
2263	29	29		274	2		195	199
510	5	5		57		2	–29	–29
5663	52	52	1	463	3	7	147	115
4708	31	31		279	2		227	230
4708	31	31		279	2		227	230
955	21	21	1	185	2	7	–80	–115
955	21	21	1	185	2	7	–80	–115
3028	9	9	1	192	1	7	–93	–128
2635	43	43		271	2		240	243
2635	43	43		271	2		240	243
5663	52	52	1	463	3	7	147	115
5663	52	52	1	463	3	7	147	115
5186	47	47	1	338	3	5	178	180
477	5	5		118		2	–24	–58
				7			–7	–7
2632	8	8	1	111	1	5	–66	–67
3031	44	44		353	2	2	213	182

7-17 续表2

单位:万元 (2015)

指 标	Item	应付职工薪酬（本年贷方累计发生额）Deal with Wages（volume of gredit side）
总 计	**Total**	**1413**
#一、二级企业	First and Second Grade	335
按辖区分	**Grouped by County**	
兴庆区	Xingqing	132
西夏区	Xixia	599
金凤区	Jinfeng	682
按登记注册类型分	**Grouped by Status of Registration**	
内资企业	Domestic Funded	1413
有限责任公司	Limited Liabilities Corporations	581
其他有限责任公司	Other Limited Liabilities Corporations	581
私营企业	Private Enterprises	832
私营有限责任公司	Private Limited Liabilities Corporations	832
按国民经济行业分	**Grouped by Sector**	
房屋建筑业	Building and Civil Engineering	764
建筑安装业	Construction Installation	649
管道和设备安装	Piping and Equipment Installation	649
按控股情况分	**Grouped by Controlling Stake**	
国有控股	State-owned	
私人控股	Private	1413
按营业状态分	**Grouped by Operating Status**	
营业	Operating	1413
按会计准则分	**Grouped by Accounting Standards**	
2006年会计准则	Accounting Standards of 2006	730
2011年会计准则	Accounting Standards of 2011	678
其他会计准则	Other Accounting Standards	4
按企业资质等级分	**Grouped by Qualification Criteria**	
一级	First Grade	335
三级及以下	Third Grade and Below	1078

continued

(10 000yuan)

全部从业人员平均人数(人) Average Number of Total Persons Employed(person)	期末从业人员数(人) Number of Employed Persons (person)		
		工程技术人员 Engineering Persons	现场施工人员 Site Construction Persons
867	**164**	**28**	**63**
721	111	18	30
685	38	8	7
19	19	4	8
163	107	16	48
867	164	28	63
653	16	2	8
653	16	2	8
214	148	26	55
214	148	26	55
841	136	22	49
26	28	6	14
26	28	6	14
867	164	28	63
867	164	28	63
706	64	9	27
155	94	18	36
6	6	1	
721	111	18	30
146	53	10	33

7—18　建筑业总承包资质等级一、二级企业名单

Construction Industry List by Contracted Qualification Criteria with First or Secord Grade

（2015）

单位名称 Unit Name	行业类别 Sectors	注册类型 Registration Type	资质等级 Qualification Criteria	企业规模 Scale Enterprises
宁夏建工集团有限公司	房屋建筑业	国有独资公司	房屋建筑工程特级	大型
宁夏第一建筑公司	房屋建筑业	国有企业	建筑工程一级	大型
宁夏第二建筑有限公司	房屋建筑业	国有独资公司	建筑工程一级	大型
宁夏电力建设工程公司	架线及设备工程建筑	国有企业	电力工程一级	大型
宁夏路桥工程股份有限公司	公路工程建筑	股份有限公司	公路工程一级	大型
宁夏煤炭基本建设有限公司	房屋建筑业	国有独资公司	房屋建筑工程一级	大型
宁夏永建建筑工程有限公司	房屋建筑业	私营有限责任公司	房屋建筑工程二级	大型
斯伦贝谢长和油田工程有限公司	工矿工程建筑	中外合资经营企业	化工石油工程二级	大型
宁夏回族自治区水利水电工程局	水源及供水设施工程建筑	国有企业	水利水电工程一级	中型
宁夏第五建筑公司	房屋建筑业	国有企业	建筑工程一级	中型
宁夏住宅建设工程有限公司	房屋建筑业	私营有限责任公司	建筑工程一级	中型
银川三建工程有限责任公司	房屋建筑业	私营有限责任公司	房屋建筑工程一级	中型
宁夏正丰建筑工程有限公司	房屋建筑业	其他有限责任公司	房屋建筑工程一级	中型
宁夏恺元建筑有限公司	房屋建筑业	私营有限责任公司	房屋建筑工程一级	中型
银川第一市政工程有限责任公司	市政道路工程建筑	私营有限责任公司	市政公用工程一级	中型
银川第二市政工程有限责任公司	市政道路工程建筑	私营有限责任公司	市政公用工程一级	中型
宁夏方圆建设工程有限公司	市政道路工程建筑	私营有限责任公司	市政公用工程一级	中型
宁夏农垦建设实业总公司	房屋建筑业	国有企业	建筑工程二级	中型
灵武市建筑工程公司	房屋建筑业	集体企业	建筑工程二级	中型
宁夏恒基建筑安装工程有限公司	房屋建筑业	私营有限责任公司	建筑工程二级	中型
宁夏石油化工建设有限公司	房屋建筑业	私营有限责任公司	建筑工程二级	中型
宁夏陆磐建筑工程有限公司	房屋建筑业	私营有限责任公司	建筑工程二级	中型
宁夏华宇建设工程有限公司	房屋建筑业	私营有限责任公司	建筑工程二级	中型
银川市第一建筑工程有限责任公司	房屋建筑业	私营有限责任公司	建筑工程二级	中型
宁夏盛泰龙建筑有限公司	房屋建筑业	私营有限责任公司	建筑工程二级	中型
宁夏灵隆建设集团有限责任公司	房屋建筑业	私营有限责任公司	建筑工程二级	中型
宁夏德达建筑安装工程有限公司	房屋建筑业	私营有限责任公司	建筑工程二级	中型
宁夏忠仁建设工程有限公司	房屋建筑业	私营有限责任公司	建筑工程二级	中型
宁夏凯田建筑工程有限公司	房屋建筑业	私营有限责任公司	建筑工程二级	中型
宁夏天筑建筑工程有限公司	房屋建筑业	私营有限责任公司	建筑工程二级	中型
宁夏瑞泽建筑安装工程有限公司	房屋建筑业	私营有限责任公司	建筑工程二级	中型
宁夏铭龙建设有限公司	房屋建筑业	私营有限责任公司	建筑工程二级	中型
宁夏华建建筑有限责任公司	房屋建筑业	私营有限责任公司	建筑工程二级	中型
宁夏圣特建筑安装工程有限公司	房屋建筑业	私营有限责任公司	建筑工程二级	中型
银川聚仁建筑工程有限公司	房屋建筑业	私营有限责任公司	建筑工程二级	中型
宁夏浩泞建筑工程有限公司	房屋建筑业	私营有限责任公司	建筑工程二级	中型
宁夏嘉屋建设工程有限公司	房屋建筑业	私营有限责任公司	建筑工程二级	中型
宁夏众鑫鹏建筑工程有限责任公司	房屋建筑业	私营有限责任公司	建筑工程二级	中型
宁夏百力德建筑工程有限公司	房屋建筑业	私营有限责任公司	建筑工程二级	中型
宁夏灵武市第六建筑安装工程有限公司	房屋建筑业	私营有限责任公司	建筑工程二级	中型
宁夏银晨建筑工程有限公司	房屋建筑业	私营有限责任公司	建筑工程二级	中型
宁夏庆元建设实业有限公司	房屋建筑业	私营有限责任公司	建筑工程二级	中型

7-18 续表 1 continued

单位名称 Unit Name	行业类别 Sectors	注册类型 Registration Type	资质等级 Qualification Griteria	企业规模 Scale Enterprises
宁夏北方彩新建工集团股份有限公司	房屋建筑业	私营股份有限公司	建筑工程二级	中型
宁夏万通建设工程有限公司	房屋建筑业	其他有限责任公司	建筑工程二级	中型
银川城建集团工程有限公司	房屋建筑业	其他有限责任公司	建筑工程二级	中型
宁夏回族自治区新圣基建筑工程有限公司	房屋建筑业	其他有限责任公司	建筑工程二级	中型
宁夏卓越建筑安装工程有限公司	房屋建筑业	其他有限责任公司	建筑工程二级	中型
宁夏对外建设总公司	房屋建筑业	国有企业	房屋建筑工程二级	中型
宁夏长城集团建筑工程有限责任公司	房屋建筑业	私营有限责任公司	房屋建筑工程二级	中型
宁夏功达建筑工程有限责任公司	房屋建筑业	私营有限责任公司	房屋建筑工程二级	中型
宁夏宁东建设集团有限公司	房屋建筑业	私营有限责任公司	房屋建筑工程二级	中型
宁夏兴亚建筑工程有限公司	房屋建筑业	私营有限责任公司	房屋建筑工程二级	中型
宁夏成城建设集团有限公司	房屋建筑业	私营有限责任公司	房屋建筑工程二级	中型
宁夏科强建筑安装有限公司	房屋建筑业	私营有限责任公司	房屋建筑工程二级	中型
宁夏大捷建设工程有限公司	房屋建筑业	私营有限责任公司	房屋建筑工程二级	中型
宁夏浩林建筑安装工程有限公司	房屋建筑业	私营有限责任公司	房屋建筑工程二级	中型
宁夏吉运建筑安装有限公司	房屋建筑业	其他有限责任公司	房屋建筑工程二级	中型
宁夏众一建设工程有限公司	房屋建筑业	其他有限责任公司	房屋建筑工程二级	中型
宁夏路昊公路工程有限公司	公路工程建筑	私营有限责任公司	公路工程二级	中型
宁夏路捷建设集团有限公司	公路工程建筑	私营有限责任公司	公路工程二级	中型
宁夏鑫源建设工程有限公司	市政道路工程建筑	私营有限责任公司	市政公用工程二级	中型
宁夏中远工程建设有限公司	市政道路工程建筑	私营有限责任公司	市政公用工程二级	中型
银川中铁水务集团市政工程有限公司	市政道路工程建筑	国有独资公司	市政公用工程二级	中型
银川市成通建设工程有限公司	市政道路工程建筑	私营有限责任公司	市政公用工程二级	中型
银川市市政建设工程有限责任公司	市政道路工程建筑	私营有限责任公司	市政公用工程二级	中型
宁夏诚畅建设工程有限公司	市政道路工程建筑	私营有限责任公司	市政公用工程二级	中型
宁夏赐鑫建筑工程有限公司	市政道路工程建筑	其他有限责任公司	市政公用工程二级	中型
宁夏视通建设发展有限公司	市政道路工程建筑	私营有限责任公司	市政公用工程二级	中型
宁夏天基伟业建设工程有限公司	市政道路工程建筑	私营有限责任公司	市政公用工程二级	中型
宁夏万嘉市政建设工程有限公司	市政道路工程建筑	私营有限责任公司	市政公用工程一级	中型
宁夏灵州建设安装集团有限公司	水源及供水设施工程建筑	私营有限责任公司	水利水电工程二级	中型
宁夏天信建设发展有限责任公司	架线及设备工程建筑	其他有限责任公司	电力工程二级	中型
宁夏圣峰建筑工程有限公司	房屋建筑业	私营有限责任公司	建筑工程二级	小型
宁夏顺城建设有限公司	房屋建筑业	私营有限责任公司	建筑工程二级	小型
宁夏英利达建筑工程有限公司	房屋建筑业	私营有限责任公司	建筑工程二级	小型
宁夏回族自治区建设工程有限公司	房屋建筑业	私营有限责任公司	建筑工程二级	小型
宁夏新月建筑有限公司	房屋建筑业	私营有限责任公司	建筑工程二级	小型
宁夏固本建筑有限公司	房屋建筑业	私营有限责任公司	建筑工程二级	小型
宁夏天易建筑工程有限公司	房屋建筑业	私营有限责任公司	建筑工程二级	小型
宁夏吉兴达建筑工程有限公司	房屋建筑业	私营有限责任公司	建筑工程二级	小型
宁夏恒远达建筑工程有限公司	房屋建筑业	私营有限责任公司	建筑工程二级	小型
宁夏坤隆建设工程有限公司	房屋建筑业	私营有限责任公司	建筑工程二级	小型
宁夏振新达建筑工程有限公司	房屋建筑业	私营有限责任公司	建筑工程二级	小型

7-18 续表 2 continued

单位名称 Unit Name	行业类别 Sectors	注册类型 Registration Type	资质等级 Qualification Griteria	企业规模 Scale Enterprises
宁夏鹏晨建设工程有限公司	房屋建筑业	私营有限责任公司	建筑工程二级	小型
宁夏岭夏建设工程有限公司	房屋建筑业	私营有限责任公司	建筑工程二级	小型
宁夏佳凯建筑工程有限公司	房屋建筑业	私营有限责任公司	建筑工程二级	小型
宁夏海山佳盛建设工程有限公司	房屋建筑业	私营有限责任公司	建筑工程二级	小型
宁夏宏斌建筑工程有限公司	房屋建筑业	私营有限责任公司	建筑工程二级	小型
宁夏宁房建筑工程有限公司	房屋建筑业	私营有限责任公司	建筑工程二级	小型
宁夏建昌建筑实业有限公司	房屋建筑业	私营有限责任公司	建筑工程二级	小型
宁夏长银建设工程有限公司	房屋建筑业	私营有限责任公司	建筑工程二级	小型
宁夏业通建设工程有限公司	房屋建筑业	私营有限责任公司	建筑工程二级	小型
宁夏亘利建筑工程有限公司	房屋建筑业	私营有限责任公司	建筑工程二级	小型
宁夏永刚建筑工程有限公司	房屋建筑业	其他有限责任公司	建筑工程二级	小型
宁夏励诚建设工程有限公司	房屋建筑业	私营有限责任公司	建筑工程二级	小型
宁夏年丰建筑工程有限公司	房屋建筑业	私营有限责任公司	建筑工程二级	小型
宁夏伊丰建设工程有限公司	房屋建筑业	私营有限责任公司	房屋建筑工程二级	小型
宁夏斯达建筑工程有限公司	房屋建筑业	私营有限责任公司	房屋建筑工程二级	小型
中电投宁夏能源铝业建设工程有限公司	房屋建筑业	国有独资公司	房屋建筑工程二级	小型
宁夏长河伟业建筑工程有限公司	房屋建筑业	私营有限责任公司	房屋建筑工程二级	小型
宁夏嘉源建筑有限公司	房屋建筑业	国有独资公司	房屋建筑工程二级	小型
宁夏威翔建筑工程有限公司	房屋建筑业	私营有限责任公司	房屋建筑工程二级	小型
宁夏隆洋建筑实业有限公司	房屋建筑业	私营有限责任公司	房屋建筑工程二级	小型
宁夏合泰建设工程有限公司	房屋建筑业	私营有限责任公司	房屋建筑工程二级	小型
宁夏大方建筑工程有限公司	房屋建筑业	私营有限责任公司	房屋建筑工程二级	小型
宁夏诚捷祥建设工程有限公司	市政道路工程建筑	私营有限责任公司	市政公用工程二级	小型
宁夏政柏建设工程有限公司	市政道路工程建筑	私营有限责任公司	市政公用工程二级	小型
银川天宏实业有限公司	市政道路工程建筑	私营有限责任公司	市政公用工程二级	小型
宁夏建宏道路有限公司	市政道路工程建筑	其他有限责任公司	市政公用工程二级	小型
宁夏凯珠机械化工程有限公司	市政道路工程建筑	私营有限责任公司	市政公用工程二级	小型
宁夏晨洋公路工程有限公司	市政道路工程建筑	私营有限责任公司	市政公用工程二级	小型
宁夏宁化安装检修厂	工矿工程建筑	国有企业	化工石油工程二级	小型
宁夏长中建筑安装工程有限公司	工矿工程建筑	私营有限责任公司	化工石油工程二级	小型
核工业宁夏工程公司	工矿工程建筑	国有企业	矿山工程二级	小型
宁夏天宏爆破有限公司	工矿工程建筑	私营有限责任公司	矿山工程二级	小型
宁夏中新能电力建设有限公司	架线及设备工程建筑	私营有限责任公司	电力工程二级	小型
宁夏捷运通信工程建设有限公司	电气安装	私营有限责任公司	通信工程二级	小型
宁夏银隆建筑工程有限公司	房屋建筑业	私营有限责任公司	建筑工程二级	微型
宁夏天拓石油建设工程有限公司	房屋建筑业	私营有限责任公司	建筑工程二级	微型
宁夏宁鑫建设工程有限公司	房屋建筑业	私营有限责任公司	建筑工程二级	微型
宁夏可泰建筑工程有限责任公司	房屋建筑业	私营有限责任公司	建筑工程二级	微型
银川市郊区第二建筑有限公司	房屋建筑业	私营有限责任公司	房屋建筑工程二级	微型
宁夏华鹏建设集团有限公司	房屋建筑业	私营有限责任公司	房屋建筑工程二级	微型
银川市万兴隆建筑工程有限公司	房屋建筑业	私营有限责任公司	房屋建筑工程二级	微型

7—19 建筑业专业承包资质等级一、二级企业名单

Construction Industry List by Professional Contractor Qualification Criteria with First or Secord Grade

（2015）

单位名称 Unit Name	行业类别 Sectors	注册类型 Registration Type	资质等级 Qualification Criteria	企业规模 Scale Enterprises
宁夏煤炭勘察工程公司	房屋建筑业	国有企业	地基与基础工程二级	中型
宁夏建工集团装饰工程有限公司	建筑装饰业	其他有限责任公司	建筑装修装饰工程一级	中型
宁夏凯田装饰设计工程有限公司	房屋建筑业	私营有限责任公司	建筑幕墙工程一级	中型
宁夏天净元光电力有限公司	架线及管道工程建筑	其他有限责任公司	送变电工程二级	中型
宁夏坤承电力工程有限公司	架线及管道工程建筑	私营有限责任公司	送变电工程二级	中型
宁夏伊斯兰地质工程公司	房屋建筑业	国有企业	地基与基础工程一级	小型
宁夏古月建筑装饰工程有限公司	建筑装饰业	私营有限责任公司	建筑装修装饰工程一级	小型
宁夏鑫吉海医疗工程有限公司	建筑装饰业	私营有限责任公司	建筑装修装饰工程一级	小型
宁夏昊能电力有限公司	架线及管道工程建筑	私营有限责任公司	输变电工程一级	小型
宁夏通信建设公司	电气安装	国有企业	电信工程一级	小型
宁夏夯中岩土工程有限公司	房屋建筑业	私营有限责任公司	地基基础工程二级	小型
宁夏地质工程勘察院	房屋建筑业	国有企业	地基与基础工程二级	小型
宁夏大力岩土工程公司	房屋建筑业	国有企业	地基与基础工程二级	小型
宁夏基础工程有限公司	房屋建筑业	其他有限责任公司	地基与基础工程二级	小型
宁夏夯利地基有限责任公司	房屋建筑业	私营有限责任公司	地基与基础工程二级	小型
宁夏建工岩土工程有限公司	房屋建筑业	国有独资公司	地基与基础工程二级	小型
宁夏天邦装饰工程有限公司	建筑装饰业	私营有限责任公司	建筑装修装饰工程二级	小型
银川中房建设装饰有限公司	建筑装饰业	私营有限责任公司	建筑装修装饰工程二级	小型
银川市民政福利建筑装饰有限公司	建筑装饰业	私营有限责任公司	建筑装修装饰工程二级	小型
宁夏建筑设计装饰工程有限公司	建筑装饰业	其他有限责任公司	建筑装修装饰工程二级	小型
宁夏元泰装饰工程有限公司	建筑装饰业	私营有限责任公司	建筑装修装饰工程二级	小型
宁夏中联装饰工程有限公司	建筑装饰业	私营有限责任公司	建筑装修装饰工程二级	小型
宁夏生美装饰工程有限公司	建筑装饰业	私营有限责任公司	建筑装修装饰工程二级	小型
宁夏三维空间装饰设计工程有限公司	建筑装饰业	私营有限责任公司	建筑装修装饰工程二级	小型
宁夏鑫北装饰有限公司	建筑装饰业	私营有限责任公司	建筑装修装饰工程二级	小型
银川汇达建筑装饰工程有限公司	建筑装饰业	私营有限责任公司	建筑装修装饰工程二级	小型
宁夏新三星建设工程有限公司	建筑装饰业	私营有限责任公司	建筑装修装饰工程二级	小型
宁夏鑫翔建设集团股份有限公司	建筑装饰业	私营有限责任公司	建筑装修装饰工程二级	小型
宁夏信誉建筑装饰工程有限公司	建筑装饰业	私营有限责任公司	建筑装修装饰工程二级	小型
宁夏百韧广告装饰工程有限公司	建筑装饰业	私营有限责任公司	建筑装修装饰工程二级	小型
银川新形象装饰设计工程有限公司	建筑装饰业	私营有限责任公司	建筑装修装饰工程二级	小型
宁夏恒亚制造安装有限公司	建筑装饰业	其他有限责任公司	建筑装修装饰工程二级	小型
宁夏僖泰装饰工程有限公司	建筑装饰业	私营有限责任公司	建筑装修装饰工程二级	小型
深装华南(宁夏)建筑装饰工程有限公司	建筑装饰业	私营有限责任公司	建筑装修装饰工程二级	小型
宁夏鸿日建筑幕墙装饰有限公司	房屋建筑业	私营有限责任公司	建筑幕墙工程二级	小型
宁夏优泰消防安全工程有限公司	电气安装	私营有限责任公司	消防设施工程二级	小型
宁夏安消消防设施工程有限公司	电气安装	私营有限责任公司	消防设施工程二级	小型
宁夏众邦消防工程有限公司	电气安装	私营有限责任公司	消防设施工程二级	小型
宁夏众安消防安全工程有限公司	电气安装	私营有限责任公司	消防设施工程二级	小型
宁夏宁电消防设备有限公司	电气安装	私营有限责任公司	消防设施工程二级	小型
宁夏久安消防工程有限公司	电气安装	私营有限责任公司	消防设施工程二级	小型
宁夏众辰安全技术有限公司	电气安装	私营有限责任公司	消防设施工程二级	小型
宁夏隆泰华消防工程有限公司	电气安装	私营有限责任公司	消防设施工程二级	小型

7-19 续表 continued

单位名称 Unit Name	行业类别 Sectors	注册类型 Registration Type	资质等级 Qualification Griteria	企业规模 Scale Enterprises
宁夏恒创设备安装工程有限公司	电气安装	其他有限责任公司	消防设施工程二级	小型
宁夏住宅康克建材科技工程有限公司	其他土木工程建筑	其他有限责任公司	防水防腐保温工程二级	小型
宁夏荣之桓建筑门窗工程有限公司	房屋建筑业	私营有限责任公司	金属门窗工程二级	小型
宁夏爆破公司	建筑物拆除活动	国有企业	爆破与拆除工程二级	小型
宁夏奇文安全系统工程有限公司	电气安装	私营有限责任公司	电子与智能化工程二级	小型
宁夏嘉宁科技实业有限公司	电气安装	私营有限责任公司	电子与智能化工程二级	小型
宁夏安正科贸有限公司	电气安装	私营有限责任公司	电子与智能化工程二级	小型
银川市福林科技有限公司	电气安装	私营有限责任公司	电子与智能化工程二级	小型
宁夏亚视电子科技有限公司	电气安装	私营有限责任公司	建筑智能化工程二级	小型
宁夏中移通信技术工程有限公司	电气安装	国有独资公司	电信工程二级	小型
宁夏怡达公路工程有限公司	公路工程建筑	私营有限责任公司	公路路面工程二级	小型
银川龙成实业有限公司	管道工程建筑	其他有限责任公司	化工石油设备管道安装工程二级	小型
银川裕华工程有限公司	架线及管道工程建筑	私营有限责任公司	城市及道路照明工程二级	小型
宁夏有色地质工程公司	工矿工程建筑	国有企业	能源、矿产和水源钻井工程二级	小型
宁夏矿业开发公司	工矿工程建筑	国有企业	能源、矿产和水源钻井工程二级	小型
银川市兴盈钻井工程有限公司	其他土木工程建筑	私营有限责任公司	能源、矿产和水源钻井工程二级	小型
宁夏大地地质勘查有限责任公司	其他土木工程建筑	国有独资公司	能源、矿产和水源钻井工程二级	小型
宁夏建筑科学研究院有限公司	房屋建筑业	私营有限责任公司	地基基础工程二级	微型
宁夏三昌建筑装饰工程有限公司	建筑装饰业	私营有限责任公司	建筑装修装饰工程二级	微型
宁夏爱华建筑装饰工程有限公司	建筑装饰业	私营有限责任公司	建筑装修装饰工程一级	微型
银川市城市规划设计研究院装饰工程有限公司	建筑装饰业	私营有限责任公司	建筑装修装饰工程二级	微型
银川市金利装饰发展有限公司	建筑装饰业	私营有限责任公司	建筑装修装饰工程二级	微型
宁夏乾坤广告装潢设计有限公司	建筑装饰业	私营有限责任公司	建筑装修装饰工程二级	微型
宁夏西美装饰工程有限公司	建筑装饰业	私营有限责任公司	建筑装修装饰工程二级	微型
宁夏新银迪建筑装饰工程有限公司	建筑装饰业	私营有限责任公司	建筑装修装饰工程二级	微型
宁夏舜豪建筑装饰工程有限公司	建筑装饰业	私营有限责任公司	建筑装修装饰工程二级	微型
宁夏金利马建筑装饰工程有限公司	建筑装饰业	私营有限责任公司	建筑装修装饰工程二级	微型
宁夏通锦建筑装饰有限公司	建筑装饰业	私营有限责任公司	建筑装修装饰工程二级	微型
宁夏北方时空建筑装饰工程有限公司	建筑装饰业	私营有限责任公司	建筑装修装饰工程二级	微型
宁夏华利建筑装饰有限公司	建筑装饰业	私营有限责任公司	建筑装修装饰工程二级	微型
宁夏红鼎盛建设工程有限公司	房屋建筑业	私营有限责任公司	建筑幕墙工程二级	微型
银川金辉建筑装饰工程有限公司	房屋建筑业	私营有限责任公司	建筑幕墙工程二级	微型
宁夏龙津消防工程有限公司	电气安装	私营有限责任公司	消防设施工程二级	微型
宁夏仁昊建设工程有限公司	电气安装	私营有限责任公司	消防设施工程二级	微型
宁夏欣安消防工程有限公司	电气安装	私营有限责任公司	消防设施工程二级	微型
宁夏易兴建设工程有限公司	电气安装	私营有限责任公司	消防设施工程二级	微型
宁夏丰亨环保消防工程有限公司	电气安装	私营有限责任公司	消防设施工程二级	微型
宁夏高力安装工程有限公司	电气安装	私营有限责任公司	消防设施工程二级	微型
宁夏安邦智能科技有限公司	电气安装	私营有限责任公司	消防设施工程二级	微型
宁夏昊瑞城建筑工程有限公司	房屋建筑业	私营有限责任公司	金属门窗工程二级	微型
宁夏新锐达视讯有限公司	电气安装	私营有限责任公司	电子与智能化工程二级	微型
宁夏佳邦建筑智能化工程有限公司	电气安装	私营有限责任公司	电子与智能化工程二级	微型
宁夏银庆工贸有限公司	电气安装	私营有限责任公司	电子工程二级	微型

主要统计指标解释

【建筑业统计单位】 指从事房屋、构筑物建造和设备安装活动的法人企业。建筑业法人企业应同时具备的条件是：1. 依法成立，有自己的名称、组织机构和场所，能够承担民事责任；2. 独立拥有和使用资产，承担负债，有权与其他单位签订合同；3. 独立核算盈亏，能够编制资产负债表。统计范围是具有建筑业资质等级的独立核算的总承包、专业承包和劳务分包企业。

【年末自有施工机械设备总台数】 指年末本企业（或单位）自有的直接用于工程施工的各种机械设备的台数。但不包括附属辅助生产机械设备、运输设备、生产试验机械设备的台数。

【年末自有施工机械设备总功率】 指年末本企业（或单位）自有的直接用于工程施工的各种机械设备年末总功率，按设定能力或查定能力计算。包括施工机械本身的动力和为该机械服务的单独动力设备，如电动机等。但不包括附属辅助生产机械设备、运输机械设备、生产试验机械设备的功率。计算单位用千瓦，动力换算可按1马力=0.735千瓦折合成千瓦数。电焊机、变压器、锅炉不计算动力。

【建筑业总产值】 是以货币表现的建筑业企业在一定时期内生产的建筑业产品和服务的总和。建筑业总产值包括三部分内容：

（1）建筑工程产值：指列入建筑工程预算内的各种工程价值。

（2）安装工程产值：指设备安装工程价值，不包括被安装设备本身价值。

（3）其他产值：建筑业总产值中除建筑工程、安装工程以外的产值。包括房屋构筑物修理产值、非标准设备制造产值、总包企业向分包企业收取的管理费以及不能明确划分的施工活动所完成的产值。

【工程结算收入】 指本企业承包工程实现的工程价款结算收入以及向发包单位收取的除工程价款以外的按规定列作营业收入的各种款项，如临时设施费、劳动保险费、施工机构调迁费等以及向发包单位收取的各种索赔款。

【建筑业增加值】 是建筑业企业在报告期内以货币表现的建筑业生产经营活动的最终成果。目前建筑业增加值采用分配法（收入法）计算，即从收入的角度出发，根据生产要素在生产过程中应得的收入份额计算。具体计算公式是：

建筑业增加值=本年提取的固定资产折旧+本年应付工资总额+本年应付福利费+管理费中的税金、劳动待业保险金+工程结算税金及附加+营业利润

【工程结算利润】 指已结算工程实现的利润。如亏损以“–”号表示。计算公式为：

工程结算利润=工程结算收入–工程结算成本–销售费用–工程结算税金及附加。

【企业总收入】 指与企业生产经营直接有关的各项收入，包括工程结算收入和其他业务收入。计算公式为：

企业总收入=工程结算收入+其他业务收入

【房屋建筑施工面积】 指在报告期内施过工的全部房屋建筑面积，它包括本期新开工的房屋面积、上期施工跨入本期继续施工的房屋面积、上期停缓建在本期恢复施工的房屋面积、本期竣工的房屋面积以及本期施工后又停缓建的房屋面积。

【房屋建筑竣工面积】 指在报告期内房屋建筑按照设计要求已全部完工，达到了住人和使用条件，经检查验收鉴定合格，正式移交使用单位的房屋建筑面积。

【从事建筑业活动的平均人数】 指建筑业企业（或单位）报告期实际拥有的、与建筑施工活动有关的平均人数，包括参加本企业（或单位）建筑施工活动的非本企业（或单位）人员，但不包括企业内部社会服务性机构的人员以及由本企业支付工资但所从事的工作与本企业生产基本无关的人员。

8 交通运输与邮电

Transport, Postal and Telecommunication Services

8—1 主要年份交通运输业主要经济指标

Major Economic Indicators of Transport Conveyance in Main Years

年份 Year	载客汽车年末拥有量(辆) Number of Passenger Vehicles at Year-end (unit)	载货汽车年末拥有量(辆) Number of Truck at Year-end (unit)	公路客运量(万人) Passenger Traffic of Highways (10 000 persons)	公路客运周转量(万人公里) Passenger-kilometers of Highways (10 000 person-km)	公路货运量(万吨) Freight Traffic of Highways (10 000 tons)	公路货运周转量(万吨公里) Freight Ton-kilometers of Highways (10 000 ton-km)
1978	227	1028	185	12436	441	17512
1979	230	1083	162	10980	476	11429
1980	1225	3647	189	15004	469	10284
1981	1448	3668	265	14477	266	8391
1982	1488	3718	340	18282	284	10400
1983	1719	3154	344	20421	319	12018
1984	2030	3583	400	22801	292	12851
1985	2840	4791	529	30601	645	30305
1986	2838	4778	653	35965	672	29367
1987	3028	5152	815	41344	688	38034
1988	3313	5380	879	48898	649	37890
1989	3789	6023	1154	54764	646	36800
1990	4422	7532	1095	49564	685	36796
1991	4794	7913	1329	54133	735	40943
1992	5285	8533	1396	56210	862	46592
1993	5991	9306	1324	57166	960	56678
1994	6908	10068	1405	62297	957	58098
1995	7921	11387	1784	74634	1083	59637
1996	9754	12627	2057	82712	1103	62332
1997	13025	13819	2196	94080	1125	66804
1998	15393	15408	2396	106437	1210	78994
1999	17687	17353	2118	117973	1157	159830
2000	19286	17825	2457	134031	1422	170906
2001	21002	19278	2526	144234	1504	168145
2002	23395	17963	2672	152435	1600	190162
2003	27499	25117	1974	124815	1897	211205
2004	27928	24570	2240	142166	2013	216448
2005	28852	31253	2468	160420	2149	232092
2006	48154	28130	2475	162024	2170	235412
2007	56514	28035	2601	173365	2261	247417
2008	76417	35092	2775	187408	2428	263994
2009	106290	45953	2498	216942	9433	1257876
2010	133293	54316	2682	231846	10244	1347185
2011	206527	73279	2926	251785	11473	1498070
2012	267539	86579	3201	279481	12976	1728042
2013	328567	99235	2818	251389	14520	1604415
2014	391035	107336	3366	303176	15314	1643428
2015	460883	106105	3602	318396	10656	1370800

8—2 主要年份邮电业主要经济指标

Major Economic Indicators of Post and Telecommunication Services in Main Years

年份 Year	邮电业务总量（万元）Business Volume of Postal and Telecommunication（10 000 yuan）	函件（万件）Number of Letters（10 000 pcs）	包件（万件）Number of Packages（10 000 pcs）	年末本地固定电话用户（户）Number of Telephone Subscribers（household）	# 住宅电话 Residence	移动电话用户期末数（户）Number of Mobile Telephone Subscribers（household）	上网用户（户）Number of Internet Users（household）
1978	183	413	7.4	2622			
1979	188	546	7.6	2717			
1980	200	603	7.4	3303			
1981	289	652	7.3	3498			
1982	310	674	6.9	3742			
1983	343	651	7.1	4230			
1984	377	636	11.3	5036			
1985	465	897	8.5	5738			
1986	532	949	9.8	6721			
1987	606	1001	9.5	7007			
1988	789	969	11.3	9003			
1989	998	934	10.2	10610			
1990	2307	976	9	12178			
1991	2953	1153	7	14036			
1992	3798	1086	8.5	16572			
1993	5800	1292	13	29502			
1994	8199	1225	9	49742	26509	2495	
1995	12967	1296	10	81657	55094	4740	
1996	18352	1356	11	108910	80450	8053	
1997	25225	1098	11	130056	95776	15457	
1998	37400	1090	11	160444	126770	31935	
1999	57015	1098	12.6	187467	150534	52902	
2000	72997	1213	15	260162	171586	107817	21102
2001	116008	1685	15.1	329612	185834	197215	47456
2002	130389	134	18.3	402525	214230	327112	116364
2003	150294	59	20.3	457690	246919	580460	150238
2004	199442	44	21.3	541000	253133	705009	181568
2005	218200	649	20.4	615000	267000	856800	221700
2006	246431	1964	17.5	572300	258030	1035800	108600
2007	280632	1132	18.2	535100	260900	1248600	114000
2008	326375	942	15	536835	259688	1226000	116410
2009	360200	1830	15.8	628400	302800	1469700	197400
2010	431880	1281	15.5	677691	339035	1821558	241946
2011	264017	600	17.1	495652	374830	2428721	307117
2012	293125	828	16.6	508069	402494	3102341	339593
2013	366108	655	17.3	509774	419314	3428468	385854
2014	365423	581	15.6	532104	430248	3796484	440269
2015	374924	594	17.4	510721	410576	4377346	478321

8—3 全社会客货运输量

Traffic Volume of Passenger and Freight

（2015）

指 标	Item	客运量（万人）Passenger Traffic（10 000 persons）	客运周转量（万人公里）Passenger-kilometers（10 000 person-km）	货运量（万吨）Freight Traffic（10 000 tons）	货运周转量（万吨公里）Freight Tonkilometers（10 000 ton-km）
公路运输	Highways	3602.00	318396	10656	1370800
民航运输	Civil Aviation	256.00	373786	1.26	2037

8—4 机动车拥有量

Ownership Volume of Motor Vehicle

单位:辆　　（2015）　　（unit）

指 标	Item	合 计 Total	# 个人 Personal	# 营运 Service	# 公交客运 Bus	# 出租客运 Taxi
总 计	**Total**	**669190**	**604080**	**83590**	**2419**	**5545**
汽车	Automotive	578906	517707	73986	2419	5545
载客汽车	Passenger Vehicles	460883	420961	10429	2405	5543
大型	Large-scale	4751	129	3505	2292	1
中型	Medium-sized	2757	1031	569	103	1
小型	Small-scale	448607	415386	6355	10	5541
微型	Miniature	4768	4433			
载货汽车	Truck	106105	87828	55928		
重型	Heavy	16146	9702	15642		
中型	Medium-sized	3967	3490	3631		
轻型	Lightweight	85506	74210	36228		
微型	Miniature	483	426	367		
其它汽车	Others	11918	8918	7629	14	2
摩托车	Motorcycle	80696	80226	172		
普通	Ordinary	71298	70888	172		
轻便	Portable	9398	9338			
拖拉机	Tractor					
挂车	Trailer	9558	6147	9432		

8—5 邮政、电信业务量

指　标	Item	单　位	Unit	2006 年
邮电业务总量	Business Volume of Postal and Telecommunication	万元	10 000yuan	246431
# 邮政	Post	万元	10 000yuan	13495
包件	Number of Packages	万件	10 000 pcs	17.49
订销报纸累计份数	Number of Subscribed and Sold Newspapers Cumulative Copies	万份	10 000 copies	1584.41
订销杂志累计份数	Number of Subscribed and Sold Magazines Cumulative Copies	万份	10 000 copies	128.88
收寄特快专递	Pieces of Express Mail Services	万份	10 000 copies	33.42
市内电话年末到达户数	Number of Telephone Subscribers at Year-end	户	subscriber	572300
住宅电话	Household Telephone Subscribers	户	subscriber	263800
农村电话期末到达户数	Rural Fixed Telephone Subscribers at Year-end	户	subscriber	89250
公用电话	Public Telephone	部	set	42100
移动电话期末数	Number of Mobile Telephone Subscribers at Year-end	部	set	1035800
互联网用户	Number of Internet Users	户	subscriber	108600
邮政局、所总数	Total Number of Post and Spot	处	unit	387
邮政服务网点	Number of Postal Offices	处	unit	108
电信服务网点	Number of Telecommunication Offices	处	unit	279
本地网及接入网设备总容量	Broad Band Subscribers Capacity of Internet	门	line	842000
电话普及率	Popularization Rate of Telephone	部/百人	set/100persons	118.30
移动电话普及率	Popularization Rate of Mobile Telephone	部/百人	set/100persons	71.59

Business Volume of Post and Telecommunication Services

2007 年	2008 年	2009 年	2010 年	2011 年	2012 年	2013 年	2014 年	2015 年
280632	326375	360200	431880	264017	293125	366108	365423	460883
15857	15196	14187	15836	10845	12318	13264	12832	13454
18.20	15.04	15.84	15.51	17.06	16.60	17.30	15.60	17.40
2429	2064.12	2168.05	2319.77	2720.8	2857.79	3281.1	3190.9	3164.3
179.80	154.75	158.28	167.30	174.85	174.88	168.15	158.08	173.75
41.70	36.59	25.31	28.87	25.41	26.90	21.40	17.30	13.88
535100	536835	451966	677691	495652	508069	509774	526517	504364
260900	259688	291551	339035	374830	402494	419314	430231	411545
90620	84612	73722	71847	60679	54640	49212	43214	39203
43300	37960	48545	47987	45743	42611	41248	39785	35487
1248600	1226000	1634830	1821558	2428721	3102341	3428468	3796467	4377346
114000	116410	197386	241946	307117	339593	385854	440291	478321
410	412	498	536	614	555	542	680	674
160	107	115	105	98	97	97	106	106
250	305	383	431	516	458	445	426	474
845000	899770	891521	876060	901443	929538	937147	975216	993214
119.80	115.70	122.60	125.40	144.36	176.43	187.50	208.60	196.40
83.90	80.50	96.10	91.39	119.89	151.60	164.30	176.20	182.32

主要统计指标解释

【货(客)运量】 指在一定时期内,各种运输工具实际运送的货物(旅客)数量。货运按吨计算,客运按人计算。

【货物(旅客)周转量】 指在一定时期内,由各种运输工具运送的货物(旅客)数量与其相应运输距离的乘积之总和。计算公式为:

货物(旅客)周转量=∑货物(旅客)运输量×运输距离

【邮电业务总量】 即邮电专业产品量。邮电业务量按专业分类包括函件、机要文件、包裹、汇票、报刊发行、邮政快件、特快专递、邮政储蓄、集邮、公众电报、用户电报、传真、长途电话、出租电路、市话无线寻呼、移动电话、分组交换数据通信、出租代维等。

【移动电话用户】 指在邮电部门登记,通过移动电话交换机进入移动电话网、占有移动电话号码的电话用户,按实际办理登记手续进入邮电部门移动电话网的户数进行计算。一部(台)移动电话统计为一户。

【固定电话用户】 指在电信运营商营业网点办理开户登记手续并已接入固定电话网上,并按固定电话业务进行经营管理的全部电话用户。包括普通电话用户、公共电话用户、窄带综合业务数字网(N-ISDN)用户、智能网专用接入终端用户等。

【计算机互联网(INTERNET)用户】 计算机互联网是一个连接计算机网的网络,范围遍及全世界,包括局域网、城域网和广域网,旨在实现计算机资源共享。它分为两大类,一类是学术范围的非盈利的网络,另一类是商业性或非学术的网络。接入这个网络的用户,称为INTERNET用户。

9 内贸、外贸和旅游

Domestic Trade, Foreign Trade and Tourism

9—1 主要年份社会消费品零售总额分类情况

Total Retail Saled Values of Consumer Goods by Category in Main Years

单位:万元 （10 000yuan）

年份 Year	社会消费品零售总额 Total Retail Sales of Consumer Goods	按经济类型分 Grouped by Economic Type					按行业分 Grouped by Sector	
		国有经济 State-owned	集体经济 Collective-owned	个体经济 Individual	私营经济 Private	股份制经济 Share-holding	批发和零售业 Wholesale and Retail Trade	住宿和餐饮业 Hotels and Catering Services
1949	728	177		540			618	
1950	1128	335	69	711			860	66
1951	1601	468	99	1019			1245	75
1952	2080	616	172	1275			1555	90
1953	2588	678	297	1559			2024	94
1954	3131	906	516	1647			2604	139
1955	3101	994	524	1546			2672	115
1956	3505	1342	1046	963			2949	163
1957	3761	1384	1226	958			2968	164
1958	5098	2299	1925	455			4271	193
1959	7038	4537	2163	222			6520	331
1960	8007	5484	2460				7625	231
1961	7362	5211	2065				7271	256
1962	7079	5628	1225	83			6421	378
1963	6998	5354	1381	102			6319	375
1964	7059	5506	1404	46			6442	295
1965	7213	5575	1533	46			6610	286
1966	8193	6062	2111	5			7603	291
1967	7796	6136	1641	7			7435	250
1968	8324	6376	1928	10			7763	260
1969	8730	6616	2090	11			8231	275
1970	9857	7452	2375	14			9326	329
1971	10821	8254	2536	9			10354	352
1972	13137	9430	3370	12			12125	468
1973	13343	9738	3564	15			12709	484
1974	13933	10008	3778	10			13229	473
1975	14903	10766	3974	11			13963	559
1976	16050	11561	4328	18			15001	599
1977	16780	12039	4559	24			15628	577
1978	22581	14282	5963	40			18031	773
1979	26308	19110	6782	221			21049	885
1980	30622	22929	6924	417			24425	1066

9-1 续表 continued

单位:万元 (10 000yuan)

年 份 Year	社会消费品零售总额 Total Retail Sales of Consumer Goods	按经济类型分 Grouped by Economic Type					按行业分 Grouped by Sector	
		国有经济 State-owned	集体经济 Collective-owned	个体经济 Individual	私营经济 Private	股份制经济 Share-holding	批发和零售业 Wholesale and Retail Trade	住宿和餐饮业 Hotels and Catering Services
1981	34389	24324	8970	970			27137	1102
1982	39754	25835	12656	1243			31332	1436
1983	44007	27596	13924	2398			34590	1547
1984	52457	29743	15408	6932			41148	2104
1985	64364	36022	15084	12455			50945	2330
1986	74148	41250	18806	13215			59079	2499
1987	84158	43319	25144	14419			66184	3581
1988	106964	53149	32266	20370			84657	4406
1989	123437	61632	36472	23670			98072	4767
1990	135904	65184	36417	32575			107772	5487
1991	151126	71094	38439	39379			119229	6463
1992	173341	81822	43881	44707			136158	8091
1993	197262	93383	20010	50249	32864	382	181725	10960
1994	229350	106092	21929	61113	38550	1093	199277	23476
1995	306588	143211	29752	77665	52273	2715	267919	31548
1996	357052	158139	35227	90725	59843	11012	312164	36994
1997	396506	144521	32856	112897	63924	38925	346450	41993
1998	434333	138273	29095	131677	71097	56507	378256	47821
1999	471686	125797	23359	148339	86828	79256	408701	54567
2000	519939	111087	19636	175010	106822	99046	448299	63039
2001	567457	98044	17126	192152	118014	123542	486107	72563
2002	631580	88324	14679	225369	144302	149996	537957	85124
2003	719856	81502	12754	257501	165745	193922	611801	99806
2004	828554	78049	11349	299751	194872	236438	703023	117450
2005	954130	76948	11530	339585	231788	286559	809167	137023
2006	1107665	79711	10552	392046	405463	214033	941556	159583
2007	1317421	92843	11471	448567	510765	246667	1126913	184785
2008	1616499	97582	14296	522094	620487	349751	1370188	240549
2009	2042129	134824	11712	524427	629819	727251	1766161	272020
2010	2446470	86917	12848	574085	730708	994984	2131164	315306
2011	3116998	129041	14604	649466	851599	1469824	2737851	379147
2012	3569297	75602	15232	590872	1208496	1665508	3196050	373247
2013	4051813	70843	15741	725107	1085524	2117639	3655413	396400
2014	4454190	70801	19532	867631	1233817	2164136	4031619	422571
2015	4776287	47638	5893	1332987	1488606	1780833	4131980	644307

注:2009-2014年根据第三次全国经济普查口径对数据进行修订。

9—2 社会消费品零售总额

Total Retail Saled of Consumer Goods

单位:万元　　　　（2015）　　　　（10 000yuan）

指　标	Item	合计 Total	兴庆区 Xingqing	金凤区 jinfeng	西夏区 Xixia	永宁县 Yongning	贺兰县 Helan	灵武市 Lingwu
社会消费品零售总额	**Total Retail Sales of Consumer Goods**	**4776287**	**2314874**	**684973**	**226449**	**171851**	**1228860**	**149280**
按销售单位所在地分	**Grouped by Location**							
城镇	Town	4656253	2297516	675467	219901	155036	1184696	123637
#城区	Urban Area	3317470	2273178	674581	216002	16627	56131	80951
乡村	Country	120034	17357	9505	6548	16816	44164	25644
按登记注册类型分	**Grouped by Economic Type**							
国有经济	State- Owned	47638	38246	2363	2821	65	154	3990
集体经济	Cllective-Owned	5893	2210	2177	169	418	829	92
私营经济	Private	1488606	475025	152171	28136	40607	744703	47964
个体经济	Individual	1332987	778853	88398	75954	85903	234629	69249
股份制经济	Share-Holding	1780833	989679	432564	117237	44258	170602	26493
其他经济	Others	120329	30860	7299	2133	600	77944	1492
按行业分	**Grouped by Sector**							
批发业	Wholesale	613121	236406	179301	43860	56236	63467	33851
#限额以上	Above Norm	344397	89105	150048	38072	20312	16283	30577
零售业	Retail	3518859	1635965	438675	138666	91928	1118076	95549
#限额以上	Above Norm	2468094	1054820	382878	86639	20957	896646	26155
住宿业	Lodging Industry	47209	31266	10585	1496	152	2871	840
#限额以上	Above Norm	28889	18925	7449	406	50	1219	840
餐饮业	Catering Sevices	597098	411236	56412	42427	23536	44446	19041
#限额以上	Above Norm	43309	24946	8286	2116		7803	158

9—3 限额以上批发和零售业法人企业商品购进、销售、库存总额

单位:万元 (2015)

指 标	Item	法人企业数(个) Corporate Enterprises (unit)	商品购进额 Total Commodity Purchase
总 计	**Total**	**270**	**7123166**
兴庆区	Xingqing	83	1878027
西夏区	Xixia	25	511877
金凤区	Jinfeng	47	3182137
永宁县	Yongning	31	327057
贺兰县	Helan	69	808423
灵武市	Lingwu	15	415645
批发业	**Wholesale Trade**	**104**	**4698372**
按批发行业小类分	Grouped by Wholesale Industry Small Class		
农、林、牧产品批发	Wholesale of Agricultural, Forestry, Animal Husbandry Products	1	15425
谷物、豆及薯类批发	Wholesale of Grain, Bean and Potatoes	1	15425
食品、饮料及烟草制品批发	Wholesale of Food,Beverages and Tobacoos	9	671237
米、面制品及食用油批发	Wholesale of Rice,Flour and Edible Oil	2	5331
果品、蔬菜批发	Wholesale of Fruits and Vegetables	1	3855
肉、禽、蛋、奶及水产品批发	Wholesale of Meat and Aquatic Products	1	11236
盐及调味品批发	Wholesale of Salt and Condiments	1	4579
酒、饮料及茶叶批发	Wholesale of Beverages and tea	2	7455
烟草制品批发	Wholesale of Tobacoos	2	638780
纺织、服装及家庭用品批发	Wholesale of Textiles,Garments and Daily Consummer Aticles	2	15550
服装批发	Wholesale of Garments	1	4616
家用电器批发	Wholesale of Household Electrical Appliances	1	10935
文化、体育用品及器材批发	Wholesale of Cultural,Sports Goods Appliances and Equipments	2	27537
文具用品批发	Wholesale of Stationery	1	1557
图书批发	Wholesale of Books	1	25980
医药及医疗器材批发	Wholesale of Medicines and Medical Appliances	6	216410
西药批发	Wholesale of Western Medicine	4	187520
医疗用品及器材批发	Wholesale of Medical Supplies and Equipment	2	28890
矿产品、建材及化工产品批发	Wholesale of Mineral Products,Building Materials and Chemical Products	67	3638557
煤炭及制品批发	Wholesale of Coal and Related Products	5	125732
石油及制品批发	Wholesale of Petroleum and Related Products	11	3012408
金属及金属矿批发	Wholesale of Metallic mineral Products	44	404420
建材批发	Wholesale of Building Materials	1	4829
化肥批发	Wholesale of Chemical Fertilizer	4	50820
农药批发	Wholesale of Pesticide	1	8870
其他化工产品批发	Wholesale of Other Chemical Products	1	31479

Total Purchases,Sales and Stock of Enterprises above Designated Size of Wholesale and Retail Trades

(10 000yuan)

商品销售额 Total Commodity Sales Value	其中:通过公共网络实现的商品销售额 Commodity Sales Through Public Network	其中:使用银行卡支付的商品销售额 Commodity Sales Payed for by Bank Cards	批发额 Wholesale Value	零售额 Retail Value	其中:通过公共网络实现的商品零售额 Commodity Retail Value Through Public Network	期末商品库存额 Total Stock at Year-end	年末零售营业面积(平方米) Area of Retail Business at Year-end (sq.m)
8032715	**368335**	**1502874**	**5014935**	**3017780**	**25308**	**624469**	**1089823**
1937088	581	203648	801036	1136052		292397	393540
797197	734	75554	664765	132432		46425	45185
3512890	323428	408985	2807518	705372	6230	82006	313673
330710		3812	181568	149142		36213	179945
963491	14317	783542	85726	877765	9728	150768	93240
491339	29276	27333	474322	17018	9350	16660	64240
5301020	**333680**	**365602**	**4754556**	**546465**	**4756**	**180546**	**261448**
15603		15603	15603			2160	20000
15603		15603	15603			2160	20000
815846	308265	250074	815091	755		31430	2600
7082		4547	7082			1797	110
4693		4693	4693			4	200
15184			15184			565	500
8990			8990			1345	1000
7661		1278	6906	755		4717	790
772237	308265	239557	772237			23002	
27276	15609	22	22519	4756	4756	11909	580
15609	15609	22	10853	4756	4756	10008	80
11667			11667			1901	500
26257			26257			5110	5142
1612			1612			133	
24645			24645			4977	5142
221586		3260	101828	119758		18872	18935
192872		3260	73114	119758		15836	18470
28715			28715			3036	465
4071026	9073	84282	3678669	392357		88918	210415
131102	9073	6123	131089	14		1426	17627
3429110		77326	3046868	382242		31597	158546
414946			406852	8095		48493	8455
4871			4871			227	200
50725		833	48719	2007		6335	8487
8631			8631			840	17000
31640			31640			1	100

9-3 续表1

单位:万元 (2015)

指 标	Item	法人企业数(个) Corporate Enterprises (unit)	商品购进额 Total Commodity Purchase
机械设备、五金产品及电子产品批发	Wholesale of Machinery,Hardware and Electronic Equipment	15	50833
农业机械批发	Wholesale of Agriculture Machinary	2	13740
汽车批发	Wholesale of MotorVehicles	6	20429
电气设备批发	Wholesale of Electrical Equipment	3	6882
计算机、软件及辅助设备批发	Wholesale of Computer,Software and Assistant Aplliances	3	9534
其他机械设备及电子产品批发	Wholesale of Other Machinary and Electric Equipment	1	248
其他批发业	Other Wholesale	2	62823
再生物资回收与批发	Recovery and Wholesale of Recycled Materials	1	32931
其他未列明批发业	Other Wholesale Unlisted	1	29892
按登记注册类型分	Grouped By Registration Type		
内资企业	Domestic Funded Enterprises	104	4698372
国有企业	State-owned Enterprises	5	672142
有限责任公司	Limited Liability Corporations	31	920296
国有独资公司	State-owned Enterprises	1	108133
其他有限责任公司	Other Limited Liability Corporations	30	812163
股份有限公司	Share-holding Corporations Ltd.	7	2561972
私营企业	Private Enterprises	61	543962
私营独资企业	Private Owned Enterprises	1	3292
私营有限责任公司	Private Limited Liability Corporations	58	536117
私营股份有限公司	Private Share-holding Corporations Ltd.	2	4554
按控股情况分	Grouped By Controlling Stake		
国有控股	State-owned	17	3537138
集体控股	Collective-owned	1	39645
私人控股	Private	79	1057559
其他	Others	7	64030
按经营形式分	Grouped By Business Form		
独立门店	Indipendent Stores	88	1465410
连锁总店	Distributor Chain	1	329342
连锁门店	Chain Stores	2	209363
其他	Others	13	2694258
按单位规模分	Grouped By Unit Scale		
大型	large-scale	5	909385
中型	Medium-scale	30	3376138
小型	Small-scale	58	368830
微型	Miniature	11	44020
零售业	**Retail Trade**	**166**	**2424794**
按零售行业小类分	Grouped by Retail Trade Industry Small Class		
综合零售	Integrated Retail	17	716820
百货零售	Retail of General Merchandise	11	443341
超级市场零售	Retail of Supermarkets	3	271347
其他综合零售	Others	3	2132

continued

(10 000 yuan)

商品销售额 Total Commodity Sales Value	其中:通过公共网络实现的商品销售额 Commodity Sales Through Public Network	其中:使用银行卡支付的商品销售额 Commodity Sales Payed for by Bank Cards	批发额 Wholesale Value	零售额 Retail Value	其中:通过公共网络实现的商品零售额 Commodity Retail Value Through Public Network	期末商品库存额 Total Stock at Year-end	年末零售营业面积(平方米) Area of Retail Business at Year-end (sq.m)
60421		12362	31583	28839		19369	3631
14895				14895		1823	256
26761		12210	21334	5426		9353	2040
8742		152	4721	4020		7026	830
9761			5265	4497		1168	323
262			262				182
63006	734		63006			2778	145
33655	734		33655			1730	100
29350			29350			1048	45
5301020	333680	365602	4754556	546465	4756	180546	261448
810419	308265	244104	810419			30480	6197
1002104	734	20	875190	126914		55498	23666
110566			110566			625	
891539	734	20	764625	126914		54873	23666
2904192		17	2529803	374389		16081	156974
584304	24682	121461	539143	45162	4756	78488	74611
2953		833	2953			468	3400
575912	24682	115936	530750	45162	4756	78012	70611
5439		4693	5439			7	600
4040271	308265	244121	3545351	494920		60596	177244
39494			37519	1975		5001	4986
1155124	24682	121481	1105554	49571	4756	106571	78250
66132	734		66132			8378	968
1700681	332946	346760	1652640	48042	4756	122056	70417
365602			237053	128549		3552	55400
470986			225146	245840		11813	99991
2763751	734	18843	2639717	124034		43126	35640
1325809	308265	239557	831712	494097		27641	169291
3540284	16343	92953	3507876	32408	4756	76289	57969
385200	9073	33092	365240	19960		71416	32061
49728			49728			5199	2127
2731695	**34655**	**1137272**	**260380**	**2471315**	**20551**	**443923**	**828375**
785298		296125	2185	783113		152160	447274
451478		182547		451478		13168	220352
313396		101885	2185	311211		137605	197122
20425		11693		20425		1386	29800

9-3 续表2

单位:万元 (2015)

指 标	Item	法人企业数(个) Corporate Enterprises (unit)	商品购进额 Total Commodity Purchase
食品、饮料及烟草制品专门零售	Retail of Food,Beverages and Tobaccos	10	14979
粮油零售	Retail of Grain and Oil	1	906
果品、蔬菜零售	Retail of Fruits and Vegetables	2	4854
酒、饮料及茶叶零售	Retail of Wine,Beverages and Tea	5	5456
烟草制品零售	Retail of Tobacco Products	1	2715
其他食品零售	Retail of Other Food	1	1047
纺织、服装及日用品专门零售	Special Retail of Textiles,Garments and Daily Consumer Articles	4	15782
服装零售	Retail of Garments	2	8114
钟表、眼镜零售	Retail of Watches and Glasses	1	3453
其他日用品零售	Retail of Other Daily Consumer Articles	1	4215
文化、体育用品及器材专门零售	Retail of Culture,Sports Appliances and Equipments	8	28279
体育用品及器材零售	Retail of Sports Goods Appliances and Equipments	2	10124
图书、报刊零售	Retail of Books, Newspapers and Magazines	2	12782
珠宝首饰零售	Retail of Jewelery	1	2567
工艺美术品及收藏品零售	Retail of Arts ,Crafts and Collections	2	1939
其他文化用品零售	Retail of Other Culture Appliances	1	867
医药及医疗器材专门零售	Retail of Medicines and Medical Appliances	15	225183
药品零售	Retail of Drug	15	225183
汽车、摩托车、燃料及零配件专门零售	Retail of Motor Vehicles,Motorcycles,Fuel and Parts	92	1150394
汽车零售	Retail of Motor Vehicles	79	1091801
汽车零配件零售	Retail of Motor Vehicles and Parts	1	13830
机动车燃料零售	Retail of Motor Vehicles Fuel	12	44763
家用电器及电子产品专门零售	Special Retailof Household Electric Appliances and Electronic Products	16	266602
家用视听设备零售	Retail of Household Audio and Video Equipment	3	10635
日用家电设备零售	Retail of Household Electric Appliances	4	211492
计算机、软件及辅助设备零售	Retail of Computer,Software and Assistant Appliances	7	37606
通信设备零售	Retail of Communication Equipments	2	6869
五金、家具及室内装饰材料专门零售	Special Retail of Hardware,Furniture and Decoration Materials	3	2778
家具零售	Retail of Furniture	2	2778
其他室内装饰材料零售	Retail of Other Decoration Materials	1	
货摊、无店铺及其他零售业	Retail of Non-shop and Other Retails	1	3978
生活用燃料零售	Retail of Life Fuel	1	3978

continued

(10 000 yuan)

商品销售额 Total Commodity Sales Value	其中:通过公共网络实现的商品销售额 Commodity Sales Through Public Network	其中:使用银行卡支付的商品销售额 Commodity Sales Payed for by Bank Cards	批发额 Wholesale Value	零售额 Retail Value	其中:通过公共网络实现的商品零售额 Commodity Retail Value Through Public Network	期末商品库存额 Total Stock at Year-end	年末零售营业面积(平方米) Area of Retail Business at Year-end (sq.m)
16543	125	1971	1462	15080	75	7157	4360
759				759		446	300
5938		351	1040	4898		566	1200
6128	125	1620	262	5866	75	5159	860
2898				2898		736	1500
819			161	659		250	500
23464			5178	18286		14472	30328
11668				11668		7855	30040
6618				6618		4635	242
5178			5178			1983	46
26707	68	3205	2166	24541	250	12086	13383
9148		1000	1324	7824		3384	2254
12657		2009		12657		4901	10171
2104				2104		2675	208
2003	68	196	842	1161	250	870	600
795				795		256	150
267843			137164	130679		24706	39123
267843			137164	130679		24706	39123
1334361	28483	813640	73339	1261022	14247	195556	108859
1267411	23889	802550	58452	1208959	9653	190162	79383
12129		9521	566	11564		4135	300
54821	4594	1570	14321	40500	4594	1259	29176
260410	5980	18432	38886	221524	5980	34554	71691
11534		6107	48	11486		517	8138
202631		12325	23824	178807		27000	59076
37604	5980		12327	25277	5980	6594	2746
8641			2687	5954		444	1731
10121		3899		10121		2372	111357
8579		2356		8579		1177	91367
1542		1542		1542		1194	19990
6948				6948		861	2000
6948				6948		861	2000

9-3 续表3

单位:万元　　　　　　　　　　　　　　　　　　　　　　　　　　　　　　　　（2015）

指　标	Item	法人企业数（个）Corporate Enterprises (unit)	商品购进额 Total Commodity Purchase
按登记注册类型分	Grouped By Registration Type		
内资企业	Domestic Funded Enterprises	163	2351003
国有企业	State-owned Enterprises	4	24035
集体企业	Collective-owned Enterprises	1	1630
有限责任公司	Limited Liability Corporations	49	942841
国有独资公司	State-owned Enterprises	1	3978
其他有限责任公司	Other Limited Liability Corporations	48	938863
股份有限公司	Share-holding Corporations Ltd.	2	337905
私营企业	Private Enterprises	107	1044592
私营有限责任公司	Private Limited Liability Corporations	107	1044592
港、澳、台商投资企业	Hong Kong, Macao and Taiwan Investment Enterprises	2	68691
与港澳台商合资经营企业	With the Joint Venture Enterprises from Hong Kong, Macao and Taiwan	1	42115
港澳台商独资企业	Hong Kong, Macao, Taiwan-Owned Enterprise	1	26576
外商投资企业	Foreign Funded Enterprises	1	5100
中外合资经营企业	Sino-foreign Joint Venture Enterprises	1	5100
按控股情况分	Grouped By Controlling Stake		
国有控股	State-owned	6	38088
集体控股	Collective-owned	1	1630
私人控股	Private	142	1429617
港澳台商控股	Holding from Hong Kong, Macao and Taiwan	2	68691
其他	Others	15	886768
按经营形式分	Grouped By Business Form		
独立门店	Indipendent Store	147	1849069
连锁总店	Distributor Chain	12	533525
连锁门店	Distributor Store	1	17608
其他	Others	6	24593
按单位规模分	Grouped By Unit Scale		
大型	Large-scale	5	794894
中型	Medium-scale	92	1390402
小型	Small-scale	60	231482
微型	Miniature	9	8017
按零售业态分	Grouped By Retail Formats		
有店铺零售	Have a Retail Store	160	2402210
超市	Supermarket	6	11441
大型超市	Hypermarket	6	518246
百货店	Department Store	10	390652
专业店	Speciality Store	44	470825
专卖店	Franchised Store	90	1009631
家居建材商店	Home Fureishing Materials Store	3	1327
厂家直销中心	Center of Manufacturer Direct Deal	1	87
无店铺零售	Non-store Retail	6	22584

continued

(10 000 yuan)

商品销售额 Total Commodity Sales Value	其中:通过公共网络实现的商品销售额 Commodity Sales Through Public Network	其中:使用银行卡支付的商品销售额 Commodity Sales Payed for by Bank Cards	批发额 Wholesale Value	零售额 Retail Value	其中:通过公共网络实现的商品零售额 Commodity Retail Value Through Public Network	期末商品库存额 Total Stock at Year-end	年末零售营业面积(平方米) Area of Retail Business at Year-end (sq.m)
2653591	34655	1066548	257054	2396538	20551	437646	827575
26003		2009		26003		5662	24471
1818				1818		31	300
1064378	15962	212797	152825	911553	5980	122746	466004
6948				6948		861	2000
1057431	15962	212797	152825	904606	5980	121885	464004
337583		163476		337583		9239	121958
1223810	18693	688267	104229	1119581	14572	299969	214842
1223810	18693	688267	104229	1119581	14572	299969	214842
70724		70724		70724		6276	500
40026		40026		40026		4506	300
30697		30697		30697		1770	200
7380			3326	4054		1	300
7380			3326	4054		1	300
42792		2009		42792		7713	26736
1818				1818		31	300
1667161	34655	786854	226600	1440561	20551	351115	442736
70724		70724		70724		6276	500
949201		277686	33780	915421		78789	358103
2099429	34655	1000786	213119	1886310	20551	366346	507990
588292		122598	32125	556167		74804	290015
17607		12325		17607		2	500
26367		1562	15136	11231		2771	29870
827043		265361	26009	801034		171992	365605
1640422	21472	778134	219398	1421024	11325	224272	369979
255485	13059	93778	13758	241727	9152	44941	90463
8745	125		1215	7531	75	2719	2328
2706982	34655	1135652	240228	2466754	20551	439527	818949
13404		558	1707	11697		1598	5131
549700		121468	26009	523691		170754	300445
421516		174450		421516		10518	230578
536375	4946	25269	154594	381781	4594	56643	102071
1178463	29585	812365	57867	1120595	15883	197630	72827
7399		1542		7399		2385	107657
125	125		50	75	75		240
24713		1620	20152	4561		4396	9426

9—4 限额以上批发和零售业法人企业商品分类销售额

单位:万元 (2015)

指 标	Item	销售额 Sales Value	批发额 Wholesale Value	零售额 Retail Value
总 计	**Total**	**8032715**	**5014935**	**3017780**
批发业	**Wholesale Trade**	**5301020**	**4754556**	**546465**
农、林、牧产品批发	Wholesale of Agricultural, Forestry, Animal Husbandry Products	15603	15603	
谷物、豆及薯类批发	Wholesale of Grain, Bean and Potatoes	15603	15603	
食品、饮料及烟草制品批发	Wholesale of Food,Beverages and Tobacoos	815846	815091	755
米、面制品及食用油批发	Wholesale of Rice,Flour and Edible Oil	7082	7082	
果品、蔬菜批发	Wholesale of Fruits and Vegetables	4693	4693	
肉、禽、蛋、奶及水产品批发	Wholesale of Meat and Aquatic Products	15184	15184	
盐及调味品批发	Wholesale of Salt and Condiments	8990	8990	
酒、饮料及茶叶批发	Wholesale of Beverages and tea	7661	6906	755
烟草制品批发	Wholesale of Tobacco Products	772237	772237	
纺织、服装及家庭用品批发	Wholesale of Textiles,Garments and Daily Consummer Aticles	27276	22519	4756
服装批发	Wholesale of Garments	15609	10853	4756
家用电器批发	Wholesale of Household Electrical Appliances	11667	11667	
文化、体育用品及器材批发	Wholesale of Cultural,Sports Goods Appliances and Equipments	26257	26257	
文具用品批发	Wholesale of Stationery	1612	1612	
图书批发	Wholesale of Books	24645	24645	
医药及医疗器材批发	Wholesale of Medicines and Medical Appliances	221586	101828	119758
西药批发	Wholesale of Western Medicine	192872	73114	119758
医疗用品及器材批发	Wholesale of Medical Supplies and Equipment	28715	28715	
矿产品、建材及化工产品批发	Wholesale of Mineral Products,Building Materials and Chemical Products	4071026	3678669	392357
煤炭及制品批发	Wholesale of Coal and Related Products	131102	131089	14
石油及制品批发	Wholesale of Petroleum and Related Products	3429110	3046868	382242
金属及金属矿批发	Wholesale of Metallic mineral Products	414946	406852	8095
建材批发	Wholesale of Building Materials	4871	4871	
化肥批发	Wholesale of Chemical Fertilizer	50725	48719	2007
农药批发	Wholesale of Pesticide	8631	8631	
其他化工产品批发	Wholesale of Other Chemical Products	31640	31640	
机械设备、五金产品及电子产品批发	Wholesale of Machinery,Hardware and Electronic Equipment	60421	31583	28839
农业机械批发	Wholesale of Agriculture Machinary	14895		14895
汽车批发	Wholesale of MotorVehicles	26761	21334	5426
电气设备批发	Wholesale of Electrical Equipment	8742	4721	4020
计算机、软件及辅助设备批发	Wholesale of Computer,Software and Assistant Aplliances	9761	5265	4497
其他机械设备及电子产品批发	Wholesale of Other Machinary and Electric Equipment	262	262	
其他批发业	Other Wholesale	63006	63006	
再生物资回收与批发	Recovery and Wholesale of Recycled Materials	33655	33655	
其他未列明批发业	Other Wholesale Unlisted	29350	29350	

Saled Values of Enterprises above Designated Size of Wholesale and Retail Trades by Category

(10 000yuan)

指 标	Item	销售额 Sales Value	批发额 Wholesale Value	零售额 Retail Value
零售业	**Retail Trade**	**2731695**	**260380**	**2471315**
综合零售	Integrated Retail	785298	2185	783113
百货零售	Retail of General Merchandise	451478		451478
超级市场零售	Retail of Supermarkets	313396	2185	311211
其他综合零售	Others	20425		20425
食品、饮料及烟草制品专门零售	Retail of Food,Beverages and Tobaccos	16543	1462	15080
粮油零售	Retail of Grainand Oil	759		759
果品、蔬菜零售	Retail of Fruitsand Vegetables	5938	1040	4898
酒、饮料及茶叶零售	Retail of Wine,Beveragesand Tea	6128	262	5866
烟草制品零售	Retail of Tobacco Products	2898		2898
其他食品零售	Retail of Other Food	819	161	659
纺织、服装及日用品专门零售	Special Retail of Textiles,Garments and Daily Consumer Articles	23464	5178	18286
服装零售	Retail of Garments	11668		11668
钟表、眼镜零售	Retail of Watches and Glasses	6618		6618
其他日用品零售	Retail of Other Daily Consumer Articles	5178	5178	
文化、体育用品及器材专门零售	Retail of Culture,Sports Appliances and Equipments	26707	2166	24541
体育用品及器材零售	Retail of Sports Goods Appliances and Equipments	9148	1324	7824
图书、报刊零售	Retail of Books,Newspapers and Magazines	12657		12657
珠宝首饰零售	Retail of Jewelery	2104		2104
工艺美术品及收藏品零售	Retail of Arts,Crafts and Collections	2003	842	1161
其他文化用品零售	Retail of Other Culture Appliances	795		795
医药及医疗器材专门零售	Retail of Medicines and Medical Appliances	267843	137164	130679
药品零售	Retail of Drug	267843	137164	130679
汽车、摩托车、燃料及零配件专门零售	Retail of Motor Vehicles,Motorcycles,Fueland Parts	1334361	73339	1261022
汽车零售	Retail of Motor Vehicles	1267411	58452	1208959
汽车零配件零售	Retail of Motor Vehicles and Parts	12129	566	11564
机动车燃料零售	Retail of Motor Vehicles Fuel	54821	14321	40500
家用电器及电子产品专门零售	Special Retailof Household Electric Appliances and Electronic Products	260410	38886	221524
家用视听设备零售	Retail of Household Audio and Video Equipment	11534	48	11486
日用家电设备零售	Retail of Household Electric Appliances	202631	23824	178807
计算机、软件及辅助设备零售	Retail of Computer,Software and Assistant Appliances	37604	12327	25277
通信设备零售	Retail of Communication Equipments	8641	2687	5954
五金、家具及室内装饰材料专门零售	Special Retail of Hardware,Furniture and Decoration Materials	10121		10121
家具零售	Retail of Furniture	8579		8579
其他室内装饰材料零售	Retail of Other Decoration Materials	1542		1542
货摊、无店铺及其他零售业	Retail of Non-shopand Other Retails	6948		6948
生活用燃料零售	Retail of Life Fuel	6948		6948

9—5 限额以上批发和零售业法人企业主要财务状况

单位：万元 （2015）

指标	Item	法人企业数(个) Number of Corporate (unit)
总计	**Total**	**270**
兴庆区	Xingqing	83
西夏区	Xixia	25
金凤区	Jinfeng	47
永宁县	Yongning	31
贺兰县	Helan	69
灵武市	Lingwu	15
批发业	**Wholesale Trade**	**104**
按批发行业小类分	Grouped by Wholesale Industry Small Class	
农、林、牧产品批发	Wholesale of Agricultural, Forestry, Animal Husbandry Products	1
谷物、豆及薯类批发	Wholesale of Grain, Bean and Potatoes	1
食品、饮料及烟草制品批发	Wholesale of Food,Beverages and Tobacoos	9
米、面制品及食用油批发	Wholesale of Rice,Flour and Edible Oil	2
果品、蔬菜批发	Wholesale of Fruits and Vegetables	1
肉、禽、蛋、奶及水产品批发	Wholesale of Meat and Aquatic Products	1
盐及调味品批发	Wholesale of Salt and Condiments	1
酒、饮料及茶叶批发	Wholesale of Beverages and tea	2
烟草制品批发	Wholesale of Tobacoos	2
纺织、服装及家庭用品批发	Wholesale of Textiles,Garments and Daily Consummer Aticles	2
服装批发	Wholesale of Garments	1
家用电器批发	Wholesale of Household Electrical Appliances	1
文化、体育用品及器材批发	Wholesale of Cultural,Sports Goods Appliances and Equipments	2
文具用品批发	Wholesale of Stationery	1
图书批发	Wholesale of Books	1
医药及医疗器材批发	Wholesale of Medicines and Medical Appliances	6
西药批发	Wholesale of Western Medicine	4
医疗用品及器材批发	Wholesale of Medical Supplies and Equipment	2
矿产品、建材及化工产品批发	Wholesale of Mineral Products,Building Materials and Chemical Products	67
煤炭及制品批发	Wholesale of Coal and Related Products	5
石油及制品批发	Wholesale of Petroleum and Related Products	11
金属及金属矿批发	Wholesale of Metallic mineral Products	44
建材批发	Wholesale of Building Materials	1
化肥批发	Wholesale of Chemical Fertilizer	4
农药批发	Wholesale of Pesticide	1
其他化工产品批发	Wholesale of Other Chemical Products	1

Financial Indicators of Wholesale and Retail by Enterprises above Designated Size

(10 000yuan)

年初存货 Invertory at Begining of Year	流动资产合计 Total Working Capitals	应收帐款 Accounts Receivable	存货 Stock
587801	**3066693**	**469883**	**536457**
192020	909740	165596	201482
55112	207774	75740	42646
116110	523914	127970	111926
21147	96148	17924	21408
175496	410990	38106	142979
27917	918126	44547	16017
223842	**1862854**	**260653**	**196987**
1414	4565	900	2160
1414	4565	900	2160
38400	167176	4464	41829
4081	5808	765	2871
26	2915	2202	4
8632	11269	945	10044
1405	6984	77	1191
3937	6708	460	4717
20320	133493	14	23002
19224	46367	20545	10797
17639	37973	20545	9178
1585	8394		1619
2842	17718	6261	2335
320	1362	80	117
2522	16356	6181	2218
12668	99929	55638	17280
11818	78555	47030	14474
850	21374	8608	2806
118017	1316449	114000	100008
1858	24650	11190	1262
36260	919073	19359	29033
71139	339377	69214	62519
948	5500	227	
7210	22821	13950	6353
601	2353	61	840
2	2677		1

9-5 续表1

单位:万元　　（2015）

指　标	Item	法人企业数(个) Number of Corporate (unit)
机械设备、五金产品及电子产品批发		15
农业机械批发	Wholesale of Agriculture Machinary	2
汽车批发	Wholesale of MotorVehicles	6
电气设备批发	Wholesale of Electrical Equipment	3
计算机、软件及辅助设备批发	Wholesale of Computer,Software and Assistant Aplliances	3
其他机械设备及电子产品批发	Wholesale of Other Machinary and Electric Equipment	1
其他批发业	Other Wholesale	2
再生物资回收与批发	Recovery and Wholesale of Recycled Materials	1
其他未列明批发业	Other Wholesale Unlisted	1
按登记注册类型分	Grouped By Registration Type	
内资企业	Domestic Funded Enterprises	104
国有企业	State-owned Enterprises	5
有限责任公司	Limited Liability Corporations	31
国有独资公司	State-owned Enterprises	1
其他有限责任公司	Other Limited Liability Corporations	30
股份有限公司	Share-holding Corporations Ltd.	7
私营企业	Private Enterprises	61
私营独资企业	Private Owned Enterprises	1
私营有限责任公司	Private Limited Liability Corporations	58
私营股份有限公司	Private Share-holding Corporations Ltd.	2
按控股情况分	Grouped By Controlling Stake	
国有控股	State-owned	17
集体控股	Collective-owned	1
私人控股	Private	79
其他	Others	7
按经营形式分	Grouped By Business Form	
独立门店	Indipendent Stores	88
连锁总店	Distributor Chain	1
连锁门店	Chain Stores	2
其他	Others	13
按单位规模分	Grouped By Unit Scale	
大型	large-scale	5
中型	Medium-scale	30
小型	Small-scale	58
微型	Miniature	11
零售业	**Retail Trade**	**166**
按零售行业小类分	Grouped by Retail Trade Industry Small Class	
综合零售	Integrated Retail	17
百货零售	Retail of General Merchandise	11
超级市场零售	Retail of Supermarkets	3
其他综合零售	Others	3
食品、饮料及烟草制品专门零售	Retail of Food,Beverages and Tobaccos	10
粮油零售	Retail of Grain and Oil	1

continued

(10 000 yuan)

年初存货 Invertory at Begining of Year	流动资产合计 Total Working Capitals	应收帐款 Accounts Receivable	存货 Stock
28318	73045	27271	19802
2045	6893	4041	1823
16488	28500	13039	9764
8210	35106	9612	7027
1575	2445	476	1188
	102	102	
2960	137604	31575	2778
2455	28724	26726	1730
505	108880	4849	1048
223842	1862854	260653	196987
26906	159650	6273	27607
45563	1086832	130314	38737
523	15078	5945	546
45040	1071753	124369	38191
14490	37549	404	12957
136883	578823	123663	117687
345	1624	237	468
136503	573430	121025	117211
35	3769	2401	7
54582	287340	58103	52634
5603	18451	13032	5001
153825	1495516	161226	130992
9832	61547	28291	8360
174280	1636067	184175	143003
8112	24703	134	6574
5458	10666	131	5771
35992	191418	76214	41639
21622	185672	40668	22838
91948	1285707	126684	81994
72134	281614	70441	57877
38137	109861	22860	34279
363960	**1203838**	**209230**	**339470**
49882	294053	61524	52953
13606	157774	1333	13181
35761	134133	60049	38554
515	2145	142	1218
5790	24125	2153	7042
309	962	231	450

9-5 续表2

单位:万元 (2015)

指 标	Item	法人企业数(个) Number of Corporate (unit)
果品、蔬菜零售	Retail of Fruits and Vegetables	2
酒、饮料及茶叶零售	Retail of Wine,Beverages and Tea	5
烟草制品零售	Retail of Tobacco Products	1
其他食品零售	Retail of Other Food	1
纺织、服装及日用品专门零售	Special Retail of Textiles,Garments and Daily Consumer Articles	4
服装零售	Retail of Garments	2
钟表、眼镜零售	Retail of Watches and Glasses	1
其他日用品零售	Retail of Other Daily Consumer Articles	1
文化、体育用品及器材专门零售	Retail of Culture,Sports Appliances and Equipments	8
体育用品及器材零售	Retail of Sports Goods Appliances and Equipments	2
图书、报刊零售	Retail of Books, Newspapers and Magazines	2
珠宝首饰零售	Retail of Jewelery	1
工艺美术品及收藏品零售	Retail of Arts ,Crafts and Collections	2
其他文化用品零售	Retail of Other Culture Appliances	1
医药及医疗器材专门零售	Retail of Medicines and Medical Appliances	15
药品零售	Retail of Drug	15
汽车、摩托车、燃料及零配件专门零售	Retail of Motor Vehicles,Motorcycles,Fuel and Parts	92
汽车零售	Retail of Motor Vehicles	79
汽车零配件零售	Retail of Motor Vehicles and Parts	1
机动车燃料零售	Retail of Motor Vehicles Fuel	12
家用电器及电子产品专门零售	Special Retailof Household Electric Appliances and Electronic Products	16
家用视听设备零售	Retail of Household Audio and Video Equipment	3
日用家电设备零售	Retail of Household Electric Appliances	4
计算机、软件及辅助设备零售	Retail of Computer,Software and Assistant Appliances	7
通信设备零售	Retail of Communication Equipments	2
五金、家具及室内装饰材料专门零售	Special Retail of Hardware,Furniture and Decoration Materials	3
家具零售	Retail of Furniture	2
其他室内装饰材料零售	Retail of Other Decoration Materials	1
货摊、无店铺及其他零售业	Retail of Non-shop and Other Retails	1
生活用燃料零售	Retail of Life Fuel	1
按登记注册类型分	Grouped By Registration Type	
内资企业	Domestic Funded Enterprises	163
国有企业	State-owned Enterprises	4

continued

(10 000 yuan)

年初存货 Invertory at Begining of Year	流动资产合计 Total Working Capitals	应收帐款 Accounts Receivable	存货 Stock
415	1360	135	565
4783	20503	1664	5149
283	877	9	629
	423	116	250
9655	17248	124	10598
4256	7910	14	4577
3986	4277	82	3986
1412	5062	28	2035
10038	20140	1383	12136
3316	5883	1	5015
3773	8827	492	3931
1891	2679		2286
390	1873	718	235
668	878	172	668
28473	148543	78573	22936
28473	148543	78573	22936
229142	574098	53183	194648
224914	531665	31322	189579
2063	6418	777	3702
2165	36015	21085	1368
29012	116677	10384	37029
877	3151	585	647
21134	83892	5147	30035
6574	27367	4426	5830
427	2267	226	517
1130	5922	1758	1362
1130	5820	1661	1357
	101	96	5
840	3034	150	767
840	3034	150	767
358435	1192021	208064	334141
4528	12505	727	4644

9-5 续表3

单位:万元　　　　　　　　　　　　　　　　　　　　　　　　　　　　(2015)

指 标	Item	法人企业数(个) Number of Corporate (unit)
集体企业	Collective-owned Enterprises	1
有限责任公司	Limited Liability Corporations	49
国有独资公司	State-owned Enterprises	1
其他有限责任公司	Other Limited Liability Corporations	48
股份有限公司	Share-holding Corporations Ltd.	2
私营企业	Private Enterprises	107
私营有限责任公司	Private Limited Liability Corporations	107
港、澳、台商投资企业	Hong Kong, Macao and Taiwan Investment Enterprises	2
与港澳台商合资经营企业	With the Joint Venture Enterprises from Hong Kong, Macao and Taiwan	1
港澳台商独资企业	Hong Kong, Macao, Taiwan-Owned Enterprise	1
外商投资企业	Foreign Funded Enterprises	1
中外合资经营企业	Sino-foreign Joint Venture Enterprises	1
按控股情况分	Grouped By Controlling Stake	
国有控股	State-owned	6
集体控股	Collective-owned	1
私人控股	Private	142
港澳台商控股	Holding from Hong Kong, Macao and Taiwan	2
其他	Others	15
按经营形式分	Grouped By Business Form	
独立门店	Indipendent Store	147
连锁总店	Distributor Chain	12
连锁门店	Distributor Store	1
其他	Others	6
按单位规模分	Grouped By Unit Scale	
大型	Large-scale	5
中型	Medium-scale	92
小型	Small-scale	60
微型	Miniature	9
按零售业态分	Grouped By Retail Formats	
有店铺零售	Have a Retail Store	160
超市	Supermarket	6
大型超市	Hypermarket	6
百货店	Department Store	10
专业店	Speciality Store	44
专卖店	Franchised Store	90
家居建材商店	Home Fureishing Materials Store	3
厂家直销中心	Center of Manufacturer Direct Deal	1
无店铺零售	Non-store Retail	6

continued

(10 000 yuan)

年初存货 Invertory at Begining of Year	流动资产合计 Total Working Capitals	应收帐款 Accounts Receivable	存货 Stock
15	208	43	31
115853	447180	142540	119505
840	3034	150	767
115014	444146	142390	118738
9238	134521	1191	9232
228801	597607	63563	200729
228801	597607	63563	200729
5433	10057	1026	5252
1479	5863	823	3739
3953	4194	204	1513
93	1761	140	78
93	1761	140	78
6064	18726	893	6333
15	208	43	31
279588	796971	136143	245831
5433	10057	1026	5252
72860	377876	71126	82024
296636	941135	125073	263053
64823	250510	76671	74944
11	461	252	1
2490	11733	7233	1473
63003	334073	64166	74445
227757	711087	132475	214809
70701	148814	11509	47133
2499	9864	1080	3084
358958	1186644	201568	335131
1756	4223	470	1792
61523	234025	63113	73175
6918	130716	1357	6787
76348	300904	105270	68194
211347	507761	30005	183958
1068	6099	1027	1225
	2917	326	
5002	17194	7662	4339

9-5 续表4

单位:万元 (2015)

指 标	Item	固定资产合计 Total Fixed Assets	固定资产原价 Original Value of Fixed Assets
总 计	**Total**	**369007**	**523839**
兴庆区	Xingqing	83220	133186
西夏区	Xixia	51273	83742
金凤区	Jinfeng	132410	183363
永宁县	Yongning	18842	10735
贺兰县	Helan	62759	86852
灵武市	Lingwu	20503	25960
批发业	**Wholesale Trade**	**199643**	**273099**
按批发行业小类分	Grouped by Wholesale Industry Small Class		
农、林、牧产品批发	Wholesale of Agricultural, Forestry, Animal Husbandry Products	1834	1976
谷物、豆及薯类批发	Wholesale of Grain, Bean and Potatoes	1834	1976
食品、饮料及烟草制品批发	Wholesale of Food,Beverages and Tobacoos	28099	49781
米、面制品及食用油批发	Wholesale of Rice,Flour and Edible Oil	4644	6296
果品、蔬菜批发	Wholesale of Fruits and Vegetables	1780	1710
肉、禽、蛋、奶及水产品批发	Wholesale of Meat and Aquatic Products	17231	27855
盐及调味品批发	Wholesale of Salt and Condiments	150	358
酒、饮料及茶叶批发	Wholesale of Beverages and tea	160	632
烟草制品批发	Wholesale of Tobacoos	4135	12931
纺织、服装及家庭用品批发	Wholesale of Textiles,Garments and Daily Consummer Aticles	9351	10600
服装批发	Wholesale of Garments	9346	10570
家用电器批发	Wholesale of Household Electrical Appliances	5	30
文化、体育用品及器材批发	Wholesale of Cultural,Sports Goods Appliances and Equipments	1558	3461
文具用品批发	Wholesale of Stationery	18	66
图书批发	Wholesale of Books	1539	3395
医药及医疗器材批发	Wholesale of Medicines and Medical Appliances	11483	13118
西药批发	Wholesale of Western Medicine	11394	12802
医疗用品及器材批发	Wholesale of Medical Supplies and Equipment	89	316
矿产品、建材及化工产品批发	Wholesale of Mineral Products,Building Materials and Chemical Products	142615	186671
煤炭及制品批发	Wholesale of Coal and Related Products	12902	17634
石油及制品批发	Wholesale of Petroleum and Related Products	115550	147421
金属及金属矿批发	Wholesale of Metallic mineral Products	6466	11317
建材批发	Wholesale of Building Materials	182	408
化肥批发	Wholesale of Chemical Fertilizer	5051	7095
农药批发	Wholesale of Pesticide	2463	2794
其他化工产品批发	Wholesale of Other Chemical Products	2	3

continued

(10 000 yuan)

累计折旧 Accumulated Depreciation	本年折旧 Depreciation This Year	在建工程 Construction in Process	资产总计 Total Assets	流动负债合计 Total Current Liabilities	应付账款 Accounts Payable	非流动负债合计 Totale of Non-current Liabilities
172394	**37225**	**114672**	**4219780**	**2944398**	**424010**	**197327**
52134	7416	42522	1381801	761568	202803	128636
34465	5538	5378	309499	222124	18574	5119
50954	11528	63429	868299	563629	121804	22658
5129	3218	211	194041	159986	4455	20
24093	8182	1900	525068	400359	41641	16536
5619	1343	1233	941071	836733	34732	24360
89184	**20258**	**85293**	**2529369**	**1779891**	**178667**	**155258**
142	26		6659	2041	11	
142	26		6659	2041	11	
21844	1719	20933	287793	48253	10128	179
1653	4	1702	12177	9084	422	−55
92	83	162	4696	2535	1792	
10624	739		28500	9050	285	
208	28		11878	4064	288	233
472	67		6868	5421		
8796	799	19069	223674	18099	7342	
1249	319		56335	33605	18341	
1224	313		47906	25389	17986	
25	6		8429	8216	355	
1904	190	648	28644	12584	8959	1027
48	7		1554	755	292	
1856	183	648	27090	11829	8667	1027
1636	317	1208	114627	91391	54187	28
1408	310	1205	93161	71383	49758	28
227	8	3	21466	20007	4428	
59168	17118	62048	1759654	1452497	43168	55758
4732	748		38207	16390	2517	
46982	14502	61905	1241166	1054483	16861	25195
4851	1425		431449	343465	23627	24758
226	52		5681	3769	1	
2044	310	142	35536	31137	94	5805
332	80		4936	1264	69	
1	1		2679	1990		

9-5 续表5

单位:万元 (2015)

指标	Item	固定资产合计 Total Fixed Assets	固定资产原价 Original Value of Fixed Assets
机械设备、五金产品及电子产品批发		2007	3711
农业机械批发	Wholesale of Agriculture Machinary	458	645
汽车批发	Wholesale of MotorVehicles	1012	1896
电气设备批发	Wholesale of Electrical Equipment	339	939
计算机、软件及辅助设备批发	Wholesale of Computer,Software and Assistant Aplliances	198	231
其他机械设备及电子产品批发	Wholesale of Other Machinary and Electric Equipment		
其他批发业	Other Wholesale	2696	3780
再生物资回收与批发	Recovery and Wholesale of Recycled Materials	63	119
其他未列明批发业	Other Wholesale Unlisted	2633	3661
按登记注册类型分	Grouped By Registration Type		
内资企业	Domestic Funded Enterprises	199643	273099
国有企业	State-owned Enterprises	10418	22804
有限责任公司	Limited Liability Corporations	32002	42052
国有独资公司	State-owned Enterprises	12276	16013
其他有限责任公司	Other Limited Liability Corporations	19726	26039
股份有限公司	Share-holding Corporations Ltd.	107532	129828
私营企业	Private Enterprises	49691	78415
私营独资企业	Private Owned Enterprises	396	464
私营有限责任公司	Private Limited Liability Corporations	47513	76237
私营股份有限公司	Private Share-holding Corporations Ltd.	1782	1714
按控股情况分	Grouped By Controlling Stake		
国有控股	State-owned	141519	180859
集体控股	Collective-owned	4553	5940
私人控股	Private	52351	84533
其他	Others	1220	1767
按经营形式分	Grouped By Business Form		
独立门店	Indipendent Stores	76342	122074
连锁总店	Distributor Chain	69132	83718
连锁门店	Chain Stores	37584	44991
其他	Others	16585	22316
按单位规模分	Grouped By Unit Scale		
大型	large-scale	120849	148686
中型	Medium-scale	61990	99850
小型	Small-scale	16682	23780
微型	Miniature	122	782
零售业	**Retail Trade**	**169364**	**250740**
按零售行业小类分	Grouped by Retail Trade Industry Small Class		
综合零售	Integrated Retail	36166	60369
百货零售	Retail of General Merchandise	11489	26514
超级市场零售	Retail of Supermarkets	24532	33638
其他综合零售	Others	145	217
食品、饮料及烟草制品专门零售	Retail of Food,Beverages and Tobaccos	2961	4467
粮油零售	Retail of Grain and Oil	424	713

continued

(10 000 yuan)

累计折旧 Accumulated Depreciation	本年折旧 Depreciation This Year	在建工程 Construction in Process	资产总计 Total Assets	流动负债合计 Total Current Liabilities	应付账款 Accounts Payable	非流动负债合计 Totale of Non-current Liabilities
2159	419	373	77597	72386	28834	899
187	36		8271	5716	3492	24
1340	321	373	31058	33129	8774	684
599	29		35478	31354	15337	
33	33		2687	1996	1115	
			102	191	115	191
1084	150	84	198060	67135	15040	97367
57	21		28794	17659	8994	
1028	129	84	169266	49476	6045	97367
89184	20258	85293	2529369	1779891	178667	155258
12386	1011	21419	271779	40053	16719	1206
10050	1567	1079	1145247	990745	80046	30193
3737	497		27997	7424	1285	
6313	1070	1079	1117250	983321	78761	30193
35498	13331	57475	335812	244084	2608	1027
31251	4349	5320	776531	505008	79293	122832
68	9		2020	458	79	
31089	4257	5158	768909	501958	77367	122832
94	83	162	5602	2592	1847	
52541	15087	79280	724444	357056	64694	2069
1387	307	142	29759	28226		4149
34710	4772	5871	1701960	1340962	103423	148848
547	92		73207	53647	10550	191
48259	6306	8749	1882711	1382711	115463	141145
14587	7275	56256	198594	108125	1276	255
20608	6002	1219	134189	134189		
5731	675	19069	313876	154865	61928	13857
41038	14013	57475	500071	304815	45180	283
37861	4896	24556	1547598	1088889	84653	128424
9626	1314	3263	346823	277798	37095	14659
660	34		134877	108388	11739	11891
83210	**16967**	**29379**	**1690411**	**1164508**	**245343**	**42070**
24203	1883	6854	490452	261443	87463	7525
15025	1117	3506	306018	138361	38605	25
9107	723	3348	182129	120791	47602	7500
72	43		2306	2292	1257	
1506	455	567	35941	24634	2106	1031
288	38		1542	658	543	28

9-5 续表6

单位:万元 (2015)

指 标	Item	固定资产合计 Total Fixed Assets	固定资产原价 Original Value of Fixed Assets
果品、蔬菜零售	Retail of Fruits and Vegetables	936	1238
酒、饮料及茶叶零售	Retail of Wine,Beverages and Tea	1486	2366
烟草制品零售	Retail of Tobacco Products	6	32
其他食品零售	Retail of Other Food	109	118
纺织、服装及日用品专门零售	Special Retail of Textiles,Garments and Daily Consumer Articles	1899	3429
服装零售	Retail of Garments	388	680
钟表、眼镜零售	Retail of Watches and Glasses	1030	1773
其他日用品零售	Retail of Other Daily Consumer Articles	481	976
文化、体育用品及器材专门零售	Retail of Culture,Sports Appliances and Equipments	6969	10026
体育用品及器材零售	Retail of Sports Goods Appliances and Equipments	103	289
图书、报刊零售	Retail of Books, Newspapers and Magazines	5511	8005
珠宝首饰零售	Retail of Jewelery	429	681
工艺美术品及收藏品零售	Retail of Arts ,Crafts and Collections	922	1048
其他文化用品零售	Retail of Other Culture Appliances	4	4
医药及医疗器材专门零售	Retail of Medicines and Medical Appliances	9318	14726
药品零售	Retail of Drug	9318	14726
汽车、摩托车、燃料及零配件专门零售	Retail of Motor Vehicles,Motorcycles,Fuel and Parts	103029	142679
汽车零售	Retail of Motor Vehicles	94703	126698
汽车零配件零售	Retail of Motor Vehicles and Parts	1307	1513
机动车燃料零售	Retail of Motor Vehicles Fuel	7019	14467
家用电器及电子产品专门零售	Special Retailof Household Electric Appliances and Electronic Products	6512	7967
家用视听设备零售	Retail of Household Audio and Video Equipment	46	112
日用家电设备零售	Retail of Household Electric Appliances	6092	7001
计算机、软件及辅助设备零售	Retail of Computer,Software and Assistant Appliances	317	581
通信设备零售	Retail of Communication Equipments	57	274
五金、家具及室内装饰材料专门零售	Special Retail of Hardware,Furniture and Decoration Materials	871	1922
家具零售	Retail of Furniture	858	1905
其他室内装饰材料零售	Retail of Other Decoration Materials	12	18
货摊、无店铺及其他零售业	Retail of Non-shop and Other Retails	1639	5155
生活用燃料零售	Retail of Life Fuel	1639	5155
按登记注册类型分	Grouped By Registration Type		
内资企业	Domestic Funded Enterprises	159695	236574
国有企业	State-owned Enterprises	6136	11206

continued

(10 000 yuan)

累计折旧 Accumulated Depreciation	本年折旧 Depreciation This Year	在建工程 Construction in Process	资产总计 Total Assets	流动负债合计 Total Current Liabilities	应付账款 Accounts Payable	非流动负债合计 Totale of Non-current Liabilities
302	105	5	2388	1115	623	
881	294	562	30595	22665	894	1003
26	8		885	43	11	
9	9		532	154	35	
1529	861	2209	27306	29637	4358	4075
292	64		12732	23063	2494	
744	744		5652	1222	419	1525
494	53	2209	8922	5352	1445	2550
3058	387	2202	29999	16203	8672	533
186	4	54	6007	2709	1228	233
2494	311	2148	16761	10300	6552	
251	22		3213	1457		
127	50		3126	948	566	300
			892	790	325	
5493	2221	2724	163709	132688	74709	1237
5493	2221	2724	163709	132688	74709	1237
41398	10720	14191	794870	598168	44207	26803
33708	9717	11711	734938	549166	38096	24674
207	81		7890	6101	153	6
7484	922	2480	52042	42901	5958	2123
1455	161	589	135767	90340	19597	865
66	1		3260	1870	607	
909	35		100748	64970	10163	865
264	102	589	29349	21829	8073	
217	24		2410	1670	755	
1052	52	41	6997	10007	3495	
1047	52		6883	7281	3276	
5		41	114	2726	219	
3516	228	3	5370	1388	738	
3516	228	3	5370	1388	738	
78714	16777	29378	1663895	1151419	241571	40511
5070	396	2148	21225	12699	8139	41

9-5 续表7

单位:万元 (2015)

指 标	Item	固定资产合计 Total Fixed Assets	固定资产原价 Original Value of Fixed Assets
集体企业	Collective-owned Enterprises	10	29
有限责任公司	Limited Liability Corporations	51882	77673
国有独资公司	State-owned Enterprises	1639	5155
其他有限责任公司	Other Limited Liability Corporations	50243	72518
股份有限公司	Share-holding Corporations Ltd.	9433	20366
私营企业	Private Enterprises	92234	127300
私营有限责任公司	Private Limited Liability Corporations	92234	127300
港、澳、台商投资企业	Hong Kong, Macao and Taiwan Investment Enterprises	8477	10430
与港澳台商合资经营企业	With the Joint Venture Enterprises from Hong Kong, Macao and Taiwan	7400	8901
港澳台商独资企业	Hong Kong, Macao, Taiwan-Owned Enterprise	1077	1529
外商投资企业	Foreign Funded Enterprises	1192	3736
中外合资经营企业	Sino-foreign Joint Venture Enterprises	1192	3736
按控股情况分	Grouped By Controlling Stake		
国有控股	State-owned	8046	16880
集体控股	Collective-owned	10	29
私人控股	Private	110180	158661
港澳台商控股	Holding from Hong Kong, Macao and Taiwan	8477	10430
其他	Others	42651	64741
按经营形式分	Grouped By Business Form		
独立门店	Indipendent Store	132208	200557
连锁总店	Distributor Chain	35877	47838
连锁门店	Distributor Store	51	238
其他	Others	1228	2106
按单位规模分	Grouped By Unit Scale		
大型	Large-scale	39100	59382
中型	Medium-scale	106687	157484
小型	Small-scale	22066	31420
微型	Miniature	1512	2454
按零售业态分	Grouped By Retail Formats		
有店铺零售	Have a Retail Store	167741	247763
超市	Supermarket	1063	1699
大型超市	Hypermarket	31791	41441
百货店	Department Store	10156	25355
专业店	Speciality Store	34464	58651
专卖店	Franchised Store	89713	119927
家居建材商店	Home Fureishing Materials Store	547	679
厂家直销中心	Center of Manufacturer Direct Deal	7	12
无店铺零售	Non-store Retail	1623	2977

continued

(10 000 yuan)

累计折旧 Accumulated Depreciation	本年折旧 Depreciation This Year	在建工程 Construction in Process	资产总计 Total Assets	流动负债合计 Total Current Liabilities	应付账款 Accounts Payable	非流动负债合计 Totale of Non-current Liabilities
19	3		218	248	243	
27499	4698	10762	571030	430865	140894	8951
3516	228	3	5370	1388	738	
23984	4470	10759	565659	429477	140156	8951
10933	765	3506	274025	111455	27264	
35192	10915	12961	797398	596152	65030	31520
35192	10915	12961	797398	596152	65030	31520
1953	150	2	23337	12865	3772	1558
1501		2	15259	8207	3475	1558
452	150		8078	4658	296	
2544	41		3178	223	1	
2544	41		3178	223	1	
8833	703	2151	30054	15921	10601	41
19	3		218	248	243	
48607	12730	15667	1046753	819311	130123	35159
1953	150	2	23337	12865	3772	1558
23798	3381	11560	590048	316162	100604	5312
70097	14637	22718	1345456	923984	151555	40439
12047	2064	6265	330426	229527	90393	893
187	19		986	−250	−597	
878	247	396	13543	11246	3992	738
20282	1372	6854	536390	277414	82810	8365
52592	13064	21540	942761	725865	146126	31830
9394	2344	678	199219	153056	15912	1609
942	188	308	12040	8173	496	265
81821	16645	26819	1667777	1149968	239492	38782
636	106	65	6208	4713	2711	20
9649	821	3348	308211	222026	71808	8365
15199	1112	3506	272904	105086	27605	25
25900	4074	17718	403413	316938	99607	4309
30300	10529	2141	667465	489651	37176	26063
131		41	6651	9598	585	
5	5		2925	1957		
1389	322	2561	22633	14539	5851	3288

9-5 续表8

单位:万元 (2015)

指 标	Item	负债合计 Total Liabilities
总 计	**Total**	**3139414**
兴庆区	Xingqing	887458
西夏区	Xixia	227091
金凤区	Jinfeng	586287
永宁县	Yongning	160593
贺兰县	Helan	416894
灵武市	Lingwu	861093
批发业	**Wholesale Trade**	**1922485**
按批发行业小类分	Grouped by Wholesale Industry Small Class	
农、林、牧产品批发	Wholesale of Agricultural, Forestry, Animal Husbandry Products	2041
谷物、豆及薯类批发	Wholesale of Grain, Bean and Potatoes	2041
食品、饮料及烟草制品批发	Wholesale of Food,Beverages and Tobacoos	48432
米、面制品及食用油批发	Wholesale of Rice,Flour and Edible Oil	9029
果品、蔬菜批发	Wholesale of Fruits and Vegetables	2536
肉、禽、蛋、奶及水产品批发	Wholesale of Meat and Aquatic Products	9050
盐及调味品批发	Wholesale of Salt and Condiments	4297
酒、饮料及茶叶批发	Wholesale of Beverages and tea	5421
烟草制品批发	Wholesale of Tobacoos	18099
纺织、服装及家庭用品批发	Wholesale of Textiles,Garments and Daily Consummer Aticles	33605
服装批发	Wholesale of Garments	25389
家用电器批发	Wholesale of Household Electrical Appliances	8216
文化、体育用品及器材批发	Wholesale of Cultural,Sports Goods Appliances and Equipments	13611
文具用品批发	Wholesale of Stationery	755
图书批发	Wholesale of Books	12856
医药及医疗器材批发	Wholesale of Medicines and Medical Appliances	91418
西药批发	Wholesale of Western Medicine	71411
医疗用品及器材批发	Wholesale of Medical Supplies and Equipment	20007
矿产品、建材及化工产品批发	Wholesale of Mineral Products,Building Materials and Chemical Products	1495783
煤炭及制品批发	Wholesale of Coal and Related Products	16390
石油及制品批发	Wholesale of Petroleum and Related Products	1079678
金属及金属矿批发	Wholesale of Metallic mineral Products	355751
建材批发	Wholesale of Building Materials	3769
化肥批发	Wholesale of Chemical Fertilizer	36942
农药批发	Wholesale of Pesticide	1264
其他化工产品批发	Wholesale of Other Chemical Products	1990

continued

(10 000 yuan)

所有者权益 Total Owners' Equities	实收资本 Paid-in Capitals	国家资本 State-owned Capitals	法人资本 Corporate Capitals	个人资本 Personal Capitals
1080365	**4452399**	**44520**	**4188436**	**200776**
494344	3983895	24098	3928960	28787
82408	93595	16683	45589	29343
282013	95330	3684	27263	53634
33448	46543	0	15000	31543
108174	111417	0	73422	34106
79978	121619	55	98201	23364
606884	**4187047**	**33041**	**4031376**	**120435**
4619	1000			1000
4619	1000			1000
239361	21401	9668	3471	8263
3148	3950	3750		200
2161	1902		1902	
19450	6963			6963
7581	3384	3384		
1447	1100			1100
205575	4103	2534	1569	
22730	20542		100	20442
22517	20442			20442
213	100		100	
15033	7509	7264		
799	500	255		
14234	7009	7009		
23209	11190		8800	2390
21749	9690		8300	1390
1459	1500		500	1000
263871	266394	16109	164290	84045
21818	16820	15430	1000	389
161488	126029	679	115150	10200
75698	116444		48140	68304
1912	2000			2000
-1406	3533			1583
3672	1000			1000
689	568			568

9-5 续表9

单位:万元 （2015）

指 标	Item	负债合计 Total Liabilities
机械设备、五金产品及电子产品批发		73094
农业机械批发	Wholesale of Agriculture Machinary	5740
汽车批发	Wholesale of MotorVehicles	33813
电气设备批发	Wholesale of Electrical Equipment	31354
计算机、软件及辅助设备批发	Wholesale of Computer,Software and Assistant Aplliances	1996
其他机械设备及电子产品批发	Wholesale of Other Machinary and Electric Equipment	191
其他批发业	Other Wholesale	164502
再生物资回收与批发	Recovery and Wholesale of Recycled Materials	17659
其他未列明批发业	Other Wholesale Unlisted	146842
按登记注册类型分	Grouped By Registration Type	
内资企业	Domestic Funded Enterprises	1922485
国有企业	State-owned Enterprises	41259
有限责任公司	Limited Liability Corporations	1020938
国有独资公司	State-owned Enterprises	7424
其他有限责任公司	Other Limited Liability Corporations	1013514
股份有限公司	Share-holding Corporations Ltd.	244920
私营企业	Private Enterprises	615369
私营独资企业	Private Owned Enterprises	458
私营有限责任公司	Private Limited Liability Corporations	612319
私营股份有限公司	Private Share-holding Corporations Ltd.	2592
按控股情况分	Grouped By Controlling Stake	
国有控股	State-owned	359125
集体控股	Collective-owned	32375
私人控股	Private	1477338
其他	Others	53647
按经营形式分	Grouped By Business Form	
独立门店	Indipendent Stores	1524443
连锁总店	Distributor Chain	108380
连锁门店	Chain Stores	134189
其他	Others	155473
按单位规模分	Grouped By Unit Scale	
大型	large-scale	305098
中型	Medium-scale	1217314
小型	Small-scale	279986
微型	Miniature	120088
零售业	**Retail Trade**	**1216929**
按零售行业小类分	Grouped by Retail Trade Industry Small Class	
综合零售	Integrated Retail	268969
百货零售	Retail of General Merchandise	138386
超级市场零售	Retail of Supermarkets	128291
其他综合零售	Others	2292
食品、饮料及烟草制品专门零售	Retail of Food,Beverages and Tobaccos	25665
粮油零售	Retail of Grain and Oil	685

continued

(10 000 yuan)

所有者权益 Total Owners' Equities	实收资本 Paid–in Capitals	国家资本 State–owned Capitals	法人资本 Corporate Capitals	个人资本 Personal Capitals
4503	3809010		3804715	4295
2531	1850		1850	
–2755	1004060		1002165	1895
4125	2802400		2800000	2400
691	650		650	
–90	50		50	
33559	50000		50000	
11135	10000		10000	
22424	40000		40000	
606884	4187047	33041	4031376	120435
230520	18246	16677	1569	
124309	180314	15685	144080	18353
20573	15430	15430		
103736	164883	255	144080	18353
90892	10829	679	10150	
161162	3977659		3875577	102082
1562	100			100
156590	3974797		3873675	101122
3010	2762		1902	860
365319	60955	33041	27669	
–2616	3150			1200
224622	4097112		3979477	117635
19559	25830		24230	1600
358268	4146803	30252	3999366	115235
90214	10100		10100	
158403	30144	2789	21910	5200
194973	19669		19669	
330284	243076	28358	167500	45269
66838	3896192	4684	3835857	55406
14789	28110		8350	19760
473481	**265352**	**11479**	**157060**	**80341**
221484	51346	807	36161	5178
167632	32901	807	31961	133
53838	16845		4200	3445
14	1600			1600
10276	8276	574	2066	5606
857	574	574		

9-5 续表10

单位：万元 （2015）

指 标	Item	负债合计 Total Liabilities
果品、蔬菜零售	Retail of Fruits and Vegetables	1115
酒、饮料及茶叶零售	Retail of Wine,Beverages and Tea	23668
烟草制品零售	Retail of Tobacco Products	43
其他食品零售	Retail of Other Food	154
纺织、服装及日用品专门零售	Special Retail of Textiles,Garments and Daily Consumer Articles	33712
服装零售	Retail of Garments	23063
钟表、眼镜零售	Retail of Watches and Glasses	2746
其他日用品零售	Retail of Other Daily Consumer Articles	7902
文化、体育用品及器材专门零售	Retail of Culture,Sports Appliances and Equipments	16737
体育用品及器材零售	Retail of Sports Goods Appliances and Equipments	2942
图书、报刊零售	Retail of Books, Newspapers and Magazines	10300
珠宝首饰零售	Retail of Jewelery	1457
工艺美术品及收藏品零售	Retail of Arts ,Crafts and Collections	1248
其他文化用品零售	Retail of Other Culture Appliances	790
医药及医疗器材专门零售	Retail of Medicines and Medical Appliances	133965
药品零售	Retail of Drug	133965
汽车、摩托车、燃料及零配件专门零售	Retail of Motor Vehicles,Motorcycles,Fuel and Parts	635283
汽车零售	Retail of Motor Vehicles	584152
汽车零配件零售	Retail of Motor Vehicles and Parts	6107
机动车燃料零售	Retail of Motor Vehicles Fuel	45024
家用电器及电子产品专门零售	Special Retailof Household Electric Appliances and Electronic Products	91205
家用视听设备零售	Retail of Household Audio and Video Equipment	1870
日用家电设备零售	Retail of Household Electric Appliances	65835
计算机、软件及辅助设备零售	Retail of Computer,Software and Assistant Appliances	21829
通信设备零售	Retail of Communication Equipments	1670
五金、家具及室内装饰材料专门零售	Special Retail of Hardware,Furniture and Decoration Materials	10007
家具零售	Retail of Furniture	7281
其他室内装饰材料零售	Retail of Other Decoration Materials	2726
货摊、无店铺及其他零售业	Retail of Non-shop and Other Retails	1388
生活用燃料零售	Retail of Life Fuel	1388
按登记注册类型分	Grouped By Registration Type	
内资企业	Domestic Funded Enterprises	1202282
国有企业	State-owned Enterprises	12740

continued

(10 000 yuan)

所有者权益 Total Owners' Equities	实收资本 Paid-in Capitals	国家资本 State-owned Capitals	法人资本 Corporate Capitals	个人资本 Personal Capitals
1273	1506		1506	
6928	5716		110	5576
841	450		450	
378	30			30
-6407	6462			5661
-10331	4300			4300
2905	1361			1361
1020	801			
13263	9273	4055	2837	2381
3065	2937		2837	100
6461	4055	4055		
1756	1501			1501
1878	678			678
102	102			102
29744	16009	230	9983	5796
29744	16009	230	9983	5796
159587	147743	1642	94743	44917
150786	137357	1342	89787	41468
1783	1750		1750	
7019	8636	300	3207	3449
44562	14973		10270	4703
1390	1531		1500	31
34913	6278		2320	3958
7520	6451		5900	551
739	713		550	163
-3010	7100		1000	6100
-398	7000		1000	6000
-2612	100			100
3983	4171	4171		
3983	4171	4171		
461613	253922	11179	151367	80341
8485	5436	5436		

9-5 续表11

单位:万元 (2015)

指 标	Item	负债合计 Total Liabilities
集体企业	Collective-owned Enterprises	248
有限责任公司	Limited Liability Corporations	439816
国有独资公司	State-owned Enterprises	1388
其他有限责任公司	Other Limited Liability Corporations	438428
股份有限公司	Share-holding Corporations Ltd.	111455
私营企业	Private Enterprises	638024
私营有限责任公司	Private Limited Liability Corporations	638024
港、澳、台商投资企业	Hong Kong, Macao and Taiwan Investment Enterprises	14424
与港澳台商合资经营企业	With the Joint Venture Enterprises from Hong Kong, Macao and Taiwan	9765
港澳台商独资企业	Hong Kong, Macao, Taiwan-Owned Enterprise	4658
外商投资企业	Foreign Funded Enterprises	223
中外合资经营企业	Sino-foreign Joint Venture Enterprises	223
按控股情况分	Grouped By Controlling Stake	
国有控股	State-owned	15962
集体控股	Collective-owned	248
私人控股	Private	864822
港澳台商控股	Holding from Hong Kong, Macao and Taiwan	14424
其他	Others	321474
按经营形式分	Grouped By Business Form	
独立门店	Indipendent Store	974735
连锁总店	Distributor Chain	230460
连锁门店	Distributor Store	-250
其他	Others	11984
按单位规模分	Grouped By Unit Scale	
大型	Large-scale	285780
中型	Medium-scale	757735
小型	Small-scale	164977
微型	Miniature	8438
按零售业态分	Grouped By Retail Formats	
有店铺零售	Have a Retail Store	1199102
超市	Supermarket	4733
大型超市	Hypermarket	230391
百货店	Department Store	105111
专业店	Speciality Store	331559
专卖店	Franchised Store	515754
家居建材商店	Home Fureishing Materials Store	9598
厂家直销中心	Center of Manufacturer Direct Deal	1957
无店铺零售	Non-store Retail	17827

continued

(10 000 yuan)

所有者权益 Total Owners' Equities	实收资本 Paid–in Capitals	国家资本 State–owned Capitals	法人资本 Corporate Capitals	个人资本 Personal Capitals
-30	1			
131214	71213	4401	34487	22162
3983	4171	4171		
127232	67042	230	34487	22162
162570	23563		23563	
159374	153709	1342	93316	58179
159374	153709	1342	93316	58179
8913	9383		5494	
5494	5494		5494	
3419	3889			
2955	2048	300	199	
2955	2048	300	199	
14092	9657	9657		
-30	1			
181932	195616	1822	116514	74830
8913	9383		5494	
268574	50696		35052	5511
370721	226439	7479	142708	69010
99967	33708	4000	9480	11028
1235	1820		1820	
1559	3385		3052	303
250611	40563		27763	3600
185026	169998	10800	93058	59031
34243	52377	679	34589	16947
3602	2413		1650	763
468675	261735	11479	155097	79518
1475	1581		1149	432
77820	23445		7200	7045
167794	33719	807	28812	4100
71854	53266	9993	29238	11483
151711	143023	679	88098	50358
-2947	6600		500	6100
968	100		100	
4806	3617		1963	823

9-5 续表12

单位:万元 (2015)

指 标	Item	营业收入 Total Revenue	主营业务收入 Revenue from Principal Business
总 计	**Total**	**7516756**	**7435221**
兴庆区	Xingqing	1758305	1732275
西夏区	Xixia	764890	755629
金凤区	Jinfeng	3411387	3384406
永宁县	Yongning	329027	320570
贺兰县	Helan	824931	818007
灵武市	Lingwu	428216	424334
批发业	**Wholesale Trade**	**5094708**	**5050785**
按批发行业小类分	Grouped by Wholesale Industry Small Class		
农、林、牧产品批发	Wholesale of Agricultural, Forestry, Animal Husbandry Products	15603	15603
谷物、豆及薯类批发	Wholesale of Grain, Bean and Potatoes	15603	15603
食品、饮料及烟草制品批发	Wholesale of Food,Beverages and Tobacoos	773240	772883
米、面制品及食用油批发	Wholesale of Rice,Flour and Edible Oil	7175	7082
果品、蔬菜批发	Wholesale of Fruits and Vegetables	4693	4693
肉、禽、蛋、奶及水产品批发	Wholesale of Meat and Aquatic Products	19615	19615
盐及调味品批发	Wholesale of Salt and Condiments	8036	7941
酒、饮料及茶叶批发	Wholesale of Beverages and tea	7661	7661
烟草制品批发	Wholesale of Tobacoos	726061	725893
纺织、服装及家庭用品批发	Wholesale of Textiles,Garments and Daily Consummer Aticles	25581	25580
服装批发	Wholesale of Garments	15609	15609
家用电器批发	Wholesale of Household Electrical Appliances	9972	9971
文化、体育用品及器材批发	Wholesale of Cultural,Sports Goods Appliances and Equipments	21716	21528
文具用品批发	Wholesale of Stationery	1378	1378
图书批发	Wholesale of Books	20339	20151
医药及医疗器材批发	Wholesale of Medicines and Medical Appliances	192126	192016
西药批发	Wholesale of Western Medicine	167297	167220
医疗用品及器材批发	Wholesale of Medical Supplies and Equipment	24829	24796
矿产品、建材及化工产品批发	Wholesale of Mineral Products,Building Materials and Chemical Products	3946001	3903578
煤炭及制品批发	Wholesale of Coal and Related Products	136211	132723
石油及制品批发	Wholesale of Petroleum and Related Products	3308450	3269933
金属及金属矿批发	Wholesale of Metallic mineral Products	411252	411020
建材批发	Wholesale of Building Materials	4163	4163
化肥批发	Wholesale of Chemical Fertilizer	50251	50064
农药批发	Wholesale of Pesticide	8631	8631
其他化工产品批发	Wholesale of Other Chemical Products	27043	27043

continued

(10 000 yuan)

营业成本 Business Costs	主营业务成本 Costs of Principal Business	营业税金及附加 Business Taxes and Other Charges	主营业务税金及附加 Taxes and Other Charges on Principal Business	其他业务利润 Profits from Other Businesses	销售费用 Selling Costs	管理费用 Management Costs	税金 Taxes
7041913	**6932797**	**42684**	**42191**	**40361**	**253440**	**113736**	**5889**
1564708	1561289	6268	6111	20343	94212	48551	1538
735561	729382	892	855	3601	22670	5269	868
3245900	3156492	33389	33256	6419	82420	30362	1935
309687	303025	408	298	2253	17517	2597	224
763320	763054	1368	1332	7368	30298	23637	959
422735	419555	360	340	377	6323	3320	366
4924480	**4817380**	**32927**	**32696**	**7508**	**78630**	**36273**	**3429**
14563	14563	5	5		40	44	5
14563	14563	5	5		40	44	5
674246	674168	30073	30066	219	5801	16623	683
6506	6506	19	19	75	541	634	2
3855	3855				63	175	
16774	16774	265	265		677	996	289
4307	4266	65	58	55	593	626	15
6675	6675	7	7		309	278	6
636130	636092	29718	29718	89	3619	13914	371
22029	22029	78	78		2206	670	6
13237	13237	70	70		1629	385	
8792	8792	8	8		577	286	6
19224	19207	7	7	172	690	1580	77
1331	1331	6	6		13	145	
17893	17877	1	1	172	677	1435	77
181665	181665	188	188	77	3656	2812	221
157921	157920	171	171	77	2866	2504	216
23744	23744	18	18		789	308	5
3897713	3792893	2301	2076	6550	61488	9174	2334
131406	128225	218	215		3043	615	104
3269191	3167576	1811	1646	6008	53121	4489	1911
408660	408658	157	133	450	4598	2750	202
4070	4070	1	1	93		90	7
50026	50003	92	59		497	1092	108
7456	7456				193	106	3
26905	26905	22	22		35	33	

9-5 续表13

单位:万元 (2015)

指 标	Item	营业收入 Total Revenue	主营业务收入 Revenue from Principal Business
机械设备、五金产品及电子产品批发	Wholesale of Machinery,Hardware and Electronic Equipment	59220	38584
农业机械批发	Wholesale of Agriculture Machinary	15323	15323
汽车批发	Wholesale of MotorVehicles	22464	21829
电气设备批发	Wholesale of Electrical Equipment	11622	11622
计算机、软件及辅助设备批发	Wholesale of Computer,Software and Assistant Aplliances	9550	9550
其他机械设备及电子产品批发	Wholesale of Other Machinary and Electric Equipment	261	261
其他批发业	Other Wholesale	61221	61013
再生物资回收与批发	Recovery and Wholesale of Recycled Materials	33964	33964
其他未列明批发业	Other Wholesale Unlisted	27258	27049
按登记注册类型分	Grouped By Registration Type		
内资企业	Domestic Funded Enterprises	5094708	5050785
国有企业	State-owned Enterprises	759075	758531
有限责任公司	Limited Liability Corporations	915615	914956
国有独资公司	State-owned Enterprises	117184	117184
其他有限责任公司	Other Limited Liability Corporations	798431	797772
股份有限公司	Share-holding Corporations Ltd.	2841166	2806750
私营企业	Private Enterprises	578852	570549
私营独资企业	Private Owned Enterprises	2380	2380
私营有限责任公司	Private Limited Liability Corporations	571034	562730
私营股份有限公司	Private Share-holding Corporations Ltd.	5439	5439
按控股情况分	Grouped By Controlling Stake		
国有控股	State-owned	3903156	3868118
集体控股	Collective-owned	39590	39590
私人控股	Private	1086601	1077716
其他	Others	65360	65360
按经营形式分	Grouped By Business Form		
独立门店	Indipendent Stores	1570460	1561319
连锁总店	Distributor Chain	332036	311935
连锁门店	Chain Stores	442189	428180
其他	Others	2750023	2749353
按单位规模分	Grouped By Unit Scale		
大型	large-scale	1192969	1158675
中型	Medium-scale	3475769	3473064
小型	Small-scale	370945	364022
微型	Miniature	55025	55024
零售业	**Retail Trade**	**2422048**	**2384436**
按零售行业小类分	Grouped by Retail Trade Industry Small Class		
综合零售	Integrated Retail	678006	660027
百货零售	Retail of General Merchandise	351719	334410
超级市场零售	Retail of Supermarkets	315942	315722
其他综合零售	Others	10346	9896
食品、饮料及烟草制品专门零售	Retail of Food,Beverages and Tobaccos	16356	16103
粮油零售	Retail of Grain and Oil	759	759

continued

(10 000 yuan)

营业成本 Business Costs	主营业务成本 Costs of Principal Business	营业税金及附加 Business Taxes and Other Charges	主营业务税金及附加 Taxes and Other Charges on Principal Business	其他业务利润 Profits from Other Businesses	销售费用 Selling Costs	管理费用 Management Costs	税金 Taxes
53677	53677	206	206	490	3941	3858	26
13694	13694	3	3		1792	369	1
20658	20658	75	75	419	1669	1109	24
10044	10044	119	119		346	1029	
9029	9029	9	9	71	122	350	
253	253				11	1	1
61363	59178	69	69		808	2512	77
32259	32259	37	37		768	399	
29104	26919	32	32		40	2113	77
4924480	4817380	32927	32696	7508	78630	36273	3429
662577	662482	29802	29795	391	5253	16533	463
902914	902914	806	756	1110	8479	6718	851
114607	114607	206	206		1002	357	97
788308	788307	600	550	1110	7477	6361	754
2804935	2705023	1434	1286	3649	46226	1836	1542
554053	546960	885	858	2359	18672	11187	573
2139	2139	0	0		63	41	
547343	540250	885	858	2359	18547	10942	570
4571	4571	0	0		63	204	3
3758925	3658918	31605	31451	4871	55007	20967	2344
39920	39920	9	9		178	950	102
1062461	1055369	1266	1189	2638	22154	13668	971
63174	63174	46	46		1291	688	12
1470974	1463787	30792	30732	4525	29469	24786	1452
302395	282436	636	636	677	21530	1011	833
410395	399826	791	643	2229	23287	790	675
2740715	2671332	708	684	77	4344	9686	470
1057687	1027142	30841	30693	3072	50496	10896	1854
3451505	3379881	1679	1655	2020	19485	19153	1358
359218	354288	402	342	2416	8369	6071	210
56069	56069	6	6		280	153	8
2117433	**2115417**	**9757**	**9496**	**32853**	**174810**	**77463**	**2460**
546951	546794	5903	5782	12881	91587	21404	400
281685	281528	4176	4055	11834	49385	7443	218
257161	257161	1616	1616	326	38819	13327	173
8105	8105	111	111	721	3383	634	9
14115	14115	122	122	301	2550	846	34
1722	1722	1	1	53	203	120	5

9-5 续表14

单位:万元 (2015)

指 标	Item	营业收入 Total Revenue	主营业务收入 Revenue from Principal Business
果品、蔬菜零售	Retail of Fruits and Vegetables	5939	5939
酒、饮料及茶叶零售	Retail of Wine,Beverages and Tea	6358	6109
烟草制品零售	Retail of Tobacco Products	2481	2477
其他食品零售	Retail of Other Food	819	819
纺织、服装及日用品专门零售	Special Retail of Textiles,Garments and Daily Consumer Articles	21821	18974
服装零售	Retail of Garments	11669	8893
钟表、眼镜零售	Retail of Watches and Glasses	5656	5656
其他日用品零售	Retail of Other Daily Consumer Articles	4496	4425
文化、体育用品及器材专门零售	Retail of Culture,Sports Appliances and Equipments	23942	23942
体育用品及器材零售	Retail of Sports Goods Appliances and Equipments	8831	8831
图书、报刊零售	Retail of Books, Newspapers and Magazines	10537	10537
珠宝首饰零售	Retail of Jewelery	1808	1808
工艺美术品及收藏品零售	Retail of Arts ,Crafts and Collections	1959	1959
其他文化用品零售	Retail of Other Culture Appliances	807	807
医药及医疗器材专门零售	Retail of Medicines and Medical Appliances	233502	233080
药品零售	Retail of Drug	233502	233080
汽车、摩托车、燃料及零配件专门零售	Retail of Motor Vehicles,Motorcycles,Fuel and Parts	1202106	1194729
汽车零售	Retail of Motor Vehicles	1140000	1132631
汽车零配件零售	Retail of Motor Vehicles and Parts	10369	10367
机动车燃料零售	Retail of Motor Vehicles Fuel	51737	51731
家用电器及电子产品专门零售	Special Retailof Household Electric Appliances and Electronic Products	230950	222400
家用视听设备零售	Retail of Household Audio and Video Equipment	9876	9846
日用家电设备零售	Retail of Household Electric Appliances	175964	167765
计算机、软件及辅助设备零售	Retail of Computer,Software and Assistant Appliances	37123	37040
通信设备零售	Retail of Communication Equipments	7986	7750
五金、家具及室内装饰材料专门零售	Special Retail of Hardware,Furniture and Decoration Materials	9033	9033
家具零售	Retail of Furniture	8075	8075
其他室内装饰材料零售	Retail of Other Decoration Materials	958	958
货摊、无店铺及其他零售业	Retail of Non-shop and Other Retails	6334	6148
生活用燃料零售	Retail of Life Fuel	6334	6148
按登记注册类型分	Grouped By Registration Type		
内资企业	Domestic Funded Enterprises	2353901	2317199
国有企业	State-owned Enterprises	23120	22025

continued

(10 000 yuan)

营业成本 Business Costs	主营业务成本 Costs of Principal Business	营业税金及附加 Business Taxes and Other Charges	主营业务税金及附加 Taxes and Other Charges on Principal Business	其他业务利润 Profits from Other Businesses	销售费用 Selling Costs	管理费用 Management Costs	税金 Taxes
4660	4660	1	1		1062	259	2
5097	5097	116	116	248	868	400	26
1974	1974	2	2		368	51	1
662	662	2	2		49	16	
15006	14992	208	107	2832	4475	2766	55
7730	7727	147	45	2773	3038	1719	50
4288	4288	37	37		772	470	
2988	2977	24	24	59	665	577	5
17649	17649	86	86	162	2804	3043	85
6910	6910	12	12		655	1040	17
7205	7205	5	5	162	1746	1657	19
1672	1672	13	13		111	165	
1175	1175	55	55		225	132	49
687	687	1	1		67	50	
209757	209699	681	681	355	9724	6909	164
209757	209699	681	681	355	9724	6909	164
1108668	1108002	1737	1699	8023	36666	33861	1374
1055257	1054843	1608	1572	8017	33016	29882	1288
9435	9435	3	3		206	225	27
43976	43724	127	124	6	3443	3754	59
192708	192151	955	955	8131	22977	6881	278
8182	8181	32	32	30	1334	324	4
144376	143849	792	792	7895	18780	5160	218
33319	33319	85	85		1948	1283	55
6831	6802	46	46	207	914	115	1
7453	6907	42	42		3442	1234	15
6938	6393	25	25		3442	686	15
515	515	17	17			548	
5127	5110	24	24	168	586	520	55
5127	5110	24	24	168	586	520	55
2054532	2052764	9681	9420	32853	171335	76356	2431
17873	17873	252	190	1248	3655	2379	113

9-5 续表15

单位:万元 (2015)

指 标	Item	营业收入 Total Revenue	主营业务收入 Revenue from Principal Business
集体企业	Collective-owned Enterprises	1818	1818
有限责任公司	Limited Liability Corporations	962867	946820
国有独资公司	State-owned Enterprises	6334	6148
其他有限责任公司	Other Limited Liability Corporations	956533	940672
股份有限公司	Share-holding Corporations Ltd.	264106	251535
私营企业	Private Enterprises	1101990	1095002
私营有限责任公司	Private Limited Liability Corporations	1101990	1095002
港、澳、台商投资企业	Hong Kong, Macao and Taiwan Investment Enterprises	61358	60448
与港澳台商合资经营企业	With the Joint Venture Enterprises from Hong Kong, Macao and Taiwan	34977	34211
港澳台商独资企业	Hong Kong, Macao, Taiwan-Owned Enterprise	26381	26237
外商投资企业	Foreign Funded Enterprises	6790	6790
中外合资经营企业	Sino-foreign Joint Venture Enterprises	6790	6790
按控股情况分	Grouped By Controlling Stake		
国有控股	State-owned	38014	36711
集体控股	Collective-owned	1818	1818
私人控股	Private	1488177	1474261
港澳台商控股	Holding from Hong Kong, Macao and Taiwan	61358	60448
其他	Others	832681	811198
按经营形式分	Grouped By Business Form		
独立门店	Indipendent Store	1821809	1793020
连锁总店	Distributor Chain	556468	547712
连锁门店	Distributor Store	17675	17607
其他	Others	26097	26097
按单位规模分	Grouped By Unit Scale		
大型	Large-scale	728317	707613
中型	Medium-scale	1449468	1433592
小型	Small-scale	235825	234793
微型	Miniature	8438	8438
按零售业态分	Grouped By Retail Formats		
有店铺零售	Have a Retail Store	2398017	2360475
超市	Supermarket	12692	12692
大型超市	Hypermarket	528464	520111
百货店	Department Store	310566	290031
专业店	Speciality Store	497703	496660
专卖店	Franchised Store	1041788	1034177
家居建材商店	Home Fureishing Materials Store	6698	6698
厂家直销中心	Center of Manufacturer Direct Deal	107	107
无店铺零售	Non-store Retail	24032	23961

continued

（10 000 yuan）

营业成本 Business Costs	主营业务成本 Costs of Principal Business	营业税金及附加 Business Taxes and Other Charges	主营业务税金及附加 Taxes and Other Charges on Principal Business	其他业务利润 Profits from Other Businesses	销售费用 Selling Costs	管理费用 Management Costs	税金 Taxes
1658	1658	3	3		37	60	
822106	820660	4343	4203	18297	90551	30646	1030
5127	5110	24	24	168	586	520	55
816980	815550	4319	4179	18129	89965	30127	974
210316	210159	2974	2915	3905	35935	4492	85
1002580	1002414	2108	2108	9403	41156	38779	1204
1002580	1002414	2108	2108	9403	41156	38779	1204
56962	56715	63	63		2837	885	28
32296	32049	59	59		1858	333	
24666	24666	5	5		980	552	28
5939	5939	13	13		638	222	1
5939	5939	13	13		638	222	1
30514	30497	295	233	1438	4506	3071	172
1658	1658	3	3		37	60	
1348067	1347351	3786	3649	19193	68758	51442	1681
56962	56715	63	63		2837	885	28
680233	679196	5609	5547	12222	98672	22005	580
1624489	1623312	6792	6533	20781	99490	57345	1942
453729	453152	2804	2804	12011	72340	18437	498
15351	15342	45	45	58	2351	480	1
23864	23611	116	113	3	629	1201	19
587782	587106	5314	5254	11845	88533	21868	468
1306708	1305768	3942	3742	20234	74967	46094	1588
215145	214745	459	456	579	10883	9110	382
7798	7798	43	43	195	427	392	22
2096975	2094971	9638	9376	32791	173383	75935	2449
10609	10609	21	21	106	1473	713	10
433089	432571	2684	2684	11845	67254	18409	383
243012	242852	4094	3871	11316	42388	8683	272
446539	446038	1254	1251	1927	25186	16495	465
957802	957523	1553	1518	7597	34028	30726	1315
5834	5288	31	31		3019	906	4
90	90	0	0		36	3	0
20458	20446	120	120	62	1427	1529	11

9-5 续表16

单位：万元 (2015)

指 标	Item	财务费用 Financial Costs	利息收入 Interest Income	利息支出 Interest Expense
总 计	**Total**	**65059**	**7705**	**49342**
兴庆区	Xingqing	15556	1597	11947
西夏区	Xixia	8452	825	2875
金凤区	Jinfeng	10424	3469	7486
永宁县	Yongning	2050	212	1713
贺兰县	Helan	13067	413	8676
灵武市	Lingwu	15510	1190	16645
批发业	**Wholesale Trade**	**38254**	**6466**	**33814**
按批发行业小类分	Grouped by Wholesale Industry Small Class			
农、林、牧产品批发	Wholesale of Agricultural, Forestry, Animal Husbandry Products	210	2	208
谷物、豆及薯类批发	Wholesale of Grain, Bean and Potatoes	210	2	208
食品、饮料及烟草制品批发	Wholesale of Food,Beverages and Tobacoos	-2290	4903	695
米、面制品及食用油批发	Wholesale of Rice,Flour and Edible Oil	224	2	225
果品、蔬菜批发	Wholesale of Fruits and Vegetables			
肉、禽、蛋、奶及水产品批发	Wholesale of Meat and Aquatic Products	982	903	1
盐及调味品批发	Wholesale of Salt and Condiments	145		145
酒、饮料及茶叶批发	Wholesale of Beverages and tea	341	1	324
烟草制品批发	Wholesale of Tobacoos	-3981	3997	
纺织、服装及家庭用品批发	Wholesale of Textiles,Garments and Daily Consummer Aticles	258	49	339
服装批发	Wholesale of Garments	-9	-14	11
家用电器批发	Wholesale of Household Electrical Appliances	267	63	328
文化、体育用品及器材批发	Wholesale of Cultural,Sports Goods Appliances and Equipments	-16	-19	
文具用品批发	Wholesale of Stationery			
图书批发	Wholesale of Books	-16	-19	
医药及医疗器材批发	Wholesale of Medicines and Medical Appliances	44	1	267
西药批发	Wholesale of Western Medicine	155	112	267
医疗用品及器材批发	Wholesale of Medical Supplies and Equipment	-111	-112	
矿产品、建材及化工产品批发	Wholesale of Mineral Products,Building Materials and Chemical Products	32489	2335	24717
煤炭及制品批发	Wholesale of Coal and Related Products	103	14	101
石油及制品批发	Wholesale of Petroleum and Related Products	21451	2012	21230
金属及金属矿批发	Wholesale of Metallic mineral Products	6031	298	2368
建材批发	Wholesale of Building Materials	29		22
化肥批发	Wholesale of Chemical Fertilizer	4810	10	933
农药批发	Wholesale of Pesticide	64		63
其他化工产品批发	Wholesale of Other Chemical Products	1		

continued

(10 000 yuan)

资产减值损失 Asset Impairment Loss	投资收益 Investment Income	营业利润 Business Profits	营业外收入 Revenue Excluding Business	补贴收入 Subsidies Income	利润总额 Total Profits	应交所得税 Tax Payable	应付职工薪酬(本年货方累计发生额) Benefits of Employee Payable	应交增值税 Added Tax Payable
1551	**49871**	**53445**	**12019**	**4083**	**66265**	**22877**	**122806**	**111761**
313	45364	79077	6230	3173	84715	10552	48332	26757
314		−8214	1356	446	−7565	713	4632	44777
617	83	8491	1780	365	9617	10295	43313	28940
	305	−2927	123	32	−2839	34	5933	2952
309	4119	−2948	2275	65	2207	1216	17480	7687
−2		−20034	255	2	−19871	67	3117	648
246	**45370**	**29972**	**3173**	**817**	**31840**	**12445**	**41319**	**72145**
		741			741	29	110	2
		741			741	29	110	2
−4	44980	93770	1202	956	95181	10150	12127	15573
1	3	−747	1038	805	289		530	5
		600			598		14	
		−79	90	90	11		13	196
−5	1	2306	61	61	2365	542	462	471
		51			312	7	268	65
	44976	91638	13		91606	9600	10839	14836
		339	19		343	57	705	525
		297	19		302	36	490	457
		42			41	20	215	68
	3	235	40	25	274		1193	
		−117			−117		70	
	3	352	40	25	391		1123	
98	2	3666	222	200	3848	636	4064	1489
98	2	3585	210	200	3755	610	3423	1305
		81	12		93	26	641	184
147	385	−56746	823	−387	−56963	1451	19489	53741
		826	47	10	864	263	593	601
184		−41796	439	−652	−42716	1169	15036	51795
−37	385	−10450	333	253	−9687	9	1999	1281
		−26			−26		25	6
		−6159	3	2	−6257		1680	35
		813			813		131	
		46			45	11	25	23

9-5 续表17

单位:万元 (2015)

指 标	Item	财务费用 Financial Costs	利息收入 Interest Income	利息支出 Interest Expense
机械设备、五金产品及电子产品批发	Wholesale of Machinery,Hardware and Electronic Equipment	1793	53	1774
农业机械批发	Wholesale of Agriculture Machinary	32	-1	25
汽车批发	Wholesale of MotorVehicles	1312	-10	1283
电气设备批发	Wholesale of Electrical Equipment	429	65	466
计算机、软件及辅助设备批发	Wholesale of Computer,Software and Assistant Aplliances	22	-1	
其他机械设备及电子产品批发	Wholesale of Other Machinary and Electric Equipment	-3		
其他批发业	Other Wholesale	5766	-857	5814
再生物资回收与批发	Recovery and Wholesale of Recycled Materials	446		446
其他未列明批发业	Other Wholesale Unlisted	5320	-857	5369
按登记注册类型分	Grouped By Registration Type			
内资企业	Domestic Funded Enterprises	38254	6466	33814
国有企业	State-owned Enterprises	-3769	3980	230
有限责任公司	Limited Liability Corporations	21917	1507	18708
国有独资公司	State-owned Enterprises	-9	9	
其他有限责任公司	Other Limited Liability Corporations	21926	1498	18708
股份有限公司	Share-holding Corporations Ltd.	5077	747	3630
私营企业	Private Enterprises	15028	232	11245
私营独资企业	Private Owned Enterprises	27		26
私营有限责任公司	Private Limited Liability Corporations	15002	230	11220
私营股份有限公司	Private Share-holding Corporations Ltd.	-2	2	
按控股情况分	Grouped By Controlling Stake			
国有控股	State-owned	1380	4839	4050
集体控股	Collective-owned	4687	9	813
私人控股	Private	30730	1523	28013
其他	Others	1456	94	938
按经营形式分	Grouped By Business Form			
独立门店	Indipendent Stores	32738	3878	28686
连锁总店	Distributor Chain	4058	16	3376
连锁门店	Chain Stores	986	732	254
其他	Others	472	1840	1498
按单位规模分	Grouped By Unit Scale			
大型	large-scale	2807	3176	3819
中型	Medium-scale	27353	2951	25510
小型	Small-scale	5923	336	4372
微型	Miniature	2170	3	112
零售业	**Retail Trade**	**26806**	**1239**	**15529**
按零售行业小类分	Grouped by Retail Trade Industry Small Class			
综合零售	Integrated Retail	3654	54	317
百货零售	Retail of General Merchandise	1744	54	149
超级市场零售	Retail of Supermarkets	1796		153
其他综合零售	Others	113	1	16
食品、饮料及烟草制品专门零售	Retail of Food,Beverages and Tobaccos	440	96	362
粮油零售	Retail of Grain and Oil	-3	-3	

continued

(10 000 yuan)

资产减值损失 Asset Impairment Loss	投资收益 Investment Income	营业利润 Business Profits	营业外收入 Revenue Excluding Business	补贴收入 Subsidies Income	利润总额 Total Profits	应交所得税 Tax Payable	应付职工薪酬(本年货方累计发生额) Benefits of Employee Payable	应交增值税 Added Tax Payable
5		−2736	851	13	−2302	108	2206	523
		−568	746		162	38	363	1
5		−1839	89	10	−2283	63	1147	280
		−346	13		−199		535	188
		18			16	7	162	54
		−1	3	3	2			
		−9296	16	10	−9282	15	1425	294
		55	6		59	15	603	294
		−9351	10	10	−9341		822	
246	45370	29972	3173	817	31840	12445	41319	72145
−4	44980	93663	1111	851	94725	10143	12805	15306
30	151	−25099	435	210	−24564	904	7777	2508
		1021	5		1018	260	418	510
30	151	−26120	430	210	−25582	644	7359	1999
184		−18420	251	173	−19548	1121	13637	51654
36	239	−20172	1376	−417	−18774	278	7100	2677
		110	2	2	124		42	
36	239	−20886	1374	−419	−19499	278	7027	2676
		604			601		32	1
278	44980	80080	1565	1222	80169	12131	29856	68756
		−6154	1		−6159		460	35
−32	390	−42660	1597	−407	−41143	292	10083	2997
		−1294	9	3	−1026	22	920	358
−68	313	−17215	2616	403	−14564	8194	23475	15253
184		2223	175	150	2021	801	7496	5566
		5940	52		5097	320	4426	46023
130	45057	39024	329	264	39285	3131	5923	5302
282		39959	430	350	39061	8856	23933	64011
−73	44984	1652	1464	425	3181	3499	11763	7041
37	385	−7986	1272	35	−7320	89	5526	1124
		−3653	7	7	−3084	1	97	−31
1306	**4501**	**23473**	**8847**	**3266**	**34426**	**10432**	**81487**	**39616**
239	251	12535	3159	1672	15389	4375	28301	5375
185	251	11042	865	125	12109	3220	12960	2846
54		3493	2219	1547	5244	1155	14654	2528
		−2000	75		−1965		687	
382		−2046	1646	1266	−393	95	2048	151
382		−1613	1258	1256	−367	2	229	4

9-5 续表18

单位:万元 (2015)

指 标	Item	财务费用 Financial Costs	利息收入 Interest Income	利息支出 Interest Expense
果品、蔬菜零售	Retail of Fruits and Vegetables	46	44	2
酒、饮料及茶叶零售	Retail of Wine,Beverages and Tea	365	56	359
烟草制品零售	Retail of Tobacco Products	9	-1	
其他食品零售	Retail of Other Food	22		
纺织、服装及日用品专门零售	Special Retail of Textiles,Garments and Daily Consumer Articles	627	25	563
服装零售	Retail of Garments	405	3	408
钟表、眼镜零售	Retail of Watches and Glasses	84		
其他日用品零售	Retail of Other Daily Consumer Articles	138	22	155
文化、体育用品及器材专门零售	Retail of Culture,Sports Appliances and Equipments	243	5	126
体育用品及器材零售	Retail of Sports Goods Appliances and Equipments	121		121
图书、报刊零售	Retail of Books, Newspapers and Magazines	13	5	
珠宝首饰零售	Retail of Jewelery	102		
工艺美术品及收藏品零售	Retail of Arts ,Crafts and Collections	5	1	5
其他文化用品零售	Retail of Other Culture Appliances	1		
医药及医疗器材专门零售	Retail of Medicines and Medical Appliances	2969	248	2414
药品零售	Retail of Drug	2969	248	2414
汽车、摩托车、燃料及零配件专门零售	Retail of Motor Vehicles,Motorcycles,Fuel and Parts	17030	360	10622
汽车零售	Retail of Motor Vehicles	15341	467	8966
汽车零配件零售	Retail of Motor Vehicles and Parts	221		211
机动车燃料零售	Retail of Motor Vehicles Fuel	1468	-107	1445
家用电器及电子产品专门零售	Special Retailof Household Electric Appliances and Electronic Products	1147	450	558
家用视听设备零售	Retail of Household Audio and Video Equipment	44	1	
日用家电设备零售	Retail of Household Electric Appliances	644	270	377
计算机、软件及辅助设备零售	Retail of Computer,Software and Assistant Appliances	413	180	155
通信设备零售	Retail of Communication Equipments	46		26
五金、家具及室内装饰材料专门零售	Special Retail of Hardware,Furniture and Decoration Materials	605	1	568
家具零售	Retail of Furniture	604	1	568
其他室内装饰材料零售	Retail of Other Decoration Materials	1		
货摊、无店铺及其他零售业	Retail of Non-shop and Other Retails	91		
生活用燃料零售	Retail of Life Fuel	91		
按登记注册类型分	Grouped By Registration Type			
内资企业	Domestic Funded Enterprises	26069	1214	14907
国有企业	State-owned Enterprises	58	3	47

continued

(10 000 yuan)

资产减值损失 Asset Impairment Loss	投资收益 Investment Income	营业利润 Business Profits	营业外收入 Revenue Excluding Business	补贴收入 Subsidies Income	利润总额 Total Profits	应交所得税 Tax Payable	应付职工薪酬(本年贷方累计发生额) Benefits of Employee Payable	应交增值税 Added Tax Payable
		-89	33		29		1167	
		-488	345		-209	72	295	127
		76	10	10	86	22	311	20
		68			68		46	
		-1262	55		-1235	25	2554	536
		-1371	18		-1374		1578	-97
		7			7		580	324
		103	37		132	25	396	310
-2	34	316	600		842	-11	3436	122
		93	11		34	2	631	23
-2		76	490		562	-65	2580	44
	34	-220	98		-122		56	33
		367			367	52	146	22
					1		23	
19		3443	410	11	3684	928	8396	9598
19		3443	410	11	3684	928	8396	9598
668	4119	7865	2302	65	12616	3787	25885	20839
668	4119	8616	2248	65	13371	3523	23416	18512
		279			271	31	355	10
		-1030	54		-1025	233	2115	2317
	97	6379	433	10	6932	1233	8981	2496
		-39	3		-36		434	12
	97	6309	367		6812	1207	6822	2271
		74	64	10	123	23	1309	105
		34			34	3	415	109
		-3743	1		-3636		605	314
		-3620	1		-3636		487	314
		-123					118	
		-14	242	242	227		1281	185
		-14	242	242	227		1281	185
1252	4501	23674	8767	3266	34726	10425	80651	39478
380		-1261	1777	1256	496	-63	4257	208

9-5 续表19

单位:万元 (2015)

指 标	Item	财务费用 Financial Costs	利息收入 Interest Income	利息支出 Interest Expense
集体企业	Collective-owned Enterprises	3		
有限责任公司	Limited Liability Corporations	6219	536	4442
国有独资公司	State-owned Enterprises	91		
其他有限责任公司	Other Limited Liability Corporations	6128	536	4442
股份有限公司	Share-holding Corporations Ltd.	1485		
私营企业	Private Enterprises	18306	676	10418
私营有限责任公司	Private Limited Liability Corporations	18306	676	10418
港、澳、台商投资企业	Hong Kong, Macao and Taiwan Investment Enterprises	748	13	621
与港澳台商合资经营企业	With the Joint Venture Enterprises from Hong Kong, Macao and Taiwan	477	4	355
港澳台商独资企业	Hong Kong, Macao, Taiwan-Owned Enterprise	271	9	266
外商投资企业	Foreign Funded Enterprises	-12	12	
中外合资经营企业	Sino-foreign Joint Venture Enterprises	-12	12	
按控股情况分	Grouped By Controlling Stake			
国有控股	State-owned	125	26	48
集体控股	Collective-owned	3		
私人控股	Private	23841	1043	14625
港澳台商控股	Holding from Hong Kong, Macao and Taiwan	748	13	621
其他	Others	2089	156	235
按经营形式分	Grouped By Business Form			
独立门店	Indipendent Store	25158	843	15275
连锁总店	Distributor Chain	1471	397	145
连锁门店	Distributor Store	57		57
其他	Others	120		52
按单位规模分	Grouped By Unit Scale			
大型	Large-scale	3366	198	205
中型	Medium-scale	19256	799	12743
小型	Small-scale	4045	243	2480
微型	Miniature	139		102
按零售业态分	Grouped By Retail Formats			
有店铺零售	Have a Retail Store	26528	1218	15331
超市	Supermarket	71	44	20
大型超市	Hypermarket	2083	246	211
百货店	Department Store	1811	9	159
专业店	Speciality Store	6530	112	4632
专卖店	Franchised Store	15434	744	9787
家居建材商店	Home Fureishing Materials Store	598	63	523
厂家直销中心	Center of Manufacturer Direct Deal			
无店铺零售	Non-store Retail	278	21	198

continued

(10 000 yuan)

资产减值损失 Asset Impairment Loss	投资收益 Investment Income	营业利润 Business Profits	营业外收入 Revenue Excluding Business	补贴收入 Subsidies Income	利润总额 Total Profits	应交所得税 Tax Payable	应付职工薪酬(本年货方累计发生额) Benefits of Employee Payable	应交增值税 Added Tax Payable
		56			56	11	40	27
106	97	9021	1541	263	10061	3400	39386	17570
		–14	242	242	227		1281	185
106	97	9035	1299	21	9834	3400	38105	17385
184	251	12663	639	125	13280	3219	7227	1971
583	4153	3195	4811	1622	10834	3858	29741	19703
583	4153	3195	4811	1622	10834	3858	29741	19703
54		–190	31		–327		478	
54		–99	12		–117		106	
		–92	20		–209		372	
		–11	49		26	7	358	138
		–11	49		26	7	358	138
380		–662	2019	1498	1335	88	5738	554
		56			56	11	40	27
634	4153	–3606	5207	1642	4451	4492	42769	22746
54		–190	31		–327		478	
239	348	27875	1590	126	28910	5841	32462	16290
1108	4404	12477	6755	3133	21802	7744	50741	24023
197	97	11440	1942	133	12871	2590	29480	13872
		–610	104		–542		574	57
		167	46		294	98	691	1665
239	348	25582	3107	1672	28197	5581	27078	6673
474	3999	2260	3560	265	8888	4344	46567	19786
593	154	–4203	1866	1329	–2797	500	7605	13088
		–166	314		137	8	237	70
1306	4501	23253	8764	3266	34152	10311	80597	39054
		–199	147	10	109	12	1342	118
197	97	8861	3094	1669	11481	2362	24579	6510
42	251	10788	219	3	11075	3219	10978	909
46		1846	1427	243	3157	1292	19894	12751
1020	4153	5669	3877	1341	11918	3426	23549	18595
		–3689	1		–3566		222	136
		–22			–23		34	35
		221	83		273	121	890	562

9—6 限额以上批发和零售业连锁经营情况

单位:万元 (2015)

指 标	Item	连锁总店数(个) Number of Chain Stores (unit)
总 计	**Total**	**11**
按登记注册类型分	**Grouped By Registration Type**	
内资企业	Domestic Funded Enterprises	11
国有企业	State-owned Enterprises	1
有限责任公司	Limited Liability Corporations	7
其他有限责任公司	Other Limited Liability Corporations	7
股份有限公司	Share-holding Corporations Ltd.	1
私营企业	Private Enterprises	2
私营有限责任公司	Limited Liability Corporations	1
私营股份有限公司	Private Share-holding Corporations Ltd.	1
按行业分	**Grouped By Sector**	
批发业	Wholesale Trade	2
矿产品、建材及化工产品批发	Wholesale of Mineral Products, Building Materialsand Chemical Products	1
机械设备、五金产品及电子产品批发	Wholesale of Mechanical Equipment,hardware and Electronic Products	1
零售业	Retail Trade	9
综合零售	Integrated Retail	3
文化、体育用品及器材专门零售	Retail of Culture,Sports Appliances and Equipments	1
医药及医疗器材专门零售	Retail of Medicines and Medical Appliances	4
家用电器及电子产品专门零售	Special Retail ofHousehold Electric Appliances and Electronic Products	1
按业态分	**Grouped By Retail Formats**	
超市	Supermarket	1
大型超市	Hypermarket	2
专业店	Speciality Store	7
其中:加油站	Gas Station	1
其他	Others	1

Chain Operations Statistics of Wholesale and Retail by Enterprises above Designated Size

(10 000yuan)

商品购进总额 Total Purchase	统一配送 Unified Distribution	商品销售总额 Total Sales of Commodities	零售额 Retail Sales
948711	**580787**	**923645**	**735310**
948711	580787	923645	735310
12122	12122	12023	12023
592729	255017	562926	559456
592729	255017	562926	559456
289911	289911	294611	114567
53949	23736	54084	49265
30212		28417	28717
23736	23736	25367	20547
289911	289911	294611	114567
289911	289911	294611	114567
658800	290090	629034	620743
408383	40459	365101	365101
12122	12122	12023	12023
51152	50367	71890	63599
187143	187143	180020	180020
30212		28717	28717
378171	40459	336384	336384
540327	540327	558544	370209
289911	289911	294611	114567

9-7 限额以上住宿和餐饮业法人企业经营情况

单位:万元 (2015)

指　标	Item	法人企业数(个) Number of Corporate Unit (unit)	从业人员(人) Number of Employees at Year-end (Person)
总　计	**Total**	**78**	**7750**
住宿业	**Hotels**	**35**	**4189**
按住宿业行业小类分	Grouped by Hotels Industry Small Class		
旅游饭店	Turist Hotel	30	3842
一般旅馆	General Hotel	4	332
其他住宿业	Other Hotels	1	15
按登记注册类型分	Grouped By Registration Type		
内资企业	Domestic Funded Enterprises	35	4189
国有企业	State-owned Enterprises	2	622
集体企业	Collective-owned Enterprises	1	44
有限责任公司	Limited Liability Corporations	14	1827
国有独资公司	State-owned Enterprises	2	233
其他有限责任公司	Other Limited Liability Corporations	12	1594
股份有限公司	Share-holding Corporations Ltd.		
私营企业	Private Enterprises	18	1696
私营独资企业	Private Owned Enterprises		
私营有限责任公司	Private Limited Liability Corporations	18	1696
按控股情况分	Grouped By Controlling Stake		
国有控股	State-owned	8	1420
集体控股	Collective-owned	3	184
私人控股	Private	22	2204
其他	Others	2	381
按经营形式分	Grouped By Business Form		
独立门店	Indipendent Stores	34	3873
其他	Others	1	316
按单位规模分	Grouped By Unit Scale		
大型	Large-scale		

Bussiness of Hotels and Catering Servies by Enterprises above Designated Size

(10 000 yuan)

营业额 Business Revenue	其中:使用银行卡支付的营业额 Business Revenue payed for Bank Cards	客房收入 From Hotel Rooms	通过公共网络实现的客房收入 Hotel Rooms Revenue from Public Network	其中:通过非自营平台实现的客房收入 Hotel Rooms Revenue from Non-proprietary Platform	餐费收入 From Meals	其中:通过公共网络实现的餐费收入 Meal Revenue from Public Network	其中:通过非自营平台实现的餐费收入 Meal Rooms Revenue from Non-proprietary Platform	商品销售额收入 From Commodities	其他收入 From Other Income
93458	**33345**	**29578**	**3899**	**1149**	**56731**	**2837**	**418**	**2249**	**4900**
50235	**20166**	**23350**	**3401**	**720**	**21922**	**2118**	**174**	**999**	**3965**
46546	18763	21210	2415	515	20504	1705	160	936	3896
3384	1159	1894	987	205	1358	414	14	64	68
306	245	246			60				
50235	20166	23350	3401	720	21922	2118	174	999	3965
8492	3482	4094	44		2849	35		18	1532
272		272							
23880	10330	10892	1620	368	10890	1432	157	754	1343
3035	2326	1761			828			326	120
20845	8004	9131	1620	368	10063	1432	157	428	1223
17591	6354	8091	1738	353	8182	651	17	228	1090
17591	6354	8091	1738	353	8182	651	17	228	1090
18698	7812	9037	1561	313	6672	1437	135	481	2508
1929	319	950	25		680			177	121
23344	9769	10408	1816	408	11405	681	40	291	1241
6264	2266	2955			3164			50	95
44907	17900	21281	3401	720	18757	2118	174	999	3870
5328	2266	2069			3164				95

9-7 续表1

单位:万元 (2015)

指 标	Item	法人企业数(个) Number of Corporate Unit (unit)	从业人员(人) Number of Employees at Year-end (Person)
中型	Medium-scale	8	2032
小型	Small-scale	24	2157
微型	Miniature	3	
按星级分	Grouped By Star Grade		
五星	Five		
四星	Four	13	1871
三星	Three	10	743
二星	Two		
一星	One		
其他	Others	12	1575
餐饮业	**Catering Servies**	**43**	**3561**
按餐饮业行业小类分	Grouped by Catering Industry Small Class		
正餐服务	Dinner Service	43	3561
快餐服务	Fast Food Service		
按登记注册类型分	Grouped By Registration Type		
内资企业	Domestic Funded Enterprises	42	3449
有限责任公司	Limited Liability Corporations	6	801
国有独资公司	State-owned Enterprises		
其他有限责任公司	Other Limited Liability Corporations	6	801
股份有限公司	Share-holding Corporations Ltd.		
私营企业	Private Enterprises	36	2648
私营独资企业	Private Owned Enterprises	2	129
私营合伙企业	Private Partnership Enterprises		
私营有限责任公司	Private Limited Liability Corporations	34	2519
私营股份有限公司	Private Share-holding Corporations Ltd.		
外商投资企业	Foreign Funded Enterprises	1	112
中外合资经营企业	Sino-foreign Joint Venture Enterprises	1	112
按控股情况分	Grouped By Controlling Stake		
国有控股	State-owned	1	85

continued

（10 000 yuan）

营业额 Business Revenue	其中：使用银行卡支付的营业额 Business Revenue payed for Bank Cards	客房收入 From Hotel Rooms	通过公共网络实现的客房收入 Hotel Rooms Revenue from Public Network	其中：通过非自营平台实现的客房收入 Hotel Rooms Revenue from Non-proprietary Platform	餐费收入 From Meals	其中：通过公共网络实现的餐费收入 Meal Revenue from Public Network	其中：通过非自营平台实现的餐费收入 Meal Rooms Revenue from Non-proprietary Platform	商品销售额收入 From Commodities	其他收入 From Other Income
26779	11782	12014	1645	368	12147	1560	157	308	2310
23456	8384	11335	1757	353	9775	559	17	692	1654
21305	8541	9978	2301	460	9463	1669	138	305	1560
9515	3141	3994	59		4504	13		417	600
19415	8485	9378	1042	260	7955	436	37	277	1804
43223	**13179**	**6228**	**498**	**428**	**34809**	**719**	**244**	**1249**	**936**
43223	13179	6228	498	428	34809	719	244	1249	936
41613	12132	6228	498	428	33200	608	244	1249	936
9395	5834	2947	432	428	5876	245	244	23	549
9395	5834	2947	432	428	5876	245	244	23	549
32218	6299	3282	66		27324	364		1226	386
1701	718				1649	145		52	
30517	5581	3282	66		25675	219		1174	386
1610	1046				1610	111			
1610	1046				1610	111			
633		302			267			12	52

9-7 续表2

单位:万元 (2015)

指 标	Item	法人企业数(个) Number of Corporate Unit (unit)	从业人员(人) Number of Employees at Year-end (Person)
集体控股	Collective-owned		
私人控股	Private	39	3111
港澳台商控股	Holding from Hong Kong, Macao and Taiwan		
外商控股	Foreign	1	112
其他	Others	2	253
按经营形式分	Grouped By Business Form		
独立门店	Indipendent Stores	41	3488
其他		2	73
按单位规模分	Grouped By Unit Scale		
大型	large-scale		
中型	Medium-scale	2	471
小型	Small-scale	38	3081
微型	Miniature	3	9
住宿业按地区分组	**Accommodation Industry Grouped by Region**		
银川市	Yinchuan	35	4189
兴庆区	Xingqing	22	2368
西夏区	Xixia	2	114
金凤区	Jinfeng	7	1248
永宁县	Yongning	1	65
贺兰县	Helan	2	275
灵武市	Lingwu	1	119
餐饮业按地区分组	**Catering Industry Grouped by Region**		
银川市	Yinchuan	43	3561
兴庆区	Xingqing	20	2090
西夏区	Xixia	3	120
金凤区	Jinfeng	13	808
永宁县	Yongning		
贺兰县	Helan	5	374
灵武市	Lingwu	2	169

continued

(10 000 yuan)

营业额 Business Revenue	其中:使用银行卡支付的营业额 Business Revenue payed for Bank Cards	客房收入 From Hotel Rooms	通过公共网络实现的客房收入 Hotel Rooms Revenue from Public Network	其中:通过非自营平台实现的客房收入 Hotel Rooms Revenue from Non-proprietary Platform	餐费收入 From Meals	其中:通过公共网络实现的餐费收入 Meal Revenue from Public Network	其中:通过非自营平台实现的餐费收入 Meal Rooms Revenue from Non-proprietary Platform	商品销售额收入 From Commodities	其他收入 From Other Income
40159	12132	5747	485	416	32292	584	220	1237	883
1610	1046				1610	111			
821		179	13	13	641	24	24		1
41446	13151	5526	498	428	33799	719	244	1187	934
1777	28	702			1011			62	2
8030	4004	2958	416	416	4721	220	220	176	174
34633	8995	3270	82	13	29528	499	24	1073	762
560	180				560				
50235	20166	23350	3401	720	21922	2118	174	999	3965
27523	11490	12919	2287	514	12090	1598	160	670	1845
982		479			340			163	
17646	7402	7981	1010	205	7459	421	14	87	2120
936	886						50		920
1692	188	472	104		1190	99		30	
1456	1085	613	1	1	843				
43223	13179	6228	498	428	34809	719	244	1249	936
24163	6194	3647	432	428	18992	390	244	707	817
1446	180	302			1080			12	52
10225	4158	702			9328	173		193	2
6058	1607	868	2		4787	157		337	66
1332	1040	709	64		622				

9-7 续表3

单位:万元 (2015)

指 标	Item	客房数(间) Number of Rooms(room)
总 计	**Total**	**6939**
住宿业	**Hotels**	**5530**
按住宿业行业小类分	Grouped by Hotels Industry Small Class	
旅游饭店	Turist Hotel	5053
一般旅馆	General Hotel	444
其他住宿业	Other Hotels	33
按登记注册类型分	Grouped By Registration Type	
内资企业	Domestic Funded Enterprises	5530
国有企业	State-owned Enterprises	605
集体企业	Collective-owned Enterprises	132
有限责任公司	Limited Liability Corporations	2738
国有独资公司	State-owned Enterprises	216
其他有限责任公司	Other Limited Liability Corporations	2522
股份有限公司	Share-holding Corporations Ltd.	
私营企业	Private Enterprises	2055
私营独资企业	Private Owned Enterprises	
私营有限责任公司	Private Limited Liability Corporations	2055
按控股情况分	Grouped By Controlling Stake	
国有控股	State-owned	1372
集体控股	Collective-owned	302
私人控股	Private	2581
其他	Others	1275
按经营形式分	Grouped By Business Form	
独立门店	Indipendent Stores	5175
其他	Others	355
按单位规模分	Grouped By Unit Scale	
大型	Large-scale	

continued

(10 000 yuan)

床位数(个) Number of Beds (unit)	餐位数(位) Number of Dining-seats (person)	年末餐饮营业面积(平方米) Operating Area of Catering Servies at Year-end (sq.m)
11594	**35566**	**199437**
9349	**13152**	**74949**
8553	12282	67829
744	770	5920
52	100	1200
9349	13152	74949
796	1488	2705
264		
4912	4705	31004
513	540	1550
4399	4165	29454
3377	6959	41240
3377	6959	41240
2188	3573	13938
577	300	1790
4202	8679	55801
2382	600	3420
8777	12552	71529
572	600	3420

9-7 续表4

单位:万元 (2015)

指 标	Item	客房数(间) Number of Rooms(room)
中型	Medium-scale	1819
小型	Small-scale	3711
微型	Miniature	
按星级分	Grouped By Star Grade	
五星	Five	
四星	Four	1959
三星	Three	1114
二星	Two	
一星	One	
其他	Others	2457
餐饮业	**Catering Servies**	**1409**
按餐饮业行业小类分	Grouped by Catering Industry Small Class	
正餐服务	Dinner Service	1409
快餐服务	Fast Food Service	
按登记注册类型分	Grouped By Registration Type	
内资企业	Domestic Funded Enterprises	1409
有限责任公司	Limited Liability Corporations	687
国有独资公司	State-owned Enterprises	
其他有限责任公司	Other Limited Liability Corporations	687
股份有限公司	Share-holding Corporations Ltd.	
私营企业	Private Enterprises	722
私营独资企业	Private Owned Enterprises	
私营合伙企业	Private Partnership Enterprises	
私营有限责任公司	Private Limited Liability Corporations	722
私营股份有限公司	Private Share-holding Corporations Ltd.	
外商投资企业	Foreign Funded Enterprises	
中外合资经营企业	Sino-foreign Joint Venture Enterprises	
按控股情况分	Grouped By Controlling Stake	
国有控股	State-owned	81

continued

(10 000 yuan)

床位数(个) Number of Beds (unit)	餐位数(位) Number of Dining-seats (person)	年末餐饮营业面积(平方米) Operating Area of Catering Servies at Year-end (sq.m)
2778	5333	29002
6571	7819	40410
		5537
3174	7147	40521
1982	2740	15571
4193	3265	18857
2245	**22414**	**124488**
2245	22414	124488
2245	20414	115488
1145	2016	17352
1145	2016	17352
1100	18398	98136
	530	4200
1100	17868	93936
	2000	9000
	2000	9000
215	228	350

9-7 续表5

单位:万元 (2015)

指 标	Item	客房数(间) Number of Rooms(room)
集体控股	Collective-owned	
私人控股	Private	1057
港澳台商控股	Holding from Hong Kong, Macao and Taiwan	
外商控股	Foreign	
其他	Others	271
按经营形式分	Grouped By Business Form	
独立门店	Indipendent Stores	1280
其他	Others	129
按单位规模分	Grouped By Unit Scale	
大型	large-scale	
中型	Medium-scale	416
小型	Small-scale	993
微型	Miniature	
住宿业按地区分组	**Accommodation Industry Grouped by Region**	
银川市	Yinchuan	5530
兴庆区	Xingqing	2445
西夏区	Xixia	239
金凤区	Jinfeng	1311
永宁县	Yongning	1810
贺兰县	Helan	523
灵武市	Lingwu	92
餐饮业按地区分组	**Catering Industry Grouped by Region**	
银川市	Yinchuan	1409
兴庆区	Xingqing	765
西夏区	Xixia	81
金凤区	Jinfeng	129
永宁县	Yongning	
贺兰县	Helan	217
灵武市	Lingwu	217

continued

(10 000 yuan)

床位数(个) Number of Beds (unit)	餐位数(位) Number of Dining-seats (person)	年末餐饮营业面积(平方米) Operating Area of Catering Servies at Year-end (sq.m)
1596	19506	106832
	2000	9000
434	680	8306
2059	22038	117714
186	376	6774
620	2448	8000
1625	18066	104618
	1900	11870
9349	13152	74949
4163	6764	49773
594	380	950
1906	3358	12026
726	2400	10900
150	250	1300
2245	22414	124488
1183	9934	62897
215	1928	6450
186	5368	38658
361	3980	9083
300	1204	7400

9—8 限额以上住宿和餐饮业法人企业主要财务状况

单位:万元　　(2015)

指　标	Item	法人企业数(个) Number of Corporate (unit)
总　计	**Total**	**78**
住宿业	**Hotels**	**35**
按住宿业行业小类分	Grouped by Hotels Industry Small Class	
旅游饭店	Turist Hotel	30
一般旅馆	General Hotel	4
其他住宿业	Other Hotel	1
按登记注册类型分	Grouped By Registration Type	
内资企业	Domestic Funded Enterprises	35
国有企业	State-owned Enterprises	2
集体企业	Collective-owned Enterprises	1
有限责任公司	Limited Liability Corporations	14
国有独资公司	State-owned Enterprises	2
其他有限责任公司	Other Limited Liability Corporations	12
股份有限公司	Share-holding Corporations Ltd.	
私营企业	Private Enterprises	18
私营独资企业	Private Owned Enterprises	
私营有限责任公司	Private Limited Liability Corporations	18
按控股情况分	Grouped By Controlling Stake	
国有控股	State-owned	8
集体控股	Collective-owned	3
私人控股	Private	22
港澳台商控股	Holding from Hong Kong, Macao and Taiwan	
外商控股	Foreign	
其他	Others	2
按经营形式分	Grouped By Business Form	
独立门店	Indipendent Stores	34
其他	Others	1
按单位规模分	Grouped By Unit Scale	
大型	Large-scale	
中型	Medium-scale	8
小型	Small-scale	24
微型	Miniature	3

Financial Indicators of Hotels and Catering Servies by Enterprises above Designed Size

(10 000yuan)

流动资产合计 Total Working Capitals	应收帐款 Accounts Receivable	存货 Stock	固定资产合计 Total Fixed Assets	固定资产原价 Original Value of Fixed Assets	累计折旧 Accumulated Depreciation	本年折旧 Depreciation This Year
148012	**37038**	**5993**	**182547**	**261652**	**79123**	**10995**
58119	**3528**	**3815**	**150801**	**210940**	**60158**	**7203**
54162	2928	3687	150175	209234	59079	7011
3186	329	127	520	1593	1073	186
771	271		106	113	7	7
58119	3528	3815	150801	210940	60158	7203
5776	373	1419	84944	102352	17408	3331
144	144		6	31	25	25
25083	694	1062	31766	59674	27908	1956
2225	408	231	5864	7471	1607	261
22859	286	831	25901	52203	26301	1695
27116	2318	1333	34085	48883	14817	1891
27116	2318	1333	34085	48883	14817	1891
11122	941	2176	113098	152462	39364	4782
1534	171	65	728	2916	2188	154
34324	2817	1548	36918	55341	18442	2241
11139	-401	26	57	221	164	27
58353	3944	3795	150754	210886	60151	7196
-234	-416	19	47	54	7	7
19429	1353	2448	105920	140177	34257	4871
38689	2174	1367	44881	70763	25901	2333

9-8 续表1

单位：万元 （2015）

指 标	Item	法人企业数（个）Number of Corporate（unit）
按星级分	Grouped By Star Grade	
五星	Five	
四星	Four	13
三星	Three	10
二星	Two	
一星	One	
其他	Others	12
餐饮业	**Catering Servies**	**43**
按餐饮业行业小类分	Grouped by Catering Industry Small Class	
正餐服务	Dinner Service	43
快餐服务	Fast Food Service	
按登记注册类型分	Grouped By Registration Type	
内资企业	Domestic Funded Enterprises	42
有限责任公司	Limited Liability Corporations	6
国有独资公司	State-owned Enterprises	
其他有限责任公司	Other Limited Liability Corporations	6
股份有限公司	Share-holding Corporations Ltd.	
私营企业	Private Enterprises	36
私营独资企业	Private Owned Enterprises	2
私营合伙企业	Private Partnership Enterprises	
私营有限责任公司	Private Limited Liability Corporations	34
私营股份有限公司	Private Share-holding Corporations Ltd.	
外商投资企业	Foreign Funded Enterprises	1
中外合资经营企业	Sino-foreign Joint Venture Enterprises	1
按控股情况分	Grouped By Controlling Stake	
国有控股	State-owned	1
集体控股	Collective-owned	
私人控股	Private	39

continued

(10 000 yuan)

流动资产合计 Total Working Capitals	应收帐款 Accounts Receivable	存货 Stock	固定资产合计 Total Fixed Assets	固定资产原价 Original Value of Fixed Assets	累计折旧 Accumulated Depreciation	本年折旧 Depreciation This Year
26798	1947	1751	51519	82709	31190	2606
6099	538	282	9735	21635	11919	990
25221	1043	1782	89547	106596	17049	3608
89894	**33510**	**2178**	**31747**	**50712**	**18965**	**3792**
89894	33510	2178	31747	50712	18965	3792
72061	33373	1994	28796	44456	15661	3792
30656	19085	399	5889	8800	2911	2133
30656	19085	399	5889	8800	2911	2133
41405	14288	1595	22907	35656	12749	1659
204	75	78	132	133	1	1
41201	14213	1518	22775	35523	12748	1658
17833	138	184	2951	6256	3305	
17833	138	184	2951	6256	3305	
129	76	28	53	154	101	
69384	33197	1843	26783	42245	15462	3694

9-8 续表2

单位:万元 (2015)

指 标	Item	法人企业数(个) Number of Corporate (unit)
外商控股	Foreign	1
其他	Others	2
按经营形式分	Grouped By Business Form	
独立门店	Indipendent Stores	41
其他	Others	2
按单位规模分	Grouped By Unit Scale	
大型	large-scale	
中型	Medium-scale	2
小型	Small-scale	38
微型	Miniature	3
住宿业按地区分组	**Accommodation Industry Grouped by Region**	
银川市	Yinchuan	35
兴庆区	Xingqing	22
西夏区	Xixia	2
金凤区	Jinfeng	7
永宁县	Yongning	1
贺兰县	Helan	2
灵武市	Lingwu	1
餐饮业按地区分组	**Catering Industry Grouped by Region**	
银川市	Yinchuan	43
兴庆区	Xingqing	20
西夏区	Xixia	3
金凤区	Jinfeng	13
永宁县	Yongning	
贺兰县	Helan	5
灵武市	Lingwu	2

continued

(10 000 yuan)

流动资产合计 Total Working Capitals			固定资产合计 Total Fixed Assets	固定资产原价 Original Value of Fixed Assets	累计折旧 Accumulated Depreciation	本年折旧 Depreciation This Year
	应收帐款 Accounts Receivable	存货 Stock				
17833	138	184	2951	6256	3305	
2548	100	123	1959	2057	98	98
89537	33258	2073	30696	49552	18855	3754
357	252	105	1050	1160	110	38
13703	280	285	7411	10084	2673	552
75891	33219	1860	24327	40583	16256	3240
301	11	33	9	45	36	1
58119	3528	3815	150801	210940	60158	7203
17283	1748	1862	47844	87661	39836	3055
937	431	195	4397	4627	229	63
12333	506	1415	87788	104068	16280	3483
11374	15	7	10	167	157	19
428	135	152	256	321	64	51
15765	692	185	10505	14097	3592	532
89894	33510	2178	31747	50712	18965	3792
58327	30513	1262	12753	21195	8442	2719
454	89	69	461	598	136	1
24116	2673	493	5720	13556	7836	440
5161	166	93	5450	7429	1979	141
1836	70	262	7363	7935	572	492

9-8 续表3

单位:万元 (2015)

指 标	Item	在建工程 Construction in Process	资产总计 Total Assets
总 计	**Total**	**9983**	**372401**
住宿业	**Hotels**	**4927**	**224553**
按住宿业行业小类分	Grouped by Hotels Industry Small Class		
旅游饭店	Turist Hotel	4406	218595
一般旅馆	General Hotel	522	5081
其他住宿业	Other Hotel		877
按登记注册类型分	Grouped By Registration Type		
内资企业	Domestic Funded Enterprises	4927	224553
国有企业	State-owned Enterprises	1489	92264
集体企业	Collective-owned Enterprises		150
有限责任公司	Limited Liability Corporations	2822	64842
国有独资公司	State-owned Enterprises	122	9709
其他有限责任公司	Other Limited Liability Corporations	2700	55133
股份有限公司	Share-holding Corporations Ltd.		
私营企业	Private Enterprises	617	67298
私营独资企业	Private Owned Enterprises		
私营有限责任公司	Private Limited Liability Corporations	617	67298
按控股情况分	Grouped By Controlling Stake		
国有控股	State-owned	1661	128582
集体控股	Collective-owned		2852
私人控股	Private	1227	78341
港澳台商控股	Holding from Hong Kong, Macao and Taiwan		
外商控股	Foreign		
其他	Others	2040	14778
按经营形式分	Grouped By Business Form		
独立门店	Indipendent Stores	4927	224677
其他	Others		-124
按单位规模分	Grouped By Unit Scale		
大型	Large-scale		
中型	Medium-scale	2149	128121
小型	Small-scale	2778	96432
微型	Miniature		

continued

(10 000 yuan)

流动负债合计 Total Current Liabilities	应付账款 Accounts Payable	非流动负债合计 Totale of Non-current Liabilities	负债合计 Total Liabilities	所有者权益 Total Owners' Equities	实收资本 Paid-in Capitals	国家资本 State-owned Capitals	集体资本 Collective-owned Capitals	法人资本 Corporate Capitals	个人资本 Personal Capitals
194664	**30233**	**142919**	**337583**	**34818**	**105343**	**10119**	**1887**	**40717**	**52620**
84007	**7301**	**116125**	**200132**	**24421**	**79268**	**10119**	**1887**	**25428**	**41834**
78804	7153	113952	192756	25839	77725	10119	1875	25398	40333
4883	74	2173	7056	–1975	1442		12	30	1400
320	74		320	557	101				101
84007	7301	116125	200132	24421	79268	10119	1887	25428	41834
3556	1631	97938	101494	–9229	3820	3820			
45			45	105	12		12		
41675	3494	7890	49565	15277	40286	6299	1875	18200	13912
6758	38	953	7711	1998	1944	1944			
34917	3455	6937	41854	13279	38342	4355	1875	18200	13912
38731	2177	10298	49029	18269	35150			7228	27922
38731	2177	10298	49029	18269	35150			7228	27922
29042	2926	105828	134869	–6288	24536	10119		14416	
804	164		804	2048	3371		1887	1484	
48847	3048	10298	59145	19196	40862			9028	31834
5313	1163		5313	9465	10500			500	10000
82908	6782	116125	199033	25645	78768	10119	1887	24928	41834
1099	519		1099	–1223	500			500	
39560	4607	97999	137559	–9438	24609	7504		16604	500
44447	2694	18126	62573	33859	54660	2615	1887	8824	41334

9-8 续表4

单位:万元 (2015)

指 标	Item	在建工程 Construction in Process	资产总计 Total Assets
按星级分	Grouped By Star Grade		
五星	Five		
四星	Four	126	81185
三星	Three	102	19347
二星	Two		
一星	One		
其他	Others	4700	124022
餐饮业	**Catering Servies**	**5056**	**147847**
按餐饮业行业小类分	Grouped by Catering Industry Small Class		
正餐服务	Dinner Service	5056	147847
快餐服务	Fast Food Service		
按登记注册类型分	Grouped By Registration Type		
内资企业	Domestic Funded Enterprises	5056	121417
有限责任公司	Limited Liability Corporations	120	42879
国有独资公司	State-owned Enterprises		
其他有限责任公司	Other Limited Liability Corporations	120	42879
股份有限公司	Share-holding Corporations Ltd.		
私营企业	Private Enterprises	4936	78538
私营独资企业	Private Owned Enterprises		435
私营合伙企业	Private Partnership Enterprises		
私营有限责任公司	Private Limited Liability Corporations	4936	78102
私营股份有限公司	Private Share-holding Corporations Ltd.		
外商投资企业	Foreign Funded Enterprises		26431
中外合资经营企业	Sino-foreign Joint Venture Enterprises		26431
按控股情况分	Grouped By Controlling Stake		
国有控股	State-owned		182
集体控股	Collective-owned		
私人控股	Private	5056	113671

continued

(10 000 yuan)

流动负债合计 Total Current Liabilities	应付账款 Accounts Payable	非流动负债合计 Totale of Non-current Liabilities	负债合计 Total Liabilities	所有者权益 Total Owners' Equities	实收资本 Paid-in Capitals	国家资本 State-owned Capitals	集体资本 Collective-owned Capitals	法人资本 Corporate Capitals	个人资本 Personal Capitals
50368	3408	7173	57541	23644	52172	7631		20614	23927
6848	254	8114	14961	4385	10969	500	1887	4284	4298
26791	3638	100839	127630	–3608	16127	1989		530	13609
110657	**22932**	**26794**	**137451**	**10397**	**26075**			**15288**	**10786**
110657	22932	26794	137451	10397	26075			15288	10786
95171	23571	18616	113787	7630	24675			13888	10786
34548	2330	14032	48580	–5701	6410			5410	1000
34548	2330	14032	48580	–5701	6410			5410	1000
60623	21240	4585	65207	13330	18265			8478	9786
1669	561		1669	–1234	55				55
58954	20679	4585	63539	14564	18210			8478	9731
15486	–639	8177	23664	2767	1400			1400	
15486	–639	8177	23664	2767	1400			1400	
1696	59		1696	–1514	100			100	
84619	21712	18616	103235	10436	24265			13478	10786

9-8 续表5

单位:万元 (2015)

指 标	Item	在建工程 Construction in Process	资产总计 Total Assets
外商控股	Foreign		26431
其他	Others		7564
按经营形式分	Grouped By Business Form		
独立门店	Indipendent Stores	5056	144610
其他	Others		3237
按单位规模分	Grouped By Unit Scale		
大型	large-scale		
中型	Medium-scale		23743
小型	Small-scale	5056	123670
微型	Miniature		434
住宿业按地区分组	**Accommodation Industry Grouped by Region**		
银川市	Yinchuan	4927	224553
兴庆区	Xingqing	755	71532
西夏区	Xixia	122	6699
金凤区	Jinfeng	1572	103034
永宁县	Yongning	2040	14902
贺兰县	Helan	439	1123
灵武市	Lingwu		27264
餐饮业按地区分组	**Catering Industry Grouped by Region**		
银川市	Yinchuan	5056	147847
兴庆区	Xingqing	154	81782
西夏区	Xixia		1062
金凤区	Jinfeng		40143
永宁县	Yongning		
贺兰县	Helan		12395
灵武市	Lingwu	4902	12466

continued

(10 000 yuan)

流动负债合计 Total Current Liabilities	应付账款 Accounts Payable	非流动负债合计 Totale of Non-current Liabilities	负债合计 Total Liabilities	所有者权益 Total Owners' Equities	实收资本 Paid-in Capitals	国家资本 State-owned Capitals	集体资本 Collective-owned Capitals	法人资本 Corporate Capitals	个人资本 Personal Capitals
15486	-639	8177	23664	2767	1400			1400	
8856	1799		8856	-1292	310			310	
109470	22278	26794	136263	8347	24025			13288	10736
1187	654		1187	2050	2050			2000	50
20533	5564	9000	29533	-5790	2000				2000
88528	17215	17794	106322	17348	24015			15288	8726
1596	153		1596	-1162	60				60
84007	7301	116125	200132	24421	79268	10119	1887	25428	41834
57909	3418	10938	68847	2685	37913	8131	1875	19188	8720
5528	-56	892	6420	279	154	142	12		
9528	2526	100495	110023	-6989	9448	1847		6100	1501
4214	644		4214	10688	10000				10000
805	305		805	318	140			140	
6023	465	3800	9823	17441	21613				21613
110657	22932	26794	137451	10397	26075			15288	10786
64044	16248	15717	79761	2021	12661			5583	7078
3310	212	4	3314	-2252	210			100	110
23848	1069	8245	32092	8050	7743			5495	2248
9990	5239	27	10018	2378	1860			510	1350
9466	166	2800	12266	200	3600			3600	

9-8 续表6

单位:万元 (2015)

指 标	Item	营业收入 Total Revenue	主营业务收入 Revenue from Principal Business
总 计	**Total**	**94898**	**94232**
住宿业	**Hotels**	**50517**	**50052**
按住宿业行业小类分	Grouped by Hotels Industry Small Class		
旅游饭店	Turist Hotel	46827	46362
一般旅馆	General Hotel	3384	3384
其他住宿业	Other Hotel	306	306
按登记注册类型分	Grouped By Registration Type		
内资企业	Domestic Funded Enterprises	50517	50052
国有企业	State-owned Enterprises	8497	8497
集体企业	Collective-owned Enterprises	272	272
有限责任公司	Limited Liability Corporations	24204	23835
国有独资公司	State-owned Enterprises	3035	2863
其他有限责任公司	Other Limited Liability Corporations	21169	20972
股份有限公司	Share-holding Corporations Ltd.		
私营企业	Private Enterprises	17543	17447
私营独资企业	Private Owned Enterprises		
私营有限责任公司	Private Limited Liability Corporations	17543	17447
按控股情况分	Grouped By Controlling Stake		
国有控股	State-owned	19000	18711
集体控股	Collective-owned	1930	1929
私人控股	Private	23322	23198
港澳台商控股	Holding from Hong Kong, Macao and Taiwan		
外商控股	Foreign		
其他	Others	6264	6214
按经营形式分	Grouped By Business Form		
独立门店	Indipendent Stores	45189	44724
其他	Others	5328	5328
按单位规模分	Grouped By Unit Scale		
大型	Large-scale		
中型	Medium-scale	26970	26904
小型	Small-scale	23546	23148
微型	Miniature		

continued

(10 000 yuan)

营业成本 Business Costs	主营业务成本 Costs of Principal Business	营业税金及附加 Business Taxes and Other Charges	主营业务税金及附加 Taxes and Other Charges on Principal Business	其他业务利润 Profits from Other Businesses	销售费用 Selling Costs
40038	**39969**	**5191**	**5119**	**2012**	**35445**
19951	**19882**	**2778**	**2773**	**896**	**22177**
19057	18988	2601	2597	896	21094
839	839	160	160		1083
55	55	17	17		
19951	19882	2778	2773	896	22177
1993	1993	482	482		8227
105	105	16	16		144
12562	12497	1287	1283	891	6953
2360	2360	157	157		
10202	10137	1130	1126	891	6953
5291	5288	993	993	5	6854
5291	5288	993	993	5	6854
10979	10914	1054	1049	53	8327
667	667	109	109		856
7121	7117	1289	1289	7	10301
1185	1185	327	327	836	2693
18834	18766	2483	2479	896	20180
1117	1117	295	295		1997
11500	11500	1477	1477	2	13314
8451	8382	1301	1297	894	8863

9-8 续表7

单位:万元 (2015)

指 标	Item	营业收入 Total Revenue	主营业务收入 Revenue from Principal Business
按星级分	Grouped By Star Grade		
五星	Five		
四星	Four	21452	21380
三星	Three	9633	9457
二星	Two		
一星	One		
其他	Others	19432	19215
餐饮业	**Catering Servies**	**44382**	**44180**
按餐饮业行业小类分	Grouped by Catering Industry Small Class		
正餐服务	Dinner Service	44382	44180
快餐服务	Fast Food Service		
按登记注册类型分	Grouped By Registration Type		
内资企业	Domestic Funded Enterprises	42772	42571
有限责任公司	Limited Liability Corporations	9486	9460
国有独资公司	State-owned Enterprises		
其他有限责任公司	Other Limited Liability Corporations	9486	9460
股份有限公司	Share-holding Corporations Ltd.		
私营企业	Private Enterprises	33285	33111
私营独资企业	Private Owned Enterprises	1779	1779
私营合伙企业	Private Partnership Enterprises		
私营有限责任公司	Private Limited Liability Corporations	31506	31331
私营股份有限公司	Private Share-holding Corporations Ltd.		
外商投资企业	Foreign Funded Enterprises	1610	1610
中外合资经营企业	Sino-foreign Joint Venture Enterprises	1610	1610
按控股情况分	Grouped By Controlling Stake		
国有控股	State-owned	633	633
集体控股	Collective-owned		
私人控股	Private	41318	41117

continued

（10 000 yuan）

营业成本 Business Costs	主营业务成本 Costs of Principal Business	营业税金及附加 Business Taxes and Other Charges	主营业务税金及附加 Taxes and Other Charges on Principal Business	其他业务利润 Profits from Other Businesses	销售费用 Selling Costs
11481	11477	1259	1259	5	5603
3858	3793	512	507	55	3694
4613	4613	1007	1007	836	12880
20087	**20087**	**2413**	**2346**	**1116**	**13269**
20087	20087	2413	2346	1116	13269
19374	19374	2324	2257	1116	12456
3477	3477	567	567		2920
3477	3477	567	567		2920
15897	15897	1756	1690	1116	9536
886	886	98	98		809
15011	15011	1658	1591	1116	8727
713	713	89	89		813
713	713	89	89		813
342	342	46	46		264
18773	18773	2233	2166	1116	10868

9-8 续表8

单位:万元 (2015)

指 标	Item	营业收入 Total Revenue	主营业务收入 Revenue from Principal Business
外商控股	Foreign	1610	1610
其他	Others	821	821
按经营形式分	Grouped By Business Form		
独立门店	Indipendent Stores	42432	42231
其他	Others	1949	1949
按单位规模分	Grouped By Unit Scale		
大型	large-scale		
中型	Medium-scale	8035	8032
小型	Small-scale	35787	35588
微型	Miniature	560	560
住宿业按地区分组	**Accommodation Industry Grouped by Region**		
银川市	Yinchuan	50517	50052
兴庆区	Xingqing	27872	27594
西夏区	Xixia	982	848
金凤区	Jinfeng	17631	17629
永宁县	Yongning	936	886
贺兰县	Helan	1639	1639
灵武市	Lingwu	1456	1456
餐饮业按地区分组	**Catering Industry Grouped by Region**		
银川市	Yinchuan	44382	44180
兴庆区	Xingqing	24784	24583
西夏区	Xixia	1446	1446
金凤区	Jinfeng	10647	10647
永宁县	Yongning		
贺兰县	Helan	6105	6105
灵武市	Lingwu	1400	1400

continued

(10 000 yuan)

营业成本 Business Costs	主营业务成本 Costs of Principal Business	营业税金及附加 Business Taxes and Other Charges	主营业务税金及附加 Taxes and Other Charges on Principal Business	其他业务利润 Profits from Other Businesses	销售费用 Selling Costs
713	713	89	89		813
260	260	45	45		1324
18507	18507	2312	2245	1116	13269
1580	1580	101	101		
2020	2020	451	451	28	2189
17797	17797	1927	1860	1088	10820
270	270	35	35		260
19951	19882	2778	2773	896	22177
13842	13774	1603	1599	57	8875
593	593	44	44		144
4156	4156	949	949	2	11544
69	69	32	32	836	696
841	841	68	68		100
450	450	82	82		819
20087	20087	2413	2346	1116	13269
10197	10197	1503	1436	725	7775
822	822	91	91		527
5920	5920	537	537	363	3036
2767	2767	193	193	28	1583
380	380	89	89		349

9-8 续表9

单位:万元 (2015)

指 标	Item	管理费用 Management Costs	税金 Taxes
总 计	**Total**	**28783**	**1053**
住宿业	**Hotels**	**15036**	**738**
按住宿业行业小类分	Grouped by Hotels Industry Small Class		
旅游饭店	Turist Hotel	13129	701
一般旅馆	General Hotel	1900	37
其他住宿业	Other Hotel	7	
按登记注册类型分	Grouped By Registration Type		
内资企业	Domestic Funded Enterprises	15036	738
国有企业	State-owned Enterprises	2631	40
集体企业	Collective-owned Enterprises	91	
有限责任公司	Limited Liability Corporations	5852	540
国有独资公司	State-owned Enterprises	397	127
其他有限责任公司	Other Limited Liability Corporations	5455	413
股份有限公司	Share-holding Corporations Ltd.		
私营企业	Private Enterprises	6464	157
私营独资企业	Private Owned Enterprises		
私营有限责任公司	Private Limited Liability Corporations	6464	157
按控股情况分	Grouped By Controlling Stake		
国有控股	State-owned	4791	497
集体控股	Collective-owned	382	27
私人控股	Private	7462	200
港澳台商控股	Holding from Hong Kong, Macao and Taiwan		
外商控股	Foreign		
其他	Others	2402	14
按经营形式分	Grouped By Business Form		
独立门店	Indipendent Stores	12650	738
其他	Others	2386	
按单位规模分	Grouped By Unit Scale		
大型	Large-scale		
中型	Medium-scale	7135	311
小型	Small-scale	7902	427
微型	Miniature		

continued

(10 000 yuan)

财务费用 Financial Costs	利息收入 Interest Income	利息支出 Interest Expense	资产减值损失 Asset Impairment Loss	投资收益 Investment Income	营业利润 Business Profits
3790	**67**	**2020**	**236**	**13**	**-17283**
698	**55**	**272**	**3**	**10**	**-9094**
465	54	247	3	1	-8365
209	1	1		9	-780
24		24			51
698	55	272	3	10	-9094
44	-3				-4878
	1	1			
99	44	34	2	1	-1395
7	2		1		114
93	42	34	2	1	-1509
555	14	237	1	9	-2821
555	14	237	1	9	-2821
50	39	10	2	1	-6201
22	1	17			-23
591	14	245	1	9	-2492
36					-377
667	55	272	3	10	-8596
31					-498
111	40		2		-5412
588	15	272	1	10	-3682

9-8 续表10

单位:万元　　　　　　　　　　　　　　　　　　　　　　　　　　　　　　　　　　　　　(2015)

指 标	Item	管理费用 Management Costs	税金 Taxes
按星级分	Grouped By Star Grade		
五星	Five		
四星	Four	5733	357
三星	Three	2266	335
二星	Two		
一星	One		
其他	Others	7038	46
餐饮业	**Catering Servies**	**13747**	**316**
按餐饮业行业小类分	Grouped by Catering Industry Small Class		
正餐服务	Dinner Service	13747	316
快餐服务	Fast Food Service		
按登记注册类型分	Grouped By Registration Type		
内资企业	Domestic Funded Enterprises	13223	305
有限责任公司	Limited Liability Corporations	6842	28
国有独资公司	State-owned Enterprises		
其他有限责任公司	Other Limited Liability Corporations	6842	28
股份有限公司	Share-holding Corporations Ltd.		
私营企业	Private Enterprises	6381	276
私营独资企业	Private Owned Enterprises	59	
私营合伙企业	Private Partnership Enterprises		
私营有限责任公司	Private Limited Liability Corporations	6323	276
私营股份有限公司	Private Share-holding Corporations Ltd.		
外商投资企业	Foreign Funded Enterprises	524	11
中外合资经营企业	Sino-foreign Joint Venture Enterprises	524	11
按控股情况分	Grouped By Controlling Stake		
国有控股	State-owned	57	
集体控股	Collective-owned		
私人控股	Private	12374	300

continued

(10 000 yuan)

财务费用 Financial Costs	利息收入 Interest Income	利息支出 Interest Expense	资产减值损失 Asset Impairment Loss	投资收益 Investment Income	营业利润 Business Profits
208	44	94	3		–2836
169	14	153		1	–835
321	–3	24		9	–5423
3092	**13**	**1748**	**232**	**3**	**–8189**
3092	13	1748	232	3	–8189
2428	5	1647	232	3	–6997
1079	1	953		3	–5396
1079	1	953		3	–5396
1349	4	694	232		–1602
10					–164
1339	4	694	232		–1437
664	8	101			–1192
664	8	101			–1192
4					–80
2419	5	1647	232	3	–5313

9-8 续表11

单位:万元 （2015）

指 标	Item	管理费用 Management Costs	税金 Taxes
外商控股	Foreign	524	11
其他	Others	792	4
按经营形式分	Grouped By Business Form		
独立门店	Indipendent Stores	13324	316
其他	Others	423	
按单位规模分	Grouped By Unit Scale		
大型	large-scale		
中型	Medium-scale	5255	
小型	Small-scale	8293	316
微型	Miniature	199	
住宿业按地区分组	**Accommodation Industry Grouped by Region**		
银川市	Yinchuan	15036	738
兴庆区	Xingqing	7147	686
西夏区	Xixia	346	
金凤区	Jinfeng	6567	38
永宁县	Yongning	16	14
贺兰县	Helan	338	0
灵武市	Lingwu	623	
餐饮业按地区分组	**Catering Industry Grouped by Region**		
银川市	Yinchuan	13747	316
兴庆区	Xingqing	9051	216
西夏区	Xixia	191	
金凤区	Jinfeng	2694	46
永宁县	Yongning		
贺兰县	Helan	1046	4
灵武市	Lingwu	766	49

continued

(10 000 yuan)

财务费用 Financial Costs			资产减值损失 Asset Impairment Loss	投资收益 Investment Income	营业利润 Business Profits
	利息收入 Interest Income	利息支出 Interest Expense			
664	8	101			-1192
5					-1604
2848	12	1748		3	-7647
244	1		232		-542
948		899			-2828
2140	13	848	232	3	-5154
3		1			-207
698	55	272	3	10	-9094
304	57	227	2	1	-2745
3	1	1			-65
365	-3	24	1	9	-6157
4					120
14		12			278
8		8			-525
3092	13	1748	232	3	-8189
1721	4	1321		3	-5542
8		1			-194
1064	9	156	232		-2459
15					473
284		271			-467

9-8 续表12

单位:万元 (2015)

指 标	Item	营业外收入 Revenue from Excluding Business	政府补贴 Subsidies Income
总 计	**Total**	**546**	**70**
住宿业	**Hotels**	**459**	**69**
按住宿业行业小类分	Grouped by Hotels Industry Small Class		
旅游饭店	Turist Hotel	402	49
一般旅馆	General Hotel	57	20
其他住宿业	Other Hotel		
按登记注册类型分	Grouped By Registration Type		
内资企业	Domestic Funded Enterprises	459	69
国有企业	State-owned Enterprises	199	
集体企业	Collective-owned Enterprises	10	10
有限责任公司	Limited Liability Corporations	67	3
国有独资公司	State-owned Enterprises	13	3
其他有限责任公司	Other Limited Liability Corporations	53	
股份有限公司	Share-holding Corporations Ltd.		
私营企业	Private Enterprises	183	56
私营独资企业	Private Owned Enterprises		
私营有限责任公司	Private Limited Liability Corporations	183	56
按控股情况分	Grouped By Controlling Stake		
国有控股	State-owned	232	3
集体控股	Collective-owned	10	10
私人控股	Private	217	56
港澳台商控股	Holding from Hong Kong, Macao and Taiwan		
外商控股	Foreign		
其他	Others		
按经营形式分	Grouped By Business Form		
独立门店	Indipendent Stores	459	69
其他	Others		
按单位规模分	Grouped By Unit Scale		
大型	Large-scale		
中型	Medium-scale	131	3
小型	Small-scale	328	66
微型	Miniature		

continued

(10 000 yuan)

营业外支出 Expence from Excluding Business	利润总额 Total Profits	应交所得税 Tax Payable	人工成本及增值税 Labor Cost and Value Added Tax 应付职工薪酬（本年货方累计发生额） Benefits of Employee Payable	人工成本及增值税 Labor Cost and Value Added Tax 应交增值税 Added Tax Payable	从事住宿和餐饮业活动的从业人员平均人数（人） Average Number of Employees Engaged in the Accommodation and Catering Industry (person)
338	**-16396**	**338**	**26946**	**298**	**7601**
250	**-7671**	**82**	**14431**		**3998**
236	-7016	74	13393		3658
13	-705	2	1037		325
1	50	6	1		15
250	-7671	82	14431		3998
25	-4704		3713		621
	32		105		44
166	-1628	54	5114		1653
5	-11	-9	1104		200
161	-1617	64	4010		1453
58	-1371	28	5499		1680
58	-1371	28	5499		1680
187	-6278	-9	6141		1248
1	8		643		180
61	-1024	77	7269		2176
	-377	15	378		394
250	-7173	82	14272		3669
	-497		159		329
24	-5320	43	7379		1880
226	-2351	39	7052		2118

9-8　续表13

单位:万元　　　　(2015)

指　标	Item	营业外收入 Revenue from Excluding Business	政府补贴 Subsidies Income
按星级分	Grouped By Star Grade		
五星	Five		
四星	Four	342	49
三星	Three	72	10
二星	Two		
一星	One		
其他	Others	45	10
餐饮业	**Catering Servies**	**87**	**1**
按餐饮业行业小类分	Grouped by Catering Industry Small Class		
正餐服务	Dinner Service	87	1
快餐服务	Fast Food Service		
按登记注册类型分	Grouped By Registration Type		
内资企业	Domestic Funded Enterprises	87	1
有限责任公司	Limited Liability Corporations	35	1
国有独资公司	State-owned Enterprises		
其他有限责任公司	Other Limited Liability Corporations	35	1
股份有限公司	Share-holding Corporations Ltd.		
私营企业	Private Enterprises	52	
私营独资企业	Private Owned Enterprises	3	
私营合伙企业	Private Partnership Enterprises		
私营有限责任公司	Private Limited Liability Corporations	49	
私营股份有限公司	Private Share-holding Corporations Ltd.		
外商投资企业	Foreign Funded Enterprises		
中外合资经营企业	Sino-foreign Joint Venture Enterprises		
按控股情况分	Grouped By Controlling Stake		
国有控股	State-owned		
集体控股	Collective-owned		
私人控股	Private	85	1

continued

(10 000 yuan)

营业外支出 Expence from Excluding Business	利润总额 Total Profits	应交所得税 Tax Payable	人工成本及增值税 Labor Cost and Value Added Tax 应付职工薪酬(本年贷方累计发生额) Benefits of Employee Payable	应交增值税 Added Tax Payable	从事住宿和餐饮业活动的从业人员平均人数(人) Average Number of Employees Engaged in the Accommodation and Catering Industry(person)
74	–1266	20	6752		1635
156	–883	49	2178		758
19	–5522	13	5502		1605
88	**–8725**	**256**	**12515**	**298**	**3603**
88	–8725	256	12515	298	3603
88	–7533	256	11998	298	3491
45	–5405		3625		815
45	–5405		3625		815
43	–2128	256	8373	298	2676
	–1287	10	353		129
43	–841	246	8021	298	2547
	–1192		517		112
	–1192		517		112
40	–120		201		85
48	–5811	256	10906	298	3131

9-8 续表14

单位:万元 (2015)

指 标	Item	营业外收入 Revenue from Excluding Business	政府补贴 Subsidies Income
外商控股	Foreign		
其他	Others	2	
按经营形式分	Grouped By Business Form		
独立门店	Indipendent Stores	87	1
其他	Others		
按单位规模分	Grouped By Unit Scale		
大型	large-scale		
中型	Medium-scale	38	1
小型	Small-scale	49	
微型	Miniature		
住宿业按地区分组	**Accommodation Industry Grouped by Region**		
银川市	Yinchuan	459	69
兴庆区	Xingqing	307	3
西夏区	Xixia	18	10
金凤区	Jinfeng	121	46
永宁县	Yongning		
贺兰县	Helan	13	10
灵武市	Lingwu		
餐饮业按地区分组	**Catering Industry Grouped by Region**		
银川市	Yinchuan	87	1
兴庆区	Xingqing	71	1
西夏区	Xixia		
金凤区	Jinfeng	7	
永宁县	Yongning		
贺兰县	Helan	10	
灵武市	Lingwu		

continued

(10 000 yuan)

营业外支出 Expence from Excluding Business	利润总额 Total Profits	应交所得税 Tax Payable	人工成本及增值税 Labor Cost and Value Added Tax		从事住宿和餐饮业活动的从业人员平均人数（人） Average Number of Employees Engaged in the Accommodation and Catering Industry(person)
			应付职工薪酬(本年贷方累计发生额) Benefits of Employee Payable	应交增值税 Added Tax Payable	
	-1192		517		112
	-1602		890		275
80	-8725	253	12217	298	3530
8		4	298		73
30	-2789		2410		471
58	-5720	244	9861	298	3048
	-217	12	244		84
250	-7671	82	14431		3998
229	-2403	6	7809		2165
5	-164	-9	368		124
14	-6041	49	4908		1264
	120	15	219		65
1	291	22	666		260
1	526		461		120
88	-8725	256	12515	298	3603
8	-5747	158	7281		2125
40	-343	12	533		195
9	-2081	68	2817	298	721
31	-86	15	1228		383
1	-468	4	655		179

9—9 限额以上批发和零售业法人企业购进、销售、库存总额(市区)

单位:万元 (2015)

指 标	Item	法人企业数(个) Corporate Enterprises (unit)
总 计	**Total**	**154**
批发业	**Wholesale Trade**	**63**
按批发行业小类分	Grouped by Wholesale Industry Small Class	
食品、饮料及烟草制品批发	Wholesale of Food,Beverages and Tobacoos	8
米、面制品及食用油批发	Wholesale of Rice,Flour and Edible Oil	2
糕点、糖果及糖批发	Wholesale of Pastry,Candy and Sugars	
肉、禽、蛋、奶及水产品批发	Wholesale of Fruits and Vegetables	1
盐及调味品批发	Wholesale of Meat and Aquatic Products	1
酒、饮料及茶叶批发	Wholesale of Salt and Condiments	2
烟草制品批发	Wholesale of Beverages and tea	2
纺织、服装及家庭用品批发	Wholesale of Textiles,Garments and Daily Consummer Aticles	1
家用电器批发	Wholesale of Household Electrical Appliances	1
文化、体育用品及器材批发	Wholesale of Cultural,Sports Goods Appliances and Equipments	1
文具用品批发	Wholesale of Stationery	1
医药及医疗器材批发	Wholesale of Medicines and Medical Appliances	4
西药批发	Wholesale of Western Medicine	2
医疗用品及器材批发	Wholesale of Medical Supplies and Equipment	2
矿产品、建材及化工产品批发	Wholesale of Mineral Products,Building Materials and Chemical Products	36
煤炭及制品批发	Wholesale of Coal and Related Products	3
石油及制品批发	Wholesale of Petroleum and Related Products	8
金属及金属矿批发	Wholesale of Metallic mineral Products	20
建材批发	Wholesale of Building Materials	1
化肥批发	Wholesale of Chemical Fertilizer	3
其他化工产品批发	Wholesale of Other Chemical Products	1
机械设备、五金产品及电子产品批发	Wholesale of Machinery,Hardware and Electronic Equipment	11
农业机械批发	Wholesale of Agriculture Machinary	2
汽车批发	Wholesale of MotorVehicles	2
电气设备批发	Wholesale of Electrical Equipment	3
计算机、软件及辅助设备批发	Wholesale of Computer,Software and Assistant Aplliances	3
其他机械设备及电子产品批发	Wholesale of Other Machinary and Electric Equipment	1

Total Purchases,Sales and Stock of Wholesale and Retail Trades by Enterprises above Designated Size(City)

(10 000yuan)

商品购进额 Total Commodity Purchase	商品销售额 Total Commodity Sales Value	其中:通过公共网络实现的商品销售额 Commodity Sales Through Public Network	其中:使用银行卡支付的商品销售额 Commodity Sales Payed for by Bank Cards
5546062	**6222530**	**324743**	**688187**
3916081	**4442379**	**308998**	**322944**
667382	811154	308265	245382
5331	7082		4547
11236	15184		
4579	8990		
7455	7661		1278
638780	772237	308265	239557
10935	11667		
10935	11667		
1557	1612		
1557	1612		
198645	204579		
169755	175864		
28890	28715		
2938560	3311086		75534
111067	113726		
2473047	2832533		75534
270612	280544		
4829	4871		
47528	47773		
31479	31640		
36179	39277		2029
13740	14895		
5775	5616		1877
6882	8742		152
9534	9761		
248	262		

9-9 续表1

单位:万元 (2015)

指 标	Item	法人企业数(个) Corporate Enterprises (unit)
其他批发业	Other Wholesale	2
再生物资回收与批发	Recovery and Wholesale of Recycled Materials	1
其他未列明批发业	Other Wholesale Unlisted	1
按登记注册类型分	Grouped By Registration Type	
内资企业	Domestic Funded Enterprises	63
国有企业	State-owned Enterprises	4
有限责任公司	Limited Liability Corporations	16
国有独资公司	State-owned Enterprises	1
其他有限责任公司	Other Limited Liability Corporations	15
股份有限公司	Share-holding Corporations Ltd.	6
私营企业	Private Enterprises	37
私营有限责任公司	Private Limited Liability Corporations	37
按控股情况分	Grouped By Controlling Stake	
国有控股	State-owned	15
集体控股	Collective-owned	1
私人控股	Private	43
其他	Others	4
按经营形式分	Grouped By Business Form	
独立门店	Indipendent Stores	50
连锁总店	Distributor Chain	1
连锁门店	Chain Stores	1
其他	Others	11
按单位规模分	Grouped By Unit Scale	
大型	large-scale	4
中型	Medium-scale	22
小型	Small-scale	32
微型	Miniature	5
零售业	**Retail Trade**	**91**
按零售行业小类分	Grouped by Retail Trade Industry Small Class	
综合零售	Integrated Retail	11
百货零售	Retail of General Merchandise	8
超级市场零售	Retail of Supermarkets	3

continued

(10 000 yuan)

商品购进额 Total Commodity Purchase	商品销售额 Total Commodity Sales Value	其中:通过公共网络实现的商品销售额 Commodity Sales Through Public Network	其中:使用银行卡支付的商品销售额 Commodity Sales Payed for by Bank Cards
62823	63006	734	
32931	33655	734	
29892	29350		
3916081	4442379	308998	322944
646162	785774	308265	244104
482243	505011	734	
108133	110566		
374110	394445	734	
2381600	2727817		17
406076	423777		78823
406076	423777		78823
3330787	3839250	308265	244121
39645	39494		
492397	509426		78823
53252	54209	734	
882747	1037258	308265	322944
329342	365602		
28991	294611		
2675001	2744908	734	
729013	1149434	308265	239557
2941129	3033239	734	75516
218751	226882		7871
27188	32824		
1629981	**1780151**	**15745**	**365243**
713230	762924		284225
441883	449528		182340
271347	313396		101885

9-9 续表2

单位:万元 (2015)

指　标	Item	法人企业数(个) Corporate Enterprises (unit)
食品、饮料及烟草制品专门零售	Retail of Food,Beverages and Tobaccos	7
粮油零售	Retail of Grain and Oil	1
果品、蔬菜零售	Retail of Fruits and Vegetables	1
酒、饮料及茶叶零售	Retail of Wine,Beverages and Tea	3
烟草制品零售	Retail of Tobacco Products	1
其他食品零售	Retail of Other Food	1
纺织、服装及日用品专门零售	Special Retail of Textiles,Garments and Daily Consumer Articles	4
服装零售	Retail of Garments	2
钟表、眼镜零售	Retail of Watches and Glasses	1
其他日用品零售	Retail of Other Daily Consumer Articles	1
文化、体育用品及器材专门零售	Retail of Culture,Sports Appliances and Equipments	7
体育用品及器材零售	Retail of Sports Goods Appliances and Equipments	2
图书、报刊零售	Retail of Books, Newspapers and Magazines	1
珠宝首饰零售	Retail of Jewelery	1
工艺美术品及收藏品零售	Retail of Arts ,Crafts and Collections	2
其他文化用品零售	Retail of Other Culture Appliances	1
医药及医疗器材专门零售	Retail of Medicines and Medical Appliances	13
药品零售	Retail of Drug	13
汽车、摩托车、燃料及零配件专门零售	Retail of Motor Vehicles,Motorcycles,Fuel and Parts	33
汽车零售	Retail of Motor Vehicles	24
机动车燃料零售	Retail of Motor Vehicles Fuel	9
家用电器及电子产品专门零售	Special Retailof Household Electric Appliances and Electronic Products	14
家用视听设备零售	Retail of Household Audio and Video Equipment	2
日用家电设备零售	Retail of Household Electric Appliances	3
计算机、软件及辅助设备零售	Retail of Computer,Software and Assistant Appliances	7
通信设备零售	Retail of Communication Equipments	2
五金、家具及室内装饰材料专门零售	Special Retail of Hardware,Furniture and Decoration Materials	1
家具零售	Retail of Furniture	1
货摊、无店铺及其他零售业	Retail of Other Decoration Materials	1
生活用燃料零售	Retail of Life Fuel	1
按登记注册类型分	Grouped By Registration Type	
内资企业	Domestic Funded Enterprises	90
国有企业	State-owned Enterprises	3

continued

(10 000 yuan)

商品购进额 Total Commodity Purchase	商品销售额 Total Commodity Sales Value	其中:通过公共网络实现的商品销售额 Commodity Sales Through Public Network	其中:使用银行卡支付的商品销售额 Commodity Sales Payed for by Bank Cards
8469	8579		20
906	759		
172	190		
3629	3912		20
2715	2898		
1047	819		
15782	23464		
8114	11668		
3453	6618		
4215	5178		
27619	26073	68	3205
10124	9148		1000
12122	12023		2009
2567	2104		
1939	2003	68	196
867	795		
223299	264793		
223299	264793		
372013	426825	9697	57004
331755	379271	9697	55434
40259	47554		1570
263237	257022	5980	18432
8174	8948		6107
210588	201829		12325
37606	37604	5980	
6869	8641		
2354	3524		2356
2354	3524		2356
3978	6948		
3978	6948		
1624881	1772771	15745	365243
23375	25369		2009

9-9 续表3

单位:万元 (2015)

指 标	Item	法人企业数(个) Corporate Enterprises (unit)
集体企业	Collective-owned Enterprises	1
有限责任公司	Limited Liability Corporations	37
国有独资公司	State-owned Enterprises	1
其他有限责任公司	Other Limited Liability Corporations	36
股份有限公司	Share-holding Corporations Ltd.	2
私营企业	Private Enterprises	47
私营有限责任公司	Private Limited Liability Corporations	47
外商投资企业	Foreign Funded Enterprises	1
中外合资经营企业	Sino-foreign Joint Venture Enterprises	1
按控股情况分	Grouped By Controlling Stake	
国有控股	State-owned	5
集体控股	Collective-owned	1
私人控股	Private	70
其他	Others	15
按经营形式分	Grouped By Business Form	
独立门店	Indipendent Stores	73
连锁总店	Distributor Chain	12
连锁门店	Distributor Stores	1
其他	Others	5
按单位规模分	Grouped By Unit Scale	
大型	Large-scale	5
中型	Medium-scale	51
小型	Small-scale	28
微型	Miniature	7
按零售业态分	Grouped By Retail Formats	
有店铺零售	Retail of Having a Store	87
超市	Supermarket	1
大型超市	Hypermarket	6
百货店	Department Store	7
专业店	Speciality Store	41
专卖店	Franchised Store	32
无店铺零售	Retail of Non-store	4

continued

(10 000 yuan)

商品购进额 Total Commodity Purchase	商品销售额 Total Commodity Sales Value	其中:通过公共网络实现的商品销售额 Commodity Sales Through Public Network	其中:使用银行卡支付的商品销售额 Commodity Sales Payed for by Bank Cards
1630	1818		
850121	944677	11588	142894
3978	6948		
846143	937730	11588	142894
337905	337583		163476
411850	463324	4157	56864
411850	463324	4157	56864
5100	7380		
5100	7380		
37428	42159		2009
1630	1818		
704155	786974	15745	85548
886768	949201		277686
1054256	1149427	15745	230299
533525	588292		122598
17608	17607		12325
24593	24824		20
794894	827043		265361
712214	827367	5608	97764
116985	119555	10137	2118
5889	6186		
1610374	1759120	15745	365223
4103	4325		
518246	549700		121468
388755	401318		162757
466637	528804	352	25269
232633	274973	15393	55728
19607	21030		20

9-9 续表4

单位:万元 (2015)

指 标	Item	批发额 Wholesale Value
总 计	**Total**	**4248674**
批发业	**Wholesale Trade**	**4032007**
按批发行业小类分	Grouped by Wholesale Industry Small Class	
食品、饮料及烟草制品批发	Wholesale of Food,Beverages and Tobacoos	810399
米、面制品及食用油批发	Wholesale of Rice,Flour and Edible Oil	7082
糕点、糖果及糖批发	Wholesale of Pastry,Candy and Sugars	
肉、禽、蛋、奶及水产品批发	Wholesale of Fruits and Vegetables	15184
盐及调味品批发	Wholesale of Meat and Aquatic Products	8990
酒、饮料及茶叶批发	Wholesale of Salt and Condiments	6906
烟草制品批发	Wholesale of Beverages and tea	772237
纺织、服装及家庭用品批发	Wholesale of Textiles,Garments and Daily Consummer Aticles	11667
家用电器批发	Wholesale of Household Electrical Appliances	11667
文化、体育用品及器材批发	Wholesale of Cultural,Sports Goods Appliances and Equipments	1612
文具用品批发	Wholesale of Stationery	1612
医药及医疗器材批发	Wholesale of Medicines and Medical Appliances	84871
西药批发	Wholesale of Western Medicine	56156
医疗用品及器材批发	Wholesale of Medical Supplies and Equipment	28715
矿产品、建材及化工产品批发	Wholesale of Mineral Products,Building Materials and Chemical Products	3050015
煤炭及制品批发	Wholesale of Coal and Related Products	113726
石油及制品批发	Wholesale of Petroleum and Related Products	2581564
金属及金属矿批发	Wholesale of Metallic mineral Products	272449
建材批发	Wholesale of Building Materials	4871
化肥批发	Wholesale of Chemical Fertilizer	45766
其他化工产品批发	Wholesale of Other Chemical Products	31640
机械设备、五金产品及电子产品批发	Wholesale of Machinery,Hardware and Electronic Equipment	10438
农业机械批发	Wholesale of Agriculture Machinary	
汽车批发	Wholesale of MotorVehicles	190
电气设备批发	Wholesale of Electrical Equipment	4721
计算机、软件及辅助设备批发	Wholesale of Computer,Software and Assistant Aplliances	5265
其他机械设备及电子产品批发	Wholesale of Other Machinary and Electric Equipment	262

continued

(10 000 yuan)

零售额 Retail Value	通过公共网络实现的商品零售额 Commodity Retail Value Through Public Network	期末商品库存额 Total Stock at Year-end	年末零售营业面积(平方米) Area of Retail Business at Year-end (sq.m)
1973856	**6230**	**415851**	**747256**
410372		**120499**	**118628**
755		31426	2400
		1797	110
		565	500
		1345	1000
755		4717	790
		23002	
		1901	500
		1901	500
		133	
		133	
119708		16087	18415
119708		13051	17950
		3036	465
261071		52605	95337
		629	627
250969		29655	85546
8095		16227	3777
		227	200
2007		5867	5087
		1	100
28839		15568	1831
14895		1823	256
5426		5552	240
4020		7026	830
4497		1168	323
			182

9-9 续表5

单位:万元 (2015)

指 标	Item	批发额 Wholesale Value
其他批发业	Other Wholesale	63006
再生物资回收与批发	Recovery and Wholesale of Recycled Materials	33655
其他未列明批发业	Other Wholesale Unlisted	29350
按登记注册类型分	Grouped By Registration Type	
内资企业	Domestic Funded Enterprises	4032007
国有企业	State-owned Enterprises	785774
有限责任公司	Limited Liability Corporations	378147
国有独资公司	State-owned Enterprises	110566
其他有限责任公司	Other Limited Liability Corporations	267581
股份有限公司	Share-holding Corporations Ltd.	2484701
私营企业	Private Enterprises	383385
私营有限责任公司	Private Limited Liability Corporations	383385
按控股情况分	Grouped By Controlling Stake	
国有控股	State-owned	3475604
集体控股	Collective-owned	37519
私人控股	Private	464676
其他	Others	54209
按经营形式分	Grouped By Business Form	
独立门店	Indipendent Stores	994036
连锁总店	Distributor Chain	237053
连锁门店	Chain Stores	180044
其他	Others	2620874
按单位规模分	Grouped By Unit Scale	
大型	large-scale	786610
中型	Medium-scale	3005637
小型	Small-scale	206936
微型	Miniature	32824
零售业	**Retail Trade**	**216667**
按零售行业小类分	Grouped by Retail Trade Industry Small Class	
综合零售	Integrated Retail	2185
百货零售	Retail of General Merchandise	
超级市场零售	Retail of Supermarkets	2185

continued

(10 000 yuan)

零售额 Retail Value	通过公共网络实现的商品零售额 Commodity Retail Value Through Public Network	期末商品库存额 Total Stock at Year-end	年末零售营业面积(平方米) Area of Retail Business at Year-end (sq.m)
		2778	145
		1730	100
		1048	45
410372		120499	118628
		25503	1055
126864		29079	20379
		625	
126864		28454	20379
243116		15021	84974
40392		50896	12220
40392		50896	12220
363647		54559	100102
1975		5001	4986
44751		53548	12968
		7392	572
43222		65844	19917
128549		3552	55400
114567		10753	27991
124034		40352	15320
362824		26581	97291
27602		54640	13547
19946		34655	6666
		4623	1124
1563484	**6230**	**295352**	**628628**
760739		149425	410498
449528		11820	213376
311211		137605	197122

9-9 续表6

单位:万元 (2015)

指 标	Item	批发额 Wholesale Value
食品、饮料及烟草制品专门零售	Retail of Food,Beverages and Tobaccos	372
粮油零售	Retail of Grain and Oil	
果品、蔬菜零售	Retail of Fruits and Vegetables	
酒、饮料及茶叶零售	Retail of Wine,Beverages and Tea	212
烟草制品零售	Retail of Tobacco Products	
其他食品零售	Retail of Other Food	161
纺织、服装及日用品专门零售	Special Retail of Textiles,Garments and Daily Consumer Articles	5178
服装零售	Retail of Garments	
钟表、眼镜零售	Retail of Watches and Glasses	
其他日用品零售	Retail of Other Daily Consumer Articles	5178
文化、体育用品及器材专门零售	Retail of Culture,Sports Appliances and Equipments	2166
体育用品及器材零售	Retail of Sports Goods Appliances and Equipments	1324
图书、报刊零售	Retail of Books, Newspapers and Magazines	
珠宝首饰零售	Retail of Jewelery	
工艺美术品及收藏品零售	Retail of Arts ,Crafts and Collections	842
其他文化用品零售	Retail of Other Culture Appliances	
医药及医疗器材专门零售	Retail of Medicines and Medical Appliances	135473
药品零售	Retail of Drug	135473
汽车、摩托车、燃料及零配件专门零售	Retail of Motor Vehicles,Motorcycles,Fuel and Parts	32407
汽车零售	Retail of Motor Vehicles	18085
机动车燃料零售	Retail of Motor Vehicles Fuel	14321
家用电器及电子产品专门零售	Special Retailof Household Electric Appliances and Electronic Products	38886
家用视听设备零售	Retail of Household Audio and Video Equipment	48
日用家电设备零售	Retail of Household Electric Appliances	23824
计算机、软件及辅助设备零售	Retail of Computer,Software and Assistant Appliances	12327
通信设备零售	Retail of Communication Equipments	2687
五金、家具及室内装饰材料专门零售	Special Retail of Hardware,Furniture and Decoration Materials	
家具零售	Retail of Furniture	
货摊、无店铺及其他零售业	Retail of Other Decoration Materials	
生活用燃料零售	Retail of Life Fuel	
按登记注册类型分	Grouped By Registration Type	
内资企业	Domestic Funded Enterprises	213341
国有企业	State-owned Enterprises	

continued

(10 000 yuan)

零售额 Retail Value	通过公共网络实现的商品零售额 Commodity Retail Value Through Public Network	期末商品库存额 Total Stock at Year-end	年末零售营业面积(平方米) Area of Retail Business at Year-end (sq.m)
8207		5416	2820
759		446	300
190			100
3700		3984	420
2898		736	1500
659		250	500
18286		14472	30328
11668		7855	30040
6618		4635	242
		1983	46
23908	250	12032	13183
7824		3384	2254
12023		4847	9971
2104		2675	208
1161	250	870	600
795		256	150
129320		24311	33423
129320		24311	33423
394418		54596	61065
361185		53369	41353
33233		1227	19712
218136	5980	34004	70611
8900		215	8058
178005		26751	58076
25277	5980	6594	2746
5954		444	1731
3524		235	4700
3524		235	4700
6948		861	2000
6948		861	2000
1559430	6230	295351	628328
25369		5608	24271

9-9 续表7

单位:万元 (2015)

指 标	Item	批发额 Wholesale Value
集体企业	Collective-owned Enterprises	
有限责任公司	Limited Liability Corporations	143173
国有独资公司	State-owned Enterprises	
其他有限责任公司	Other Limited Liability Corporations	143173
股份有限公司	Share-holding Corporations Ltd.	
私营企业	Private Enterprises	70168
私营有限责任公司	Private Limited Liability Corporations	70168
外商投资企业	Foreign Funded Enterprises	3326
中外合资经营企业	Sino-foreign Joint Venture Enterprises	3326
按控股情况分	Grouped By Controlling Stake	
国有控股	State-owned	
集体控股	Collective-owned	
私人控股	Private	182887
其他	Others	33780
按经营形式分	Grouped By Business Form	
独立门店	Indipendent Stores	169406
连锁总店	Distributor Chain	32125
连锁门店	Distributor Stores	
其他	Others	15136
按单位规模分	Grouped By Unit Scale	
大型	Large-scale	26009
中型	Medium-scale	180173
小型	Small-scale	9320
微型	Miniature	1165
按零售业态分	Grouped By Retail Formats	
有店铺零售	Retail of Having a Store	196515
超市	Supermarket	
大型超市	Hypermarket	26009
百货店	Department Store	
专业店	Speciality Store	153571
专卖店	Franchised Store	16935
无店铺零售	Retail of Non-store	20152

continued

(10 000 yuan)

零售额 Retail Value	通过公共网络实现的商品零售额 Commodity Retail Value Through Public Network	期末商品库存额 Total Stock at Year-end	年末零售营业面积(平方米) Area of Retail Business at Year-end (sq.m)
1818		31	300
801505	5980	105337	368771
6948		861	2000
794557	5980	104476	366771
337583		9239	121958
393156	250	175137	113028
393156	250	175137	113028
4054		1	300
4054		1	300
42159		7659	26536
1818		31	300
604087	6230	208873	243689
915421		78789	358103
980021	6230	218969	328233
556167		74804	290015
17607		2	500
9689		1577	9880
801034		171992	365605
647194		96292	222182
110236	6230	24376	39493
5021		2693	1348
1562606	6230	292132	622402
4325		543	55
523691		170754	300445
401318		8083	197578
375234		56405	90107
258039	6230	56346	34217
878		3220	6226

9—10 限额以上批发和零售业法人企业商品分类销售额(市区)

单位:万元 (2015)

指 标	Item	销售额 Sales Value	批发额 Wholesale Value	零售额 Retail Value
总 计	**Total**	**6222530**	**4248674**	**1973856**
批发业	**Wholesale Trade**	**4442379**	**4032007**	**410372**
按国民经济行业分	Grouped by Sector			
食品、饮料及烟草制品批发	Wholesale of Food,Beverages and Tobacoos	811154	810399	755
米、面制品及食用油批发	Wholesale of Rice,Flour and Edible Oil	7082	7082	
肉、禽、蛋、奶及水产品批发	Wholesale of Fruits and Vegetables	15184	15184	
盐及调味品批发	Wholesale of Salt and Condiments	8990	8990	
酒、饮料及茶叶批发	Wholesale of Beverages and tea	7661	6906	755
烟草制品批发	Wholesale of Tobacco Products	772237	772237	
纺织、服装及家庭用品批发	Wholesale of Textiles,Garments and Daily Consummer Aticles	11667	11667	
家用电器批发	Wholesale of Household Electrical Appliances	11667	11667	
文化、体育用品及器材批发	Wholesale of Cultural,Sports Goods Appliances and Equipments	1612	1612	
文具用品批发	Wholesale of Stationery	1612	1612	
医药及医疗器材批发	Wholesale of Medicines and Medical Appliances	204579	84871	119708
西药批发	Wholesale of Western Medicine	175864	56156	119708
医疗用品及器材批发	Wholesale of Medical Supplies and Equipment	28715	28715	
矿产品、建材及化工产品批发	Wholesale of Mineral Products,Building Materials and Chemical Products	3311086	3050015	261071
煤炭及制品批发	Wholesale of Coal and Related Products	113726	113726	
石油及制品批发	Wholesale of Petroleum and Related Products	2832533	2581564	250969
金属及金属矿批发	Wholesale of Metallic mineral Products	280544	272449	8095
建材批发	Wholesale of Building Materials	4871	4871	
化肥批发	Wholesale of Chemical Fertilizer	47773	45766	2007
其他化工产品批发	Wholesale of Other Chemical Products	31640	31640	
机械设备、五金产品及电子产品批发	Wholesale of Machinery,Hardware and Electronic Equipment	39277	10438	28839
农业机械批发	Wholesale of Agriculture Machinary	14895		14895
汽车批发	Wholesale of MotorVehicles	5616	190	5426
电气设备批发	Wholesale of Electrical Equipment	8742	4721	4020
计算机、软件及辅助设备批发	Wholesale of Computer,Software and Assistant Aplliances	9761	5265	4497
其他机械设备及电子产品批发	Wholesale of Other Machinary and Electric Equipment	262	262	
其他批发业	Other Wholesale	63006	63006	
再生物资回收与批发	Recovery and Wholesale of Recycled Materials	33655	33655	
其他未列明批发业	Other Wholesale Unlisted	29350	29350	

Sale Values of Wholesale and Retail by Enterprises above Designated Size by Category(City)

(10 000yuan)

指 标	Item	销售额 Sales Value	批发额 Wholesale Value	零售额 Retail Value
零售业	**Retail Trade**	**1780151**	**216667**	**1563484**
按国民经济行业分	Grouped by Sector			
综合零售	Integrated Retail	762924	2185	760739
百货零售	Retail of General Merchandise	449528		449528
超级市场零售	Retail of Supermarkets	313396	2185	311211
食品、饮料及烟草制品专门零售	Retail of Food,Beverages and Tobaccos	8579	372	8207
粮油零售	Retail of Grain and Oil	759		759
果品、蔬菜零售	Retail of Fruits and Vegetables	190		190
酒、饮料及茶叶零售	Retail of Wine,Beverages and Tea	3912	212	3700
烟草制品零售	Retail of Tobaccos	2898		2898
其他食品零售	Retail of Other Food	819	161	659
纺织、服装及日用品专门零售	Special Retail of Textiles,Garments and Daily Consumer Articles	23464	5178	18286
服装零售	Retail of Garments	11668		11668
钟表、眼镜零售	Retail of Watches and Glasses	6618		6618
其他日用品零售	Retail of Other Daily Consumer	5178	5178	
文化、体育用品及器材专门零售	Retail of Culture,Sports Appliances and Equipments	26073	2166	23908
体育用品及器材零售	Retail of Sports Goods Appliances and Equipments	9148	1324	7824
图书、报刊零售	Retail of Books, Newspapers and Magazines	12023		12023
珠宝首饰零售	Retail of Jewelery	2104		2104
工艺美术品及收藏品零售	Retail of Arts ,Crafts and Collections	2003	842	1161
其他文化用品零售	Retail of Other Culture Appliances	795		795
医药及医疗器材专门零售	Retail of Medicines and Medical Appliances	264793	135473	129320
药品零售	Retail of Drug	264793	135473	129320
汽车、摩托车、燃料及零配件专门零售	Retail of Motor Vehicles,Motorcycles,Fuel and Parts	426825	32407	394418
汽车零售	Retail of Motor Vehicles	379271	18085	361185
机动车燃料零售	Retail of Motor Vehicles Fuel	47554	14321	33233
家用电器及电子产品专门零售	Special Retailof Household Electric Appliances and Electronic Products	257022	38886	218136
家用视听设备零售	Retail of Household Audio and Video Equipment	8948	48	8900
日用家电设备零售	Retail of Household Electric Appliances	201829	23824	178005
计算机、软件及辅助设备零售	Retail of Computer,Software and Assistant Appliances	37604	12327	25277
通信设备零售	Retail of Communication Equipments	8641	2687	5954
五金、家具及室内装饰材料专门零售	Special Retail of Hardware,Furniture and Decoration Materials	3524		3524
家具零售	Retail of Furniture	3524		3524
货摊、无店铺及其他零售业	Retail of Non-shop and Other Retails	6948		6948
生活用燃料零售	Retail of Life Fuel	6948		6948

9—11 限额以上批发和零售业法人单位主要财务状况(市区)

单位:万元 (2015)

指标	Item	法人企业数(个) Number of Corporate (unit)
总计	**Total**	**154**
批发业	**Wholesale Trade**	**63**
按批发行业小类分	Grouped by Wholesale Industry Small Class	
食品、饮料及烟草制品批发	Wholesale of Food,Beverages and Tobacoos	8
米、面制品及食用油批发	Wholesale of Rice,Flour and Edible Oil	2
肉、禽、蛋、奶及水产品批发	Wholesale of Meat and Aquatic Products	1
盐及调味品批发	Wholesale of Salt and Condiments	1
酒、饮料及茶叶批发	Wholesale of Wine,Beverages and tea	2
烟草制品批发	Wholesale of Tobacoos	2
纺织、服装及家庭用品批发	Wholesale of Textiles,Garments and Daily Consummer Aticles	1
家用电器批发	Wholesale of Household Electrical Appliances	1
文化、体育用品及器材批发	Wholesale of Cultural,Sports Goods Appliances and Equipments	1
文具用品批发	Wholesale of Stationery	1
医药及医疗器材批发	Wholesale of Medicines and Medical Appliances	4
西药批发	Wholesale of Western Medicine	2
医疗用品及器材批发	Wholesale of Medical Supplies and Equipment	2
矿产品、建材及化工产品批发	Wholesale of Mineral Products,Building Materials and Chemical Products	36
煤炭及制品批发	Wholesale of Coal and Related Products	3
石油及制品批发	Wholesale of Petroleum and Related Products	8
金属及金属矿批发	Wholesale of Metallic mineral Products	20
建材批发	Wholesale of Building Materials	1
化肥批发	Wholesale of Chemical Fertilizer	3
其他化工产品批发	Wholesale of Other Chemical Products	1
机械设备、五金产品及电子产品批发	Wholesale of Machinery,Hardware and Electronic Equipment	11
农业机械批发	Wholesale of Agriculture Machinary	2
汽车批发	Wholesale of MotorVehicles	2
电气设备批发	Wholesale of Electrical Equipment	3
计算机、软件及辅助设备批发	Wholesale of Computer,Software and Assistant Aplliances	3
其他机械设备及电子产品批发	Wholesale of Other Machinary and Electric Equipment	1

Financial Indicators of Wholesale and Retail by Enterprises above Designated Size (City)

(10 000yuan)

年初存货 Invertory at Begining of Year	流动资产合计 Total Working Capitals	应收帐款 Accounts Receivable	存货 Stock	固定资产合计 Total Fixed Assets	固定资产原价 Original Value of Fixed Assets
360720	**1625072**	**363126**	**353836**	**265364**	**396897**
160062	**819892**	**177788**	**153890**	**164781**	**239356**
38374	164261	2262	41825	26319	48071
4081	5808	765	2871	4644	6296
8632	11269	945	10044	17231	27855
1405	6984	77	1191	150	358
3937	6708	460	4717	160	632
20320	133493	14	23002	4135	12931
1585	8394		1619	5	30
1585	8394		1619	5	30
320	1362	80	117	18	66
320	1362	80	117	18	66
9579	91670	51553	14075	11081	12203
8728	70297	42945	11269	10992	11887
850	21374	8608	2806	89	316
90554	363032	76440	78080	123127	172703
527	15655	6404	549	12492	16347
27299	60315	3454	24654	100542	140382
54915	257688	52642	46991	5254	8932
948	5500	227		182	408
6865	21197	13713	5884	4655	6631
2	2677		1	2	3
16690	53568	15878	15396	1536	2503
2045	6893	4041	1823	458	645
4861	9023	1646	5358	540	689
8210	35106	9612	7027	339	939
1575	2445	476	1188	198	231
	102	102			

9-11 续表1

单位:万元 (2015)

指标	Item	法人企业数(个) Number of Corporate (unit)
其他批发业	Other Wholesale	2
再生物资回收与批发	Recovery and Wholesale of Recycled Materials	1
其他未列明批发业	Other Wholesale Unlisted	1
按登记注册类型分	Grouped By Registration Type	
内资企业	Domestic Funded Enterprises	63
国有企业	State-owned Enterprises	4
有限责任公司	Limited Liability Corporations	16
国有独资公司	State-owned Enterprises	1
其他有限责任公司	Other Limited Liability Corporations	15
股份有限公司	Share-holding Corporations Ltd.	6
私营企业	Private Enterprises	37
私营有限责任公司	Private Limited Liability Corporations	37
按控股情况分	Grouped By Controlling Stake	
国有控股	State-owned	15
集体控股	Collective-owned	1
私人控股	Private	43
其他	Others	4
按经营形式分	Grouped By Business Form	
独立门店	Indipendent Stores	50
连锁总店	Distributor Chain	1
连锁门店	Chain Stores	1
其他	Others	11
按单位规模分	Grouped By Unit Scale	
大型	large-scale	4
中型	Medium-scale	22
小型	Small-scale	32
微型	Miniature	5
零售业	**Retail Trade**	**91**
按零售行业小类分	Grouped by Retail Trade Industry Small Class	
综合零售	Integrated Retail	11
百货零售	Retail of General Merchandise	8

continued

(10 000 yuan)

年初存货 Invertory at Begining of Year	流动资产合计 Total Working Capitals	应收帐款 Accounts Receivable	存货 Stock	固定资产合计 Total Fixed Assets	固定资产原价 Original Value of Fixed Assets
2960	137604	31575	2778	2696	3780
2455	28724	26726	1730	63	119
505	108880	4849	1048	2633	3661
160062	819892	177788	153890	164781	239356
24384	143294	92	25389	8879	19408
31086	184917	103205	28040	29705	36970
523	15078	5945	546	12276	16013
30563	169839	97260	27494	17429	20956
11751	31886	404	10020	94331	127194
92841	459794	74087	90441	31866	55784
92841	459794	74087	90441	31866	55784
49321	265321	51922	47480	126779	174830
5603	18451	13032	5001	4553	5940
96836	485906	85034	94017	32231	56840
8302	50213	27799	7392	1218	1746
115066	606052	104163	105617	56536	92961
8112	24703	134	6574	69132	83718
2718	5003	131	2834	24383	42357
34166	184134	73359	38865	14730	20319
18883	180009	40668	19901	107648	146053
59075	362552	80924	63042	44361	75175
44771	181654	38407	37244	12745	17684
37333	95676	17790	33703	26	445
200658	**805180**	**185338**	**199946**	**100583**	**157541**
47887	290101	61343	50281	35964	60077
12126	155968	1294	11727	11432	26438

9-11 续表2

单位:万元 (2015)

指 标	Item	法人企业数(个) Number of Corporate (unit)
超级市场零售	Retail of Supermarkets	3
食品、饮料及烟草制品专门零售	Retail of Food,Beverages and Tobaccos	7
粮油零售	Retail of Grain and Oil	1
果品、蔬菜零售	Retail of Fruits and Vegetables	1
酒、饮料及茶叶零售	Retail of Wine,Beverages and Tea	3
烟草制品零售	Retail of Tobacco Products	1
其他食品零售	Retail of Other food	1
纺织、服装及日用品专门零售	Special Retail of Textiles,Garments and Daily Consumer Articles	4
服装零售	Retail of Garments	2
钟表、眼镜零售	Retail of Watches and Glasses	1
其他日用品零售	Retail of Other Daily Consumer	1
文化、体育用品及器材专门零售	Retail of Culture,Sports Appliances and Equipments	7
体育用品及器材零售	Retail of Sports Goods Appliances and Equipments	2
图书、报刊零售	Retail of Books, Newspapers and Magazines	1
珠宝首饰零售	Retail of Jewelery	1
工艺美术品及收藏品零售	Retail of Arts ,Crafts and Collections	2
其他文化用品零售	Retail of Other Culture Appliances	1
医药及医疗器材专门零售	Retail of Medicines and Medical Appliances	13
药品零售	Retail of Drug	13
汽车、摩托车、燃料及零配件专门零售	Retail of Motor Vehicles,Motorcycles,Fuel and Parts	33
汽车零售	Retail of Motor Vehicles	24
机动车燃料零售	Retail of Motor Vehicles Fuel	9
家用电器及电子产品专门零售	Special Retail of Household Electric Appliances and Electronic Products	14
家用视听设备零售	Retail of Household Audio and Video Equipment	2
日用家电设备零售	Retail of Household Electric Appliances	3
计算机、软件及辅助设备零售	Retail of Computer,Software and Assistant Appliances	7
通信设备零售	Retail of Communication Equipments	2
五金、家具及室内装饰材料专门零售	Special Retail of Hardware,Furniture and Decoration Materials	1
家具零售	Retail of Furniture	1
货摊、无店铺及其他零售业	Retail of Non-shop and Other Retails	1
生活用燃料零售	Retail of Life Fuel	1
按登记注册类型分	Grouped By Registration Type	
内资企业	Domestic Funded Enterprises	90

continued

(10 000 yuan)

年初存货 Invertory at Begining of Year	流动资产合计 Total Working Capitals	应收帐款 Accounts Receivable	存货 Stock	固定资产合计 Total Fixed Assets	固定资产原价 Original Value of Fixed Assets
35761	134133	60049	38554	24532	33638
4187	18591	1216	5311	2132	3432
309	962	231	450	424	713
	491	92	9	121	223
3595	15837	770	3974	1471	2347
283	877	9	629	6	32
	423	116	250	109	118
9655	17248	124	10598	1899	3429
4256	7910	14	4577	388	680
3986	4277	82	3986	1030	1773
1412	5062	28	2035	481	976
9994	19266	1357	12082	6856	9757
3316	5883	1	5015	103	289
3729	7953	466	3877	5398	7736
1891	2679		2286	429	681
390	1873	718	235	922	1048
668	878	172	668	4	4
28182	146879	77917	22553	8992	13822
28182	146879	77917	22553	8992	13822
71308	195266	32166	61616	36294	52688
69204	160647	11162	60280	31826	42207
2104	34619	21004	1335	4468	10481
28419	112532	10234	36389	5984	7438
410	1448	538	220	18	82
21008	81449	5045	29823	5592	6501
6574	27367	4426	5830	317	581
427	2267	226	517	57	274
188	2265	832	350	823	1743
188	2265	832	350	823	1743
840	3034	150	767	1639	5155
840	3034	150	767	1639	5155
200566	803419	185198	199868	99391	153805

9-11 续表3

单位:万元 (2015)

指 标	Item	法人企业数(个) Number of Corporate (unit)
国有企业	State-owned Enterprises	3
集体企业	Collective-owned Enterprises	1
有限责任公司	Limited Liability Corporations	37
国有独资公司	State-owned Enterprises	1
其他有限责任公司	Other Limited Liability Corporations	36
股份有限公司	Share-holding Corporations Ltd.	2
私营企业	Private Enterprises	47
私营有限责任公司	Private Limited Liability Corporations	47
外商投资企业	Foreign Funded Enterprises	1
中外合资经营企业	Sino-foreign Joint Venture Enterprises	1
按控股情况分	Grouped By Controlling Stake	
国有控股	State-owned	5
集体控股	Collective-owned	1
私人控股	Private	70
其他	Others	15
按经营形式分	Grouped By Business Form	
独立门店	Indipendent Stores	73
连锁总店	Distributor Chain	12
连锁门店	Distrubtor Stores	1
其他	Others	5
按单位规模分	Grouped By Unit Scale	
大型	Large-scale	5
中型	Medium-scale	51
小型	Small-scale	28
微型	Miniature	7
按零售业态分	Grouped By Retail Formats	
有店铺零售	Retail of Having a Store	87
超市	Supermarket	1
大型超市	Hypermarket	6
百货店	Department Store	7
专业店	Speciality Store	41
专卖店	Franchised Store	32
无店铺零售	Retail of Non-store	4

continued

(10 000 yuan)

年初存货 Invertory at Begining of Year	流动资产合计 Total Working Capitals	应收帐款 Accounts Receivable	存货 Stock	固定资产合计 Total Fixed Assets	固定资产原价 Original Value of Fixed Assets
4484	11631	701	4590	6023	10937
15	208	43	31	10	29
99775	410734	137616	101719	44156	66910
840	3034	150	767	1639	5155
98935	407700	137466	100952	42517	61755
9238	134521	1191	9232	9433	20366
87054	246325	45647	84297	39769	55564
87054	246325	45647	84297	39769	55564
93	1761	140	78	1192	3736
93	1761	140	78	1192	3736
6021	17852	867	6279	7933	16611
15	208	43	31	10	29
121763	409244	113303	111613	49988	76161
72860	377876	71126	82024	42651	64741
133334	542578	101278	123534	63440	107376
64823	250510	76671	74944	35877	47838
11	461	252	1	51	238
2490	11632	7137	1468	1216	2089
63003	334073	64166	74445	39100	59382
106662	387075	115646	94233	51829	82787
28495	77994	4836	28184	8155	12936
2499	6038	690	3084	1499	2436
196845	790190	178288	196782	99231	155237
762	2172	165	654	76	258
61523	234025	63113	73175	31791	41441
5362	127536	1204	4520	10056	25177
76136	298709	104811	67956	31920	54738
53063	127748	8995	50477	25388	33624
3813	14991	7050	3164	1352	2304

9-11 续表4

单位:万元 (2015)

指 标	Item	累计折旧 Accumulated Depreciation
总 计	**Total**	**135697**
批发业	**Wholesale Trade**	**76940**
按批发行业小类分	Grouped by Wholesale Industry Small Class	
食品、饮料及烟草制品批发	Wholesale of Food,Beverages and Tobacoos	21752
米、面制品及食用油批发	Wholesale of Rice,Flour and Edible Oil	1653
肉、禽、蛋、奶及水产品批发	Wholesale of Meat and Aquatic Products	10624
盐及调味品批发	Wholesale of Salt and Condiments	208
酒、饮料及茶叶批发	Wholesale of Wine,Beverages and tea	472
烟草制品批发	Wholesale of Tobacoos	8796
纺织、服装及家庭用品批发	Wholesale of Textiles,Garments and Daily Consummer Aticles	25
家用电器批发	Wholesale of Household Electrical Appliances	25
文化、体育用品及器材批发	Wholesale of Cultural,Sports Goods Appliances and Equipments	48
文具用品批发	Wholesale of Stationery	48
医药及医疗器材批发	Wholesale of Medicines and Medical Appliances	1123
西药批发	Wholesale of Western Medicine	895
医疗用品及器材批发	Wholesale of Medical Supplies and Equipment	227
矿产品、建材及化工产品批发	Wholesale of Mineral Products,Building Materials and Chemical Products	51486
煤炭及制品批发	Wholesale of Coal and Related Products	3855
石油及制品批发	Wholesale of Petroleum and Related Products	41750
金属及金属矿批发	Wholesale of Metallic mineral Products	3678
建材批发	Wholesale of Building Materials	226
化肥批发	Wholesale of Chemical Fertilizer	1976
其他化工产品批发	Wholesale of Other Chemical Products	1
机械设备、五金产品及电子产品批发	Wholesale of Machinery,Hardware and Electronic Equipment	1423
农业机械批发	Wholesale of Agriculture Machinary	187
汽车批发	Wholesale of MotorVehicles	604
电气设备批发	Wholesale of Electrical Equipment	599
计算机、软件及辅助设备批发	Wholesale of Computer,Software and Assistant Aplliances	33
其他机械设备及电子产品批发	Wholesale of Other Machinary and Electric Equipment	

continued

(10 000 yuan)

本年折旧 Depreciation This Year	在建工程 Construction in Process	资产总计 Total Assets	流动负债合计 Total Current Liabilities	应付账款 Accounts Payable	非流动负债合计 Totale of Non-current Liabilities
24299	**110680**	**2532510**	**1535492**	**334514**	**155385**
15861	**83563**	**1359621**	**759299**	**120502**	**129187**
1636	20771	283097	45718	8337	179
4	1702	12177	9084	422	-55
739		28500	9050	285	
28		11878	4064	288	233
67		6868	5421		
799	19069	223674	18099	7342	
6		8429	8216	355	
6		8429	8216	355	
7		1554	755	292	
7		1554	755	292	
276	950	105445	82867	50026	28
268	947	83979	62860	45598	28
8	3	21466	20007	4428	
13646	61669	706087	505100	24493	31398
530		28803	8074	1546	
11598	61527	297152	178322	2580	835
1163		338256	282267	20352	24758
52		5681	3769	1	
302	142	33516	30678	15	5805
1		2679	1990		
141	90	56948	49508	21960	215
36		8271	5716	3492	24
42	90	10410	10251	1900	
29		35478	31354	15337	
33		2687	1996	1115	
		102	191	115	191

9-11 续表5

单位:万元 (2015)

指 标	Item	累计折旧 Accumulated Depreciation
其他批发业	Other Wholesale	1084
再生物资回收与批发	Recovery and Wholesale of Recycled Materials	57
其他未列明批发业	Other Wholesale Unlisted	1028
按登记注册类型分	Grouped By Registration Type	
内资企业	Domestic Funded Enterprises	76940
国有企业	State-owned Enterprises	10530
有限责任公司	Limited Liability Corporations	7265
国有独资公司	State-owned Enterprises	3737
其他有限责任公司	Other Limited Liability Corporations	3527
股份有限公司	Share-holding Corporations Ltd.	32864
私营企业	Private Enterprises	26282
私营有限责任公司	Private Limited Liability Corporations	26282
按控股情况分	Grouped By Controlling Stake	
国有控股	State-owned	48051
集体控股	Collective-owned	1387
私人控股	Private	26973
其他	Others	529
按经营形式分	Grouped By Business Form	
独立门店	Indipendent Stores	38790
连锁总店	Distributor Chain	14587
连锁门店	Chain Stores	17974
其他	Others	5589
按单位规模分	Grouped By Unit Scale	
大型	large-scale	38404
中型	Medium-scale	30814
小型	Small-scale	7303
微型	Miniature	419
零售业	**Retail Trade**	**58757**
按零售行业小类分	Grouped by Retail Trade Industry Small Class	
综合零售	Integrated Retail	24113
百货零售	Retail of General Merchandise	15006

continued

(10 000 yuan)

本年折旧 Depreciation This Year	在建工程 Construction in Process	资产总计 Total Assets	流动负债合计 Total Current Liabilities	应付账款 Accounts Payable	非流动负债合计 Totale of Non-current Liabilities
150	84	198060	67135	15040	97367
21		28794	17659	8994	
129	84	169266	49476	6045	97367
15861	83563	1359621	759299	120502	129187
828	20771	244689	28224	8052	179
1183	529	235918	166386	62171	5833
497		27997	7424	1285	
686	529	207921	158962	60886	5833
10697	57389	248255	156528	2608	1027
3154	4874	630759	408161	47671	122148
3154	4874	630759	408161	47671	122148
12270	78546	609798	257671	56027	1042
307	142	29759	28226		4149
3197	4874	658194	425582	54314	123804
87		61870	47821	10162	191
4570	7104	810080	454305	59030	115074
7275	56256	198594	108125	1276	255
3368	1133	46632	46632		
649	19069	304315	150236	60196	13857
11379	57389	412515	217258	45180	283
3926	23073	594051	250149	41060	102353
549	3100	232810	192161	22939	14659
7		120245	99730	11324	11891
8438	**27117**	**1172889**	**776193**	**214012**	**26198**
1821	6854	485738	256742	85895	7525
1098	3506	303609	135951	38293	25

9-11 续表6

单位:万元 (2015)

指 标	Item	累计折旧 Accumulated Depreciation
超级市场零售	Retail of Supermarkets	9107
食品、饮料及烟草制品专门零售	Retail of Food,Beverages and Tobaccos	1300
粮油零售	Retail of Grain and Oil	288
果品、蔬菜零售	Retail of Fruits and Vegetables	102
酒、饮料及茶叶零售	Retail of Wine,Beverages and Tea	875
烟草制品零售	Retail of Tobacco Products	26
其他食品零售	Retail of Other food	9
纺织、服装及日用品专门零售	Special Retail of Textiles,Garments and Daily Consumer Articles	1529
服装零售	Retail of Garments	292
钟表、眼镜零售	Retail of Watches and Glasses	744
其他日用品零售	Retail of Other Daily Consumer	494
文化、体育用品及器材专门零售	Retail of Culture,Sports Appliances and Equipments	2902
体育用品及器材零售	Retail of Sports Goods Appliances and Equipments	186
图书、报刊零售	Retail of Books, Newspapers and Magazines	2337
珠宝首饰零售	Retail of Jewelery	251
工艺美术品及收藏品零售	Retail of Arts ,Crafts and Collections	127
其他文化用品零售	Retail of Other Culture Appliances	
医药及医疗器材专门零售	Retail of Medicines and Medical Appliances	4915
药品零售	Retail of Drug	4915
汽车、摩托车、燃料及零配件专门零售	Retail of Motor Vehicles,Motorcycles,Fuel and Parts	18108
汽车零售	Retail of Motor Vehicles	12094
机动车燃料零售	Retail of Motor Vehicles Fuel	6014
家用电器及电子产品专门零售	Special Retail of Household Electric Appliances and Electronic Products	1454
家用视听设备零售	Retail of Household Audio and Video Equipment	65
日用家电设备零售	Retail of Household Electric Appliances	909
计算机、软件及辅助设备零售	Retail of Computer,Software and Assistant Appliances	264
通信设备零售	Retail of Communication Equipments	217
五金、家具及室内装饰材料专门零售	Special Retail of Hardware,Furniture and Decoration Materials	920
家具零售	Retail of Furniture	920
货摊、无店铺及其他零售业	Retail of Non-shop and Other Retails	3516
生活用燃料零售	Retail of Life Fuel	3516
按登记注册类型分	Grouped By Registration Type	
内资企业	Domestic Funded Enterprises	56213

continued

(10 000 yuan)

本年折旧 Depreciation This Year	在建工程 Construction in Process	资产总计 Total Assets	流动负债合计 Total Current Liabilities	应付账款 Accounts Payable	非流动负债合计 Totale of Non-current Liabilities
723	3348	182129	120791	47602	7500
357	562	29571	19995	815	1031
38		1542	658	543	28
13		699	158		
289	562	25914	18983	227	1003
8		885	43	11	
9		532	154	35	
861	2209	27306	29637	4358	4075
64		12732	23063	2494	
744		5652	1222	419	1525
53	2209	8922	5352	1445	2550
254	2202	29012	15672	8568	533
4	54	6007	2709	1228	233
179	2148	15774	9768	6449	
22		3213	1457		
50		3126	948	566	300
		892	790	325	
2191	2681	161350	130862	74263	1237
2191	2681	161350	130862	74263	1237
2512	12019	300161	232002	16870	10932
2014	10317	252959	192342	10242	8829
498	1702	47202	39660	6628	2103
161	589	131094	86977	19588	865
1		1529	1017	606	
35		97806	62461	10155	865
102	589	29349	21829	8073	
24		2410	1670	755	
52		3289	2918	2918	
52		3289	2918	2918	
228	3	5370	1388	738	
228	3	5370	1388	738	
8397	27117	1169710	775970	214011	26198

9-11 续表7

单位:万元 (2015)

指 标	Item	累计折旧 Accumulated Depreciation
国有企业	State-owned Enterprises	4914
集体企业	Collective-owned Enterprises	19
有限责任公司	Limited Liability Corporations	24462
国有独资公司	State-owned Enterprises	3516
其他有限责任公司	Other Limited Liability Corporations	20947
股份有限公司	Share-holding Corporations Ltd.	10933
私营企业	Private Enterprises	15885
私营有限责任公司	Private Limited Liability Corporations	15885
外商投资企业	Foreign Funded Enterprises	2544
中外合资经营企业	Sino-foreign Joint Venture Enterprises	2544
按控股情况分	Grouped By Controlling Stake	
国有控股	State-owned	8677
集体控股	Collective-owned	19
私人控股	Private	26263
其他	Others	23798
按经营形式分	Grouped By Business Form	
独立门店	Indipendent Stores	45650
连锁总店	Distributor Chain	12047
连锁门店	Distrubtor Stores	187
其他	Others	873
按单位规模分	Grouped By Unit Scale	
大型	Large-scale	20282
中型	Medium-scale	32753
小型	Small-scale	4786
微型	Miniature	937
按零售业态分	Grouped By Retail Formats	
有店铺零售	Have a Retail Store	57806
超市	Supermarket	182
大型超市	Hypermarket	9649
百货店	Department Store	15121
专业店	Speciality Store	24531
专卖店	Franchised Store	8322
无店铺零售	Non-store Retail	951

continued

(10 000 yuan)

本年折旧 Depreciation This Year	在建工程 Construction in Process	资产总计 Total Assets	流动负债合计 Total Current Liabilities	应付账款 Accounts Payable	非流动负债合计 Totale of Non-current Liabilities
264	2148	20238	12167	8036	41
3		218	248	243	
4208	10704	523189	392091	136546	8439
228	3	5370	1388	738	
3980	10702	517819	390703	135808	8439
765	3506	274025	111455	27264	
3157	10759	352040	260008	41921	17719
3157	10759	352040	260008	41921	17719
41		3178	223	1	
41		3178	223	1	
571	2151	29067	15390	10498	41
3		218	248	243	
4482	13407	553555	444394	102666	20846
3381	11560	590048	316162	100604	5312
6107	20497	828048	538395	120443	24568
2064	6265	330426	229527	90393	893
19		986	-250	-597	
247	355	13429	8521	3773	738
1372	6854	536390	277414	82810	8365
6000	19600	518911	419163	123445	16490
883	355	109387	73433	7275	1078
183	308	8200	6183	482	265
8184	24557	1152758	763403	208828	22911
	17	2265	1949	1321	20
821	3348	308211	222026	71808	8365
1056	3506	269595	101486	26518	25
3695	16940	397809	312602	100116	4289
2613	747	174879	125341	9065	10211
253	2561	20131	12790	5183	3288

9-11 续表8

单位:万元 (2015)

指 标	Item	负债合计 Total Liabilities
总 计	**Total**	**1687979**
批发业	**Wholesale Trade**	**875236**
按批发行业小类分	Grouped by Wholesale Industry Small Class	
食品、饮料及烟草制品批发	Wholesale of Food,Beverages and Tobacoos	45897
米、面制品及食用油批发	Wholesale of Rice,Flour and Edible Oil	9029
肉、禽、蛋、奶及水产品批发	Wholesale of Meat and Aquatic Products	9050
盐及调味品批发	Wholesale of Salt and Condiments	4297
酒、饮料及茶叶批发	Wholesale of Wine,Beverages and tea	5421
烟草制品批发	Wholesale of Tobacoos	18099
纺织、服装及家庭用品批发	Wholesale of Textiles,Garments and Daily Consummer Aticles	8216
家用电器批发	Wholesale of Household Electrical Appliances	8216
文化、体育用品及器材批发	Wholesale of Cultural,Sports Goods Appliances and Equipments	755
文具用品批发	Wholesale of Stationery	755
医药及医疗器材批发	Wholesale of Medicines and Medical Appliances	82895
西药批发	Wholesale of Western Medicine	62888
医疗用品及器材批发	Wholesale of Medical Supplies and Equipment	20007
矿产品、建材及化工产品批发	Wholesale of Mineral Products,Building Materials and Chemical Products	523441
煤炭及制品批发	Wholesale of Coal and Related Products	8074
石油及制品批发	Wholesale of Petroleum and Related Products	179157
金属及金属矿批发	Wholesale of Metallic mineral Products	293967
建材批发	Wholesale of Building Materials	3769
化肥批发	Wholesale of Chemical Fertilizer	36484
其他化工产品批发	Wholesale of Other Chemical Products	1990
机械设备、五金产品及电子产品批发	Wholesale of Machinery,Hardware and Electronic Equipment	49532
农业机械批发	Wholesale of Agriculture Machinary	5740
汽车批发	Wholesale of MotorVehicles	10251
电气设备批发	Wholesale of Electrical Equipment	31354
计算机、软件及辅助设备批发	Wholesale of Computer,Software and Assistant Aplliances	1996
其他机械设备及电子产品批发	Wholesale of Other Machinary and Electric Equipment	191

continued

(10 000 yuan)

所有者权益 Total Owners' Equities					营业收入 Total Revenue	主营业务收入 Revenue from Principal Business
	实收资本 Paid-in Capitals	国家资本 State-owned Capitals	法人资本 Corporate Capitals	个人资本 Personal Capitals		
844531	**4165810**	**37456**	**4001813**	**111764**	**5914244**	**5852160**
484385	**4017621**	**26032**	**3920659**	**68736**	**4309938**	**4279177**
237201	19499	9668	1569	8263	768547	768191
3148	3950	3750		200	7175	7082
19450	6963			6963	19615	19615
7581	3384	3384			8036	7941
1447	1100			1100	7661	7661
205575	4103	2534	1569		726061	725893
213	100		100		9972	9971
213	100		100		9972	9971
799	500	255			1378	1378
799	500	255			1378	1378
22550	10500		8500	2000	176891	176780
21091	9000		8000	1000	152062	151984
1459	1500		500	1000	24829	24796
182646	131212	16109	57940	55213	3249864	3219780
20728	15530	15430		100	119976	119976
117994	29779	679	21900	7200	2764097	2734430
44290	79902		36040	43862	286715	286484
1912	2000			2000	4163	4163
-2968	3433			1483	47871	47685
689	568			568	27043	27043
7417	3805810		3802550	3260	42065	42065
2531	1850		1850		15323	15323
159	1000860		1000000	860	5309	5309
4125	2802400		2800000	2400	11622	11622
691	650		650		9550	9550
-90	50		50		261	261

9-11 续表9

单位:万元　　　　　　　　　　　　　　　　　　　　　　　　　　　　(2015)

指　标	Item	负债合计 Total Liabilities
其他批发业	Other Wholesale	164502
再生物资回收与批发	Recovery and Wholesale of Recycled Materials	17659
其他未列明批发业	Other Wholesale Unlisted	146842
按登记注册类型分	Grouped By Registration Type	
内资企业	Domestic Funded Enterprises	875236
国有企业	State-owned Enterprises	28403
有限责任公司	Limited Liability Corporations	172219
国有独资公司	State-owned Enterprises	7424
其他有限责任公司	Other Limited Liability Corporations	164795
股份有限公司	Share-holding Corporations Ltd.	157363
私营企业	Private Enterprises	517251
私营有限责任公司	Private Limited Liability Corporations	517251
按控股情况分	Grouped By Controlling Stake	
国有控股	State-owned	258712
集体控股	Collective-owned	32375
私人控股	Private	536328
其他	Others	47821
按经营形式分	Grouped By Business Form	
独立门店	Indipendent Stores	569380
连锁总店	Distributor Chain	108380
连锁门店	Chain Stores	46632
其他	Others	150844
按单位规模分	Grouped By Unit Scale	
大型	large-scale	217541
中型	Medium-scale	352502
小型	Small-scale	193763
微型	Miniature	111430
零售业	**Retail Trade**	**812743**
按零售行业小类分	Grouped by Retail Trade Industry Small Class	
综合零售	Integrated Retail	264267
百货零售	Retail of General Merchandise	135977

continued

(10 000 yuan)

所有者权益 Total Owners' Equities	实收资本 Paid-in Capitals	国家资本 State-owned Capitals	法人资本 Corporate Capitals	个人资本 Personal Capitals	营业收入 Total Revenue	主营业务收入 Revenue from Principal Business
33559	50000		50000		61221	61013
11135	10000		10000		33964	33964
22424	40000		40000		27258	27049
484385	4017621	26032	3920659	68736	4309938	4279177
216286	11236	9668	1569		738737	738380
63699	65594	15685	40730	6983	484015	483752
20573	15430	15430			117184	117184
43126	50163	255	40730	6983	366831	366568
90892	10829	679	10150		2656335	2630375
113507	3929963		3868210	61753	430852	426671
113507	3929963		3868210	61753	430852	426671
351085	53946	26032	27669		3697986	3671593
-2616	3150			1200	39590	39590
121866	3940996		3874460	66536	517847	513479
14049	19530		18530	1000	54515	54515
240701	3978677	23243	3888949	64536	989364	984929
90214	10100		10100		332036	311935
					257358	251804
153471	28844	2789	21610	4200	2731180	2730510
194973	19669		19669		1008138	982300
241549	114985	21348	72250	19437	3036310	3034607
39047	3862318	4684	3822690	34699	227223	224003
8815	20650		6050	14600	38268	38268
360146	**148189**	**11424**	**81154**	**43028**	**1604306**	**1572982**
221470	49464	807	36012	3445	665852	648322
167632	32619	807	31812		349910	332601

9-11 续表10

单位:万元 (2015)

指 标	Item	负债合计 Total Liabilities
超级市场零售	Retail of Supermarkets	128291
食品、饮料及烟草制品专门零售	Retail of Food,Beverages and Tobaccos	21026
粮油零售	Retail of Grain and Oil	685
果品、蔬菜零售	Retail of Fruits and Vegetables	158
酒、饮料及茶叶零售	Retail of Wine,Beverages and Tea	19986
烟草制品零售	Retail of Tobacco Products	43
其他食品零售	Retail of Other food	154
纺织、服装及日用品专门零售	Special Retail of Textiles,Garments and Daily Consumer Articles	33712
服装零售	Retail of Garments	23063
钟表、眼镜零售	Retail of Watches and Glasses	2746
其他日用品零售	Retail of Other Daily Consumer	7902
文化、体育用品及器材专门零售	Retail of Culture,Sports Appliances and Equipments	16205
体育用品及器材零售	Retail of Sports Goods Appliances and Equipments	2942
图书、报刊零售	Retail of Books, Newspapers and Magazines	9768
珠宝首饰零售	Retail of Jewelery	1457
工艺美术品及收藏品零售	Retail of Arts ,Crafts and Collections	1248
其他文化用品零售	Retail of Other Culture Appliances	790
医药及医疗器材专门零售	Retail of Medicines and Medical Appliances	132139
药品零售	Retail of Drug	132139
汽车、摩托车、燃料及零配件专门零售	Retail of Motor Vehicles,Motorcycles,Fuel and Parts	253245
汽车零售	Retail of Motor Vehicles	211482
机动车燃料零售	Retail of Motor Vehicles Fuel	41763
家用电器及电子产品专门零售	Special Retail of Household Electric Appliances and Electronic Products	87842
家用视听设备零售	Retail of Household Audio and Video Equipment	1017
日用家电设备零售	Retail of Household Electric Appliances	63326
计算机、软件及辅助设备零售	Retail of Computer,Software and Assistant Appliances	21829
通信设备零售	Retail of Communication Equipments	1670
五金、家具及室内装饰材料专门零售	Special Retail of Hardware,Furniture and Decoration Materials	2918
家具零售	Retail of Furniture	2918
货摊、无店铺及其他零售业	Retail of Non-shop and Other Retails	1388
生活用燃料零售	Retail of Life Fuel	1388
按登记注册类型分	Grouped By Registration Type	
内资企业	Domestic Funded Enterprises	812519

continued

(10 000 yuan)

所有者权益 Total Owners' Equities	实收资本 Paid-in Capitals	国家资本 State-owned Capitals	法人资本 Corporate Capitals	个人资本 Personal Capitals	营业收入 Total Revenue	主营业务收入 Revenue from Principal Business
53838	16845		4200	3445	315942	315722
8545	7126	574	966	5556	8410	8158
857	574	574			759	759
541	506		506		190	190
5927	5566		10	5526	4160	3912
841	450		450		2481	2477
378	30			30	819	819
-6407	6462			5661	21821	18974
-10331	4300			4300	11669	8893
2905	1361			1361	5656	5656
1020	801				4496	4425
12807	9218	4000	2837	2381	23381	23381
3065	2937		2837	100	8831	8831
6006	4000	4000			9976	9976
1756	1501			1501	1808	1808
1878	678			678	1959	1959
102	102			102	807	807
29210	15310	230	9983	5097	230892	230470
29210	15310	230	9983	5097	230892	230470
46916	41965	1642	21586	16185	416532	414995
41477	34429	1342	18479	13736	371533	370002
5439	7536	300	3107	2449	44999	44993
43251	13473		8770	4703	228063	219514
512	531		500	31	7675	7645
34480	5778		1820	3958	175279	167079
7520	6451		5900	551	37123	37040
739	713		550	163	7986	7750
371	1000		1000		3021	3021
371	1000		1000		3021	3021
3983	4171	4171			6334	6148
3983	4171	4171			6334	6148
357191	146141	11124	80955	43028	1597516	1566193

9-11 续表11

单位:万元 (2015)

指 标	Item	负债合计 Total Liabilities
国有企业	State-owned Enterprises	12208
集体企业	Collective-owned Enterprises	248
有限责任公司	Limited Liability Corporations	400530
国有独资公司	State-owned Enterprises	1388
其他有限责任公司	Other Limited Liability Corporations	399142
股份有限公司	Share-holding Corporations Ltd.	111455
私营企业	Private Enterprises	288078
私营有限责任公司	Private Limited Liability Corporations	288078
外商投资企业	Foreign Funded Enterprises	223
中外合资经营企业	Sino-foreign Joint Venture Enterprises	223
按控股情况分	Grouped By Controlling Stake	
国有控股	State-owned	15430
集体控股	Collective-owned	248
私人控股	Private	475591
其他	Others	321474
按经营形式分	Grouped By Business Form	
独立门店	Indipendent Stores	573274
连锁总店	Distributor Chain	230460
连锁门店	Distrubtor Stores	-250
其他	Others	9258
按单位规模分	Grouped By Unit Scale	
大型	Large-scale	285780
中型	Medium-scale	435693
小型	Small-scale	84822
微型	Miniature	6448
按零售业态分	Grouped By Retail Formats	
有店铺零售	Retail of Having a Store	796665
超市	Supermarket	1968
大型超市	Hypermarket	230391
百货店	Department Store	101511
专业店	Speciality Store	327204
专卖店	Franchised Store	135592
无店铺零售	Retail of Non-store	16077

continued

(10 000 yuan)

所有者权益 Total Owners' Equities	实收资本 Paid-in Capitals	国家资本 State-owned Capitals	法人资本 Corporate Capitals	个人资本 Personal Capitals	营业收入 Total Revenue	主营业务收入 Revenue from Principal Business
8030	5381	5381			22559	21464
-30	1				1818	1818
122659	56944	4401	29787	12593	863147	847534
3983	4171	4171			6334	6148
118677	52773	230	29787	12593	856813	841386
162570	23563		23563		264106	251535
63961	60253	1342	27605	30435	445887	443843
63961	60253	1342	27605	30435	445887	443843
2955	2048	300	199		6790	6790
2955	2048	300	199		6790	6790
13637	9602	9602			37453	36151
-30	1				1818	1818
77964	87891	1822	46102	37517	732353	723816
268574	50696		35052	5511	832681	811198
254773	109376	7424	66802	31797	1005023	982524
99967	33708	4000	9480	11028	556468	547712
1235	1820		1820		17675	17607
4171	3285		3052	203	25139	25139
250611	40563		27763	3600	728317	707613
83219	84607	10800	44014	26572	754900	745085
24565	21206	624	8327	12093	114839	114035
1751	1813		1050	763	6250	6250
356093	145222	11424	79191	42855	1583957	1552704
297	101			101	4631	4631
77820	23445		7200	7045	528464	520111
168084	32119	807	28812	2500	299737	279652
70605	52266	9993	29138	10583	490935	489892
39287	37291	624	14041	22626	260191	258420
4053	2967		1963	173	20349	20278

9-11 续表12

单位：万元 (2015)

指 标	Item	营业成本 Business Costs
总 计	**Total**	**5528277**
批发业	**Wholesale Trade**	**4164521**
按批发行业小类分	Grouped by Wholesale Industry Small Class	
食品、饮料及烟草制品批发	Wholesale of Food,Beverages and Tobacoos	670391
米、面制品及食用油批发	Wholesale of Rice,Flour and Edible Oil	6506
肉、禽、蛋、奶及水产品批发	Wholesale of Meat and Aquatic Products	16774
盐及调味品批发	Wholesale of Salt and Condiments	4307
酒、饮料及茶叶批发	Wholesale of Wine,Beverages and tea	6675
烟草制品批发	Wholesale of Tobacoos	636130
纺织、服装及家庭用品批发	Wholesale of Textiles,Garments and Daily Consummer Aticles	8792
家用电器批发	Wholesale of Household Electrical Appliances	8792
文化、体育用品及器材批发	Wholesale of Cultural,Sports Goods Appliances and Equipments	1331
文具用品批发	Wholesale of Stationery	1331
医药及医疗器材批发	Wholesale of Medicines and Medical Appliances	167579
西药批发	Wholesale of Western Medicine	143834
医疗用品及器材批发	Wholesale of Medical Supplies and Equipment	23744
矿产品、建材及化工产品批发	Wholesale of Mineral Products,Building Materials and Chemical Products	3216976
煤炭及制品批发	Wholesale of Coal and Related Products	117152
石油及制品批发	Wholesale of Petroleum and Related Products	2735957
金属及金属矿批发	Wholesale of Metallic mineral Products	285005
建材批发	Wholesale of Building Materials	4070
化肥批发	Wholesale of Chemical Fertilizer	47887
其他化工产品批发	Wholesale of Other Chemical Products	26905
机械设备、五金产品及电子产品批发	Wholesale of Machinery,Hardware and Electronic Equipment	38090
农业机械批发	Wholesale of Agriculture Machinary	13694
汽车批发	Wholesale of MotorVehicles	5071
电气设备批发	Wholesale of Electrical Equipment	10044
计算机、软件及辅助设备批发	Wholesale of Computer,Software and Assistant Aplliances	9029
其他机械设备及电子产品批发	Wholesale of Other Machinary and Electric Equipment	253

continued

(10 000 yuan)

主营业务成本 Costs of Principal Business	营业税金及附加 Business Taxes and Other Charges	主营业务税金及附加 Taxes and Other Charges on Principal Business	其他业务利润 Profits from Other Businesses	销售费用 Selling Costs
5429287	**40548**	**40221**	**30191**	**198625**
4066735	**32092**	**31991**	**4311**	**57155**
670313	30073	30066	219	5739
6506	19	19	75	541
16774	265	265		677
4266	65	58	55	593
6675	7	7		309
636092	29718	29718	89	3619
8792	8	8		577
8792	8	8		577
1331	6	6		13
1331	6	6		13
167578	182	182	77	3078
143834	165	165	77	2288
23744	18	18		789
3121453	1619	1525	3944	44561
117152	210	210		1142
2640459	1171	1133	3402	40156
285003	124	100	450	2794
4070	1	1	93	
47864	92	59		434
26905	22	22		35
38090	134	134	71	2379
13694	3	3		1792
5071	3	3		107
10044	119	119		346
9029	9	9	71	122
253				11

9-11 续表13

单位:万元 (2015)

指 标	Item	营业成本 Business Costs
其他批发业	Other Wholesale	61363
再生物资回收与批发	Recovery and Wholesale of Recycled Materials	32259
其他未列明批发业	Other Wholesale Unlisted	29104
按登记注册类型分	Grouped By Registration Type	
内资企业	Domestic Funded Enterprises	4164521
国有企业	State-owned Enterprises	644684
有限责任公司	Limited Liability Corporations	468409
国有独资公司	State-owned Enterprises	114607
其他有限责任公司	Other Limited Liability Corporations	353803
股份有限公司	Share-holding Corporations Ltd.	2635237
私营企业	Private Enterprises	416190
私营有限责任公司	Private Limited Liability Corporations	416190
按控股情况分	Grouped By Controlling Stake	
国有控股	State-owned	3571334
集体控股	Collective-owned	39920
私人控股	Private	501024
其他	Others	52243
按经营形式分	Grouped By Business Form	
独立门店	Indipendent Stores	898124
连锁总店	Distributor Chain	302395
连锁门店	Chain Stores	240697
其他	Others	2723305
按单位规模分	Grouped By Unit Scale	
大型	large-scale	887989
中型	Medium-scale	3016157
小型	Small-scale	220909
微型	Miniature	39466
零售业	**Retail Trade**	**1363756**
按零售行业小类分	Grouped by Retail Trade Industry Small Class	
综合零售	Integrated Retail	537253
百货零售	Retail of General Merchandise	280092

continued

(10 000 yuan)

主营业务成本 Costs of Principal Business	营业税金及附加 Business Taxes and Other Charges	主营业务税金及附加 Taxes and Other Charges on Principal Business	其他业务利润 Profits from Other Businesses	销售费用 Selling Costs
59178	69	69		808
32259	37	37		768
26919	32	32		40
4066735	32092	31991	4311	57155
644606	29801	29794	219	4576
468409	522	489	732	5699
114607	206	206		1002
353802	315	283	732	4697
2541442	1088	1050	1420	35428
412278	682	658	1940	11451
412278	682	658	1940	11451
3477460	31258	31213	2470	43532
39920	9	9		178
497112	782	725	1841	12301
52243	43	43		1144
894133	30311	30271	3557	18971
282436	636	636	677	21530
236244	444	407		12489
2653921	701	677	77	4165
863561	30494	30457	843	39698
2944549	1253	1246	1052	13828
219159	342	286	2416	3458
39466	3	3		171
1362552	**8456**	**8230**	**25880**	**141471**
537096	5786	5665	12054	87859
279935	4170	4049	11728	49039

9-11 续表14

单位:万元 (2015)

指 标	Item	营业成本 Business Costs
超级市场零售	Retail of Supermarkets	257161
食品、饮料及烟草制品专门零售	Retail of Food,Beverages and Tobaccos	7761
粮油零售	Retail of Grain and Oil	1722
果品、蔬菜零售	Retail of Fruits and Vegetables	136
酒、饮料及茶叶零售	Retail of Wine,Beverages and Tea	3267
烟草制品零售	Retail of Tobacco Products	1974
其他食品零售	Retail of Other food	662
纺织、服装及日用品专门零售	Special Retail of Textiles,Garments and Daily Consumer Articles	15006
服装零售	Retail of Garments	7730
钟表、眼镜零售	Retail of Watches and Glasses	4288
其他日用品零售	Retail of Other Daily Consumer	2988
文化、体育用品及器材专门零售	Retail of Culture,Sports Appliances and Equipments	17363
体育用品及器材零售	Retail of Sports Goods Appliances and Equipments	6910
图书、报刊零售	Retail of Books, Newspapers and Magazines	6919
珠宝首饰零售	Retail of Jewelery	1672
工艺美术品及收藏品零售	Retail of Arts ,Crafts and Collections	1175
其他文化用品零售	Retail of Other Culture Appliances	687
医药及医疗器材专门零售	Retail of Medicines and Medical Appliances	208231
药品零售	Retail of Drug	208231
汽车、摩托车、燃料及零配件专门零售	Retail of Motor Vehicles,Motorcycles,Fuel and Parts	380856
汽车零售	Retail of Motor Vehicles	341591
机动车燃料零售	Retail of Motor Vehicles Fuel	39265
家用电器及电子产品专门零售	Special Retail of Household Electric Appliances and Electronic Products	189999
家用视听设备零售	Retail of Household Audio and Video Equipment	6015
日用家电设备零售	Retail of Household Electric Appliances	143834
计算机、软件及辅助设备零售	Retail of Computer,Software and Assistant Appliances	33319
通信设备零售	Retail of Communication Equipments	6831
五金、家具及室内装饰材料专门零售	Special Retail of Hardware,Furniture and Decoration Materials	2161
家具零售	Retail of Furniture	2161
货摊、无店铺及其他零售业	Retail of Non-shop and Other Retails	5127
生活用燃料零售	Retail of Life Fuel	5127
按登记注册类型分	Grouped By Registration Type	
内资企业	Domestic Funded Enterprises	1357817

continued

(10 000 yuan)

主营业务成本 Costs of Principal Business	营业税金及附加 Business Taxes and Other Charges	主营业务税金及附加 Taxes and Other Charges on Principal Business	其他业务利润 Profits from Other Businesses	销售费用 Selling Costs
257161	1616	1616	326	38819
7761	119	119	301	1171
1722	1	1	53	203
136				7
3267	113	113	248	545
1974	2	2		368
662	2	2		49
14992	208	107	2832	4475
7727	147	45	2773	3038
4288	37	37		772
2977	24	24	59	665
17363	86	86	162	2698
6910	12	12		655
6919	4	4	162	1641
1672	13	13		111
1175	55	55		225
687	1	1		67
208173	668	668	355	9177
208173	668	668	355	9177
380456	600	597	1877	12120
341444	490	490	1871	9165
39012	110	107	6	2955
189442	953	953	8131	22895
6014	31	31	30	1319
143307	791	791	7895	18714
33319	85	85		1948
6802	46	46	207	914
2161	12	12		490
2161	12	12		490
5110	24	24	168	586
5110	24	24	168	586
1356613	8443	8217	25880	140832

9-11 续表15

单位:万元 (2015)

指 标	Item	营业成本 Business Costs
国有企业	State-owned Enterprises	17587
集体企业	Collective-owned Enterprises	1658
有限责任公司	Limited Liability Corporations	729118
国有独资公司	State-owned Enterprises	5127
其他有限责任公司	Other Limited Liability Corporations	723992
股份有限公司	Share-holding Corporations Ltd.	210316
私营企业	Private Enterprises	399139
私营有限责任公司	Private Limited Liability Corporations	399139
外商投资企业	Foreign Funded Enterprises	5939
中外合资经营企业	Sino-foreign Joint Venture Enterprises	5939
按控股情况分	Grouped By Controlling Stake	
国有控股	State-owned	30228
集体控股	Collective-owned	1658
私人控股	Private	651638
其他	Others	680233
按经营形式分	Grouped By Business Form	
独立门店	Indipendent Stores	871327
连锁总店	Distributor Chain	453729
连锁门店	Distrubtor Stores	15351
其他	Others	23350
按单位规模分	Grouped By Unit Scale	
大型	Large-scale	587782
中型	Medium-scale	666235
小型	Small-scale	104073
微型	Miniature	5667
按零售业态分	Grouped By Retail Formats	
有店铺零售	Retail of Having a Store	1346218
超市	Supermarket	4132
大型超市	Hypermarket	433089
百货店	Department Store	234474
专业店	Speciality Store	442274
专卖店	Franchised Store	232248
无店铺零售	Retail of Non-store	17539

continued

(10 000 yuan)

主营业务成本 Costs of Principal Business	营业税金及附加 Business Taxes and Other Charges	主营业务税金及附加 Taxes and Other Charges on Principal Business	其他业务利润 Profits from Other Businesses	销售费用 Selling Costs
17587	252	190	1248	3549
1658	3	3		37
728219	4157	4052	18187	84219
5110	24	24	168	586
723109	4133	4028	18019	83633
210159	2974	2915	3905	35935
398991	1057	1057	2540	17092
398991	1057	1057	2540	17092
5939	13	13		638
5939	13	13		638
30211	295	233	1438	4400
1658	3	3		37
651487	2548	2446	12220	38361
679196	5609	5547	12222	98672
870961	5507	5284	13807	66150
453152	2804	2804	12011	72340
15342	45	45	58	2351
23097	99	96	3	629
587106	5314	5254	11845	88533
666106	2828	2664	13380	46758
103673	271	268	460	5864
5667	43	43	195	316
1345025	8340	8115	25818	140446
4132	11	11		246
432571	2684	2684	11845	67254
234314	3986	3763	10596	38773
441773	1228	1225	1927	24323
232235	432	432	1450	9849
17527	115	115	62	1025

9-11 续表16

单位：万元 (2015)

指 标	Item	管理费用 Management Costs
总 计	**Total**	**82748**
批发业	**Wholesale Trade**	**30658**
按批发行业小类分	Grouped by Wholesale Industry Small Class	
食品、饮料及烟草制品批发	Wholesale of Food,Beverages and Tobacoos	16448
米、面制品及食用油批发	Wholesale of Rice,Flour and Edible Oil	634
肉、禽、蛋、奶及水产品批发	Wholesale of Meat and Aquatic Products	996
盐及调味品批发	Wholesale of Salt and Condiments	626
酒、饮料及茶叶批发	Wholesale of Wine,Beverages and tea	278
烟草制品批发	Wholesale of Tobacoos	13914
纺织、服装及家庭用品批发	Wholesale of Textiles,Garments and Daily Consummer Aticles	286
家用电器批发	Wholesale of Household Electrical Appliances	286
文化、体育用品及器材批发	Wholesale of Cultural,Sports Goods Appliances and Equipments	145
文具用品批发	Wholesale of Stationery	145
医药及医疗器材批发	Wholesale of Medicines and Medical Appliances	2346
西药批发	Wholesale of Western Medicine	2039
医疗用品及器材批发	Wholesale of Medical Supplies and Equipment	308
矿产品、建材及化工产品批发	Wholesale of Mineral Products,Building Materials and Chemical Products	6844
煤炭及制品批发	Wholesale of Coal and Related Products	480
石油及制品批发	Wholesale of Petroleum and Related Products	3302
金属及金属矿批发	Wholesale of Metallic mineral Products	1887
建材批发	Wholesale of Building Materials	90
化肥批发	Wholesale of Chemical Fertilizer	1051
其他化工产品批发	Wholesale of Other Chemical Products	33
机械设备、五金产品及电子产品批发	Wholesale of Machinery,Hardware and Electronic Equipment	2077
农业机械批发	Wholesale of Agriculture Machinary	369
汽车批发	Wholesale of MotorVehicles	327
电气设备批发	Wholesale of Electrical Equipment	1029
计算机、软件及辅助设备批发	Wholesale of Computer,Software and Assistant Aplliances	350
其他机械设备及电子产品批发	Wholesale of Other Machinary and Electric Equipment	1

continued

(10 000 yuan)

税金 Taxes	财务费用 Financial Costs	利息收入 Interest Income	利息支出 Interest Expense	资产减值损失 Asset Impairment Loss	投资收益 Investment Income
4264	**34448**	**5910**	**22308**	**1244**	**45444**
2742	**20274**	**5072**	**14793**	**241**	**45062**
683	–2290	4903	695	–4	44980
2	224	2	225	1	3
289	982	903	1		
15	145	0	145	–5	1
6	341	1	324		
371	–3981	3997			44976
6	267	63	328		
6	267	63	328		
197	–33	–2	189	98	2
192	79	110	189	98	2
5	–111	–112			
1761	15747	917	6929	147	81
98	–2	9			
1410	5932	760	4498	184	
139	5005	138	1502	–37	81
7	29		22		
108	4783	10	908		
	1				
17	817	49	838		
1	32	–1	25		
16	336	–14	347		
	429	65	466		
	22	–1			
1	–3				

9-11 续表17

单位:万元 (2015)

指 标	Item	管理费用 Management Costs
其他批发业	Other Wholesale	2512
再生物资回收与批发	Recovery and Wholesale of Recycled Materials	399
其他未列明批发业	Other Wholesale Unlisted	2113
按登记注册类型分	Grouped By Registration Type	
内资企业	Domestic Funded Enterprises	30658
国有企业	State-owned Enterprises	15099
有限责任公司	Limited Liability Corporations	4997
国有独资公司	State-owned Enterprises	357
其他有限责任公司	Other Limited Liability Corporations	4641
股份有限公司	Share-holding Corporations Ltd.	1761
私营企业	Private Enterprises	8800
私营有限责任公司	Private Limited Liability Corporations	8800
按控股情况分	Grouped By Controlling Stake	
国有控股	State-owned	19458
集体控股	Collective-owned	950
私人控股	Private	9624
其他	Others	625
按经营形式分	Grouped By Business Form	
独立门店	Indipendent Stores	19527
连锁总店	Distributor Chain	1011
连锁门店	Chain Stores	716
其他	Others	9404
按单位规模分	Grouped By Unit Scale	
大型	large-scale	10822
中型	Medium-scale	15670
小型	Small-scale	4165
微型	Miniature	1
零售业	**Retail Trade**	**52091**
按零售行业小类分	Grouped by Retail Trade Industry Small Class	
综合零售	Integrated Retail	20549
百货零售	Retail of General Merchandise	7222

continued

(10 000 yuan)

税金 Taxes	财务费用 Financial Costs	利息收入 Interest Income	利息支出 Interest Expense	资产减值损失 Asset Impairment Loss	投资收益 Investment Income
77	5766	-857	5814		
	446		446		
77	5320	-857	5369		
2742	20274	5072	14793	241	45062
386	-3753	3999	230	-4	44977
486	6488	137	2118	30	
97	-9	9			
389	6497	128	2118	30	
1385	4823	747	3376	184	
485	12716	190	9069	32	85
485	12716	190	9069	32	85
2110	1142	4858	3796	278	44977
102	4687	9	813		
523	13089	204	9415	-37	85
7	1355	1	770		
948	15222	2486	10128	-73	5
833	4058	16	3376	184	
518	732	732			
443	262	1839	1290	130	45057
1697	2553	3176	3564	282	
924	11425	1715	8382	-73	44981
120	4294	181	2847	33	81
1	2002				0
1522	**14174**	**838**	**7515**	**1003**	**382**
386	3537	54	301	239	251
213	1741	54	149	185	251

9-11 续表18

单位:万元 (2015)

指 标	Item	管理费用 Management Costs
超级市场零售	Retail of Supermarkets	13327
食品、饮料及烟草制品专门零售	Retail of Food,Beverages and Tobaccos	664
粮油零售	Retail of Grain and Oil	120
果品、蔬菜零售	Retail of Fruits and Vegetables	80
酒、饮料及茶叶零售	Retail of Wine,Beverages and Tea	397
烟草制品零售	Retail of Tobacco Products	51
其他食品零售	Retail of Other food	16
纺织、服装及日用品专门零售	Special Retail of Textiles,Garments and Daily Consumer Articles	2766
服装零售	Retail of Garments	1719
钟表、眼镜零售	Retail of Watches and Glasses	470
其他日用品零售	Retail of Other Daily Consumer	577
文化、体育用品及器材专门零售	Retail of Culture,Sports Appliances and Equipments	2932
体育用品及器材零售	Retail of Sports Goods Appliances and Equipments	1040
图书、报刊零售	Retail of Books, Newspapers and Magazines	1545
珠宝首饰零售	Retail of Jewelery	165
工艺美术品及收藏品零售	Retail of Arts ,Crafts and Collections	132
其他文化用品零售	Retail of Other Culture Appliances	50
医药及医疗器材专门零售	Retail of Medicines and Medical Appliances	6523
药品零售	Retail of Drug	6523
汽车、摩托车、燃料及零配件专门零售	Retail of Motor Vehicles,Motorcycles,Fuel and Parts	10958
汽车零售	Retail of Motor Vehicles	8931
机动车燃料零售	Retail of Motor Vehicles Fuel	2027
家用电器及电子产品专门零售	Special Retail of Household Electric Appliances and Electronic Products	6835
家用视听设备零售	Retail of Household Audio and Video Equipment	294
日用家电设备零售	Retail of Household Electric Appliances	5144
计算机、软件及辅助设备零售	Retail of Computer,Software and Assistant Appliances	1283
通信设备零售	Retail of Communication Equipments	115
五金、家具及室内装饰材料专门零售	Special Retail of Hardware,Furniture and Decoration Materials	344
家具零售	Retail of Furniture	344
货摊、无店铺及其他零售业	Retail of Non-shop and Other Retails	520
生活用燃料零售	Retail of Life Fuel	520
按登记注册类型分	Grouped By Registration Type	
内资企业	Domestic Funded Enterprises	51868

continued

(10 000 yuan)

税金 Taxes	财务费用 Financial Costs			资产减值损失 Asset Impairment Loss	投资收益 Investment Income
		利息收入 Interest Income	利息支出 Interest Expense		
173	1796		153	54	
32	343	53	359	382	
5	−3	−3		382	
26	313	56	359		
1	9	−1			
	22				
55	627	25	563		
50	405	3	408		
	84				
5	138	22	155		
85	244	4	126		34
17	121		121		
19	15	4			
	102				34
49	5	1	5		
	1				
159	2876	240	2329	19	
159	2876	240	2329	19	
462	5320	75	3234	363	
403	3852	61	1789	363	
59	1468	13	1445		
273	1064	388	558		97
3	26	1			
214	578	208	377		97
55	413	180	155		
1	46		26		
15	72		45		
15	72		45		
55	91				
55	91				
1521	14186	826	7514	1003	382

9-11 续表19

单位:万元 (2015)

指 标	Item	管理费用 Management Costs
国有企业	State-owned Enterprises	2268
集体企业	Collective-owned Enterprises	60
有限责任公司	Limited Liability Corporations	27736
国有独资公司	State-owned Enterprises	520
其他有限责任公司	Other Limited Liability Corporations	27216
股份有限公司	Share-holding Corporations Ltd.	4492
私营企业	Private Enterprises	17313
私营有限责任公司	Private Limited Liability Corporations	17313
外商投资企业	Foreign Funded Enterprises	222
中外合资经营企业	Sino-foreign Joint Venture Enterprises	222
按控股情况分	Grouped By Controlling Stake	
国有控股	State-owned	2960
集体控股	Collective-owned	60
私人控股	Private	27066
其他	Others	22005
按经营形式分	Grouped By Business Form	
独立门店	Indipendent Stores	32520
连锁总店	Distributor Chain	18437
连锁门店	Distrubtor Stores	480
其他	Others	653
按单位规模分	Grouped By Unit Scale	
大型	Large-scale	21868
中型	Medium-scale	26105
小型	Small-scale	3731
微型	Miniature	387
按零售业态分	Grouped By Retail Formats	
有店铺零售	Retail of Having a Store	50895
超市	Supermarket	199
大型超市	Hypermarket	18409
百货店	Department Store	8059
专业店	Speciality Store	14820
专卖店	Franchised Store	9408
无店铺零售	Retail of Non-store	1196

continued

(10 000 yuan)

税金 Taxes	财务费用 Financial Costs	利息收入 Interest Income	利息支出 Interest Expense	资产减值损失 Asset Impairment Loss	投资收益 Investment Income
113	59	2	47	382	
	3				
885	4828	441	3436	90	97
55	91				
830	4737	441	3436	90	97
85	1485			184	251
438	7812	383	4031	347	34
438	7812	383	4031	347	34
1	-12	12			
1	-12	12			
172	127	25	48	382	
	3				
770	11956	656	7232	383	34
580	2089	156	235	239	348
1004	12527	442	7261	806	286
498	1471	397	145	197	97
1	57		57		
19	119		52		
468	3366	198	205	239	348
805	9435	532	6468	383	
227	1239	108	740	382	34
22	134		102		
1511	13948	817	7317	1003	382
	6				
383	2083	246	211	197	97
263	1695	8	143	42	251
463	6456	225	4564	46	
402	3708	338	2399	718	34
11	226	21	198		

9-11 续表20

单位:万元 (2015)

指 标	Item	营业利润 Business Profits
总 计	**Total**	**79002**
批发业	**Wholesale Trade**	**50763**
按批发行业小类分	Grouped by Wholesale Industry Small Class	
食品、饮料及烟草制品批发	Wholesale of Food,Beverages and Tobacoos	93170
米、面制品及食用油批发	Wholesale of Rice,Flour and Edible Oil	-747
肉、禽、蛋、奶及水产品批发	Wholesale of Meat and Aquatic Products	-79
盐及调味品批发	Wholesale of Salt and Condiments	2306
酒、饮料及茶叶批发	Wholesale of Wine,Beverages and tea	51
烟草制品批发	Wholesale of Tobacoos	91638
纺织、服装及家庭用品批发	Wholesale of Textiles,Garments and Daily Consummer Aticles	42
家用电器批发	Wholesale of Household Electrical Appliances	42
文化、体育用品及器材批发	Wholesale of Cultural,Sports Goods Appliances and Equipments	-117
文具用品批发	Wholesale of Stationery	-117
医药及医疗器材批发	Wholesale of Medicines and Medical Appliances	3642
西药批发	Wholesale of Western Medicine	3561
医疗用品及器材批发	Wholesale of Medical Supplies and Equipment	81
矿产品、建材及化工产品批发	Wholesale of Mineral Products,Building Materials and Chemical Products	-35770
煤炭及制品批发	Wholesale of Coal and Related Products	993
石油及制品批发	Wholesale of Petroleum and Related Products	-22604
金属及金属矿批发	Wholesale of Metallic mineral Products	-7910
建材批发	Wholesale of Building Materials	-26
化肥批发	Wholesale of Chemical Fertilizer	-6269
其他化工产品批发	Wholesale of Other Chemical Products	46
机械设备、五金产品及电子产品批发	Wholesale of Machinery,Hardware and Electronic Equipment	-908
农业机械批发	Wholesale of Agriculture Machinary	-568
汽车批发	Wholesale of MotorVehicles	-10
电气设备批发	Wholesale of Electrical Equipment	-346
计算机、软件及辅助设备批发	Wholesale of Computer,Software and Assistant Aplliances	18
其他机械设备及电子产品批发	Wholesale of Other Machinary and Electric Equipment	-1

continued

(10 000 yuan)

营业外收入 Revenue Excluding Business	补贴收入 Subsidies Income	利润总额 Total Profits	应交所得税 Tax Payable	应付职工薪酬(本年货方累计发生额) Benefits of Employee Payable	应交增值税 Added Tax Payable
9326	**3958**	**86377**	**21560**	**95152**	**100473**
2747	**747**	**52420**	**12303**	**31667**	**68594**
1202	956	94583	10150	12113	15573
1038	805	289		530	5
90	90	11		13	196
61	61	2365	542	462	471
		312	7	268	65
13		91606	9600	10839	14836
		41	20	215	68
		41	20	215	68
		-117		70	
		-117		70	
222	200	3822	633	3488	1484
210	200	3730	608	2847	1300
12		93	26	641	184
545	-422	-36075	1440	13154	50914
43	10	1029	263	466	530
206	-652	-23581	1163	9660	49210
296	221	-7161	2	1340	1110
		-26		25	6
1		-6381		1638	35
		45	11	25	23
762	3	-553	45	1203	261
746		162	38	363	1
		-534		144	18
13		-199		535	188
		16	7	162	54
3	3	2			

9-11 续表21

单位:万元 (2015)

指 标	Item	营业利润 Business Profits
其他批发业	Other Wholesale	-9296
再生物资回收与批发	Recovery and Wholesale of Recycled Materials	55
其他未列明批发业	Other Wholesale Unlisted	-9351
按登记注册类型分	Grouped By Registration Type	
内资企业	Domestic Funded Enterprises	50763
国有企业	State-owned Enterprises	93311
有限责任公司	Limited Liability Corporations	-2131
国有独资公司	State-owned Enterprises	1021
其他有限责任公司	Other Limited Liability Corporations	-3151
股份有限公司	Share-holding Corporations Ltd.	-22080
私营企业	Private Enterprises	-18337
私营有限责任公司	Private Limited Liability Corporations	-18337
按控股情况分	Grouped By Controlling Stake	
国有控股	State-owned	76068
集体控股	Collective-owned	-6154
私人控股	Private	-18256
其他	Others	-895
按经营形式分	Grouped By Business Form	
独立门店	Indipendent Stores	7991
连锁总店	Distributor Chain	2223
连锁门店	Chain Stores	2280
其他	Others	38270
按单位规模分	Grouped By Unit Scale	
大型	large-scale	36299
中型	Medium-scale	23031
小型	Small-scale	-5194
微型	Miniature	-3374
零售业	**Retail Trade**	**28239**
按零售行业小类分	Grouped by Retail Trade Industry Small Class	
综合零售	Integrated Retail	14898
百货零售	Retail of General Merchandise	11404

continued

(10 000 yuan)

营业外收入 Revenue Excluding Business	补贴收入 Subsidies Income	利润总额 Total Profits	应交所得税 Tax Payable	应付职工薪酬(本年贷方累计发生额) Benefits of Employee Payable	应交增值税 Added Tax Payable
16	10	-9282	15	1425	294
6		59	15	603	294
10	10	-9341		822	
2747	747	52420	12303	31667	68594
1071	826	94334	10143	11682	15306
241	210	-1706	896	5589	2314
5		1018	260	418	510
236	210	-2724	636	5172	1805
208	173	-23156	1115	9823	49162
1227	-462	-17053	149	4573	1812
1227	-462	-17053	149	4573	1812
1483	1196	76170	12126	24919	66264
1		-6159		460	35
1254	-452	-16963	155	5429	1945
9	3	-628	22	860	351
2233	334	10381	8086	17964	14196
175	150	2021	801	7496	5566
10		1489	315	611	43531
329	264	38528	3102	5597	5301
387	350	35453	8850	20119	61519
1214	400	24409	3431	7593	6483
1143	-5	-4635	22	3928	656
3	3	-2808		28	-63
6579	**3211**	**33957**	**9257**	**63485**	**31879**
2995	1672	17551	4374	27290	5360
776	125	12307	3219	12636	2832

9-11 续表22

单位:万元 (2015)

指 标	Item	营业利润 Business Profits
超级市场零售	Retail of Supermarkets	3493
食品、饮料及烟草制品专门零售	Retail of Food,Beverages and Tobaccos	-1977
粮油零售	Retail of Grain and Oil	-1613
果品、蔬菜零售	Retail of Fruits and Vegetables	-33
酒、饮料及茶叶零售	Retail of Wine,Beverages and Tea	-475
烟草制品零售	Retail of Tobacco Products	76
其他食品零售	Retail of Other food	68
纺织、服装及日用品专门零售	Special Retail of Textiles,Garments and Daily Consumer Articles	-1262
服装零售	Retail of Garments	-1371
钟表、眼镜零售	Retail of Watches and Glasses	7
其他日用品零售	Retail of Other Daily Consumer	103
文化、体育用品及器材专门零售	Retail of Culture,Sports Appliances and Equipments	255
体育用品及器材零售	Retail of Sports Goods Appliances and Equipments	93
图书、报刊零售	Retail of Books, Newspapers and Magazines	15
珠宝首饰零售	Retail of Jewelery	-220
工艺美术品及收藏品零售	Retail of Arts ,Crafts and Collections	367
其他文化用品零售	Retail of Other Culture Appliances	
医药及医疗器材专门零售	Retail of Medicines and Medical Appliances	3399
药品零售	Retail of Drug	3399
汽车、摩托车、燃料及零配件专门零售	Retail of Motor Vehicles,Motorcycles,Fuel and Parts	6584
汽车零售	Retail of Motor Vehicles	7411
机动车燃料零售	Retail of Motor Vehicles Fuel	-826
家用电器及电子产品专门零售	Special Retail of Household Electric Appliances and Electronic Products	6413
家用视听设备零售	Retail of Household Audio and Video Equipment	-9
日用家电设备零售	Retail of Household Electric Appliances	6314
计算机、软件及辅助设备零售	Retail of Computer,Software and Assistant Appliances	74
通信设备零售	Retail of Communication Equipments	34
五金、家具及室内装饰材料专门零售	Special Retail of Hardware,Furniture and Decoration Materials	-58
家具零售	Retail of Furniture	-58
货摊、无店铺及其他零售业	Retail of Non-shop and Other Retails	-14
生活用燃料零售	Retail of Life Fuel	-14
按登记注册类型分	Grouped By Registration Type	
内资企业	Domestic Funded Enterprises	28250

continued

(10 000 yuan)

营业外收入 Revenue Excluding Business	补贴收入 Subsidies Income	利润总额 Total Profits	应交所得税 Tax Payable	应付职工薪酬(本年货方累计发生额) Benefits of Employee Payable	应交增值税 Added Tax Payable
2219	1547	5244	1155	14654	2528
1646	1266	–408	95	1234	112
1258	1256	–367	2	229	4
32				390	
345		–195	72	259	88
10	10	86	22	311	20
		68		46	
55		–1235	25	2554	536
18		–1374		1578	–97
		7		580	324
37		132	25	396	310
600		781	–11	3354	122
11		34	2	631	23
490		501	–65	2498	44
98		–122		56	33
		367	52	146	22
		1		23	
391	1	3623	928	7908	9444
391	1	3623	928	7908	9444
217	20	6527	2614	10569	13456
164	20	7346	2403	8942	11193
53		–819	210	1627	2264
433	10	6966	1233	8847	2482
3		–6		366	2
367		6816	1207	6757	2267
64	10	123	23	1309	105
		34	3	415	109
		–74		448	182
		–74		448	182
242	242	227		1281	185
242	242	227		1281	185
6531	3211	33931	9251	63127	31740

9-11 续表23

单位:万元 (2015)

指 标	Item	营业利润 Business Profits
国有企业	State-owned Enterprises	-1322
集体企业	Collective-owned Enterprises	56
有限责任公司	Limited Liability Corporations	13125
国有独资公司	State-owned Enterprises	-14
其他有限责任公司	Other Limited Liability Corporations	13139
股份有限公司	Share-holding Corporations Ltd.	12663
私营企业	Private Enterprises	3728
私营有限责任公司	Private Limited Liability Corporations	3728
外商投资企业	Foreign Funded Enterprises	-11
中外合资经营企业	Sino-foreign Joint Venture Enterprises	-11
按控股情况分	Grouped By Controlling Stake	
国有控股	State-owned	-723
集体控股	Collective-owned	56
私人控股	Private	1031
其他	Others	27875
按经营形式分	Grouped By Business Form	
独立门店	Indipendent Stores	17120
连锁总店	Distributor Chain	11440
连锁门店	Distrubtor Stores	-610
其他	Others	289
按单位规模分	Grouped By Unit Scale	
大型	Large-scale	25582
中型	Medium-scale	3388
小型	Small-scale	-629
微型	Miniature	-102
按零售业态分	Grouped By Retail Formats	
有店铺零售	Retail of Having a Store	27991
超市	Supermarket	38
大型超市	Hypermarket	8861
百货店	Department Store	12959
专业店	Speciality Store	1980
专卖店	Franchised Store	4154
无店铺零售	Retail of Non-store	248

continued

(10 000 yuan)

营业外收入 Revenue Excluding Business	补贴收入 Subsidies Income	利润总额 Total Profits	应交所得税 Tax Payable	应付职工薪酬(本年货方累计发生额) Benefits of Employee Payable	应交增值税 Added Tax Payable
1777	1256	435	-63	4175	208
		56	11	40	27
1397	253	14114	3233	37249	17004
242	242	227		1281	185
1155	11	13887	3233	35968	16819
639	125	13280	3219	7227	1971
2719	1577	6047	2850	14437	12532
2719	1577	6047	2850	14437	12532
49		26	7	358	138
49		26	7	358	138
2019	1498	1275	88	5656	554
		56	11	40	27
2971	1587	3717	3317	25328	15008
1590	126	28910	5841	32462	16290
4488	3078	21334	6569	32858	16285
1942	133	12871	2590	29480	13872
104		-542		574	57
46		294	98	573	1665
3107	1672	28197	5581	27078	6673
1598	253	5190	3277	32522	12921
1578	1286	386	392	3709	12251
297		184	8	176	34
6497	3211	33656	9159	62730	31351
5		43	11	265	96
3094	1669	11481	2362	24579	6510
183	3	13250	3219	10174	898
1422	243	3291	1292	19143	12593
1793	1296	5591	2275	8570	11255
83		301	98	755	528

9-12 限额以上住宿和餐饮业法人企业经营情况(市区)

单位:万元 (2015)

指 标	Item	法人企业数(个) Number of Corporate Unit (unit)
总 计	**Total**	**67**
住宿业	**Hotels**	**31**
按住宿业行业小类分	Grouped by Hotels Industry Small Class	
旅游饭店	Turist Hotel	27
一般旅馆	General Hotel	3
其他住宿业	Other Hotels	1
按登记注册类型分	Grouped By Registration Type	
内资企业	Domestic Funded Enterprises	31
国有企业	State-owned Enterprises	2
集体企业	Collective-owned Enterprises	1
有限责任公司	Limited Liability Corporations	13
国有独资公司	State-owned Enterprises	2
其他有限责任公司	Other Limited Liability Corporations	11
股份有限公司	Share-holding Corporations Ltd.	
私营企业	Private Enterprises	15
私营独资企业	Private Owned Enterprises	
私营有限责任公司	Private Limited Liability Corporations	15
按控股情况分	Grouped By Controlling Stake	
国有控股	State-owned	8
集体控股	Collective-owned	3
私人控股	Private	19
按经营形式分	Grouped By Business Form	
独立门店	Indipendent Stores	30
其他	Others	1
按单位规模分	Grouped By Unit Scale	
大型	Large-scale	
中型	Medium-scale	8
小型	Small-scale	20
微型	Miniature	3
按星级分	Grouped By Star Grade	
五星	Five	
四星	Four	11
三星	Three	10
二星	Two	
一星	One	
其他	Others	10
餐饮业	**Catering Servies**	**36**
按餐饮业行业小类分	Grouped by Catering Industry Small Class	
正餐服务	Dinner Service	36
快餐服务	Fast Food Service	

Bussiness of Hotels and Catering Servies by Enterprises above Designated Size(City)

(10 000 yuan)

从业人员期末人数 Number of Employees at Year-end (人)	营业额 Business Revenue	其中:使用银行卡支付的营业额 Business Revenue payed for Bank Cards	客房收入 From Hotel Rooms	通过公共网络实现的客房收入 Hotel Rooms Revenue from Public Network	其中:通过非自营平台实现的客房收入 Hotel Rooms Revenue from Non Proprietary Platform	餐费收入 From Meals
6748	**81984**	**29424**	**26029**	**3728**	**1147**	**49289**
3730	**46151**	**18892**	**21378**	**3297**	**719**	**19889**
3478	43251	17677	19327	2310	514	19144
237	2595	970	1806	987	205	685
15	306	245	246			60
3730	46151	18892	21378	3297	719	19889
622	8492	3482	4094	44		2849
44	272		272			
1762	22943	10330	10006	1620	368	10890
233	3035	2326	1761			828
1529	19908	8004	8245	1620	368	10063
1302	14443	5081	7006	1633	352	6150
1302	14443	5081	7006	1633	352	6150
1420	18698	7812	9037	1561	313	6672
184	1929	319	950	25		680
1810	20196	8495	9322	1711	407	9372
3414	40823	16626	19310	3297	719	16724
316	5328	2266	2069			3164
2032	26779	11782	12014	1645	368	12147
1698	19371	7111	9364	1652	352	7742
1572	18947	7455	8981	2196	459	8102
743	9515	3141	3994	59		4504
1415	17689	8296	8404	1042	260	7282
3018	**35833**	**10532**	**4651**	**432**	**428**	**29400**
3018	35833	10532	4651	432	428	29400

9-12 续表1

单位:万元 (2015)

指 标	Item	法人企业数(个) Number of Corporate Unit (unit)
按登记注册类型分	Grouped By Registration Type	
内资企业	Domestic Funded Enterprises	35
有限责任公司	Limited Liability Corporations	6
国有独资公司	State-owned Enterprises	
其他有限责任公司	Other Limited Liability Corporations	6
股份有限公司	Share-holding Corporations Ltd.	
私营企业	Private Enterprises	29
私营独资企业	Private Owned Enterprises	2
私营合伙企业	Private Partnership Enterprises	
私营有限责任公司	Private Limited Liability Corporations	27
私营股份有限公司	Private Share-holding Corporations Ltd.	
外商投资企业	Foreign Funded Enterprises	1
中外合资经营企业	Sino-foreign Joint Venture Enterprises	1
按控股情况分	Grouped By Controlling Stake	
国有控股	State-owned	1
集体控股	Collective-owned	
私人控股	Private	32
港澳台商控股	Holding from Hong Kong, Macao and Taiwan	
外商控股	Foreign	1
其他	Others	2
按经营形式分	Grouped By Business Form	
独立门店	Indipendent Stores	34
其他	Others	2
按单位规模分	Grouped By Unit Scale	
大型	large-scale	
中型	Medium-scale	1
小型	Small-scale	33
微型	Miniature	2
住宿业按地区分组	**Accommodation Industry Grouped by Region**	
兴庆区	Xingqing	22
西夏区	Xixia	2
金凤区	Jinfeng	7
餐饮业按地区分组	**Catering Industry Grouped by Region**	
兴庆区	Xingqing	20
西夏区	Xixia	3
金凤区	Jinfeng	13

continued

(10 000 yuan)

从业人员期末人数 Number of Employees at Year-end (人)	营业额 Business Revenue	其中:使用银行卡支付的营业额 Business Revenue payed for Bank Cards	客房收入 From Hotel Rooms	通过公共网络实现的客房收入 Hotel Rooms Revenue from Public Network	其中:通过非自营平台实现的客房收入 Hotel Rooms Revenue from Non Proprietary Platform	餐费收入 From Meals
2906	34224	9486	4651	432	428	27790
801	9395	5834	2947	432	428	5876
801	9395	5834	2947	432	428	5876
2105	24829	3652	1705			21915
129	1701	718				1649
1976	23128	2934	1705			20265
112	1610	1046				1610
112	1610	1046				1610
85	633		302			267
2568	32770	9486	4170	419	416	26882
112	1610	1046				1610
253	821		179	13	13	641
2945	34057	10504	3949	432	428	28389
73	1777	28	702			1011
307	5719	4004	2334	416	416	3265
2711	29754	6348	2317	16	13	25775
	360	180				360
2368	27523	11490	12919	2287	514	12090
114	982		479			340
1248	17646	7402	7981	1010	205	7459
2090	24163	6194	3647	432	428	18992
120	1446	180	302			1080
808	10225	4158	702			9328

9-12 续表2

单位:万元 (2015)

指 标	Item	其中:通过公共网络实现的餐费收入 Meal Revenue from Public Network
总 计	**Total**	**2581**
住宿业	**Hotels**	**2019**
按住宿业行业小类分	Grouped by Hotels Industry Small Class	
旅游饭店	Turist Hotel	1606
一般旅馆	General Hotel	413
其他住宿业	Other Hotels	
按登记注册类型分	Grouped By Registration Type	
内资企业	Domestic Funded Enterprises	2019
国有企业	State-owned Enterprises	35
集体企业	Collective-owned Enterprises	
有限责任公司	Limited Liability Corporations	1432
国有独资公司	State-owned Enterprises	
其他有限责任公司	Other Limited Liability Corporations	1432
股份有限公司	Share-holding Corporations Ltd.	
私营企业	Private Enterprises	552
私营独资企业	Private Owned Enterprises	
私营有限责任公司	Private Limited Liability Corporations	552
按控股情况分	Grouped By Controlling Stake	
国有控股	State-owned	1437
集体控股	Collective-owned	
私人控股	Private	582
按经营形式分	Grouped By Business Form	
独立门店	Indipendent Stores	2019
其他	Others	
按单位规模分	Grouped By Unit Scale	
大型	Large-scale	
中型	Medium-scale	1560
小型	Small-scale	460
微型	Miniature	
按星级分	Grouped By Star Grade	
五星	Five	
四星	Four	1570
三星	Three	13
二星	Two	
一星	One	
其他	Others	436
餐饮业	**Catering Servies**	**562**
按餐饮业行业小类分	Grouped by Catering Industry Small Class	
正餐服务	Dinner Service	562
快餐服务	Fast Food Service	

continued

(10 000 yuan)

其中:通过非自营平台实现的餐费收入 Meal Revenue from Non Proprietary Platform	商品销售额收入 From Commodities	其他收入 From Other Income	客房数(间) Number of Rooms(room)	床位数(个) Number of Beds(unit)	餐位数(位) Number of Dining-seats (person)	年末餐饮营业面积(平方米) Operating Area of Catering Servies at Year-end(sq.m)
418	**1832**	**4834**	**4970**	**8247**	**27732**	**170754**
174	**920**	**3965**	**3995**	**6663**	**10502**	**62749**
160	884	3896	3561	5953	10232	60529
14	36	68	401	658	170	1020
			33	52	100	1200
174	920	3965	3995	6663	10502	62749
	18	1532	605	796	1488	2705
			132	264		
157	704	1343	1818	3102	4705	31004
	326	120	216	513	540	1550
157	378	1223	1602	2589	4165	29454
17	198	1090	1440	2501	4309	29040
17	198	1090	1440	2501	4309	29040
135	481	2508	1372	2188	3573	13938
	177	121	302	577	300	1790
40	261	1241	1966	3326	6029	43601
174	920	3870	3640	6091	9902	59329
		95	355	572	600	3420
157	308	2310	1819	2778	5333	29002
17	612	1654	2176	3885	5169	28210
						5537
138	304	1560	1387	2384	5097	33221
	417	600	1114	1982	2740	15571
37	199	1804	1494	2297	2665	13957
244	**912**	**870**	**975**	**1584**	**17230**	**108005**
244	912	870	975	1584	17230	108005

9-12 续表3

单位:万元 （2015）

指 标	Item	其中:通过公共网络实现的餐费收入 Meal Revenue from Public Network
按登记注册类型分	Grouped By Registration Type	
内资企业	Domestic Funded Enterprises	451
有限责任公司	Limited Liability Corporations	245
国有独资公司	State-owned Enterprises	
其他有限责任公司	Other Limited Liability Corporations	245
股份有限公司	Share-holding Corporations Ltd.	
私营企业	Private Enterprises	207
私营独资企业	Private Owned Enterprises	145
私营合伙企业	Private Partnership Enterprises	
私营有限责任公司	Private Limited Liability Corporations	62
私营股份有限公司	Private Share-holding Corporations Ltd.	
外商投资企业	Foreign Funded Enterprises	111
中外合资经营企业	Sino-foreign Joint Venture Enterprises	111
按控股情况分	Grouped By Controlling Stake	
国有控股	State-owned	
集体控股	Collective-owned	
私人控股	Private	427
港澳台商控股	Holding from Hong Kong, Macao and Taiwan	
外商控股	Foreign	111
其他	Others	24
按经营形式分	Grouped By Business Form	
独立门店	Indipendent Stores	562
其他	Others	
按单位规模分	Grouped By Unit Scale	
大型	large-scale	
中型	Medium-scale	220
小型	Small-scale	342
微型	Miniature	
住宿业按地区分组	**Accommodation Industry Grouped by Region**	
兴庆区	Xingqing	1598
西夏区	Xixia	
金凤区	Jinfeng	421
餐饮业按地区分组	**Catering Industry Grouped by Region**	
兴庆区	Xingqing	390
西夏区	Xixia	
金凤区	Jinfeng	173

continued

(10 000 yuan)

其中:通过非自营平台实现的餐费收入 Meal Revenue from Non Proprietary Platform	商品销售额收入 From Commodities	其他收入 From Other Income	客房数(间) Number of Rooms(room)	床位数(个) Number of Beds(unit)	餐位数(位) Number of Dining-seats (person)	年末餐饮营业面积(平方米) Operating Area of Catering Servies at Year-end(sq.m)
244	912	870	975	1584	15230	99005
244	23	549	687	1145	2016	17352
244	23	549	687	1145	2016	17352
	889	321	288	439	13214	81653
	52				530	4200
	837	321	288	439	12684	77453
					2000	9000
					2000	9000
	12	52	81	215	228	350
220	900	817	623	935	14322	90349
					2000	9000
24		1	271	434	680	8306
244	850	868	846	1398	16854	101231
	62	2	129	186	376	6774
220	11	109	257	356	448	5000
24	901	761	718	1228	15282	91605
					1500	11400
160	670	1845	2445	4163	6764	49773
	163		239	594	380	950
14	87	2120	1311	1906	3358	12026
244	707	817	765	1183	9934	62897
	12	52	81	215	1928	6450
	193	2	129	186	5368	38658

9-13 限额以上住宿和餐饮业法人企业主要财务状况(市区)

单位:万元 (2015)

指 标	Item	法人企业数(个) Number of Corporate (unit)
总 计	**Total**	**67**
住宿业	**Hotels**	**31**
按住宿业行业小类分	Grouped by Hotels Industry Small Class	
旅游饭店	Turist Hotel	27
一般旅馆	General Hotel	3
其他住宿业	Other Hotels	1
按登记注册类型分	Grouped By Registration Type	
内资企业	Domestic Funded Enterprises	31
国有企业	State-owned Enterprises	2
集体企业	Collective-owned Enterprises	1
有限责任公司	Limited Liability Corporations	13
国有独资公司	State-owned Enterprises	2
其他有限责任公司	Other Limited Liability Corporations	11
股份有限公司	Share-holding Corporations Ltd.	
私营企业	Private Enterprises	15
私营独资企业	Private Owned Enterprises	
私营有限责任公司	Private Limited Liability Corporations	15
按控股情况分	Grouped By Controlling Stake	
国有控股	State-owned	8
集体控股	Collective-owned	3
私人控股	Private	19
其他	Others	1
按经营形式分	Grouped By Business Form	
独立门店	Indipendent Stores	30
其他	Others	1
按单位规模分	Grouped By Unit Scale	
大型	Large-scale	
中型	Medium-scale	8
小型	Small-scale	20
微型	Miniature	3
按星级分	Grouped By Star Grade	
五星	Five	
四星	Four	11
三星	Three	10
二星	Two	
一星	One	
其他	Others	10

Financial Indicators of Hotels and Catering Servies by Enterprises above Designated Size(City)

(10 000 yuan)

流动资产合计 Total Working Capitals	应收帐款 Accounts Receivable	存货 Stock	固定资产合计 Total Fixed Assets	固定资产原价 Original Value of Fixed Assets	累计折旧 Accumulated Depreciation	本年折旧 Depreciation This Year
113449	**35959**	**5295**	**158964**	**231704**	**72759**	**9761**
30552	**2685**	**3472**	**140030**	**196356**	**56345**	**6601**
26803	2090	3416	139500	194791	55310	6440
2978	324	55	424	1452	1029	154
771	271		106	113	7	7
30552	2685	3472	140030	196356	56345	6601
5776	373	1419	84944	102352	17408	3331
144	144		6	31	25	25
13710	679	1056	31756	59507	27751	1937
2225	408	231	5864	7471	1607	261
11485	271	824	25891	52036	26144	1676
10924	1490	997	23324	34466	11161	1309
10924	1490	997	23324	34466	11161	1309
11122	941	2176	113098	152462	39364	4782
1534	171	65	728	2916	2188	154
18131	1989	1212	26157	40924	14786	1658
–234	–416	19	47	54	7	7
30787	3101	3452	139983	196302	56338	6594
–234	–416	19	47	54	7	7
19429	1353	2448	105920	140177	34257	4871
11123	1332	1023	34110	56179	22088	1730
10813	1125	1487	40854	68432	27578	2054
6099	538	282	9735	21635	11919	990
13640	1022	1703	89441	106289	16848	3557

9-13 续表1

单位:万元 (2015)

指 标	Item	法人企业数(个) Number of Corporate (unit)
餐饮业	**Catering Servies**	**36**
按餐饮业行业小类分	Grouped by Catering Industry Small Class	
正餐服务	Dinner Service	36
快餐服务	Fast Food Service	
按登记注册类型分	Grouped By Registration Type	
内资企业	Domestic Funded Enterprises	35
有限责任公司	Limited Liability Corporations	6
国有独资公司	State-owned Enterprises	
其他有限责任公司	Other Limited Liability Corporations	6
股份有限公司	Share-holding Corporations Ltd.	
私营企业	Private Enterprises	29
私营独资企业	Private Owned Enterprises	2
私营合伙企业	Private Partnership Enterprises	
私营有限责任公司	Private Limited Liability Corporations	27
私营股份有限公司	Private Share-holding Corporations Ltd.	
外商投资企业	Foreign Funded Enterprises	1
中外合资经营企业	Sino-foreign Joint Venture Enterprises	1
按控股情况分	Grouped By Controlling Stake	
国有控股	State-owned	1
集体控股	Collective-owned	
私人控股	Private	32
外商控股	Foreign	1
其他	Others	2
按经营形式分	Grouped By Business Form	
独立门店	Indipendent Stores	34
其他	Others	2
按单位规模分	Grouped By Unit Scale	
大型	large-scale	
中型	Medium-scale	1
小型	Small-scale	33
微型	Miniature	2
住宿业按地区分组	**Accommodation Industry Grouped by Region**	
兴庆区	Xingqing	22
西夏区	Xixia	2
金凤区	Jinfeng	7
餐饮业按地区分组	**Catering Industry Grouped by Region**	
兴庆区	Xingqing	20
西夏区	Xixia	3
金凤区	Jinfeng	13

continued

(10 000 yuan)

流动资产合计 Total Working Capitals	应收帐款 Accounts Receivable	存货 Stock	固定资产合计 Total Fixed Assets	固定资产原价 Original Value of Fixed Assets	累计折旧 Accumulated Depreciation	本年折旧 Depreciation This Year
82897	**33275**	**1824**	**18934**	**35348**	**16414**	**3160**
82897	33275	1824	18934	35348	16414	3160
65063	33137	1640	15983	29092	13110	3160
30656	19085	399	5889	8800	2911	2133
30656	19085	399	5889	8800	2911	2133
34407	14053	1241	10094	20292	10198	1027
204	75	78	132	133	1	1
34204	13978	1163	9962	20159	10197	1026
17833	138	184	2951	6256	3305	
17833	138	184	2951	6256	3305	
129	76	28	53	154	101	
62387	32962	1489	13971	26881	12911	3062
17833	138	184	2951	6256	3305	
2548	100	123	1959	2057	98	98
82540	33022	1719	17884	34188	16304	3122
357	252	105	1050	1160	110	38
9213	202	212	2074	2909	835	552
73439	33070	1579	16852	32396	15544	2607
245	3	33	8	44	36	1
17283	1748	1862	47844	87661	39836	3055
937	431	195	4397	4627	229	63
12333	506	1415	87788	104068	16280	3483
58327	30513	1262	12753	21195	8442	2719
454	89	69	461	598	136	1
24116	2673	493	5720	13556	7836	440

9-13 续表2

单位:万元　　　　(2015)

指 标	Item	在建工程 Construction in Process
总 计	**Total**	**2602**
住宿业	**Hotels**	**2449**
按住宿业行业小类分	Grouped by Hotels Industry Small Class	
旅游饭店	Turist Hotel	2366
一般旅馆	General Hotel	83
其他住宿业	Other Hotels	
按登记注册类型分	Grouped By Registration Type	
内资企业	Domestic Funded Enterprises	2449
国有企业	State-owned Enterprises	1489
集体企业	Collective-owned Enterprises	
有限责任公司	Limited Liability Corporations	782
国有独资公司	State-owned Enterprises	122
其他有限责任公司	Other Limited Liability Corporations	660
股份有限公司	Share-holding Corporations Ltd.	
私营企业	Private Enterprises	177
私营独资企业	Private Owned Enterprises	
私营有限责任公司	Private Limited Liability Corporations	177
按控股情况分	Grouped By Controlling Stake	
国有控股	State-owned	1661
集体控股	Collective-owned	
私人控股	Private	788
其他	Others	
按经营形式分	Grouped By Business Form	
独立门店	Indipendent Stores	2449
其他	Others	
按单位规模分	Grouped By Unit Scale	
大型	Large-scale	
中型	Medium-scale	2149
小型	Small-scale	299
微型	Miniature	
按星级分	Grouped By Star Grade	
五星	Five	
四星	Four	126
三星	Three	102
二星	Two	
一星	One	
其他	Others	2221

continued

(10 000 yuan)

资产总计 Total Assets	流动负债合计 Total Current Liabilities	应付账款 Accounts Payable	非流动负债合计 Totale of Non-current Liabilities	负债合计 Total Liabilities	所有者权益 Total Owners' Equities
304250	**164166**	**23416**	**136292**	**300457**	**3793**
181264	**72965**	**5888**	**112325**	**185290**	**-4026**
176049	68437	5915	110152	178589	-2541
4338	4208	-101	2173	6381	-2043
877	320	74		320	557
181264	72965	5888	112325	185290	-4026
92264	3556	1631	97938	101494	-9229
150	45			45	105
49940	37461	2850	7890	45351	4589
9709	6758	38	953	7711	1998
40231	30703	2812	6937	37640	2591
38911	31904	1407	6498	38401	510
38911	31904	1407	6498	38401	510
128582	29042	2926	105828	134869	-6288
2852	804	164		804	2048
49954	42020	2279	6498	48517	1437
-124	1099	519		1099	-1223
181388	71866	5368	112325	184191	-2803
-124	1099	519		1099	-1223
128121	39560	4607	97999	137559	-9438
53143	33405	1281	14326	47731	5412
53541	44215	2814	3373	47588	5953
19347	6848	254	8114	14961	4385
108376	21902	2820	100839	122741	-14365

9-13 续表3

单位:万元 (2015)

指 标	Item	在建工程 Construction in Process
餐饮业	**Catering Servies**	**154**
按餐饮业行业小类分	Grouped by Catering Industry Small Class	
正餐服务	Dinner Service	154
快餐服务	Fast Food Service	
按登记注册类型分	Grouped By Registration Type	
内资企业	Domestic Funded Enterprises	154
有限责任公司	Limited Liability Corporations	120
国有独资公司	State-owned Enterprises	
其他有限责任公司	Other Limited Liability Corporations	120
股份有限公司	Share-holding Corporations Ltd.	
私营企业	Private Enterprises	34
私营独资企业	Private Owned Enterprises	
私营合伙企业	Private Partnership Enterprises	
私营有限责任公司	Private Limited Liability Corporations	34
私营股份有限公司	Private Share-holding Corporations Ltd.	
外商投资企业	Foreign Funded Enterprises	
中外合资经营企业	Sino-foreign Joint Venture Enterprises	
按控股情况分	Grouped By Controlling Stake	
国有控股	State-owned	
集体控股	Collective-owned	
私人控股	Private	154
外商控股	Foreign	
其他	Others	
按经营形式分	Grouped By Business Form	
独立门店	Indipendent Stores	154
其他	Others	
按单位规模分	Grouped By Unit Scale	
大型	large-scale	
中型	Medium-scale	
小型	Small-scale	154
微型	Miniature	
住宿业按地区分组	**Accommodation Industry Grouped by Region**	
兴庆区	Xingqing	755
西夏区	Xixia	122
金凤区	Jinfeng	1572
餐饮业按地区分组	**Catering Industry Grouped by Region**	
兴庆区	Xingqing	154
西夏区	Xixia	
金凤区	Jinfeng	

continued

(10 000 yuan)

资产总计 Total Assets	流动负债合计 Total Current Liabilities	应付账款 Accounts Payable	非流动负债合计 Totale of Non-current Liabilities	负债合计 Total Liabilities	所有者权益 Total Owners' Equities
122986	**91201**	**17528**	**23966**	**115167**	**7819**
122986	91201	17528	23966	115167	7819
96556	75715	18166	15789	91504	5052
42879	34548	2330	14032	48580	–5701
42879	34548	2330	14032	48580	–5701
53677	41167	15836	1757	42924	10753
435	1669	561		1669	–1234
53242	39498	15275	1757	41255	11986
26431	15486	–639	8177	23664	2767
26431	15486	–639	8177	23664	2767
182	1696	59		1696	–1514
88810	65163	16308	15789	80952	7858
26431	15486	–639	8177	23664	2767
7564	8856	1799		8856	–1292
119749	90014	16874	23966	113980	5769
3237	1187	654		1187	2050
13430	11096	416	9000	20096	–6666
109178	78510	16959	14966	93476	15703
378	1596	153		1596	–1218
71532	57909	3418	10938	68847	2685
6699	5528	–56	892	6420	279
103034	9528	2526	100495	110023	–6989
81782	64044	16248	15717	79761	2021
1062	3310	212	4	3314	–2252
40143	23848	1069	8245	32092	8050

9-13 续表4

单位:万元 (2015)

指 标	Item	实收资本 Paid-in Capitals
总 计	**Total**	**68130**
住宿业	**Hotels**	**47515**
按住宿业行业小类分	Grouped by Hotels Industry Small Class	
旅游饭店	Turist Hotel	46002
一般旅馆	General Hotel	1412
其他住宿业	Other Hotels	101
按登记注册类型分	Grouped By Registration Type	
内资企业	Domestic Funded Enterprises	47515
国有企业	State-owned Enterprises	3820
集体企业	Collective-owned Enterprises	12
有限责任公司	Limited Liability Corporations	30286
国有独资公司	State-owned Enterprises	1944
其他有限责任公司	Other Limited Liability Corporations	28342
股份有限公司	Share-holding Corporations Ltd.	
私营企业	Private Enterprises	13397
私营独资企业	Private Owned Enterprises	
私营有限责任公司	Private Limited Liability Corporations	13397
按控股情况分	Grouped By Controlling Stake	
国有控股	State-owned	24536
集体控股	Collective-owned	3371
私人控股	Private	19109
其他	Others	500
按经营形式分	Grouped By Business Form	
独立门店	Indipendent Stores	47015
其他	Others	500
按单位规模分	Grouped By Unit Scale	
大型	Large-scale	
中型	Medium-scale	24609
小型	Small-scale	22907
微型	Miniature	
按星级分	Grouped By Star Grade	
五星	Five	
四星	Four	30449
三星	Three	10969
二星	Two	
一星	One	
其他	Others	6097

continued

(10 000 yuan)

国家资本 State-owned Capitals	集体资本 Collective-owned Capitals	法人资本 Corporate Capitals	个人资本 Personal Capitals	营业收入 Total Revenue	主营业务收入 Revenue from Principal Business	营业成本 Business Costs
10119	**1887**	**36467**	**19657**	**83361**	**82746**	**35531**
10119	**1887**	**25288**	**10221**	**46484**	**46070**	**18592**
10119	1875	25288	8720	43584	43170	18028
	12		1400	2595	2595	509
			101	306	306	55
10119	1887	25288	10221	46484	46070	18592
3820				8497	8497	1993
	12			272	272	105
6299	1875	18200	3912	23268	22949	12493
1944				3035	2863	2360
4355	1875	18200	3912	20233	20086	10133
		7088	6309	14448	14352	4001
		7088	6309	14448	14352	4001
10119		14416		19000	18711	10979
	1887	1484		1930	1929	667
		8888	10221	20227	20102	5830
		500		5328	5328	1117
10119	1887	24788	10221	41157	40742	17475
		500		5328	5328	1117
7504		16604	500	26970	26904	11500
2615	1887	8684	9721	19514	19166	7092
7631		20504	2314	19146	19073	10521
500	1887	4284	4298	9633	9457	3858
1989		500	3609	17706	17540	4213

9-13 续表5

单位:万元 (2015)

指 标	Item	实收资本 Paid-in Capitals
餐饮业	**Catering Servies**	**20615**
按餐饮业行业小类分	Grouped by Catering Industry Small Class	
正餐服务	Dinner Service	20615
快餐服务	Fast Food Service	
按登记注册类型分	Grouped By Registration Type	
内资企业	Domestic Funded Enterprises	19215
有限责任公司	Limited Liability Corporations	6410
国有独资公司	State-owned Enterprises	
其他有限责任公司	Other Limited Liability Corporations	6410
股份有限公司	Share-holding Corporations Ltd.	
私营企业	Private Enterprises	12805
私营独资企业	Private Owned Enterprises	55
私营合伙企业	Private Partnership Enterprises	
私营有限责任公司	Private Limited Liability Corporations	12750
私营股份有限公司	Private Share-holding Corporations Ltd.	
外商投资企业	Foreign Funded Enterprises	1400
中外合资经营企业	Sino-foreign Joint Venture Enterprises	1400
按控股情况分	Grouped By Controlling Stake	
国有控股	State-owned	100
集体控股	Collective-owned	
私人控股	Private	18805
外商控股	Foreign	1400
其他	Others	310
按经营形式分	Grouped By Business Form	
独立门店	Indipendent Stores	18565
其他	Others	2050
按单位规模分	Grouped By Unit Scale	
大型	large-scale	
中型	Medium-scale	1000
小型	Small-scale	19605
微型	Miniature	10
住宿业按地区分组	**Accommodation Industry Grouped by Region**	
兴庆区	Xingqing	37913
西夏区	Xixia	154
金凤区	Jinfeng	9448
餐饮业按地区分组	**Catering Industry Grouped by Region**	
兴庆区	Xingqing	12661
西夏区	Xixia	210
金凤区	Jinfeng	7743

continued

(10 000 yuan)

国家资本 State-owned Capitals	集体资本 Collective-owned Capitals	法人资本 Corporate Capitals	个人资本 Personal Capitals	营业收入 Total Revenue	主营业务收入 Revenue from Principal Business	营业成本 Business Costs
		11178	**9436**	**36877**	**36676**	**16939**
		11178	9436	36877	36676	16939
		9778	9436	35267	35066	16226
		5410	1000	9486	9460	3477
		5410	1000	9486	9460	3477
		4368	8436	25780	25606	12749
			55	1779	1779	886
		4368	8381	24001	23826	11863
		1400		1610	1610	713
		1400		1610	1610	713
		100		633	633	342
		9368	9436	33813	33612	15625
		1400		1610	1610	713
		310		821	821	260
		9178	9386	34927	34726	15359
		2000	50	1949	1949	1580
			1000	5722	5719	1466
		11178	8426	30795	30597	15311
			10	360	360	162
8131	1875	19188	8720	27872	27594	13842
142	12			982	848	593
1847		6100	1501	17631	17629	4156
		5583	7078	24784	24583	10197
		100	110	1446	1446	822
		5495	2248	10647	10647	5920

9-13 续表6

单位:万元 (2015)

指 标	Item	主营业务成本 Costs of Principal Business
总 计	**Total**	**35462**
住宿业	**Hotels**	**18523**
按住宿业行业小类分	Grouped by Hotels Industry Small Class	
旅游饭店	Turist Hotel	17960
一般旅馆	General Hotel	509
其他住宿业	Other Hotels	55
按登记注册类型分	Grouped By Registration Type	
内资企业	Domestic Funded Enterprises	18523
国有企业	State-owned Enterprises	1993
集体企业	Collective-owned Enterprises	105
有限责任公司	Limited Liability Corporations	12428
国有独资公司	State-owned Enterprises	2360
其他有限责任公司	Other Limited Liability Corporations	10069
股份有限公司	Share-holding Corporations Ltd.	
私营企业	Private Enterprises	3997
私营独资企业	Private Owned Enterprises	
私营有限责任公司	Private Limited Liability Corporations	3997
按控股情况分	Grouped By Controlling Stake	
国有控股	State-owned	10914
集体控股	Collective-owned	667
私人控股	Private	5826
其他	Others	1117
按经营形式分	Grouped By Business Form	
独立门店	Indipendent Stores	17407
其他	Others	1117
按单位规模分	Grouped By Unit Scale	
大型	Large-scale	
中型	Medium-scale	11500
小型	Small-scale	7023
微型	Miniature	
按星级分	Grouped By Star Grade	
五星	Five	
四星	Four	10517
三星	Three	3793
二星	Two	
一星	One	
其他	Others	4213

continued

(10 000 yuan)

营业税金及附加 Business Taxes and Other Charges	主营业务税金及附加 Taxes and Other Charges on Principal Business	其他业务利润 Profits from Other Businesses	销售费用 Selling Costs	管理费用 Management Costs	税金 Taxes	财务费用 Financial Costs
4727	**4655**	**1148**	**31900**	**25995**	**987**	**3465**
2595	**2591**	**60**	**20563**	**14060**	**724**	**672**
2432	2428	60	19578	12489	687	441
147	147		985	1563	36	207
17	17			7		24
2595	2591	60	20563	14060	724	672
482	482		8227	2631	40	44
16	16		144	91		0
1255	1251	55	6257	5836	527	95
157	157			397	127	7
1099	1094	55	6257	5439	399	88
842	842	5	5935	5503	157	533
842	842	5	5935	5503	157	533
1054	1049	53	8327	4791	497	50
109	109		856	382	27	22
1138	1138	7	9382	6501	200	569
295	295		1997	2386		31
2301	2297	60	18566	11674	724	641
295	295		1997	2386		31
1477	1477	2	13314	7135	311	111
1119	1115	57	7249	6925	413	562
1122	1122	5	4783	5109	357	188
512	507	55	3694	2266	335	169
962	962		12086	6685	32	314

9-13 续表7

单位:万元 (2015)

指 标	Item	主营业务成本 Costs of Principal Business
餐饮业	**Catering Servies**	**16939**
按餐饮业行业小类分	Grouped by Catering Industry Small Class	
正餐服务	Dinner Service	16939
快餐服务	Fast Food Service	
按登记注册类型分	Grouped By Registration Type	
内资企业	Domestic Funded Enterprises	16226
有限责任公司	Limited Liability Corporations	3477
国有独资公司	State-owned Enterprises	
其他有限责任公司	Other Limited Liability Corporations	3477
股份有限公司	Share-holding Corporations Ltd.	
私营企业	Private Enterprises	12749
私营独资企业	Private Owned Enterprises	886
私营合伙企业	Private Partnership Enterprises	
私营有限责任公司	Private Limited Liability Corporations	11863
私营股份有限公司	Private Share-holding Corporations Ltd.	
外商投资企业	Foreign Funded Enterprises	713
中外合资经营企业	Sino-foreign Joint Venture Enterprises	713
按控股情况分	Grouped By Controlling Stake	
国有控股	State-owned	342
集体控股	Collective-owned	
私人控股	Private	15625
外商控股	Foreign	713
其他	Others	260
按经营形式分	Grouped By Business Form	
独立门店	Indipendent Stores	15359
其他	Others	1580
按单位规模分	Grouped By Unit Scale	
大型	large-scale	
中型	Medium-scale	1466
小型	Small-scale	15311
微型	Miniature	162
住宿业按地区分组	**Accommodation Industry Grouped by Region**	
兴庆区	Xingqing	13774
西夏区	Xixia	593
金凤区	Jinfeng	4156
餐饮业按地区分组	**Catering Industry Grouped by Region**	
兴庆区	Xingqing	10197
西夏区	Xixia	822
金凤区	Jinfeng	5920

continued

(10 000 yuan)

营业税金及附加 Business Taxes and Other Charges	主营业务税金及附加 Taxes and Other Charges on Principal Business	其他业务利润 Profits from Other Businesses	销售费用 Selling Costs	管理费用 Management Costs	税金 Taxes	财务费用 Financial Costs
2131	**2064**	**1088**	**11338**	**11935**	**263**	**2793**
2131	2064	1088	11338	11935	263	2793
2042	1975	1088	10525	11412	252	2130
567	567		2920	6842	28	1079
567	567		2920	6842	28	1079
1475	1408	1088	7605	4570	223	1051
98	98		809	59		10
1376	1309	1088	6796	4511	223	1041
89	89		813	524	11	664
89	89		813	524	11	664
46	46		264	57		4
1951	1884	1088	8937	10563	247	2121
89	89		813	524	11	664
45	45		1324	792	4	5
2030	1963	1088	11338	11512	263	2549
101	101			423		244
324	324		1332	4612		937
1774	1707	1088	9746	7205	263	1853
33	33		260	118		3
1603	1599	57	8875	7147	686	304
44	44		144	346		3
949	949	2	11544	6567	38	365
1503	1436	725	7775	9051	216	1721
91	91		527	191		8
537	537	363	3036	2694	46	1064

9-13 续表8

单位:万元 (2015)

指 标	Item	利息收入 Interest Income
总 计	**Total**	**67**
住宿业	**Hotels**	**55**
按住宿业行业小类分	Grouped by Hotels Industry Small Class	
旅游饭店	Turist Hotel	54
一般旅馆	General Hotel	1
其他住宿业	Other Hotels	
按登记注册类型分	Grouped By Registration Type	
内资企业	Domestic Funded Enterprises	55
国有企业	State-owned Enterprises	-3
集体企业	Collective-owned Enterprises	1
有限责任公司	Limited Liability Corporations	44
国有独资公司	State-owned Enterprises	2
其他有限责任公司	Other Limited Liability Corporations	42
股份有限公司	Share-holding Corporations Ltd.	
私营企业	Private Enterprises	14
私营独资企业	Private Owned Enterprises	
私营有限责任公司	Private Limited Liability Corporations	14
按控股情况分	Grouped By Controlling Stake	
国有控股	State-owned	39
集体控股	Collective-owned	1
私人控股	Private	14
其他	Others	
按经营形式分	Grouped By Business Form	
独立门店	Indipendent Stores	55
其他	Others	
按单位规模分	Grouped By Unit Scale	
大型	Large-scale	
中型	Medium-scale	40
小型	Small-scale	15
微型	Miniature	
按星级分	Grouped By Star Grade	
五星	Five	
四星	Four	44
三星	Three	14
二星	Two	
一星	One	
其他	Others	-3

continued

(10 000 yuan)

利息支出 Interest Expense	资产减值损失 Asset Impairment Loss	投资收益 Investment Income	营业利润 Business Profits	营业外收入 Revenue Excluding Business	政府补贴 Goveinment Subsidies	营业外支出 Expense Excluding Business
1729	**236**	**13**	**-17162**	**523**	**60**	**305**
252	**3**	**10**	**-8967**	**446**	**59**	**248**
227	3	1	-8230	402	49	235
1		9	-788	44	10	13
24			51			1
252	3	10	-8967	446	59	248
			-4878	199		25
1				10	10	
34	2	1	-1515	67	3	166
	1		114	13	3	5
34	2	1	-1629	53		161
217	1	9	-2574	170	46	57
217	1	9	-2574	170	46	57
10	2	1	-6201	232	3	187
17			-23	10	10	1
226	1	9	-2245	203	46	59
			-498			
252	3	10	-8470	445	59	248
			-498			
	2		-5412	131	3	24
252	1	10	-3555	315	56	224
75	3		-2581	342	49	73
153		1	-835	72	10	156
24		9	-5551	32		19

9-13 续表9

单位:万元 (2015)

指 标	Item	利息收入 Interest Income
餐饮业	**Catering Servies**	**13**
按餐饮业行业小类分	Grouped by Catering Industry Small Class	
正餐服务	Dinner Service	13
快餐服务	Fast Food Service	
按登记注册类型分	Grouped By Registration Type	
内资企业	Domestic Funded Enterprises	5
有限责任公司	Limited Liability Corporations	1
国有独资公司	State-owned Enterprises	
其他有限责任公司	Other Limited Liability Corporations	1
股份有限公司	Share-holding Corporations Ltd.	
私营企业	Private Enterprises	4
私营独资企业	Private Owned Enterprises	
私营合伙企业	Private Partnership Enterprises	
私营有限责任公司	Private Limited Liability Corporations	4
私营股份有限公司	Private Share-holding Corporations Ltd.	
外商投资企业	Foreign Funded Enterprises	8
中外合资经营企业	Sino-foreign Joint Venture Enterprises	8
按控股情况分	Grouped By Controlling Stake	
国有控股	State-owned	
集体控股	Collective-owned	
私人控股	Private	5
外商控股	Foreign	8
其他	Others	
按经营形式分	Grouped By Business Form	
独立门店	Indipendent Stores	12
其他		1
按单位规模分	Grouped By Unit Scale	
大型	large-scale	
中型	Medium-scale	
小型	Small-scale	13
微型	Miniature	
住宿业按地区分组	**Accommodation Industry Grouped by Region**	
兴庆区	Xingqing	57
西夏区	Xixia	1
金凤区	Jinfeng	-3
餐饮业按地区分组	**Catering Industry Grouped by Region**	
兴庆区	Xingqing	4
西夏区	Xixia	
金凤区	Jinfeng	9

continued

(10 000 yuan)

利息支出 Interest Expense	资产减值损失 Asset Impairment Loss	投资收益 Investment Income	营业利润 Business Profits	营业外收入 Revenue Excluding Business	政府补贴 Goveinment Subsidies	营业外支出 Expense Excluding Business
1477	**232**	**3**	**-8195**	**77**	**1**	**57**
1477	232	3	-8195	77	1	57
1376	232	3	-7003	77	1	57
953		3	-5396	35	1	45
953		3	-5396	35	1	45
423	232		-1607	42		12
			-164	3		
423	232		-1443	39		12
101			-1192			
101			-1192			
			-80			40
1376	232	3	-5318	75	1	17
101			-1192			
			-1604	2		
1477		3	-7653	77	1	49
	232		-542			8
899			-2949	33	1	3
577	232	3	-5030	44		54
1			-217			
227	2	1	-2745	307	3	229
1			-65	18	10	5
24	1	9	-6157	121	46	14
1321		3	-5542	71	1	8
1			-194			40
156	232		-2459	7		9

9-13 续表10

单位:万元 （2015）

指 标	Item	利润总额 Total Profits
总 计	**Total**	**-16779**
住宿业	**Hotels**	**-8608**
按住宿业行业小类分	Grouped by Hotels Industry Small Class	
旅游饭店	Turist Hotel	-7933
一般旅馆	General Hotel	-726
其他住宿业	Other Hotels	50
按登记注册类型分	Grouped By Registration Type	
内资企业	Domestic Funded Enterprises	-8608
国有企业	State-owned Enterprises	-4704
集体企业	Collective-owned Enterprises	32
有限责任公司	Limited Liability Corporations	-1749
国有独资公司	State-owned Enterprises	-11
其他有限责任公司	Other Limited Liability Corporations	-1737
股份有限公司	Share-holding Corporations Ltd.	
私营企业	Private Enterprises	-2187
私营独资企业	Private Owned Enterprises	
私营有限责任公司	Private Limited Liability Corporations	-2187
按控股情况分	Grouped By Controlling Stake	
国有控股	State-owned	-6278
集体控股	Collective-owned	8
私人控股	Private	-1841
其他	Others	-497
按经营形式分	Grouped By Business Form	
独立门店	Indipendent Stores	-8110
其他	Others	-497
按单位规模分	Grouped By Unit Scale	
大型	Large-scale	
中型	Medium-scale	-5320
小型	Small-scale	-3288
微型	Miniature	
按星级分	Grouped By Star Grade	
五星	Five	
四星	Four	-2062
三星	Three	-883
二星	Two	
一星	One	
其他	Others	-5663

continued

(10 000 yuan)

应交所得税 Tax Payable	应付职工薪酬（本年贷方累计发生额） Benefits of Employee Payable	应交增值税 Added Tax Payable	从事住宿和餐饮业活动的从业人员平均人数(人) Average Number of Employees Engaged in the Accommodation and Catering Industry(person)
283	**23716**	**298**	**6594**
46	**13085**		**3553**
40	12293		3293
	791		245
6	1		15
46	13085		3553
	3713		621
	105		44
40	4895		1588
–9	1104		200
49	3791		1388
6	4372		1300
6	4372		1300
–9	6141		1248
	643		180
55	6142		1796
	159		329
46	12926		3224
	159		329
43	7379		1880
3	5706		1673
	5871		1335
49	2178		758
–4	5037		1460

9-13 续表11

单位:万元 （2015）

指 标	Item	利润总额 Total Profits
餐饮业	**Catering Servies**	**-8172**
按餐饮业行业小类分	Grouped by Catering Industry Small Class	
正餐服务	Dinner Service	-8172
快餐服务	Fast Food Service	
按登记注册类型分	Grouped By Registration Type	
内资企业	Domestic Funded Enterprises	-6980
有限责任公司	Limited Liability Corporations	-5405
国有独资公司	State-owned Enterprises	
其他有限责任公司	Other Limited Liability Corporations	-5405
股份有限公司	Share-holding Corporations Ltd.	
私营企业	Private Enterprises	-1574
私营独资企业	Private Owned Enterprises	-1287
私营合伙企业	Private Partnership Enterprises	
私营有限责任公司	Private Limited Liability Corporations	-287
私营股份有限公司	Private Share-holding Corporations Ltd.	
外商投资企业	Foreign Funded Enterprises	-1192
中外合资经营企业	Sino-foreign Joint Venture Enterprises	-1192
按控股情况分	Grouped By Controlling Stake	
国有控股	State-owned	-120
集体控股	Collective-owned	
私人控股	Private	-5257
外商控股	Foreign	-1192
其他	Others	-1602
按经营形式分	Grouped By Business Form	
独立门店	Indipendent Stores	-8172
其他	Others	
按单位规模分	Grouped By Unit Scale	
大型	large-scale	
中型	Medium-scale	-2919
小型	Small-scale	-5037
微型	Miniature	-217
住宿业按地区分组	**Accommodation Industry Grouped by Region**	
兴庆区	Xingqing	-2403
西夏区	Xixia	-164
金凤区	Jinfeng	-6041
餐饮业按地区分组	**Catering Industry Grouped by Region**	
兴庆区	Xingqing	-5747
西夏区	Xixia	-343
金凤区	Jinfeng	-2081

continued

(10 000 yuan)

应交所得税 Tax Payable	应付职工薪酬（本年贷方累计发生额） Benefits of Employee Payable	应交增值税 Added Tax Payable	从事住宿和餐饮业活动的从业人员平均人数(人) Average Number of Employees Engaged in the Accommodation and Catering Industry(person)
237	**10631**	**298**	**3041**
237	10631	298	3041
237	10114	298	2929
	3625		815
	3625		815
237	6490	298	2114
10	353		129
227	6137	298	1985
	517		112
	517		112
	201		85
237	9023	298	2569
	517		112
	890		275
234	10334	298	2968
4	298		73
	1784		307
226	8625	298	2659
12	223		75
6	7809		2165
-9	368		124
49	4908		1264
158	7281		2125
12	533		195
68	2817	298	721

9-14 重点商品交易市场成交情况

(2015)

指 标	Item	市场个数(个) Number of Markets (unit)	#亿元以上市场 Markets Over 100 Million Yuan
总 计	**Total**	**40**	**22**
按经营环境分	**Grouped by Business Environment**		
露天式	Open Air	7	7
封闭式	Closed	33	15
其他	Others		
按经营方式分	**Grouped by Star**		
批发	Wholesale	15	11
零售	Retail	25	11
按市场类别分	**Grouped by Market**		
综合市场	Integrated Markets	6	4
工业消费品综合市场	Industrial Products Integrated Markets	1	1
农产品综合市场	Farm Produce Comprehensive Markets	2	2
其他综合市场	Others	3	1
专业市场	Special Markets	34	18
生产资料市场	Production Markets	6	5
农业生产用具市场	Agricultural Productions Markets	1	1
木材市场	Wood Markets		
金属材料市场	Metal Materials Markets	4	3
机械设备市场	Machinery and Equipment Markets	1	1
农产品市场	Agricultural Products Markets	5	5
粮油市场	Grain and Oil Markets	1	1
蔬菜市场	Vegetables Markets	2	2
水产品市场	Aquatil Products Markets		
干鲜果品市场	Fresh and Dried Fruits Markets	1	1
其他农产品市场	Others	1	1
纺织、服装、鞋帽市场	Textile, Garments, Footwear and Hat Wear Markets	7	2
布料及纺织品市场	Textiles and Textile Goods Markets		
服装市场	Garments	2	
鞋帽市场	Footwear and Hat Wear Markets	1	
其他纺织服装鞋帽市场	Others	4	2
日用品及文化用品市场	Daily Use Articles and Cultaral Goods Markets		
其他日用品及文化用品市场	Others		
电器、通讯器材、电子设备市场	Electrical,Communication Appliances and ElectronicEquipment Markets	2	1
通讯器材市场	Communication Appliances Markets	1	
计算机及辅助设备市场	Computer and Assistant Appliances Markets	1	1
家具、五金及装饰材料市场	Furniture,Hardware & Electrical Materials and Decoration Materials Markets	12	4
家具市场	Furniture Markets	5	2
装饰材料市场	Building and Decoration Materials Markets	3	
灯具市场	Lamps Markets	1	
其他装修市场	Others	3	2
汽车、摩托车及零配件市场	Automotive,Motorcycle and Accessories Markets	1	1
汽车市场	Automotive Markets	1	1
花、鸟、鱼、虫市场	Flowers, Birds, Fish and Insects Markets	1	
花卉市场	Flower Markets	1	

Basic Statistics on Commodity Exchange Markets of Transaction Value

摊位数量(个) Number of Booths(unit)	#亿元以上市场 Markets Over 100 Million Yuan	成交额(万元) Turnover (10 000yuan)	#亿元以上市场 Markets Over 100 Million Yuan
20153	**10298**	**2104986**	**2034762**
5423	5423	1115725	1115725
14730	10298	989261	919037
7057	5944	1537926	1520250
13096	9777	567060	514512
3925	3046	274864	260611
476	476	44219	44219
1507	1507	37402	37402
1942	1063	193243	178990
16228	12675	1830122	1774151
1858	1794	378021	376590
171	171	41330	41330
1391	1327	310686	309255
296	296	26005	26005
3674	3674	1099441	1099441
58	58	14036	14036
2022	2022	391667	391667
		0	
1123	1123	413367	413367
471	471	280371	280371
6384	4800	187191	177082
427		1366	
227		1585	
5730	4800	184240	177082
394	314	35626	33436
80		2190	
314	314	33436	33436
2888	1283	104300	64459
1138	674	55296	37440
952		21005	
80		400	
718	609	27599	27019
810	810	23143	23143
810	810	23143	23143
220		2400	
220		2400	

9-14 续表

(2015)

指 标	Item	营业面积(平方米) Area of business (square meter)
总 计	**Total**	**2113328**
按经营环境分	**Grouped by Business Environment**	
露天式	Open Air	1006020
封闭式	Closed	1107308
其他	Others	
按经营方式分	**Grouped by Star**	
批发	Wholesale	1044279
零售	Retail	1069049
按市场类别分	**Grouped by Market**	
综合市场	Integrated Markets	119082
工业消费品综合市场	Industrial Products Integrated Markets	40000
农产品综合市场	Farm Produce Comprehensive Markets	31020
其他综合市场	Others	48062
专业市场	Special Markets	1994246
生产资料市场	Production Markets	290367
农业生产用具市场	Agricultural Productions Markets	171
木材市场	Wood Markets	0
金属材料市场	Metal Materials Markets	255470
机械设备市场	Machinery and Equipment Markets	34726
农产品市场	Agricultural Products Markets	651374
粮油市场	Grain and Oil Markets	7864
蔬菜市场	Vegetables Markets	133712
水产品市场	Aquatil Products Markets	
干鲜果品市场	Fresh and Dried Fruits Markets	470900
其他农产品市场	Others	38898
纺织、服装、鞋帽市场	Textile, Garments, Footwear and Hat Wear Markets	130108
布料及纺织品市场	Textiles and Textile Goods Markets	
服装市场	Garments	18440
鞋帽市场	Footwear and Hat Wear Markets	8558
其他纺织服装鞋帽市场	Others	103110
日用品及文化用品市场	Daily Use Articles and Cultaral Goods Markets	
其他日用品及文化用品市场	Others	
电器、通讯器材、电子设备市场	Electrical,Communication Appliances and ElectronicEquipment Markets	12000
通讯器材市场	Communication Appliances Markets	3000
计算机及辅助设备市场	Computer and Assistant Appliances Markets	9000
家具、五金及装饰材料市场	Furniture,Hardware & Electrical Materials and Decoration Materials Markets	683397
家具市场	Furniture Markets	274971
装饰材料市场	Building and Decoration Materials Markets	122209
灯具市场	Lamps Markets	7800
其他装修市场	Others	278417
汽车、摩托车及零配件市场	Automotive,Motorcycle and Accessories Markets	220000
汽车市场	Automotive Markets	220000
花、鸟、鱼、虫市场	Flowers, Birds, Fish and Insects Markets	7000
花卉市场	Flower Markets	7000

continued

#亿元以上市场 Markets Over 100 Million Yuan	成交额(万元) Turnover (10 000yuan)	#亿元以上市场 Markets Over 100 Million Yuan
1761411	**2104986**	**2034762**
1006020	1115725	1115725
755391	989261	919037
968741	1537926	1520250
792670	567060	514512
108670	274864	260611
40000	44219	44219
31020	37402	37402
37650	193243	178990
1652741	1830122	1774151
277367	378021	376590
171	41330	41330
242470	310686	309255
34726	26005	26005
651371	1099441	1099441
7864	14036	14036
133712	391667	391667
470900	413367	413367
38898	280371	280371
100000	187191	177082
	1366	
	1585	
100000	184240	177082
9000	35626	33436
	2190	
9000	33436	33436
395000	104300	64459
155000	55296	37440
	21005	
	400	
240000	27599	27019
220000	23143	23143
220000	23143	23143
	2400	
	2400	

9—15 利用外资情况

Utilization of Foreign Capital

单位:万美元　　（2015）　　（USD 10 000）

指 标	Item	新批项目个数（个）Number of Newly Approved Project (unit)	项目总投资 Total Investment of Project	合同外资 Contracted Foreign Investment	实际利用外资 Actual Utilization of Foreign Capital
直接利用外资	Foreign Direct Investment	17	94320	31721	16733
# 中外合资企业	Sino-foreign Joint Ventures	9	75866	21499	14835
外商独资企业	Foreign Funds Enterprises	8	18454	10222	1898

9—16 主要出口商品数量

Number of Major Export Commodities

单位:万美元　　（2015）　　（USD 10 000）

指标	Item	合计 Total
进出口贸易总额	Total Trade Value of Imports and Exports	326671
出口贸易总额	Total Trade Value of Exports	254074
进口贸易总额	Total Trade Value of Imports	72598

9—17 主要出口商品数量

Number of Major Export Commodities

指　标	Item	单位	Unit	2015年
铁合金	Ferrosilicon	吨	ton	540
碳化硅	Silicon Carbide	吨	ton	2408
红霉素	Erythromycin	吨	ton	211
羊绒衫	Cashmere Sweater	百件	100 pieces	153
泰乐菌素	Tylosin	吨	ton	1159
无毛绒	No Plush	吨	ton	15
其他活性炭	Other Activated Carbon	吨	ton	6977
金属镁	Magnesium Metal	吨	ton	3736
味精	Lysine Ester and Salt	吨	ton	1500
制成的饲料添加剂	Made of Feed Additives	吨	ton	13914

9—18 旅游情况

Basic Statistics of Traveling

指　标	Item	单位	Unit	2015 年	2014 年
接待国内游客总人数	Total Number of Domestic Visitors	万人次	10 000 person-times	741.36	669.46
接待国内游客总收入	Total Income of Domestic Visitors	亿元	100 million yuan	93.4	82.02
接待国内游客人均花费额	Per Capita Amount of Domestic Visitors	元	yuan	1259.89	1225.23
接待海外旅游者	Number of Overseas Tourists	人次	person-times	27117	25734
旅游外汇收入	Tourism Exchange Income	万美元	USD 100 million	1514.36	1400.15

注:接待国内游客人均花费额类不含农家乐部分

9—19 批发零售企业按销售额排序(市区)

The Sort of Wholesale and Retail Enterprises in Terms of Sales Value(City)

(2015)

序号 Number	单位名称 Unit Name
1	中国石油天然气股份有限公司西北销售宁夏分公司
2	中国烟草总公司宁夏回族自治区公司
3	宁夏灵武宝塔大古储运有限公司
4	中国石油化工股份有限公司宁夏石油分公司
5	宁夏回族自治区烟草公司银川市公司
6	银川新华百货商店股份有限公司
7	中国石油天然气股份有限公司宁夏银川销售公司
8	银川市新华百货连锁超市有限公司
9	银川新华百货东桥电器有限公司
10	国药控股宁夏有限公司
11	宁夏驰创贸易有限责任公司
12	宁夏兰星石油销售(集团)公司
13	宁夏华源耀康医药有限公司
14	银川五宝实业发展有限公司
15	宁夏东钢物资有限责任公司
16	宁夏金福源汽车销售服务有限公司
17	宁夏众欣联合中信医药有限公司
18	宁夏医药贸易有限责任公司
19	银川万达百货有限公司
20	宁夏中农金合农业生产资料有限责任公司
21	宁夏国芳百货购物广场有限公司
22	宁夏华润万家生活超市有限公司
23	银川嘉利鑫商贸有限公司
24	宁夏共享商务有限公司
25	银川富润华塑料化工有限公司
26	宁夏上陵实业(集团)有限公司
27	银川市双宝副食品有限公司
28	宁夏润之星汽车销售服务有限公司
29	宁夏众欣联合方泽医药有限公司
30	银川汇丰物资贸易有限责任公司

9—20 批发零售企业按零售额排序(市区)

The Sort of Wholesale and Retail Enterprises in Terms of Retail Value(City)

(2015)

序号 Number	单位名称 Unit Name
1	银川新华百货商店股份有限公司
2	银川市新华百货连锁超市有限公司
3	银川新华百货东桥电器有限公司
4	中国石油化工股份有限公司宁夏石油分公司
5	国药控股宁夏有限公司
6	中国石油天然气股份有限公司宁夏银川销售公司
7	银川五宝实业发展有限公司
8	宁夏金福源汽车销售服务有限公司
9	宁夏众欣联合中信医药有限公司
10	银川万达百货有限公司
11	宁夏国芳百货购物广场有限公司
12	宁夏华润万家生活超市有限公司
13	银川市双宝副食品有限公司
14	宁夏润之星汽车销售服务有限公司
15	宁夏银川上陵丰田汽车销售服务有限公司
16	宁夏驰川汽车销售服务有限公司
17	宁夏上陵迈轮汽车销售服务有限公司
18	宁夏国大药房连锁有限公司
19	宁夏物美超市有限公司
20	宁夏众欣联合方泽医药有限公司
21	宁夏众立升汽车销售服务有限公司
22	宁夏好世界汽车销售服务有限公司
23	宁夏东辉汽车销售服务有限公司
24	宁夏苏宁云商销售有限公司
25	宁夏启元医药有限公司
26	宁夏宁北汽车贸易有限公司
27	宁夏润德汽车销售服务有限公司
28	宁夏华联商厦有限责任公司
29	银川市新华书店
30	银川恒信东方汽车销售服务有限公司

9—21 批发零售企业按固定资产合计排序(市区)

The Sort of Wholesale and Retail Enterprises in Terms of Original Value of Fixed Assets(City)

(2015)

序号 Number	单位名称 Unit Name
1	中国石油化工股份有限公司宁夏石油分公司
2	中国石油天然气股份有限公司宁夏银川销售公司
3	宁夏恒源万福清真食品股份有限公司
4	银川市新华百货连锁超市有限公司
5	宁夏驰创贸易有限责任公司
6	国药控股宁夏有限公司
7	银川新华百货商店股份有限公司
8	银川市双宝副食品有限公司
9	宁夏国大药房连锁有限公司
10	银川新华百货东桥电器有限公司
11	银川市新华书店
12	宁夏金福源汽车销售服务有限公司
13	宁夏众立升汽车销售服务有限公司
14	宁夏银川粮油购销公司
15	宁夏中农金合农业生产资料有限责任公司
16	宁夏驰川汽车销售服务有限公司
17	宁夏兰星石油销售(集团)公司
18	宁夏回族自治区烟草公司银川市公司
19	银川五宝实业发展有限公司
20	宁夏佳奇石化实业有限公司
21	宁夏上陵实业(集团)有限公司
22	宁夏上陵迈轮汽车销售服务有限公司
23	宁夏银川上陵丰田汽车销售服务有限公司
24	银川市煤气供热有限公司
25	宁夏润德银菲汽车销售服务有限公司
26	银川新田国际贸易有限公司
27	银川昌昊汽车工贸有限责任公司
28	宁夏润之星汽车销售服务有限公司
29	宁夏华润万家生活超市有限公司
30	银川洁能科技有限公司

9—22 批发零售企业按利润总额排序（市区）

The Sort of Wholesale and Retail Enterprises in Terms of Total Profits（City）

（2015）

序号 Number	单位名称 Unit Name
1	中国烟草总公司宁夏回族自治区公司
2	宁夏回族自治区烟草公司银川市公司
3	银川新华百货商店股份有限公司
4	银川新华百货东桥电器有限公司
5	宁夏金福源汽车销售服务有限公司
6	银川市新华百货连锁超市有限公司
7	国药控股宁夏有限公司
8	宁夏回族自治区盐业公司
9	中国石油化工股份有限公司宁夏石油分公司
10	中国石油天然气股份有限公司宁夏银川销售公司
11	宁夏国大药房连锁有限公司
12	宁夏银川上陵丰田汽车销售服务有限公司
13	宁夏众欣联合中信医药有限公司
14	宁夏驰创贸易有限责任公司
15	宁夏银古石油有限公司
16	宁夏普济大药房
17	宁夏东钢物资有限责任公司
18	银川市新华书店
19	宁夏众立升汽车销售服务有限公司
20	宁夏银川粮油购销公司
21	银川嘉利鑫商贸有限公司
22	宁夏医药贸易有限责任公司
23	宁夏德福汽车贸易有限公司
24	宁夏东辉汽车销售服务有限公司
25	宁夏华联商厦有限责任公司
26	银川市子坤商务有限公司
27	宁夏艺盟礼益文化艺术品有限公司
28	宁夏众欣联合方泽医药有限公司
29	宁夏闽宁医药有限公司
30	宁夏明迈特科工贸有限公司

9—23 住宿餐饮业企业按营业收入排序

The Sort of Hotels and Catering Servies Enterprises by Business Income

(2015)

序号 Number	单位名称 Unit Name
1	宁夏马斯特置业有限公司银川凯宾斯基饭店
2	百胜餐饮(西安)有限公司宁夏分公司
3	宁夏悦海宾馆
4	宁夏京能创业房地产开发有限公司酒店管理分公司
5	宁夏波斯顿饭店管理有限公司
6	银川国际交流中心酒店管理有限公司
7	宁夏沙湖旅游股份有限公司沙湖宾馆
8	宁夏德隆楼德鼎逸品清真食品有限公司
9	宁夏虹桥大酒店有限责任公司
10	宁夏黄河明珠投资有限公司黄河明珠大酒店
11	宁夏太阳神大酒店有限公司
12	宁夏机场酒店管理有限公司
13	宁夏昊王国际饭店有限公司
14	银川西府井饭店有限公司
15	宁夏宝塔宾馆有限公司
16	宁夏九洲国际饭店有限公司
17	宁夏工会大厦
18	宁夏世纪大饭店有限公司
19	宁夏地德人和酒店有限公司
20	宁夏锦湖饭店有限公司
21	宁夏东宇民族饮食文化有限公司
22	宁夏银川仙鹤餐业有限公司
23	宁夏东港明珠餐饮有限公司
24	银川颐和大酒店有限公司
25	银川马伟餐饮经营管理有限公司
26	宁夏中银大唐酒店有限公司
27	银川同福餐饮服务有限公司
28	宁夏海悦建国饭店有限公司
29	银川市迎宾楼餐饮有限责任公司
30	银川市德隆楼清真餐饮有限公司

9—24 住宿餐饮业企业按客房收入排序

The Sort of Hotels and Catering Servies Enterprises by Hotel Rooms Income

(2015)

序号 Number	单位名称 Unit Name
1	宁夏马斯特置业有限公司银川凯宾斯基饭店
2	宁夏京能创业房地产开发有限公司酒店管理分公司
3	宁夏悦海宾馆
4	宁夏波斯顿饭店管理有限公司
5	银川国际交流中心酒店管理有限公司
6	宁夏机场酒店管理有限公司
7	宁夏虹桥大酒店有限责任公司
8	宁夏太阳神大酒店有限公司
9	宁夏地德人和酒店有限公司
10	银川西府井饭店有限公司
11	宁夏黄河明珠投资有限公司黄河明珠大酒店
12	宁夏工会大厦
13	银川同福餐饮服务有限公司
14	宁夏兰花花国际大酒店有限公司
15	宁夏沙湖旅游股份有限公司沙湖宾馆
16	宁夏九洲国际饭店有限公司
17	宁夏宝塔宾馆有限公司
18	宁夏盛世花园大酒店有限公司
19	宁夏世纪大饭店有限公司
20	宁夏海悦建国饭店有限公司
21	银川颐和大酒店有限公司
22	宁夏昊王国际饭店有限公司
23	宁夏中银大唐酒店有限公司
24	宁夏宁得酒店管理有限公司
25	宁夏铕湖饭店有限公司
26	宁夏贺兰纳帝国际饭店股份公司
27	宁夏新世佳工贸有限公司东湖国际酒店
28	银川绿洲饭店有限责任公司
29	宁夏玉皇阁酒店有限公司
30	宁夏阿依莎穆斯林大饭店有限公司

9—25 商品交易市场按成交额排序

The Sort of Commodity Trading Market by Turnover Values

（2015）

序号 Number	市场名称 Market Name	单位（管理机构）名称 Unit（Management Agencies）Name	市场负责人 Market Leader
1	宁夏四季鲜农产品综合批发市场	宁夏四季鲜果品蔬菜批发市场有限公司	唐旭峰
2	新世纪冷链	宁夏新世纪市场管理有限公司	陈美英
3	望远金属物流园	宁夏望远现代金属物流集团股份有限公司	吴　军
4	宁夏润恒农副产品冷链物流产业园	宁夏润恒农产品市场有限公司	吴剑松
5	北环批发市场	银川北环蔬菜果品综合批发市场管理有限公司	王宏伟
6	东环批发市场	银川市环盛商贸有限公司	唐月英
7	银川商城	银川盛广汇商业经营管理有限公司	卢　浩
8	燕宝钢材市场	宁夏燕宝钢材市场有限公司	张　宁
9	宁夏商都	银川建发家世界有限责任公司	王宁君
10	西北农资城	银川博源物业服务有限公司	李　冬

9—26 商品交易市场按营业面积排序

The Sort of Commodity Trading Market by Business Area

（2015）

序号 Number	市场名称 Market Name	单位（管理机构）名称 Unit（Management Agencies）Name	市场负责人 Market Leader
1	宁夏四季鲜农产品综合批发市场	宁夏四季鲜果品蔬菜批发市场有限公司	高文河
2	国际汽车城	银川通和汽车有限公司	张宝祥
3	昆仑钢材市场	银川昆仑市场发展有限公司	张建宁
4	望远金属物流园	宁夏望远现代金属物流集团股份有限公司	刘玉怀
5	月星国际家居建材广场	银川月星市场经营管理有限公司	魏小平
6	燕宝钢材市场	宁夏燕宝钢材市场有限公司	张　宁
7	红星美凯龙	上海红星美凯龙品牌管理有限公司银川分公司	汤晓娟
8	宁夏美得亨国际家居博览中心	美德亨国际家居博览中心	尤小广
9	银川商城	银川盛广汇商业经营管理有限公司	李晓军
10	龙盘家俬城	银川市龙盘房地产开发有限公司	朱福强

9—27 银川市星级宾馆一览表

List of Star Hotels in Yinchuan City

（2015）

宾馆名称 Hotel Name	地址 Address	电话 Telephone	星级 Star
虹桥大酒店	兴庆区解放西街16号	0951-6918888	★★★★
太阳神大酒店	兴庆区北京东路123号	0951-7868888	★★★★
西港航空酒店	兴庆区胜利南北街87号	0951-4090888	★★★★
宁丰宾馆	兴庆区解放东街6号	0951-6028898	★★★★
黄河明珠大酒店	兴庆区新华东街520号	0951-6036666	★★★★
中银大唐饭店	灵武市西湖公园内	0951-4598888	★★★★
工会大厦	兴庆区解放东街1号	0951-6016898	★★★★
昊王国际饭店	银川得胜工业园新胜西路北3号	0951-8079456	★★★★
贺兰国际饭店	银川市贺兰县桃林北街	0951-7826666	★★★★
同福大饭店	新华东街93号	0951-6032678	★★★★
海天大酒店	银川市兴庆区解放东街333号	0951-7866666	★★★★
海悦建国饭店	银川市南薰东街3号	0951-6080777	★★★★
盛世花园大酒店	银川市玉皇阁北街46号	0951-6037999	★★★★
锦湖饭店	兴庆区民族北街369号	0951-5686666	★★★★
森淼假日酒店	银川市南环绕城高速公路植物园出口处向南300米	0951-5667113	★★★★
长相忆宾馆	兴庆区玉皇阁北街120号	0951-6710668	★★★
沙湖宾馆	兴庆区文化西街22号	0951-5012128	★★★
世纪大厦	兴庆区玉皇阁北街24号	0951-6080688	★★★
铁道宾馆	银川市怀远东路550号	0951-3962118	★★★
祥元宾馆	兴庆区长城东路280号	0951-4915888	★★★
绿洲饭店	兴庆区解放西街33号	0951-5029777	★★★
满春大酒店	丽景北街488号	0951 – 3990999	★★★
银泉宾馆	银川市胜利北街157号	0951-4081688	★★★
昊源宾馆	银川市中山南街裕民巷1–11号	0951-6021286	★★★
燕莎大酒店	银川石油城	0951 – 6934586	★★★
宝塔宾馆	金凤区宁安大街88号	0951-5699299	★★★
天豹大酒店	银川市清河南街1352号	0951-7899512	★★★
玉皇阁酒店	银川市玉皇阁北街8号	0951- 6090666	★★★
格林豪泰银川北京路酒店	银川市兴庆区北京东路792号	0951-5173888	★★★
民航蓝天宾馆	银川市民族北街34号	0951 – 6042968	★★★
清源大厦	银川市怀远西路155号	0951-3871088	★★★
凯悦年华大酒店	丽景北街在水一方A区151号	0951 – 5173555	★★★
金润恒通饭店	上海东路841号	0951 – 6716666	★★★
金汇大酒店	银川市兴庆区清和南街649号	0951-4082388	★★★
阿依莎穆斯林大饭店	金凤区正源南街70号	0951-7692111	★★★
东泰阳光商务酒店	永宁县宁和北街	0951-8015588	★★★
贺兰银大湖城饭店	银川市贺兰县马家渠109国道金街1号	0951-8061299	★★★
横城假日酒店	银川滨河新区黄河横城旅游度假区	0951-4753309	★★★
新百吉大酒店	兴庆区新华东街219号	0951-619999	★★★
云来连锁酒店(东门店)	解放东街169号	0951-3936688	★★★
云来连锁酒店(长城路店)			★★★
盛泰商务宾馆	银川市清河南街1037号	0951-4085131	★★

主要统计指标解释

【社会消费品零售总额】 指国民经济各行业直接售给城乡居民和社会集团的消费品总额,它是反映各行业通过多种商品流通渠道向居民和社会集团供应的生活消费品总量,是研究国内零售市场变动情况、反映经济景气程度的重要指标。

社会消费品零售总额包括:(1)售给城乡居民作为生活用的商品和修建房屋用的建筑材料;(2)售给社会集团的各种办公用品和公用消费品;(3)售给机关、团体、学校、部队、企业、事业单位的职工食堂和旅店(招待所)附设专门供本店旅客食用,不对外营业的食堂的各种食品、燃料;企业单位和国营农场直接售给本单位职工和职工食堂的自己生产的产品;(4)售给部队干部、战士生活用和粮食、副食品、衣着品、日用品、燃料;(5)售给来华的外国人、华侨、港澳台同胞的消费品;(6)居民自费购买的中、西药品、中药材及医疗用品;(7)报社、出版社直接售给居民和社会集团的报纸、图书、杂志,集邮公司出售的新、旧纪念邮票、特种邮票、首日封、集邮册、集邮工具等;(8)旧货寄售商店自购、自销部分的商品;(9)煤气公司、液化石油气站售给居民和社会集团的煤气灶具和罐装液化气石油气;(10)农民售给非农业居民和社会集团的商品。不包括售给国民经济各部门企业、事业单位(包括国有经济的农场)生产经营用的各种原材料、燃料、设备、工具等和售给批发零售贸易业、餐饮业作为转卖用的商品,旧货寄售商店受托寄售卖出的商品,服务业的营业收入,邮局出售邮票的收入,自来水、电力、煤气生产(供应)单位的产品供应收入,也不包括农民之间的商品销售。

【商品销售总额】 指对本企业(单位)以外的单位和个人出售的商品金额(包括售给本单位消费用的商品,含增值税)。它反映批发零售贸易业在国内市场上销售商品以及出口商品的总量。商品销售总额包括:(1)售给城乡居民和社会集团消费用的商品;(2)售给工业、农业、建筑业、运输邮电业、批发零售贸易业、餐饮业、服务业等作为生产、经营使用的商品;(3)售给批发零售贸易业作为转卖或加工后转卖的商品;(4)对国(境)外直接出口的商品。不包括出售本企业(单位)自用的废旧包装用品;未通过买卖行为付出的商品;经本单位介绍,由买卖双方直接结算,本单位只收取手续费的业务;购货退出的商品以及商品损耗和损失等。

【零售额】 指售给城乡居民用于生活消费和社会集团用于公共消费的商品金额。

商品零售包括:(1)售给城乡居民的各种生活消费品,售给入境旅游的外国人、华侨、港澳台同胞的各类商品;(2)售给行政事业单位、社会团体、军队和武警等机构的商品,以及以零售方式售给各类企业的商品。具体包括:用于非生产和社会交往的办公用品,如通讯设备、计算器具和设备、电讯网络设备、文印设备、音像视听器材和设备、纸张、本册、文具及装订文印材料、家具、日用电器、针纺织品、清洁卫生用品、文体用品、奖品、纪念品、礼品等;供内部人员乘坐的交通工具和燃料;用于办公设施修缮的各类配件、材料、工具等;用于取暖和防暑降温的设备、燃料、材料及食品等;专用于教学的用品和设备;非营利医疗机构的中、西药品、中药材和医疗设备器材;非专用的劳动保护用品;不对外营业的内部食堂用的餐具、炊具、设备、清洁卫生工具和食品、燃料等;军队、武警用于其人员生活的衣着品和个人用品;其他各类非生产性设备和用品。

商品零售不包括:(1)售给城乡居民已确知是用于生产、经营的商品;(2)售给各类农业生产者的生产资料类商品,如农机、农药化肥、农膜、种子饲料等商品;(3)售给企业单位生产用具及生产上专用的劳动保护用品。

【营业额】 指住宿和餐饮业单位在经营活动中因提供服务或销售商品等取得的全部收入,包括:客房收入、餐费收入、商品销售额(含增值税)和其他收入。不包括法人单位附营的其他行业产业活动单位的餐费收入、商品销售收入等各项收入。

【客房收入】 指住宿和餐饮业单位在经营活动中因提供住宿服务取得的收入。不包括法人单位附营的其他行业产业活动单位的客房收入。

【餐费收入】 指住宿和餐饮业单位因为顾客提供就餐服务取得的收入。包括:经烹饪、调制加工后出售的各种食品,如主食、炒菜、凉拌菜等的收入。不包括法人单位附营的其他行业产业活动单位的餐费收入。

【其他收入】 指营业额中除客房收入、餐费收入、商品销售额(含增值税)以外的其他收入。

【进出口总额】 海关进出口总额指实际进出我国国境的货物总金额。包括对外贸易实际进出口货样。来料加工装配进出口货物,国家间、联合国及国际组织无偿援助物资和赠送品,华侨、港澳台同胞和外籍华人捐赠品,租赁期满归承租人所有的租赁货物。进料加工进出口货物。边境地方贸易及边境地区小额贸易进出口货物(边民互市贸易除外),中外合资企业、中外合作经营企业、外商独资经营企业进出口货物和公用物品,到、离岸价格在规定限额以上进出口货物和广告品(无商业价值、无使用价值和免费提供出口的除外),从保税仓库提取在中国境内销售的进口货物,以及其他进出口货物。进出口总额用以观察一个国家在对外贸易方面的总规模,我国规定出口货物按离岸价格统计,进口货物按到岸价格统计。

【利用外资】 指我国各级政府、部门、企业和其他经济组织通过对外借款、吸收外商直接投资以及用其他方式筹措的境外现汇、设备、技术等。

10 财政金融保险

GovernementFinance,FinancialIntermediationandInsurance

10—1 主要年份地方财政收支情况

Local Financial Revenue and Expenditure in Main Years

单位:万元 (10 000 yuan)

年 份 Year	地方财政收入 Local Financial Revenue	#市 区 City	地方财政支出 Local Financial Expenditure	#市 区 City	#基本建设支出 Capital Construction	#农业支出 Expenditure for Surporting Rural Production	#文教科学卫 Science, Education, Culture and Health Care
1951	201	79	39	23	4		
1952	307	159	92	67	16		
1953	452	307	243	88	7	1	70
1954	850	604	337	181	91	2	79
1955	607	326	225	83	14	4	66
1956	584	341	409	198	54	5	172
1957	730	422	392	176	33	7	158
1958	773	721	1040	652	694	6	139
1959	1356	1242	1349	929	785	36	234
1960	2100	1576	2571	1761	1618	73	382
1961	1007	903	1631	876	638	113	343
1962	970	843	1194	759	439	26	319
1963	1145	982	1387	858	541	62	288
1964	1457	1108	1904	1244	871	84	499
1965	1580	1175	1641	1027	636	83	557
1966	1935	1501	1930	1207	742	83	578
1967	1434	1101	1520	892	651	42	461
1968	1260	913	1455	941	664	27	435
1969	2198	1782	1932	1298	1043	13	520
1970	2827	2381	2294	1430	1234	34	568
1971	3277	2798	2837	1527	1095	48	625
1972	3886	3265	3069	1873	975	80	709
1973	4449	3657	3451	2163	837	118	756
1974	4574	3655	3885	2507	1211	153	834
1975	5467	4308	4324	2410	1200	191	901
1976	5333	4037	5214	2528	1993	158	993
1977	5522	4057	5257	2776	1682	188	1035
1978	7254	5413	6833	3915	2317	202	
1979	7117	5441	8272	4688	2337	1955	
1980	3881	2396	6669	3411	276	1932	
1981	3160	1671	5153	2416	217	1070	

10-1 续表 continued

单位:万元 (10 000 yuan)

年份 Year	地方财政收入 Local Financial Revenue	#市 区 City	地方财政支出 Local Financial Expenditure	#市 区 City	#基本建设支出 Capital Construction	#农业支出 Expenditure for Surporting Rural Production	#文教科学卫生 Science, Education, Culture and Health Care
1982	3958	2271	7478	4221	501	1052	
1983	4087	2554	9219	5669	723	1335	
1984	5833	4080	12048	7390	809	1199	
1985	13171	10544	12223	6974	744	1472	
1986	14056	11251	17413	10993	1242	1513	
1987	15941	12815	15306	8986	368	1578	
1988	18850	15133	18230	10862	436	2023	
1989	21277	17458	21238	13674	470	2425	
1990	22965	19173	22367	14382	453	2315	
1991	26391	22130	26179	18147	493	1680	
1992	24737	19790	25198	16805	641	2136	
1993	31260	24223	31211	19732	866	2614	
1994	19598	14899	33718	21292	797	1878	
1995	26402	20868	42954	28799	1641	1673	
1996	42468	32474	51499	35104	2487	2279	
1997	54396	41935	66118	45690	2297	3099	
1998	74720	61745	85335	63941	2360	3394	
1999	80515	66323	90549	67040	2694	3369	
2000	94989	79183	123786	91481	16031	3416	
2001	123089	103303	163850	118290	25296	3530	
2002	133234	112189	202666	147863	36049	4689	
2003	160561	137437	234359	177796	29063	9665	
2004	194609	162362	284863	215923	30969	12876	
2005	249307	210424	343573	254325	35907	14021	
2006	299372	244279	431830	306971	47976	16419	
2007	539726	389012	744479	499537			
2008	646674	467143	926417	613012			
2009	925713	655309	1114240	641419			
2010	1379942	932676	1768768	1041810			
2011	1801422	1253585	2377933	1515983			
2012	1873131	1331335	2672293	1693464			
2013	2232886	1623472	3077821	1943088			
2014	2517282	1785730	3685557	2379303			
2015	2438310	1622913	3718067	2330739			

10—2 地方财政收入

Local Financial Revenue

单位:万元　　（2015）　　（10 000 yuan）

指 标	Item	合 计 Total	市 区 City	永宁县 Yongning	贺兰县 Helan	灵武市 Lingwu
本年收入总计	**Total Government Revenue This Year**	**2438310**	**1622913**	**391020**	**180777**	**243600**
公共财政预算收入	**General Budget Revenue**	**1709831**	**1222381**	**144588**	**156220**	**186642**
税收收入	Total Tax Revenue	1162168	812190	93376	102184	154418
增值税	Value-added Tax	127614	93219	10728	9859	13808
营业税	Business Tax	483272	324672	49462	43808	65330
企业所得税	Corporate Income Tax	76182	58881	2610	6447	8244
个人所得税	Individual Income Tax	30694	23979	799	1615	4301
资源税	Resource Tax					
城市维护建设税	City Maintenance and Construction Tax	89367	68544	4571	4150	12102
房产税	House Property Tax	48454	32274	2637	3018	10525
印花税	Stamp Tax	28908	18281	1789	1882	6956
城镇土地使用税	Urban Land Use Tax	33598	16959	2644	4605	9390
土地增值税	Land Appreciation Tax	36572	26362	1479	5759	2972
车船税	Tax on Vehicles and Boat Operation	18620	13279	480	3693	1168
耕地占用税	Farm Land Occupation Tax	87230	60867	3481	7355	15527
契税	Deed Tax	101657	74873	12696	9993	4095
非税收入	Total Non-tax Revenue	547663	410191	51212	54036	32224
专项收入	Special Program Recipts	95375	60372	19619	4137	11247
行政事业性收费收入	Charge of Administrative and Institutional Units	71669	31847	6653	27158	6011
罚没收入	Penalty Receipts	23790	13906	4180	3862	1842
国有资本经营收入	Operating Income of State-owned Capital	29624	29602	22		
国有资源(资产)有偿使用收入	Income from National Resources(assets)Paid Using	317118	268099	19486	16536	12997
其他收入	Other Income	10087	6365	1252	2343	127
基金预算收入	**Fund Budget Revenue**	**725479**	**397532**	**246432**	**24557**	**56958**
政府性基金预算收入	Governmental Funds Revenue	725479	397532	246432	24557	56958
国有资本经营预算收入	**State-owned Capital Management Budget Revenue**	**3000**	**3000**			
国有资本经营收入	Income from State-owned Capital Operation	3000	3000			

10—3 地方财政支出

Local Financial Expenditure

单位:万元　　　　(2015)　　　　(10 000 yuan)

指 标	Item	合 计 Total	市 区 City	永宁县 Yongning	贺兰县 Helan	灵武市 Lingwu
本年支出总计	**Total Government Expenditure This Year**	**3,718,067**	**2,330,739**	**568,422**	**311,053**	**507,853**
公共财政预算支出	**General Budget Expenditure**	**2,878,980**	**1,858,152**	**314,378**	**271,869**	**434,581**
一般公共服务支出	Expenditure for General Public Services	164,937	116,026	14,938	12,413	21,560
国防支出	Expenditure for National Defense	3,588	2,199	1,084		305
公共安全支出	Expenditure for Public Security	143,523	111,127	11,744	9,772	10,880
教育支出	Expenditure for Education	293,002	180,348	42,747	30,191	39,716
科学技术支出	Expenditure for Science and Technology	32,510	19,005	2,044	4,480	6,981
文化体育与传媒支出	Expenditure for Culture,Sports and Media	45,895	35,399	3,637	2,901	3,958
社会保障和就业支出	Expenditure forSocial Safety Net and Employment Effort	273,691	174,152	30,538	32,630	36,371
医疗卫生与计划生育支出	Expenditure for Medical and Health Care	155,348	110,534	16,758	12,335	15,721
节能环保支出	Expenditure for Environment Protection	121,115	71,889	15,520	7,890	25,816
城乡社区支出	Expenditure forUrban and Rural Community Affairs	874,415	661,562	62,912	29,741	120,200
农林水支出	Expenditure for Agriculture,Forestryand Water Conservancy	263,764	89,503	42,043	60,963	71,255
交通运输支出	Expenditure for Transportation	68,353	46,012	7,798	6,000	8,543
资源勘探信息等支出	Expenditure for Resource Exploration,Electricityand Information Technology	87,885	56,484	2,610	17,292	11,499
商业服务业等支出	Expenditure for Business Service Industry Affairs	33,910	21,807	2,671	7,295	2,137
金融支出	Expenditure for Financial	50,336	50,336			
国土海洋气象等支出	Expenditure forLand Resources And Meteorology Affairs	13,109	6,777	1,920	783	3,629
住房保障支出	Expenditure for Affordable Houses	180,382	64,906	53,238	27,443	34,795
粮油物资储备支出	Expenditure for Reserve for Cereals and Oils	801	200	412	40	149
其他支出(类)	Other Expenditure	32,828	32,494		334	
债务付息支出	Expenditure for Debt Principal and Interest	39,588	7,392	1,764	9,366	21,066
政府性基金支出	**Governmental fund Expenditure**	**839,087**	**472,587**	**254,044**	**39,184**	**73,272**
政府住房基金相关支出	Expenditure for Government Housing Fund	7,533	6,651	27	480	375
国有土地使用权出让相关支出	Expenditure for State-owned Land Use Right Transfer	715,678	398,123	242,007	21,464	54,084
城市公用事业附加相关支出	Expenditure for Urban Public Utilities	14,980	3,184	320	400	11,076
农业土地开发资金相关支出	Expenditure for Agricultural Land Development Funds	21,637	19,067	938	532	1,100
城市基础设施配套费相关支出	Expenditure for Urban Infrastructure Supporting Fees	4,447	4,136		311	
污水处理费相关支出	Expenditure for Sewage Disposal	5,825	5,267		558	
彩票公益金相关支出	Expenditure for Lottery Ticket Public Welfare Fund	33,980	15,109	8,186	5,193	5,492
其他政府性基金相关支出	Other Expenditure	2,469	1,317	227	473	452
国有资本经营预算支出	**State-owned Capital Management Budget Expenditure**					
国有资本经营支出	Expenditure for State-owned Capital Operation					

10—4　主要年份金融机构存、贷款余额

Total Deposits and Loans of Financial Institutions in Main Years

单位：万元　　　　　　　　　　　　　　　　　　　　　　　　(10 000 yuan)

年　份 Year	各项存款余额 Total Deposits	# 国家银行 State Bank	# 居民储蓄 Saving Deposits	各项贷款余额 Total Loans	# 国家银行 State Bank	# 工业贷款 Loans to Industrial Sector	# 商业贷款 Loans to Commercial Sector	# 农业贷款 Loans to Agricultural Sector
1951	27	27	8	13	13		2	7
1952	51	51	12	25	25		2	10
1953	92	92	19	39	39	2	5	21
1954	1137	1137	135	1092	1092	28	43	19
1955	2256	2256	155	2605	2605	80	1213	29
1956	2525	2525	248	2966	2966	50	569	178
1957	3282	3282	355	3523	3523	10	426	118
1958	5898	5898	413	6088	6088	225	1700	49
1959	19157	19157	625	19480	19480	1548	4528	89
1960	31169	31169	757	31608	31608	3248	2093	167
1961	18809	18809	752	19481	19481	2002	8101	178
1962	12994	12994	936	13213	13213	883	633	536
1963	9310	9310	670	10824	10824	538	1767	520
1964	8908	8908	892	9326	9326	456	2294	404
1965	13077	13077	1009	13907	13907	256	3375	438
1966	21340	21340	1195	20958	20958	415	6076	966
1967	23802	23802	1291	24300	24300	489	6405	804
1968	21700	21700	1361	22263	22263	679	6991	633
1969	26827	26827	1333	27592	27592	848	7299	577
1970	26021	26021	1455	27210	27210	2461	10592	563
1971	29952	29952	1723	30038	30038	5528	13362	751
1972	26818	26818	2025	27003	27003	4970	12852	379
1973	29112	29112	2303	28643	28643	2019	13350	354
1974	28487	28487	2575	28972	28972	4309	12420	337
1975	36203	36203	2774	36696	36696	3864	14235	445
1976	37683	37683	2957	38506	38506	4596	12950	642
1977	41410	41410	3383	42337	42337	4041	14454	759
1978	49659	49659	3903	50310	50310	3802	17152	934
1979	50928	50928	5135	50453	50453	4044	17681	1131
1980	83659	83659	6734	83659	83659	6700	16611	908
1981	98680	98680	8862	99103	99103	7519	20505	758

10-4 续表 continued

单位:万元 (10 000 yuan)

年 份 Year	各项存款余额 Total Deposits	# 国家银行 State Bank	# 居民储蓄 Saving Deposits	各项贷款余额 Total Loans	# 国家银行 State Bank	# 工业贷款 Loans to Industrial Sector	# 商业贷款 Loans to Commercial Sector	# 农业贷款 Loans to Agricultural Sector
1982	71523	71523	11802	72742	72742	6803	22173	676
1983	107439	107439	15814	106354	106354	8699	20620	464
1984	148583	148583	23568	149627	149627	12361	24332	4228
1985	95110	95110	30382	98640	98640	26876	40067	4992
1986	115343	115343	42416	126374	126374	36572	46583	6282
1987	128112	128112	57368	170829	170829	47666	55486	8961
1988	149310	149310	71642	224608	224608	62190	79357	8570
1989	180472	180472	93624	257532	257532	78071	89926	11639
1990	225386	225386	122634	311791	311791	108775	100529	12956
1991	281564	281564	154230	399997	399997	131676	107238	13563
1992	345822	345822	186737	468094	468094	156467	128217	13913
1993	416441	416441	236156	570809	570809	184433	151318	15877
1994	674904	549733	362184	796435	690839	205252	168235	26422
1995	863818	708656	493414	900108	782052	233542	175200	23903
1996	1097742	933259	628206	1051645	931411	294426	239680	27268
1997	1242053	1091149	714143	1201302	1032897	328032	275001	33885
1998	1389316	1215715	813962	1310574	1164919	335518	290594	42587
1999	1903393	1642217	913344	1848119	1655668	377651	433091	46311
2000	2232318	1885173	998236	2053071	1774688	362999	373399	49141
2001	2813614	2319854	1239655	2353019	1970644	405628	315090	75352
2002	3583910	2666719	1548067	2854180	2177933	407808	283762	136569
2003	4641305	3069964	1930771	3724738	2543640	458811	262614	218000
2004	5139463	3455615	2188016	4013796	2840865	496620	267837	261023
2005	6126851	4200698	2649514	5517095	4152282	456304	308036	331312
2006	7182299		3063847	6612150		450296	336665	356859
2007	8096592		3264143	7960248		669992	371927	390264
2008	9939064		4231523	9650819		1172224	292573	330976
2009	12789671		5194029	12891250		1142625	325506	410443
2010	15979613		6344542	16410628				
2011	18101999		7252604	19454215				
2012	21082811		9014685	22829704				
2013	23409309		10152220	26606157				
2014	26089685		10898949	31859330				
2015	30177702		13049710	36539817				

10—5 金融机构年末存、贷款余额

Total Deposits and Loans of Financial Institutions at Year-end

单位:万元　　　　(2015)　　　　(10 000 yuan)

指标	Item	合计 Total	市区 City	永宁县 Yongning	贺兰县 Helan	灵武市 Lingwu
年末各项存款余额	**Total Deposits at Year-end**	**30177702**	**26093663**	**1278848**	**1081874**	**1723318**
境内存款	Domestic Deposits	30171211	26088254	1278824	1081822	1722311
住户存款	Households Deposits	13049710	10298755	916004	839477	995474
活期存款	Demand Deposits	5551317	4448669	314579	292470	495598
定期及其他存款	Time Deposits and Others	7498393	5850086	601425	547007	499876
非金融企业存款	Non-financial Deposits	9234344	8462724	192619	136548	442453
活期存款	Demand Deposits	5407094	4965155	144323	74244	223372
定期及其他存款	Time Deposits and Others	3827249	3497569	48296	62304	219080
广义政府存款	Deposits of Government in Broad Money	7797017	7239618	169206	104803	283390
财政性存款	Fiscal Deposits	111508	106263	1249	2163	1832
机关团体存款	Organizations & communities Deposits	7685509	7133354	167957	102640	281558
非银行业金融机构存款	Non-banking Financial Institutions Deposits	90140	87158	994	994	994
境外存款	Overseas Deposits	6491	5408	25	52	1007
年末各项贷款余额	**Total Loans at Year-end**	**36539817**	**31951713**	**1210864**	**1003769**	**2373471**
境内贷款	Domestic Loans	36539253	31951149	1210864	1003769	2373471
住户贷款	Households Loans	7118254	5454353	441198	518531	704172
短期贷款	Short-term Loans	2403735	1584864	231380	266010	321480
消费贷款	Consumption Loans	629318	582529	6498	13232	27059
经营贷款	Business Loans	1774417	1002335	224882	252779	294421
中长期贷款	Medium & Long-term Loans	4714518	3869489	209818	252520	382691
消费贷款	Consumption Loans	3271980	2846728	125407	156372	143472
经营贷款	Business Loans	1442539	1022760	84410	96149	239219
非金融企业及机关团体贷款	Non-financial Corporations and Organizations & communities Loans	29420999	26496796	769666	485238	1669299
短期贷款	Short-term Loans	7881245	6283575	370437	275151	952082
中长期贷款	Medium & Long-term Loans	19318274	18222792	368849	176635	549999
票据融资	Bill Financing	2181078	1955589	25014	33257	167218
各项垫款	Every Advance Money	40402	34841	5366	195	
境外贷款	Overseas Loans	564	564			

10—6 中资全国性大型银行年末存、贷款余额

Total Deposits and Loans of Financial Institutions at Year-end

单位:万元　　　　(2015)　　　　(10 000 yuan)

指 标	Item	合 计 Total	市 区 City	永宁县 Yongning	贺兰县 Helan	灵武市 Lingwu
年末各项存款余额	**Total Deposits at Year-end**	**16987643**	**15011569**	**640155**	**387248**	**948670**
境内存款	Domestic Deposits	16981903	15006913	640130	387197	947664
个人存款	Personal Deposits	6832704	5681854	414460	290363	446027
活期储蓄存款	Demand Savings Deposits	3822311	3112024	219751	161885	328650
定期储蓄存款	Time Savings Deposits	2109841	1780080	154888	92099	82775
结构性存款	Structured Deposits	285940	275374	814	1843	7909
单位存款	Unit Deposits	9980536	9159377	224676	95839	500643
活期存款	Demand Savings Deposits	5220208	4781357	159965	62260	216626
定期存款	Time Savings Deposits	2340172	2141154	27450	14718	156851
保证金存款	Margin Deposit	649275	490782	36410	18271	103813
结构性存款	Structured Deposits	102800	102800	0	0	0
国库定期存款	Treasury Time Deposit	50000	50000	0	0	0
非存款类金融机构存款	Non-deposit Financial Institutions Deposits	118663	115682	994	994	994
境外存款	Overseas Deposits	5739	4656	25	52	1007
年末各项贷款余额	**Total Loans at Year-end**	**25599321**	**23062376**	**549621**	**350573**	**1636752**
境内贷款	Overseas Loans	25598863	23061918	549621	350573	1636752
短期贷款	Short-term Loans	4625852	3450173	265417	103436	806826
个人贷款及透支	Personal Loans and Overdrafts	629446	512583	40585	15525	60754
个人消费贷款	Personal Consumption Loans	364797	341422	5801	4822	12752
单位贷款及透支	Unit Ordinary Loans and Overdrafts	3996406	2937591	224832	87911	746073
经营贷款及透支	Business Loans and Overdrafts	3706761	2722483	221120	87911	675247
固定资产贷款	Fixed Asset Loans	197	197	0	0	0
贸易融资	Trade Finance	289448	214910	3712	0	70826
中长期贷款	Medium & Long-term Loans	19957389	18749142	284204	247088	676955
个人贷款	Personal Loans	3287484	2803548	141304	153153	189480
个人消费贷款	Personal Consumption Loans	2850254	2447147	122201	139445	141460
单位贷款	Corporate Loans	16669904	15945594	142900	93935	487475
经营贷款	Business Loans	1032582	1003487	11600	7200	10295
固定资产贷款	Fixed Asset Loans	15628010	14932795	131300	86735	477180
并购贷款	Annexation loans	9313	9313	0	0	0
票据融资	Bill Financing	999358	846339	0	49	152971
各项垫款	Every Advance Money	16264	16264	0	0	0
境外贷款	Overseas Loans	458	458	0	0	0

含:工农中建开交邮。

10—7 政策性银行年末存、贷款余额

Total Deposits and Loans of Policy Banks at Year-end

单位:万元　　(2015)　　(10 000 yuan)

指 标	Item	合 计 Total	市 区 City	永宁县 Yongning	贺兰县 Helan	灵武市 Lingwu
年末各项存款余额	**Total Deposits at Year-end**	**327290**	**191466**	**79233**	**5732**	**50858**
单位存款	Unit Deposits	327290	191466	79233	5732	50858
活期存款	Demand Savings Deposits	304548	189539	74622	3988	36399
定期存款	Time Savings Deposits	5510	400	3110		2000
保证金存款	Margin Deposit	17232	1527	1501	1744	12459
年末各项贷款余额	**Total Loans at Year-end**	**1053525**	**614756**	**263678**	**30662**	**144429**
短期贷款	Short-term Loans	342723	173696	59378	2298	107351
单位贷款及透支	Unit Ordinary Loans and Overdrafts	342723	173696	59378	2298	107351
经营贷款及透支	Business Loans and Overdrafts	342723	173696	59378	2298	107351
中长期贷款	Medium & Long-term Loans	710802	441060	204300	28364	37078
单位贷款	Corporate Loans	710802	441060	204300	28364	37078
非存款类金融机构贷款	Non-deposit Financial Institutions Loans					
票据融资	Bill Financing					
融资租赁	Finance Leases					
各项垫款	Every Advance Money					

注:2010年国家开发银行进行了股改,表中政策性银行仅包括农业发展银行。

a)The National Development Bank shares changed in 2010, Policy banks in the table only includes the Agricultural Develpoment Bank.

10—8 地方性金融机构年末存、贷款余额

Total Deposits and Loans of Local Financial Institutions at Year-end

单位:万元 （2015） （10 000 yuan）

指 标	Item	合 计 Total	市 区 City	永宁县 Yongning	贺兰县 Helan	灵武市 Lingwu
年末各项存款余额	**Total Deposits at Year-end**	**10791279**	**8824412**	**558211**	**686700**	**721957**
个人存款	Personal Deposits	5856628	4256553	501544	549084	549447
活期储蓄存款	Demand Savings Deposits	1484824	1092462	94828	130585	166948
定期储蓄存款	Time Savings Deposits	2963338	1798195	385733	406224	373186
结构性存款	Structured Deposits	1348595	1315788	16279	8749	7779
单位存款	Unit Deposits	4702892	4336100	56667	137616	172510
活期存款	Demand Savings Deposits	2705929	2486522	44243	73293	101871
定期存款	Time Savings Deposits	1340907	1246530	5362	23951	65064
保证金存款	Margin Deposit	412944	369126	1671	38872	3274
结构性存款	Structured Deposits	177313	171423	5390	500	0
非存款类金融机构存款	Treasury Time Deposit	231760	231760	0	0	0
年末各项贷款余额	**Total Loans at Year-end**	**7308709**	**5696318**	**397565**	**622534**	**592291**
短期贷款	Short-term Loans	3817837	2746002	277023	435428	359385
个人贷款及透支	Personal Loans and Overdrafts	1656560	954553	190795	250486	260727
个人消费贷款	Personal Consumption Loans	249046	225631	697	8410	14307
单位贷款及透支	Unit Ordinary Loans and Overdrafts	2161277	1791449	86227	184942	98659
经营贷款及透支	Business Loans and Overdrafts	2115939	1746392	86227	184942	98378
固定资产贷款	Fixed Asset Loans	45328	45047	0	0	281
贸易融资	Trade Finance	10	10	0	0	0
中长期贷款	Medium & Long-term Loans	2560718	2098194	90163	153703	218658
个人贷款	Personal Loans	1174274	813181	68514	99367	193211
个人消费贷款	Personal Consumption Loans	220523	198378	3206	16927	2012
单位贷款	Corporate Loans	1386445	1285013	21649	54336	25447
经营贷款	Business Loans	1077443	989601	18129	44266	25447
固定资产贷款	Fixed Asset Loans	309001	295412	3520	10069	0
票据融资	Bill Financing	906016	833546	25014	33208	14247
各项垫款	Every Advance Money	24137	18576	5366	195	0

注:地方性金融机构包括宁夏银行、石嘴山银行、农村商业银行、农村信用社、村镇银行。

a)Local financial institutions included Bank of Ningxia, Yellow River Rural Commercial Bank, Rural Credit Cooperatives and Village Bank.

10—9　保险业务情况

Basic Statistics for Insurance Companies

单位:万元　　　　(2015)　　　　(10 000 yuan)

指 标	Item	保费收入 Premium	赔款支出 Reparation
总 计	**Total**	**605700**	**191929**
财产险	**Property Insurance**	**233326**	**116758**
企业财产险	Enterprise Property Insurance	8980	4464
家庭财产险	Family Property Insurance	304	71
责任险	Liability Insurance	8848	3891
机动车辆险	Motor Vehicle Insurance	193499	100692
货物运输险	Freight Transport Insurance	1278	344
工程险	Engineering Insurance	3254	1153
农业险	Agriculture Insurance	10119	4797
其他险	Other Insurance	267	249
人身险	**Personal Accident Insurance**	**372374**	**75171**
人寿险	Life Insurance	290579	51384
意外伤害险	Accident Injury Insurance	16679	3643
健康险	Health Insurance	65116	20143

主要统计指标解释

【地方财政收入】 是地方通过财政各个环节筹集的财政资金的总称,它是保证地方行使其职能不可缺少的部分。包括地方一般预算收入、基金预算收入和国有资本经营预算收入

地方一般预算收入主要包括各项税收(主要有增值税、营业税、企业所得税、个人所得税、城市维护建设税、房产税、印花税、城镇土地使用税、土地增值税、资源税等)、非税收入(主要有专项收入、国有资产收益、罚没收入和纳入预算管理的行政性收费)以及其他预算内收入。

基金预算收入是国家为满足某一时期特定需要的收入形式,主要包括:国有土地使用权出让收入、城市公用事业附加收入、城市基础设施配套费收入、污水处理费收入、以及国家设立的相关特定基金收入。

【地方财政支出】 是地方政府为行使其职能,对筹集的财政资金进行有计划的分配使用的总称。地方财政支出体现政府的活动范围和方向,反映财政资金的分配关系。

【存款】 企业、机关、团体或居民根据可以收回的原则,把货币资金存入银行或其他信用机构保管并取得一定利息的一种信用活动形式。根据存款对象的不同可划分为企业存款、财政存款、机关团体存款、城乡居民储蓄存款等科目。它是银行信贷资金的主要来源。

【贷款】 银行或其他信用机构根据必须归还的原则,按一定利率,为企业、个人等提供资金的一种信用活动形式。我国银行贷款分流动资金贷款、中短期设备贷款以及农户贷款等科目。

【保费收入】 保险费收入指投保人或被保险人为获得保险保障而付给保险人的代价。储金收入指投保人为取得经济保障而存入保险公司的存款,保险期满,保险公司连同部分利息退还投保人。

【赔款支出】 赔款指财产保险在被保险财产发生保险合同规定的损失后,保险公司按实际损失给予的经济补偿金额。给付指人身保险在保险责任发生的意外伤害或事故及返还性保险期满,保险公司给保险人支付的款项。

【保险金额】 指保险对象的投保价值,也是保险承担经济补偿或给付的最高金额。

11 人民生活和物价

People's Living Conditions and Price Indices

11—1 主要年份城市居民收支及价格指数情况

Income and Expenditure of Uran Households and Price Indices in Main Years

年 份 Year	城镇居民人均可支配收入(元) Per Capita Disposable Income of Uran Households(yuan)	城镇居民人均消费性支出(元) Per Capita Consumption Expenditure of Uran Households(yuan)	恩格尔系数(%) Engel's Coefficient(%)	居民消费价格总指数(%) Consumer price Index(%)	#服务项目价格指数 Service Items Price Price	商品零售价格指数(%) Retail Price Index(%)
1949	118.64	110.96	60.10			
1950	136.13	135.94	60.10			
1951	156.15	166.52	60.11	123.7		113.3
1952	179.24	204.02	60.11	106.7		102.6
1953	187.00	205.38	60.03	104.7		102.8
1954	195.04	206.70	59.94	101.4		102.1
1955	203.43	208.05	59.85	100.7		101.2
1956	212.18	209.44	59.75	100.1		100.2
1957	221.56	211.09	59.65	102.5		101.5
1958	222.31	210.03	60.04	102.4		101.7
1959	222.97	209.52	60.24	102.9		102.0
1960	223.64	209.74	60.24	104.3		104.4
1961	224.31	210.79	60.00	120.2		120.6
1962	224.99	212.85	59.48	95.1		95.3
1963	226.08	216.48	58.66	88.9		89.1
1964	233.73	218.25	58.66	94.9		95.7
1965	263.90	235.81	57.02	97.7		97.5
1966	268.74	238.59	57.49	98.2		98.1
1967	273.58	241.75	57.87	102.5		102.5
1968	278.50	245.26	58.18	101.3		101.3
1969	283.51	249.08	58.44	102.5		102.5
1970	288.62	253.26	58.62	100.8		100.8
1971	293.81	257.74	58.76	99.8		99.7
1972	299.10	262.50	58.84	100.4		100.4
1973	304.49	267.59	58.88	100.3		100.3
1974	309.97	272.97	58.87	100.4		100.4
1975	315.55	278.65	58.83	100.6		100.7
1976	321.23	284.62	58.74	100.9		101.1
1977	327.01	291.24	58.75	108.2		108.4
1978	346.08	306.12	58.75	100.6	100.0	100.7
1979	369.49	314.13	60.04	101.2	100.1	101.3
1980	488.18	403.32	54.75	106.5	105.0	106.5

11-1 续表 continued

年 份 Year	城镇居民人均可支配收入(元) Per Capita Disposable Income of Uran Households(yuan)	城镇居民人均消费性支出(元) Per Capita Consumption Expenditure of Uran Households(yuan)	恩格尔系数(%) Engel's Coefficient (%)	居民消费价格总指数(%) Consumer price Index(%)	#服务项目价格指数 Service Items Price Price	商品零售价格指数(%) Retail Price Index(%)
1981	485.01	422.90	52.50	101.7	103.2	101.6
1982	501.36	448.07	52.92	101.2	102.6	101.1
1983	550.00	477.46	55.05	101.8	98.5	101.7
1984	672.43	583.30	54.69	103.8	101.9	103.8
1985	815.45	703.41	47.92	108.9	112.3	108.6
1986	972.44	830.82	46.35	107.3	109.8	107.1
1987	1050.51	916.73	49.26	110.1	100.7	111.0
1988	1170.23	1177.16	46.90	117.2	107.6	118.1
1989	1298.92	1241.06	53.10	115.8	105.6	116.7
1990	1580.72	1432.67	52.92	106.3	145.3	102.9
1991	1708.50	1490.00	49.42	106.0	113.3	105.3
1992	1961.60	1683.80	46.11	109.7	117.1	108.9
1993	2326.00	2159.50	42.09	116.7	140.3	113.9
1994	3410.40	3036.10	43.89	124.3	115.9	119.1
1995	3931.70	3540.50	44.15	117.3	120.3	114.7
1996	4252.07	3684.99	44.50	107.0	107.7	106.2
1997	4471.08	4016.61	42.67	104.1	114.1	102.2
1998	4821.05	4398.48	39.00	100.2	117.7	97.1
1999	5167.67	4484.40	36.25	100.1	105.5	98.7
2000	5621.51	5369.05	34.15	99.2	107.6	97.7
2001	6256.61	5507.79	33.73	101.4	109.6	100.6
2002	6845.28	5979.36	35.68	99.5	103.9	98.7
2003	7245.32	6093.01	36.37	101.7	104.5	99.8
2004	7984.33	6728.85	37.37	103.2	102.9	102.0
2005	8852.42	7311.38	35.76	101.7	102.9	100.6
2006	10067.76	8288.47	34.62	101.6	101.9	101.2
2007	12185.47	9176.42	36.28	105.3	102.1	103.6
2008	14458.00	11455.00	35.38	107.6	101.5	105.9
2009	15715.44	12271.76	32.81	99.7	100.4	98.5
2010	17073.12	13589.00	32.07	103.8	104.8	102.5
2011	19480.85	14931.24	35.28	105.5	104.1	104.2
2012	21900.50	16389.53	33.38	102.6	102.6	100.6
2013	23776.41	16843.79	32.26	103.5	101.8	102.3
2014	26117.69	20401.22	30.50	102.1	102.8	100.8
2015	28261.37	21694.03	30.32	101.6	103.4	100.2

11—2 城镇居民家庭就业情况

（2015）

指 标	Item	单 位	unit
调查人口和就业情况	**Statistics of Survey Population and Employment**		
户均常住人口	Resident Population of Average Household	人	person
由本户供养的在校学生	Enrollment Students Supported by the Family	人/户	Person / household
不由本户供养的在校学生	Enrollment Students Non-Supported by the Family	人/户	Person / household
非在校学生	Non School Students	人/户	Person / household
受教育程度	Education Level	人/户	Person / household
未上过学	Never go to School	人/户	Person / household
小学	Primary School	人/户	Person / household
初中	Junior Secondary School	人/户	Person / household
高中	Senior Secondary School	人/户	Person / household
大学专科	Junior College	人/户	Person / household
大学本科	Undergraduate	人/户	Person / household
研究生	Postgraduate	人/户	Person / household
常住劳动力情况	Labor Situation	人/户	Person / household
劳动力人数	Number of Labor Force	人/户	Person / household
整劳动力人数	Number of Full Labour Force	人/户	Person / household
半劳动力人数	Number of Semi Labour Force	人次	person-time
常住从业人员情况	**Employment Situation**		
常住成员从业人数	Number of Employment	人/就业者	Person / employment
参加医疗保险情况	Basic Medical Care Insurance		
新型农村合作医疗	New Rural Co-operative Medical System	人/户	Person / household
城镇职工基本医疗保险	Urban Workers	人/户	Person / household
(城镇)居民基本医疗保险	(urban)Non-employment Residents	人/户	Person / household
公费医疗	Free Medical Care	人/户	Person / household
商业医疗保险	Commercial Medical Insurance	人/户	Person / household
其他医疗保险	Other Medical Insurance	人/户	Person / household
没有参加任何医疗保险	Non-Participated in any Medical Insurance	人/户	Person / household
参加养老保险情况	Basic Pension Insurance	人/户	Person / household
新型农村社会养老保险	New Rural Old-age Insurance	人/户	Person / household
城镇职工基本养老保险	Urban Workers	人/户	Person / household
(城镇)居民社会养老保险	(urban)Non-employment Residents	人/户	Person / household
商业养老保险	Commercial Pension Insurance	人/户	Person / household
其他养老保险	Other Pension Insurance	人/户	Person / household
没有参加任何养老保险	Non-Participated in any Pension Insurance	人/户	Person / household

Employed Conditions of Urban Households

总平均 Total Average	低收入户 Low Income Households	中低收入户 Lower Middle Income Households	中等收入户 Middle Income Households	中高收入户 Upper Middle Income Households	高收入户 High Income Households
2.81	3.51	2.89	2.85	2.39	2.40
0.53	0.97	0.60	0.55	0.27	0.25
2.14	2.32	2.11	2.17	2.04	2.06
2.67	3.29	2.71	2.72	2.30	2.31
0.10	0.22	0.12	0.06	0.07	0.00
0.42	0.61	0.59	0.47	0.31	0.13
0.72	1.17	0.64	0.67	0.66	0.48
0.59	0.72	0.63	0.49	0.45	0.65
0.45	0.32	0.59	0.64	0.34	0.38
0.36	0.24	0.15	0.35	0.44	0.65
0.02	0.01		0.04	0.03	0.02
1.94	2.14	1.95	2.00	1.73	1.89
1.20	1.65	1.50	1.34	0.71	0.82
0.74	0.49	0.45	0.66	1.02	1.07
1.39	1.57	1.58	1.51	1.06	1.23
0.15	0.39	0.13	0.04	0.05	0.12
0.78	0.37	0.79	1.04	0.76	0.91
0.34	0.63	0.54	0.30	0.14	0.11
					0.02
0.03	0.01		0.03	0.06	0.05
0.01			0.04		
0.11	0.17	0.11	0.08	0.11	0.06
0.09	0.22	0.09	0.03	0.02	0.12
0.78	0.44	0.81	1.06	0.77	0.83
0.13	0.23	0.13	0.12	0.05	0.10
0.01		0.01	0.02	0.02	0.01
0.37	0.67	0.53	0.28	0.21	0.17

11–2 续表

(2015)

指 标	Item	单 位 unit
从事行业	**Engaged in Sector**	
第一产业	Primary Industry	人/户 Person / household
第二产业	Secondary Industry	人/户 Person / household
采矿业	Mining	人/户 Person / household
制造业	Manufacturing	人/户 Person / household
电力、热力、燃气及水生产供应业	Production and Distribution of Electricity	人/户 Person / household
建筑业	Construction	人/户 Person / household
第三产业	Tertiary Industry	人/户 Person / household
批发和零售业	Wholesale and Retail Trades	人/户 Person / household
交通运输、仓储和邮政业	Traffic,Transports,Storage and Post	人/户 Person / household
住宿和餐饮业	Hotels and Catering Services	人/户 Person / household
信息传输、软件业和信息技术服务业	Information Transmission,Computer Services and Software	人/户 Person / household
金融业	Financial Intermediation	人/户 Person / household
房地产业	Real Estate	人/户 Person / household
租赁和商务服务业	Leasing and Business Services	人/户 Person / household
科学研究和技术服务业	Scientific Research and Technical Service	人/户 Person / household
水利、环境和公共设施管理业	Management of Water Conservancy,Environment	人/户 Person / household
居民服务、修理和其他服务业	Services to Households and Other Services	人/户 Person / household
教育	Education	人/户 Person / household
卫生和社会工作	Health and Social Welfare	人/户 Person / household
文化、体育和娱乐业	Culture, Sports and Entertainment	人/户 Person / household
公共管理、社会保障和社会组织	Public Management,Social Security and Social Organization	人/户 Person / household
国际组织	International Organization	人/户 Person / household
从事职业	**Engaged in Occupation**	
国家机关、党群组织、企业、事业单位负责人	Head of State organs, Party organizations, Enterprises and Government-affiliated institutions	人/户 Person / household
专业技术人员	Professionals	人/户 Person / household
办事人员和有关人员	Staff and Related Personnel	人/户 Person / household
商业、服务业人员	Business and Service Personnel	人/户 Person / household
农、林、牧、渔、水利业生产人员	Production Personnel of Agricultural, Forestry, Animal Husbandry, Fishery and Water Conservancy Industry	人/户 Person / household
生产、运输设备操作人员及有关人员	Production, Transport Equipment Operators and Related Personnel	人/户 Person / household
军人	Soldier	人/户 Person / household
不便分类的其他从业人员	Other Practitioners without Classification	人/户 Person / household

continued

总平均 Total Average	低收入户 Low Income Households	中低收入户 Lower Middle Income Households	中等收入户 Middle Income Households	中高收入户 Upper Middle Income Households	高收入户 High Income Households
0.03	0.06	0.05	0.01	0.01	
0.39	0.48	0.38	0.40	0.41	0.29
0.09	0.06	0.09	0.10	0.12	0.07
0.13	0.19	0.14	0.15	0.15	0.01
0.08	0.04	0.03	0.10	0.08	0.17
0.09	0.18	0.11	0.05	0.07	0.04
0.97	1.03	1.15	1.09	0.64	0.94
0.27	0.31	0.41	0.31	0.12	0.21
0.14	0.12	0.12	0.24	0.09	0.12
0.05	0.09	0.05	0.05	0.02	0.02
0.04	0.05	0.03	0.06	0.03	0.03
0.05		0.07	0.01	0.03	0.14
0.01		0.05			0.01
0.02	0.03	0.01	0.05	0.01	
0.01				0.01	0.01
0.02	0.01	0.01	0.04	0.03	0.02
0.14	0.29	0.19	0.08	0.08	0.04
0.10	0.05	0.15	0.10	0.08	0.13
0.04	0.02	0.03	0.06	0.04	0.04
0.02	0.03		0.03		0.03
0.07	0.03	0.03	0.06	0.08	0.12
1.39	**1.57**	**1.58**	**1.51**	**1.06**	**1.23**
0.02	0.02		0.02	0.04	0.02
0.26	0.15	0.26	0.37	0.26	0.24
0.34	0.10	0.31	0.41	0.31	0.55
0.39	0.59	0.53	0.39	0.18	0.26
0.02	0.06	0.03	0.02		
0.28	0.47	0.35	0.25	0.21	0.14
0.08	0.18	0.10	0.04	0.06	0.02

11—3 城镇居民家庭年末主要消费拥有情况

（2015）

指 标	Item	单 位	unit	总平均 Total Average
摩托车	Motorcycle	辆	unit	13.27
助力车	Powered Bicycle	辆	unit	28.44
家用汽车	Automobile	辆	unit	33.85
洗衣机	Washing Machine	台	set	95.58
电冰箱	Refrigerator	台	set	96.23
彩色电视机	Color Television Set	台	set	101.12
计算机	Computer	台	set	73.41
组合音响	Hi-Fi Stereo Component	套	set	4.19
摄像机	Video Camera	架	set	8.85
照相机	Camera	架	set	29.88
其它中高档乐器	Secondary and Top Grade Musical Instrument	件	set	5.11
微波炉	Microwave Oven	台	set	63.65
空调器	Air Conditioner	台	set	20.62
淋浴热水器	Water Heater for Shower	台	set	91.91
消毒碗柜	Disinfection Cupboard	台	set	2.98
洗碗机	Dishwasher	台	set	0.41
健身器材	Health Equipment	套	set	1.81
固定电话	Telephone	部	unit	41.06
移动电话	Mobile Telephone	部	unit	231.22
#接入互联网移动电话	Mobile Telephone Accessed to Internet	部	unit	159.05
接入有线电视机	Television Accessed to Network	台	set	80.09
接入互联网计算机	Computer Accessed to Internet	台	set	61.26

Employed Conditions of Urban Ownership Volume of Major Consumer Goods by Urban Households at Year-end

低收入户 Low Income Households	中低收入户 Lower Middle Income Households	中等收入户 Middle Income Households	中高收入户 Upper Middle Income Households	高收入户 High Income Households
18.73	8.84	15.83	11.78	11.26
38.67	30.76	32.35	19.19	21.30
23.68	27.89	39.78	30.98	46.74
94.37	88.10	98.17	98.06	99.22
92.09	87.47	98.73	101.03	101.81
98.93	101.79	99.15	99.74	105.93
64.69	62.10	79.51	67.71	92.81
1.49	6.86	5.15	0.90	6.48
3.56	7.31	8.49	9.33	15.47
11.45	20.45	35.14	26.84	55.17
1.92	1.69	5.08	5.78	11.00
47.19	56.68	63.96	74.47	75.82
6.82	10.07	15.78	21.62	48.47
89.08	86.13	93.26	94.14	96.90
	0.21	2.28	2.09	10.24
		1.14		0.89
1.01		1.01	2.39	4.64
30.24	24.12	44.94	44.37	61.46
253.06	231.84	239.65	208.56	223.12
168.45	156.88	171.52	140.32	158.12
71.40	79.91	79.96	81.13	87.92
50.48	52.97	67.84	56.40	78.38

11—4 城镇居民家庭收支情况(年人均)

(2015)

指 标	item	总平均 Total Average
可支配收入(新口径)	**Disposable Income (new caliber)**	**28261.37**
工资性收入	Income from Wages and Salaries	18468.17
工资	Wages	17414.49
实物福利	Material Benefits	26.91
其他	Others	1026.77
经营净收入	Net Income from Business	2581.00
第一产业经营净收入	Primary Industry	103.97
第二产业经营净收入	Secondary Industry	367.34
第三产业经营净收入	Tertiary Industry	2109.70
财产净收入	Net Income from Properties	1683.79
利息净收入	Interest	-109.41
红利收入	Dividend	12.17
储蓄性保险净收益	Net Profit of Savings Insurance	1.17
转让承包土地经营权租金净收入	Rent Income of Transfer Contract Land Management Right	10.17
出租房屋财产性收入	Rental Housing Property Income	277.15
出租机械、专利、版权等资产的收入	Rent Income of Machinery, Patents, Copyrights and Other Assets	75.97
其他财产净收入	Others	-6.95
房屋虚拟租金	Virtual Rent of House	1423.53
转移净收入	Net Income from Transfer	5528.40
转移性收入	Transfer Income	7353.76
养老金或离退休金	Pension	6755.64
社会救济和补助	Social Relief	88.78
转移性支出	Transfer Expenditure	1825.36
个人所得税	Individual Income-tax	76.13
社会保障支出	Social Security Expenditures	1654.42
外来从业人员寄给家人的支出	Expenses for Family by Foreign Employees	
赡养支出	Support Expenditures	62.74
其他转移性支出	Others	32.08
消费支出	**Consumption Expenditure**	**21694.03**
食品烟酒	Food, Cigarettes and Liquor	5862.41
食品	Food	3529.51
谷物	Cereal	424.80
薯类	Potatoes	47.04
豆类	Beans	43.02
食用油	Edible Oil	147.02
蔬菜和食用菌	Vegetable and Edible Fungus	475.83
肉类	Meat	769.37
禽类	Poultry	159.17
水产品	Aquatic Products	121.40
蛋类	Eggs	79.42
奶类	Dairy Products	286.86
干鲜瓜果类	Dry and Fresh Fruits	583.23
糖果糕点类	Sweets and Cakes	138.30
其他食品	Others	254.06
烟酒	Cigarettes and Liquor	479.73
烟草	Tobacco	285.48
酒类	Wine	194.25
饮料	Beverag	112.67

Basic Statistics of Cash Income and Expenditure by Urban Households(Annual Average)

低收入户 Low Income Households	中低收入户 Lower Middle Income Households	中等收入户 Middle Income Households	中高收入户 Upper Middle Income Households	高收入户 High Income Households
11551.87	**20241.88**	**27818.30**	**37162.67**	**53769.28**
8802.51	15415.78	20512.67	22419.37	29796.98
8674.46	14912.77	19514.57	21024.74	27017.07
0.58	32.28	6.22	74.87	35.70
127.47	470.74	991.87	1319.77	2744.20
1700.15	2565.98	1508.17	602.70	7072.63
143.53	272.71	13.53	-0.92	54.02
602.73	352.99	25.08	240.36	571.35
953.89	1940.28	1469.57	363.27	6447.26
732.66	1252.10	1458.28	2226.80	3305.66
-92.45	-89.89	-182.52	-299.75	115.43
		40.23	8.75	14.71
			6.89	
14.74	11.10	3.81	14.28	5.85
113.03	292.04	103.40	463.24	517.65
13.31	29.65	44.60	48.27	285.92
2.94	-14.81	-15.98		-8.03
681.09	1024.01	1464.73	1985.11	2374.12
316.55	1008.02	4339.18	11913.80	13594.01
1096.81	2533.39	6245.05	14316.21	16626.36
677.10	2091.09	5811.97	13408.11	15694.53
247.70	73.64	58.64		
780.26	1525.37	1905.87	2402.41	3032.35
4.26	22.33	41.53	93.78	267.58
725.23	1455.21	1784.05	2134.31	2611.06
46.21	27.49	57.37	115.47	83.39
4.56	20.35	22.92	58.86	70.32
14074.08	**17352.18**	**21318.58**	**27421.81**	**32712.03**
4182.20	5266.74	5674.73	7189.97	7918.64
2686.73	3118.84	3434.48	4417.29	4478.11
365.12	382.72	413.32	537.46	464.22
40.77	46.36	43.91	50.89	56.78
34.10	40.77	37.53	56.81	51.49
122.99	129.87	148.50	182.17	166.02
378.76	405.51	433.83	596.80	630.77
511.61	695.22	741.66	1020.98	1015.82
114.32	138.75	163.66	195.18	207.75
58.21	109.05	133.64	173.29	162.11
60.44	71.73	75.49	105.83	94.74
281.35	261.81	281.92	300.41	317.29
411.33	487.75	569.38	764.99	783.54
82.70	122.17	149.60	165.63	197.80
225.03	227.14	242.04	266.85	329.78
276.43	412.83	439.79	671.88	711.62
214.36	250.65	284.75	366.64	351.04
62.07	162.18	155.05	305.24	360.59
82.02	104.73	114.32	132.38	145.12

11—4 续表

(2015)

指　标	Item	总平均 Total Average
饮食服务	Catering Services	1740.50
食堂用餐	Dining Room	36.91
其他在外饮食	Other Dining Outside	1703.17
食品加工服务费	Food Processing Service Charge	0.42
衣着	Clothing	2107.92
衣类	Clothes	1674.10
鞋类	Shoes	433.82
居住	Residence	4094.56
租赁房房租	Rent of Rental Housing	200.76
住房维修及管理	Housing Maintenance and Management	619.77
水电燃料及其他	Hydropower Fuel and Others	913.17
自有住房折算租金	Converted Rent of Owned Housing	2360.86
生活用品及服务	Daily Necessities and Services	1339.76
家具及室内装饰品	Furniture and Interior Decoration	233.66
家用器具	Household Appliances	341.48
家用纺织品	Home Textiles	113.51
家庭日用杂品	Family Daily Necessities	285.41
个人用品	Personal Items	329.26
家庭服务	Domestic Service	36.42
交通通信	Transport and Communications	2959.39
交通	Transport	1966.84
交通工具	Traffic Tools	522.80
交通费	Traffic Expense	559.93
交通工具用燃料	Fuel for Transportation	499.17
交通工具使用及维修	Use and Maintenance of Transportation	384.94
车辆保险支出	Expenses of Vehicle Insurance	124.39
通信	Communications	992.55
通信工具	Communication Tools	298.88
通信服务	Communication Services	693.67
教育文化娱乐	Education, Culture and Recreation	2845.35
教育	Education	1449.21
学前教育	Pre-primary Education	176.77
小学教育	Primary Education	144.71
初中教育	Junior Secondary Education	209.69
高中教育	Senior Secondary Education	248.19
中专职高教育	Vocational Secondary Education	31.64
大专及以上教育	Junior College and Above Education	542.55
成人教育	Adult Education	95.66
文化娱乐	Cultural and Recreation	1396.13
文娱耐用消费品	Entertainment and Durable Consumer Goods	202.14
其他文娱用品	Other Entertainment Products	224.12
文化娱乐服务	Cultural Entertainment Service	969.87
医疗保健	Health Care and Medical Services	1735.62
医疗器具及药品	Medical Apparatus and Medicine	827.88
医疗服务	Medical Service	907.75
门诊总费用	Total Cost of Outpatient Service	359.28
住院总费用	Total Hospitalization Expenses	548.47
其他用品和服务	Other Articles and Services	749.02
其他用品	Other Articles	414.12
其他服务	Other Services	334.90

continued

低收入户 Low Income Households	中低收入户 Lower Middle Income Households	中等收入户 Middle Income Households	中高收入户 Upper Middle Income Households	高收入户 High Income Households
1137.01	1630.34	1686.12	1968.42	2583.78
41.96	60.30	24.02	31.01	22.57
1094.55	1569.52	1661.73	1936.92	2561.05
0.51	0.53	0.38	0.49	0.16
1376.12	1719.99	2167.17	2591.24	3084.89
1072.68	1307.16	1708.71	2117.84	2505.49
303.43	412.83	458.46	473.40	579.40
2580.01	2935.58	4181.15	5074.66	6604.97
278.04	234.26	135.10	234.99	92.62
258.38	149.22	890.01	527.52	1477.97
682.69	801.62	868.25	1160.19	1189.77
1360.90	1750.48	2287.79	3151.96	3844.61
808.26	1085.76	1329.51	1467.04	2298.29
84.84	83.96	315.66	238.39	526.81
224.95	262.16	271.87	351.79	676.34
74.64	83.64	112.41	135.78	184.83
182.80	249.56	267.06	329.71	454.56
226.69	380.26	306.30	371.64	401.66
14.33	26.18	56.22	39.73	54.08
1732.75	2809.68	2753.56	3324.02	4793.35
992.17	1962.27	1716.16	2084.09	3558.77
247.08	736.94	252.23	149.33	1348.82
318.35	497.54	535.73	825.04	751.59
211.72	432.89	552.50	688.01	745.52
215.02	294.89	375.70	421.70	712.84
58.38	115.48	156.25	103.74	213.19
740.58	847.42	1037.40	1239.93	1234.58
250.82	201.99	309.05	408.19	365.03
489.76	645.42	728.35	831.73	869.55
2104.47	2046.90	2522.59	4024.15	4092.95
1451.53	1200.63	1297.92	1919.63	1459.46
160.25	174.00	164.59	142.39	252.01
135.34	175.34	193.80	149.71	58.99
210.64	173.48	201.06	349.25	124.82
541.90	236.80	96.73	134.50	127.33
78.75	40.37	6.72		13.50
283.89	247.92	540.49	1079.68	743.94
40.76	152.73	94.53	64.10	138.88
652.94	846.26	1224.68	2104.52	2633.49
133.52	80.04	278.66	233.85	326.40
117.16	180.66	226.37	331.81	322.22
402.26	585.57	719.65	1538.86	1984.87
912.36	1057.75	2002.05	2657.39	2518.04
434.79	463.99	806.12	1251.49	1440.80
477.57	593.75	1195.94	1405.90	1077.24
212.72	229.35	389.87	597.03	457.11
264.85	364.40	806.07	808.87	620.12
377.91	429.79	687.81	1093.33	1400.91
196.49	212.60	445.55	500.49	847.90
181.43	217.20	242.26	592.84	553.02

11—5 城镇居民平均每人全年购买商品数量

（2015）

指　标	item	单位	unit	总平均 Total Average
食用植物油	Edible Vegetable Oil	千克	kg	9.1
猪肉	Pork	千克	kg	8.0
牛肉	Beef	千克	kg	3.5
羊肉	Mutton	千克	kg	6.3
禽类	Poultry	千克	kg	6.7
鲜蛋	Fresh Eggs	千克	kg	7.7
鱼	Fish	千克	kg	3.7
鲜菜	Fresh Vegetables	千克	kg	95.8
白酒	Liquor	千克	kg	1.3
啤酒	Beer	千克	kg	2.2
鲜瓜果	Fruits	千克	kg	63.4
糕点	Cake	千克	kg	4.1
鲜奶	Fresh Dairy Products	千克	kg	18.0
酸奶	Yogurt	千克	kg	6.3
鞋类	Shoes	双	pair	2.8
液化石油气	Liquefied Petroleum Gas	千克	kg	3.1
管道天然气	Pipeline Natural Gas	立方米	cu.m	56.3

Employed Conditions of Urban Households

低收入户 Low Income Households	中低收入户 Lower Middle Income Households	中等收入户 Middle Income Households	中高收入户 Upper Middle Income Households	高收入户 High Income Households
7.7	8.0	9.7	11.1	10.0
5.2	8.0	7.4	9.6	11.4
2.4	3.0	3.2	5.2	4.6
4.6	5.4	6.7	7.9	7.6
5.0	5.8	6.9	8.7	8.0
6.0	7.0	7.3	10.3	9.1
2.0	3.4	3.7	5.7	4.2
80.4	84.8	82.7	122.5	120.0
0.5	0.8	1.4	1.5	2.7
2.3	1.4	4.3	1.9	1.0
51.8	56.1	62.3	81.2	72.4
2.6	3.8	4.6	4.7	5.3
14.3	17.1	19.1	20.8	20.4
4.2	5.8	6.2	8.7	8.0
2.7	3.0	2.9	2.6	2.8
4.4	4.3	2.7	2.2	1.5
42.1	51.2	58.2	72.8	64.5

11—6 城镇居民家庭住房基本情况

(2015)

指 标	Item	单 位	unit	总平均 Total Average
现住房建筑面积	Housing Sonstruction Area	平方米	sq.m	30.9
本住户居住空间样式	Residential Space Style			100.0
单栋楼房	Single Building	%	%	1.6
单栋平房	Single Bungalow	%	%	2.7
四居室及以上单元房	Four and above Bedroom	%	%	2.2
三居室单元房	Three Bedroom	%	%	30.3
二居室单元房	Two Bedroom	%	%	58.4
一居室单元房	One Bedroom	%	%	3.0
筒子楼或连片平房	Tube-shaped apartment or Many of the Bungalow	%	%	1.8
其他	Others			
主要建筑材料	Main Building Materials	%	%	100.0
钢筋混凝土	Reinforced Concrete	%	%	16.4
砖混材料	Brick Material	%	%	81.9
砖瓦砖木	Tile and Brick	%	%	1.7
竹草土坯	Bamboo Grass Mud	%	%	
其他	Others	%	%	
现住房房屋来源	Source of House			100.0
租赁公房	Lease Public Housing	%	%	0.7
租赁私房	Lease Private Housing	%	%	7.0
自建住房	House Built by Oneself	%	%	2.4
购买商品房	Purchase Commercial Housing	%	%	48.1
购买房改住房	Purchase Reform Housing	%	%	24.6
购买保障性住房	Purchase Affordable Housing	%	%	5.4
拆迁安置房	Removal and Resettlement Housing	%	%	5.6
继承或获赠住房	Inheritance or Gift of Housing	%	%	1.4
免费借用房	Free Use of Housing	%	%	2.4
雇主提供免费住房	Provided Free Housing by Employers	%	%	2.4
其他来源	Others	%	%	

Housing Statistics of Uran Households

低收入户 Low Income Households	中低收入户 Lower Middle Income Households	中等收入户 Middle Income Households	中高收入户 Upper Middle Income Households	高收入户 High Income Households
23.3	26.7	29.5	36.7	42.6
100.0	100.0	100.0	100.0	100.0
4.2	1.0	1.0		1.6
7.4	3.3	1.7	0.8	0.2
	0.8	2.4	1.8	6.1
15.6	23.0	27.3	37.9	47.6
68.8	60.6	63.5	56.9	42.7
1.4	11.3	1.0		1.2
2.6		3.1	2.6	0.6
100.0	100.0	100.0	100.0	100.0
12.1	14.2	16.8	17.9	20.9
86.3	83.8	80.2	80.9	78.5
1.6	2.0	3.0	1.2	0.6
100.0	100.0	100.0	100.0	100.0
1.3		1.1		1.2
11.2	7.0	6.0	7.1	3.6
5.2	3.6	0.8	0.8	1.4
48.4	39.4	48.7	45.4	58.3
15.7	24.8	30.9	29.2	22.4
1.7	1.2	2.7	10.5	11.0
12.4	9.4	4.0	0.9	1.3
1.1	2.1	3.0	1.0	
3.0	1.2	2.8	5.1	
	11.3			0.8

11—7　农村居民家庭就业情况

（2015）

指 标	Item	单位	unit
调查人口和就业情况	**Statistics of Survey Population and Employment**		
户均常住人口	Resident Population of Average Household	人	person
由本户供养的在校学生	Enrollment Students Supported by the Family	人/户	Person / household
不由本户供养的在校学生	Enrollment Students Non-Supported by the Family	人/户	Person / household
非在校学生	Non School Students	人/户	Person / household
6周岁及以上住户成员受教育程度	**Education Level**		
未上过学	Never go to School	人/户	Person / household
小学	Primary School	人/户	Person / household
初中	Junior Secondary School	人/户	Person / household
高中	Senior Secondary School	人/户	Person / household
大学专科	Junior College	人/户	Person / household
大学本科	Undergraduate	人/户	Person / household
研究生	Postgraduate	人/户	Person / household
常住劳动力情况	**Labor Situation**		
劳动力人数	Number of Labor Force	人/户	Person / household
整劳动力人数	Number of Full Labour Force	人/户	Person / household
半劳动力人数	Number of Semi Labour Force	人次	person-time
常住从业人员情况	**Employment Situation**		
常住成员从业人数	Number of Employment	人/就业者	Person / employment
参加医疗保险情况	Basic Medical Care Insurance		
新型农村合作医疗	New Rural Co-operative Medical System	人/户	Person / household
城镇职工基本医疗保险	Urban Workers	人/户	Person / household
（城镇）居民基本医疗保险	(urban)Non-employment Residents	人/户	Person / household
公费医疗	Free Medical Care	人/户	Person / household
商业医疗保险	Commercial Medical Insurance	人/户	Person / household
其他医疗保险	Other Medical Insurance	人/户	Person / household
没有参加任何医疗保险	Non-Participated in any Medical Insurance	人/户	Person / household
参加养老保险情况	Basic Pension Insurance		
新型农村社会养老保险	New Rural Old-age Insurance	人/户	Person / household
城镇职工基本养老保险	Urban Workers	人/户	Person / household
（城镇）居民社会养老保险	(urban)Non-employment Residents	人/户	Person / household
商业养老保险	Commercial Pension Insurance	人/户	Person / household
其他养老保险	Other Pension Insurance	人/户	Person / household
没有参加任何养老保险	Non-Participated in any Pension Insurance	人/户	Person / household

Employed Conditions of Rural Households

总平均 Total Average	低收入户 Low Income Households	中低收入户 Lower Middle Income Households	中等收入户 Middle Income Households	中高收入户 Upper Middle Income Households	高收入户 High Income Households
3.52	3.80	4.00	3.76	3.08	2.96
0.68	0.92	0.99	0.72	0.45	0.33
				0.01	
2.65	2.75	2.68	2.77	2.53	2.53
0.28	0.29	0.28	0.30	0.22	0.29
0.98	0.99	1.11	1.09	0.90	0.79
1.48	1.70	1.68	1.53	1.34	1.16
0.42	0.51	0.45	0.36	0.34	0.46
0.11	0.09	0.09	0.08	0.14	0.14
0.06	0.08	0.05	0.13	0.03	0.02
				0.01	
2.45	2.47	2.45	2.59	2.34	2.39
1.54	1.62	1.72	1.82	1.26	1.27
0.91	0.84	0.73	0.77	1.08	1.12
2.17	2.14	2.02	2.36	2.16	2.18
1.93	1.80	1.77	2.08	1.96	2.02
0.04	0.01	0.01	0.07	0.04	0.05
0.18	0.29	0.21	0.20	0.12	0.10
					0.01
					0.02
				0.01	
0.02	0.04	0.02	0.01	0.02	
1.53	1.50	1.48	1.52	1.50	1.65
0.04	0.01	0.03	0.06	0.04	0.07
0.13	0.21	0.12	0.18	0.09	0.05
0.01	0.01	0.02			0.01
					0.02
0.46	0.41	0.37	0.59	0.53	0.38

11—7　续表

（2015）

指　标	Item	单位	unit
从事行业	**Engaged in Sector**		
第一产业	Primary Industry	人/户	Person / household
第二产业	Secondary Industry	人/户	Person / household
采矿业	Mining	人/户	Person / household
制造业	Manufacturing	人/户	Person / household
电力、热力、燃气及水生产供应业	Production and Distribution of Electricity	人/户	Person / household
建筑业	Construction	人/户	Person / household
第三产业	Tertiary Industry	人/户	Person / household
批发和零售业	Wholesale and Retail Trades	人/户	Person / household
交通运输、仓储和邮政业	Traffic,Transports,Storage and Post	人/户	Person / household
住宿和餐饮业	Hotels and Catering Services	人/户	Person / household
信息传输、软件业和信息技术服务业	Information Transmission,Computer Services and Software	人/户	Person / household
金融业	Financial Intermediation	人/户	Person / household
房地产业	Real Estate	人/户	Person / household
租赁和商务服务业	Leasing and Business Services	人/户	Person / household
科学研究和技术服务业	Scientific Research and Technical Service	人/户	Person / household
水利、环境和公共设施管理业	Management of Water Conservancy,Environment	人/户	Person / household
居民服务、修理和其他服务业	Services to Households and Other Services	人/户	Person / household
教育	Education	人/户	Person / household
卫生和社会工作	Health and Social Welfare	人/户	Person / household
文化、体育和娱乐业	Culture, Sports and Entertainment	人/户	Person / household
公共管理、社会保障和社会组织	Public Management,Social Security and Social Organization	人/户	Person / household
国际组织	International Organization	人/户	Person / household
从事职业	**Engaged in Occupation**		
国家机关、党群组织、企业、事业单位负责人	Head of State organs, Party organizations, Enterprises and Government-affiliated institutions	人/户	Person / household
专业技术人员	Professionals	人/户	Person / household
办事人员和有关人员	Staff and Related Personnel	人/户	Person / household
商业、服务业人员	Business and Service Personnel	人/户	Person / household
农、林、牧、渔、水利业生产人员	Production Personnel of Agricultural, Forestry, Animal Husbandry, Fishery and Water Conservancy Industry	人/户	Person / household
生产、运输设备操作人员及有关人员	Production, Transport Equipment Operators and Related Personnel	人/户	Person / household
军人	Soldier	人/户	Person / household
不便分类的其他从业人员	Other Practitioners without Classification	人/户	Person / household

continued

总平均 Total Average	低收入户 Low Income Households	中低收入户 Lower Middle Income Households	中等收入户 Middle Income Households	中高收入户 Upper Middle Income Households	高收入户 High Income Households
0.88	0.87	0.67	0.89	0.88	1.06
0.47	0.50	0.68	0.42	0.47	0.30
0.03	0.02		0.04	0.06	0.02
0.13	0.05	0.19	0.16	0.15	0.08
0.03	0.04	0.04	0.03	0.02	
0.29	0.38	0.46	0.19	0.23	0.21
0.82	0.77	0.67	1.06	0.81	0.81
0.18	0.16	0.12	0.25	0.17	0.20
0.17	0.19	0.24	0.16	0.11	0.14
0.07	0.09	0.03	0.07	0.08	0.06
			0.01		0.00
0.01		0.02			0.01
		0.01			
	0.01		0.01		
			0.01		
0.04	0.01	0.02	0.11	0.04	0.04
0.27	0.24	0.14	0.33	0.36	0.26
0.01	0.01	0.01	0.02	0.01	0.02
0.01				0.03	0.02
0.01	0.01	0.04	0.02	0.01	
0.05	0.06	0.03	0.06	0.01	0.06
0.01	0.01	0.03	0.01		0.01
0.08	0.03	0.08	0.12	0.09	0.08
0.09	0.08	0.07	0.09	0.09	0.12
0.20	0.17	0.16	0.21	0.21	0.23
0.87	0.89	0.63	0.90	0.84	1.08
0.28	0.33	0.47	0.21	0.22	0.17
0.65	0.63	0.58	0.82	0.71	0.50

11—8 农村居民家庭收支情况(年人均)

(2015)

指 标	item	总平均 Total Average
可支配收入(新口径)	**Disposable Income (new caliber)**	**11148.24**
工资性收入	Income from Wages and Salaries	5059.88
工资	Wages	5004.03
实物福利	Material Benefits	6.16
其他	Others	49.69
经营净收入	Net Income from Business	4942.95
第一产业经营净收入	Primary Industry	3313.52
第二产业经营净收入	Secondary Industry	110.11
第三产业经营净收入	Tertiary Industry	1519.31
财产净收入	Net Income from Properties	308.42
利息净收入	Interest	-23.10
红利收入	Dividend	0.96
储蓄性保险净收益	Net Profit of Savings Insurance	3.34
转让承包土地经营权租金净收入	Rent Income of Transfer Contract Land Management Right	102.10
出租房屋财产性收入	Rental Housing Property Income	206.94
出租机械、专利、版权等资产的收入	Rent Income of Machinery, Patents, Copyrights and Other Assets	20.31
其他财产净收入	Others	-2.13
房屋虚拟租金	Virtual Rent of House	
转移净收入	Net Income from Transfer	836.99
转移性收入	Transfer Income	1215.30
养老金或离退休金	Pension	565.01
社会救济和补助	Social Relief	49.50
转移性支出	Transfer Expenditure	378.30
个人所得税	Individual Income-tax	1.54
社会保障支出	Social Security Expenditures	345.70
外来从业人员寄给家人的支出	Expenses for Family by Foreign Employees	
赡养支出	Support Expenditures	5.89
其他转移性支出	Others	25.18
总支出	**Total Expenditure**	**21248.45**
消费支出	**Consumption Expenditure**	**10118.50**
食品烟酒	Food, Cigarettes and Liquor	2970.27
食品	Food	2343.07
谷物	Cereal	486.81
薯类	Potatoes	26.86
豆类	Beans	20.44
食用油	Edible Oil	155.00
蔬菜和食用菌	Vegetable and Edible Fungus	280.52
肉类	Meat	615.56
禽类	Poultry	114.34
水产品	Aquatic Products	34.58
蛋类	Eggs	36.86
奶类	Dairy Products	115.14
干鲜瓜果类	Dry and Fresh Fruits	271.53
糖果糕点类	Sweets and Cakes	45.78
其他食品	Others	139.65
烟酒	Cigarettes and Liquor	238.90
烟草	Tobacco	193.60
酒类	Wine	45.30
饮料	Beverag	57.69

Income and Expenditare by Rural Households (Annual Average)

低收入户 Low Income Households	中低收入户 Lower Middle Income Households	中等收入户 Middle Income Households	中高收入户 Upper Middle Income Households	高收入户 High Income Households
4195.99	**7570.27**	**10244.57**	**13976.71**	**23016.55**
3513.57	4571.60	5364.48	6489.58	5802.06
3473.76	4562.95	5264.08	6440.41	5714.70
6.67	3.59	3.69	10.15	7.98
33.14	5.06	96.71	39.01	79.39
306.04	2446.02	4110.93	5813.12	14360.77
-52.16	1623.09	2461.71	4345.63	9895.87
6.81	76.36	231.28	-4.96	248.67
351.40	746.57	1417.94	1472.45	4216.22
138.63	324.30	80.85	462.51	642.19
-39.39	-30.60	-17.65	-2.52	-20.86
				5.70
11.89		3.54		
20.21	144.47	25.74	183.09	166.89
163.11	197.82	74.86	279.96	371.66
	1.50			118.75
-17.19	11.11	-5.64	1.99	0.05
237.74	228.36	688.32	1211.50	2211.54
591.98	605.70	1065.45	1555.81	2658.88
164.75	228.37	400.14	771.74	1521.86
37.37	52.31	65.05	29.45	61.93
354.24	377.35	377.14	344.31	447.34
0.24	0.08	3.68	1.77	2.10
314.16	355.01	342.75	319.49	405.03
10.48	1.92	3.44	5.56	8.79
29.36	20.34	27.27	17.50	31.43
22306.89	**15969.69**	**17805.85**	**21475.22**	**31095.19**
9099.65	**8480.09**	**8757.74**	**11371.69**	**14054.90**
2741.05	2514.22	2695.05	3499.88	3672.93
2092.03	2107.01	2169.54	2742.82	2786.59
458.55	452.25	466.26	500.41	581.22
32.82	23.40	24.54	25.61	28.12
15.63	19.04	14.40	35.07	21.13
152.10	133.16	136.26	183.53	182.25
239.20	262.40	244.80	363.11	318.09
511.49	549.02	573.22	710.79	792.88
116.20	92.54	96.21	141.55	136.01
34.46	28.32	31.66	38.72	42.46
35.64	37.63	35.18	37.02	39.45
82.38	120.86	136.01	120.31	117.00
238.37	245.14	250.85	330.95	314.02
42.11	38.79	41.31	60.88	49.82
133.08	104.47	118.83	194.87	164.13
215.44	150.09	194.86	286.26	394.08
173.95	124.24	163.68	238.04	302.94
41.50	25.85	31.19	48.22	91.14
58.85	44.69	44.59	69.00	78.64

11—8 续表1

(2015)

指标	Item	总平均 Total Average
饮食服务	Catering Services	330.61
食堂用餐	Dining Room	15.56
其他在外饮食	Other Dining Outside	307.31
食品加工服务费	Food Processing Service Charge	7.74
衣着	Clothing	871.47
衣类	Clothes	649.81
鞋类	Shoe	221.67
居住	Residence	2076.68
租赁房房租	Rent of Rental Housing	48.23
住房维修及管理	Housing Maintenance and Management	532.80
水电燃料及其他	Hydropower Fuel and Others	607.96
自有住房折算租金	Converted Rent of Owned Housing	887.69
生活用品及服务	Daily Necessities and Services	594.11
家具及室内装饰品	Furniture and Interior Decoration	112.59
家用器具	Household Appliances	158.63
家用纺织品	Home Textiles	61.34
家庭日用杂品	Family Daily Necessities	147.14
个人用品	Personal Items	104.60
家庭服务	Domestic Service	9.81
交通通信	Transport and Communications	1362.92
交通	Transport	930.43
交通工具	Traffic Tools	354.48
交通费	Traffic Expense	121.91
交通工具用燃料	Fuel for Transportation	256.55
交通工具使用及维修	Use and Maintenance of Transportation	197.49
车辆保险支出	Expenses of Vehicle Insurance	68.55
通信	Communications	432.49
通信工具	Communication Tools	136.84
通信服务	Communication Services	295.65
教育文化娱乐	Education, Culture and Recreation	930.05
教育	Education	688.56
学前教育	Pre-primary Education	74.66
小学教育	Primary Education	48.46
初中教育	Junior Secondary Education	123.19
高中教育	Senior Secondary Education	198.93
中专职高教育	Vocational Secondary Education	39.94
大专及以上教育	Junior College and Above Education	130.63
成人教育	Adult Education	72.75
文化娱乐	Cultural and Recreation	241.49
文娱耐用消费品	Entertainment and Durable Consumer Goods	84.04
其他文娱用品	Other Entertainment Products	78.20
文化娱乐服务	Cultural Entertainment Service	79.25
医疗保健	Health Care and Medical Services	1127.29
医疗器具及药品	Medical Apparatus and Medicine	325.62
医疗服务	Medical Service	801.67
门诊总费用	Total Cost of Outpatient Service	346.27
住院总费用	Total Hospitalization Expenses	455.40
其他用品和服务	Other Articles and Services	185.71
其他用品	Other Articles	107.68
其他服务	Other Services	78.03

continued

低收入户 Low Income Households	中低收入户 Lower Middle Income Households	中等收入户 Middle Income Households	中高收入户 Upper Middle Income Households	高收入户 High Income Households
374.72	212.43	286.06	401.80	413.63
27.04	14.72	8.34	21.31	5.39
340.62	191.26	272.98	371.70	395.11
7.06	6.45	4.75	8.78	13.12
729.84	818.56	834.12	1083.20	951.36
545.09	612.70	617.52	793.89	725.28
184.75	205.86	216.60	289.32	226.08
2100.43	1630.91	1580.09	2191.41	3161.76
38.14	21.75	69.03	50.45	66.58
597.05	211.70	292.12	393.87	1331.65
582.90	565.47	515.64	716.39	703.75
882.33	832.00	703.30	1030.71	1059.78
504.48	493.68	511.36	625.89	916.24
72.17	56.20	109.93	106.86	248.12
162.51	125.83	107.07	166.12	256.31
55.70	61.99	47.03	56.84	91.07
127.78	140.04	132.87	164.38	182.05
78.09	100.12	103.01	122.15	128.30
8.23	9.50	11.45	9.54	10.39
968.46	991.76	998.99	2016.31	2152.97
519.62	617.90	618.80	1544.28	1637.17
83.01	146.08	75.89	909.55	763.36
132.08	77.84	135.76	127.25	143.21
162.09	258.33	271.86	281.08	329.95
142.43	135.64	135.30	226.40	400.65
37.56	28.94	35.99	74.15	197.11
448.84	373.86	380.19	472.03	515.80
177.59	110.16	112.30	120.87	168.31
271.24	263.70	267.89	351.15	347.49
873.70	999.98	1031.76	837.92	873.38
683.88	778.21	835.48	587.34	490.08
72.64	136.60	65.64	30.67	53.28
41.46	38.62	55.96	36.36	73.19
93.75	169.04	151.36	89.21	99.18
251.22	196.88	232.97	198.29	90.74
79.09	61.01	14.51	4.93	31.59
83.62	117.35	238.14	121.22	77.90
62.10	58.70	76.89	106.66	64.20
189.81	221.77	196.29	250.58	383.30
58.63	82.05	73.56	95.65	120.86
76.91	77.13	78.53	74.93	84.24
54.27	62.59	44.19	80.00	178.20
999.01	883.92	908.49	931.60	2101.43
236.43	312.15	322.01	358.20	428.67
762.59	571.77	586.48	573.40	1672.76
313.82	408.32	336.85	310.83	355.43
448.77	163.45	249.63	262.57	1317.33
182.67	147.05	197.87	185.48	224.83
107.47	100.82	122.71	96.77	108.68
75.20	46.24	75.16	88.71	116.15

11—8 续表2

(2015)

指 标	Item	总平均 Total Average
生产经营费用支出	Expenditure of Production and Operating	4099.49
第一产业经营费用支出	Operating Expenditure of Primary Industry	3222.22
农业	Farming	2465.12
林业	Forestry	28.67
牧业	Animal Husbandry	694.08
渔业	Fishery	34.35
第二产业生产费用支出	Production Expenditure of Secondary Industry	99.77
采矿业	Mining	
制造业	Manufacturing	11.29
电力、热力、燃气及水生产和供应业	Production and Distribution of Electricity	
建筑业	Construction	88.49
第三产业经营费用支出	Operating Expenditure of Tertiary Industry	777.49
批发和零售业	Wholesale and Retail Trades and Catering Services	221.03
交通运输、仓储和邮政业	Transport, Postal and Telecommunication Services	425.10
住宿和餐饮业	Hotels and Catering Services	9.10
房地产业	Real Estate	26.78
租赁和商务服务业	Leasing and Business Services	0.02
居民服务、修理和其他服务业	Services to Households and Other Services	24.56
其他	Others	1.10
农林牧渔服务业	Agriculture, Forestry, Animal Husbandry and Fishery Service	69.78
财产性支出	Property Expenditure	59.80
转移性支出	Transfer Expenditure	378.30
部分商业保险支出	Part of Commercial Insurance Expenditure	141.10
购置资产及非经常性转移支出	Purchase Assets and Non Recurrent Transfer Expenditure	4669.18
借贷性支出	Borrowing Expenditure	1782.08

continued

低收入户 Low Income Households	中低收入户 Lower Middle Income Households	中等收入户 Middle Income Households	中高收入户 Upper Middle Income Households	高收入户 High Income Households
4894.09	2255.35	3433.20	3219.67	7291.74
3668.52	1622.43	2732.58	2690.72	5946.97
2882.74	1202.78	1925.68	2105.17	4669.09
22.41	4.45	69.65	3.76	40.99
763.37	415.20	595.24	580.29	1219.60
		142.01	1.50	17.29
17.96	215.60	114.92		136.37
13.06		38.57		
4.91	215.60	76.35		136.37
1207.60	417.33	585.70	528.96	1208.40
476.42	24.40	320.51	44.04	206.33
522.31	342.62	201.16	346.12	783.37
	21.50		24.84	
124.07				
				0.10
25.81		5.91	95.17	6.19
				6.56
58.99	28.81	58.12	18.79	205.84
68.93	35.65	49.29	35.03	119.33
354.24	377.35	377.14	344.31	447.34
46.43	130.21	166.27	164.93	219.30
6631.33	3362.26	3495.92	4803.20	5263.07
1212.22	1328.78	1526.29	1536.38	3699.51

11—9　农村居民家庭住房基本情况

(2015)

指　标	Item	单　位	unit
现住房建筑面积	**Housing Sonstruction Area**	**平方米**	**sq.m**
本住户居住空间样式	Residential Space Style		
单栋楼房	Single Building	%	%
单栋平房	Single Bungalow	%	%
四居室及以上单元房	Four and above Bedroom	%	%
三居室单元房	Three Bedroom	%	%
二居室单元房	Two Bedroom	%	%
一居室单元房	One Bedroom	%	%
筒子楼或连片平房	Tube-shaped apartment or Many of the Bungalow	%	%
其他	Others		
主要建筑材料	Main Building Materials	%	%
钢筋混凝土	Reinforced Concrete	%	%
砖混材料	Brick Material	%	%
砖瓦砖木	Tile and Brick	%	%
竹草土坯	Bamboo Grass Mud	%	%
其他	Others	%	%
现住房房屋来源	Source of House		
租赁公房	Lease Public Housing	%	%
租赁私房	Lease Private Housing	%	%
自建住房	House Built by Oneself	%	%
购买商品房	Purchase Commercial Housing	%	%
购买房改住房	Purchase Reform Housing	%	%
购买保障性住房	Purchase Affordable Housing	%	%
拆迁安置房	Removal and Resettlement Housing	%	%
继承或获赠住房	Inheritance or Gift of Housing	%	%
免费借用房	Free Use of Housing	%	%
雇主提供免费住房	Provided Free Housing by Employers	%	%
其他来源	Others	%	%

Housing Statistics of Rural Households

总平均 Total Average	低收入户 Low Income Households	中低收入户 Lower Middle Income Households	中等收入户 Middle Income Households	中高收入户 Upper Middle Income Households	高收入户 High Income Households
36.78	**34.28**	**32.35**	**31.66**	**43.44**	**45.58**
100.0	100.0	100.0	100.0	100.0	100.0
2.2	1.6	1.0	0.6	3.8	3.9
87.9	88.2	88.6	90.7	85.7	86.3
0.5	0.8		0.0	1.1	0.4
2.1	2.0		2.3	1.2	5.1
2.4		1.4	1.5	4.6	4.2
4.6	7.4	9.1	2.9	3.7	
0.4			2.0		
100.0	100.0	100.0	100.0	100.0	100.0
2.3	1.4	1.4	0.6	2.5	5.7
39.8	34.2	34.1	39.8	45.5	45.4
56.9	63.4	64.5	58.4	50.6	47.9
0.3			0.0	1.4	0.0
0.6	0.9		1.2		1.0
100.0	100.0	100.0	100.0	100.0	100.0
1.0	1.5		2.9	0.4	
89.5	88.1	91.9	90.3	88.9	88.4
2.0	0.8	3.0	3.0	1.3	2.0
0.2	0.6				0.3
0.2	0.8				
6.6	6.7	3.6	3.8	9.3	9.4
0.6	1.5	1.5			

11—10 农民人均消费品消费量

单位:公斤 （2015）

指标	item	单位	unit	总平均 Total Average
粮食消费量	Grain Consumption	公斤	kg	171.32
谷物消费量	Cereal Consumption	公斤	kg	166.52
小麦	Wheat	公斤	kg	88.83
稻谷	Unhusked Rice	公斤	kg	73.59
玉米	Corn	公斤	kg	2.75
其他谷物	Others	公斤	kg	1.36
薯类消费量	Potatoes Consumption	公斤	kg	1.67
豆类消费量	Beans Consumption	公斤	kg	3.13
油脂类消费量	Oil Consumption	公斤	kg	9.75
蔬菜及菜制品	Vegetable and Vegetable Products	公斤	kg	91.10
肉类	Meat	公斤	kg	16.52
猪肉	Pork	公斤	kg	5.68
牛肉	Beef	公斤	kg	3.34
羊肉	Mutton	公斤	kg	6.93
禽类	Poultry	公斤	kg	6.52
水产品	Aquatic Products	公斤	kg	2.12
蛋类及蛋制品	Eggs and Eggs Products	公斤	kg	4.01
奶和奶制品	Dairy Products	公斤	kg	11.80
干鲜瓜果类	Dry and Fresh Fruits	公斤	kg	60.71
糖果糕点类	Sweets and Cakes	公斤	kg	3.78
饮料	Beverage	公斤	kg	0.21
烟叶	Tobacco	公斤	kg	22.44
酒	Wine	公斤	kg	2.86

Per Capita Consumption of Consumer Goods by Rural Households

(kg)

低收入户 Low Income Households	中低收入户 Lower Middle Income Households	中等收入户 Middle Income Households	中高收入户 Upper Middle Income Households	高收入户 High Income Households
157.79	162.15	162.92	174.88	208.00
152.98	157.37	158.76	169.25	203.23
86.77	83.22	82.34	93.04	102.95
64.78	68.83	68.35	74.78	96.74
0.56	3.99	6.67	0.27	1.38
0.88	1.33	1.39	1.15	2.17
2.15	1.51	1.83	1.39	1.34
2.65	3.28	2.34	4.24	3.43
9.52	8.67	8.32	11.52	11.50
79.29	94.83	74.00	103.83	110.43
13.23	14.95	15.24	18.94	21.97
4.38	4.42	5.10	6.84	8.54
2.78	3.11	3.50	3.92	3.56
5.70	6.82	6.20	7.52	8.97
6.50	5.09	5.61	7.98	8.08
1.92	2.05	1.91	2.19	2.63
3.81	4.04	3.87	4.11	4.32
8.10	13.87	13.47	11.93	11.48
53.75	60.20	54.22	65.60	73.71
3.40	3.02	3.28	5.18	4.44
0.20	0.16	0.14	0.32	0.27
20.06	12.54	21.16	28.70	33.67
2.51	2.74	2.02	2.77	4.68

11—11 农民百户耐用消费品拥有量

（2015）

指 标	Item	单 位	unit	总平均 Total Average
家用汽车	Automobile	辆	unit	26.86
摩托车	Motorcycle	辆	unit	79.11
助力车	Powered Bicycle	辆	unit	67.39
洗衣机	Washing Machine	台	set	101.45
电冰箱	Refrigerator	台	set	95.40
微波炉	Microwave Oven	台	set	15.94
彩色电视机	Color TV Set	台	set	115.45
接入有线电视	Access Cable TV	台	set	32.47
空调	Air Conditioner	台	set	0.82
热水器	Water Heater	台	set	67.40
太阳能热水器	Solar Water Heater	台	set	60.44
消毒碗柜	Disinfection Cupboard	台	set	0.41
洗碗机	Dishwasher	台	set	0.25
排油烟机	Lampblack Machine	台	set	19.21
固定电话	Telephone	部	set	20.17
移动电话	Mobile Telephone	部	set	275.00
接入互联网	Access the Internet	部	set	111.56
计算机	Computer	台	set	26.41
接入互联网	Access the Internet	台	set	10.50
摄像机	Video Disc Player	台	set	0.48
照相机	Camera	架	set	3.38
中高档乐器	Secondary and Top Grade Musical Instrument	台	set	0.00
健身器材	Health Equipment	台	set	0.00
组合音响	Hi-Fi Stereo Component	套	set	5.82

Number of Durable Consumer Goods Owned Per Hundred by Rural Households

低收入户 Low Income Households	中低收入户 Lower Middle Income Households	中等收入户 Middle Income Households	中高收入户 Upper Middle Income Households	高收入户 High Income Households
18.74	34.52	24.79	22.35	34.12
80.04	76.40	81.04	71.68	86.27
64.48	79.39	53.88	68.19	71.67
100.22	104.69	96.33	101.48	104.77
94.75	94.99	91.87	94.90	100.56
7.65	22.53	14.49	12.22	22.99
116.27	119.73	112.27	114.72	114.44
35.03	31.64	22.57	37.68	35.67
	1.92		1.18	1.06
66.07	72.44	71.71	55.28	71.54
59.24	61.87	65.90	51.90	63.20
2.05				
			1.27	
16.95	20.10	15.34	22.86	20.90
16.05	16.55	22.57	27.64	17.89
272.10	287.29	277.38	265.61	272.84
125.87	115.06	101.29	102.57	113.41
17.06	29.71	28.23	24.14	32.95
5.42	17.06	7.73	13.57	8.97
	0.79		0.94	0.72
3.07	5.95	0.95	2.89	4.15
5.58	8.72	6.63	4.03	4.18

11-12 居民消费价格指数

单位:%　　　　(2015,以上年价格为100)

指 标	Item	年度 Year	月份 Month 一 Jan.	二 Feb.
居民消费价格总指数	**Consumer Price Index**	**101.6**	**100.5**	**100.9**
生活费用价格总指数	Cost of Living Price Index	100.7	100.5	101.3
非食品价格指数	Non-food Price Index	102.2	100.4	100.5
服务项目价格指数	Service Items Price Index	103.4	101.4	101.5
工业品价格指数	Producer Price Index	101.5	99.8	99.9
扣除食品烟酒和能源价格指数	Price Index of Excluding Food ,Alcohol , Tobacco and Energy	102.4	100.5	100.5
扣除鲜菜鲜果总指数	Price Index of Excluding Fresh Vegetables and Fresh Fruits	101.7	100.2	100.3
消费品价格指数	**Consumer Goods Price Index**	**101.1**	**100.2**	**100.7**
食品类	**Food**	**100.6**	**100.7**	**101.6**
粮食	Grain	101.6	100.0	100.2
大米	Rice	102.3	100.0	99.8
面粉	Flour	101.5	100.2	99.6
粮食制品	Grain Products	101.2	100.0	100.9
其它	Others	102.9	100.0	100.0
淀粉及制品	Starches and Tubers	101.0	99.8	100.0
淀粉及制品	Starches and Tubers	101.0	99.8	100.0
干豆类及豆制品	Beans and Bean Products	100.8	99.9	100.0
干豆	Beans	100.3	99.4	100.0
豆制品	Bean Products	100.9	100.0	100.0
油脂	Oil or Fat	99.0	100.0	99.9
食用植物油	Vegetable Oil	98.5	100.0	100.0
植物油制品	Vegetable Oil Products	99.0	100.0	99.4
其它	Others	105.7	100.0	106.7
肉禽及其制品	Meat, Poultry and Processed Products	100.3	99.5	99.8
食用畜肉及副产品	Consumption of Meat and By-products	99.5	99.3	99.8
猪肉	Pork	107.5	98.2	99.3
牛肉	Beef	99.0	100.2	100.9
羊肉	Mutton	92.8	100.0	99.2
畜肉副产品	Meat by-products	97.7	97.7	99.1
禽	Poultry	103.2	99.7	100.1
鸡	Chicken	102.2	99.6	98.5
鸭	Duck	99.8	100.0	100.6
其它	Others	114.2	100.0	110.7
加工肉禽	Processed Meat and Poultry	101.8	100.0	99.4
畜肉制品	Meat Products	99.9	100.0	99.0
禽制品	Poultry Products	104.4	100.0	100.0

Consumer Price Indices

（2015，preceding year =100） （%）

月份 Month									
三 Mar.	四 Apr.	五 May.	六 June.	七 July.	八 Aug.	九 Sept.	十 Oct.	十一 Nov.	十二 Dec.
99.3	**100.3**	**99.2**	**99.8**	**100.1**	**100.1**	**99.8**	**99.6**	**100.1**	**100.2**
99.3	99.6	98.2	99.4	99.6	100.5	100.0	99.4	100.6	101.0
99.6	101.0	99.7	100.1	100.3	99.6	99.9	99.9	99.5	99.4
97.9	102.0	99.3	100.6	102.4	99.6	98.3	98.8	98.6	99.8
100.4	100.5	99.9	99.8	99.1	99.5	100.8	100.5	99.9	99.2
99.5	101.1	99.6	100.0	100.3	99.6	99.9	99.9	99.4	99.4
99.7	100.5	100.0	100.1	100.3	99.9	99.9	99.8	99.6	99.6
99.7	**99.8**	**99.2**	**99.6**	**99.5**	**100.2**	**100.3**	**99.8**	**100.5**	**100.3**
98.9	**99.1**	**98.4**	**99.3**	**99.9**	**101.0**	**99.7**	**98.9**	**101.2**	**101.6**
99.8	99.5	100.4	100.8	100.2	100.3	99.8	100.0	100.9	100.1
99.3	101.6	99.6	101.9	99.6	100.0	100.1	99.6	101.6	100.0
100.4	100.0	100.2	99.5	101.1	100.0	99.4	100.6	100.0	100.0
99.8	97.8	101.1	101.0	100.1	100.6	100.0	100.0	101.0	100.5
99.5	99.3	99.3	100.0	99.8	100.0	100.3	98.8	100.1	96.8
100.0	96.8	103.3	100.0	98.1	102.0	100.0	100.5	100.0	100.7
100.0	96.8	103.3	100.0	98.1	102.0	100.0	100.5	100.0	100.7
100.0	99.7	101.4	99.9	99.5	100.1	99.9	99.6	100.0	100.1
100.0	99.5	99.5	97.8	99.2	100.7	100.5	100.5	100.2	99.0
100.0	99.7	101.6	100.2	99.6	100.0	99.8	99.5	100.0	100.3
100.0	100.1	99.0	99.8	100.2	99.7	100.4	99.9	99.0	101.1
100.0	100.0	100.0	99.8	98.8	100.0	100.0	100.0	100.0	100.0
100.1	100.2	98.0	100.0	101.4	99.3	100.7	99.8	98.1	102.1
99.0	101.1	100.0	95.8	103.3	101.1	100.0	100.0	100.0	100.0
99.7	98.7	100.0	100.7	102.0	102.2	100.2	99.8	99.2	99.7
99.2	98.3	99.9	100.7	102.8	103.0	100.3	99.8	98.8	99.3
98.7	97.9	102.9	102.9	109.7	105.8	101.3	99.9	97.2	98.2
99.3	99.2	99.8	100.0	100.5	100.1	99.8	100.4	100.0	100.4
99.2	97.7	96.9	99.3	97.7	103.2	99.9	98.8	99.9	99.6
100.7	98.7	101.0	100.8	103.8	102.1	99.2	100.5	96.7	99.2
100.9	100.5	100.7	100.8	99.8	99.9	99.9	100.0	99.5	100.0
101.8	100.7	100.9	101.0	99.7	99.9	99.9	100.0	99.4	99.8
99.6	99.8	100.0	100.0	100.0	100.0	100.2	100.0	99.8	99.4
96.4	100.0	100.0	100.0	100.0	100.0	100.0	100.0	100.0	101.9
101.3	99.2	100.1	99.9	100.0	100.2	100.0	100.0	101.5	101.4
101.2	98.7	100.0	100.0	99.9	100.3	100.1	100.1	100.0	100.0
101.3	99.9	100.1	99.9	100.1	100.0	100.0	100.0	103.4	103.0

11—12 续表1

单位:%　　　　(2015,以上年价格为100)

指 标	Item	年度 Year	月份 Month 一 Jan.	二 Feb.
蛋	Eggs	89.7	94.9	96.9
鲜蛋	Fresh Eggs	87.8	93.9	96.4
蛋制品	Egg Products	101.7	101.2	100.0
水产品	Aquatic Products	98.5	100.1	100.6
鱼	Fish	98.4	99.9	101.0
淡水鱼	Freshwater Fish	99.5	100.1	101.8
海水鱼	Marine Fish	96.6	99.6	99.6
其它水产品	Other Aquatic Products	98.6	100.3	100.1
蟹类	Shrimps and Crab	97.8	100.0	99.8
其它	Others	100.0	100.7	100.7
菜	Vegetables	106.6	106.0	111.3
鲜菜	Fresh Vegetables	107.6	106.6	113.6
干菜及菜制品	Dry Vegetables and Related Products	104.8	101.6	99.9
薯类	Tubers	97.7	106.1	97.2
调味品	Flavoring	105.3	100.8	102.9
食用盐	Edible Salt	100.0	100.0	100.0
酱油	Sauce	115.9	103.1	110.7
醋	Vinegar	100.4	100.0	100.0
味精	MSG	105.2	100.0	100.0
其它	Others	101.2	100.0	99.7
糖	Carbohydrate	101.7	100.0	99.4
食糖	Sugar	100.8	100.0	100.0
糖果	Candy	101.3	100.0	98.3
巧克力制品	Chocolate Products	105.9	100.0	100.0
糖类小食品	Carbohydrate Products	99.8	100.0	100.0
茶及饮料	Tea and Beverages	100.4	99.9	100.3
茶叶	Tea	99.6	100.0	100.6
茶叶	Tea	99.6	100.0	100.6
饮料	Beverage	100.8	99.9	100.1
固体饮料	Solid Drink	103.8	100.0	100.0
液体饮料	Liquid Beverage	99.5	99.7	100.3
冷冻饮料	Frozen drinks	99.9	100.0	100.0
干鲜瓜果	Dried and Fresh Melons and Fruits	94.5	103.3	105.3
鲜瓜果	Fresh Melons and Fruits	92.4	104.7	107.0
干(坚)果	Dried Melons and Fruits	100.9	99.0	100.0
糕点饼干面包	Cake,Biscuit and Bread	101.4	99.9	100.2

continued

(2015, preceding year =100) (%)

月份 Month									
三 Mar.	四 Apr.	五 May.	六 June.	七 July.	八 Aug.	九 Sept.	十 Oct.	十一 Nov.	十二 Dec.
96.7	93.9	98.8	97.7	102.4	111.2	101.2	93.1	98.6	103.6
96.2	93.0	98.3	97.3	102.9	113.4	101.4	92.0	98.4	104.3
100.0	98.6	101.4	100.0	100.0	100.0	100.0	100.0	100.0	100.0
99.8	100.2	99.7	100.4	99.2	99.1	98.9	100.3	100.3	100.0
99.8	100.4	100.3	99.9	98.3	98.8	99.1	99.5	100.0	99.8
100.4	100.1	101.0	100.3	98.4	97.7	98.5	100.4	99.1	99.3
98.9	100.8	99.1	99.3	98.3	100.7	100.2	98.0	101.4	100.8
99.7	100.0	98.7	101.3	100.7	99.6	98.6	101.5	100.8	100.1
99.5	100.0	99.8	100.1	101.4	100.7	99.5	101.0	100.0	99.9
100.0	100.0	96.9	103.2	99.5	97.9	97.2	102.4	102.1	100.5
90.3	97.1	88.4	98.3	94.6	107.4	95.2	92.3	115.5	117.4
88.0	97.4	84.6	97.4	93.9	111.0	95.0	91.1	119.3	120.4
100.8	99.6	100.2	101.3	97.7	100.8	99.6	100.8	98.5	101.6
112.6	88.2	125.0	103.6	97.4	82.6	88.1	91.8	104.3	105.6
100.1	99.8	98.7	100.9	101.3	100.0	100.2	101.2	100.9	100.5
100.0	100.0	100.0	100.0	100.0	100.0	100.0	100.0	100.0	100.0
100.0	100.0	100.0	100.6	100.0	99.0	101.1	101.8	100.0	100.2
100.0	100.0	97.3	99.8	102.9	100.0	100.0	102.1	101.4	101.5
100.0	100.0	95.1	105.1	102.5	101.4	100.0	100.0	102.7	100.7
100.3	98.9	99.6	100.2	102.2	100.5	99.5	101.6	101.3	100.3
100.0	100.6	100.3	99.9	99.7	100.6	99.8	100.3	100.1	100.3
100.0	100.0	100.0	98.8	101.3	100.0	100.0	100.2	100.4	101.0
100.0	101.7	100.0	100.0	98.3	101.7	99.2	100.8	100.0	100.0
100.0	100.0	101.5	101.5	100.0	100.0	100.0	100.0	100.0	100.0
100.0	100.0	100.0	100.0	99.4	100.0	100.0	100.0	100.0	100.0
100.2	98.8	98.7	101.6	100.3	97.9	100.0	98.3	101.4	99.9
100.0	98.7	98.6	102.7	100.0	98.7	98.6	98.7	102.7	98.9
100.0	98.7	98.6	102.7	100.0	98.7	98.6	98.7	102.7	98.9
100.3	98.9	98.7	101.0	100.5	97.5	100.7	98.2	100.7	100.4
100.0	97.0	97.0	102.0	100.8	97.5	103.2	98.1	101.6	100.5
100.6	99.5	99.1	100.8	100.5	99.5	99.6	97.4	100.4	100.5
100.0	100.0	100.0	100.0	100.0	92.8	100.0	100.0	100.0	100.0
101.0	97.9	92.8	94.3	98.9	96.8	102.0	96.9	100.6	99.9
100.7	97.8	90.6	92.1	99.1	95.4	102.4	96.5	100.6	100.3
101.9	98.3	99.9	100.9	98.4	100.8	100.9	98.1	100.5	98.8
99.8	100.7	101.8	99.6	99.9	100.0	100.0	98.4	100.1	99.7

11—12 续表2

单位:%　　(2015,以上年价格为100)

指　标	Item	年度 Year	月份 Month 一 Jan.	二 Feb.
糕点	Cake	103.2	99.7	100.3
饼干	Biscuit	101.3	99.4	100.6
面包	Bread	99.6	100.4	100.0
液体乳及乳制品	Milk and Processed Products	100.3	100.1	100.1
巴氏杀菌乳或灭菌乳	Pasteurized Milk or Sterilized Milk	97.9	100.0	100.0
酸牛乳	Yogurt	100.8	100.0	100.0
乳粉	Milk Powder	101.5	100.6	100.6
其它	Others	110.5	100.0	99.4
在外用膳食品	Dining Out	101.9	99.9	100.0
主食	Staple Food	102.2	99.8	100.0
炒菜	Cooking	99.5	100.0	100.0
地方小吃	Local Snacks	107.7	100.0	100.0
其它	Others	101.6	100.0	100.5
其它食品	Other Foods	101.5	100.3	100.0
其它食品	Other Foods	101.5	100.3	100.0
烟酒	**Tobacco and Liquor**	**102.5**	**99.9**	**100.0**
烟草	Tobacco	104.1	100.0	100.0
高档卷烟	High-grade Cigarette	104.3	100.0	100.0
中档卷烟	Mid- cigarette	105.1	100.0	100.0
其它	Others	102.2	100.0	100.0
酒	Liquor	99.0	99.6	99.9
白酒	Liquor	98.2	99.4	99.9
葡萄酒	Wine	99.8	100.0	100.0
啤酒	Beer	100.4	100.0	99.7
其它	Others	100.0	100.0	100.0
衣着	**Clothing**	**103.5**	**98.9**	**99.8**
服装	Garments	102.7	98.6	99.7
男式服装	Men's Clothing	103.3	98.4	99.6
大衣	Overcoats	101.5	97.6	95.0
毛线衣	Wool Sweaters	103.7	97.6	100.8
夹克衫	Clip Grams Shirt	110.0	100.0	100.0
衬衫	Shirts	107.2	100.0	100.0
T恤衫	T-shirts	104.8	100.0	98.7
裤子	Pants	102.7	97.7	100.5
西服	Western Clothes	102.3	97.4	100.3
运动衫裤	Sports Shirt and Trousers	99.8	100.5	100.7

continued

(2015, preceding year =100) (%)

月份 Month									
三 Mar.	四 Apr.	五 May.	六 June.	七 July.	八 Aug.	九 Sept.	十 Oct.	十一 Nov.	十二 Dec.
99.6	101.0	101.4	100.7	101.0	100.0	100.0	100.0	98.7	99.3
100.0	99.4	99.4	101.3	100.0	100.0	100.0	97.3	102.3	100.0
100.0	101.2	103.6	97.7	98.8	100.0	100.0	97.5	100.0	100.0
100.0	99.5	98.6	99.3	99.9	101.1	99.0	99.9	99.9	99.8
100.0	100.0	97.1	100.0	98.5	101.0	96.0	102.3	98.6	99.8
100.0	100.0	100.0	97.7	99.7	103.6	100.0	99.4	100.6	100.0
100.0	98.4	99.3	99.7	102.6	99.1	103.0	96.7	100.9	100.0
100.6	98.9	100.9	99.3	100.9	100.0	100.0	98.2	101.8	98.0
100.1	100.1	101.4	99.7	100.0	100.0	100.0	100.2	100.0	100.0
100.4	100.4	100.0	99.9	99.9	100.0	99.8	100.7	100.0	100.0
100.0	100.0	100.0	99.4	100.0	100.0	100.0	100.0	100.0	100.0
100.0	100.0	106.3	100.0	100.0	100.0	100.0	100.0	100.0	100.0
100.5	100.0	101.0	100.0	100.0	100.0	100.0	100.0	100.0	100.0
99.7	100.0	100.0	100.0	100.0	100.0	100.0	100.0	100.5	100.0
99.7	100.0	100.0	100.0	100.0	100.0	100.0	100.0	100.5	100.0
99.9	**99.7**	**102.6**	**102.3**	**100.0**	**99.8**	**100.2**	**100.0**	**100.0**	**100.1**
100.0	100.0	103.3	103.1	100.0	100.0	100.0	100.0	100.0	100.0
100.0	100.0	103.4	103.3	100.0	100.0	100.0	100.0	100.0	100.0
100.0	100.0	104.1	103.9	100.0	100.0	100.0	100.0	100.0	100.0
100.0	100.0	101.8	101.7	100.0	100.0	100.0	100.0	100.0	100.0
99.7	99.0	101.0	100.4	100.0	99.4	100.6	100.0	100.2	100.2
99.6	99.5	100.3	100.1	100.0	99.8	100.3	100.3	100.0	100.0
100.0	100.0	98.9	101.1	100.0	98.7	101.3	98.7	101.3	100.0
99.7	96.9	104.0	100.8	100.0	98.7	101.3	100.0	100.0	100.8
100.0	100.0	100.0	100.0	100.0	100.0	100.0	100.0	100.0	100.0
101.1	**101.5**	**99.1**	**98.4**	**98.8**	**98.4**	**103.3**	**101.8**	**99.8**	**97.3**
100.3	101.1	99.0	98.4	99.0	98.3	103.7	101.9	100.4	97.2
99.7	101.5	97.8	98.8	99.4	98.6	103.7	102.0	98.9	96.7
97.4	100.0	100.0	100.0	100.0	100.0	100.0	100.0	105.2	99.6
94.3	100.8	100.0	100.0	100.0	100.0	100.0	109.2	102.6	99.2
103.0	102.8	95.9	99.6	93.2	98.3	108.5	105.0	96.3	95.9
101.1	98.9	100.0	100.0	98.3	101.3	100.4	100.0	97.9	100.0
100.7	98.3	101.0	99.6	98.9	99.7	104.2	100.4	96.3	97.5
106.8	107.1	87.6	99.2	97.4	97.2	109.7	106.2	91.0	95.1
97.1	103.7	97.2	96.9	100.7	100.4	101.9	100.4	98.9	93.4
99.5	99.2	99.9	94.3	103.4	97.2	106.7	101.3	101.1	97.1

11—12 续表3

单位:%　　　　(2015,以上年价格为100)

指 标	Item	年度 Year	月份 Month 一 Jan.	二 Feb.
内衣	Underwear	100.3	100.0	100.0
羽绒衣	Down Clothing	100.6	90.0	100.0
其它	Others	105.5	100.0	100.0
女式服装	Women's Clothing	102.5	99.2	99.9
大衣	Overcoats	103.7	96.1	100.0
毛线衣	Wool Sweater	104.0	99.2	99.2
羽绒衣	Down Clothing	104.2	90.0	100.0
套装	Suits	95.5	101.7	98.7
衬衫	Shirts	107.6	100.7	102.0
T恤衫	T-shirts	100.8	100.0	98.9
裙子	Skirts	104.5	102.0	100.7
裤子	Pants	101.3	99.3	99.3
运动衫裤	Sports Shirt and Trousers	100.1	100.5	101.2
内衣	Underwear	100.1	100.0	100.0
其它	Others	105.8	100.0	100.0
儿童套装	Children's Clothing	100.4	94.6	96.9
套装	On Clothing	97.9	90.1	94.7
裤子	Pants	101.7	94.9	96.5
裙子	Skirts	99.6	98.3	98.3
其它	Others	103.7	99.9	100.0
衣着材料	Clothing Material	101.8	100.0	100.0
棉布	Cotton Cloth	100.0	100.0	100.0
化纤布	Chemical Fiber Cloth	103.2	100.0	100.0
毛线	Woolen	100.0	100.0	100.0
其它	Others	105.3	100.0	100.0
鞋袜帽	Shoes ,Socks and Hats	106.4	99.5	100.3
鞋	Footgear	106.7	99.3	100.3
男鞋	Male	105.7	99.0	101.1
女鞋	Female	107.9	100.0	99.6
童鞋	Children Shoes	106.6	98.6	100.0
袜子	Socks	105.1	101.6	100.0
男袜	Male	105.5	100.0	100.0
女袜	Female	104.8	102.6	100.0
帽子	Hats	100.9	100.0	100.3
男帽	Male	100.2	100.0	100.0
女帽	Female	101.3	100.0	100.6

continued

（2015，preceding year =100） （%）

月份 Month									
三 Mar.	四 Apr.	五 May.	六 June.	七 July.	八 Aug.	九 Sept.	十 Oct.	十一 Nov.	十二 Dec.
100.0	100.0	100.0	100.0	100.0	95.3	105.0	100.0	100.0	98.4
100.0	100.0	100.0	100.0	100.0	100.0	100.0	100.0	100.9	93.3
100.7	102.4	97.0	94.5	104.5	91.9	113.7	99.8	97.8	89.0
100.5	100.6	100.2	98.1	99.0	98.2	103.5	101.4	101.5	98.2
100.0	100.0	100.0	100.0	100.0	100.0	100.0	100.0	104.6	100.9
95.0	100.0	100.0	100.0	100.0	100.0	100.0	107.7	105.3	98.4
100.0	100.0	100.0	100.0	100.0	100.0	100.0	100.0	101.7	94.0
101.1	100.5	97.1	99.2	97.5	96.0	100.6	99.6	101.0	98.0
107.2	104.4	98.3	90.6	98.4	101.0	108.7	100.9	99.4	98.2
101.2	100.0	105.6	96.8	94.1	96.1	104.1	103.8	100.0	100.0
101.5	100.0	103.7	97.5	98.6	97.3	105.7	99.3	100.7	97.0
102.9	99.8	102.3	101.2	95.4	97.9	102.3	98.0	98.5	100.0
99.1	99.2	97.1	97.1	103.4	97.2	111.4	104.8	101.1	97.1
100.0	100.0	100.0	100.0	100.0	96.8	103.3	100.0	100.0	98.4
99.6	101.6	99.8	94.5	104.5	91.9	113.1	99.3	99.5	91.8
103.7	102.4	96.9	98.7	96.8	96.8	105.1	105.5	101.2	91.1
104.1	102.1	94.6	101.7	97.7	96.5	104.7	105.0	103.6	89.1
107.9	105.2	94.0	93.6	94.9	94.3	114.8	112.2	98.0	85.9
100.0	100.0	106.7	97.9	97.5	96.5	100.0	104.1	101.7	91.3
101.5	101.5	97.1	100.0	97.1	100.0	100.0	100.0	100.8	100.8
100.0	100.0	100.0	100.0	100.0	100.0	100.0	100.0	100.0	100.0
100.0	100.0	100.0	100.0	100.0	100.0	100.0	100.0	100.0	100.0
100.0	100.0	100.0	100.0	100.0	100.0	100.0	100.0	100.0	100.0
100.0	100.0	100.0	100.0	100.0	100.0	100.0	100.0	100.0	100.0
100.0	100.0	100.0	100.0	100.0	100.0	100.0	100.0	100.0	100.0
103.8	102.8	99.3	98.4	98.1	98.6	102.4	101.9	98.1	97.4
104.2	103.2	99.2	98.2	97.9	98.4	102.7	102.1	97.8	97.1
105.1	103.1	99.6	97.9	96.8	97.2	103.4	102.4	94.7	97.4
103.0	104.8	95.0	96.9	100.6	100.0	104.4	101.0	100.0	97.8
104.4	100.3	107.0	101.1	95.6	97.9	98.0	103.9	100.6	95.0
100.0	100.0	100.0	100.0	100.0	100.0	100.0	100.0	100.0	100.0
100.0	100.0	100.0	100.0	100.0	100.0	100.0	100.0	100.0	100.0
100.0	100.0	100.0	100.0	100.0	100.0	100.0	100.0	100.0	100.0
104.5	98.6	101.1	100.6	96.5	100.0	100.0	100.0	100.0	100.2
102.2	97.8	100.0	100.0	100.0	100.0	100.0	100.0	100.0	100.0
105.9	99.0	101.7	100.9	94.5	100.0	100.0	100.0	100.0	100.3

11—12 续表4

单位:%　　　　(2015,以上年价格为100)

指　标	Item	年度 Year	月份 Month	
			一 Jan.	二 Feb.
衣着加工服务	Clothing Manufacturing Services	102.6	102.5	100.0
缝纫	Sewing	109.4	108.7	100.0
清洗	Cleaning	100.0	100.0	100.0
其它	Others	100.0	100.0	100.0
家庭设备用品及维修服务	**Household Facilities ,Articles and Services**	**102.8**	**100.8**	**100.4**
耐用消费品	Durable Consumer Goods	102.7	101.2	100.0
家具	Furniture	100.8	100.0	101.1
柜	Cabinets	103.8	100.0	104.9
床	Beds	100.0	100.0	100.0
桌	Tables	99.6	100.0	100.0
椅	Chairs	100.0	100.0	100.0
沙发	Sofas	100.2	100.0	100.0
其它	Others	99.2	100.0	100.0
家庭设备	Household Facilities	103.7	101.8	99.5
洗衣机	Washing Machine	110.1	106.4	100.0
电风扇	Electric Fan	101.8	100.0	100.0
电冰箱(柜)	Refrigerator(cabinet)	107.5	103.5	100.8
抽排油烟机	Exhaust Fan	101.0	100.0	100.0
空调器	Air Conditioner	101.1	100.0	100.0
热水器	Water Heater	100.3	100.0	97.3
微波炉	Microwave Oven	99.5	100.0	100.0
其它	Others	102.0	100.0	99.7
室内装饰品	Interior Decorations	106.4	101.6	100.1
纺织装饰品	Textile Decorations	112.1	103.9	100.0
装饰灯具	Decorative Lighting	98.8	98.3	100.5
其它	Others	101.6	100.0	100.0
床上用品	Bed Articles	101.7	97.5	100.7
被子	Quilt	104.8	100.0	100.4
床上套件	Bed Suite	103.5	100.0	100.7
其它	Others	96.2	91.9	101.0
家庭日用杂品	Daily Use Household Articles	101.8	100.0	99.9
茶具	Tea Set	102.8	100.0	100.0
餐具	Tableware	100.9	100.0	100.0
厨具	Kitchen	103.2	100.0	100.0
家用手工工具	Household Hand Tools	100.2	100.0	100.0
洗涤用品	Detergent	100.9	100.0	100.2

continued

(2015, preceding year =100) (%)

月份 Month									
三 Mar.	四 Apr.	五 May.	六 June.	七 July.	八 Aug.	九 Sept.	十 Oct.	十一 Nov.	十二 Dec.
100.0	100.0	100.0	100.0	100.0	100.0	100.0	100.0	100.0	100.0
100.0	100.0	100.0	100.0	100.0	100.0	100.0	100.0	100.0	100.0
100.0	100.0	100.0	100.0	100.0	100.0	100.0	100.0	100.0	100.0
100.0	100.0	100.0	100.0	100.0	100.0	100.0	100.0	100.0	100.0
99.9	**100.4**	**99.9**	**99.8**	**99.8**	**100.1**	**99.6**	**100.4**	**99.7**	**100.0**
100.0	100.2	99.9	98.9	99.6	99.8	99.4	100.4	99.3	100.4
100.0	100.0	100.0	99.6	99.6	100.0	100.0	100.0	100.0	100.0
100.0	100.0	100.0	98.7	98.7	100.0	100.0	100.0	100.0	100.0
100.0	100.0	100.0	100.0	100.0	100.0	100.0	100.0	100.0	100.0
100.0	100.0	100.0	99.4	99.8	100.4	100.0	100.0	100.0	100.0
100.0	100.0	100.0	100.0	100.0	100.0	100.0	100.0	100.0	100.0
100.0	100.0	100.0	100.0	100.0	100.0	100.0	100.0	100.0	100.0
100.0	100.0	100.0	100.0	99.1	99.1	100.0	100.0	100.0	100.0
100.1	100.2	99.9	98.6	99.6	99.8	99.1	100.6	98.9	100.6
99.6	101.1	100.0	100.2	99.5	99.7	95.8	99.8	99.3	101.8
100.0	100.0	100.0	96.8	103.8	100.0	100.0	100.0	100.0	100.0
99.6	101.7	99.9	98.3	98.9	99.1	99.9	102.5	97.4	100.6
102.4	97.1	99.1	91.2	100.8	100.8	99.2	103.2	98.6	101.4
99.2	98.9	100.5	100.4	98.3	101.5	99.4	97.3	100.0	98.2
100.0	100.1	100.1	99.8	100.0	100.0	99.4	99.8	100.0	100.8
100.0	100.0	100.0	100.0	100.0	100.0	100.0	100.0	99.0	101.0
101.6	100.0	98.9	99.6	99.0	96.5	99.6	99.9	99.1	100.6
103.1	102.4	99.5	100.7	100.0	100.0	100.0	100.0	100.0	99.3
105.0	104.7	100.0	100.0	100.0	100.0	100.0	100.0	100.0	100.0
101.3	99.0	98.3	102.7	100.0	100.0	100.0	100.0	100.0	97.3
100.0	100.0	100.0	100.0	100.0	100.0	100.0	100.0	100.0	100.0
100.3	103.2	96.7	108.1	99.3	100.0	99.3	100.0	100.0	95.1
100.2	103.7	96.3	108.7	99.5	100.0	99.5	100.0	100.0	93.9
100.3	102.9	96.9	108.1	99.2	100.0	99.1	100.0	100.0	95.7
100.3	102.9	97.1	107.5	99.2	100.0	99.2	100.0	100.0	95.9
100.1	100.1	100.0	99.8	100.2	100.2	99.8	100.4	100.2	100.1
100.0	100.0	100.0	100.0	100.0	100.0	100.0	100.0	100.0	100.0
100.0	100.0	100.0	100.0	100.0	100.2	100.0	100.0	100.0	100.0
100.0	100.0	100.0	99.7	100.2	100.4	100.0	100.0	100.0	100.0
100.0	100.0	100.0	100.0	100.2	100.2	100.0	100.0	100.0	100.0
99.8	100.3	100.2	99.6	100.4	100.2	99.2	100.5	100.3	100.1

11—12 续表5

单位:%　　　　　　　　　　　　　　　　　　　　　　　　　　　　　　　　　　　　　（2015,以上年价格为100）

指 标	Item	年度 Year	月份 Month 一 Jan.	二 Feb.
其它	Others	101.7	100.0	99.5
家庭服务及加工维修服务	Household Services and Maintenance and Renovation	105.1	103.0	105.1
家庭服务	Household Services	105.7	104.3	107.3
加工维修服务	Maintenance and Renovation	103.6	100.0	100.0
医疗保健和个人用品	**Health Care and Personal Articles**	**100.5**	**100.0**	**100.7**
医疗保健	Health Care	100.4	100.0	100.1
医疗器具及用品	Medical Apparatus and Article	101.2	100.0	100.0
医疗器具及用品	Medical Apparatus and Article	101.2	100.0	100.0
中药材及中成药	Traditional Chinese Medicinal Materials and medicines	99.7	100.0	100.4
中药材	Traditional Chinese	100.4	100.0	101.2
中成药	Medicinal Materials and Medicines	99.2	100.0	99.9
西药	Western Medicines	98.1	99.9	99.8
抗菌素(抗感染药)	Antibacterial Drugs(anti-infectives)	97.2	100.0	100.0
消化系统用药	Digestive System Drugs	94.7	100.0	100.0
呼吸系统用药	Respiratory Medicine	96.8	100.0	98.3
解热镇痛药	Antipyretic and Analgesic	97.1	100.0	100.0
抗肿瘤药	Antineoplastic	99.5	100.0	100.0
激素类药	Hormone Drugs	107.4	98.9	100.0
心血管系统用药	Cardiovascular Drugs	96.5	100.0	100.0
中枢神经系统用药	Cardiovascular Drugs	93.5	100.0	100.0
消毒防腐及创伤外科用药	Disinfection Antisepsis and Trauma Surgery Medication	98.6	100.0	100.0
泌尿系统用药	Urinary System Agents	101.3	100.0	100.0
维生素类	Vitamins	103.3	100.0	100.0
其他	Others	97.7	100.0	100.0
保健器具及用品	Health Care Apparatus and Articles	104.5	100.0	100.0
保健器具	Health Care Apparatus	100.5	100.0	100.0
滋补保健用品	Health Care Articles	105.0	100.0	100.0
医疗保健服务	Health Care Service	103.1	100.2	100.0
挂号费	Registration Clinic Fee	115.1	100.0	100.0
注射费	Injection Fee	108.5	100.0	100.0
检查费	Inspection Fee	100.0	100.0	100.0
手术费	Surgery Fee	103.1	100.0	100.0
住院费	Beds Fee	101.5	102.5	100.0
理疗费	Management Treatment Fee	100.0	100.0	100.0
化验费	Laboratory Fee	100.0	100.0	100.0
其它	Others	100.0	100.0	100.0

continued

(2015, preceding year =100) (%)

月份 Month									
三 Mar.	四 Apr.	五 May.	六 June.	七 July.	八 Aug.	九 Sept.	十 Oct.	十一 Nov.	十二 Dec.
100.5	100.0	100.0	100.0	100.2	100.0	100.0	101.5	100.6	100.5
96.4	100.0	100.4	100.0	100.0	101.9	100.0	100.0	100.0	100.0
95.0	100.0	100.0	100.0	100.0	100.0	100.0	100.0	100.0	100.0
100.0	100.0	101.5	100.0	100.0	106.3	100.0	100.0	100.0	100.0
99.6	**100.0**	**100.0**	**100.3**	**99.4**	**100.0**	**100.0**	**100.0**	**100.0**	**100.0**
100.3	99.9	99.7	100.5	99.1	100.0	100.0	100.0	100.0	100.0
100.0	100.0	100.0	100.0	100.0	100.0	100.0	100.0	100.0	100.0
100.0	100.0	100.0	100.0	100.0	100.0	100.0	100.0	100.0	100.0
101.2	100.0	99.8	100.0	97.5	100.0	99.4	100.0	100.0	100.0
101.7	98.8	98.7	100.0	100.0	100.0	98.7	100.0	100.0	100.0
100.8	101.0	100.6	100.0	95.5	100.0	100.0	100.0	100.0	100.0
100.0	99.8	100.0	100.3	94.7	100.1	100.7	100.0	100.0	100.0
100.0	99.3	100.0	100.0	96.1	100.0	100.0	100.0	100.0	100.0
100.0	99.9	100.0	100.0	87.7	100.0	100.0	100.0	100.0	100.0
100.0	100.0	100.0	100.0	96.5	100.0	100.0	100.0	100.0	100.0
100.0	100.0	100.0	100.0	96.5	100.0	100.0	100.0	100.0	100.0
100.0	100.0	100.0	100.0	94.6	100.0	100.0	100.0	100.0	100.0
100.0	107.2	100.0	101.1	94.2	100.0	104.8	100.0	100.0	100.0
100.0	100.0	100.0	100.0	93.2	100.0	100.0	100.0	100.0	100.0
100.0	94.2	100.0	100.0	95.5	100.0	100.0	100.0	100.0	100.0
100.0	100.0	100.0	100.0	97.3	100.0	100.0	100.0	100.0	100.0
100.0	99.4	100.0	101.9	97.1	100.5	100.0	100.0	100.0	100.0
100.0	100.0	100.0	100.0	95.9	100.0	106.2	100.0	100.0	100.0
100.0	100.0	100.0	100.0	95.4	100.0	100.0	100.0	100.0	100.0
100.0	100.0	100.0	105.6	102.2	100.0	100.0	100.0	100.0	100.0
100.0	100.0	100.0	100.0	100.0	100.0	100.0	100.0	100.0	100.0
100.0	100.0	100.0	106.3	102.5	100.0	100.0	100.0	100.0	100.0
100.0	100.0	99.2	100.0	106.7	100.0	99.6	100.0	99.9	100.0
100.0	100.0	100.0	100.0	130.2	100.0	100.0	100.0	100.0	100.0
100.0	100.0	100.0	100.0	119.9	100.0	100.0	100.0	92.6	100.0
100.0	100.0	100.0	100.0	100.0	100.0	100.0	100.0	100.0	100.0
100.0	100.0	100.0	100.0	106.3	100.0	100.0	100.0	100.0	100.0
100.0	100.0	87.5	100.0	107.2	100.0	93.3	100.0	114.3	100.0
100.0	100.0	100.0	100.0	100.0	100.0	100.0	100.0	100.0	100.0
100.0	100.0	100.0	100.0	100.0	100.0	100.0	100.0	100.0	100.0
100.0	100.0	100.0	100.0	100.0	100.0	100.0	100.0	100.0	100.0

11—12 续表6

单位:%　　　　(2015,以上年价格为100)

指 标	Item	年度 Year	月份 Month 一 Jan.	二 Feb.
个人用品及服务	Personal Articles and Service	100.6	100.0	102.0
化妆美容用品	Cosmetic Beauty Products	100.1	99.8	100.2
化妆美容器具	Makeup Beauty Appliances	100.2	97.4	102.7
美容化妆品	Cosmetics	100.0	100.0	100.0
护肤品	Skin Care Products	100.0	100.0	100.0
护发美容品	Hair Care Beauty Products	100.1	100.0	100.0
清洁化妆用品	Sanitation Articles	100.9	100.0	100.1
洗发用品	Shampoo	100.6	100.1	100.1
洗浴用品	Toiletries	101.5	100.0	100.2
其它	Others	100.5	100.0	100.0
个人饰品	Personal Ornaments	97.5	100.4	99.5
首饰	Jewelery	94.3	101.1	100.6
皮件	Skin pieces	100.3	97.3	99.7
手表	Watches	100.7	100.8	100.8
领带	Ties	98.4	98.9	101.0
其它	Others	92.7	108.7	92.4
个人服务	Personal Services	102.5	100.0	106.5
美容	Beauty	100.7	100.0	108.0
理(烫)发	Management (Hot) Hair	101.1	100.0	108.4
洗浴	Bath	108.1	100.0	100.0
其它	Others	107.7	100.0	100.0
交通和通讯	**Transportation and Communication**	**99.4**	**100.3**	**100.0**
交通	Transportation	98.8	100.4	100.1
交通工具	Transportation Facility	98.2	100.0	100.0
助动自行车	Powered Bicycle	101.4	100.0	100.0
轿车	Cars	94.4	100.0	100.0
自行车	Bicycles	98.6	100.0	100.0
其它	Others	98.9	100.0	100.0
车用燃料及零配件	Fuels and Parts	86.5	94.2	98.5
汽油	Gasoline	80.9	91.7	97.8
柴油	Diesel Oil	79.9	92.1	99.4
零配件	Parts and Accessories	102.0	100.0	100.0
其它	Others	99.4	100.0	100.0
车辆使用及维修费	Fees for Vehicles Use and Maintenance	106.0	100.0	100.2
保险费	Insurance Fees	100.0	100.0	100.0
停车费	Parking Fees	100.0	100.0	100.0

continued

(2015, preceding year =100) (%)

月份 Month									
三 Mar.	四 Apr.	五 May.	六 June.	七 July.	八 Aug.	九 Sept.	十 Oct.	十一 Nov.	十二 Dec.
98.0	100.0	100.4	99.9	99.9	100.1	100.1	100.0	100.0	99.8
100.0	99.6	100.4	100.0	100.0	100.0	100.0	100.0	100.0	100.0
100.0	100.0	100.0	100.0	100.0	100.0	100.0	100.0	100.0	100.0
100.0	100.0	100.0	100.0	100.0	100.0	100.0	100.0	100.0	100.0
100.0	100.0	100.0	100.0	100.0	100.0	100.0	100.0	100.0	100.0
100.0	98.7	101.3	100.0	100.0	100.0	100.0	100.0	100.0	100.0
100.2	100.0	100.0	100.0	99.8	100.0	100.3	100.1	100.1	100.5
100.0	100.0	100.0	100.0	100.0	100.0	100.6	100.0	100.0	100.0
100.2	100.0	100.0	100.0	99.5	100.1	100.0	100.3	100.3	101.3
100.5	100.0	100.0	100.0	100.0	100.0	100.0	100.0	100.0	100.0
99.4	101.0	100.0	99.4	99.4	100.5	99.9	99.7	100.1	97.9
98.9	99.0	99.6	101.4	98.2	99.9	99.9	99.4	100.1	94.5
100.0	103.7	100.0	98.2	100.0	101.8	100.0	100.0	100.0	100.0
99.5	100.0	100.8	99.2	100.0	100.0	100.0	100.0	100.0	100.0
98.3	103.4	99.0	94.0	100.9	99.9	100.8	97.9	101.8	93.8
99.5	99.5	100.0	99.5	99.5	99.5	99.1	100.0	100.0	100.0
93.9	100.0	101.1	100.0	100.0	100.0	100.2	100.0	100.0	100.0
92.6	100.0	100.0	100.0	100.0	100.0	100.0	100.0	100.0	100.0
92.3	100.0	100.0	100.0	100.0	100.0	100.0	100.0	100.0	100.0
100.0	100.0	104.6	100.0	100.0	100.0	100.0	100.0	100.0	100.0
100.0	100.0	106.9	100.0	100.0	100.0	106.1	100.0	100.0	100.0
98.2	**102.8**	**98.6**	**101.1**	**102.4**	**99.9**	**97.1**	**99.6**	**99.3**	**100.3**
97.3	104.3	97.8	101.5	103.6	99.9	95.8	99.4	99.0	100.5
99.6	100.0	100.0	99.6	99.8	98.9	99.8	99.3	99.9	99.8
100.0	100.0	100.0	100.0	100.0	100.0	100.0	100.0	100.0	97.2
99.4	100.2	100.0	98.6	98.3	97.4	99.3	97.3	99.5	100.0
99.1	100.0	100.0	100.0	100.9	98.1	100.0	100.0	100.0	102.0
100.0	100.0	100.0	100.0	100.0	100.0	100.0	100.0	100.0	100.0
104.0	99.4	104.0	100.1	98.3	95.7	97.4	100.9	98.9	98.0
105.9	99.2	105.8	100.2	97.6	93.9	96.3	101.4	98.5	97.1
106.8	99.0	106.5	100.1	97.5	93.0	95.9	101.8	98.1	96.7
100.0	100.0	100.0	100.0	100.0	100.0	100.0	100.0	100.0	100.0
100.0	100.0	100.0	100.0	100.0	100.0	100.0	100.0	100.0	97.2
99.8	100.0	100.0	100.0	100.0	100.0	100.0	100.0	100.0	100.0
100.0	100.0	100.0	100.0	100.0	100.0	100.0	100.0	100.0	100.0
100.0	100.0	100.0	100.0	100.0	100.0	100.0	100.0	100.0	100.0

11—12 续表7

单位:%　　　　(2015,以上年价格为100)

指　标	Item	年度 Year	月份 Month 一 Jan.	二 Feb.
车辆修理服务费	Fees Vehicle Repair and Service	117.7	100.0	100.0
其它	Others	99.8	100.0	101.1
市区公共交通费	Incity Traffic Fare	97.7	100.0	100.0
公共汽车票	Bus Tickets	91.5	100.0	100.0
出租汽车	Taxi	100.0	100.0	100.0
其它	Others	83.4	100.0	100.0
城市间交通费	Intercity Traffic Fare	102.4	102.8	100.6
飞机票	Air Tickets	107.5	109.5	102.0
火车票	Train Tickets	100.0	100.0	100.0
长途汽车	Coach	100.0	100.0	100.0
短途汽车	Short-distance Car	100.0	100.0	100.0
其它	Others	100.0	100.0	100.0
通信	Communication	100.5	100.0	99.9
通信工具	Communication Facility	102.2	100.0	99.1
固定电话机	Telephone	100.2	100.0	100.0
移动电话机	Mobile Telephone	105.5	100.0	97.9
其它	Others	99.8	100.0	100.0
通信服务	Communication Service	100.3	100.0	100.0
移动通信费	Mobile Communications	100.0	100.0	100.0
市内电话费	Local Telephone Fee	100.0	100.0	100.0
长途电话费	Telephone Fee	100.0	100.0	100.0
月租费	Monthly Rental Fee	100.0	100.0	100.0
上网费	On Network Costs	100.0	100.0	100.0
邮政邮寄	Postal Mail	100.0	100.0	100.0
其它邮寄	Other Postal Mail	102.4	100.0	100.0
其它	Others	102.0	100.0	100.0
娱乐教育文化用品及服务	**Recreation,Education , Culture Articles and Service**	**107.8**	**103.4**	**102.5**
文娱用耐用消费品及服务	Durable Consumer Goods for Cultural and Recreational Use and Services	100.9	103.3	100.1
电视机	TV Set	97.0	105.6	100.0
激光视盘机	Video Disc Player	106.5	106.7	100.0
摄像机	Video Camera	101.6	101.3	100.0
照相机	Camera	104.6	104.1	100.0
家用音响	Home Audio	100.3	100.0	100.0
便携式音响	Portable Audio	100.0	100.0	100.0
电脑	Computers	101.8	104.6	100.6
修理服务	Maintenance Service	104.2	100.0	100.0

continued

（2015，preceding year =100）　　　　　　　　　　　　　　　　（%）

月份 Month									
三 Mar.	四 Apr.	五 May.	六 June.	七 July.	八 Aug.	九 Sept.	十 Oct.	十一 Nov.	十二 Dec.
100.0	100.0	100.0	100.0	100.0	100.0	100.0	100.0	100.0	100.0
98.9	100.0	100.0	100.0	100.0	100.0	100.0	100.0	100.0	100.0
100.0	100.0	100.0	100.0	100.0	100.0	100.0	100.0	100.0	100.0
100.0	100.0	100.0	100.0	100.0	100.0	100.0	100.0	100.0	100.0
100.0	100.0	100.0	100.0	100.0	100.0	100.0	100.0	100.0	100.0
100.0	100.0	100.0	100.0	100.0	100.0	100.0	100.0	100.0	100.0
90.9	114.4	92.5	105.1	111.8	101.7	88.9	98.7	97.2	102.3
71.7	157.0	78.3	117.5	136.0	104.3	72.8	96.0	91.4	107.6
100.0	100.0	100.0	100.0	100.0	100.0	100.0	100.0	100.0	100.0
100.0	100.0	100.0	100.0	100.0	100.0	100.0	100.0	100.0	100.0
100.0	100.0	100.0	100.0	100.0	100.0	100.0	100.0	100.0	100.0
100.0	100.0	100.0	100.0	100.0	100.0	100.0	100.0	100.0	100.0
100.1	99.9	100.1	100.2	100.1	100.0	99.8	100.0	100.0	100.0
99.8	99.4	99.5	100.7	100.6	99.7	98.4	100.3	100.0	99.8
100.0	100.0	100.0	100.0	100.0	100.0	100.0	100.0	100.0	100.0
99.5	98.6	98.9	101.7	101.4	99.2	98.3	100.8	100.0	99.6
100.0	100.0	100.0	100.0	100.0	100.0	97.3	100.0	100.0	100.0
100.1	100.0	100.2	100.2	100.0	100.0	100.0	100.0	100.0	100.0
100.0	100.0	100.0	100.0	100.0	100.0	100.0	100.0	100.0	100.0
100.0	100.0	100.0	100.0	100.0	100.0	100.0	100.0	100.0	100.0
100.0	100.0	100.0	100.0	100.0	100.0	100.0	100.0	100.0	100.0
100.0	100.0	100.0	100.0	100.0	100.0	100.0	100.0	100.0	100.0
100.0	100.0	100.0	100.0	100.0	100.0	100.0	100.0	100.0	100.0
100.0	100.0	100.0	100.0	100.0	100.0	100.0	100.0	100.0	100.0
102.9	100.0	100.0	100.0	100.0	100.0	100.0	100.0	100.0	100.0
100.0	100.0	101.6	101.6	100.0	100.0	100.0	100.0	100.0	100.0
97.9	**101.4**	**99.9**	**100.8**	**102.4**	**99.4**	**99.1**	**98.3**	**98.4**	**99.1**
99.2	100.1	99.3	100.5	99.8	99.5	99.2	100.0	99.9	99.8
95.6	98.5	98.2	102.7	101.1	97.2	95.9	100.2	100.2	99.9
100.0	100.0	100.0	100.0	100.0	100.0	100.0	100.0	100.0	100.0
101.1	100.0	100.0	100.0	100.0	100.0	100.0	100.0	98.5	98.4
98.7	101.4	99.3	100.0	100.0	100.0	100.0	100.0	100.0	100.0
100.0	100.0	100.0	100.0	100.0	100.0	100.0	100.0	100.0	100.0
100.0	100.0	100.0	100.0	100.0	100.0	100.0	100.0	100.0	100.0
100.4	101.0	99.0	100.0	98.7	99.2	99.7	100.0	100.0	100.0
100.0	100.0	100.0	100.0	100.0	110.0	100.0	100.0	100.0	100.0

11—12 续表8

单位:%　　(2015,以上年价格为100)

指　标	Item	年度 Year	月份 Month 一 Jan.	二 Feb.
其它	Others	98.5	100.0	97.7
教育	Education	112.7	103.7	100.5
教材及参考书	Teaching Materials and Reference Books	107.9	100.0	100.0
工具书	Books	100.0	100.0	100.0
教材	Teaching Materials	106.5	100.0	100.0
参考书	Reference Books	110.2	100.0	100.0
教育软件	Educational Software	100.0	100.0	100.0
教育服务	Educational Service	113.7	104.5	100.6
学前教育	Pre-school Education	105.6	100.0	100.0
中等教育	Secondary Education	100.0	100.0	100.0
高等教育	Higher Education	119.1	100.0	100.0
专业技能培训	Professional Skills Training	107.7	100.0	104.6
其他	Others	125.2	117.7	100.0
文化娱乐类	Cultural and Recreational	103.3	102.3	100.0
文化娱乐用品	Cultural Articles	99.8	100.0	100.0
乐器	Musical Instruments	99.8	100.0	100.0
音响光盘和视盘	Audio CD and Video Disc	100.0	100.0	100.0
电子存储器	Electronic Memory Card	99.8	100.0	100.0
儿童玩具	Children's Toys	100.3	100.0	100.0
纸张本册	Paper	99.5	100.0	100.0
文具	Stationery	100.0	100.0	100.0
体育用品	Sporting Articles	97.9	100.0	100.0
其它	Others	101.7	100.0	100.0
书报杂志	Newspapers and Magazines	111.2	111.2	100.0
书籍	Books	100.1	100.0	100.0
报纸	Newspapers	118.9	118.9	100.0
杂志	Magazines	115.0	115.0	100.0
文娱费	Expenditure on Culture and Recreation	102.7	100.5	100.0
电影票	Movie Tickets	100.0	100.0	100.0
景点门票	Attractions Tickets	115.9	100.0	100.0
有线电视	Cable Television	100.0	100.0	100.0
健身活动	Fitness Activities	102.6	101.6	100.0
其它	Others	100.0	100.0	100.0

continued

(2015, preceding year =100) (%)

月份 Month									
三 Mar.	四 Apr.	五 May.	六 June.	七 July.	八 Aug.	九 Sept.	十 Oct.	十一 Nov.	十二 Dec.
98.8	100.0	100.0	100.0	99.2	98.5	100.6	100.0	100.0	99.4
100.8	100.9	99.8	100.0	100.0	99.4	100.5	100.0	100.0	100.0
105.0	100.0	100.0	100.0	100.0	100.0	101.7	100.0	100.0	100.0
100.0	100.0	100.0	100.0	100.0	100.0	100.0	100.0	100.0	100.0
106.5	100.0	100.0	100.0	100.0	100.0	100.6	100.0	100.0	100.0
105.1	100.0	100.0	100.0	100.0	100.0	102.6	100.0	100.0	100.0
100.0	100.0	100.0	100.0	100.0	100.0	100.0	100.0	100.0	100.0
100.0	101.1	99.8	100.0	100.0	99.3	100.2	100.0	100.0	100.0
100.0	100.0	100.0	100.0	100.0	100.0	100.0	100.0	100.0	100.0
100.0	100.0	100.0	100.0	100.0	100.0	100.0	100.0	100.0	100.0
100.0	100.0	100.0	100.0	100.0	100.0	100.0	100.0	100.0	100.0
100.0	107.9	98.5	100.0	100.0	95.2	101.7	100.0	100.0	100.0
100.0	100.0	100.0	100.0	100.0	100.0	100.0	100.0	100.0	100.0
100.0	100.0	100.0	100.6	100.0	99.9	99.4	100.7	100.0	100.0
100.0	100.0	100.0	100.0	100.1	99.7	100.0	100.0	100.0	100.0
100.0	100.0	100.0	100.0	100.0	100.0	99.5	100.0	100.0	100.0
100.0	100.0	100.0	100.0	100.0	100.0	100.0	100.0	100.0	100.0
99.7	100.0	100.0	100.0	100.0	100.0	100.0	100.0	100.0	100.0
100.0	100.0	100.0	100.0	100.0	100.0	100.0	100.0	100.0	100.0
100.0	100.0	100.0	100.0	100.0	98.8	100.0	100.0	100.0	100.0
100.0	100.0	100.0	100.0	100.0	100.0	100.0	100.0	100.0	100.0
100.0	100.0	100.0	100.0	100.0	98.9	100.0	100.0	100.0	100.0
100.0	100.0	100.0	100.0	100.9	100.0	100.0	100.0	100.0	100.0
100.0	100.0	100.0	100.0	100.0	100.0	100.0	100.0	100.0	100.0
100.0	100.0	100.0	100.0	100.0	100.0	100.0	100.0	100.0	100.0
100.0	100.0	100.0	100.0	100.0	100.0	100.0	100.0	100.0	100.0
100.0	100.0	100.0	100.0	100.0	100.0	100.0	100.0	100.0	100.0
100.0	100.0	100.0	101.2	100.0	100.0	98.8	101.5	100.0	100.0
100.0	100.0	100.0	100.0	100.0	100.0	100.0	100.0	100.0	100.0
100.0	100.0	100.0	100.0	100.0	100.0	100.0	100.0	100.0	100.0
100.0	100.0	100.0	100.0	100.0	100.0	100.0	100.0	100.0	100.0
100.0	100.0	100.0	103.7	100.0	100.0	96.5	104.3	100.0	100.0
100.0	100.0	100.0	100.0	100.0	100.0	100.0	100.0	100.0	100.0

11—12 续表9

单位:%　　　　　　　　　　　　　　　　　　　　　　　　　　　　(2015,以上年价格为100)

指 标	Item	年度 Year	月份 Month	
			一 Jan.	二 Feb.
旅游	Touring and Outing	103.6	103.5	112.2
旅行社收费	Travel Agent Fees	99.6	105.2	120.2
宾馆住宿	Hotel Accommodation	112.6	101.0	95.7
其他住宿	Other	110.7	100.0	100.0
居住	**Residence**	**100.0**	**99.8**	**99.8**
建房及装修材料	Building and Building Decoration Materials	99.3	100.0	99.6
木材	Timber	97.0	100.0	96.8
木地板	Timber Flooring	99.0	100.0	100.0
砖	Brick	98.5	100.0	100.0
水泥	Cement	97.4	100.0	100.0
涂料	Coating	100.0	100.0	100.0
板材	Board Material	100.0	100.0	100.0
玻璃	Glass	99.2	100.0	100.0
粘胶	Viscose	100.0	100.0	100.0
厨卫设备	Kitchen Equipment	101.7	100.0	100.0
其它	Others	99.8	100.0	100.0
租房	Renting	91.2	99.2	100.0
公房房租	Public House Leasing	100.0	100.0	100.0
私房房租	Private House Leasing	89.2	99.0	100.0
其他费用	Other Costs	100.0	100.0	100.0
自有住房	Private Housing	101.2	99.6	99.6
住房估算租金	Housing Estimates Rent	90.6	98.9	98.9
物业管理费用	Property Management Fees	105.1	100.0	100.0
维护修理费用	Maintenance and Repair Costs	133.3	100.0	100.0
其它	Others	100.0	100.0	100.0
水、电、燃料	Water,Electricity and Fuels	101.2	100.0	100.0
水	Water	101.5	100.0	100.0
电	Electricity	100.0	100.0	100.0
液化石油气	Liquefied Petroleum Gas	105.5	100.0	100.0
管道燃气	Pipeline Natural Gas	100.0	100.0	100.0
其他燃料	Other Fuels	100.0	100.0	100.0

continued

(2015, preceding year =100) (%)

月份 Month									
三 Mar.	四 Apr.	五 May.	六 June.	七 July.	八 Aug.	九 Sept.	十 Oct.	十一 Nov.	十二 Dec.
87.6	104.8	100.6	103.6	113.0	98.7	95.5	91.1	91.4	95.2
82.0	102.2	99.5	105.8	118.0	99.1	92.3	90.2	88.8	92.8
100.6	116.7	103.7	100.0	105.8	96.7	104.6	88.7	93.3	98.4
100.0	100.4	100.4	99.6	101.7	100.0	97.9	100.0	100.0	100.0
100.1	**100.6**	**100.0**	**99.7**	**99.5**	**99.8**	**99.6**	**99.5**	**99.4**	**100.0**
99.0	101.2	99.9	99.7	98.8	101.2	99.6	99.8	99.9	99.9
104.0	98.4	99.2	99.2	100.0	100.0	100.0	98.3	100.0	100.0
92.2	108.4	100.0	100.0	93.7	106.7	100.0	100.0	100.0	100.0
100.0	100.0	100.0	100.0	100.0	100.0	100.0	100.0	100.0	100.0
100.0	100.0	100.0	96.6	100.0	100.0	100.0	100.0	97.3	97.2
100.0	100.0	100.0	100.0	100.0	100.0	100.0	100.0	100.0	100.0
100.0	100.0	100.0	100.0	100.0	100.0	100.0	100.0	100.0	100.0
100.0	100.0	100.0	100.0	100.0	100.0	98.7	100.0	100.0	100.0
100.0	100.0	100.0	100.0	100.0	100.0	100.0	100.0	100.0	100.0
99.7	99.7	100.0	100.0	100.0	100.0	100.0	100.0	100.0	100.0
100.0	100.0	100.0	100.0	100.0	100.0	97.0	99.6	100.0	100.0
102.3	100.0	99.6	98.5	98.1	96.8	97.5	96.0	96.0	100.0
100.0	100.0	100.0	100.0	100.0	100.0	100.0	100.0	100.0	100.0
102.9	100.0	99.5	98.2	97.6	96.0	96.8	94.9	94.8	100.0
100.0	100.0	100.0	100.0	100.0	100.0	100.0	100.0	100.0	100.0
100.4	101.5	100.0	99.5	99.4	99.3	99.3	99.3	99.1	100.0
101.1	104.2	100.0	98.5	98.3	98.0	98.1	98.0	97.3	100.0
100.0	100.0	100.0	100.0	100.0	100.0	100.0	100.0	100.0	100.0
100.0	100.0	100.0	100.0	100.0	100.0	100.0	100.0	100.0	100.0
100.0	100.0	100.0	100.0	100.0	100.0	100.0	100.0	100.0	100.0
100.0	100.0	100.0	100.0	100.0	100.0	100.0	100.0	100.0	100.0
100.0	100.0	100.0	100.0	100.0	100.0	100.0	100.0	100.0	100.0
100.0	100.0	100.0	100.0	100.0	100.0	100.0	100.0	100.0	100.0
100.0	100.0	100.0	100.0	100.0	100.0	100.0	100.0	100.0	100.0
100.0	100.0	100.0	100.0	100.0	100.0	100.0	100.0	100.0	100.0
100.0	100.0	100.0	100.0	100.0	100.0	100.0	100.0	100.0	100.0

11—13 商品零售价格分类指数

Retail Price Indices by Classification

单位:% （2015,以上年价格为 100）(preceding year =100) (%)

指 标	Item	指 数 Indice
商品零售价格总指数	**Retail Price Index**	**100.2**
食品类	**Food**	**101.1**
粮食	Grain	101.8
大米	Rice	102.3
面粉	Flour	101.5
油脂类	Oil or Fat	98.8
肉禽及其制品	Meat,Poultry and Processed Products	100.2
水产品	Aquatic Products	98.4
鲜菜	Fresh Vegetables	107.6
干菜及菜制品	Drived Vegetables and Vegetable Products	104.8
调味品	Flavoring	105.3
糖	Carbohydrate	102.3
干鲜瓜果类	Dried and Fresh Melons and Fruits	94.7
鲜瓜果	Fresh Melons and Fruits	92.4
糕点饼干面包	Cake,Biscuit and Bread	101.5
液体乳及乳制品	Milk and Processed Products	101.4
巴氏杀菌奶或消毒奶	Markov Sterilization of Milk or Pasteurized Milk	97.9
乳粉	Dehydrated milk	101.5
在外用膳食品类	Dining Out	102.6
主食	Staple Food	102.2
炒菜	Cooking	99.5
地方小吃	Local Snacks	107.7
其他	Others	101.6
饮料、烟酒类	**Beverage, Tobacco and Liquor**	**100.6**
茶及饮料	Tea and Drinks	100.2
烟草	Tobacco	104.0
酒	Liquor	99.0
服装鞋帽类	**Garments,Shoes and Hats**	**103.5**
服装	Garments	102.4
鞋帽袜	Footgear and Hats	106.2
纺织品类	**Textiles**	**103.3**
棉布	Cotton Cloth	100.0
化纤布	Chemical Fiber cloth	103.2
毛线	Woolen	100.0
家用电器及音像器材类	**Household Appliances,Music and Video Equipment**	**102.3**
文化办公用品类	**Cultural and Office Appliances**	**98.8**
日用品类	**Articles for Daily Use**	**100.6**
日用百货	General Merchandise for Daily Use	100.2
日用杂品	Miscellaneous for Daily Use	102.3
体育娱乐用品类	**Sports and Recreation Articles**	**99.3**
交通通信用品类	**Transportation and Communication Appliances**	**98.7**
家具类	**Furniture**	**100.8**
化妆品类	**Cosmetics**	**100.7**
金银珠宝类	**Gold ,Silver and Jewel**	**94.6**
中西药品及医疗保健用品类	**Traditional Chinese and Western Medicines and Health Care Articles**	**99.7**
医疗器具及用品	Medical Apparatus and Article	101.2
中药材及中成药	Traditional Chinese Medicinal Materials and Medicines	100.2
西药	Western Medicines	98.1
保健器具及用品	Health Care Apparatus and Articles	103.4
书报杂志及电子出版物类	**Books,Newspapers,Magazines and Electronic Publications**	**109.9**
燃料类	**Feuls**	**90.3**
建筑材料及五金电料类	**Building Materials and Hardware**	**98.5**

11—14 各种物价总指数

Variety of Price Indices

单位:%　　　　　　　　(%)

指 标	Item	居民消费价格总指数 Consumer Price Index	商品零售价格总指数 Retail Price Index
以 1957 年价格为 100	Year of 1957=100	863.7	584.8
以 1962 年价格为 100	Year of 1962=100	687.4	469.7
以 1965 年价格为 100	Year of 1965=100	834.0	565.0
以 1970 年价格为 100	Year of 1970=100	791.8	536.9
以 1978 年价格为 100	Year of 1978=100	710.2	479.3
以 1980 年价格为 100	Year of 1980=100	659.0	444.3
以 1985 年价格为 100	Year of 1985=100	556.4	377.2
以 1990 年价格为 100	Year of 1990=100	326.3	223.7
以 1992 年价格为 100	Year of 1992=100	280.7	195.0
以 1995 年价格为 100	Year of 1995=100	164.8	125.4
以 1997 年价格为 100	Year of 1997=100	148.0	115.5
以 1998 年价格为 100	Year of 1998=100	147.8	118.9
以 1999 年价格为 100	Year of 1999=100	147.7	120.5
以 2000 年价格为 100	Year of 2000=100	148.1	123.3
以 2001 年价格为 100	Year of 2001=100	146.9	122.6
以 2002 年价格为 100	Year of 2002=100	147.7	124.0
以 2003 年价格为 100	Year of 2003=100	145.1	124.4
以 2004 年价格为 100	Year of 2004=100	140.6	122.0
以 2005 年价格为 100	Year of 2005=100	143.4	125.4
以 2006 年价格为 100	Year of 2006=100	136.1	120.0
以 2007 年价格为 100	Year of 2007=100	129.3	115.7
以 2008 年价格为 100	Year of 2008=100	120.1	109.2
以 2009 年价格为 100	Year of 2009=100	120.5	110.9
以 2010 年价格为 100	Year of 2010=100	115.8	107.7
以 2011 年价格为 100	Year of 2011=100	110.0	103.9
以 2012 年价格为 100	Year of 2012=100	107.4	103.3
以 2013 年价格为 100	Year of 2013=100	103.7	101.0
以 2014 年价格为 100	Year of 2014=100	101.6	100.2

11—15 工业生产者出厂价格指数

单位:%

（以上年价格为 100）

指 标	Item	2009
全部工业品出厂价格总指数	**Total Industry Products Price Index**	**97.1**
核心指数	Core Index	—
高技术	Hi-technology	—
能源	Enery	—
按轻重工业分	Grouped by Light and Heavy Industry	
轻工业	Light Industry	95.5
以农产品为原料	Raw Material of Agricultural Products	92.8
以非农产品为原料	Raw Material of Non-Agricultural Products	98.9
重工业	Heavy Industry	97.8
采掘	Mining & Quarrying	103.3
原料	Raw Material	98.6
加工	Process	93.6
按生产生活资料分	Grouped by Means of Production and Means of Livilyhood	
生产资料	Means of Production	96.8
采掘	Mining & Quarrying	102.0
原料	Raw Material	98.4
加工	Process	93.4
生活资料	Consumer Goods	99.1
食品	Food	100.4
衣着	Clothing	97.4
一般日用品	Artiales for Daily Used	96.6
耐用消费品	Durable Cinsumer Goods	99.7
按初级中间最终产品分	Grouped by Primary Products Intermediate Products and fiual Products	
初级产品	Primary Products	—
矿产品	Minerals	—
废料	Waste	—
中间产品	Intermediate Products	—
最终产品	Final Products	—
最终投资品	Final Investment	—
最终消费品	Final Consumption Goods	—
按工业部门分	Grouped by Industry Branch	
冶金工业	Metallurgy Industry	81.2
电力工业	Electric Power Industry	99.7
煤炭及炼焦工业	Coal and Coking Industry	102.0
石油工业	Petroleum Industry	99.7
化学工业	Chemistry Industry	93.5
机械工业	Machinery Industry	98.1
建筑材料工业	Building Materials Industry	119.9

Industrial Producer Price Indices

(preceding year =100) (%)

2010	2011	2012	2013	2014	2015
108.8	**109.1**	**99.4**	**95.0**	**97.1**	**94.5**
—	112.2	97.4	96.2	96.3	97.3
—	106.1	89.1	94.0	98.0	102.7
—	106.5	100.9	94.3	97.4	92.3
108.3	119.4	100.4	97.6	99.8	99.5
111.5	117.6	101.8	100.2	101.3	99.9
103.8	128.3	93.3	83.4	90.4	97.1
109.0	107.2	99.2	94.5	96.6	93.5
123.1	112.1	92.5	71.5	92.6	89.8
108.3	105.8	101.6	98.4	98.0	93.0
101.2	108.3	96.4	95.7	94.6	97.0
109.1	108.6	99.8	95.1	97.0	93.9
123.1	112.1	92.5	71.5	92.6	89.8
108.3	105.7	102.0	98.7	98.0	92.8
105.9	112.7	98.5	97.1	96.4	97.8
106.2	114.3	95.2	93.7	98.3	99.9
108.3	109.5	100.1	100.4	102.5	101.0
104.7	114.3	108.2	103.4	104.8	98.4
102.7	120.6	88.2	84.5	91.3	98.8
105.4	101.1	100.5	100.0	100.2	101.0
—	112.1	92.5	71.5	92.6	89.8
—	112.1	92.5	71.5	92.6	89.8
—	—	—	—	—	—
—	108.9	100.4	97.7	97.4	94.8
—	107.0	101.2	98.3	98.5	95.1
—	111.9	102.3	97.1	96.5	89.6
—	103.0	100.2	99.3	100.0	99.4
108.1	110.5	95.9	94.8	94.4	91.9
105.8	100.4	100.9	100.0	100.0	99.3
123.1	110.1	92.6	75.2	91.2	87.7
110.2	115.8	108.3	98.5	96.9	81.5
105.4	116.8	91.3	89.4	90.6	97.5
101.1	103.0	100.5	98.3	99.6	99.6
97.5	102.6	95.2	97.2	96.4	93.3

11—15 续表

单位:% （以上年价格为 100）

指 标	Item	2009
森林工业	Forest Industry	100.5
食品工业	Food Industry	100.1
纺织工业	Textile Industry	84.2
缝纫工业	Sewing Industry	97.2
皮革工业	Leather Industry	96.3
造纸工业	Papermaking Industry	99.8
文教艺术用品工业	Culture and Education Articles Industry	95.5
其它工业	Others Industry	94.9
按工业行业分	Grouped by Industry Sector	
煤炭开采和洗选业	Mining and Washing of Coal	102.0
农副食品加工业	Processing of Food from Agricultural Products	97.6
食品制造业	Manufacture of Foods	101.5
饮料制造业	Manufacture of Beverages	103.7
纺织业	Manufacture of Textile	85.3
纺织服装、鞋、帽制造业	Manufacture of Textile Wearing Apparel,Footware and Caps	103.6
皮革、毛皮、羽毛(绒)及其制品业	Manufacture of Leather,Fur,Feather and Related Products	96.3
木材加工及木、竹、藤、棕、草制品业	Processing of Timber,Manufacture of Wood,Bamboo,Rattan,Palm and Straw Products	101.3
家具制造业	Manufacture of Furniture	99.8
造纸及纸制品业	Manufacture of Paper and Paper Products	99.8
印刷业和记录媒介的复制	Printing,Reproduction of Recording Media	95.3
石油加工、炼焦及核燃料加工业	Processing of Petroleum,Coking,Processing of Nuclear Fuel	99.6
化学原料及化学制品制造业	Manufacture of Raw Chemical Materials and Chemical Products	92.6
医药制造业	Manufacture of Medicines	90.2
化学纤维制造业	Manufacture of Chemical Fibers	94.1
橡胶制品业	Manufacture of Rubber	96.6
塑料制品业	Manufacture of Plastics	90.2
非金属矿物制品业	Manufacture of Non-metallic Mineral Products	115.9
黑色金属冶炼及压延加工业	Smelting and Pressing of Ferrous Metals	79.1
有色金属冶炼及压延加工业	Smelting and Pressing of Non-ferrous Metals	77.0
金属制品业	Manufacture of Metal Products	94.0
通用设备制造业	Manufacture of General Purpose Machieery	98.6
专用设备制造业	Manufacture of Special Purpose Machieery	99.3
交通运输设备制造业	Manufacture of Transport Equipment	100.0
电气机械及器材制造业	Manufacture of Electrical Machinery and Equipment	94.7
仪器仪表及文化、办公用机械制造业	Manufacture of Measuring Instruments and Machinery for Cultural Activity and Office Work	99.7
电力、热力的生产和供应业	Production and Suppy of Electric Power,Steam and Hot Water	99.7
燃气生产和供应业	Production and Suppy of Gas	101.6
水的生产和供应业	Production and Suppy of Tap Water	100.0

continued

(preceding year =100) (%)

2010	2011	2012	2013	2014	2015
102.1	100.1	100.5	100.3	100.3	101.1
108.5	108.9	100.7	101.3	102.6	99.8
116.4	126.7	102.4	99.7	100.4	100.1
104.7	109.6	105.4	100.5	104.2	100.5
98.0	115.6	109.4	107.4	102.7	94.9
106.7	104.2	100.2	97.8	100.0	100.0
100.9	102.8	104.8	103.9	100.3	100.0
107.4	115.1	101.3	98.3	97.7	101.6
123.1	112.1	92.5	71.5	92.6	89.8
105.6	108.7	102.8	104.6	100.6	99.3
109.8	123.2	91.1	85.8	96.1	96.6
111.1	106.6	102.6	98.6	102.3	103.0
115.6	126.4	102.5	99.7	100.6	100.1
100.3	102.4	102.2	101.7	101.1	100.0
98.0	115.6	109.4	107.4	102.7	94.9
101.0	98.9	100.3	100.7	100.6	101.1
102.6	100.9	100.6	100.0	100.2	101.2
106.7	104.2	100.2	97.8	100.0	100.0
98.7	102.8	105.2	104.2	100.4	100.0
110.5	114.1	105.4	97.0	94.6	80.4
105.2	116.2	102.0	94.3	90.8	102.5
102.3	106.2	88.1	93.6	98.0	102.9
90.9	—	—	—	—	—
108.4	117.8	85.0	87.1	85.7	89.8
103.0	106.0	99.7	96.9	102.0	92.1
98.6	104.9	96.2	97.3	96.3	93.9
103.9	107.9	94.6	96.9	90.0	86.9
115.4	110.6	94.3	93.0	94.9	92.6
94.1	113.6	102.5	97.5	98.4	95.8
102.5	103.7	100.2	99.8	99.9	99.8
97.6	100.1	99.8	97.3	97.1	100.0
100.0	101.8	100.0	100.0	100.0	100.0
98.4	102.2	100.0	96.0	99.4	99.4
94.4	104.8	100.9	99.3	97.6	100.1
105.8	100.4	102.6	100.0	100.0	99.3
100.0	100.0	133.0	114.9	115.6	101.3
120.3	115.1	102.0	100.0	101.2	111.4

11—16　工业生产者购进价格指数

单位:%　　　　　　　　　　　　　　　　　　　　　　　　　　　　　　　(以上年价格为 100)

指　标	Item	2009
全部原材料购进价格总指数	**Purchasing Price of Materials**	**94.6**
按初级中间最终产品分	**Grouped by Intermediate Product and Final Product**	
初级产品	Primary Product	—
农产品	Agricultural Product	—
矿产品	Minerals	—
废料	Scrap	—
中间产品	Intermediate Product	—
九大类原材料购进价格指数	**Classification of Purchasing Price of Materials**	
燃料、动力类	Fuel and Power	95.7
黑色金属材料类	Ferrous Metals	83.8
钢材	Steel	84.6
其它	Others	70.9
有色金属材料及电线类	Nonferrous Metals and Electric Wires	76.9
化工原料类	Raw Chemical Materials	99.9
木材及纸浆类	Timber and Paper Pulp	100.3
建筑材料及非金属类	Building Materials and Non-metallic Mineral	107.7
其它工业原材料及半成品类	Others Industry Raw Materials and Semi-manufantures	98.2
农副产品类	Agricultural Products	93.9
纺织原料类	Textile Materials	90.4

11—17　房地产价格指数

单位:%　　　　　　房地产同月同比价格指数　　　　　　(2015,以上年同月价格为 100)

指　标	Item	1月	2月
新建住宅价格指数	**New Residential Buildings Sales Price Index**	**96.3**	**95.5**
新建商品住宅价格指数	**New Commercialized Houses Sales Price Index**	**96.0**	**95.2**
90㎡及以下	Housing of 90 Square Meters Below	96.1	95.1
90-144㎡	Housing of Square Meters Below 90 and 140	96.1	95.5
144㎡以上	Housing of 144 Square Meters Above	95.8	94.8
二手住宅价格指数	**Second-hand House Sales Price Index**	**96.2**	**95.5**
90㎡及以下	Housing of 90 Square Meters Below	96.3	95.6
90-144㎡	Housing of Square Meters Below 90 and 140	96.0	95.4
144㎡以上	Housing of 144 Square Meters Above	96.2	95.5

房地产月环比价格指数　　　　　　(2015,以上月价格为 100)

指　标	Item	1月	2月
新建住宅价格指数	**New Residential Buildings Sales Price Index**	**99.7**	**99.5**
新建商品住宅价格指数	**New Commercialized Houses Sales Price Index**	**99.7**	**99.4**
90㎡及以下	Housing of 90 Square Meters Below	99.3	99.6
90-144㎡	Housing of Square Meters Below 90 and 140	99.8	99.5
144㎡以上	Housing of 144 Square Meters Above	99.8	99.2
二手住宅价格指数	**Second-hand House Sales Price Index**	**99.6**	**99.7**
90㎡及以下	Housing of 90 Square Meters Below	99.5	99.7
90-144㎡	Housing of Square Meters Below 90 and 140	99.6	99.7
144㎡以上	Housing of 144 Square Meters Above	99.6	99.6

Purchasing Price Indices of Industrial Producer

(preceding year =100) (%)

2010	2011	2012	2013	2014	2015
115.8	**115.0**	**104.2**	**96.9**	**97.0**	**84.6**
—	119.7	106.8	95.8	96.9	76.4
—	115.5	101.0	101.3	101.7	96.3
—	121.9	109.7	93.2	94.5	65.9
—	117.7	90.9	86.7	89.7	76.8
—	108.4	100.2	98.5	97.1	96.1
116.0	116.5	107.4	96.0	96.4	74.3
110.2	108.9	93.8	89.4	92.1	92.1
107.5	107.5	96.2	88.9	93.4	96.8
118.6	112.5	87.7	90.5	88.8	79.8
128.5	104.2	94.2	94.3	91.3	97.1
116.1	120.8	100.3	93.9	93.8	88.4
101.6	101.9	100.8	99.4	99.7	99.8
111.0	123.0	110.3	87.4	91.4	90.2
110.0	108.7	103.1	104.9	98.9	98.0
116.3	115.5	101.0	101.3	101.7	96.3
109.1	114.7	97.3	98.6	100.7	99.6

Price Indices of Real Estate

(2015, preceding year =100) (%)

3月	4月	5月	6月	7月	8月	9月	10月	11月	12月
94.7	**94.0**	**93.7**	**93.3**	**93.6**	**94.9**	**95.4**	**95.6**	**96.7**	**96.6**
94.3	**93.6**	**93.2**	**92.8**	**93.2**	**94.5**	**95.1**	**95.3**	**96.4**	**96.3**
94.0	93.2	92.9	92.8	92.9	94.2	95.0	94.7	95.8	95.8
94.5	93.8	93.3	92.8	93.5	94.8	95.2	95.6	96.8	96.8
94.2	93.8	93.5	92.9	92.9	94.2	94.9	95.6	96.5	96.0
94.9	**94.4**	**94.1**	**93.9**	**94.2**	**95.1**	**96.3**	**97.1**	**97.2**	**97.9**
95.0	94.5	94.2	94.1	94.2	95.0	96.3	97.0	97.1	97.7
94.9	94.3	93.9	93.8	94.2	95.2	96.3	97.1	97.4	98.0
94.8	94.2	94.0	93.8	94.1	95.2	96.5	97.3	97.4	98.1

(2015, preceding month =100) (%)

3月	4月	5月	6月	7月	8月	9月	10月	11月	12月
99.5	**99.5**	**99.6**	**99.8**	**99.5**	**99.8**	**100.1**	**99.7**	**100.1**	**99.7**
99.4	**99.5**	**99.6**	**99.7**	**99.5**	**99.8**	**100.1**	**99.7**	**100.2**	**99.6**
99.6	99.1	99.7	99.9	99.3	100.0	100.2	99.1	100.4	99.5
99.2	99.6	99.5	99.8	99.6	99.8	100.1	99.9	100.0	99.9
99.6	99.7	99.7	99.5	99.3	99.7	100.0	100.2	100.0	99.3
99.7	**99.8**	**99.9**	**99.9**	**99.8**	**99.9**	**100.0**	**99.9**	**99.7**	**99.9**
99.6	99.8	99.9	99.9	99.8	99.9	99.9	99.9	99.7	99.9
99.7	99.8	99.9	99.9	99.8	100.0	100.0	100.0	99.8	99.9
99.7	99.7	100.0	100.0	99.9	100.0	100.0	100.0	99.6	100.0

主要统计指标解释

【城乡居民人均可支配收入(新口径)】 指调查户在调查内获得的、可用于最终消费支出和储蓄的总和,即调查户可以用来自由支配的收入。可支配收入既包括现金,也包括实物收入。按照收入的来源,可支配收入包含四项,分别为:工资性收入、经营净收入、财产净收入和转移净收入。

可支配收入=工资性收入+经营净收入+财产净收入+转移净收入

其中:经营净收入=经营收入-经营费用-生产性固定资产折旧-生产税

财产净收入=财产性收入-财产性支出

转移净收入=转移性收入-转移性支出

【城镇居民人均可支配收入(老口径)】 指城镇家庭总收入扣除交纳的个人所得税和个人交纳的社会保障支出之后,按照城镇居民家庭人口平均的收入水平。其中家庭总收入是指该家庭中生活在一起的所有家庭人员从各种渠道得到的所有收入之和。

可支配收入=家庭总收入-交纳所得税-个人交纳的社会保障支出-记账补贴

【农村居民人均纯收入(老口径)】 指农村住户当年从各个来源得到的家庭总收入扣除有关费用性支出后,最终归农村居民所有的收入总和,按照农村住户人口平均的纯收入水平。

注:2013年之前新口径数据的推算办法(从2014年1季度开始。正式对外发布新口径数据,2013年新老口径同时使用)。

公式:2012年新口径农村居民收入=2013年新口径农村居民收入÷(1+2013年老口径农村居民收入的增速)

【城乡居民消费支出(新口径)】 指住户用于满足家庭日常生活消费需要的全部支出,包括用于消费品的支出和用于服务性消费的支出。根据用途不同,消费支出可划分为食品烟酒、衣着、居住、生活用品及服务、交通通信、教育文化娱乐、医疗保健、其他用品及服务八大类。根据来源不同,消费支出可划分为现金消费支出、实物消费支出(含自产自用、来自单位、来自政府和其它社会组织)。

【居民消费价格指数(简称CPI)】 是指城乡居民购买并用于日常生活消费的商品和服务项目的价格。居民消费价格调查的任务是调查、搜集和整理这些商品和服务项目的价格,并编制居民消费价格指数(英文名称:Consumer Pr ice Index缩写:CPI),旨在反应一定时期内居民所消费商品及服务项目的价格水平变动趋势和变动程度。居民消费价格水平的变动率在一定程度上反映了通货膨胀(或紧缩)的程度。

【商品零售价格指数(简称RPI)】 商品的零售价格是商品在流通过程中最后一个环节的价格,是工业、商业、餐饮和其他零售企业向城乡居民、机关团体出售生活消费品和办公用品的价格。商品零售价格调查的任务是系统地调查、搜集和整理市场商品零售价格资料,编制商品零售价格指数(RPI),以此反映市场商品零售价格的变动趋势和变动程度。其目的在于掌握商品价格的变动趋势,为国家宏观调控和国民经济核算提供参考依据。

【工业生产者价格指数】 包括工业生产者出厂价格指数(简称PPI)和工业生产者购进价格指数(简称IPI),是反映工业产品价格变化趋势和变动幅度的统计指标,是工业品价格在不同时间和空间条件下平均变动的相对数。工业生产者价格包括工业品第一次出售时的出厂价格和企业作为中间投入的原材料、燃料、动力购进价格,是进行国民经济核算和经济管理的重要依据。

【房地产价格指数】 是综合反映住宅商品价格水平总体变化趋势和变化幅度的相对数,住宅销售价格指数由全国70个大中城市的新建住宅销售价格指数和二手住宅销售价格指数组成。新建住宅含保障性住房;新建商品住宅不含保障性住房。

12 城市公用事业

City Public Utilities

12—1 主要年份城市设施水平

指 标	Item	单位	Unit
人均日生活用水量	Per Capita Daily Water Consumption for Residential Use	升	liter
用水普及率	Coverage Rate of Urban Population with Access to Tap Water	%	%
每万人拥有公交车辆	Number of Public Transportation Vehicles Per 10 000 Population	标台	unit
燃气普及率	Coverage Rate of Urban Population with Access to Gas	%	%
人均拥有城市道路面积	Per Capita Area of Paved Roads	平方米	sq.m
排水管道密度	Density of City Sewage Pipes	公里/平方公里	km/sq.km
污水处理率	Rate of Sewage Disposal	%	%
#污水处理厂集中处理率	Rate of Sewage Disposal	%	%
粪便处理率	Rate of Disposal of Excrement and Urine	%	%
清运生活垃圾无害化处理率	Rate of Life Garbage Disposal	%	%
人均公园绿地面积	Per Capita Park Green Area	平方米	sq.m
建成区绿地率	Parks and Green land Rate of Developed Areas	%	%
建成区绿化覆盖率	Green Covered Rate of Completed Area	%	%

注:城市公用事业数据资料均来自相关部门。

12—2 主要年份城市环境卫生

指 标	Item	单位	Unit
从业人数	Number of Employed Persons	人	person
道路清扫保洁面积	Area under Cleaning Program	万平方米	10 000 sq.m
#机械清扫	Mechanical Cleaning	万平方米	10 000 sq.m
生活垃圾清运量	Volume of Garbage Disposal	万吨	10 000 tons
生活垃圾无害化处理厂(场)	Harmless Treatment Plant of Garbage(Field)	座	unit
生活垃圾无害化处理能力	Harmless Treatment Capacity of Garbage	吨/日	ton/day
生活垃圾无害化处理量	Harmless Treatment quantity of Garbage	万吨	10 000 tons
粪便清运量	Volume of Excrement and Urine Disposal	万吨	10 000 tons
公厕数量	Number of Public Lavatories	座	unit
#水冲式	Flush	座	unit
市容环卫专用车辆	NumberSanitationof Special Vehicles for Environmental	辆	vehicle

The Level of Urban Facilities in Main Years

2007年	2008年	2009年	2010年	2011年	2012年	2013年	2014年	2015年
175.2	180.2	162.0	164.9	153.2	163.0	163.5	165.0	184.0
91.8	99.1	99.5	99.5	85.0	96.3	97.3	96.0	96.0
11.9	15.2	14.1	11.0	11.5	13.3	14.3	13.9	17.4
93.6	97.6	97.8	82.4	73.9	82.6	83.3	99.6	89.9
14.6	15.0	15.1	15.3	12.2	13.6	19.8	13.7	13.7
3.9	3.9	3.8	3.7	4.1	4.0	4.0	4.2	4.0
82.2	87.6	87.0	91.8	92.0	92.0	93.0	93.0	93.8
82.2	87.6	87.0	91.8	92.0	92.0	93.0	93.0	93.8
100	100	100	100	100	100	100	100	100
100	100	100	100	100	100	100	100	100
8.0	14.0	14.0	12.1	12.2	13.4	15.1	16.1	16.3
34.6	41.7	43.2	43.2	43.3	41.9	41.1	40.4	40.9
36.0	43.0	43.0	43.0	43.2	41.7	41.1	40.4	40.9

a)Date in this table came from related department.

Environmental Sanitation in Main Years

2007年	2008年	2009年	2010年	2011年	2012年	2013年	2014年	2015年
2854	2958	2591	3290	3045	3233	3734	4028	4476
1376	1564	1793	1503	1916	2544	3697	3885	4188
333	372	490	520	520	520	556	1090	1443
24.0	24.8	26.0	29.0	29.6	37.0	41.0	44.0	51.0
1	1	1	1	1	1	1	1	2
1000	1000	1000	1000	1000	1000	1000	1000	2500
24.0	24.8	26.0	29.0	29.6	37.0	41.0	44.0	51.0
1.0	1.3	0.8	1.0	1.0	1.0	1.0	0.8	1.0
275	293	288	338	338	392	214	215	263
275	251	251	301	301	355	211	214	263
165	215	279	340	301	299	634	818	1100

12—3 主要年份城市供水

指 标	Item	单位	Unit
年末水厂个数	Number of Waterworks at Year-end	个	unit
地下水综合生产能力	Synthesize Productivity of Groundwater	万立方米/日	10 000 cu.m/day
水质综合合格率	Qualified Rate of Water Quality at Year-end	%	%
年末供水管道总长度	Length of Water Supply Pipelines	公里	km
全年供水总量	Total Annual Volume of Water Supply	万立方米	10 000 cu.m
#生产用量	Volume of Productive Use	万立方米	10 000 cu.m
居民生活用量	Volume of Residential Use	万立方米	10 000 cu.m
城市公共管网漏失率	Rate of City Public Pipe Network	%	%
用水户数	Number of Households with Access to Tap Water	万户	10 000 household
用水人口	Number of Residents with Access to Tap Water	万人	10 000 person
城市居民人均生活用水量	Volume of Per Capita in Urban Life	升/人·日	liter/person·day
节约用水量	Volume of Water Conservation	万立方米	10 000 cu.m

12—4 主要年份城市园林绿化

指 标	Item	单位	Unit
园林绿地面积	Area of Parks and Green land	公顷	hectare
#公园绿地面积	Area of Public Parks and Green land	公顷	hectare
年末绿化覆盖面积	Green Covered Area at Year-end	公顷	hectare
#建成区	Completed Area	公顷	hectare
公园个数	Number of Parks	个	unit
公园面积	Area of Parks	公顷	hectare

12—5 主要年份城市公共交通

指 标	Item	单位	Unit
公共汽车运营车辆数	Number of Public Vehicles under Operation	辆	unit
标准运营车辆	Number of Standard Vehicles under Operation	标台	unit
运营线路网长度	Network Length	公里	km
客运总量	Volume of Passenger	万人次	10 000 person-times
出租汽车数	Number of Taxi	辆	unit
出租汽车从业人员	Drivers of Taxi	人	person

Tap Water Supply of City in Main Years

2007 年	2008 年	2009 年	2010 年	2011 年	2012 年	2013年	2014年	2015年
6	6	6	6	6	6	6	7	8
47.0	47.0	44.0	44.0	41.0	39.4	40.2	34.5	44.6
100	100	100	100	100	100	100	100	100
794	821	831	841	850	859	641	724	739
9059	10048	10225	10525	11249	11468	11835	9717	10824
2789	3030	2917	2671	2642	2413	2445	2101	2655
3413	4201	4452	5104	5182	5381	5776	6316	6718
8.0	14.9	9.8	10.2	9.9	10.1	11.7	11.5	13.4
22.8	22.5	22.9	23.0	36.3	34.6	36.5	38.1	37.8
88.0	88.0	105.3	107.6	125.4	122.0	128.0	140.0	138.9
106	131	162	165	153	163	167	115	133
767	260	210	151	90	193	180	176	584

Parks and Green Areas of City in Main Years

2007 年	2008 年	2009 年	2010 年	2011 年	2012 年	2013年	2014年	2015年
4859	5239	5181	5407	5584	5884	7413	8506	9022
767	1385	1545	1556	1651	1780	2173	2213	2263
5073	5403	5403	5701	5865	6165	7694	8694	9209
3854	4765	4976	5188	5332	5632	6102	6506	6821
16	16	17	17	17	17	17	19	20
486	486	532	532	950	532	532	660	730

Public Transportation of City in Main Years

2007 年	2008 年	2009 年	2010 年	2011 年	2012 年	2013年	2014年	2015年
992	1348	1321	1401	1377	1535	1645	1616	1949
1022	1113	1492	1421	1514	1762	1942	1907	2398
410	415	410	420	450	489	1594	1755	1979
11081	15257	17378	18171	19920	25445	30048	30271	30653
4887	5006	5006	5006	5006	5278	5364	5364	5364
10670	11840	11000	9667	12000	12000	12000	13193	12000

12—6 主要年份市政建设及城市燃气

指 标	Item	单位	Unit	2007 年
市政建设	**Public Facilities**			
年末实有道路长度	Length of Paved Roads at Year-end	公里	km	459
道路面积	Area of Street	万平方米	10 000sq.m	1259
#人行道面积	Area of Sidewalk	万平方米	10 000sq.m	289
年末实有桥梁数	Number of Bridge at Year-end	座	unit	43
#立交桥	Overpass	座	unit	2
排水管道长度	Length of Draining Water Pipelines	公里	km	421
路灯盏数	Number of Street Lights	盏	unit	104000
污水年排放量	Volume of Sewage Annual Emission	万立方米	10 000cu.m	7247
污水处理厂座数	Number of Sewage Treatment Plant	座	unit	4
污水年处理量	Volume of Sewage Annual Disposal	万立方米	10 000cu.m	5959
防洪堤长度	Length of Levees	公里	km	64
液化石油气	**Liquefied Petroleum Gas**			
供气总量	Volume of Gas Supply	吨	ton	8012
#家庭用量	Volume of Household	吨	ton	7847
用气户数	Number of Household Used Gas	户	household	139765
#家庭用户	Household	户	household	139765
用气人口	Population with Access to Gas	万人	10 000 persons	41.92
天然气	**Natural Gas**			
供气总量	Volume of Gas Supply	万立方米	10 000cu.m	81474
#家庭用量	Volume of Household	万立方米	10 000cu.m	10073
用气户数	Number of Household Used Gas	户	household	128805
#家庭用户	Household	户	household	128805
用气人口	Population with Access to Gas	万人	10 000 persons	38.64
供气管道长度	Length of Gas Pipelines	公里	km	1014
集中供热	**Heating**			
供热能力(热水)	Heating Capacity(hot water)	兆瓦	mega watts	2989.00
#热电厂供热(热水)	Heating by Thermal Power Plant(hot water)	兆瓦	mega watts	458.00
锅炉房供热	Heating by Boiler Room	兆瓦	mega watts	2531.00
供热总量(热水)	Quantity of Heat Supplied(hot water)	万吉焦	10 000gigajoules	2885.00
#热电厂供热(热水)	Heating by Thermal Power Plant(hot water)	万吉焦	10 000gigajoules	441.00
管道长度(热水)	Length of Heating Pipelines(hot water)	公里	km	817
供热面积	Area of Centralized Heating	万平方米	10 000sq.m	2823
#住宅	Residence	万平方米	10 000sq.m	2207
集中供热率	Rate of Heating	%	%	66.3

12—7 主要年份城市规模及用地情况

指 标	Item	单位	Unit	2007 年
城市建成区面积	**Developed Areas of Cities**	**平方公里**	**sq.km**	**107.0**
城市建设用地面积	**Land Used of City Areas and Floor Space of Buildings**	**平方公里**	**sq.km**	**107.0**
#居住用地	Land Used of Residence	平方公里	sq.km	34.4
公共设施用地	Land Used of Public Facilities	平方公里	sq.km	17.7
工业用地	Land Used of Industry	平方公里	sq.km	13.7
仓储用地	Land Used of Warehousing	平方公里	sq.km	5.3
对外交通用地	Land Used of External Transport	平方公里	sq.km	5.0
市政公用设施用地	Land Used of Municipal Utilities	平方公里	sq.km	5.1

Public Transportation of City in Main Years

2008年	2009年	2010年	2011年	2012年	2013年	2014年	2015年
469	490	506	551	563	598	605	616
1335	1594	1652	1796	1809	1837	1881	1897
290	478	352	395	398	407	447	447
47	47	49	49	49	52	85	90
2	2	2	2	2	2	4	4
426	436	451	522	538	544	683	689
114068	115305	118093	120900	128000	134530	137198	143534
9546	9203	10525	10931	13281	15283	15658	15664
4	4	4	5	5	5	6	6
8363	8004	9662	10057	12125	14214	14568	14724
64	64	64	64	64	64	64	64
7867	7890	7684	6950	11084	12321	14000	6570
7867	7890	7684	6950	5500	5573	5000	5528
123247	150000	100000	90000	72500	77060	97000	90000
123247	150000	100000	90000	72500	75198	97000	80000
36.97	45.00	39.90	35.92	28.30	20.45	21.34	13.5
87840	55092	86937	95626	147354	172394	172394	162000
11810	55092	86937	95626	45666	63261	60130	19785
154000	195000	278617	305588	336116	458688	519000	522531
154000	195000	278617	305588	336116	458609	519000	520000
49.70	58.50	66.36	72.95	80.20	113.29	123.76	124.8
1326	1334	1527	1560	1751	2124	2417	2542
2887.00	2947.00	2994.72	3107.72	3394.40	3551.62	3519.32	4028.10
822.00	977.22	977.22	977.22	977.20	989.22	935.22	1027.00
2051.00	1955.50	2003.50	2130.50	2417.20	2562.40	2584.10	3001.10
2948.00	2894.00	2940.00	2066.52	2462.70	2058.43	2176.65	2254.77
1019.00	905.00	905.00	638.40	843.40	679.20	748.39	732.45
663	656	755	963	1297	1384	1299	1672.68
3090	3279	3452	3564	3914	4093	4247	4663
2480	2721	2790	2680	3012	3197	3412	3699
71.0	71.0	71.0	71.1	72.4	73.0	71.0	71.0

Size and Land Used of City in Main Years

2008年	2009年	2010年	2011年	2012年	2013年	2014年	2015年
110.8	**115.7**	**120.6**	**126.4**	**135.1**	**148.6**	**160.8**	**166.8**
110.8	**115.7**	**120.6**	**126.4**	**135.1**	**148.6**	**160.8**	**166.8**
36.6	36.9	37.7	39.7	42.8	45.5	49.4	50.9
18.8	22.5	23.1	24.0	25.1	27.1	27.6	27.9
14.0	14.6	14.8	15.0	15.2	15.5	15.7	15.8
5.4	5.4	5.4	5.7	6.4	7.2	7.2	7.2
5.0	5.0	5.2	5.2	5.4	7.3	10.1	11.7
5.1	5.2	5.2	5.2	6.5	6.6	6.6	6.9

主要统计指标解释

【水综合生产能力】 指按供水设施取水、净化、送水、出厂输水干管等环节设计能力计算的综合生产能力。包括在原设计能力的基础上,经挖、革、改增加的生产能力。计算时,以四个环节中最薄弱的环节为主确定能力。原则上按设计能力填报,对于经过更新改造后,实际生产能力与设计能力相差很大的,按实际能力填报。

【供水管道长度】 指从送水泵至用户水表之间所有管道的长度。不包括新安装尚未使用、水厂内以及用户建筑物内的管道。在同一条街道埋设两条或两条以上管道时,应按每条管道的长度计算。

【供水总量】 指报告期供水企业(单位)供出的全部水量。包括有效供水量和漏损水量。

有效供水量指水厂将水供出厂外后,各类用户实际使用到的水量。包括售水量和免费供水量。售水量指报告期供水企业(单位)收费供应的水量。免费供水量指无偿供应的水量,比如消防用水,特困居民免收水费的水量等。漏损水量指在供水过程中由于管道及附属设施破损而造成的漏水量、失窃水量以及水表失灵少计算的水量。

管道及附属设施漏水量指供水管道、闸井、表井、消火栓及中间加压设施(水池、水库、水塔)等各种管道及附属供水设施的明漏、暗漏、溢流、渗漏等漏失的水量。

【集中供热】 指从一个或多个热源通过热网向城市的热用户供给生产和生活热能的方式。要求具有一定的规模:大、中城市供热设备的单机容量在7兆瓦及以上(锅炉单台容量在10吨/时及以上),民用建筑供热面积在10万平方米及以上;小城市供热设备的单机容量在3兆瓦及以上(锅炉单台容量在4吨/时及以上),民用建筑供热面积在4万平方米及以上。工业供热能力不得小于7兆瓦(单台锅炉容量不小于10吨/时)。

【供热总量】 指在报告期供热企业(单位)向城市热用户输送全部蒸汽和热水的总热量。

【运营线路网长度】 指公共交通线路所通过的运营线路净长度。计算公式:

运营线路网长度=运营线路总长度-∑重复的线路长度

【污水处理能力】 指污水处理厂(或污水处理装置)每昼夜处理污水量的设计能力。

【绿化覆盖面积】 指城市中的乔木、灌木、草坪等所有植被的垂直投影面积。包括公园绿地、防护绿地、生产绿地、附属绿地、其他绿地的绿化种植覆盖面积、屋顶绿化覆盖面积以及零散树木的覆盖面积,不含各类绿地中的水域面积以及没有被植被覆盖的面积(硬化道路、无屋顶绿化的建筑物等)。乔木树冠下重迭的灌木和草本植物不能重复计算。

【绿地面积】 指报告期末用作园林和绿化的各种绿地面积。包括公园绿地、生产绿地、防护绿地、附属绿地和其他绿地的面积。

【公园绿地】 城市中向公众开放的、以游憩为主要功能,有一定的游憩设施和服务设施,同时兼有健全生态、美化景观、防灾减灾等综合作用的绿化用地。它是城市建设用地、城市绿地系统和城市市政公用设施的重要组成部分。

13 教育、科学、文化

Education, Science and Culture

13—1 主要年份各类学校在校学生数

单位:人 (person)

年份 Year	高等学校 Higher Education	# 普通高等学校 Regular Institutions of Higher Education	中等职业教育 Vocational Secondary Education	# 中等专业学校 Regular Specialized Secondary Schools	# 职业学校 Vocational Education Schools	普通中学 Regular Secondary Education Schools	小学 Primary Schools
1949			190	190		482	11151
1950			419	419		562	11459
1951			708	708		508	11975
1952			1247	1247		729	14769
1953			1389	1389		885	17549
1954			1379	1379		1219	16939
1955			1088	1088		1638	20483
1956			1720	1720		2530	27199
1957			1673	1673		3526	31500
1958	329	329	2254	2254		5285	52329
1959	784	784	2609	2609		6918	60622
1960	1079	1079	4522	4522		7081	65047
1961	1288	1288	2817	2817		6205	51191
1962	1174	1174	919	919		5729	44091
1963	1084	1084	724	724		6804	50397
1964	1056	1056	816	816		7497	62525
1965	982	982	1005	1005		9322	71561
1966	808	808	900	900		9278	67636
1967	627	627	635	635		8766	66962
1968	351	351	612	612		7696	70280
1969						11696	73706
1970			200	200		16141	70880
1971			300	300		19701	78410
1972	441	441	445	445		19741	91292
1973	1025	1025	693	693		25048	102186
1974	1614	1614	800	800		31220	112264
1975	2023	1719	1438	1438		40450	119871
1976	3097	2089	1440	1440		53128	125505
1977	2929	2160	1766	1766		61198	126011
1978	2690	2476	1896	1896		66814	126512
1979	7919	2542	2025	2025		63285	126062
1980	8582	3432	2648	2648		59887	123975

Number of Students Enrollment by Level and Type in Main Years

单位:人 (person)

年份 Year	高等学校 Higher Education	#普通高等学校 Regular Institutions of Higher Education	中等职业教育 Vocational Secondary Education	#中等专业学校 Regular Specialized Secondary Schools	#职业学校 Vocational Education Schools	普通中学 Regular Secondary Education Schools	小学 Primary Schools
1981	7145	5078	3512	2668		55417	119041
1982	8776	4204	3349	2677		52891	115465
1983	10485	4563	4254	3342	279	54279	116699
1984	8519	5025	5757	3362	1377	54361	124486
1985	11139	5790	7547	4423	1580	72492	127998
1986	12536	6540	7420	5435	708	65506	128881
1987	12035	6681	11389	6216	2962	71233	130626
1988	12849	6949	12530	6539	3318	66622	129165
1989	13327	7183	12398	6539	2922	63840	126347
1990	12338	7279	11939	6463	2724	69628	123323
1991	11581	7234	18482	11526	2822	68373	119993
1992	11554	7803	20740	12399	3063	67684	118854
1993	13625	8848	22937	13638	3452	63037	119394
1994	15246	9701	28962	18678	3511	63064	172321
1995	14645	9873	22719	12613	3488	65217	123587
1996	15090	9700	23373	12730	3150	67636	131027
1997	11301	10173	24652	13692	3046	69072	127990
1998	19283	10522	28895	17979	3366	69797	132165
1999	22025	12249	29100	19240	3447	70811	132018
2000	28879	15901	32327	22977	4174	77013	136022
2001	43441	20134	35105	26993	3816	84674	136781
2002	55489	25947	31965	24391	3809	92068	135561
2003	62235	30891	35733	26667	3734	99186	134594
2004	57434	36801	36163	26421	4363	104201	140541
2005	60034	40925	42516	30650	5284	107253	142453
2006	71558	46073	45616	31351	7007	106880	147824
2007	74904	52657	48823	30071	8624	109841	149188
2008	79619	60505	57608	33912	10350	115179	149977
2009	86307	62432	64499	40496	9536	120550	147663
2010	98132	69678	64730	46079	9404	123331	147483
2011	98975	74082	67992	50330	11903	123785	148184
2012	107978	78721	60456	45429	11060	125665	147703
2013	117248	88477	53923			128649	151903
2014	124760	97593	42020			130551	156931
2015	123507	97996	44739			130200	162121

13—2 主要年份各类学校专任教师数

单位:人 (person)

年份 Year	高等学校 Higher Education	# 普通高等学校 Regular Institutions of Higher Education	中等职业教育 Vocational Secondary Education	# 中等专业学校 Regular Specialized Secondary Schools	# 职业学校 Vocational Education Schools	普通中学 Regular Secondary Education Schools	小学 Primary Schools
1949			21	21		40	433
1950			30	30		31	453
1951			42	42		37	508
1952			78	78		41	637
1953			67	67		45	487
1954			84	84		55	442
1955			55	55		62	525
1956			101	101	118		646
1957			103	103	142		779
1958	79	79	124	124	293		1223
1959	165	165	157	157	313		1397
1960	247	247	189	189	298		1682
1961	336	336	272	272	348		1622
1962	320	320	217	217	364		1591
1963	293	293	223	223	416		1682
1964	273	273	109	109	455		1965
1965	272	272	113	113	480		2214
1966	223	223	74	74	535		2447
1967	217	217	67	67	549		2079
1968	264	264	49	49	551		2264
1969	230	230	43	43	620		2612
1970	230	230	116	116	747		2862
1971	514	514	117	117	877		2679
1972	374	374	144	144	1047		3128
1973	467	467	161	161	1278		3512
1974	496	496	189	189	1393		3660
1975	535	518	330	330	1623		3969
1976	595	534	237	237	2132		4170
1977	674	580	232	232	2530		4433
1978	658	637	208	208	2503		4479
1979	718	712	370	370	2640		4369
1980	766	738	473	388	2913		4563

Number of Full-time Teachers by Level and Type of Schools in Main Years

单位:人 (person)

年份 Year	高等学校 Higher Education	# 普通高等学校 Regular Institutions of Higher Education	中等职业教育 Vocational Secondary Education	# 中等专业学校 Regular Specialized Secondary Schools	# 职业学校 Vocational Education Schools	普通中学 Regular Secondary Education Schools	小学 Primary Schools
1981	724	720	506	506		2938	4551
1982	990	862	1715	1378		3543	5063
1983	1173	1004	1695	1430	19	3622	5111
1984	1270	1126	1715	1363	89	3623	5082
1985	1426	1251	1737	1363	81	4135	5428
1986	1526	1322	2277	1853	46	4002	5314
1987	1590	1371	1512	969	200	3945	5338
1988	1789	1432	1747	969	217	3913	5407
1989	1749	1492	1984	975	221	5099	5534
1990	1717	1466	1672	950	273	4473	5388
1991	1803	1486	1948	1180	237	4210	5216
1992	1870	1562	2163	1328	233	4328	5536
1993	1829	1499	2232	1364	251	4382	5853
1994	1889	1736	2377	1465	248	4348	5988
1995	1792	1627	2428	1534	277	4466	6087
1996	1626	1626	2174	1364	240	4518	6054
1997	1779	1669	1872	975	263	4600	6140
1998	1777	1589	2249	1622	294	4625	6214
1999	1829	1646	2331	1516	299	4683	6543
2000	1897	1714	2352	1454	311	4855	6961
2001	2062	1867	2095	1345	320	5013	7087
2002	2063	1876	2159	1373	297	5256	7066
2003	2791	2711	1468	721	305	5675	6950
2004	2917	2917	1431	651	273	5873	6752
2005	3161	3161	1380	549	323	6146	6856
2006	3407	3407	1648	720	364	6398	6873
2007	3564	3564	1645	723	366	6424	6949
2008	3957	3892	2159	862	421	6941	6937
2009	3720	3655	2739	902	440	7185	7200
2010	5069	5004	2222	743	437	7310	7236
2011	5356	5290	1970	734	299	7555	7356
2012	5771	5703	1880	810	493	7789	7582
2013	6189	6119	2142			7940	7820
2014	6678	6606	2048			8182	8049
2015	7013	6937	1187			8537	8280

13—3 教育事业

(2015)

指标	Item	单位	Unit	总计 Total	市区 City	永宁县 Yongning	贺兰县 Helan	灵武市 Lingwu
学校数	**Number of Schools**							
普通高等学校	Regular Institutions of Higher Education	所	unit	15	13	2		
成人高等学校	Institutions of Higher Education for Adult	所	unit	1	1			
中等职业学校	Regular Specialized Secondary Schools	所	unit	20	14	2	3	1
中学	Secondary Education Schools	所	unit	74	48	11	5	10
小学	Primary Schools	所	unit	199	101	32	35	31
本年毕业生数	**Graduates in This Year**							
普通高等学校	Regular Institutions of Higher Education	人	person	24215	22084	2131		
#研究生	Postgraduates	人	person	1391	1391			
成人高等学校	Institutions of Higher Education for Adult	人	person	9955	9955			
中等职业学校	Regular Specialized Secondary Schools	人	person	13712	9977	1661	1075	999
中学	Secondary Education Schools	人	person	41870	28169	4876	4137	4688
小学	Primary Schools	人	person	24079	14124	3603	3221	3131
本年招生数	**Number of New Student Enrollment This Year**							
普通高等学校	Regular Institutions of Higher Education	人	person	28157	24138	4019		
#研究生	Postgraduates	人	person	1672	1672			
成人高等学校	Institutions of Higher Education for Adult	人	person	10810	10810			
中等职业学校	Regular Specialized Secondary Schools	人	person	18729	13457	2181	1551	1540
中学	Secondary Education Schools	人	person	43039	28414	5422	4476	4727
小学	Primary Schools	人	person	27644	16893	3817	3550	3384

Education

指 标	Item	单位	Unit	总计 Total	市 区 City	永宁县 Yongning	贺兰县 Helan	灵武市 Lingwu
本年在校学生数	**Number of Students Enrollment in This Year**							
普通高等学校	Regular Institutions of Higher Education	人	person	97996	86991	11005		
#研究生	Postgraduates	人	person	4347	4347			
成人高等学校	Institutions of Higher Education for Adult	人	person	25511	25511			
中等职业学校	Regular Specialized Secondary Schools	人	person	44739	32272	5231	3994	3242
中学	Secondary Education Schools	人	person	130200	86662	15799	13471	14268
小学	Primary Schools	人	person	162121	97902	23037	20640	20542
本年教职工数	**Number of Teachers and Staff in This Year**							
普通高等学校	Regular Institutions of Higher Education	人	person	10158	9365	793		
成人高等学校	Institutions of Higher Education for Adult	人	person	123	123			
中等职业学校	Regular Specialized Secondary Schools	人	person	1767	1317	147	192	111
中学	Secondary Education Schools	人	person	9129	6111	1110	964	944
小学	Primary Schools	人	person	8481	5006	1171	1166	1138
本年专任教师数	**Number of Full-time Teachers in This Year**							
普通高等学校	Regular Institutions of Higher Education	人	person	6937	6308	629		
成人高等学校	Institutions of Higher Education for Adult	人	person	76	76			
中等职业学校	Regular Specialized Secondary Schools	人	person	1187	878	78	120	111
中学	Secondary Education Schools	人	person	8537	5698	1051	859	929
小学	Primary Schools	人	person	8280	4923	1167	1054	1136

13—4 学龄儿童入学和小学、初中毕业生情况

Enrollment of School-age Children and Graduates of Primary and Secondary Schools

指 标	Item	单位	Uint	2015 年	2014 年
学龄儿童入学情况	**Enrollment of Children at School-age**				
学龄儿童数	Number of Children at School-age	人	person	150888	144529
已入学学龄儿童数	Total Enrollment	人	person	150888	144529
学龄儿童入学率	Persontage of Children at School-age Enrollment	%	%	100	100
小学毕业生升学情况	**Enrollment of Graduates of Primary Schools**				
小学毕业生数	Number of Graduates of Primary Schools	人	person	24079	25348
初级中学学校招生数	New Enrollment of Junior Secondary Schools	人	person	24215	25788
小学毕业生升学率	New Enrollment Percentage of Graduates of Primary Schools	%	%	100	100
初中毕业生升学情况	**Enrollment of Graduates of Junior Secondary Schools**				
初中毕业生数	Number of Graduates of Junior Secondary Schools	人	person	24009	23324
高中学校招生数	New Enrollment of Senior Secondary Schools	人	person	18824	18617
普通高中升学率	New Enrollment Percentage of Graduates of Regular Secondary Schools	%	%	58.4	56.9

13—5 广播电视基本情况

Basic Statistics on Radio and TV Stations

指 标	Item	单位	Unit	2015年	2014年
广播	**Broadcasting**				
广播发射台和转播台	Broadcast Transmitting and Repeating Stations	座	unit	6	6
广播人口覆盖率	Population Coverage on Radio	%	%	100	100
节目套数	Program	套	unit	6	6
全年播出时间	Total Broadcasting-time This Year	时	hours	26565	26557
新闻资讯	News Programs	时	hours	8781	8771
专题服务	Special Subject Programs	时	hours	5526	5531
综艺类	General Entertainment Programs	时	hours	5881	5869
广告	Advertising Programs	时	hours	5225	5349
其他	Others	时	hours	1152	1037
广播节目制作	Production of Broadcasting	小时	hour	7338	7349
新 闻	News	小时	hour	2212	2211
专 题	Featured	小时	hour	1751	1753
教 育	Education	小时	hour	789	797
文 艺	Arts and Crafts	小时	hour	2425	2422
服务性	Services	小时	hour	161	166
电视	**TV**				
电视发射台和转播台	TV Transmission and Relaying Stations	座	unit	8	4
电视人口覆盖率	Viewer Rate	%	%	100	100
节目套数	Program	套	unit	6	6
全年播出时间	Production of TV Programs	时	hours	37032	36991
新闻资讯	News Programs	时	hours	2889	2878
专题服务	Special Subject Programs	时	hours	3364	3366
综艺类	General Entertainment Programs	时	hours	3556	3552
广告	Advertising Programs	时	hours	6573	6573
影视剧	TV Play Programs	时	hours	18313	18252
其他	Others	时	hours	2337	2370
电视节目制作	Production of TV Programs	小时	hour	4671	4586
新闻资讯	News Programs	时	hours	1286	1260
专题服务	Special Subject Programs	时	hours	1572	1543
综艺类	General Entertainment Programs	时	hours	537	527
广告	Advertising Programs	时	hours	1103	1085
其他	Others	时	hours	173	171

13—6 新闻出版情况

Publication of Books,Magazines and Newspapers

指 标	Item	单位	Uint	2015 年	2014 年
图书出版种数	**Total**	**种**	**kind**	**2560**	**1987**
新出版	New Publication	种	kind	1441	1236
总印数	Printed Copies	万册	10 000 copies	4745	3143
总印张	Printed Sheets	千印张	1000 sheets	342563	283281
期刊出版种数	**Number of Magazine Publication**	**种**	**kind**	**37**	**37**
总印数	Printed Copies	万册	10 000 copies	1376	1285
总印张	Printed Sheets	千印张	1000 sheets	128808	120928
报纸出版种数	**Number of Newspaper Publication**	**种**	**kind**	**19**	**19**
总印数	Printed Copies	万份	10 000 copies	11108	10986
总印张	Printed Sheets	千印张	1000 sheets	338175	3030836

13—7 公共图书馆基本情况

(2015)

指 标	Item	总藏书量(册) Total Collections (volumes)	#开架书刊 Open-shelf Books	书架单层总长度(米) Total Length of Shelves(m)
合 计	**Total**	**4116996**	**2232004**	**78416**
其中:宁夏图书馆	Ningxia Library	2233000	1767000	39896
市属合计	**Public Libraries at Yinchuan Municipal Level**	**1883996**	**465004**	**19515**
银川市图书馆	Yinchuan	778056	260329	12212
兴庆区图书馆	Xingqing	86586	40649	325
金凤区图书馆	Jinfeng	33100	19300	750
西夏区图书馆	Xixia	559089	35400	1000
永宁县图书馆	Yongning	80987	18223	1488
贺兰县图书馆	Helan	202962	80406	3200
灵武市图书馆	Lingwu	143216	10697	540

13—8 艺术表演团体基本情况

(2015)

指 标	Item	本团原创首演剧目 Original Created and Showed Performances	国内演出场次 Number of Domestic Performances
合 计	**Total**	**6**	**1124**
区属合计	**Total of Provincial Level**	**3**	**902**
宁夏歌舞团	Ningxia Sing and Dance Troupe		231
宁夏京剧团	Ningxia Peking-opera Troupe		198
宁夏话剧团	Ningxia Drama Troupe	1	180
宁夏秦腔剧团	Ningxia Qinqiang Troupe	2	293
市属合计	**Total of Yinchuan Municiqal Level**	**3**	**222**
银川艺术剧院有限公司	Yinchuan Art Theatre Ltd.	3	222

13—9 群众艺术馆、文化馆基本情况

(2015)

指 标	Item	举办展览个数(个) Number of Exhibitions (unit)
合 计	**Total**	**110**
其中:宁夏文化馆	Ningxia Cultral Center	82
市属合计	**Total Cultral Center at Yinchuan Municiqal Level**	**28**
银川市文化艺术馆	Yinchuan	8
兴庆区文化馆	Xingqing	2
金凤区文化馆	Jinfeng	5
西夏区文化馆	Xixia	6
永宁县文化馆	Yongning	1
贺兰县文化馆	Helan	4
灵武市文化馆	Lingwu	2

Facilities and Services of Public Libraries

发放借书证数（个）Number of Library Cards Distributed(unit)	总流通人次（千人次）Total Number of Circulation（1000person-times）		为读者举办各种活动 Activites Hold for Readers		阅览室座席（个）Seating Capacity of Rerding-rooms（unit）	
		#书刊外借千人次 Number of Books Borrowed by Readers	次数(次) Times（times）	参加人次（人次）Participated（Person-times）		#少儿阅读室座席 Seats for Younger Children
107521	**1736**	**977**	**247**	**64610**	**3520**	**702**
50632	729	457	72	43000	1480	150
56889	**1007**	**520**	**175**	**21610**	**2040**	**552**
28486	501	286	56	9398	646	186
1481	25	11	16	3170	193	78
17527	7	4	15	706	240	60
650	60	30	15	1560	164	48
712	21	10	40	3020	247	32
7833	331	123	33	3756	490	108
200	62	56			60	40

Basic Statistics of Art Performance Troupes

#农村演出场次 Shows in Rural Areas	国内观众人次（千人次）Number of Domestic Spectators（1000person-times）	国外演出场次（场）Number of Perfofmances Showed Abroad（unit）
554	**1329**	**34**
542	**1224**	**24**
180	185	24
93	45	
156	115	
113	879	
12	**105**	**10**
12	105	10

Basic Statistics of Mass Art Centres and Cultral Centres

组织文艺活动次数(次) Art Performances and Story-telling Sessions(times)	举办训练班 Training Courses	
	班次(次) Number of Classes(times)	结业人次(人次) Number of Persons Completing Courses（person-times）
2181	**506**	**67744**
139	154	48500
2042	**352**	**19244**
402	100	5000
244	56	2000
241	67	1072
360	40	4972
195	9	1800
360	40	2400
240	40	2000

13—10 银川市规模以上工业企业科技活动情况

Basic Statistics on Scientific Reserch of Indusrtial Enterprises above Designated Size in Yinchuan

指 标	Item	2015 年
企业数(个)	Number of Enterprises(unit)	485
#有科技活动的企业	Number of Enterprises Having R&D Activities	81
#有科技机构	Number of Enterprises Having R&D Institutions	67
R&D 人员折合全时人员当量(人年)	Full-time Equivalent of R&D Personel(man-year)	3113
基础研究	Basic Research	7
应用研究	Applied Research	72
试验发展	Experimental Development	3034
R&D 经费内部支出(万元)	Intramural Expenditure on R&D(10000 yuan)	122960.5
按经济活动类型分	Grouped by Type of Intramural Expenditure on R&D	
#基础研究支出	Basic Research	46.0
应用研究支出	Applied Research	2932.3
试验发展支出	Experimental Development	119982.2
按资金来源分	Grouped by Fund Resource	
#企业资金	Self-raised Funds by Enterprises	115535.8
政府资金	Government Funds	6151.6
其他资金	Others	1273.1
境外资金	Foreign Funds	
R&D 经费内部支出相当于国内生产总值比例(%)	Proportion of Intramural Expenditure on R&D to GDP(%)	
专利申请数(件)	Patent Applications(item)	936
#发明专利	Inventive Patent	536
发表科技论文(篇)	Scientific Papers Issued(pieces)	813
新产品开发项目数(项)	Number of New Products R&D Project(item)	632
新产品开发经费支出(万元)	Expenditure of New Products R&D Project(10000 yuan)	116159.2
新产品产值(万元)	Output Value of New Products(10000 yuan)	2736436.8
新产品销售收入(万元)	Sales Revenue of New Products(10000 yuan)	2065917.1
技术改造经费支出(万元)	Expenditure of Technology Update(10000 yuan)	223763.4
技术引进经费支出(万元)	Expenditure of Technology Introduction(10000 yuan)	220158.9
消化吸收经费支出(万元)	Expenditure for Assimilation of Technology(10000 yuan)	2090.5
购买国内技术经费支出(万元)	Expenditure for Purchase of Domestic Technology(10000 yuan)	241698.8

主要统计指标解释

【高等学校】 指按国家规定审批程序批准举办，通过全国统一招生考试招收高级中等学校毕业生或具有同等学历者，实施高等教育，培养高等专门人才的学校。包括大学、专门学院、高等专科学校和短期职业大学。

【成人高等学校】 指按照国家规定的审批程序批准举办，招收高中毕业或同等学历者，利用多种形式对成人实施高等教育，培养相当普通高等学校专科或本科毕业水平的专门人才的学校。包括广播电视大学、职工高等学校、农民高等学校、干部管理学院、教育学院、独立函授学院以及普通高等学校举办的函授、夜大学等。

【毕业生数】 指上学年度内，具有学籍的学生学完教学计划规定的全部课程，考试及格，实际毕业的学生数。不包括结业生和肄业生数。

【招生数】 指新学年开学时，一年级实际招收入学的新生数。不包括留级生和复学生数。

【在校学生数】 指学年初具有学籍的在校生总数。

【专任教师】 指主要从事教育工作人员。包括临时(一年以内)调去帮助做其他工作的教学人员。不包括调离教学岗位，担任行政领导工作或其他工作的原教学人员；不包括兼任教师和代课教师。

【艺术表演团体】 指从事戏曲、音乐、舞蹈、杂技等专业艺术表演，有独立账户，实行单独核算的团体。不包括半工半艺、半农半艺的业余剧团。

【艺术表演观众人数(人次)】 指售票、包场演出或民族地区免费演出的艺术表演观众人次数。不包括彩排审查和内部观摩演出的观看人次数。

14 卫生、体育、民政、司法及其他

Public Health, Sports, Civil Administration, Justic and Others

14—1 主要年份卫生发展情况

年份 Year	卫生机构数(个) Number of Health Care Institutions (unit)	医院、卫生院(个) Hospitals and Health Centers(unit)	#医院 Hospitals	卫生技术人员(人) Medical Technology personnel (person)	#医生 Doctors	卫生机构床位数(张) Number of Beds in Health Care Institutions (bed)
1949	3	13	1	124	102	40
1950	18	15	4	158	14	40
1951	31	15	4	182	122	50
1952	26	15	4	251	148	120
1953	37	19	8	371	189	150
1954	51	21	10	471	231	200
1955	56	22	11	514	239	255
1956	83	21	10	708	396	276
1957	83	22	11	779	422	341
1958	96	25	14	992	487	501
1959	129	25	14	1210	648	635
1960	176	26	15	1379	777	726
1961	195	35	24	1444	735	739
1962	175	36	25	1344	692	795
1963	167	36	25	1500	756	924
1964	205	37	26	1712	815	1126
1965	199	37	26	1707	788	1234
1966	195	42	31	1834	812	1296
1967	190	42	31	1858	820	1313
1968	177	42	31	1905	852	1348
1969	176	42	31	1951	912	1448
1970	182	43	32	1993	993	1432
1971	192	47	36	2174	1060	1764
1972	208	48	37	2867	1273	1830
1973	243	47	36	3002	1396	1891
1974	257	46	35	3478	1605	2075
1975	275	53	42	3625	1653	2429
1976	313	55	44	3950	1813	2650
1977	331	57	46	4275	1934	2953
1978	312	60	60	4280	2000	2859
1979	337	58	58	4572	2078	2653
1980	392	60	60	5126	2354	2749
1981	416	61	61	5400	2352	3008

注:从2007年起含社区卫生服务中心、诊所卫生所和医务室,从2011年起含村卫生室。

Basic Statistics of Health Care Development in Main Years

年份 Year	卫生机构数(个) Number of Health Care Institutions (unit)	医院、卫生院(个) Hospitals and Health Centers(unit)	#医院 Hospitals	卫生技术人员(人) Medical Technology personnel (person)	#医生 Doctors	卫生机构床位数(张) Number of Beds in Health Care Institutions (bed)
1982	466	61	61	5785	2440	3180
1983	474	63	63	6085	2610	3237
1984	438	63	63	6093	2613	3470
1985	433	59	59	6252	2758	3495
1986	475	53	53	6720	3021	3792
1987	478	45	45	7060	3221	3797
1988	455	56	56	7316	3418	4237
1989	447	55	55	7650	3585	4253
1990	510	54	54	7876	4082	4491
1991	472	51	51	8224	4060	4906
1992	471	53	53	8567	4136	5082
1993	389	50	50	8798	4364	5645
1994	403	74	74	7493	3641	5680
1995	134	76	76	7552	3845	5759
1996	148	67	67	7820	3678	5575
1997	135	67	67	7990	3754	5730
1998	136	67	67	7881	3564	5908
1999	136	40	40	7894	3612	5761
2000	137	39	39	7932	4033	6166
2001	137	86	49	8189	3860	6148
2002	130	83	42	7900	3357	6155
2003	149	94	53	8256	3582	6845
2004	163	107	62	8751	3762	7726
2005	158	104	59	8619	3660	8058
2006	143	95	52	8581	3631	8132
2007	495	101	58	10733	4541	7975
2008	595	101	59	11532	4827	8333
2009	533	101	61	12626	5096	8506
2010	543	99	61	13667	5301	9472
2011	862	99	61	14651	5461	10329
2012	903	91	53	15952	5829	11313
2013	931	92	54	17562	6429	12898
2014	939	92	53	19288	7059	13688
2015	964	92	53	20408	7578	14079

a)Since 2007, date in this table included community sanitary serive center, clinic health conter and infirmary, included village clinic since 2011.

14—2 卫生机构、床位、人员数

单位:人 (2015)

指 标	Item	机构数(个) Health Care Institutions (unit)
总 计	**Total**	**964**
医院	Hospitals	53
综合医院	Ceneral Hospitals	27
中医医院	Hospitals Specialized in Chinese Medicine	6
中西医结合医院	Hospitals of Traditional Chinise and Western Medicine	1
专科医院	Specialized Hospitals	19
基层医疗卫生机构	Primary level of Medieal and Health Institutions	874
社区卫生服务中心(站)	Community Health Centers(station)	65
卫生院	Health Centers	39
村卫生室	Village Clinics	275
门诊部	Clinics	9
诊所、卫生所、医务室	Clinics,Health Centers and Dispensaries	486
专业公共卫生机构	Professional Publil Health Agencies	29
急救中心(站)	Emergency Centers(station)	1
采供血机构	Blood Stations	1
妇幼保健院(所、站)	Maternity and Child Care Centers(unit, station)	5
疾病预防控制中心	Center for Disease Control and Prevention	8
卫生监督所(中心)	Health Supervision centers(center)	8
计划生育服务机构	Family Planning Centers	3
健康教育所(站、中心)	Health Education Centers(station,center)	3
其他卫生机构	Other Institutions	8
医学在职培训机构	Health In-service Training Centers	
疗养院	Sanatoriums	1
统计信息中心	Statistical Information Center	1
其他	Others	6

Number of Health Care Institutions,Beds and Persons

(person)

床位数(张) Beds (bed)	工作人员 Number of Staff	卫生技术人员 Medical Technical Personnel	#医生 Doctors	其他技术人员 Other Technical Personnel	管理人员 Administrators	工勤人员 Workers
14079	**24896**	**20408**	**7578**	**1295**	**1122**	**1564**
12848	18449	15237	5268	1078	946	1188
10042	14909	12396	4285	937	750	826
1283	1538	1337	503	56	23	122
30	84	64	21	2	8	10
1493	1918	1440	459	83	165	230
665	4168	3365	1671	71	26	199
200	853	785	257	26	15	27
465	811	709	294	45	11	46
	534	27	25			
	234	183	95			51
	1736	1661	1000			75
466	2026	1672	577	106	111	137
	33	20	12	2	1	10
	124	90	13	16	4	14
466	1152	979	311	48	53	72
	450	366	218	25	30	29
	200	172		9	10	9
	45	35	14	2	6	2
	22	10	9	4	7	1
100	253	134	62	40	39	40
100	42	26	12	3	13	
	14	4	1	7	3	
	197	104	49	30	23	40

14—3 卫生事业

Health Protection

(2015)

指标	Item	全市 Yinchuan	#市区 City
机构数(个)	Health Care Institutions(unit)	964	564
#医院	Hospitals	53	46
床位数(张)	Beds(bed)	14079	12499
人员数(人)	Number of Staff(person)	24896	21613
卫生技术人员	Medical Technical Personnel	20408	17884
执业(助理)医师	Licensed and Assistant Doctors	7578	6664
#执业医师	Licensed Doctors	7066	6336
注册护士	Regietered Nurses	8597	7757
药师(士)	Phamacist(person)	1157	963
技师(士)	Technician(person)	1103	931
#检验师	Library Technician	768	664
其他	Others	1973	1569
其他技术人员	Other Technical Personnel	1295	1173
管理人员	Administrators	1122	1049
工勤技能人员	Workers	1564	1400

14—4 中心敬老院、敬老院情况

Basic Statistics of Homes for the Elderly

(2015)

指标	Item	全市 Yinchuan
院数(个)	Number of Geracomiums(unit)	5
床位数(张)	Beds(bed)	814
年末在院人员数(人)	Adoptd Persons at Year-end(person)	600

14—5 群众体育活动情况

Basic Statistics of Mass Sports

(2015)

指标	Item	举办全民健身活动次数(次) Number of Mass Sports Activities hold(times)	参加活动人数(万人) Number of Attendees (10000persons)
总计	**Total**	**147**	**69.2**
银川市	Yinchuan	16	40.7
兴庆区	Xingqing	30	5.0
西夏区	Xixia	15	2.5
金凤区	Jinfeng	13	1.7
永宁县	Yongning	39	8.0
贺兰县	Helan	17	7.0
灵武市	Lingwu	17	4.3

14—6 体育场地数(标准)

Number of Sports Venues(Standard)

单位:个 (2015) (unit)

指 标	Item	体育场 Stadium	体育馆 Gymnasium	游泳馆 Natatorium	游泳池 Swimming Pool	综合训练馆 Comprehenswe Training Venue
总 计	**Total**	**210**	**10**	**15**	**4**	**272**
兴庆区	Xingqing	55	4	6	2	74
西夏区	Xixia	53	5	2	1	26
金凤区	Jinfeng	30		5		80
永宁县	Yongning	17				24
贺兰县	Helan	38	1	2	1	27
灵武市	Lingwu	17				41

14—7 重点优抚对象人员情况

Basic Statistics of Key Preferencial Treatment Group

单位:人 (person)

指 标	Item	2015年	2014年
重点优抚对象总人数	Total Number of Recsiving Key Preferential Treatnent	3127	2918
革命伤残人员	Revolution Disabled Staff	1118	1085
“三属”人员	Three Types of Family Members	90	91
#烈士家属	Family Members of Martyr	41	43
牺牲军人家属	Family Members of Sacrifice Soldiers	25	24
病故军人家属	Family Members of Disseas Dead Soldiers	24	24
在乡退伍红军老战士、在乡西路军红军老战士、红军失散人员	RetiredOld Soldiers ofRed Army in the Township, OldSoldiers ofXilujun in the Township and LostStaff of Red Army	1	1
在乡复员军人	Number of Demobilized Soldiers in Rural Areas	434	454
带病回乡退伍军人	Number of Returning Soldiers With Disseas	68	61
参战退役人员	Number of Ex-serviceman of War -participater	315	315
参核退役人员	Number of Ex-serviceman of Nuclear-participater	131	130

14—8 社会救济对象情况

Basic Statistics of Social Relief

单位:人 (person)

指 标	Item	2015年	2014年
城乡低保对象	Number of Persons Receiving Minimum Living Allowance in Urban and Rural Areas	48216	50129
#城市低保对象	Number of Persons Receiving Minimum Living Allowance in Urban Areas	20841	24130
农村低保对象	Number of Persons Receiving Minimum Living Allowance in Rural Areas	27375	25999
五保老人总数	Number of Persons Receiving Livelihood Guaranteed in Five Aspects in Rural Areas	1082	1201
#集中供养	Concentrated Support	480	537
散居供养	Scatterd Support	602	664

14—9 律师、公证、调解工作基本情况

Basic Statistics on Lawyers,Notarization and Mediation

指 标	Item	单位	Unit	2015年	2014年
律师工作	**Lawyers**				
律师事务所	Number of Law Offices	家	unit	51	46
律师	Lawyers	人	person	1206	1043
担任法律顾问	Legal Advisors	家	unit	1494	1312
民(商)事代理	Agent of Civil Cases	件	case	13851	10978
刑事辩护	Defender of Criminal Cases	件	case	1154	2603
非诉讼事件	Agent of Non-Litigious Legal Affairs	件	case	1140	883
解答法律询问	Agent of Legal Advisory	人次	person-time	11938	12992
代写法律事务文书	Agent of Legal Documents Written on Behalf of Clients	件	case	3893	3700
公证工作	**Notarization**				
公证处	Number of Notary Offices	家	unit	5	5
公证员	Notaries Personnel	人	person	48	46
办理公证	Number of Notarized Documents	件	case	29149	29173
办理涉外公证	Number of Notarized Documents Concerning Foreign Affairs	件	case	3498	3700
人民调解	People's Mediation				
人民调解委员会	Number of Full-time Judicial Assistants	个	unit	742	742
人民调解员	Number of People's Mediation Committees	人	person	5094	5094
调解民间纠纷	Number of Mediators	件	case	8167	9378

14—10 社会治安

Public Security

指 标	Item	单位	Unit	2015年	2014年
火灾	**Fire Accidents**				
火灾起数	Number of Fire Accidents	起	case	1350	2013
火灾死亡、伤亡人数	Number of Deaths and Injuries	人	person	4	2
#死亡人数	Number of Deaths	人	person	4	2
火灾事故经济损失	Losses Converted into Cash	万元	10 000 yuan	872.4	598.2
交通事故	**Traffic Accidents**				
交通事故起数	Number of Traffic Accidents	起	case	813	839
交通事故死亡、伤亡人数	Number of Deaths and Injuries	人	person	1080	1124
#死亡人数	Number of Deaths	人	person	97	93
交通事故经济损失	Economil Loss of Traffic Accident	万元	10 000 yuan	389.01	419.96
刑事案件	**Criminal Cases**				
刑事案件立案数	Registered Criminal Cases	起	case	22158	17892
刑事案件破案数	Solved Criminal Cases	起	case	7924	7859

14—11 银川市一级以上地震情况

Basic Statistics of Level One Grade above Earthquake

年份 Year	发震时间 Earthquake Occurrence					震中位 Epicenter			震级 Earthquake magnitude
	月 Month	日 Date	时 Hour	分 Minute	秒 Second	经 度 Longitude	纬 度 Latitude	地 点 Place	Ms
2015	2	5	9	49	2	106.26°	38.35°	永宁	3.3
2015	2	14	3	35	23	106.21°	38.41°	永宁	1.6
2015	3	1	6	48	46	106.29°	38.37°	永宁	1.8
2015	3	1	9	37	38	106.29°	38.38°	永宁	2.3
2015	3	18	1	23	21	106.31°	38.41°	永宁	1.6
2015	6	14	8	11		106.34°	38.11°	灵武	1.4
2015	6	24	13	21	19	106.21°	38.31°	永宁	1.3
2015	9	7		57	3	106.41°	38.01°	灵武	1.9
2015	9	26	2	38	2	106.31°	38.14°	灵武	2.3
2015	9	27	14	1	32	106.21°	38.11°	永宁	2.5
2015	11	25	11	3	19	106.31°	38.51°	银川	1.0

注：据宁夏地震台网测定，不含离台较远的单台地震。

a)The data in above table excluding from the station far single seismic station.

14—12 工业“三废”排放及处理利用情况

指 标	Item	单位	Unit
工业废水排放总量	**Industrial Waste Water Discharge**	**万吨**	**10 000 tons**
工业废水中污染物排放量	**Pollutant Emissions of Volume Industrial Waste Water**		
化学需氧量	Chemical Oxygon Demand	吨	ton
氨氮	Ammonia Nitrogen	吨	ton
镉	Cadmium	千克	Kilogram
六价铬	Hexavalent Chromium	千克	Kilogram
铅	Lead	千克	Kilogram
砷	Arsenic	千克	Kilogram
挥发酚	Volatile Phenol	千克	Kilogram
氰化物	Cyanide	千克	Kilogram
石油类	Oil Type	吨	ton
工业废气排放总量	**Waste Air Emission Volume of Industrial**	**万标立方米**	**standard10 000cu.m**
工业二氧化硫排放量	**Emission Volume of Industrial Sulphur Dioxide**	**吨**	**ton**
工业氮氧化物排放量	**Emission Volume of Industrial Nitrogen Oxide**	**吨**	**ton**
烟(粉)尘排放量	**Emission Volume of Soot(dust)**	**吨**	**ton**
工业固体废物产生量	**Solid Wastes Produced Volume of Industrial**	**万吨**	**10 000 tons**
工业固体废物综合利用量	**Solid Wastes Utilized Volume of Industrial**	**万吨**	**10 000 tons**
工业固体废物贮存量	**Solid Wastes Stored Volume of Industrial**	**万吨**	**10 000 tons**
工业固体废物处置量	**Solid Wastes Dealed Volume of Industrial**	**万吨**	**10 000 tons**
工业固体废物排放量	**Solid Wastes Discharge Volume of Industrial**	**万吨**	**10 000 tons**
工业用水总量	**Water Volume of Industrial**	**万吨**	**standard10 000cu.m**

注:2011 年,烟尘与工业粉尘合并统计,指标更名称为“烟(粉)尘”排放量。

14—13 万元工业增加值主要污染物排放强度

单位:吨/万元

指 标	Item	2008年
万元工业增加值废水排放强度	Emission Intensity of Waste Water	23.34
万元工业增加值化学需氧量排放强度	Emission Intensity of ChemicalOxygen Demand	0.0053
万元工业增加值烟(粉)尘排放强度	Emission Intensity of Industrial Fumes(dust)	0.003
万元工业增加值二氧化硫排放强度	Emission Intensity of Sulfur Dioxide	0.0087

Basic Statistics of Industrial Waste Water,Waste Gas&Solid Wastes Discharge and Utilization

2015年	2014年
4873.77	5496.43
9932.34	13995.32
2427.35	2562.60
	13.51
0.008	5.30
17.38	25.05
1515.60	4980.33
25.48	597.58
24.11	12.28
19123649	**19599677**
64883.17	**67562.81**
60490.61	**69085.20**
18794.69	**27472.97**
803.32	**652.46**
353.52	**518.27**
99.81	**58.61**
350.66	**75.57**
84013.25	**73006.25**

a)The data in above table that soot and industrial dust merger statistics, index name changed to soot(dust)emissions Since 2011.

Intensity of Main Pollutant Emissions by Ten Thousand Value Added of Industry

(ton/10 000yuan)

2009年	2010年	2011年	2012年	2013年	2014年	2015年
21.07	19.73	15.33	12.64	11.84	9.90	7.21
0.0053	0.005	0.0046	0.0035	0.0032	0.0025	0.0007
0.003	0.0028	0.0067	0.0056	0.0050	0.0049	0.0045
0.0086	0.0081	0.019	0.0224	0.0202	0.0122	0.0118

主要统计指标解释

【卫生机构】 指各个部门（军事部门除外）、各种性质的设有专职卫生技术人员的卫生事业机构包括：医院、卫生院、门诊部、采供血机构、妇幼保健院（所、站）、专科疾病防治院（所、站）、疾病预防控制中心（防疫站）、卫生监督所、医学科学研究机构、医学在职培训机构、健康教育所（站、中心）、其他卫生机构。

【医院】 指名称为医院、设有固定床位能收容病人住院并能为病人提供医疗、护理服务的医疗机构。包括县及县以上医院、农村乡卫生院、其他医院三部分，按所属性质分为卫生部门、工业及其他部门、集体所有制三类。其中县及县以上医院按业务性质分为综合医院和专科医院。

【卫生技术人员】 指卫生事业机构支付工资的全部固定职工和合同制职工中现任职务为卫生技术工作的人员。包括执业医师、执业助理医师、注册护士、药剂人员、检验人员、其他。

【医生】 指经卫生部门审查合格，从事医疗工作的专业人员。包括卫生技术人员中的执业医师、执业助理医师、其他。

【公证员】 是国家的法律工作者，是在公证处专门行使国家证明权，独立办理公证事务的法律专业人员。

【公证文书】 是指公证处根据当事人的申请，依照事实和法律，按照法定程序制作的，具有特殊法律效力的司法证明文书。

【废水排放总量】 废水包括生产废水和生活废水。生产废水指企业事业单位在生产、科研、医疗等工作中，向外环境排放的所有废水。

【工业废水达标量】 指全国达到国家排放标准的外排工业废水量（包括经过处理和未经处理的）。但不包括虽经处理仍未达到国家排放标准的工业废水。

【工业粉尘回收量】 指经过各种回收处理装置回收的工业粉尘和尘泥量（包括干法和湿法）。

【工业粉尘排放量】 指生产工艺过程中排放的固体粉状物重量。

【工业固体废物产生量】 指工矿企业、事业单位在生产（试验）过程中产生的工业固体废弃物总量，不包括矿山开采的剥离废石和掘进废石（煤矸石除外）。

【工业固体废物综合利用量】 指已用作农业服料、造田、生产建筑材料以及其他方式综合利用的工业固体废物量（不包括填埋和焚烧量）。

【三废综合利用产品产值】 指企业利用“三废”作为主要原料生产的回收利用的产品产值。

【三废综合利用利润】 指企业利用“三废”作为主要原料生产和回收利用的产品售后所得的利润额。

【污染事故】 指由于某种原因引起的、偶然的、突发性的向环境排放污染物，从而造成环境污染和损害，其直接经济损失在千元以上的事件。

15 全区分市县资料

Statistical Data by City and County

15—1 各市县地区生产总值

Gross Domestic Product by City and Country

单位:万元　　　　(2015)　　　　(10 000 yuan)

地区	Region	地区生产总值 Gross Domestic Product	第一产业 Primary Industry	第二产业 Secondary Industry	工业 Industry	建筑业 Construction	第三产业 Tertiary Industry	人均地区生产总值 Per Capita GDP
全区总计	**Total**	**29117700**	**2377600**	**13796000**	**97907200**	**3999800**	**12944100**	**43805**
银川市	**Yinchuan**	**14938590**	**586225**	**7807765**	**5645261**	**2164550**	**6544600**	**69594**
银川市辖区	District	8933199	175970	3418054	1936388	1482896	5339175	64687
兴庆区	Xingqing	4443759	63429	1073661	702215	371885	3306669	60893
西夏区	Xixia	2727977	78843	1461991	933800	528818	1187143	77801
金凤区	Jinfeng	1761462	33698	882401	300372	582193	845363	58598
永宁县	Yongning	1212835	150695	667200	391026	276768	394940	51943
贺兰县	Helan	1218014	160102	679600	520833	158947	378312	48726
灵武市	Lingwu	3574542	99458	3042911	2797014	245939	432173	126730
石嘴山市	**Shizuishan**	**4826008**	**262437**	**3083291**	**2589496**	**495274**	**1480279**	**61845**
石嘴山市辖区	District	3417878	68511	2269564	1892480	378563	1079803	68500
大武口区	Dawukou	1997539	9295	1304017	1093723	211494	684226	66313
惠农区	Huinong	1420339	59216	965547	798757	167069	395577	71832
平罗县	Pingluo	1408130	193926	813727	697016	116711	400477	50043
吴忠市	**Wuzhong**	**4055982**	**549047**	**2269454**	**1643097**	**626697**	**1237480**	**29756**
利通区	Litong	1475225	165584	856791	590017	266774	452851	36703
红寺堡区	Hongsipu	156104	46216	66475	36564	30085	43413	8069
盐池县	Yanchi	639384	57414	364448	252735	111879	217522	41725
同心县	Tongxin	492168	110483	195198	127640	67558	186487	15154
青铜峡市	Qingtongxia	1293100	169350	786542	636141	150401	337208	44640
固原市	**Guyuan**	**2173181**	**452738**	**571986**	**287168**	**284853**	**1148457**	**17819**
原州区	Yuanzhou	933644	134335	248741	143299	105442	550567	22459
西吉县	Xiji	492633	125968	110299	36052	74247	256365	14166
隆德县	Longde	207285	48031	58488	22517	35971	100766	13014
泾源县	Jingyuan	133769	25166	44178	14057	30121	64425	13235
彭阳县	Pengyang	405850	119237	110280	71243	39072	176333	20732
中卫市	Zhongwei	3168907	527348	1411035	994881	416306	1230524	27857
沙坡头区	Shapotou	1462079	232593	559595	462757	96945	669891	36394
中宁县	Zhongning	1268359	182772	714688	464095	250638	370898	37355
海原县	Haiyuan	438469	111983	136752	68029	68723	189734	11065

注:1.本表绝对数按当年价格计算,指数按可比价格计算。

2.各市县产业数据按照最新三次产业划分执行。

a)Level data in this table are calculated at current prices, while indices at constant prices.

b) The data of all cities and counties was calculated according to the division of the latest three strata industries.

15—2 各市县农林牧渔业总产值

Gross Output Value of Agriculture, Forestry, Animal Husbandry and Fishery by City and County

单位:万元　　（2015，按现行价格计算）(2015, calculated at current price)　　(10 000 yuan)

地　区	Region	农林牧渔业总产值 Gross Output Value of Agriculture, Forestry, Animal Husbandry and Fishery	农业 Agriculture	林业 Forestry	牧业 Animal Husbandry	渔业 Fishery	农林牧渔服务业 Output Value of Services for Agriculture, Forestry, Animal Husbandry and Fishery	农林牧渔业总产值指数(上年=100) Indices of Gross Output (preceding year=100)
全区总计	**Total**	**4830207**	**3109856**	**116320**	**1228964**	**157679**	**217388**	**104.4**
银川市	**Yinchuan**	**1158803**	**754021**	**13177**	**257637**	**67490**	**66478**	**104.0**
银川市辖区	District	355749	205101	3176	92903	17238	37332	103.4
永宁县	Yongning	282495	215427	3793	46550	7608	9117	104.4
贺兰县	Helan	316424	223066	430	46637	36786	9505	104.4
灵武市	Lingwu	204135	110427	5778	71547	5859	10524	104.0
石嘴山市	**Shizuishan**	**512665**	**353577**	**4836**	**89207**	**47662**	**17384**	**104.6**
大武口区	Dawukou	24004	7516	761	2629	9319	3780	103.6
惠农区	Huinong	118251	77399	1661	32243	3744	3204	103.2
平罗县	Pingluo	370410	268662	2413	54335	34599	10400	105.2
吴忠市	**Wuzhong**	**1118506**	**615596**	**24687**	**413767**	**17828**	**46628**	**104.2**
利通区	Litong	342532	146966	2531	169153	4401	19480	104.5
红寺堡区	Hongsipu	92005	67392	4851	16682		3080	106.2
盐池县	Yanchi	128865	54599	6542	59760	387	7578	104.2
同心县	Tongxin	239915	138777	6791	87807		6540	103.9
青铜峡市	Qingtongxia	315190	207863	3972	80365	13041	9950	103.6
固原市	**Guyuan**	**1020797**	**635210**	**59284**	**268381**	**586**	**57335**	**104.6**
原州区	Yuanzhou	299542	208768	7167	65857		17750	104.7
西吉县	Xiji	278204	199995	2763	58374	522	16550	104.6
隆德县	Longde	115441	68096	7712	33612		6020	104.6
泾源县	Jingyuan	77002	12816	17303	36762	65	10056	106.0
彭阳县	Pengyang	250608	145535	24339	73775		6959	104.1
中卫市	**Zhongwei**	**1019436**	**751450**	**14338**	**199973**	**24113**	**29563**	**104.9**
沙坡头区	Shapotou	435503	327080	6776	72777	17702	11168	105.4
中宁县	Zhongning	359468	271041	3364	68307	5906	10850	104.8
海原县	Haiyuan	224465	153329	4198	58889	505	7545	104.1

15—3 各市县规模以上工业企业主要经济指标

Main Economic Indicators on Industrial Enterprises above Designated Size by City and County

单位:个、万元　　　　(2015)　　　　(unit,10 000 yuan)

地　区	Region	企业单位数 Number of Enterprises	亏损企业 Loss-suffering Enterprises	资产总计 Total Assets	流动资产 Current Assets	固定资产 Fixed Assets
全区总计	**Total**	**1245**	**395**	**78010729**	**26235627**	**34076155**
银 川 市	**Yinchuan**	**484**	**112**	**32723267**	**11175873**	**15609116**
兴 庆 区	Xingqing	20	6	3920214	899266	2581419
西 夏 区	Xixia	84	30	5404336	2010470	2790021
金 凤 区	Jinfeng	46	7	4437489	1559108	1326195
永 宁 县	Yongning	81	14	2097592	868475	854620
贺 兰 县	Helan	131	33	2245217	1034497	671322
灵 武 市	Lingwu	122	22	14618419	4804058	7385539
石嘴山市	**Shizuishan**	**233**	**137**	**9317083**	**4270138**	**4165571**
大武口区	Dawukou	58	28	2202380	1189120	859363
惠 农 区	Huinong	78	47	3474490	1350021	1794254
平 罗 县	Pingluo	97	62	3640214	1730998	1511954
吴 忠 市	**Wuzhong**	**351**	**84**	**10246191**	**3519134**	**4739522**
利 通 区	Litong	126	24	3636743	1328571	1401720
红寺堡区	Hongsipu	11	3	613496	145532	372588
盐 池 县	Yanchi	42	10	1353278	286330	786157
同 心 县	Tongxin	46	5	1122583	504741	264401
青铜峡市	Qingtongxia	126	42	3520093	1253961	1914656
固 原 市	**Guyuan**	**55**	**7**	**1257283**	**326751**	**835831**
原 州 区	Yuanzhou	23	4	410731	161377	185817
西 吉 县	Xiji	11		169969	54188	100721
隆 德 县	Longde	9	2	62978	21404	36476
泾 源 县	Jingyuan	5	1	43223	18808	16021
彭 阳 县	Pengyang	7	0	570383	70974	496796
中 卫 市	**Zhongwei**	**121**	**54**	**11908247**	**4815407**	**3723481**
沙坡头区	Shapotou	69	37	4243945	1929571	1781349
中 宁 县	Zhongning	46	16	6868024	2634983	1399093
海 原 县	Haiyuan	6	1	796278	250853	543039
其　他	Others	1	1	12558657	2128324	5002635

15—4 各市县固定资产投资

Investment in Fixed Assets in Urban Area by City and County

单位:万元 （2015） （10 000 yuan）

地 区	Region	计划总投资 Total Planned Investment	本年新开工项目计划投资 Planned Investment of New Projects This Year	本年完成投资 Investment Completed This Year	住 宅 Residential Buildings	本年新增固定资产 Newly Increased Fixed Assets This Year
全区总计	**Total**	**119658219**	**31102593**	**34539030**	**4441651**	**25858323**
银 川 市	**Yinchuan**	**60990399**	**9370385**	**15018615**	**2681994**	**11599702**
银川市辖区	District	25621248	2320410	6491283	2141930	3132589
兴 庆 区	Xingqing	9814010	791248	2246997	583308	1003763
西 夏 区	Xixia	3937641	680246	1223107	209174	779267
金 凤 区	Jinfeng	11869597	848916	3021179	1349448	1349559
永 宁 县	Yongning	5964055	741594	1991453	143386	1074781
贺 兰 县	Helan	5898963	1203317	1656516	270194	2513344
灵 武 市	Lingwu	23506133	5105064	4879363	126484	4878988
石嘴山市	**Shizuishan**	**11128302**	**3102544**	**4278612**	**370326**	**3873123**
石嘴山市辖区	District	7644		6070		7640
大武口区	Dawukou	3403115	872345	1004384	199653	827436
惠 农 区	Huinong	2650745	1404529	1737219	68513	1569844
平 罗 县	Pingluo	5074442	825670	1537009	102160	1475843
吴 忠 市	**Wuzhong**	**17156312**	**7696045**	**6530796**	**437602**	**4651949**
利 通 区	Litong	7354271	2493255	2433940	253923	1444133
红寺堡区	Hongsipu	1181198	489920	652417	22122	489867
盐 池 县	Yanchi	4299550	2917415	1504123	84241	828600
同 心 县	Tongxin	1624919	661763	876487	19521	911527
青铜峡市	Qingtongxia	2696374	1133692	1063829	57795	977822
固 原 市	**Guyuan**	**7875466**	**2289664**	**3079617**	**492643**	**1802845**
原 州 区	Yuanzhou	3565762	700817	1360494	300758	626759
西 吉 县	Xiji	939361	382709	414604	62963	392030
隆 德 县	Longde	1147096	345396	460987	25056	284745
泾 源 县	Jingyuan	778195	546101	320066	80075	184187
彭 阳 县	Pengyang	1445052	314641	523466	23791	315124
中 卫 市	**Zhongwei**	**12725360**	**2727106**	**3368234**	**459086**	**2415289**
沙坡头区	Shapotou	4396687	1160827	1477817	267095	1300816
中 宁 县	Zhongning	6756216	1024538	1253900	151036	1003369
海 原 县	Haiyuan	1572457	541741	636517	40955	111104
不分地区	**Not Classified by Region**	**9782380**	**5916849**	**2263156**		**1515415**

15—5 各市县社会消费品零售额

Total Retail Sales of Consumer Goods by City and County

单位:万元 （2015） （10 000 yuan）

地 区	Region	社会消费品零售额 Total Retail Sales of Consumer Goods	批发业 Wholesale Trade	零售业 Retail Trade	住宿业 Hotels	餐饮业 Catering Services
银 川 市	**Yinchuan**	**4776287**	**613121**	**3518859**	**47209**	**597098**
兴 庆 区	Xingqing	2314874	236406	1635965	31266	411236
西 夏 区	Xixia	226449	43860	138666	1496	42427
金 凤 区	Jinfeng	684973	179301	438675	10585	56412
永 宁 县	Yongning	171851	56236	91928	152	23536
贺 兰 县	Helan	1228860	63467	1118076	2871	44446
灵 武 市	Lingwu	149280	33851	95549	840	19041
石嘴山市	**Shizuishan**	**960633**	**156133**	**601166**	**5042**	**198292**
大武口区	Dawukou	433687	33889	274621	3454	121723
惠 农 区	Huinong	303655	54930	202448	276	46001
平 罗 县	Pingluo	223291	67314	124097	1312	30568
吴 忠 市	**Wuzhong**	**953101**	**219458**	**407610**	**6833**	**319200**
利 通 区	Litong	481113	152857	93771	3926	230561
红寺堡区	Hongsipu	52807	4195	42562	501	5550
盐 池 县	Yanchi	115105	29859	57636	0	27609
同 心 县	Tongxin	112759	12520	90846	531	8862
青铜峡市	Qingtongxia	191318	20028	122796	1875	46619
固 原 市	**Guyuan**	**599720**	**128662**	**325880**	**18323**	**126855**
原 州 区	Yuanzhou	293659	60648	157133	5762	70117
西 吉 县	Xiji	140236	20063	85392	3144	31637
隆 德 县	Longde	55377	24105	22915	1043	7314
泾 源 县	Jingyuan	37452	10027	11731	5483	10212
彭 阳 县	Pengyang	72997	13820	48710	2891	7576
中 卫 市	**Zhongwei**	**605945**	**129590**	**363127**	**5394**	**107835**
沙坡头区	Shapotou	333717	43467	223567	4248	62435
中 宁 县	Zhongning	185092	65512	84782	775	34023
海 原 县	Haiyuan	87136	20610	54778	371	11378

15—6 各市县地方公共财政收入

Local Public Government Revenue by Prefecture, City and County

单位:万元

地 区	Region	1978	1980	1985	1995	2000
全区总计	**Total**	**30225**	**19389**	**28064**	**85740**	**197082**
区 级	**Autonomous Regional Level**	**14502**	**10237**	**6228**	**37174**	**50592**
地市县级	**Prefecture Level**	**15723**	**9152**	**21836**	**48566**	**146490**
银 川 市	**Yinchuan**	**7267**	**3880**	**13172**	**26402**	**83064**
银川市辖区	District	5466	2396	10545	20868	24832
兴 庆 区	Xingqing					
西 夏 区	Xixia					
金 凤 区	Jinfeng					
永 宁 县	Yongning	401	410	604	1674	4299
贺 兰 县	Helan	375	365	614	1673	4218
灵 武 市	Lingwu	1025	709	1409	2187	6257
石嘴山市	**Shizuishan**	**4141**	**2125**	**4957**	**9555**	**29192**
石嘴山市辖区	District	3141	1413	3651	723	8827
大武口区	Dawukou					
惠 农 区	Huinong					
平 罗 县	Pingluo	1000	712	1306	2360	6194
吴 忠 市	**Wuzhong**	**3398**	**2122**	**2897**	**8689**	**24610**
利 通 区	Litong	1598	783	1504	3230	5413
红寺堡区	Hongsipu					
盐 池 县	Yanchi	213	224	290	539	2549
同 心 县	Tongxin	241	198	139	697	1455
青铜峡市	Qingtongxia	1346	917	964	4052	11162
固 原 市	**Guyuan**	**1182**	**833**	**538**	**3208**	**7874**
原 州 区	Yuanzhou	602	479	308	1274	3017
西 吉 县	Xiji	245	156	102	380	1058
隆 德 县	Longde	123	106	6	603	1781
泾 源 县	Jingyuan	63	45	22	206	545
彭 阳 县	Pengyang			65	436	651
中 卫 市	**Zhongwei**	**1081**	**1109**	**1236**	**4764**	**12912**
沙坡头区	Shapotou	516	564	462	2892	7425
中 宁 县	Zhongning	375	374	774	1670	4487
海 原 县	Haiyuan	190	171		202	1000

注:1. 各县(区、市)合计数不等于大市数据,大市包含市本级数据;

2. 2015年以后起沙坡头区数据不包含中卫市本级。

15—6 续表 continued

(10 000 yuan)

2005	2010	2011	2012	2013	2014	2015
477216	**1535507**	**2199767**	**2639569**	**3083376**	**3398627**	**3734474**
130904	**384429**	**546301**	**672106**	**801381**	**872639**	**1065445**
346312	**1151078**	**1653466**	**1967463**	**2281995**	**2525988**	**2669029**
181645	**640368**	**966202**	**1131320**	**1345999**	**1535998**	**1709831**
44311	150824	206395	244566	277306	317148	357466
	48220	70212	81749	100352	115067	129600
	14222	18673	22634	26567	30910	35105
	18312	26386	33275	39587	46830	53105
8129	42091	75064	91101	108862	125520	144588
7325	55158	93361	112730	130241	145449	156220
11452	103414	141809	137703	157766	181635	186642
72900	**216460**	**263831**	**297937**	**309948**	**291020**	**267490**
14796	45689	51939	63516	66344	62683	57155
	33824	35867	44479	47605	42101	34682
	11865	16072	19037	18739	20582	22473
21036	51965	68241	76568	85731	92585	86162
50177	**156690**	**219148**	**287426**	**324749**	**351384**	**319659**
8978	12628	19041	27847	33429	29601	32596
1850	5474	8388	10907	14630	17518	16051
4971	23492	36470	57956	69581	85230	75713
3423	8941	12230	17014	21061	20246	22254
20856	53619	68681	79102	92263	104150	69944
14024	**52581**	**79788**	**103345**	**130567**	**152950**	**159094**
2220	9594	14967	20169	23298	25037	25071
1803	4460	8460	9505	11420	13604	16675
1204	3290	4636	6378	9637	11479	13500
1080	2535	3531	4597	6422	10138	12613
1319	9066	16519	20269	25436	29296	22100
27566	**84979**	**124497**	**147435**	**170732**	**194636**	**212955**
15572	42555	63333	73434	82080	6	8
10395	36472	54660	65420	76091	86143	94129
1599	5952	6504	8581	12561	15819	17412

a)The total data of all cities and counites is not equal to the whde city data,the big city data including city level data.

b)The shapotou district data does not contain the level of zhongwei city after 2015.

附　记

Apprndix

2015年大事记

二月份

2月3日，银川市统计局机关党委五个党支部被银川市直机关工委评为“四星级”党支部。

2月16日，银川市统计局党组书记、局长王琦带领局班子成员和部分处室负责人，看望和慰问了驻行政中心武警部队官兵。

三月份

3月1日上午，银川市统计局参加了银川市政府贯彻自治区政府“三部规章”启动仪式暨集中宣传活动。

3月3日，银川市统计局安排布置2015年基本单位名录库年、定报工作和利用三经普数据更新名录库工作。

3月5日，银川市统计局干部来到宁夏阅海养老中心，开展“关爱老人，从我做起”雷锋日志愿者活动。

3月13日，银川市统计局在金凤区上海西路康居A4区设置宣传点，开展了以“推进依法治市 共建平安银川”为主题的综治宣传月活动，

3月13日，银川市统计局召开全市房地产开发经营企业培训会议。

3月19日，银川市统计局开展“守纪律、讲规矩”主题教育“一把手”讲廉政党课活动。局党组书记、局长王琦以“严明党的政治纪律和政治规矩 保持党员领导干部廉洁自律的操守”为主题，讲廉政党课。

3月23日，自治区统计局局长梅廷彦考察金凤区紫阳社区工作。

四月份

4月1日，自治区统计局局长梅廷彦、副局长徐秀梅一行调研银川市新产业、新业态统计工作。

4月7日，在市直机关工委组织开展的“我的中国梦——讲述银川故事”主题征文比赛活动中，市统计局丁兆江的“黄河金岸赋”荣获一等奖、田辉的“统计人的中国梦”等五篇征文荣获优秀奖，局机关党委荣获组织奖。

五月份

5月5日，由银川市统计局主办的“银川市适应新常态建设服务型统计培训班(第2期)”在成都信息工程大学龙泉校区顺利开班。自治区统计局局长梅廷彦、副局长徐秀梅、梁建民等出席了开班典礼。梅廷彦局长作了重要讲话。

六月份

6月29日，市统计局召开落实“三严三实”主题教育活动。

6月30日，银川市统计局深入贺兰县立岗镇金星村、兰丰村、立岗村和灵武市郝家桥镇新民村，开展走访慰问活动。

七月份

7月9日，银川市依法治市领导小组办公室验收银川市统计局“六五”普法总结。

7月14—15日，组织全局干部职工集体收看了历史文献纪录片《筑梦中国》。

7月14—16日，组织全市统计系统干部职工，开展统计“六五”普法测试考试。

八月份

8月25日，银川市统计局组织召开了“严以律

己"专题学习研讨会。下午,到自治区廉政警示教育基地参观。

8月20—21日,银川市统计局派员参加国家统计局在济南召开全国旅游及相关产业消费结构一次性调查工作布置及调查方案培训会议,

九月份

9月8日,国家统计局服务业司孙庆国副司长一行3人到银川市调研服务业统计工作情况。银川市副市长杨有贤全程陪同。

9月8日,国家统计局副局长贾楠一行在银川市副市长杨有贤等人的陪同下,考察调研神华宁夏煤业集团公司统计工作。

9月14日,自治区统计局执法大检查对银川市统计局"六五"普法工作进行了检查验收。

9月15日,银川市人民政府副市长杨有贤组织召开专题会议,研究当前统计工作,市人民政府市长白尚成到会并作了重要讲话。

9月17日,银川市统计局在银川统计信息内外网正式开通"统计上失信企业公示"专栏。

9月20日,2015年全国统计从业资格考试在银川考点顺利开考。

十月份

10月17日,自治区和银川市2015年全国1%人口抽样调查协调小组办公室在光明广场举行宣传活动。

10月22日,银川市统计局来到灵武市郝家桥镇新民村,对75岁以上老人进行敬老慰问。

十一月份

11月6日,银川市统计局集中传达学习了《十八届五中全会公报》。

11月6日,银川市统计局组织召开局党组中心组学习(扩大)暨"三严三实"教育"严以用权"学习研讨会。

中国统计出版社最新图书简目

（仅供参考，以实际出版为准）

统计资料

中国统计年鉴　中国统计摘要　中国发展报告
中国经济普查年鉴2013　国际统计年鉴　金砖国家联合统计手册
中国-东盟国家统计手册　中国农村统计年鉴　中国县域统计年鉴
中国城市统计年鉴　中国对外直接投资统计公报　中国地区经济监测报告
中国贸易外经统计年鉴　中国零售和餐饮连锁企业统计年鉴　中国商品交易市场统计年鉴
大中型批发零售和住宿餐饮企业统计年鉴　中国农产品价格调查年鉴　中国住户调查年鉴
中国价格统计年鉴　中国能源统计年鉴　全国农产品成本收益资料汇编
中国环境统计年鉴　中国建筑业统计年鉴　国外资源、能源和环境统计资料汇编
中国工业统计年鉴　中国城乡建设统计年鉴　中国房地产统计年鉴
中国城市建设统计年鉴　中国科技统计年鉴　中国第三产业统计年鉴
中国证券期货统计年鉴　中国劳动统计年鉴　中国高技术产业统计年鉴
工业企业科技活动资料　中国社会统计年鉴　中国人口和就业统计年鉴
中国人才资源统计报告　中国教育经费统计年鉴　中国文化及相关产业统计年鉴
文化及相关产业统计概览　中国民政统计年鉴　中国民族统计年鉴
中国残疾人事业统计年鉴　中国妇女儿童状况统计资料（英）　中国乡镇街道行政区域简册
中国基本单位统计年鉴

省级综合统计年鉴系列

北京 天津 河北 山西 内蒙古 辽宁 吉林 黑龙江 上海 江苏 浙江 安徽 福建 江西 山东 河南 湖北 湖南 广东 广西 海南 重庆 四川 贵州 云南 西藏 陕西 甘肃 青海 宁夏 新疆 新疆生产建设兵团

市(县)级综合统计年鉴系列

天津滨海新区 石家庄 唐山 邯郸 保定 沧州 邢台 廊坊 承德 衡水 秦皇岛 张家口 太原 大同 阳泉 长治 晋城 朔州 晋中 运城 忻州 临汾 呼和浩特 呼和浩特新城区 鄂尔多斯 包头 沈阳 大连 长春 延吉 四平 通化 哈尔滨 齐齐哈尔 黑龙江垦区 上海浦东新区 南京 无锡 徐州 常州 苏州 南通 连云港 淮安 盐城 扬州 镇江 泰州 宿迁 江阴 丹阳 杭州 宁波 温州 嘉兴 湖州 绍兴 金华 衢州 舟山 台州 丽水 合肥 安庆 马鞍山 福州 厦门 宁德 漳州 南昌 九江 上饶 新余 抚州 萍乡 赣州 吉安 景德镇 济南 青岛 潍坊 枣庄 日照 滕州 郑州 洛阳 平顶山 三门峡 商丘 信阳 济源 武汉 十堰 荆州 宜昌 荆门 咸宁 长沙 广州 深圳 惠州 东莞 南宁 柳州 桂林 来宾 海口 三亚 成都 贵阳 昆明 西安 安康 兰州 庆阳 银川 乌鲁木齐 兵团一师 兵团十师

调查年鉴系列

天津 山西 内蒙古 辽宁 吉林 上海　福建 江西 河南 湖北 湖南 广西　重庆 四川 云南 甘肃 宁夏 新疆

统计方法应用/实用手册

实用SAS统计分析教程　马克威统计分析与数据挖掘应用案例
乡镇统计人员岗位知识培训系列教材：辅助调查员岗位基础知识　乡镇统计人员岗位基础知识
县级统计人员岗位知识培训系列教材：Excel在统计工作中的应用　简明统计分析
EXCEL在基层统计工作中的应用　统计公文知识问答

统计通俗读物/统计科普图书

漫话诺贝尔经济学大师与数学情缘　魅力统计　漫话信息时代的统计学　统计使人更聪明
漫游数据王国　探访随机世界　新中国统计工作历史流变1949-1999　无处不在的统计

重点图书

新编英汉汉英统计大词典　中华医学统计百科全书
挑大学选专业2016—考研择校指南　挑大学选专业2016—高考志愿填报指南